PAUL CARROLL

DER COMPUTER KRIEG

IBM gegen Bill Gates Microsoft®

Ein Kampf der Giganten

Aus dem Amerikanischen
von
Monika Seeger

WILHELM HEYNE VERLAG
MÜNCHEN

HEYNE BUSINESS
Nr. 22/1018

Titel der amerikanischen Originalausgabe:
BIG BLUES: THE UNMAKING OF IBM
Erschienen 1993 bei Crown Publishers, Inc., New York

Umwelthinweis:
Dieses Buch wurde auf chlor- und
säurefreiem Papier gedruckt

Ungekürzte Taschenbuchausgabe
im Wilhelm Heyne Verlag GmbH & Co. KG, München

Printed in Germany 1996
Textbearbeitung: Dietmar Spanke
Umschlagillustration: MEV, Augsburg
Umschlaggestaltung: Atelier Adolf Bachmann, Reischach
Herstellung: M. Spinola
Satz: Schaber Satz- und Datentechnik, Wels
Druck und Verarbeitung: Presse-Druck Augsburg

ISBN 3-453-09172-8

Für Kim alles und immer

Dank des Autors

Sie haben es vielleicht schon erraten: IBM hat mich nicht unterstützt bei der Recherche zu diesem Buch. Das ist auch keine Überraschung. Es ist Firmenpolitik. IBM kooperiert grundsätzlich nicht mit Autoren. Das Unternehmen unterstützte ja nicht einmal – auch nicht ansatzweise – Tom Watson jun., als der vor einigen Jahren seine Autobiographie schrieb. Und dabei war Watson nicht nur ein ehemaliger Boß der Firma, sondern auch der Sohn des IBM-Gründers, einer wahren Legende.

Mein Glück war, daß ich während der sieben Jahre meiner Recherche immer Zugang zu IBM-Topleuten hatte. Im Lauf dieser Zeit konnte ich ausführliche Gespräche mit fast allen Hauptakteuren dieses Buches führen. Die einzig erwähnenswerte Ausnahme war Don Estridge, der ›Vater des PC‹, der bereits seit einem Jahr tot war, als ich begann, für *The Wall Street Journal* über IBM zu berichten. Doch kaum hatte ich mich Mitte 1992 beim *Journal* beurlauben lassen und mit diesem Projekt angefangen, bekam ich keinerlei offizielle Informationen mehr. Aber zu diesem Zeitpunkt hatten so viele Topleute – von der Geschäftsführungsebene abwärts – die Firma verlassen, daß es wieder genügend gab, die bereit waren, mir zu helfen. Viele von denen, die ich interviewte, schienen mir ihr Herz ausschütten zu wollen, und zwar nicht nur deshalb, weil sie sauer waren wegen der Art, wie IBM sie und andere behandelt hatte. Obwohl die Leute, mit denen ich gesprochen hatte, während ihrer Betriebszugehörigkeit IBM-linientreu gewesen waren, hatten sie nach ein paar Monaten Abstand eine neue Perspektive entwickelt. Sie waren außerordentlich frustriert wegen der ungelösten Probleme, die das Unternehmen, an dem sie hingen, aufzufressen drohten. Fast alle vertraten den Standpunkt, nur die völlige Offenlegung aller Fehler könne die IBM wieder aus ihrer Apathie reißen.

Dank an alle, die geholfen haben. Viele der früheren IBMler, die mich unterstützten, wollten nicht namentlich genannt werden, um nicht in den Verdacht zu geraten, sie übten nur Kritik an der Firma. Also muß ich ihnen anonym danken. Zitate, die nicht gesondert aufgeführt sind, stammen aus meinen Interviews. Um so häufiger finden Zitate derjenigen Verwendung, die nichts dagegen hatten, namentlich erwähnt zu werden. Ein Name, der allerdings nicht genannt wird, ist der von Bob Gilbert. Bob arbeitete mit mir beim *Journal,* bevor er als Redenschreiber zu IBM ging, ehe er einen neuen Job annahm. Bob hat mir im Lauf der Jahre viel Wissenswertes über IBM erzählt.

Dank auch den Führungskräften bei Microsoft, die ganze Tage damit verbrachten, mir die Geschichte der Beziehung ihrer Firma zu IBM zu erklären, und mir den Zugriff auf einige wichtige Akten gestatteten. Viele von ihnen werden namentlich im Buch erwähnt, so daß ich hier nicht alle aufzählen muß. Ganz besonders möchte ich mich aber bei Pam Edstrom bedanken, die meine Gesprächstermine bei Microsoft arrangierte. Es gibt noch unzählige andere Experten aus der Computerindustrie, denen Dank dafür gebührt, daß sie ihr Wissen mit mir teilten. Diese Liste würde allerdings Hunderte von Namen umfassen. Matt Fitzsimmons möchte ich jedoch hervorheben, der mir unzählige technische Details erläuterte, und auch Sam Albert, der über jeden bei IBM wirklich alles weiß.

Auf die Gefahr hin, daß sich dies wie die Danksagung eines Oscar-Preisträgers anhört, muß ich doch auch noch einigen anderen Menschen danken. Zuerst und vor allem ist da meine Frau Kim Tarter Carroll zu nennen, die mich unterstützte und inspirierte. Sie war meine erste Lektorin und hörte mir aufmerksam zu, als ich die Geschichten wieder und wieder erzählte, die dieses Buch enthält. Kim beobachtete mich genau, als ich anfangs herumtrödelte und lieber an meinen mangelhaften Golffähigkeiten arbeitete, erinnerte mich aber stets auf nette Art, daß der Abgabetermin näherrückte. Sie war jedoch so nett, niemals zu sagen: »Ich hab's dir ja gesagt«, als es Anfang 1993 eng wurde und ich Tag und Nacht arbeiten mußte, um die versäumte Zeit aufzuholen. Ein spezieller Dank gebührt auch meinem Vater Charlie, einem früheren Journalisten und Ex-*Journal*-Redakteur, dessen Wortgewandtheit mein Interesse an diesem Beruf erst weckte. Im Lauf der Jahre ist er mein begeistertster Fan geworden. Er half nicht nur dabei, diesem Buch den letzten Schliff zu geben, sondern recherchierte auch für das Schlußkapitel, damit ich meinen Abgabetermin noch einhalten konnte.

Natürlich profitierte ich von meinen Beziehungen zum *Wall Street Journal.* Zunächst war da mein Bruder Tim, der dort Redakteur ist. Er saß mir ewig im Nacken wegen des Abgabetermins und half, dem Buch mehr Leben einzuhauchen. Dann ist da noch mein Freund Tim Smith, der beste Schreiber, den ich kenne. Tim hielt sich zurück, als ich 1991 anfing, darüber nachzudenken, ob ich dieses Buch machen sollte, und er ermutigte mich, als ich dieses Riesenprojekt dann tatsächlich angegangen war. Mike Miller und Laurence Hooper, die gemeinsam mit mir über die Jahre hin an IBM ›drangeblieben‹ waren, lieferten mir Informationen und Definitionen über das, was während meines ›Urlaubs‹ bei IBM vorgegangen war. Mein Dank gilt ebenfalls dem Management des *Journal,* das so großzügig war, mich ein Jahr ›verschwinden‹ zu lassen, damit ich das Buch schreiben konnte.

Ein Dankeschön auch meinem Schwiegervater, Ralph Tarter, der ebenfalls ein Buch über den Elektronikmarkt geschrieben hat, und Terry Garnett, einem Freund aus der Computerindustrie. Sie lasen Manuskripte, die diesem vorausgingen, und machten hilfreiche Vorschläge. Jon Friedman, ein Freund und der Co-Autor von *Der Kartentrick*,* einem Buch über den Niedergang von American Express, erlaubte mir netterweise den Zugang zu all seinem Material über IBMs neuen Vorstandsvorsitzenden Lou Gerstner, der zur Führungsmannschaft von American Express gehört hatte. Etliche Mitglieder eines Projekts über die Computerindustrie, das die Stanford University durchführt, bereicherten

---

* Jon Friedman/John Meehan: Der Kartentrick, erschienen 1994 bei Paul Zsolnay Verlag, Wien, und 1995 bei Heyne Verlag, München.

dieses Buch mit ihren Ansichten über die IBM-Konkurrenten. Mein besonderer Dank gebührt hier Frank Shellenberg.

Dank meinem Lektor Jim Wade, der den Rahmen der Ideen für dieses Buch stark erweiterte. Dank auch meinem Agenten Kris Dahl bei ICM. Vor allen Dingen als meine Rechtfertigung dafür, herumlaufen und sagen zu können: »Nun, ich habe eben mit meinem Agenten gesprochen...« Reportern sind derartige Freuden normalerweise nicht beschieden. Noch wichtiger ist freilich, daß es Kris gelungen ist, Verleger für ein Buch über den Fall von IBM zu interessieren, das ein Debütant schreiben wollte, und das, lange bevor klar war, daß der Gigant tatsächlich wanken würde.

Zum Schluß möchte ich mich bei meiner Familie für ihre Unterstützung während der manchmal sehr angespannten Monate bedanken, die man braucht, um ein Buch zu produzieren – auch wenn manche glaubten, ich würde nie fertig werden.

Für alle Fehler, die meinen Lesern und Lektoren entgangen sein mögen, bin natürlich ich verantwortlich.

Vorwort

Ganz langsam kroch die Röte Frank Carys Nacken hoch – ein sicheres Zeichen für Ärger. Der oberste Boß von IBM hatte seine Führungsmannschaft, das allmächtige Management-Komitee, kurz vor dem Nationalfeiertag, dem 4. Juli 1980, zusammengerufen und sich wieder einmal anhören müssen, warum IBM keinen Personalcomputer bauen konnte. Apple Computer und andere Firmen hatten nun schon seit so vielen Jahren mit ihren Superwinzlingen Furore gemacht und IBM alt aussehen lassen, so daß Cary sich veranlaßt gesehen hatte, seine Topmänner wiederholt zusammenzutrommeln und immer wieder fordernd zu fragen: »Wo ist mein Apple?«

Cary konnte deshalb überhaupt nicht fassen, daß sich da aber auch gar nichts getan hatte. Warum aber hätte IBM überhaupt reagieren sollen? IBM hatte schließlich schon vor Jahren eine Möglichkeit für den Personalcomputer gesehen. Und zwar, bevor die Youngsters von Apple Mitte der siebziger Jahre überhaupt angefangen hatten, in ihrer Garage zu arbeiten. IBM dagegen schien Unsummen in die Entwicklung von Projekten zu stecken, aus denen nie etwas wurde.

Es kam bei IBM sehr selten vor, daß man Cary so wütend sah. Er war dafür bekannt, immer einen kühlen Kopf zu bewahren. Was sich Cary allerdings bei diesem Meeting des Management-Komitees anhören mußte, lag jenseits der Grenzen des Faßbaren. Er hatte jahrelang jemanden für seine Idee zu gewinnen versucht, deren praktische Umsetzung er für eine ganz simple Aufgabe hielt, nämlich einen ganz simplen Computer zu entwickeln. Doch alles, was IBM bis dahin produziert hatte, waren ein paar lausige Maschinen wie der Datamaster und die 5100-Serie gewesen. Dazu kam noch der nach Carys Meinung alles andere als wohldurchdachte Plan, Billig-Computer von Atari zu kaufen, einer Firma – man faßt es kaum –, die Videospiele vertreibt. Und auf diese Dinger sollte dann das IBM-Logo geklebt werden. Jetzt war Cary ein Plan vorgetragen worden, wie man rasch einen PC bauen könnte, im selben Atemzug aber hatte man ihm erklärt, das sei nicht möglich, weil es der Gruppe, die die Präsentation gemacht hatte, an der nötigen Finanzierung fehle.

Carys Augen wurden hinter seiner rahmenlosen Lesebrille zu Schlitzen. Sein kahler Kopf wurde knallrot, als er die Stirn runzelte und Jack Rogers das Wort abschnitt. Der hatte gesagt, er könne keinen Personalcomputer finanzieren, weil in seinem riesigen *General Products-Ge*schäftsbereich zu viele Projekte verwirklicht werden müßten, schließlich sei er für alle kleinen Systeme – von Kleincomputern bis hinunter zu Schreibmaschinen – verantwortlich.

»Herz und Hirn«, sagte Cary: »Das ist genau die Maschine, die Herz und Hirn der Leute erobern wird. Wir müssen diese Maschine bauen.«

Rogers druckste ein wenig herum und meinte, er könne das Geld ja vielleicht doch auftreiben.

»Vergessen Sie's«, sagte Cary. *»Ich* werde die Entwicklung finanzieren.«

Mit der Frage, wie man die Maschine entwickeln könne, wandte er sich an Bill Lowe, der für Rogers arbeitete und die Präsentation durchgeführt hatte.

»Verfügen Sie über irgendein abgelegenes Gelände, wo Sie ein Entwicklungsteam so unterbringen können, daß es völlig isoliert arbeiten kann?« fragte Cary ihn.

Lowe zuckte mit keiner Wimper, sondern begann mit ausdrucksloser Miene zu erklären, es gäbe da tatsächlich eine kleine Fabrik, abseits der Laboratorien der *General Products Division* in Boca Raton, Florida. Lowe, der vielen wegen seines streng zurückgekämmten, ergrauenden Haars und seiner eisernen Zurückhaltung an einen Kellner aus einem der deutschen Restaurants erinnerte, nahm sogar gelassen hin, daß Cary ihm gar nicht richtig zuhörte, sondern sofort zum nächsten Punkt kam.

»Nehmen Sie vierzig Leute dorthin mit!« befahl er. »Und suchen Sie sich jemanden, der wirklich gut ist und die Leitung übernehmen kann. Er wird direkt mir unterstellt sein.

Sie haben einen Monat Zeit. Machen Sie schon, organisieren Sie es, und unterrichten Sie mich dann unverzüglich!«

Nach Jahren, in denen die Firmenbürokratie sämtliche Bemühungen abgewürgt hatte, sollte Cary endlich seinen Computer bekommen.

In diesem Buch geht es um den Siegeszug und Fall dieses PC und um den Siegeszug und Fall von IBM, der damit einherging. Der PC trieb die Umsätze und Gewinne von IBM Anfang der achtziger Jahre in schwindelnde Höhen. Mit seiner Hilfe konnte IBM die größten Profite einfahren, die irgendeine Firma jemals gemacht hatte. Doch der überwältigende Erfolg des IBM-PC untergrub das Geschäft mit den Großrechnern, dem lohnendsten Unternehmenszweig, der bislang Jahr für Jahr vier Milliarden Dollar, wenn nicht mehr, an Profiten erwirtschaftet hatte. Als die Gewinne bei den Großrechnern zurückgingen, versäumte IBM die Gelegenheiten, den PC oder irgendein anderes Produkt in einen lukrativen Geschäftszweig zu verwandeln, während die Umsätze bei den Großrechnern schrumpften. Dreizehn Jahre nach Carys kühnem Beschluß stand IBM da, verdiente kaum noch etwas bei den Großrechnern und auch nichts mehr bei den PCs.

Die IBM hätte tatsächlich eine ganze Reihe von Möglichkeiten im PC-Geschäft gehabt, hätte aber vieles verändern müssen, um sie ergreifen zu können, und genau das konnte die Firma nicht. IBM wiederholte statt dessen die Xerox-Story.

Xerox hatte während der siebziger Jahre die meisten wirklich wichtigen Ideen hervorgebracht, die der PC-Industrie in den Achtzigern ihre Erfolge bescherten, hatte aber versäumt, daraus Kapital zu schlagen, weil niemandem bei Xerox klar war, über welchen Schatz sie verfügten. Als den Managern von Xerox endlich ein Licht aufging, waren ihre Entwicklungsabteilungen so wenig damit vertraut, echte Konsumentenprodukte herauszubringen, daß sie ein Monstrum von einem PC präsentierten – eine riesige, teure Maschine, die keiner wollte.

IBM dagegen bot während der ersten paar Jahre den richtigen PC an, weil es einmal gelungen war, die übermächtige Bürokratie kurzfristig auszuschalten, was freilich schnell ein Ende hatte. Denn kaum war das schwerfällige IBM-System wieder angelaufen, begann der PC seinen Weg ins Abseits zu Xerox.

Natürlich hatte die Führungsmannschaft von IBM die meisten Probleme kommen sehen, sowohl auf dem PC-Markt als auch in den anderen Geschäftsbereichen. Über Monate wurden Projektgruppen gebildet, die aus Unmengen cleverer Mitarbeiter bestanden. Sie hatten auch die Veränderungen im Markt vorausgesagt, die IBM letztlich lahmlegen würden. Die IBMler hatten sich allerdings nicht überwinden können, tatsächlich etwas gegen diese umwälzenden Veränderungen zu unternehmen. Die damals Mächtigen sagen, kein Außenstehender könne ermessen, von welch berauschendem Glücksgefühl die frühen achtziger Jahre geprägt gewesen seien. IBM sei die profitabelste, die am meisten bewunderte, die beste Firma der Welt gewesen, möglicherweise die beste der ganzen Menschheitsgeschichte. Warum also hätten sie etwas ändern sollen?

Statt sich der Situation anzupassen, geschickt mit ihr umzugehen, verfiel IBM wieder in ihre berühmte Unternehmenskultur. Der Führungsstil änderte sich nicht um ein Jota. Die Topmanager verbrachten ein Großteil ihrer Zeit in Meetings, in denen sie nur miteinander redeten, und betrachteten mittels der allgegenwärtigen Overheadprojektoren, die manche sich sogar in ihre Schreibtische aus Rosenholz hatten einbauen lassen, Overheadfolien. Sie sprachen ihre eigene Sprache, benutzten ihre Drei-Buchstaben-Acronyme und redeten über einen »Übergang in ein anderes Milieu, um ein Problem zu lösen und dem Kunden Vorteile zu verschaffen«.

Sie debattierten über neue Technologien wie die PCs, doch die älteren Führungskräfte, die wirklich an den Hebeln der Macht saßen, machten sich kaum einmal die Hände schmutzig. Sie begriffen weder, welches Potential in diesen Technologien steckte, noch sahen sie die Probleme, die auftauchen konnten. IBM ähnelte allmählich einem Musikkonzern, der von mit Taubheit geschlagenen Leuten geleitet wurde.

Die höchste Führung von IBM ignorierte völlig, was ›da draußen in der Welt‹ vorging. Da die Meinung vorherrschte, man habe die Konkurrenz auf dem Weltmarkt total ausgeschaltet, setzten die Topmanager alles daran, sich gegenseitig auszumanövrieren. Weil ›draußen‹ nichts mehr zu holen war, sahen sie das einzige Maß für Erfolg nun in ihrem Aufstieg in der Firma.

Über die Jahre hin hatte man IBMs Konkurrenten auf dem Markt für Großrechner verschiedentlich ›die sieben Zwerge‹ genannt, wobei IBM ›Schneewittchen‹ war. Der zweite Spitzname war ›The BUNCH‹. Die Namen mußten jedoch ständig geändert werden, weil es IBM immer wieder gelang, Wettbewerber total aus dem Geschäft zu drängen.

Remington Rand konnte IBM nicht standhalten, obwohl die Firma in den fünfziger Jahren, in denen man Computer allgemein Univacs genannt hatte – diesen Namen hatte Remington Rand seiner eigenen Maschine gegeben –, einen so tollen Start im Computergeschäft gehabt hatte. General Electrics hatte sich in den Fünfzigern und Sechzigern nicht gegen IBM behaupten können. Von ›The BUNCH‹ – Burroughs, Univac, NCR, Control Data und Honeywell – gelang es nur der NCR, sich heil in die achtziger Jahre hinüberzuretten, dann wurde sie freilich von AT & T geschluckt. Dieses prototypische Konglomerat, das man zu Anfang der achtziger Jahre als größten Konkurrenten in den USA betrachtet hatte, sollte im Computergeschäft viele Milliarden Dollar verlieren. Inzwischen erblühten jenseits des Ozeans die großen japanischen Firmen, doch den meisten der europäischen Wettbewerber konnte IBM das Wasser abgraben – ICL in England, Bull in Frankreich und Olivetti in Italien. Im PC-Geschäft fegte IBM den Pionier Tandy vom Markt, der schließlich aufgab, und der Textverarbeitungs-Gigant Wang war schwer angeschlagen. Neulinge wie Kaypro stiegen auf und verglühten fast ebenso rasch wieder. Sogar Apple, das man quasi mit dem Personalcomputer gleichsetzte, geriet so schnell in Schwierigkeiten, daß Mitbegründer Steve Jobs vor die Tür gesetzt wurde.

Gegen Ende der achtziger Jahre konnten die IBM-Führungskräfte gar nicht genug darüber reden, wie sehr sie sich doch geändert hätten. Doch der Wille zur Änderung war längst geschwunden.

Die alarmierendsten Probleme zeigten sich im Softwarebereich, wo IBM ein Großteil seiner Profite gemacht und sich als Marktführer auf dem Gebiet der Technologie betrachtet hatte. Aber dann war Microsoft gekommen, eine Firma, die 1980 nur aus einer Handvoll Halbwüchsiger bestanden hatte, um den PC-Markt an sich zu reißen. Ohne je darüber nachzudenken, wie schlecht es um ihren Softwaresektor bestellt war, hatte IBM Hunderte von Millionen Dollar, sogar Milliarden von Dollar, in Verlustprojekte investiert. Dieses Verhaltensmuster zeigte sich bei IBM in allen Bereichen, führte zu Problemen bei der Entwicklung von PC-Hardware bis hin zum Service-Markt, in den IBM – wie immer wieder gesagt wurde – einsteigen wollte.

Der Börsenwert von IBM ist bereits um mehr als 75 Milliarden Dollar gesunken. Wenn man bedenkt, daß der Gesamtwert der Aktien noch vor wenigen Jahren größer war als der aller Unternehmen an den deutschen Börsen zusammengenommen, liegt er heute gerade noch unter den ersten zehn US-Firmen. Der Wertverlust übertraf den Wert der zweitgrößten Firma. Dieses Geld ist einfach verschwunden, genauso wie die Hoffnungen auf den Pensionsfonds von Hunderttausenden von IBM-Angestellten und anderen Investoren. IBM hat in den letzten Jahren mehr als zwanzig Milliarden Dollar in Aktiva abgeschrieben, etwa das Doppelte des Bruttosozialprodukts von Ecuador.

IBM wird Jahre brauchen, die Probleme zu lösen, weil der Konzern zunächst einmal etwas an seiner ehrwürdigen Unternehmenskultur verändern muß, um je aus der Krise herauszukommen. Und in einer Branche, in der die Wechsel in der Angebotspalette mit derart rasender Geschwindigkeit vonstatten gehen, können Jahre wie eine Ewigkeit erscheinen, gelten hier doch ein bis anderthalb Jahre schon als ›Höchstlebensdauer‹. Die Welt wird ganz anders aussehen, wenn IBM sich erst wieder gefangen hat – vorausgesetzt, das gelingt –, und IBM wird wohl nie wieder über die Computerindustrie herrschen.

IBM verschwindet zwar aus dem Sichtfeld, läßt aber

einige verängstigte Geister zurück. IBM war schließlich einst das wichtigste Bollwerk, als die Vereinigten Staaten sich mühten, Japan davon abzuhalten, die Vorherrschaft auf dem Gebiet der Technologie zu erringen. Die Firma hatte Anfang der neunziger Jahre geholfen, die US-Halbleiter- und Halbleiterzubehörindustrie zu retten. IBM hatte die meisten der Schlüsseltechnologien hervorgebracht, die die Computerindustrie über die Jahre hin vorantrieben – den ganzen Weg von den esoterischen Datenspeichertechnologien der Großrechner bis hinunter zu den Festplatten und Disketten, ohne die PCs einfach nicht denkbar gewesen wären. Forscher von IBM haben den Vereinigten Staaten in den letzten Jahren zwei Nobelpreise eingebracht. Die Firma hat pro Jahr sieben Milliarden Dollar für Forschung und Entwicklung ausgegeben, was ungefähr ein Zehntel dessen ist, was amerikanische Unternehmen insgesamt jährlich in Innovationen investieren, auch wenn IBM häufig nicht als erste Firma die neuen Ideen auf den Markt bringt.

Das Unternehmen hat im Lauf der Jahre den höchsten Beitrag zu gemeinnützigen und Bildungsinstitutionen geleistet und Hunderttausenden von Technikstudenten Arbeitsplätze zur Verfügung gestellt. Inzwischen aber gibt es einen Einstellungsstopp, die Firma hat ihre Belegschaft sogar abgebaut, und die Gesamtsumme der Spenden fiel von 189 Millionen Dollar in 1985 auf 120 Millionen Dollar im Jahre 1992. Die kleineren Firmen wie Microsoft, Apple und Sun, die in den letzten Jahren auf Kosten von IBM Erfolge einheimsten, sind noch jung genug, gar nicht erst den Versuch machen zu wollen, die philanthropische Lücke zu füllen, die IBM hinterließ...

»Wir stehen an einem Wendepunkt«, sagte James H. Morris, Vorsitzender der Computerwissenschafts-Abteilung an der Carnegie-Mellon-Universität in Pittsburgh. »Die Umstrukturierung der Computer-Industrie hat die Computerwissenschaft an einen Wendepunkt gebracht.«

Angesichts der Sorgen von IBM muß man sich aber auch fragen, ob so große Firmen überhaupt noch funktionsfähig sind. Bei General Motors hat es nicht funktioniert. Bei Sears ebenfalls nicht. In einer weniger umwälzenden Art war das auch bei Kodak und vielen anderen Industriegiganten der Fall, so daß man nicht länger darauf bauen kann, daß die *Fortune 500* für einen weiteren Anstieg des Arbeitsplatzangebots sorgen können. Wenn IBM, einst das volkswirtschaftliche Vorbild der Großunternehmen, es nicht packen kann, wer dann?

Das Schrumpfen von IBM, das zum gleichen Zeitpunkt kam, zu dem andere Computerfirmen die Gehälter drastisch kürzen mußten, wirft auch die Frage auf, ob die Hochtechnologie tatsächlich der Motor des Wachstums sein kann, auf das die Clinton-Administration zu hoffen scheint. IBM hat die Arbeitsplätze von 407 000 im Jahr 1986 auf etwa 260 000 Ende 1993 abgebaut, und das reicht vermutlich noch nicht einmal aus. Ganze Städte, die in New Yorks Hudson Valley aufgrund der IBM-Jobs aus dem Boden geschossen waren, sind ökonomisch am Ende. Gleichzeitig wird Bostons Schaustück, der Route 128-Korridor, zu einer Geisterstadt, weil Digital Equipment, Wang, Prime Computer, Data General und viele andere Arbeitsplätze abbauen oder ganz vom Markt verschwinden. Da sogar im Silicon Valley Jobs eingespart werden, ging die Gesamtbeschäftigungsrate in der US-Computer-Hardware-Industrie seit ihrem absoluten Höhepunkt 1987 um fast zwanzig Prozent zurück, und es ist noch kein Ende der Krise in Sicht.

Bei anderen Computerfirmen ist die Wahrscheinlichkeit, zum Wachstum beizutragen, sogar noch geringer, solange IBM kränkelt. Viele haben im Lauf der Jahre in IBM weniger einen Konkurrenten gesehen als ein ›Milieu‹. IBM hatte den größten Marktanteil, und alle anderen kämpften um die restlichen Anteile. Die meisten setzten die Preise für ihre Produkte, nehmen wir einmal an, mit einem Discount von fünfzehn Prozent gegenüber IBM fest, vertrauten aber gleichzeitig darauf, daß die IBM-Preispolitik ihnen ebenfalls Stabilität garantierte.

Inzwischen aber ist das sichere Milieu der vergangenen Jahrzehnte in der Computerindustrie einer globalen Erwärmung gewichen. IBM hat so viele Marktanteile verloren, daß sie nun hinter denen aller anderen her sein muß. Sie hat sogar die Preise gesenkt, im Versuch, den Wettbewerbern auf den Fersen zu bleiben, die wiederum vergeblich bemüht waren, ihren normalen Discount gegenüber IBM zu halten, und selbst mit den Preisen heruntergingen. Dick Munro, Mitglied des IBM-Aufsichtsrats und früher Generaldirektor bei Time Inc., erzählte Ende 1992 einem Freund, das Unternehmen habe vor, seine finanzielle Übermacht zu nutzen, eine sehr riskante Strategie einzusetzen, um festzustellen, wie lange die Konkurrenten mithalten könnten. Aber natürlich hegte man dabei immer die Hoffnung, daß IBM der letzte Überlebende sein würde.

Selbst wenn die anderen Firmen die Lücke füllen können, die IBM in der US-Ökonomie hinterlassen hat, markierten die Probleme bei IBM auch das Ende eines Lebensstils in der amerikanischen Unternehmerschaft. Die Werte, für die IBM steht, stammen aus den patriarchalischen Zeiten zu Beginn dieses Jahrhunderts, und die Firma hielt an diesen Idealen auch dann noch fest, als alle anderen großen, im alten Stil geführten Unternehmen gezwungen waren, Personal abzubauen und im Umgang mit den Beschäftigten ganz allgemein kaltblütiger zu sein. Schließlich mußte aber auch IBM seine Politik aufgeben, den Leuten lebenslang einen Arbeitsplatz zu garantieren, und begann Anfang 1993 mit Entlassungen. Selbst die ehrenwerten Ansichten der Firma – einschließlich des Respekts für das Individuum – wurden auf ein Nichts reduziert. Und seit Lou Gerstner Anfang 1993 seine Tätigkeit aufnahm – der erste IBM-Boß, der sich nicht in der Firma hochgearbeitet hat –, begannen auch die letzten der bislang noch hochgehaltenen Traditionen zu fallen.

Die Probleme bei IBM aufzuzeigen ist deshalb so schwierig, weil IBM einst eine so großartige Firma war – großartig den Kunden, den Aktionären, den Klein- und Großstädten, Staaten und Ländern gegenüber, in denen die Firma sich niedergelassen hatte. In den Augen vieler Menschen war IBM weniger eine Firma als eine Institution. Und doch sind es genau die Dinge, die einst zu ihrem Ansehen beitrugen, die ihr heute diese Schwierigkeiten machen. Die Leute wiesen einst auf IBMs Ehrgeiz hin, alles richtig zu machen, auf die harten Regeln, die gründliche Ausbildung der Beschäftigten, das Eingehen auf die Wünsche der Kunden, die lebenslange Arbeitsplatzgarantie. Doch die Computerindustrie hat ihre Kindertage inzwischen hinter sich gelassen. Damals war es leicht, sich zu diesen Werten zu bekennen. Heute ist sie auf dem Weg in ein relativistisches Universum, wo sich alles mit Lichtgeschwindgkeit weiterentwickelt. Wenn man also auf die Werte verweist, an die sich IBM immer hielt, muß man auch die Angst vor dem Risiko erwähnen, die Beamtenmentalität, die Gehirnwäsche, der sie ihre Angestellten unterzog, das Versagen, innovative Produkte zu bringen, die Kundenwünschen entsprechen, die Unfähigkeit, die Belegschaft dazu zu bringen, schnell genug auf die Veränderungen des Marktes zu reagieren. Was hier folgt, ist so eine Art griechische Tragödie. Es ist eine sehr traurige Geschichte.

1. Kapitel

Jack Sams, ein Manager der mittleren Führungsebene bei IBM, tätigte einen der schicksalsträchtigsten Anrufe der Firmengeschichte. Er hatte sich eine Software-Strategie für den PC zurechtgelegt, in der Hoffnung, daß sein Boß, Bill Lowe, die Zustimmung des Management-Komitees für sein PC-Projekt bekommen würde, und Lowe hatte ihm erklärt, er solle schon einmal alles Nötige veranlassen. Deshalb hatte sich Sams nach dem Wochenende des 4. Juli 1980 vorgenommen, Bill Gates anzurufen. Gates, 24 Jahre alt, der das College ohne Abschluß verlassen hatte, lebte in Bellevue/Washington. Sams wußte, daß Gates zusammen mit einem Freund aus Kindertagen Sprachen entwickelt hatte, mit denen man Programme für die meisten PCs kreieren konnte, die damals im Umlauf waren. Sams wollte herausfinden, ob ihr Betrieb so gut war, daß IBM in Erwägung ziehen konnte, diese Sprachen auf ihrer Maschine zu benutzen.

Gates sagte: »Sicher. Ich würde Sie gern treffen. Wie wär's denn in zwei Wochen?«

Zu seinem Erstaunen erwiderte der Mann von IBM, die ja als ausgesprochen langsam bekannt war: »Wie wär's morgen?«

Sams, ein väterlich wirkender Mann in den Fünfzigern, dessen Haar sich bereits stark gelichtet hatte, flog am nächsten Tag mit einem Kollegen hin. Sie fanden das kleine Bankgebäude in der Nachbarschaft eines Einkaufszentrums in Bellevue, auf der Seite des Sees, die Seattle gegenüberliegt.

An der Lifttür wurde Sams von einem Zwerg mit einer wilden Haartolle und einer rahmenlosen Brille erwartet, der einen schlecht sitzenden Anzug mit Weste trug. Sams nahm an, dieser Knabe, den er auf fünfzehn, höchstens sechzehn schätzte, sei der Bürobote. In Wahrheit aber war es Gates selbst, der noch jünger aussah, als er war.

Sie brachten rasch den üblichen Hokuspokus hinter sich. Und Gates unterschrieb die Verschwiegenheitsklausel, die besagte, daß er keine der Informationen nutzen dürfe, die er von IBM bekam, IBM dagegen alles verwenden könne, was Gates sagte. Weiterhin verpflichtete sich Gates, selbst unter Druck zu leugnen, je von einer Firma mit den Initialen IBM gehört zu haben, und daß er, selbst wenn er es täte, auf keinen Fall gerichtliche Schritte gegen sie einleiten würde. Danach holte Gates Steve Ballmer dazu, einen Freund aus Collegetagen. Ballmer – er hat ausgeprägt nordische Züge und winzige eisblaue Augen – nahm an, er sei nur aufgrund der Tatsache hinzugezogen worden, daß sein Jahr an einer Business School ihn als einzigen in der Firma befähigte, einen Anzug richtig zu tragen.

Die dreistündige Zusammenkunft war rein informell. Die vier plauderten nur über die Chancen kleiner Computer. Gates und Ballmer schaukelten die ganze Zeit hin und her, wie es damals ihre Angewohnheit war – Gates vor und zurück, Ballmer von links nach rechts. Sams bediente sich der üblichen Tricks. Er erwähnte nicht ein einziges Mal, daß IBM erst einen Personalcomputer plante, setzte sogar ein Stück Desinformation ein, um Gates glauben zu machen, daß – falls er einen PC produzieren wolle – dieser weit weniger könne als der, den IBM bereits geplant habe. Gates, wie es seine Art war, redete ohne Punkt und Komma. Später nannte man das seinen ›Maschinengewehrstil‹. Er wollte einen PC mit besseren Grafiken und einem schnelleren Prozessor als den, den Sams beschrieb. Er wollte Disketten statt Magnetbandkassetten. Dennoch verlief das Treffen äußerst angenehm. Obwohl Gates zum damaligen Zeitpunkt nur 31 Angestellte hatte, war Microsoft nach den Normen der eben erst flügge werdenden PC-Industrie bereits ein respektables Unternehmen, und Sams brauchte nur ein paar Minuten, um festzustellen, daß Gates einer der klügsten Menschen war, die er jemals getroffen hatte.

Als Sams ging, versuchte er Gates und Ballmer zu ermutigen, mahnte sie aber auch zur Vorsicht. »Ich bin schon sehr lange bei IBM, und ich komme mit guten Ideen rein, doch nicht allzu viele finden Anklang. Machen Sie sich also nicht zu große Hoffnungen.«

Obwohl Bill Gates seine Firma ohne jegliche finanzielle Unterstützung von außen gegründet hatte, war er doch nicht ganz aus eigener Kraft reich geworden. Sein Vater war William Gates, ein prominenter Anwalt in Seattle. Und seine Mutter Mary, eine Lehrerin, saß aufgrund des Vermögens ihrer Familie und ihrer gemeinnützigen Arbeit im Aufsichtsrat der Security Pacific Bank, im nationalen Verwaltungsrat des United Way und war Mitglied des Verwaltungsrats der Universität von Washington. Der kleine Bill besuchte eine teure Privatschule in Seattle, und das College, das er abbrach, um die PC-Revolution zu initiieren, war immerhin Harvard.

Und auch wenn schnell klarwurde, welch großen Erfolg Bill hatte, brauchte seine Mutter sehr lange, um über diesen Ausstieg hinwegzukommen. Als ihr Sohn seinen ersten Ehrendoktorhut von der Universität Moskau bekam, scherzte er, nun hätte er ja endlich den Abschluß einer ›U of M‹ (Harvard liegt in Massachusetts). Doch erst als Harvard selbst Gates zu einer Feier anläßlich der Verleihung akademischer Grade an seiner Business School einlud, war Mary Gates besänftigt.

Seine Eltern hatten eine Menge getan, den ruhelosen Intellekt zu entwickeln, der Gates auszeichnet. Wenn Bill Freunde zum Abendessen eingeladen hatte, gaben sie beispielsweise allen, kaum kamen sie durch die Tür, ein leeres Stück Papier und forderten sie auf, eine möglichst genaue Karte der Vereinigten Staaten zu zeichnen und die Namen aller 48 Festlandstaaten einzutragen. Als Mary Gates ihr drittes und letztes Kind erwartete, teilte sie das Bill und seiner älteren Schwester im Rahmen eines recht komplizierten Spiels mit, dessen Lösung hieß: »Bald kommt ein kleiner Besucher.«

Die Eltern Gates hatten manchmal das Gefühl, bei der Anregung des Denkvermögens ihres Sohnes des Guten ein wenig zuviel getan zu haben. Als sie Bill auf die Privatschule schickten, so nicht deshalb, weil sie meinten, sie hätten da ein kleines Genie in die Welt gesetzt, sondern weil sie ihn für ›schwierig‹ hielten.

Der kleine Bill sprang Anfang der siebziger Jahre mit perfektem Timing auf die Hacker-Welle auf. Er kam gerade zu dem Zeitpunkt auf die höhere Schule, als die ersten Computer-Terminals mit zeitlich begrenzter Nutzung in den Schulen installiert wurden. Damals hatten Teenager das erste Mal Gelegenheit, mit Computern zu spielen. Und genauso wie die Kids später ihre Liebe zu Videospielen entdeckten, ging es Gates' Mitschülern damals. Er und seine Freunde verbrachten von da an ihre gesamte Freizeit in einem winzigen Raum vor einer Art Standard-Ein-Ausgabegerät und hielten Rollen von Papierstreifen, auf die sie ihre Programme gestanzt hatten. Sie saßen inmitten der Papierschnitzel, die aus den Lochkarten stammten, wodurch der Raum aussah, als sei er mit Konfetti beworfen worden.

Gates fing an, selbst ein wenig herumzuprobieren. Er startete seine eigene kleine Software-Firma, während er noch die höhere Schule besuchte, allerdings öfter schwänzte, um die Software für eine große Firma in Seattle zu schreiben. Im Gegenzug für die Computernutzung halfen er und einige seiner Freunde, ein Digital-Equipment-System auf Fehler zu untersuchen und sie zu beseitigen. Es war eine Szenerie, bei der IBM-Führungskräfte wohl Schwierigkeiten haben dürften, sich in sie hineinzuversetzen, doch Gates und seine Freunde gingen nach Stunden zu dem Besitzer des Digital-Systems und wühlten sich durch die großen Müllcontainer vor dem Gebäude. Sie sichteten mit Kaffeeflecken übersäte Notizzettel, die Informationen enthielten, wie die Firma ihre Computer eingestellt hatte – und sie vollbrachten Höchstleistungen, als sie die Papierschnitzel benutzten, um das Sicherheitssystem zu unterlaufen und sich zusätzliche Zeit am Computer zu verschaffen.

Als Gates sich 1973 in Harvard einschrieb, teilte er die Einstellung der meisten cleveren Studenten jener Zeit: Jeder konnte auf der Uni gut vorankommen; der Trick war allerdings, gut zu sein, ohne den Eindruck zu erwecken, man gäbe sich Mühe. Deshalb verbrachte Gates ein Großteil seiner Zeit beim Pokern oder in seinem Zimmer, wo er sich als das gab, was er ›einen philosophisch deprimierten Typ‹ nannte.

Dann kam an einem kalten Dezembertag des Jahres 1974

sein Jugendfreund Paul Allen zu Besuch. Auf seinem Weg zu Gates hatte er an einem Zeitungsstand im Hof der Universität vorher noch die letzte Ausgabe von *Popular Electronics* erstanden, die auf dem Cover einen der ersten Personalcomputer zeigte. Sein Name war Altair. Allen, ein ungewöhnlich stiller Typ mit einem gewaltigen Körperumfang und einem Bart, der eher an einen Holzfäller aus dem Nordwesten denken ließ als an einen Elektronikfreak, war ganz aufgeregt, als er schließlich Gates' Zimmer erreichte. »Hier ist unsere Chance!« rief er. »Wenn wir jetzt nichts unternehmen, wird's zu spät sein!«

Das Resultat war, daß Gates begann, sich mit der Entwicklung eines PCs zu beschäftigen, noch bevor IBM Projektgruppen zusammenstellte, die herausfinden sollten, wie IBM ihre Großrechnertechnologie und ihre sagenhaften Verfahrenstechniken nutzen könnte, um einen Personalcomputer herzustellen.

Gates begann allerdings an dem genau entgegengesetzten Ausgangspunkt. Der spindeldürre, langhaarige Twen stieg in die Computer-Gegenkultur hinab, in der Computer keine kühlschrankgroßen Halbgötter waren, deren Bedürfnisse von einer Priesterschaft weißbekittelter Techniker erfüllt wurden, sondern nur nützliche kleine Kisten voller Elektronik, die die Käufer sich häufig selbst zusammenstellen mußten. Zu den winzigen Kisten gab es weder eine Tastatur noch einen Monitor; die Maschine wurde über eine Reihe von Kippschaltern auf der Vorderseite bedient. Doch die Hacker, die mit der Elektronik herumspielten und miteinander wetteiferten, wie es nur Teenager tun können, verbesserten diese Computer weit schneller, als irgendeine Projektgruppe bei IBM sich je hätte träumen lassen.

Gates und Allen beschlossen, für diesen primitiven PC Software zu schreiben, die man nach einem Planeten aus einer ›Star Trek‹-Episode Altair genannt hatte. Allerdings waren die Maschinen noch gar nicht zu haben. Was sie auf dem Titel des Magazins gesehen hatten, war nur eine Attrappe. Sie funktionierte nicht. Und es würde Monate dauern, bis die Maschinen überall erhältlich waren.

Allen und Gates konnte das jedoch nicht aufhalten. Sie

riefen den Hersteller des Altair an und behaupteten, sie seien so gut wie fertig mit einer Version einer Basic-Programmiersprache, die auf dem Altair laufen würde. Das war natürlich ein Bluff. Die beiden hatten noch gar nicht angefangen. Dann gelang es ihnen, die Arbeitsweise des kleinen Altair auf den Kleinrechneranlagen von Harvard zu simulieren. Acht Wochen lang arbeiteten sie rund um die Uhr, schliefen manchmal tagelang nicht. Am Ende hatten sie eine Version der Basic, die eine technische Glanzleistung war und die beiden zu den begehrtesten Programmierern in der Frühzeit des PC machte.

Es war nicht klar, ob der Prozessor des Altair genug Leistung brachte und seine Speicherkapazität groß genug war, um den Benutzern den Luxus zu gestatten, in der der menschlichen Sprache ähnlichen Basic zu programmieren. Möglicherweise mußte man ja doch die übliche Computersprache benutzen, die nur als eine Folge von Einsen und Nullen geschrieben wird. Gates und Allen hatten jedoch ein elegantes Basic hervorgebracht, das die PC-Revolution einläutete, erleichterte es doch auch Hobby-Computerfreaks, ihre eigene Anwendungs-Software laufen zu lassen.

Gates hatte eigentlich vorgehabt, Arbeit und Studium unter einen Hut zu bringen, brach aber dann im Januar 1977 Harvard ab und zog nach Albuquerque/New Mexico, um in der Nähe des Altair-Herstellers MITS zu sein, der in einem Einkaufszentrum, gleich neben einem Massagesalon, ein kleines Büro unterhielt.

Gates und Allen gingen eine Partnerschaft ein und nannten ihre Firma Microsoft. Als sie begannen, Teenager und junge Leute Anfang der Zwanziger als Programmierer zu engagieren, trugen sie zum Erhalt der Hackerkultur bei, von der sich herausstellen sollte, daß sie der IBM-Bürokratie ein Dorn im Auge waren. Während es sich bei den IBMlern, denen sie gewöhnlich begegneten, um Fach- und Führungskräfte in mittleren Jahren handelte, deren erste Erinnerung an einen Computer ein Ding war, das einen eigenen Raum mit Air-condition für sich beanspruchte, waren die Leute bei Microsoft so jung, daß die Enddreißigerin, die als Sekretärin eingestellt worden war, während Gates sich auf einer Geschäftsreise befand, ihn nach seiner Rückkehr zu hindern suchte, sein eigenes Büro zu betreten. Sie hatte geglaubt, ein Sechzehnjähriger wolle in das Büro des Generaldirektors von Microsoft einbrechen. Im Gegensatz zu den IBMlern, die sich ganz ernst nahmen, behandelten Gates und seine Mannen alles als ein Spiel. Gates blieb grundsätzlich bis fünf Minuten vor Aufruf seines Fluges im Büro in der Nähe des Airports sitzen und raste dann los, um bei der Gelegenheit festzustellen, ob er noch schnell genug war. Er und einige seiner Programmierer fanden heraus, daß sie auf eine nahe gelegene Baustelle gelangen konnten, und sie veranstalteten dort mitten in der Nacht Bulldozerrennen. Gates demonstrierte auch manchmal ein Talent, das er als Kind entwickelt hatte – und sprang aus einer großen Mülltonne heraus.

Vor allem Gates behielt diese intensive Konzentrationsfähigkeit bei, die Teenager aufbringen, wenn sie ein Videogame knacken wollen, die die meisten aber verlieren, sobald sie die Zwanzig erreichen und begreifen, wie groß die Welt wirklich ist. Abends, wenn die IBM-Führungskräfte zu Frau und Kindern nach Hause eilten und darüber nachdachten, wie sie dem Unkraut in ihrem Vorgarten den Garaus machen konnten, bereitete sich Gates auf eine Nacht voller produktiver Arbeit vor. Er hatte sein Autoradio ausgebaut und sich geweigert, einen Fernsehapparat zu kaufen. Er merzte alles aus, was ihn nur im geringsten hätte ablenken können. Er war dafür bekannt, daß er ganze Bündel von Geldscheinen auf seinem Schreibtisch liegen ließ, ewig seine Travellerschecks verlor, seine Kreditkarten verlegte und mit leerem Tank irgendwo liegenblieb.

Allen und Gates verbreiteten eine Atmosphäre schöpferischer Unruhe, die einst auch bei IBM geherrscht hatte, aber in den achtziger Jahren geschwunden war, als der Erfolg die Firma vorsichtig machte. Ein Vorfall, inzwischen legendär, ist wohl typisch für Microsofts Kindertage: Ein Produktmanager kam zu Gates und gestand ihm, da sei ein Fehler im Programm, der die Daten des Nutzers löschen könne. Der Mann erklärte Gates, er wolle deshalb Disketten hinausschicken, die den Fehler beseitigen würden, das kostete allerdings 200 000 Dollar, eine Summe, die Microsoft damals unmöglich aufbringen konnte. Gates hatte angestrengt darüber nachgedacht, was da wohl schiefgegangen sein mochte. Doch als er den Preis hörte, sagte er nur noch: »200 000 Dollar, wie? Ich schätze, Sie sollten einfach versuchen, es beim nächsten Mal besser zu machen.«

Wie die meisten Hacker betrachtete Gates Programmieren als eine Übung für den Intellekt, hatte aber erfrischend gegensätzliche Ansichten über die finanziellen Möglichkeiten der Software. Die meisten Hacker waren Alt-68er und betrachteten den Personalcomputer als ultimatives Werkzeug der Demokratie. Sie glaubten, PCs seien ein Mittel, den ›normalen‹ Leuten Macht zu geben, weil sie ihnen Zugang zu den großen Computern verschaffen würden, die bislang als Sinnbild der Großindustrie – der Macht an sich – galten. Die Hacker waren der Meinung, Software solle ›geteilt‹ werden. Einer sollte etwas schreiben und es weitergeben. Andere sollten diese Software verbessern, wieder andere jene, und so weiter – etwa so, wie Künstler sich im Lauf der Jahrhunderte von anderen inspirieren ließen, was Ideen und Techniken anging.

Gates war da weniger idealistisch. Ende der siebziger Jahre wandte er sich mit einem Brief an die breite Öffentlichkeit. Darin beschwerte er sich bitterlich, daß jemand damit durchgekommen sei, umsonst eine Version der Gates-Allen-Basic weitergegeben zu haben. Damit habe er ihn und seinen Partner um den verdienten Profit betrogen, den sie dringend brauchten, um überhaupt weiterarbeiten zu können. Die Hacker-Gilde war sauer, unterstellte ihm niedere Motive. Er aber fühlte sich bestärkt, was die finanziellen Möglichkeiten der Software betraf. Er war sich deshalb des Werts der Software für PCs bewußt gewesen, lange bevor IBM bei ihm anklopfte.

Microsoft gelang es, wirklich gravierende geschäftliche Fehlentscheidungen zu vermeiden, weil Gates und Allen aus den vielen Fehlern lernten, die sie bei kleineren Abschlüssen machten, bevor sie ins große Geschäft einstiegen. Einmal akzeptierten sie beispielsweise einen Fixpreis für ein Basic-Programm, das sie in den Anfängen ihrer Firma für die Benutzung auf unzähligen Typen in Personalcomputern entwickelt hatten. Erst später wurde ihnen bewußt, daß sie weit mehr hätten verdienen können, hätten sie eine kleine Lizenzgebühr für jeden einzelnen Computer verlangt.

Danach geriet Gates in Schwierigkeiten, weil sich der neue Besitzer der Altair-Fertigung nicht an seinen Vertrag mit Microsoft hielt, den Vertrieb für seine Basic an andere Computer-Hersteller zu übernehmen. Um ein Haar hätte er einen verhängnisvollen Fehler gemacht. Er hatte nämlich angeboten, sich mit 200 000 Dollar in bar zufriedenzugeben, doch dann war ihm klargeworden, welch riesige Konzession er da angesichts der gewaltigen Nachfrage nach PCs gemacht hätte. Einen solchen Fehler wollte Gates nicht noch einmal machen, selbst wenn es IBM war, die vorhatte, ihm einen Fixpreis zu zahlen statt einer Lizenzgebühr, oder Ross Perot, der anbot, die ganze Firma für ein paar Millionen Dollar zu kaufen, was er ein paar Jahre nach ihrer Gründung tatsächlich getan hatte.

Als Gates anfing, mit etablierten Firmen Geschäfte zu machen, profitierte er durchaus von seinem kindlichen Äußeren. Er gehörte gewiß zu den Menschen mit dem schärfsten Verstand im amerikanischen Geschäftsleben, doch er entwaffnete die Leute dadurch, daß er ganz und gar nicht so aussah. Die Bosse, mit denen er verhandelte, hatten häufig Kinder, die älter waren als er, und Gates war so dünn und sein Bartwuchs so spärlich, daß er sogar um zehn Jahre jünger geschätzt wurde, als er war. Er kämmte sich kaum einmal die Haare und wusch sie noch seltener. Seine Brille war gewöhnlich schmutzig. Das Aussehen eines erfolgreichen jungen Geschäftsmanns versuchte er sich durch das Tragen von Anzügen zu geben, aber gewöhnlich entschied er sich für Farben, die etwas ›daneben‹ waren – ein wenig Grün oder möglicherweise Beige. Er trug zwar ordentliche Krawatten, doch die waren entweder voller Flecken oder wirkten schmuddelig.

Mit seinem Verhalten fiel er ebenfalls aus dem Rahmen. Er schaukelte vor und zurück, sobald er nachdachte, und wenn ihm jemand eine komplizierte Frage stellte, schielte er, während er zuhörte und sich eine Antwort zurechtlegte. Er wirkte manchmal ausgesprochen unkonzentriert. Als ein Reporter vom *Wall Street Journal* das erste Mal mit ihm zum Abendessen verabredet war, fragte Gates seine Begleiterin, ob die eisgekühlte Mint-Erbsensuppe tatsächlich kalt serviert werden müsse. Mit demselben Reporter verabredete er sich dann für einen Sonntag im April. Dabei hatte er allerdings vergessen, daß das ausgerechnet das Wochenende war, an dem die Uhren auf Sommerzeit umgestellt werden. Er verpaßte seinen Flug. Das war ihm schrecklich peinlich, und er brachte es nicht fertig, den Fehler zuzugeben. So nahm er eine spätere Maschine, überließ es aber seinem Freund Ballmer, den Reporter telefonisch über die Verspätung zu informieren.

Allen, der in der Anfangszeit von Microsoft fast ebenso engagiert war wie Gates, war plötzlich von der Bildfläche verschwunden, nachdem er festgestellt hatte, daß er unter Lymphogranulomatose litt. Auch nachdem eine Chemotherapie ihm geholfen hatte, war er lediglich bereit, in den Verwaltungsrat von Microsoft zurückzukehren.

Allens Platz hatte Ballmer eingenommen, Gates' Freund aus Harvard-Tagen. Ballmer, immer schon ein harter Verhandler, war zu Gates gestoßen, nachdem er ein Jahr an der Stanford Business School hinter sich gebracht hatte. Wie sich später herausstellen sollte, hatte er ausgesprochen günstige Konditionen für sich buchen können. Gates brauchte 1980 jemanden mit einer gewissen Erfahrung. Er hatte gleich an Ballmer gedacht, der Productmanager beim Nahrungsmittelgiganten Procter & Gamble gewesen war, bevor er sich an der Business School eingeschrieben hatte.

Ballmer zierte sich zunächst, doch Gates ließ ihn nach Seattle einfliegen und unterbreitete ihm ein Angebot, das sich dann allerdings als wesentlich bescheidener erwies, als Ballmer angenommen hatte. Nach diesem Treffen fuhr Ballmer Gates zum Flughafen, damit der einen seit langem geplanten Segelurlaub in der Karibik antreten konnte. Diese Geste entsprach Ballmers Naturell, war sie doch eine Kombination aus Geschäftssinn und alter Freundschaft. Danach kehrte Ballmer mit Gates' Auto in Gates' Haus zurück, das er ein paar Tage lang hüten sollte. Dort dachte er über das Angebot nach und rief Gates dann auf der Jacht *Doo-Wah, Doo-Wah* an, um ihm seine Entscheidung mitzuteilen. Ein paar von Gates' Freunden, die auf Deck der Jacht das Funkgespräch mithörten, riefen: »Gib ihm, was er will, Bill«, weil es so aussah, als wollte Ballmer abspringen. Und Gates erklärte sich daraufhin mit Konditionen einverstanden, die auch Ballmer inzwischen zum Milliardär machten.

In der Computerindustrie weiß man, daß Ballmer kein Techniker ist. Besonders in der Anfangszeit von Microsoft wurden auch seine Marketing-Kenntnisse stark unterschätzt. Die Leute waren der Meinung, er spiele da nur in der zweiten Liga. Berühmt geworden war er durch eine clevere Neuerung. Er hatte die Dose für *Duncan Hines-Kekse* ein wenig verbreitern lassen, so daß das *Procter & Gamble-Produkt* in den Regalen der Supermärkte von da an mehr Platz einnahm und so Konkurrenten beiseite drängte. Doch Ballmer hatte wie Gates als Mathe-Genie begonnen. Ballmer, als Sohn eines Ford-Bosses in Detroit geboren, ging nach der High-School in den Mathematikclub. Als er mit Gates in Harvard ein Zimmer teilte, nahmen beide an dem schwierigen *Putnam*-Wettbewerb teil und kamen auch unter die ersten hundert – wohlgemerkt, unter die ersten hundert aller Studenten sämtlicher Colleges Nordamerikas.

»Ich wurde siebenundsechzigster«, sagt Ballmer. »Bill war neunundneunzigster.« Und fügt lachend hinzu: »Ich hab's ihm gezeigt.«

Ballmer war nicht nur deshalb eine gute Ergänzung für Gates, weil er im Gegensatz zu Gates nicht von vorn nach hinten schaukelte, sondern von links nach rechts. Während Gates sich gern einen intellektuellen Anstrich gibt, ist Ballmer ganz schlicht knallhart. ›Bumm-Bumm‹-Ballmer rannte in seinem kleinen Büro herum wie ein Löwe im Käfig, bellte ins Telefon oder brüllte einfach herum, wenn er laut über etwas nachdachte. Besuchern bei Microsoft fiel neben dem Krach eines ganz besonders auf: Jeder, der bei Microsoft zählt, bekommt ein Büro nach seinen Wünschen, und Ballmer hätte mit Sicherheit eines der größten Kategorie zugestanden, er jedoch hatte darauf bestanden, eines der kleinsten zu nehmen, um ein Beispiel zu geben. Es war so winzig, daß er buchstäblich gegen die Wand lief, wenn er brüllte. Schließlich mußte eine Wucherung an seinen Stimmbändern operativ entfernt werden. Danach machte er unter Anleitung eines Sprachtrainers Stimmübungen, um zu lernen, wie man brüllt, ohne sich Schaden zuzufügen.

Gates und Ballmer spielten häufig ›Guter Polizist/Böser Polizist‹. Gates einigte sich mit einem potentiellen Partner auf die Grundzüge eines Vertrages. Dann wurde Ballmer hinzugezogen. Der fiel über den potentiellen Partner her, stritt um Pfennige. Falls irgendwer je protestierte: »Aber Bill hat doch gesagt...«, entgegnete Ballmer schroff: »Mir egal, was Bill sagt. Wir machen's so oder gar nicht.« Ray Noorda – der Generaldirektor des großen Rivalen Novell – erzählte, alle potentiellen Microsoft-Partner seien zunächst zur ›Himmelspforte‹ (›pearly Gates‹) geführt und dann dem ›Einbalsamierer‹ (›EmBallmer‹) überantwortet worden.

Trotz gelegentlicher Rückenschmerzen ging Ballmer mit intensivem Jogging gegen sein Gewichtsproblem an. Einmal kam er zu einer wichtigen Besprechung in New York eine Stunde zu spät, trug ein Mickey-Mouse-T-Shirt und war über und über mit Schweiß bedeckt. Seinem Gesprächspartner erklärte er, er habe zwei Stunden lang im Central Park an einem Wegrand gelegen, von Krämpfen geschüttelt, und versucht, wieder hochzukommen.

Trotz seines Fitneßtrainings wirkt er noch immer schwerfällig und grobschlächtig. Er schaufelt das Essen geradezu in sich hinein. Wenn er über irgendein Problem nachdenkt, ist eine Tüte Popcorn im Handumdrehen leer. Als er einmal in New York mit einem Reporter zum Frühstück verabredet war, hatte er einen derartigen Heißhunger auf eine Schüssel Reis, daß er die berühmte Szene aus dem Jack-Nicholson-Film *Ein Mann sucht sich selbst,* in dem der Star, der nur eine Scheibe Toast will, ein komplettes Frühstück ordert und der Kellnerin sagt, sie könne alles andere behalten, förmlich nachspielte. Ballmer – höflicher, aber nicht weniger entschlossen – erklärte dem Kellner, ihm sei völlig egal, daß Reis nicht auf der Frühstückskarte stünde. Auf jeden Fall sei Reis ein Bestandteil der Mittagsmenüs dieses Hotels, das gerade erst von japanischen Investoren übernommen worden war, also müßten sie auch irgendwo Reis haben. Schließlich bestellte er ein Mittagsgericht für 15 Dollar, ließ sich aber nur den Reis servieren.

Ballmers Kritiker sitzen vor allem in Software-Firmen. Sie sehen in ihm einen Gangster, weil sie das Gefühl haben, von ihm übers Ohr gehauen worden zu sein. In Anlehnung an eine Figur aus dem Film *Der Pate* nennen ihn einige den Luca Brasi von Microsoft. Die, die neuere Filme bevorzugen, gaben ihm dem Spitznamen ›Biff‹. So heißt der Schlägertyp aus den *Zurück in die Zukunft*-Filmen. Seine Bewunderer aber rühmen Ballmers Hartnäckigkeit und Intelligenz.

Kritiker wie Bewunderer sind jedoch fasziniert von der Kommunikation zwischen Gates und Ballmer, die immer wieder auf ihre ›Männerfreundschaft‹ verweisen. Sie selber sagen, ihre Kommunikation fände auf höchster ›Bandbreite‹ statt. Der einzige Unterschied ist wohl, daß Gates die Dinge ein wenig intellektueller behandelt. Er würde beispielsweise sagen, man verliere das Geld zweimal, wenn einem ein Konkurrent ein Geschäft vor der Nase wegschnappt – es entgehe einem, und der Konkurrent kriege es. Ballmer sieht das schlichter. »Wir brauchen den Auftrag«, brüllt er. »Wir brauchen den Auftrag!«

Nachdem Jack Sams Gates und Ballmer angeraten hatte, sie sollten sich keine zu großen Hoffnungen machen, ließ IBM ein paar Wochen lang nichts von sich hören. Gates und seine Betriebsangehörigen bei Microsoft ließ das kalt. Sie steckten bis über beide Ohren in Arbeit für andere Firmen, und es war ja nicht einmal sicher, daß IBM tatsächlich eine Maschine bauen wollte. Bald tauchte Sams jedoch wieder auf. Diesmal wollte er so eine Art Vorverhandlung in die Wege leiten und bat darum, zu diesem Treffen etliche Leute mitbringen zu dürfen.

»Das wird prima funktionieren«, sagte er. »Ich werde in Begleitung meiner Anwälte kommen, die können sich dann mit Ihren auseinandersetzen. Und unser Technikerteam kann sich dann auch gleich mit Ihrem zusammentun.«

»Prima«, erklärte Gates ihm. »Ich habe allerdings weder

Firmenanwälte noch ein Technikerteam. Ich mache alles selbst.«

Gates hatte sich schon früh entschieden, sich nicht von der Übermacht der IBMler beeindrucken und sich schon gar nicht über den Tisch ziehen zu lassen, deshalb holte er in dem vergeblichen Versuch, es Sams gleichzutun, der fünf Leute mitbrachte, vier von seinen Mitarbeitern an den Verhandlungstisch. Sams kam mit fünf Fachleuten. Einer der IBMler gehörte, wie sich herausstellte, zur Abteilung *corporate practices*. In IBMs zentralisiertem System waren sie so etwas wie Spione vom KGB. Jedenfalls informierten sie die Unternehmensspitze über alles, was bei Konferenzen vorging, und schrieben den Unterhändlern des eigenen Hauses vor, was sie sagen durften und was nicht, weshalb Gates noch einige weitere Verschwiegenheitsklauseln unterschreiben mußte. Nachdem dies aus dem Weg geräumt war, erzählte Sams Gates ein wenig mehr über das PC-Projekt und erreichte eine vorläufige Vereinbarung, wonach Microsoft dabei eine Beraterfunktion übernehmen sollte.

Sams rief nach ein paar Tagen wieder an, um über ein Betriebssystem zu reden. Ein Betriebssystem ist der vielleicht am wenigsten ›begreifbare‹ Teil eines Computers, weil es eben nicht ›greifbar‹ ist. Die Hardware kann man sehen, und das Konzept der Software ist leicht zu verstehen, wie zum Beispiel bei einem Textverarbeitungspaket. Das Betriebssystem aber ist ein fundamentales Programm, sozusagen nur eine dünne Schicht zwischen den beiden und meist schon auf die Hardware geladen. Benutzeroberflächen und Anwendungsprogramme bauen darauf auf. Das Betriebssystem ist eine komplizierte und umfangreiche Software, die die Befehle der Anwendungssoftware in eine Serie von elektrischen ON- und OFF-Impulsen übersetzt, jene Sprache, die die Hardware ›spricht‹. Es ist, als wäre die Anwendungssoftware in Englisch geschrieben, wogegen der Computer Sanskrit spricht. Ein Betriebssystem übersetzt aus dem Englischen in Sanskrit.

Anfangs war nicht klar gewesen, ob IBM seinem PC ein Betriebssystem mitgeben sollte. Für diese Übersetzung brauchen Betriebssysteme eine Menge Verarbeitungsleistung und so viel Speicherkapazität, daß zu jener Zeit nur wenige PCs über eines verfügten. Doch die PC-Benutzer zu zwingen, das Äquivalent für Sanskrit zu erlernen, bedeutete, die Brauchbarkeit des PCs einzuschränken, weshalb IBM beschlossen hatte, eines mitzuliefern.

Sams unterlag allerdings einem Irrtum, als er annahm, Gates hätte eins zu verkaufen. Gates empfahl Sams deshalb eine Firma mit dem fantasievollen Namen Digital Research Intergalactic. DRI produzierte das CP/M-Betriebssystem – das steht für *Control Program/Monitor* –, das gebräuchlichste, das damals auf dem Markt war. Gates ging davon aus, immer noch eine Menge Geld machen zu können, wenn er die Sprachen entwickelte und verkaufte, und hatte bereits ein stillschweigendes Abkommen mit DRI: Die Leute dort hielten sich aus den Sprachen heraus, solange er ihnen die Betriebssysteme überließ. Gates rief DRI für Sams an und machte für die IBM-Delegation einen Termin im kalifornischen Pacific Grove, direkt am malerischen Highway 1, der sich an der Küste entlangzieht.

Doch Gary Kildall, der Präsident von DRI, beging einen gigantischen Fauxpas. Der Doktor der Computerwissenschaften glaubte beweisen zu müssen, daß er IBM nicht nötig hätte. Als IBM ihm 1980 das Geschäft seines Lebens andienen wollte, war es ihm wichtiger, sein neues Flugzeug zu testen. Er überließ es seiner Frau, einer Anwältin, mit IBM und ihren vielen restriktiven Verschwiegenheitsklauseln fertig zu werden. Sie wollte nichts davon wissen. Sams mußte fast den ganzen Tag schachern, bevor er auch nur einen Fuß in die Tür bekam. Und es kam nur zu der einzigen Übereinkunft, wonach DRI sich verpflichtete, über den Besuch von IBM Stillschweigen zu bewahren. Die IBMler gingen. Sams und die Mitglieder seiner Delegation versuchten später, zu einem Kompromiß zu kommen und DRI noch einmal aufzusuchen, gaben aber schließlich frustriert auf. Sams rief Gates an und teilte ihm mit, es sei nun an ihm, ein Betriebssystem zu entwickeln oder ein anderes zu besorgen, weil IBM sonst auch nicht an Microsofts Sprachen interessiert sei.

»Danach bin ich in den Osten zurückgeflogen und habe mir Sorgen gemacht«, sagt Sams.

Anfang August 1980 kehrte Bill Lowe ins IBM-Hauptquartier nach Armonk, New York, zurück, um dem Vorstandsvorsitzenden und dem Management-Komitee seinen Plan zu unterbreiten. Es war ein gefährlicher Ort. Das Management-Komitee – oder wenn man IBMs Vorliebe für Abkürzungen bedenkt, das MC – beschäftigte sich mit Themen, die auf einer niedrigeren Firmenebene nicht gelöst werden konnten, weshalb IBMler stets den Eindruck hatten, vor den Obersten Gerichtshof zu treten, wenn sie sich vor dem Management-Komitee verantworten mußten.

Tatsächlich war es noch schlimmer, weil die Topleute, die hier ›zu Gericht‹ saßen, als brutal bekannt waren, besonders, wenn sie das Gefühl hatten, jemand vergeude nur ihre Zeit. Wollte irgendeiner einen Konkurrenten innerhalb des Systems in den Griff bekommen, war es das beste, ihm zu drohen, die Sache dem MC vorzulegen. Lowe hatte erst vor kurzem den Stachel des MC zu spüren bekommen. Er war es gewesen, der das MC zwei Monate früher von einem Plan unterrichtet hatte, PCs von Atari zu kaufen und sie einfach mit dem IBM-Logo zu versehen. Lowe blieb nur, sich schleunigst nach Boca Raton zurückzuziehen, wo er seinen Leuten erzählte, der Vorstandsvorsitzende Frank Cary hätte seine Idee als die dümmste bezeichnet, von der er je gehört hatte.

Der geheimnisvolle Nimbus des MC wird noch dadurch gesteigert, daß der Raum, in dem die Zusammenkünfte stattfinden, in einer ›komischen‹ Ecke liegt – komisch deshalb, weil es sich hier um eins der wenigen eleganten Areale eines Unternehmens handelte, das so reich war, daß man ihm eine gewisse Extravaganz durchaus nachgesehen hätte. Das Hauptquartier selbst ist nämlich ein derart niedriger und langweiliger Betonklotz, daß Steve Jobs, der Mitbegründer von Apple Computer, einmal eine 747 charterte und so viele seiner Beschäftigten von der Westküste herüberflog, wie da hineinpaßten, damit sie sich mit eigenen Augen überzeugen konnten, wie wenig Geschmack der große Konkurrent doch bewiesen hatte. Dabei kannte er das Innere des Gebäudes damals noch gar nicht.

Anfang der sechziger Jahre, als Tom Watson jun. noch der Chef war, ließ jemand überall im Gebäude Quadrate aus grellorangefarbenem Teppichboden verlegen, während der Boß sich auf Reisen befand. Bei seiner Rückkehr fragte Watson aufgebracht: »Was ist denn das? Wir sind doch kein Motel.« Der Teppichboden aber blieb. John F. Akers erwog damals, ihn austauschen zu lassen, sagte sich dann aber, daß eine Renovierung der Firmenzentrale gewiß nicht gut aussehen würde zu einer Zeit, da er überall sonst auf Sparmaßnahmen drängte. Als IBM von Nestlé in Purchase/New York ein luxuriöses Gebäude erwarb, machten sich alle Sorgen, das könne zu protzig wirken. Und während andere Firmen in den achtziger Jahren wetteiferten, wer über die größte Kunstsammlung, die prächtigsten Gebäude und die größte Luftflotte verfügte, schickte IBM Arbeiterkolonnen los, die die Stuhllehnen aus Mahagoniholz und die marmornen Kaminsimse entfernten. Sie mauerten die Kamine zu, vergipsten die Fugen und strichen die Wände neu.

Doch in jener geheimnisvollen Ecke, in der das Management-Komitee und die Direktoren tagten, schwelgte man geradezu in Luxus. In den Vorzimmern hängen die Porträts der früheren Bosse neben einigen Gemälden der Hudson-River-Schule, die die Familie Watson im Lauf der Jahre gesammelt hatte. Die Wände, die diese Räume von dem großen Konferenzsaal trennen, sind aus polierter chinesischer Eiche. Die Türen reichen hier alle bis zur Decke. Drinnen befinden sich ebenso wertvolle Gemälde aus der Sammlung der Watsons, darunter auch ein Porträt des finster blickenden Firmengründers Tom Watson. Es hängt an der Stirnwand, und der Computerpionier starrt all diejenigen an, die sich an das Management-Komitee wenden.

Der Tisch und die Ledersessel sind nicht besonders augenfällig, wenn man von der eigenartigen V-Form des Tisches absieht. Der jeweilige Chef des Unternehmens sitzt am unteren Ende des V und wirkt so auf den Besucher wie ein Papst mit seinen Kardinälen. Demjenigen, der auf dem Podium eine Präsentation durchführt, steht eine ganze Reihe von Kontrollinstrumenten zur Verfügung. Er kann das Licht dämpfen und die Einstellung des riesigen Bildschirms verändern. Gewöhnlich bringt er einen Manager der mittleren Ebene mit Jahreseinkommen etwa siebzigtausend Dollar.

Der steht nur hinter dem Bildschirm und legt die Transparentfolien in den Overheadprojektor ein, während er der Präsentation lauscht.

Die Betriebe und Betriebszweige, die von diesem Raum aus kontrolliert wurden, erstreckten sich wie das britische Empire im 19. Jahrhundert über die ganze Welt. Über den IBM-Fabriken und Bürogebäuden ging niemals die Sonne unter. In einer Ära, in der es jederzeit zu einem Atomkrieg hätte kommen können, hatte IBM ihre Besitztümer hervorragend gestreut und dezentralisiert. Die nominelle Firmenzentrale war anfangs in New York gewesen, doch zu Beginn der sechziger Jahre verlagerte IBM – wie alle anderen Unternehmen auch – ihre Aktivitäten in die Vororte. Die Zentrale zog nach Armonk/New York um, ein Städtchen im Norden, eine Stunde von New York entfernt, im Westchester County. Dort gibt es vermutlich die meisten IBM-Anlagen, und es ist heute wie damals das reichste County von New York. Doch IBM – wegen ihres blauen Logos und ihrer unglaublichen Ausmaße als Big Blue bekannt – besaß noch Hunderte anderer Standorte, sorgfältig über die ganze Welt verteilt, so daß kein Land sich vernachlässigt fühlen konnte, aber auch kein Gebiet fürchten mußte, völlig von IBM dominiert zu werden. Genau wie der Beginn des Düsenzeitalters die internationalen Geschäftsgepflogenheiten veränderte, brachte die Ausbreitung von IBM eine weltweite Unternehmenskultur hervor, die nicht nur IBMesisch sprach, sondern viele Sprachen – von Englisch über Französisch, Deutsch und Spanisch bis zu Japanisch und Russisch –, und allen war die Sprache des Profits und der Berechenbarkeit gemein. IBM stärkte diese Kultur durch regelmäßig stattfindende interne Schulungen. Ein Programm, das die Beschäftigten Jahr für Jahr für viele Wochen zusammenführte. Es stellte auch sicher, daß alle Schritt hielten, weil sich so eine Bürokratie entwickelte, die stolz darauf war, jedem Beschäftigten einen höheren Prozentsatz an Managern gegenüberzustellen als jede andere Firma der Welt.

Die Geschäfte von IBM wurden in einer Form arrangiert, die an eine Maya-Pyramide erinnert. Wobei die drei bis sechs Mitglieder des Management-Komitees an der Spitze sitzen. Das Hauptquartier der Firma, das direkt daneben liegt, kontrollierte alle Dienstleistungsfunktionen wie Buchhaltung und das Personalbüro, deren Kosten ziemlich willkürlich den Profitcenters zugeschlagen wurden, die alles ermöglichten.

Jeder dieser Bereiche hatte seine eigene Managementstruktur, die wiederum alle dem Management-Komitee und dem obersten Chef in Armonk unterstanden. Die Mainframes, jene Großrechner in staubfreien Räumen, die überall auf der Welt das Herzstück von großen Unternehmen und Regierungsstellen bildeten, sind seit 1960 der gewinnträchtigste Erwerbszweig gewesen. Doch in den siebziger Jahren fuhren auch Kleinrechneranlagen ganz erhebliche Profite ein. Während dieser ganzen Zeit verkaufte IBM aber ebenfalls Büromaschinen wie Kopierer und natürlich die legendären Selectric-Schreibmaschinen. Dann gab es da noch Geschäftszweige, von denen die meisten Menschen keine Ahnung hatten. Vom ersten Tag an arbeitete IBM bei den suborbitalen Operationen mit der NASA zusammen. Die riesige Schar der Außendienstler verteilte sich über diese Profitcenter.

Zur Blütezeit der Firma umfaßte das Verkäufernetz in den Vereinigten Staaten mehr als hunderttausend Mitarbeiter, in Europa und Asien waren es noch einmal gut fünfzigtausend. Weil alle Vorstandschefs bei IBM als Verkäufer angefangen hatten, konnten die Außendienstler die ganze Firma dominieren. Sie waren diejenigen, die mit den Kunden sprachen und erfuhren, was die wollten, und sie waren es auch, die ausführliche Bedarfslisten für die Produkte verfaßten. Diejenigen, die die Produkte tatsächlich entwarfen und fertigten, durften dagegen nicht mit den Kunden sprechen.

Aber auch der Außendienst wurde nicht als Einheit betrachtet. Es gab einen US-Außendienst, einen japanischen, einen britischen, einen deutschen und so weiter – und jeder einzelne meldete bei den Entwicklungsabteilungen seine individuellen Wünsche für ein bestimmtes Produkt an. Diese komplizierte Struktur sorgte für so viel Konfliktstoff, daß das Management-Komitee pro Woche an zwei oder drei Tagen zusammentreten mußte, um diese Dinge zu klären. Da mußte festgelegt werden, wie ein Produkt aussehen, aber auch, ob man einem bestimmten Kunden Sonderkonditionen einräumen sollte, damit er nicht zur Konkurrenz überlief.

Als Bill Lowe vor dem MC-Konferenzsaal saß und darauf wartete, in diesen Raum der Macht eintreten zu dürfen, glaubte er die Spitze dieser Maya-Pyramide förmlich durch den Sitz seines Stuhls spüren zu können.

Lowe hielt seine Vorschläge für gut durchdacht. Er hatte sogar einen Prototyp seines PC bei sich, weil seine Pläne bereits so ausformuliert waren, daß seine Ingenieure etwas hatten bauen können, das dem Endprodukt zumindest nahekam. Als Lowe allerdings zwei Stunden vorher seine Präsentation noch einmal durchgegangen war, hatte er festgestellt, daß er durchaus ein Problem hatte. Der Prototyp hatte nicht funktioniert. Er und einige Techniker hatten ihn noch einmal auseinandernehmen und all die provisorisch verdrahteten Innereien herausreißen müssen, bis sie den Fehler gefunden hatten.

Bill Sydness, ein erfahrener Ingenieur, der Lowe nach Armonk begleitet hatte, sagt, das System hätte zu diesem Zeitpunkt ›zwei Dinge tun‹ können. Es war in der Lage, eine wunderschöne nackte Frau zu malen und das Bild eines startenden Raumschiffs zu simulieren. »Wir entschieden uns, dem MC die Rakete zu zeigen.«

Das Demo und der Prototyp erregten Interesse, und Lowe bekam auch einige Komplimente, doch das Management-Komitee betrachtete diese Vorführung im Grunde nur als einen von zahllosen Vorschlägen, die ihm Woche für Woche unterbreitet wurden. Lowe und sein Team sahen den PC als einen Heimcomputer und wiesen auch ständig darauf hin, was vermuten ließ, daß sich die umworbenen Großfirmenkunden wohl kaum dafür interessieren würden.

Lowe hatte Schwierigkeiten befürchtet, als er erklären mußte, der einzige Weg, die zwei oder drei Jahre Entwicklungszeit abzukürzen, die andere Versuche auf dem Personalcomputermarkt in Anspruch genommen hätten, wäre, fast alle Teile außerhalb des Unternehmens herstellen zu lassen. Er versprach aber, er könne, wenn man es ihm denn erlaube, in weniger als einem Jahr eine Maschine produzieren, die mehr Leistung brächte als der Apple.

Es gab eine kurze Diskussion darüber, ob die Tatsache, daß IBM Teile von Fremdfirmen benutzte, zum Verlust ihrer richtungweisenden Stellung auf dem Markt führen könne. Immerhin hatte IBM ja den Markt für die lukrativen Großrechner total unter Kontrolle. Doch niemand in diesem Konferenzraum hatte vorausgesehen, wie wichtig der Markt für Personalcomputer einmal werden würde. Genausowenig waren sich die Herren der Tatsache bewußt, wie wenig Kontrolle IBM überhaupt noch würde ausüben können. Die Mitglieder des MC machten sich mehr Sorgen darüber, daß sie Fremdfirmen würden erlauben müssen, den PC zu verkaufen, weil man nicht sicher war, daß er dem Standard seines blaubeanzugten, weißbehemdeten Außendienstes entsprechen würde. Doch selbst diese Sorgen kamen erst viel später zum Tragen.

Die Gruppe war schon deshalb bereit, sich Lowes Idee anzuschließen, weil IBM noch immer unter einer Reihe von Fehlentscheidungen litt, die man auf dem PC-Markt getroffen hatte. Der SCAMP, den IBM Ende der sechziger Jahre hergestellt hatte, war ohne Zweifel der erste Personalcomputer der Welt, doch der stand im Smithsonian-Museum und nicht auf Millionen von Schreibtischen. Der 5110 war zwar den Fähigkeiten, die Tandy Mitte der siebziger Jahre seinem erfolgreichen TRS 80-Personalcomputer mitgegeben hatte, sehr nahegekommen, doch die IBM-Maschine kostete zehntausend Dollar – erheblich mehr als die PCs anderer Firmen. Mit der Entwicklung des Datamaster hatte die IBM schließlich geglaubt, ihr Ziel erreicht zu haben, aber er wurde zu spät in den Markt eingeführt, weil Ende der siebziger Jahre verschiedene Außendienst- und Technikergruppen aus anderen Bereichen von IBM versuchten, ihre eigenen Vorstellungen durchzusetzen, bis das ganze Projekt so gut wie tot war, weil sich seine Fertigstellung um zwei Jahre verzögert hatte. Das größte Problem war dabei wie üblich die Software gewesen, ein Projekt, das so weit außer Kontrolle geraten war, daß die Hardware zweimal neu überdacht werden mußte, damit sie zu dem unerhört großen Betriebssystem paßte.

IBMs Personalcomputer waren in den Achtzigern so schwach, daß Lowes Team nach dem Juli-Besuch in Armonk als erstes loszog und einige Apple II kaufte, um die Vorplanung und diese Präsentation darauf zu organisieren, obwohl sie Zugang zu der gesamten IBM-Hardware gehabt hätten und wohl zur Schnecke gemacht worden wären, hätte irgend jemand die verhaßten Apple-Maschinen auf dem IBM-Gelände entdeckt.

Obwohl sich alle im Raum einig waren, daß es zu Problemen führen könnte, wenn man sich auf Fremdfirmen verließ, nahm das niemand sonderlich ernst. Mit den Problemen, so dachten die Herren, würde man später schon noch fertig werden. Frank Cary genehmigte Lowes Plan.

»Die Herren waren übereinstimmend der Meinung«, sagt ein Mitglied des Management-Komitees, »daß man in einem so kleinen Markt keine großen Probleme bekommen könne, und wir hielten den Markt für Personalcomputer für nicht besonders groß.«

Als Lowe das Meeting verließ, erwartete ihn etwa ein Dutzend Leute aus seinem PC-Entwicklungsteam vor der Tür. Sie alle wollten wissen, ob die Finanzierung gesichert sei. Doch Lowe, der wegen seiner normalerweise unbewegten Miene der Gerald Ford der Computerindustrie genannt wurde, wirkte bedrückt. Dann konnte aber selbst er sich nicht länger zurückhalten und mußte grinsen. Sein Team hatte den Auftrag.

An jenem Abend gingen sie feiern und alberten herum. Im vergeblichen Versuch, die Kellnerin zu verwirren, änderten sie ständig ihre Bestellungen. Am nächsten Tag flogen sie frühmorgens nach Florida zurück, wo sie nichts mehr zu lachen hatten, denn vor ihnen lag das härteste Jahr ihres Lebens.

In der Zwischenzeit bemühte sich Bill Gates, eine Entscheidung zu treffen, ob er ein Betriebssystem für IBM bauen sollte oder nicht. Sein wahres Talent lag in den Sprachen, die Programmierer brauchten, um Software zu schreiben, nicht auf dem komplizierteren Bereich der Betriebssysteme. Ganz abgesehen davon glaubte er zu diesem Zeitpunkt nicht, mit dem, was als DOS (Disk Operating System) bekannt werden sollte und ihm ein Vermögen einbrachte, viel

Geld machen zu können. Ihm hätte es durchaus genügt, seine Basic auf einem IBM-System arbeiten zu lassen, denn er war der Meinung, das große Geld läge in den Sprachen. Gates und Ballmer sagen, nicht einmal sie hätten geglaubt, daß der IBM-Computer zu einem solchen Erfolg werden würde. Und sie fügen hinzu, sie hätten nur deshalb mit IBM arbeiten wollen, weil sie der Meinung waren, es sei ›cool‹, als diejenigen bekannt zu werden, die IBM halfen, einen Personalcomputer herauszubringen.

Zusammen mit seinem Partner Allen und einem flüchtigen Bekannten namens Kay Nishi zerbrach sich Gates bis tief in die Nacht den Kopf. Auch nachdem sie sich einig waren, das Projekt bewältigen zu können, und zu dem Schluß gekommen waren, auch finanziell zurechtzukommen, wollten sie noch ein weiteres Mal genau überdenken, ob sie damit vielleicht ihr stillschweigendes Übereinkommen mit Kildall und DRI gefährdeten, wonach Gates und seine Mannen sich vom Markt der Betriebssysteme fernhalten wollten.

Da sprang Nishi plötzlich auf und brüllte: »Ist doch scheißegal! Ist doch scheißegal!«

Sie schauten sich an und beschlossen, ein Betriebssystem zu entwickeln.

Das war leichter gesagt als getan. Die Entwicklung eines Betriebssystems würde ein Jahr, wenn nicht sogar mehr Zeit in Anspruch nehmen, doch die IBM brauchte ihres in ein paar Monaten. Dieses Problem löste sich quasi von selbst, als Allen in der Gerüchteküche der Computerzirkel von Seattle von einem Betriebssystem namens QDOS hörte, was für ›quick and dirty operating system‹ stand und von einem Amateur entwickelt worden war. Es stellte sich heraus, daß es – zumindest in Teilen – vom DRI-Betriebssystem geklaut war, doch dies geschah zu einer Zeit, da noch keiner auf die Idee gekommen war, Programmierern, die sich bei ihren Entwicklungen der ›geistigen Leistung‹ anderer bedient hatten, den Prozeß zu machen. Nachdem die ersten, die ›Anleihen‹ bei anderen gemacht hatten, von den Gerichten zur Zahlung hoher Schadenersatzsummen verdonnert worden waren, war man da schon vorsichtiger. Allen rief Tim Paterson an, den Autor der Software, und fand heraus, daß er Microsoft vermutlich eine Lizenz für QDOS erteilen würde.

Nachdem Gates Jack Sams mitgeteilt hatte, er würde ihm wahrscheinlich ein Betriebssystem liefern können, informierte er ihn auch über dessen Herkunft. Die meisten Leute, einschließlich einiger IBM-Topführungskräfte jener Zeit, glauben, Gates habe IBM die Geschichte seines Betriebssystems verschwiegen, weil er seinen wertvollen Fund habe schützen wollen. Doch Sams dementiert das. Er sagt, Gates habe ihm alles über das Betriebssystem erzählt.

»Die Frage war: ›Wollen Sie es selber kaufen, oder sollen wir das für Sie übernehmen?‹« erklärt Sams.

Aber IBM, so sagt Sams, wollte mit dem Betriebssystem nichts zu tun haben, nachdem die Firma in der Vergangenheit so oft mit Softwareprojekten hereingefallen war. Das Leitprinzip für dieses PC-Projekt war außerdem, daß IBM nur die Fäden ziehen würde. Deshalb wollte er Microsoft dafür Sorge tragen lassen, daß das Betriebssystem auch funktionierte und sicherstellte, daß die Sprachen richtig integriert waren, das Betriebssystem ständig dem neuesten Standard entsprach, die Kundenanfragen bearbeitet wurden und so weiter.

»Abgesehen davon«, sagt Sams heute, »hätten wir die Software gekauft, hätten wir nur alles vermasselt.«

Microsoft kaufte also das System und zahlte etwa 75 000 Dollar dafür. Dadurch, daß IBM die Gelegenheit ausschlug, das zu erstehen, was als DOS bekannt wurde, verpaßte sie auch eine Chance, die den Börsenwert von Microsoft von praktisch Null auf heute etwa 27 Milliarden Dollar hochschnellen ließ und Gates zum reichsten Mann der Vereinigten Staaten machte.

Vielleicht hatte Sams ja recht, möglicherweise hätte IBM DOS ja tatsächlich verpatzt, doch weil IBM nicht in der Lage gewesen war, diese Chance zu ergreifen, handelte sie sich einen gravierenden Nachteil im Personalcomputergeschäft ein, weil es nun Microsoft war, das den Standard setzte und besaß. Diese Entscheidung brachte IBM auch auf einen Kollisionskurs mit Microsoft, der sie Jahre später zwang, Milliarden von Dollar auszugeben, um einen Standard für sich zu beanspruchen, den Microsoft für 75 000 Dollar gekauft hatte. IBM hatte zu Beginn der Zusammenarbeit mit Microsoft 340 000 Angestellte, ein Betriebsvermögen von 27 Milliarden Dollar, einen Umsatz von 26 Milliarden Dollar und machte 3,6 Milliarden Dollar Gewinn, wogegen Microsoft damals 32 Angestellte und ansonsten wenig zu bieten hatte. Dennoch gelang es IBM, in diesem Spiel zu verlieren.

2. Kapitel

Hal Martin, der Generalmanager der großen IBM-Niederlassung in Rochester, ließ 1980 die kühle Herbstluft der Hochebene von Minnesota hinter sich und flog zu einem kurzen Urlaub nach Mexico City. Martin, sportgestählter Marathonläufer, anscheinend in Topform und noch nicht einmal fünfzig Jahre alt, erlitt dort einen Herzanfall und fiel tot um.

Diese Szene auf einer Straße in Mexico City veränderte den Lauf der Geschichte des IBM-PC. Das bedeutet, Bill Lowe stieg aus dem PC-Geschäft aus, um Martins Platz einzunehmen. Lowe seinerseits wurde von Don Estridge ersetzt, einem der charismatischsten Männer in der langen IBM-Geschichte.

Lowe fiel die Entscheidung, seine geschichtsträchtige Position in Boca Raton aufzugeben, sehr schwer. Er war lange in der Gegend gewesen und mochte sie. Er hielt den PC für eine wahrhaft aufregende Herausforderung. Doch Lowe wußte auch, wie man spielen muß, wenn man bei IBM auf der Überholspur bleiben will. Er wußte, daß Boca Raton für IBM-Verhältnisse tiefste Provinz und es ziemlich unwahrscheinlich war, daß man dort positiv auffiel. Bevor die PC-Entwicklung in Boca Raton angesiedelt wurde, hatte die Niederlassung nur aus ein paar Gebäuden am Ufer eines Sumpfes in dem verschlafenen Seebad im südlichen Florida bestanden. Lowe hatte bereits Punkte gemacht, weil von ihm die PC-Idee entwickelt worden war, weshalb es – kannte man das IBM-System – kaum einen Grund gab, noch länger dort zu bleiben. Es hätte sogar ein wenig gefährlich werden können. Falls das Projekt sich als Flop erweisen sollte und er noch immer da wäre, konnte man ihm die Schlappe leicht persönlich ankreiden. Nachdem einige etablierte Führungskräfte ihn telefonisch ermutigt hatten, packte Lowe also seine Sachen und machte sich daran, das Unternehmen in Rochester mit seinen 7000 Beschäftigten zu leiten.

Aus heutiger Sicht macht die Wahl seines Nachfolgers in Boca Raton Sinn, damals aber galt sie als gar nicht so naheliegend. Etliche Mitarbeiter des PC-Projekts waren überzeugt, sie selbst könnten das Team führen, und wetteiferten offen um den Posten. Don Estridge hingegen hielt zu diesem Zeitpunkt niemand für einen aufgehenden Stern. Mit seinen 43 Jahren, in einem Alter also, in dem die wahren Stars bereits seit Jahren Vizepräsidenten waren, gehörte er nur dem mittleren Management an. Auch wenn viele es vergessen haben mögen, die Estridge später als Helden des PC feierten, so gebührte ein Großteil des Ruhms doch Lowe, der den Anstoß für die Fertigung gegeben hatte.

Aber es war Estridge, der als Vater des PC auf ein Podest gehoben wurde. Estridge, beeindruckende 1,92 Meter groß, war erst im Oktober zu dem Team gestoßen, als das PC-Projekt bereits drei Monate lief. Auch wenn sich nur noch wenige bei IBM an Estridges Karriere vor der PC-Zeit erinnern, hatte der Mann, dem man eine gewisse Ähnlichkeit mit dem Schauspieler Fred MacMurray nachsagte, damals Glück, überhaupt noch dazusein. Bevor er den PC-Job bekam, stand er nämlich kurz davor, gefeuert zu werden. (1990 gab der damalige IBM-Chef John Akers bei der Gerichtsverhandlung um den Flugzeugabsturz, bei dem Estridge ums Leben gekommen war, zu Protokoll, Estridge hätte Vorstandsvorsitzender der Gesamtfirma werden können. Doch einmal angenommen, Akers glaubte das wirklich, war er wohl der einzige, der Estridge auch nur die geringste Chance einräumte.)

Bevor er den PC-Job annahm, wäre Estridge wegen des IBM-Serie 1-Projekts fast vor die Tür gesetzt worden. Er war schon jahrelang in Boca Raton gewesen, als sich diese Kleinrechneranlage als glatte Fehlentwicklung entpuppte, die keinerlei Anklang fand.

Estridge hatte Mitte der siebziger Jahre den Auftrag für die Entwicklung eines Betriebssystems für die Serie 1 unterschrieben, doch hier war von Anfang an alles schiefgegangen. Estridge hatte die Standard-Methodik von IBM eingesetzt und mit etwa tausend Programmierern begonnen. Diese Leute, die zu den hervorragendsten Programmierern von IBM gehörten, kamen nach Florida und verbrachten

Monat um Monat damit, einen detaillierten Entwurf für die Software zu erarbeiten. Dann gingen sie wieder.

Ihnen folgten Horden von 08/15-Programmierern, die – weniger begnadet – angesichts eines so riesigen Systems natürlich Schwierigkeiten hatten, die großartige Vision zu erkennen, die hinter diesen Hunderten von Seiten mit Spezifikationen stand. Wenn, wie bei IBM üblich, eine kleine Armee von Leuten daranging, ein Projekt in Hunderte von eng miteinander verbundene Einzelteile zu zerlegen, bedeutete das, daß sie mehr Zeit mit interner Kommunikation verbringen mußten als damit, tatsächlich Codes zu schreiben, weil jede Veränderung an einem Teilstück, selbst wenn sie noch so minimal erscheinen mochte, die Leute zwang, auch an etlichen anderen Teilen welche vorzunehmen, um die eine zu vollziehen. Es ist so ähnlich, als wolle man plötzlich Deutsch schreiben statt beispielsweise Französisch.

Komischerweise war es ein erfahrener IBM-Programmierer, der das Buch *The Mythical Man Month* schrieb, das anderen Firmen einen Zugang zu einem guten Software-Prozeß ermöglichte. In dem Buch stand, eine Frau müsse, wenn man ein Baby wolle, neun Monate lang schwanger sein, auch wenn es so aussähe, als sei man bei IBM der Meinung, es ginge ebenfalls, wenn neun Frauen je einen Monat lang schwanger wären. Andere nahmen diese Idee auf und verwandelten sie in eine Art Künstlermodell für Software, bei dem ein Michelangelo so lange auf ein Stück Marmor starrt, bis er die *Pietà* sehen kann, die sich in ihm verbirgt, und dann den Marmor wegmeißelt, wobei seine Helfer nur die niedrigsten Arbeiten übernehmen dürfen.

IBM allerdings bediente sich weiterhin eines Modells, bei dem ein paar clevere Leute mit Schutzhelmen die *Pietà* formen und sie dann Hunderten von Assistenten übergeben, von denen jeder an einer winzigen Sektion des Marmors arbeitet, immer in der Hoffnung, daß die Skulptur am Ende irgend etwas darstellt. Möglicherweise wäre es ja auch IBM lieber gewesen, wenn ein einzelner Michelangelo alles allein gemacht hätte. Die Firma konnte aber nie sicher sein, daß derjenige, dem die Verantwortung übergeben wurde, tatsächlich ein Genie war. Statt dieses Risiko einzugehen, entschied sich IBM bei diesem Prozeß eben für den niedrigsten gemeinsamen Nenner.

Zu dem Zeitpunkt, da Estridge einen Weg gefunden hatte, diesen Prozeß abzukürzen, hatte sein Serie 1-Betriebssystem den finanziellen Rahmen für ein Projekt dieser Größenordnung längst gesprengt und lag im Zeitplan so weit zurück wie die meisten Projekte, die IBM entwickelte. Diese Erfahrung hinterließ bei Estridge ein so flaues Gefühl, daß er sich schwor, nie mehr ein Software-Projekt anzupacken. Das hatte das PC-Team anfänglich in seinem Entschluß bestärkt, das Problem des Betriebssystems Microsoft zu überlassen.

Auch Estridges Persönlichkeit entsprach Mitte der Siebziger nicht eben dem IBM-Standard. Er stolzierte in Cowboystiefeln aus Eidechsenleder herum, während alle anderen konventionelles Schuhwerk bevorzugten. Er kultivierte damals das Image, es einfach nicht nötig zu haben, sich dem IBM-System anzupassen. Von jemandem, dem ein Entwicklungsprojekt übertragen worden war, erwartete man, daß er ruhig zuhörte, wenn andere Firmenbereiche ihre Wünsche äußerten oder etwas beizutragen suchten, Estridge aber hielt sich generell nicht daran, obwohl ihm klar sein mußte, daß die anderen ihm daraufhin Steine in den Weg legen würden. Nachdem man ihm nun einen Flop zuschreiben konnte, fragten sich seine Bosse, ob es sich überhaupt lohnte, sich weiter mit ihm abzugeben.

Der einzige Grund, warum Estridge nicht rausgeschmissen worden war und nun seinen Auftritt auf der Weltbühne haben konnte, war der, daß irgendein IBM-Außendienstler in Connecticut dem Versicherungsunternehmen State Farm die fixe Idee verkauft hatte, ihre Büros mit Tausenden von Serie 1, einer kleineren Variante des IBM-Großrechners, landesweit vernetzen und so besser organisieren zu können. State Farm wollte die Systeme so überarbeitet haben, daß sie ihren Bedürfnissen besser entsprachen, und dieser Auftrag war so groß, daß IBM ihn nur zu gerne angenommen hatte. Deshalb war es eine logische Entscheidung, einen Software-Experten wie Estridge daranzusetzen. Diesmal nutzte er seine Chance und half IBM dabei, mittelmäßige Hardware im Wert von mehr als zehn Millionen Dollar loszuwerden.

Dadurch war Estridges Ruf wiederhergestellt, und seine rebellische Art kam Lowes Plänen in jenem Frühherbst 1980 ebenfalls entgegen. Als Lowe dem PC-Projekt für fünf Jahre den Rücken kehrte, um die Niederlassung in Rochester zu leiten, übergab er seinen Posten an Estridge, was sich als ausgezeichnete Wahl erweisen sollte.

Estridges Gewohnheit, wichtige Leute aus anderen Firmenbereichen nicht zurückzurufen, bei Hunderten von Meetings, zu denen er geladen war, einfach nicht zu erscheinen, und seine Neigung, Anordnungen nicht zu befolgen und nur seinem eigenen Urteil zu folgen, machte andere Abteilungen bei IBM wahnsinnig. Aber keiner konnte an ihn rühren – jedenfalls für den Moment –, weil er den direkten Draht zum obersten Chef hatte.

Gewöhnlich war ein Manager der mittleren Ebene – wie Estridge –, der eine Entwicklungsgruppe leitete, jemandem unterstellt, der wiederum einem anderen unterstellt war, der möglicherweise dem Vizepräsidenten eines Geschäftsbereichs unterstellt war, der seinerseits dem Präsidenten des Geschäftsbereichs unterstellt war. Selbst wenn man Estridge beispielsweise zum Präsidenten eines Geschäftsbereichs ernannt hätte, wäre er immer noch dem Chef einer jener halben Dutzend IBM-Produktgruppen unterstellt gewesen, die einem Mitglied des Management-Komitees unterstanden, das wiederum dem obersten Boß Rechenschaft ablegen mußte. Wollte man über den Instanzenweg eine Entscheidung erreichen, machte das Vorbereitungen für Konferenzen erforderlich, die äußerst zeitaufwendig waren. Gewöhnlich mußte man damit rechnen, allein einen Tag darum streiten zu müssen, wessen Konferenzraum benutzt werden sollte. Denn der, bei dem die Konferenz stattfand, hatte so eine Art von Heimvorteil. Dann waren da natürlich noch die langen Konferenzen selbst, die meist auch noch einen Flug erforderlich machten. Es konnte Tage oder sogar Wochen dauern, bis eine bei diesen Konferenzen getroffene Entscheidung wieder nach unten durchgedrungen war. Deshalb erlaubte Estridges direkter Draht zum Vorstandsvorsitzenden ihm unglaubliche Freiheiten. Er mußte sich nicht erst lange mit der Bürokratie bei IBM herumschlagen, und er machte das Beste daraus. Seine Aufsässigkeit schirmte sein kleines Team von dem Druck ab, der bislang alle anderen Versuche, einen PC zu entwickeln, verhindert hatte. Er sammelte eine Gruppe von Leuten um sich, die von den verkrusteten Strukturen bei IBM seit Jahren frustriert waren, und erklärte ihnen, er persönlich garantiere dafür, daß die ehernen Regeln auf sie nicht länger angewendet würden. Diese Gruppe, die man das ›Dreckige Dutzend‹ nannte (obwohl sie 13 Mitglieder hatte), arbeitete daraufhin noch härter und besser als jemals vorher oder nachher irgendein anderes Team bei IBM.

»Bevor ich zu diesem Team stieß«, erzählt Dan Wilkie, eines der erfahrensten Mitglieder der Gruppe, »half ich, einen Drucker zu entwickeln. Dieser war bei IBM etliche Jahre in der Entwicklung. Ich sagte mir immer wieder: ›Jetzt kommt er heraus ... Jetzt kommt er.‹ Aber es war hoffnungslos. Ständig wurde das Design geändert, und das Projekt steckte hoffnungslos im Sumpf der Bürokratie fest. Nach einer Weile geht einem das wirklich auf die Nerven.« Von den Fesseln der Bürokratie befreit und in der Lage, das Projekt anzugehen, ohne sich sorgen zu müssen, was der Rest von IBM dachte, »traf ich während meiner ersten 30 Tage im PC-Team mehr Entscheidungen als während meiner ersten 14 Jahre bei IBM«.

Das Team motivierte sich dadurch, daß es sich als Gleisarbeitstrupp sah, der die Gleise so schnell verlegen will, daß er dem Zug immer voraus ist, der ihm mit einer Geschwindigkeit von 150 Stundenkilometern folgt.

Estridge war sehr beliebt bei den Leuten. Sein Gesicht hatte einen freundlichen Ausdruck, sein Lächeln betonte die vorstehenden Zähne, und das Haar war dicht und leicht gewellt. Er war bekannt als häuslicher Mensch und galt charakterlich als grundsolide. Als ein befreundetes Ehepaar bei einem Autounfall ums Leben gekommen war, adoptierten er und seine Frau Mary, die bereits drei Töchter hatten, dessen Tochter. Nachdem Estridge das Desaster mit den Serie 1-Computern erfolgreich hinter sich gebracht hatte und bevor er die größte Chance seines Lebens – den PC-Job – akzeptierte, nahm er drei Monate Urlaub bei IBM, um mit seiner Familie im Mittleren Westen zu campen. Er hatte das so gut durchorganisiert, daß er seine Frau und die Kinder die Zelte aufschlagen und sie dann alles noch einmal einpacken ließ, bevor sie Florida verließen. Er wollte ganz sicher sein, daß jeder von ihnen seine Aufgabe genau kannte und beherrschte.

Estridge, der aus Jacksonville stammte und sein Ingenieurstudium an der Universität von Florida absolviert hatte, hatte etliche Beförderungen abgelehnt, weil sie einen Umzug erforderlich gemacht hätten. Er aber wollte Florida nicht verlassen, weil er seine Familie nicht hatte entwurzeln wollen. Seine vier eigenwilligen Töchter betete er geradezu an. Und nachdem einige saftige Gehaltserhöhungen nach dem erfolgreich abgeschlossenen PC-Job es der Familie erlaubten, in ein neues, größeres Haus umzuziehen, baute er dort mit eigenen Händen einen Spielplatz für die Enkelkinder, die er eines Tages zu haben hoffte.

»Ich glaube, die Liebe zu seiner Frau hat er mit ins Grab genommen«, sagt Ed Faber, der damals Präsident von ComputerLand war. »Ich weiß, das hört sich schnulzig an, aber man mußte nur sehen, wie diese beiden Menschen miteinander tanzten, um zu erkennen, wie sehr sie sich liebten.«

Selbst später, als Estridge so viel Publicity hatte – und sie zu genießen schien –, blieb er ganz der alte. Als einmal nach einer Industriekonferenz eine Reihe von wichtigen Wirtschaftsführern Aufstellung nahm und ihn sprechen wollte, ignorierte er sie und unterhielt sich statt dessen mit einem 14jährigen, der ihn gefragt hatte, wie er es anstellen müsse, Programmierer zu werden. Estridge drückte sich immer darum, am Kopf einer Tafel zu sitzen. Er konnte ziemlich selbstherrlich sein, doch die meisten nahmen ihm nicht einmal das übel. Sie wollten eine Entscheidung von ihm, und er sagte entweder ja oder nein. Er gab niemals eine Studie in Auftrag, wie es bei einigen IBM-Führungskräften üblich war oder noch ist. Jeder, der Estridge auf eine Entscheidung hin ansprach, hatte auch immer das Gefühl, daß Estridge ihm tatsächlich zugehört hatte.

Als im Herbst und Winter 1980 alle Überstunden machen mußten, ging Estridge häufig abends um elf in irgendein

Büro und ließ sich dort etwas unbeholfen auf einen Stuhl sinken. Dann pflegte er zu lamentieren, wie schrecklich es doch sei, so hart arbeiten zu müssen, und sorgte sich dann möglicherweise, ob sein Gesprächspartner wohl noch genug Zeit mit seiner Familie verbringen konnte. Hin und wieder fuhr er auch abends noch einmal von zu Hause aus in die Firma, um zu prüfen, ob noch irgendwo Licht brannte. Wenn er eins sah, ging er hinein und weckte den Ingenieur, der vor seinem Terminal eingeschlafen war, und schickte ihn nach Hause.

Im Gegensatz zu vielen anderen IBM-Führungskräften, die sich selbst extrem wichtig nahmen, machte Estridge sich gern über sich selbst lustig. Seine Lieblingsgeschichte aus der Zeit, in der das PC-Team die ersten kleinen Fortschritte machte, war folgende: Estridge besuchte einmal in den frühen Morgenstunden eine Produktionsstätte. Damals war bereits mit der Massenanfertigung des PC begonnen worden, doch das Angebot reichte längst nicht aus, die Nachfrage zu decken. Er bemerkte, daß zwei Maschinen, die komplett aussahen, von dem Mann ignoriert wurden, der die PCs für den Versand verpackte. Als er den Mann nach dem Grund dafür fragte, reagierte der überhaupt nicht auf ihn. Auf Estridges zweite Frage hin antwortete der Arbeiter: »UL-Labels.« Das sind die Etiketten, die gewährleisten, daß die Maschinen gewissen Sicherheitsbestimmungen entsprechen.

Estridge schaute sie sich an und sagte dann: »Aber sie haben doch UL-Labels.«

Endlich hörte der Mann auf zu arbeiten, wischte sich die Hände ab, drehte sich zu Estridge um und erklärte: »Hören Sie zu, Klugscheißer, die sind an der falschen Stelle.«

Estridge machte es jedesmal wieder Spaß zu erklären, dieser Arbeiter hätte ein weit besseres Qualitätsverständnis gehabt als er.

Gelegentlich versuchte Estridge durchaus, sich den Gepflogenheiten der Firma anzupassen, aber gewöhnlich brachte er es einfach nicht über sich. Einmal versuchte er, einem Nachbarn, der ihn gefragt hatte, ob er sich einen PC anschaffen solle, auf IBM-Art zu antworten. Er erklärte diesem Mann in dürren Worten, der PC sei ein großartiges ›Produktivitätswerkzeug‹. Sein Nachbar schaute ihn daraufhin derart verständnislos an, daß er so etwas nie wieder ausprobierte.

Estridge bewies ein Fingerspitzengefühl, das bei IBM fehlt, seit er aus seinem PC-Job herausgerissen wurde. Er war ein Bewunderer des Apple II und liebte es, mit dem herumzuspielen, den er zu Hause hatte. Außerdem schien er die kleinen Maschinen weit besser zu verstehen als die besser ausgebildeten Führungskräfte, die später seinen Posten übernahmen. Wenn er beispielsweise die ComputerLand-Händlerkette besuchte, verschwand er nicht im Chefbüro, um den Overheadprojektor herauszuholen und mit dem Chef die defekten Bereiche des PC auf den Folien zu vergleichen, sondern ging zuerst in die Serviceabteilung, wo er die Mitarbeiter befragte, die die auftauchenden Fehler tatsächlich zu Gesicht bekamen. Er schien die neue Gegenkultur intuitiv zu verstehen, die Steve Jobs und Apple eingeleitet hatten. Und in dieser Phase hieß es, man könne keinem Computer trauen, der nicht hochzuheben ist. Jobs hatte es jedenfalls so ausgedrückt.

Eines der ersten Meetings, das Estridge bevorstand, nachdem er im Herbst 1980 den Job von Lowe übernommen hatte, brachte ihn mit Bill Gates und dessen kleinem Microsoft-Team zusammen. Estridge brauchte Leute, die Gates antrieben, damit sichergestellt war, daß er tatsächlich rechtzeitig ein Betriebssystem lieferte. Ohne Betriebssystem würde es keine interessante Software geben. Und ohne Software wäre der PC nicht mehr als ein hübscher Briefbeschwerer.

Als Gates Ende September zum ersten Mal nach Boca Raton beordert worden war, hatte er zusammen mit Ballmer tagelang einen Vorschlag ausgearbeitet. Jack Sams, nach wie vor der Verbindungsmann zu Microsoft, wurde ebenfalls hinzugezogen. Wie ein guter Onkel gab er den beiden Ratschläge, informierte sie, wie Meetings bei IBM meist verliefen, sagte ihnen, wie man sich benehmen müsse, wer die wichtigen Fädenzieher bei dem Treffen sein würden, und so weiter. Außerdem erteilte er den beiden noch einen Rat, von dem IBM sich heute wünschen dürfte, er hätte darauf verzichtet. Er schlug vor, Microsoft solle in seinem Vertragsentwurf seine Forderung an IBM erhöhen. Er hatte zwar keine Ahnung, was die beiden planten, wußte aber, daß es im Sinne von IBM war, daß die kleine Firma, die das Betriebssystem liefern sollte, während der nächsten Jahre finanziell gesund war.

»Ich sagte: ›Wir wissen, daß das Projekt mehr kosten wird, als Sie fordern mögen. Haben Sie also keine Angst, eine Million Dollar von mir zu verlangen, solange Sie mir erklären können, wofür Sie das Geld ausgeben wollen‹«, erzählt Sams.

IBM und Sams hatten damals noch nicht die geringste Ahnung, daß Gates bereits weit gewiefter war als IBM, was die Preise für Software anging. Der 24jährige war seit Jahren im Geschäft und hatte aus seinen Fehlern beim Umgang mit kleineren Firmen viel gelernt.

Sams und IBM gingen davon aus, Gates würde im voraus um eine große Summe bitten, Gates dagegen plante, einen allem Anschein nach recht geringen Gewinnanteil an jeder verkauften Maschine zu verlangen. Es war auch entschieden ein Akt der Klugheit, daß Gates verlangte, IBM müsse sich einverstanden erklären, an DOS nicht die Exklusivrechte zu bekommen. Mit anderen Worten: Er wollte in der Lage sein, die Rechte auch an jede andere Firma seiner Wahl zu verkaufen. Obwohl er damals gar nicht glaubte, daß DOS sich so gut absetzen würde, hatte er doch schon so viel Erfahrung, daß er nicht bereit war, irgendein Risiko einzugehen.

Bis zur letzten Minute vor dem Abflug nach Florida war Gates weder sicher, wie er die Verhandlungen angehen sollte, noch wie IBM reagieren würde. Andererseits war er aber auch so cool – wie einige IBMler meinten –, ein wenig zu pokern. Sie sagen, er kam herein, als hätte er ein Full House, und erst viel später wurde ihnen bewußt, daß er nur ein Paar Zweien hatte.

Das Team von Microsoft nahm im September 1980 den ersten Flug von Seattle nach Miami. Dabei wurde ihnen bewußt, daß ihre Büros in der Nähe von Seattle aufgrund der Tatsache, daß auf dieser Strecke nur so wenige Flüge angeboten wurden, von denen von IBM in Boca Raton so weit entfernt waren, wie es auf dem nordamerikanischen Kontinent nur möglich war – ein Punkt, der sich später für die Zusammenarbeit beider Firmen als äußerst hinderlich erweisen sollte, zu diesem Zeitpunkt aber nur einfach lästig zu sein schien.

Unterwegs feilten Gates und Ballmer ihr Angebot noch weiter aus. Nachdem sie in Miami gelandet waren, stellten sie fest, daß Boca Raton weiter vom Flughafen entfernt lag, als sie gedacht hatten. Und außerdem wurde ihnen schnell klar, daß sie deshalb zu ihrem wichtigen Meeting mit IBM zu spät kommen würden. Als sie auf der Männertoilette des Flughafens von Miami ihr Freizeit-Outfit gegen Anzüge austauschten, stellten sie auch noch fest, daß Gates seine Krawatte vergessen hatte. Also fuhren sie die eine Stunde nach Boca Raton und warteten dann vor einem Laden, bis der um zehn Uhr öffnete und Gates sich eine neue kaufen konnte.

Natürlich kamen sie zu spät in Estridges winzigem Büro an. Es lag in einem umgebauten Lagerhaus mit einem undichten Dach, ganz wenigen Fenstern und einer defekten Klimaanlage. In dem Konferenzsaal drängten sich fast zwanzig Leute, die Gates den ganzen Tag mit Fragen bombardierten. Er wirkte zunächst sehr linkisch und unbeholfen, wie er so dasaß. Sein Anzug schien ihm viel zu groß zu sein. Bedrängt von all diesen Männern in ihren untadeligen blauen Anzügen, stand dieser junge Mann, der wie ein Teenager wirkte, unter Dauerbeschuß. Ein Programmierer warf Gates immer wieder vor, eine Software, die Microsoft für einen Tandy-Computer entwickelt hatte, entspräche nicht den IBM-Standards, und er solle es sich lieber zweimal überlegen, falls er vorhabe, eine solch schlampige Arbeit auch bei IBM abzuliefern. Die IBMler, die glaubten, Microsoft sei im Nachteil, hatten wirklich nicht die geringste Ahnung. Gates hatte zwar mehr als 36 Stunden nicht mehr geschlafen, zog das IBM-Team aber nach und nach auf seine Seite, weil er ganz ruhig blieb, dem ›Feuer‹ standhielt und mit seinem verblüffenden technischen Wissen brillierte.

Nach dieser Konferenz erzählte Estridge Gates, Ballmer und einigen IBMlern von einem Zusammentreffen mit dem

Management-Komitee, das kürzlich stattgefunden hatte. Vorausgegangen war seiner Geschichte eine Begegnung des Vorstandsvorsitzenden John Opel mit Gates' Mutter Mary, die – wie Opel – im Aufsichtsrat des United Way saß. Die energische Mrs. Gates war auf Opel zugegangen und hatte ihm erzählt, seine Firma habe begonnen, mit ihrem Sohn Bill zusammenzuarbeiten, und sie sei sicher, daß es für IBM von großem Vorteil sei, mit dem ›Jungen‹ Geschäfte zu machen. Der schweigsame Opel habe ihr gegenüber keinerlei Reaktion gezeigt. Doch nachdem Estridge dem MC später erklärt hatte, er ginge ein wirkliches Risiko ein, weil er wegen des Betriebssystems einen Vertrag mit einer winzigen Firma aus Seattle schließen müsse, habe Opel lediglich gefragt: »Und dabei handelt es sich um Mary Gates' Sohn Bill, oder?« In diesem Moment habe jeder gewußt, daß vor Microsoft eine wahrhaft goldene Zukunft lag.

Gates und Estridge zogen sich später in ein Büro zurück, um die Einzelheiten ihrer Zusammenarbeit festzulegen, und nach längerem Feilschen wurde Anfang November 1980 ein Vertrag unterzeichnet. Nachdem die IBMler die Verzögerungen, die es beim Softwareprojekt für den Datamaster gegeben hatte, ausgestanden hatten, glaubten sie im Grunde nicht daran, daß ein Neuling wie Microsoft sich an die vereinbarten Termine halten würde. Deshalb übte Estridge einen so starken Druck auf Gates aus, daß der, wie er später sagte, das Gefühl hatte, bereits beim Start drei Monate im Verzug gewesen zu sein. Gates engagierte aus diesem Grund schnell noch ein paar Leute, um die zusätzliche Arbeit bewältigen zu können, die das IBM-Projekt bedeutete. Die IBMler meinten jedoch, ihnen sei nicht ganz klar, wie viele Personen er engagierte und wie viele er sich einfach zu Tode schuften ließ.

Estridge kaufte fast alle Teile für seinen PC bei Fremdfirmen. Dazu gehörte auch ein Prozessor, den er von Intel bekommen hatte. Auf diese Art gelang es ihm, bis Anfang Dezember einige PC-Prototypen zusammenzuschustern, die er zu Microsoft schicken konnte. Obwohl Microsoft den ursprünglich vereinbarten Termin – eine erste Version des Betriebssystems sollte Mitte Januar 1981 fertig sein und laufen – tatsächlich nicht einhalten konnte, schaffte Gates es doch, Anfang Februar ein Betriebssystem zu präsentieren, das recht gut funktionierte. Bei IBM stieß man einen tiefen Seufzer der Erleichterung aus. Möglicherweise war Microsoft ja doch keine allzu schlechte Wahl gewesen. Möglicherweise würde der PC tatsächlich fertig werden.

Unter Estridges Führung versuchte das PC-Team den typischen IBM-Fehler zu vermeiden – man dachte nicht daran, den Partner mit Beweisen der Wertschätzung zu überschütten. Allerdings stellte das Team dennoch Dutzende von Leuten ab, die Microsoft zuarbeiteten. Die Programmierer von Microsoft fanden es allerdings komisch, daß bei IBM mehr Mitarbeiter zur Verfügung standen, die Spezifikationen für das Microsoft-Betriebssystem schrieben, obwohl der PC gewiß das kleinste Projekt des Riesen war, als bei Microsoft an dem Betriebssystem selbst arbeiteten.

Estridge beorderte ständig irgendwelche Leute zu Microsoft, um sicherzustellen, daß die Entwicklungsarbeiten wirklich geheimgehalten wurden. Er mochte sich in seinem tiefsten Herzen tatsächlich als Cowboy fühlen, doch selbst er war so sehr ein Produkt der IBM-Firmenkultur, daß er deren Neigung, Entwicklungen unter allen Umständen geheimzuhalten, nicht auch noch ignorieren konnte. Steve Ballmer wurde beispielsweise eines Tages von einem IBMler angerufen, der sagte, er wolle einen Besuchstermin vereinbaren. Ballmer entgegnete: »Sicher, vielleicht in ein paar Tagen, wenn sich der Trubel etwas gelegt hat.« Dann erkundigte er sich bei seinem Gesprächspartner beiläufig nach dem Wetter in Florida. Der erwiderte, er hätte nicht die geringste Ahnung, weil er in der Telefonzelle gegenüber dem Microsoftgebäude in Bellevue/Washington stünde und eigentlich sofort kommen wolle, um sich zu vergewissern, wie Microsoft gewisse Dokumente ausgefüllt hätte.

Dieser Anruf war der erste einer Reihe, die unverhoffte Besuche ankündigten. Und nach jedem dieser Telefonate rannte Ballmer oder irgend jemand anderes von Microsoft den Gang hinunter und schrie: »IBM kommt!« Daraufhin sprangen alle auf, versteckten die Dokumente und die Hardware, die laut Vertrag unter Verschluß gehalten werden mußten, und schoben die Hardware von anderen Herstellern wieder in den Gang, die dazu dienen sollte, von dem eigentlichen Vorhaben abzulenken und Zufallsbesuchern Sand in die Augen zu streuen.

Auch Kay Nishis Anwesenheit bei Microsoft beunruhigte IBM außerordentlich. Das lag einmal daran, daß Nishi Japaner war, und wenn IBM eine Konkurrenz fürchtete, dann war es die japanische, und außerdem galt Nishi als ziemlich exzentrisch und unkonventionell. Er hatte für sich und Gates den Job an Land gezogen, einen der ersten japanischen PCs zu entwickeln und Tandys Radio Shack 100, indem er Erster Klasse geflogen war und einen japanischen Manager angequatscht hatte.

Nishi flog einige Male im Monat zwischen den USA und Japan hin und her und neigte dazu, sich bei Besprechungen manchmal auf den Boden zu legen, um endlich mal auszuschlafen. Als Microsoft sich einmal an einer Messe in New York beteiligte, bestand er darauf, daß sie sich im stinkvornehmen Plaza Hotel einquartierten. Später tauchte er dann mit zwanzig Japanern auf, die keine Hotelzimmer gefunden hatten. Also rief jemand am Empfang an und bestellte zwanzig Feldbetten, damit die Japaner in der Microsoft-Suite übernachten konnten. Einer der Besucher mußte dabei im Schrank schlafen, weil er etwa 20 000 Dollar in bar in der Tasche hatte. Gates sagte, die Sorge wegen Nishi habe sich bis zu einem Punkt gesteigert, wo ein Anwalt von IBM »mich in ein Zimmer zerrte und mich regelrecht seinetwegen fertigmachte. Danach mußte ich dies und das unterschreiben. Sie haben mir wirklich Todesangst eingejagt.«

IBM hatte darauf bestanden, daß die Zwischendecke in dem Raum, in dem die beiden PC-Prototypen aufgestellt waren, so modifiziert werden mußte, daß man oben Maschendraht einziehen konnte. So daß jemand, der beispielsweise auf diesem Weg von einem benachbarten Büro herüberklettern wollte, den Draht durchschneiden müßte und so Spuren hinterließe. (IBM hatte keine Ahnung, daß das Büro neben Microsoft einer Broker-Firma gehörte, die nur allzugern hinter dieses Geheimnis von IBM gekommen wäre. Microsoft hütete sich freilich auch, die Sicherheitsleute von IBM darüber zu unterrichten.)

Als wirklich problematisch aber erwies sich, daß IBM darauf bestanden hatte, das Zimmer mit den Prototypen müsse immer verschlossen sein. Der Raum war nämlich nur knapp zwei mal drei Meter groß, und die beiden Prototypen strahlten jeder soviel Wärme aus wie eine starke Glühlampe. Die Temperatur in diesem Zimmerchen stieg manchmal auf über vierzig Grad Celsius. So kam es häufig vor, daß die Programmierer heraustorkelten, sich erst einmal japsend auf einen Stuhl fallen lassen mußten und nur noch nach Wasser verlangen konnten. Hitze ist auch der Elektronik nicht gerade zuträglich, ganz besonders dann, wenn ein System noch nicht ausgereift ist. Das führte dazu, daß die Microsoft-Programmierer manchmal Tage damit verbrachten, einen vermeintlichen Fehler zu suchen, nur um dann festzustellen, daß es die Saunatemperaturen waren, die die Hardware verrückt spielen ließen. Schließlich waren die Techniker bei Microsoft so genervt, daß sie einfach die Tür offenließen, bis jemand die Warnung verbreitete: »Die Leute von Big Blue sind schon in der Nachbarschaft.«

In Boca Raton war das Team zu Beginn des Jahres 1981 auf ein paar hundert Leute angewachsen. Sie arbeiteten sehr zielbewußt, weil die meisten Hardware-Entscheidungen, die das Produkt vom Start weg zu einem Bestseller machen würden, bereits gefallen waren, bevor Lowe die Einwilligung des Management-Komitees eingeholt hatte. Das PC-Team hatte sich entschlossen, ein kleines Risiko einzugehen und einen relativ neuen Intel-Prozessor zu benutzen. Mit diesem Prozessor ließ es sich zwar nicht so leicht arbeiten wie mit den älteren von Intel, dafür war er aber leistungsfähiger, und man konnte auf dem System größere, komplexere Anwendungsprogramme einsetzen, und die Leute konnten Disketten benutzen.

Das Team schränkte sich freiwillig etwas ein, begnügte sich mit einem weniger leistungsfähigen Prozessor, als es sich eigentlich gewünscht hätte, befürchtete es doch, ein noch leistungsfähigerer könne das Management-Komitee verschrecken. Es bestand nämlich die Gefahr, daß das MC das Projekt sterben lassen würde, falls es sich auch nur im mindesten als Konkurrenz für die Kleinrechneranlagen erweisen könnte. Außerdem hatte IBM dem Drängen von Microsoft nachgegeben, sein System auch mit Grafikfähigkeiten auszustatten. Das bedeutete, auf dem Monitor würden nicht nur Buchstaben reproduziert werden, sondern auf dem Computer konnten auch Programme benutzt werden, mit denen sich Linien und Umrisse zeichnen ließen – eine Besonderheit, die ein paar Jahre später Lotus 1-2-3 möglich machte, die Anwendungssoftware, die einen ganz erheblichen Anteil am Siegeszug des PC haben sollte.

Obwohl es schwer ist, sich so weit zurückzuerinnern: Die Maschinen, denen Estridge Konkurrenz machte, hatten sogar noch geringere Fähigkeiten als jene, die er dem PC mitgegeben hatte. Seine Wettbewerber waren die Tin Lizzies des PC-Zeitalters. Hergestellt von Apple, Tandy, Kaypro und einer Reihe anderer Firmen – von denen viele heute gar nicht mehr existieren –, verfügten diese Maschinen über Bildschirme mit nur wenigen Zeilen. Die Monitore konnten nur Schriftzeichen darstellen, keine Bilder. Sie waren so langsam, daß schon normales Tippen den Prozessor überanstrengen konnte. Sogar die besseren Maschinen benutzten Magnetbandkassetten zum Speichern der Daten, weshalb jemand, der bestimmte Daten abrufen wollte, warten mußte, bis das Band vor- oder zurückgelaufen war und der Prozessor gefunden hatte, was er suchte.

Fast genauso wichtig war: Indem Estridge den Prozessor, die meisten der anderen Chips, das Diskettenlaufwerk und sogar das Betriebssystem – alles Teile, die jedem zugänglich waren, der Interesse daran hatte – von Fremdfirmen liefern ließ, befriedigte er das Bedürfnis der Industrie nach einem Standard. Die PC-Industrie hatte sich rasant entwickelt, wobei jede Firma mit ihrem eigenen, völlig individuellen System auf den Markt kam – was bedeutete, daß jemand sich einen Tandy-Monitor kaufen mußte, wenn er einen Tandy-Computer besaß, der ein Betriebssystem oder eine Programmsprache benutzte, die speziell auf das Tandy-System abgestellt war und nur mit den Anwendungsprogrammen lief, die für das Tandy-System entwickelt worden waren. Es war absolut unmöglich, einen Tandy-Dies mit einem IBM-Das und einem Wang-Was-auch-immer zu mixen. Das war einer der Gründe, weshalb die PC-Industrie den Konsumenten zu restriktiv erscheinen mußte. Zum Vergleich: als wäre jemand, der eine Stereoanlage haben wollte, gezwungen, Plattenspieler, Tonbandgerät, CD-Player, Verstärker, Kopfhörer und sogar Platten und Kassetten bei einer einzigen Firma zu kaufen. Konsumenten liegt aber daran, ihre Platten auch auf den Geräten ihrer Freunde spielen und sich generell die beste auf dem Markt erhältliche Komponente einer Stereoanlage aussuchen zu können. Und die PC-Industrie mußte ebenfalls in der Lage sein, untereinander austauschbare Komponenten zu bieten, bevor sie mit einem Massenandrang von Käufern rechnen konnte.

Der IBM-PC erfüllte diese Bedingung in einem solchen Maße, daß der Konkurrenz klar war, IBM da folgen zu müssen, nämlich den Intel-Prozessor benutzen und keinen von Motorola oder einen, den sie selbst entwickelt hatte. Sie mußte Microsofts DOS-Betriebssystem benutzen, nicht DRI's-CP/Ms, AT & T's-Unis oder irgendein anderes. Sie mußte Programmsprachen benutzen, die es den Anwenderprogrammen ermöglichten, auf DOS zu laufen, und so weiter. Sobald die IBM-kompatiblen Maschinen fast überall zu haben waren, befanden sich die Konsumenten in einer Art Schlaraffenland, das dem der Stereoindustrie ähnelte, und zu diesem Zeitpunkt expandierte die PC-Industrie in einer Art und Weise, die die bescheidenen Anfänge, die der IBM-PC repräsentierte, niemals hätten erahnen lassen.

Aber obwohl die meisten Hardware-Entscheidungen getroffen waren, ging es noch ziemlich chaotisch zu. Jim D'Arezzo, ein Public-Relations-Mann, den die Zentrale in Armonk während der Wintermonate nach Florida geschickt hatte, damit er einen Werbeplan ausarbeiten konnte, sagt, in Boca Raton sei es so drunter und drüber gegangen, daß er sich entschlossen habe, möglichst viel Zeit am Strand zu verbringen. Er sei überzeugt gewesen, das ganze Unternehmen würde ohnehin bald scheitern, und er müsse dann wieder zurück in den Norden, zurück in Eis und Schnee.

Die Ereignisse überschlugen sich geradezu. Estridge gelang es sogar, ein Gebäude errichten zu lassen, und alle zogen nach vier Monaten um – ein Rekord bei IBM, wo man davon ausging, es sei schon schnell, wenn irgend etwas in drei Jahren (auf-)gebaut würde.

Genauso wie bei Microsoft wurde die Hektik noch dadurch verstärkt, daß dieser Geheimhaltungszwang bestand. Die Firmenanwälte und die Männer von ›Corporate practices‹ schirmten die Leute aus Boca Raton bei jedem Meeting von Fremden ab, achteten darauf, daß alle Klauseln der Verschwiegenheitsübereinkünfte eingehalten wurden, und erklärten den Führungskräften, was sie sagen durften und was nicht. Hotelzimmer wurden zunächst nach Wanzen abgesucht. IBMler, die von dem kleinen örtlichen Flughafen in West Palm Beach nach Rochester/Minnesota flogen – wegen der engen Verbindungen zwischen Boca und Rochester eine gebräuchliche Route –, mußten sich an die Auflage halten, während des Fluges nicht über Geschäfte zu reden. Bei IBM war man nämlich überzeugt, daß die Konkurrenz Tickets für diese Flüge kaufte, nur weil eine kleine Chance bestand, im Flieger einige interessante Gesprächsfetzen aufschnappen zu können.

Jemand aus der Führungscrew erzählt, er hätte sein Büro in Boca Raton abends nur einmal kurz verlassen, um sich Kaffee zu holen. Aber als er zurückgekommen sei, um das Ticket für einen Nachtflug aus seinem Schreibtisch zu nehmen, habe er feststellen müssen, daß ein Sicherheitsmann, der in der Zwischenzeit hereingekommen war und den Schreibtisch unverschlossen vorgefunden hatte, überall im Raum Vorhängeschlösser angebracht hatte. Der Wachmann hatte ein Formblatt zurückgelassen, das dem IBMler Verletzung der Sicherheitsvorkehrungen vorwarf und ihn informierte, die Schlüssel müsse er sich in der Sicherheitsabteilung abholen. Da er überzeugt gewesen sei, er würde sich dort noch eine weitere Lektion in Sachen innere Sicherheit anhören müssen und deshalb gewiß seinen Flug verpassen, habe er das Sicherheitsbüro angerufen und gebettelt, jemand möge herüberkommen, seinen Schreibtisch öffnen und ihm das Flugticket aushändigen. Natürlich sei dieser

Versuch gescheitert. Deshalb habe er das Schloß aufgebrochen und das Ticket herausgeholt.

Ein anderer leitender Angestellter hatte auf einem Flug die Toilette aufgesucht und dabei einige vertrauliche Dokumente an seinem Platz zurückgelassen. Er hatte ein gutes Gewissen, hatte er doch sein Tablett daraufgestellt. Ein IBM-Sicherheitsbeauftragter, der auf demselben Flug war, sah das anders. Als er den Gang hinunterging, entdeckte er unter den Zeitschriften und dem Tablett ein Eckchen des typisch rot-weiß gestreiften Papiers, auf das vertrauliche IBM-Informationen gedruckt sind. Als der IBMler an seinen Platz zurückkam, fand er eine Nachricht des Sicherheitsmannes, die besagte, er habe die Dokumente konfisziert, weil sie nicht gemäß der Sicherheitsbestimmungen aufbewahrt worden seien.

Michael Shabazian, einer der IBMler, die dafür sorgten, daß der PC durch ComputerLand vertrieben werden konnte, sagt, die Geheimnistuerei hätte bei seiner Mutter fast zu einer Herzattacke geführt. Sie habe ihn während dieser Zeit besucht und festgestellt, daß er in Freizeitkleidung zu Hause arbeitete – er habe sich allerdings in seinem Büro einschließen müssen –, weil ›Corporate practices‹ bei IBM der Meinung gewesen sei, es würde zu unnötigen Gerüchten führen, wenn sich jemand ohne besonderen Auftrag in einer der nordkalifornischen Zweigstellen aufhielte.

IBM hatte in den USA Hunderte von Zweigstellen, von denen jede einzelne selbständig Geschäfte tätigte, die sich meist auf eine Handvoll Großkunden konzentrierten. Die Zweigstellen unterstanden regionalen Zentralen, die wiederum einem Gebietshauptquartier, das wiederum vom US-Marketing-Hauptquartier Weisungen erhielt. All diese Hauptquartiere verfügten natürlich über einen recht ansehnlichen Personalstab. Die Struktur war im Grunde in jedem Land außerhalb der USA dieselbe, dort gab es allerdings weniger Managementebenen.

In der Firmenzentrale sorgte man sich vor allem, daß jemand in einer Zweigstelle sich zusammenreimen könnte, was vorging, wenn ständig Anrufe von einer Händlerkette hereinkämen, die nur Personalcomputer anbietet. Eines

Tages jedenfalls war Shabazian aus dem Haus gegangen, ohne sein Büro abzuschließen, und seine Mutter hatte einen Anruf entgegengenommen. Ein Mann mit stark ausländischem Akzent hatte sie gebeten: »Sagen Sie Michael, daß Mr. Jones von GBGI angerufen hat, um über die Eichel im Eichenkanal zu sprechen.«

»Nun, was denken Sie, wie eine armenische Mutter auf so etwas reagiert«, sagt Shabazian. »Als ich nach Hause kam, herrschte sie mich an: ›Michael, ich bin zutiefst enttäuscht von dir. Wie lange arbeitest du schon für den KGB?‹«

Das PC-Team benutzte die unterschiedlichsten Codenamen, wenn es mit den beteiligten Fremdfirmen über das Projekt sprach. Dieses Vorgehen führte dazu, daß zumindest eine undichte Stelle aufgedeckt werden konnte. Kurz vor der offiziellen Vorstellung des PCs traf Shabazian bei einem Wochenendtrip einen Mann, der behauptete, alles über IBMs große Neuheit zu wissen. Er beschrieb das Produkt dann wirklich in allen Einzelheiten. Dieser Mann benutzte so viele Codenamen, daß es dem Sicherheitsdienst gelang, einen Anwalt einzuschalten, der am Montagmorgen vor der Tür der kleinen Firma stand, die die Information unabsichtlich weitergegeben hatte. Er jagte dem Besitzer eine Heidenangst ein.

Dennoch haftete all diesen Codenamen zunehmend etwas Lächerliches an. Die Führungskräfte bei IBM hatten Besprechungen mit Fremdfirmen häufiger unterbrechen und hinausgehen müssen, um sich zu vergewissern, ob sie bei der Zusammenarbeit mit diesen Firmen gewisse Teile ›Kirsche‹ oder ›Banane‹ genannt oder sie eher die Namen von Zitrusfrüchten benutzt hatten.

Im Lauf des Jahres 1981 machten Hardware und Software immer größere Fortschritte. Die Arbeit bei der Hardware war im März abgeschlossen, das Betriebssystem im Juni. Dennoch gab es noch viele Dinge, die Estridge Kopfschmerzen bereiteten.

Er mußte sicherstellen, mehr als die Betriebssystem-Software anbieten zu können. Es mußte auch eine Anzahl Anwendungssoftware bereitstehen, und zwar so gute, daß die

Leute die Hardware wirklich kaufen würden. Der Apple II hatte Absatzprobleme gehabt, bis 1979 die VisiCalc-Tabellenkalkulation für die Maschine entwickelt worden war, und der IBM-PC wurde erst wirklich zu einem Renner, als die Lotus-1-2-3-Tabellenkalkulation angeboten werden konnte. Die Hardware war sozusagen der Schwanz, die Software der Hund.

Estridge mußte seinen umstrittenen Plan rechtfertigen, den PC über Händler vertreiben zu lassen, schließlich war es das erste Mal, daß es jemandem, der nicht den typisch blauen IBM-Anzug trug, erlaubt war, einen IBM-Computer zu verkaufen. Außerdem mußte Estridge ganz neue Fertigungsanlagen bauen. Dabei erwies es sich nicht gerade als hilfreich, daß seine Baupläne den firmeninternen Planungsprozeß durchlaufen mußten, was den enthusiastischen Prophezeiungen seines Teams, während der ersten drei Jahre eine Million PCs verkaufen zu können und danach durchschnittlich 200 000 pro Jahr, ein wenig den Wind aus den Segeln nahm. Immerhin verkauft IBM im Jahr nur 2500 Großrechner. Estridge brauchte wenig mehr als ein Jahr, um die 200 000-Marke zu erreichen, hatte die Million tatsächlich nach drei Jahren verkauft, und von da an waren es mehr als 200 000 pro Monat. Die Fehlkalkulation des firmeninternen Planungsausschusses bedeutete denn auch, daß die Herstellung zweieinhalb Jahre auf Hochtouren laufen mußte, um der Nachfrage überhaupt gerecht werden zu können.

Erschöpft stützte Estridge häufig den Kopf in die Hände, ein für ihn typisches Zeichen der Frustration. Manchmal legte er sogar bei Konferenzen den Kopf auf den Tisch, was viele als Signal begriffen, den Raum augenblicklich zu verlassen, denn sobald er den Kopf wieder hob, konnte es durchaus passieren, daß er nur noch herumbrüllte.

Die Sache mit den Anwendungsprogrammen funktionierte besser als die mit den Bauplänen für die Fertigungsanlagen. Das lag in erster Linie daran, daß ein IBMler ein Risiko einging und Estridge daraus Kapital schlagen konnte. Joyce Wren, IBMlerin in Silicon Valley, hatte sich von der Apple-Hysterie anstecken lassen und gewagt, zur Ketzerin zu werden. Sie hatte vorgeschlagen, IBM solle Software-Pakete entwickeln, die auf dem Apple II laufen könnten.

Diese Idee war von Anfang an zum Scheitern verurteilt. IBM hätte nie etwas getan, das dem System des Neulings hätte zum Erfolg verhelfen können. Doch Joyce Wren und ihr Plan erregten immerhin so viel Aufmerksamkeit, daß ihr jemand von dem PC-Projekt erzählte und ihr vorschlug, Estridge einmal aufzusuchen. Der empfahl ihr, an Software für den PC zu arbeiten, wollte aber nicht, daß sie selbst Programme schrieb. Die Schwierigkeiten, denen er sich gegenübergesehen hatte, als er das Betriebssystem für die Serie 1 nicht zusammenbekam, hatten ihn überzeugt, daß IBM keine Software schreiben konnte. Joyce Wren hatte sich also darangemacht, die Rechte für gute Software-Pakete zu kaufen, die sie dann unter dem IBM-Markenzeichen ›veröffentlichte‹.

Joyce Wren war 1981 ständig unterwegs, um eine beträchtliche Mischung von Spiele- und Geschäftssoftware zusammenzustellen, einschließlich der Assistent-Serie von Software Publishing.

Sie erwarb auch die Rechte an einem Textverarbeitungsprogramm, das jemand geschrieben hatte, der – aber davon hatte sie keine Ahnung – wegen einer Gaunerei im Gefängnis saß. Dieser Mann hatte die Telefongesellschaft betrogen, weil er Spielzeugpfeifen, die eine Frühstücksflockenfirma ihren Packungen beigelegt hatte, benutzt hatte, um kostenfreie Ferngespräche führen zu können. Als in der Werbung für die PCs Ende 1981 erstmals eine Charlie-Chaplin-Figur als Symbol benutzt wurde, machten sich die Großrechner-Spezialisten bei IBM gern lustig über die ›Charlie Chaplin-Programme‹ der PC-Software, aber genau die machten den Erfolg aus. Joyce Wrens kleine Firma brachte es bald auf Umsatzerlöse von 100 Millionen Dollar pro Jahr, und sie half vor allem, den Verkauf der PC-Hardware anzukurbeln.

In letzter Minute kamen Gary Kildall und sein Digital Research Intergalactic mit einem Einwand, der den Software-Plan fast noch zum Scheitern gebracht hätte. Kildall war zu der Meinung gelangt, daß die QDOS, die Microsoft sich beschafft hatte, eine Raubkopie seines CP/M-Betriebssystems sei, und er drohte damit, IBM und Microsoft zu verklagen, wenn sie es als Basis für DOS benutzten. Doch IBM wußte, wie man in einem solchen Fall vorgeht. Estridge schickte einige Firmenanwälte zu Kildall, die herausfinden sollten, was er wirklich wollte. Es wurde dann auch schnell klar, daß er IBM eigentlich lediglich die nächste Version seines CP/M für den PC verkaufen wollte. Estridge ging nur zu gern darauf ein. Um Microsoft zu besänftigen, ließ er eine Anzeigenkampagne entwerfen, die drei Türen zeigte, auf denen jeweils die Abkürzung für ein Betriebssystem stand: DOS, CP/M und UCSD – ein Betriebssystem, das für den PC zu haben war, aber nie Furore machte. IBM ließ den Charlie-Chaplin-Tramp in dieser Anzeigenserie durch die DOS-Tür gehen. Das sollte, wie Estridge Gates erklärte, zeigen, daß er DOS favorisierte. Die Anzeigen wurden nie geschaltet.

Doch das war ohnehin ein rein akademischer Punkt. Kildall überzog den Termin um Monate. Dann verlangte er etwa das Sechsfache der vierzig Dollar, die DOS pro Computer kostete. Im Gegensatz zu Microsoft hatte er nicht gelernt, daß man mit einem niedrigen Einstandspreis große Stückzahlen erzielt. Zu dem Zeitpunkt, da Kildall das endlich begriffen hatte, war DOS in so viele PCs eingebaut und so viel Software geschrieben worden, die mit DOS funktionierte, daß DOS zum Industriestandard geworden war, während Kildall und DRI kaum noch gefragt waren.

Nachdem schließlich alles für die Präsentation am 12. August 1981 bereit war, lud Estridge die wichtigsten Leute seines Teams am Vorabend dieses Tages zu einem Essen in einem Hotel in Manhattan ein. Alle waren nervös, auch Estridge. Tagsüber hatten einige von Estridges Ingenieuren festgestellt, daß Staub leicht einen Kurzschluß im PC verursachen und jeder einen elektrischen Schlag bekommen konnte, der ihn berührte. Klar, daß die Maschine nach einem solchen Kurzschluß hin war. Estridge mußte deshalb schnellstens Techniker aus Boca Raton einfliegen lassen, die in alle PCs, die bereits zur Präsentation hergebracht worden waren, ein kleines Stück Pappe einbauen mußten, das den Kurzschluß verhinderte. Das Projekt war so schnell zusammengehauen worden, daß ohne weiteres noch andere Katastrophen hätten passieren können. Das Team in dem Restaurant war voll freudiger Erregung, weil es glaubte, Millionen von PCs verkaufen zu können, auch wenn es die Firmenbosse nicht hatte davon überzeugen können. Aber wer konnte das schon voraussehen? Direkt an den Endverbraucher zu verkaufen war immerhin absolutes Neuland für IBM.

Estridge wandte sich an einen Berater und fragte: »Glauben Sie wirklich, daß irgend jemand kommen wird?«

Am nächsten Morgen konnte sich Estridge selbst überzeugen, daß tatsächlich alle wichtigen Medienleute erschienen waren, wenn auch nur eine recht kleine Gruppe. Nicht ganz hundert Personen hatten sich im Konferenzsaal des Waldorf-Astoria, im Herzen von Manhattan, versammelt.

Estridge ging nach vorn, begrüßte sie und erklärte kurz, was die kleine Maschine alles konnte. Nach einer schnellen Demonstration, bei der er den Computer ein paar Bilder zeichnen ließ, beantwortete er die wenigen Fragen, dankte den Journalisten für ihr Kommen, und das war's. Die Software für das Demonstrationsprogramm hatte er übrigens selbst geschrieben.

In den kurzen Berichten, die am nächsten Tag in den Zeitungen erschienen, wurde angemerkt, daß IBM – wie zu erwarten gewesen war – nun ebenfalls auf dem PC-Markt vertreten sei, aber die Aufregung darüber hielt sich in Grenzen. Wenn man einmal von Estridge und seinen wenigen Getreuen absieht, dauerte es eine Weile, bis den Menschen bewußt wurde, daß nun das Zeitalter des PC angebrochen war.

Es gab nur einen einzigen bedrohlichen Unterton: Die IBMler hatten sich den Versuchen des Microsoft-Teams widersetzt, bei dieser Präsentation anwesend zu sein, weil sie die jungen Leute als nur eine von vielen Fremdfirmen bei einem Projekt betrachteten, dessen wichtigstes Charakteristikum das Big-Blue-Logo war. Gates und seine Mannen sahen in diesem Ausschluß einen Affront. Da half es auch nichts mehr, daß ein paar Wochen später ein Großrechner in der Zentrale von IBM einen Formbrief ausspuckte, in dem ganz schlicht stand: »Lieber Zulieferer. Vielen Dank, Sie haben gute Arbeit geleistet.«

3. Kapitel

Die Führungselite bei IBM brauchte ein paar Monate, bis sie begriff, daß der PC sich zu einem wahren Phänomen entwickelt hatte. Bei Matt Fitzsimmons dauerte es allerdings nicht annähernd so lange. Der Besitzer einer ComputerLand-Filiale in White Plains/New York wußte, daß der PC ein Hit war, kaum hatte er den Schuß vor seinem Laden gehört. Als er an diesem Nachmittag im Herbst 1981 auf die Straße hinausrannte, sah er einen verzweifelten Obdachlosen, der sich unter die Menschenmenge gemischt hatte, die vor dem Laden Schlange stand, um den Wunder-PC zu bestaunen. Der Mann hatte eine Waffe aus seiner Einkaufstüte gezogen, sich den Lauf in den Mund geschoben und abgedrückt.

Der Mann überlebte und erzählte später, er sei den ganzen Tag auf der Suche nach einem möglichst großen ›Publikum‹ herumgelaufen, das Zeuge seiner Verzweiflungstat werden sollte. Als er gesehen habe, welcher Aufruhr vor dem Laden herrschte, so erzählte er, habe er gewußt, daß er in der ganzen Stadt wohl kaum eine größere Menschenansammlung würde finden können.

Fitzsimmons, der in den wenigen Monaten, die er im Geschäft war, nur ein paar Apple II, Kaypros und andere recht primitive Computer verkauft hatte, sagt, er hätte noch weit mehr IBM-PCs verkaufen können, wäre sein Laden nicht der einzige in der Nähe der IBM-Firmenzentrale, nördlich von New York, gewesen, und damit der einzige Platz, an dem IBMler das kleine Juwel bewundern konnten. Es kamen nämlich derart viele IBMler in seinen Laden und blockierten den Zugang zu den Computern, daß echte Kunden kaum einmal zu dem PC durchkamen.

Angefeuert vom Erfolg des PCs, begannen Estridge und sein glückliches Team von Ende 1981 bis 1982 neue Ideen durchzudrücken. Sie konnten beim leitenden Management wirklich alles erreichen, weil sie in diesem ersten Jahr fast eine Milliarde Dollar Umsatz erwirtschaftet hatten, die nicht in der Jahresplanung enthalten gewesen waren, IBM also einfach so zufielen. Diese Art von Überraschung hatte es bei IBM noch nie gegeben. Estridges Bosse sahen in ihm fast so etwas wie einen Zauberer.

Estridge hatte bereits angefangen, an einem verbesserten PC zu arbeiten, ehe das Original noch auf dem Markt war. So gelang es seinem Team, die neue Version – XT genannt – bereits Anfang 1983 herauszubringen. Es war ein weiterer Coup. 1982 und 1983 wagte sich die Gruppe an sehr anspruchsvolle Projekte – sie versuchte sich an einem Heimcomputer, spielte mit der Möglichkeit, einen portablen PC zu entwickeln, lange bevor Compaq seine bahnbrechende Maschine herausbrachte; sie bauten einen schnelleren Prozessor in einen PC, der später AT getauft wurde, brachten so die gesamte PC-Industrie eine Stufe weiter und fabrizierten einen Chip, der die Entwicklung der Clone-PCs um Jahre hätte verzögern können.

Doch die öffentliche Anerkennung, die Estridge als dem Vater einer neuen Industrie gezollt wurde, war anderen IBM-Bossen ein Dorn im Auge. Ihr anfängliches Interesse war bald in heftigsten Neid umgeschlagen. Das ließ bereits erahnen, daß Estridge irgendwann fallen würde, fallen mußte. Er geriet unter einen Dauerbeschuß aus anderen IBM-Bereichen, weshalb er nun ein Großteil seiner Zeit damit vergeuden mußte, sich mit der internen Bürokratie herumzuschlagen. Das war ein Problem, vor dem ihn nicht einmal sein direkter Draht zum Vorstandsvorsitzenden retten konnte. Gefangen im Netz der IBM-Intrigen, gelang es Estridge deshalb nur noch ein einziges Mal, einen Überraschungscoup auf dem Personalcomputermarkt zu landen – den AT. Danach zeigte sich beim IBM-PC-Geschäft nie mehr diese Vision oder das schnelle Tempo der Durchführung, das die frühen Systeme, den PC, den XT mit der höheren Speicherfähigkeit und den sogar noch leistungsfähigeren AT ausgezeichnet hatte.

Kaum drosselte Estridge die Geschwindigkeit, verlor er etwas von seinem Glanz. Dann floppten einige seiner abenteuerlicheren Projekte in aller Öffentlichkeit, was ihm noch mehr schadete. Als er beim ansonsten äußerst erfolgreichen AT einige Fehler machte, die besonders ins Auge fielen, sahen seine Gegner ihre große Chance. Sie überzeugten das IBM-Management, die unabhängige PC-Produktion wieder der starren Bürokratie der Zentrale unterzuordnen. Dieser Schachzug erwies sich nicht nur als abträglich für das PC-Geschäft, sondern führte auch dazu, daß Don Estridge eine Flugreise antrat, die ihn das Leben kostete.

Am Anfang war IBM keineswegs so bürokratisch. Erst im Lauf der Jahre kam es zu diesen ewigen Diskussionen, langen Entscheidungswegen und Machtkämpfen. Das lag daran, daß IBM seine Konkurrenten mit der Zeit so gründlich vom Markt verdrängt hatte, daß die Führungskräfte ihre Macht und ihren Erfolg nur noch an ihrem Stellenwert in der eigenen Firma messen konnten. Ganz abgesehen davon lehrte sie die IBM-Firmenkultur, einander so hart wie möglich zu bekämpfen. Der Hintergrund war: Der ständige Streit, die stetige Auseinandersetzung sollten dafür sorgen, daß nur die besten Ideen, die besten Mitarbeiter durchkamen. Jahrzehntelang wies dieser interne Machtkampf gute Ergebnisse auf. Er hielt die Leute fit, ließ sie immer aufmerksam und wach bleiben. Erst später wurden aus den fruchtbaren Debatten erbitterte Dispute um Kleinigkeiten, die Sand ins Getriebe brachten.

IBM war mit einem energischen jungen Mann namens Tom Watson gestartet. Der stammte aus dem Norden New Yorks und hatte Eltern schottisch-irischer Abkunft. Die Vorfahren waren gegen 1850 vor der Hungersnot geflohen, die in Teilen des britischen Inselreichs grassierte. Watson war groß, hatte schmale Lippen und dunkle Augen – und einen stechenden Blick. Eine Persönlichkeit, die allem seinen Stempel aufdrücken wollte. Als junger Kerl war er in der Stadt herumgelaufen und hatte seinen Namen auf alles mögliche und unmögliche geschrieben. Noch nicht ganz zwanzig, versuchte er sich im Lehrberuf, langweilte sich dabei aber zu Tode. Er versuchte sich als Buchhalter, doch auch dieser Beruf vermochte ihn nicht zu fesseln. Also verließ der junge Mann die elterliche Farm Anfang 1890, um sein Glück als Verkäufer von Klavieren und Nähmaschinen zu machen, fuhr mit einem Pferdewagen über Land.

Obwohl Watson anfangs noch recht ungeschickt agierte, erwies er sich doch als einigermaßen guter Schauspieler und imitierte die Techniken, die er bei *Billy Sunday*-Versammlungen und bei *Chautauqua*-Vortragsreisen aufgeschnappt hatte, in einer Weise, daß es ihm gelang, eine Brücke von der landwirtschaftlich ausgerichteten Welt des 19. Jahrhunderts zur auf die Technik fixierten der Gegenwart zu schlagen. Die Energie, die ihm seine schottischen Vorfahren mitgegeben hatten und die ihn trieb, die Farm zu verlassen, bildete – in Verbindung mit dem methodistischen Fundamentalismus seiner Jugendjahre – das Rückgrat des Charakters von IBM. Er war so wettbewerbsorientiert, daß seine Firma weltweit gegen die Antitrust-Gesetze verstieß, aber er hatte auch ausgesprochen starre Moralvorstellungen.

Nachdem seine Verkaufserfolge sich bei den Klavieren in Grenzen gehalten hatten und er häufig Schweine oder anderes Vieh in Zahlung nehmen mußte, verlegte sich Watson darauf, Wertpapiere zu verkaufen. Dabei arbeitete er für einen protzigen Kaufmann, der ihm demonstrierte, welchen Eindruck man mit einem korrekten Geschäftsanzug auf Menschen machen konnte, die noch nicht ans Stadtleben gewöhnt waren. Er zahlte dem jungen Watson auch genug Geld, damit er nicht länger in Hemd und Unterhose beim Schneider warten mußte, während er seinen einzigen Anzug bügeln ließ.

Watson begann in größeren Dimensionen zu denken. Er plante eine Kette von Metzgereien zu eröffnen. Doch dann ging der Mann, für den er die Wertpapiere verkauft hatte, mit dem ganzen Geld durch. Das bedeutete, daß all seine Kunden sich betrogen fühlen mußten und er seinen Traum von der Metzgerei-Kette vergessen konnte.

Nachdem Watson sich von diesem Schlag erholt hatte, bemühte er sich um einen Job bei National Cash und bewarb sich immer wieder, obwohl er schon verschiedentlich abgewiesen worden war. Als er schließlich doch bei NCR angenommen worden war, verinnerlichte Watson viele der Verkaufstechniken, die dort angewandt wurden. Sie wurden später mit IBM identifiziert – angefangen bei der (rabiaten) Art, mit der sein mehr als temperamentvoller Boß Watsons Persönlichkeit niedermachte, denn bei ihm galt nur er selbst.

Das war die Grundidee der IBM-Sales School, von der einige der Absolventen behaupten, dabei handele es sich um die reinste Gehirnwäsche. Seine Zeit bei NCR bestätigte Watson auch in seiner Auffassung, daß ›der richtige Anzug schon der halbe Erfolg ist‹. Der Gedanke, dem Außendienst durch korrekte Kleidung das Gefühl von Fachkompetenz zu vermitteln, erwies sich gerade in einer Ära als erfolgreich, da Handlungsreisende nicht den besten Ruf genossen. Watson übernahm ihn prompt, verordnete seinen IBM-Außendienstlern dunkle Anzüge, weiße Hemden und die steifen, abnehmbaren Kragen, die damals gerade in Mode waren. Sogar den ›Think‹-Slogan ›borgte‹ sich Watson bei Eugene Patterson, dem Chef von National Cash Register.

Das erste Mal geriet Watson mit den Antitrust-Gesetzen in Konflikt, weil er die mehr als aggressiven Verkaufstechniken angewandt hatte, die ihm von Patterson bei NCR beigebracht worden waren. Watson wurde verhaftet und zu einem Jahr Gefängnis verurteilt. Das Urteil wurde dann allerdings wegen eines Formfehlers angefochten, und es kam nie zu einem zweiten Verfahren, weil er NCR inzwischen verlassen hatte. Obwohl seine Schuld unbestritten war, gab Watson sie niemals zu und zeigte auch keinerlei Reue.

Watson gilt zwar als der Gründer von IBM, war es aber eigentlich nicht. Nachdem Patterson ihn nach 18 Jahren bei NCR hinausgedrängt hatte, weil er eine zu große Bedrohung für seine eigene Autorität darstellte, wurde Watson 1918 als Generalmanager für ein Konglomerat engagiert, das Charlie Flint drei Jahre vorher gegründet hatte. Flint, ein kleiner Mann mit einem Spitzbart und Koteletten, war als ›Trust King‹ bekannt geworden. Zu zwei Dritteln bestand diese Firma aus einer Fabrik, die Waagen, Kaffeemühlen und Käseschneidemaschinen für kleine Läden herstellte, und aus einer, die Stechuhren produzierte. Das ist auch der Grund, warum bei IBM jahrelang jeder eine Stechkarte eingeben mußte, wenn er kam und ging – vom Arbeiter, der nur ein Schräubchen eindrehte, bis hinauf zu Watson. Das letzte

Drittel dieses Konglomerats mit dem Namen Computing Tabulating Recording war eine eigenartige kleine Firma, und zwar die Basis dessen, was wir heute als IBM kennen, auch wenn der Grundgedanke vom Webstuhl abgeleitet worden war.

Ein Franzose namens Jacquard hatte die geniale Idee gehabt, eine hölzerne Lochkarte zu benutzen, um die Kettfäden auf dem Webstuhl mustergerecht zu verarbeiten. Dieser Einfall hatte aus einem Handwebstuhl einen primitiven Computer gemacht, wie ein cleverer deutscher Einwanderer feststellte. Hermann Hollerith hatte Jacquards Idee übernommen. Statt der Fäden ›sortierte‹ sein Gerät allerdings Karten, die bestimmte Daten enthielten. Statt Stoffe herzustellen, ordnete er Statistiken tabellarisch.

Holleriths Timing war gut, weil das Statistische Bundesamt der USA zur Jahrhundertwende förmlich in Daten ertrunken war. Zu dem Zeitpunkt, als eine neue Volkszählung stattfinden sollte, waren die Informationen von der letzten immer noch nicht voll ausgewertet und erfaßt worden. So hatte das Statistische Bundesamt Holleriths kleine Firma gestützt, bis Hollerith – ein besserer Erfinder als Geschäftsmann – in ernsthafte finanzielle Schwierigkeiten geriet und seinen primitiven Computer an Computing Tabulating Recording verkaufen mußte.

Watson begann seine Arbeit für CTR eher zögerlich, weil der Einspruch wegen seiner Verurteilung in dem Antitrust-Fall noch nicht durch und deshalb noch nicht klar war, was aus der Firma werden sollte, falls er tatsächlich ein Jahr im Gefängnis würde sitzen müssen. Doch dann wurde ihm sehr schnell bewußt, welch ein Juwel er mit Holleriths mechanischen Sortiermaschinen in Händen hatte. Deshalb baute er einen Außendienst mit ausgesprochen professionellen Verkäufern auf, die Firmen davon überzeugen konnten, daß sie diese Kalkulatoren brauchten. Watson verfiel auch auf die Idee, die Maschinen auf einer Leasingbasis anzubieten, ein Einfall, der der Firma im Lauf der nächsten Jahre fantastische Gewinne bescheren sollte.

Leasing ließ die komplizierten Maschinen nicht nur billiger erscheinen, weil der Endpreis auf monatliche Teilzahlungen verteilt wurde; es brachte auch höhere Einnahmen für die einzelne Maschine, als Watson bei ihrem Verkauf erzielt hätte. Außerdem verteuerte das Leasing für andere Firmen den Einstieg in den Markt. Als etablierte Firma konnte CTR es sich leisten, pro Monat nur ein paar Prozent des Verkaufspreises seiner Maschinen als Leasinggebühr zu nehmen, jeder andere aber, der auf den Markt hätte einbrechen wollen, hätte enorm viel Kapital aufbringen müssen, da er ja erst in die Maschinen hätte investieren müssen und außerdem noch in die technische Weiterentwicklung, der Watson und seine Firma ihren Maschinenpark ständig unterzogen.

Obwohl er bis zum Hals in Schulden steckte, gelang es dem inzwischen Vierzigjährigen, seinen Geldgebern noch mehr abzuschwatzen. Als guter Geschäftsmann hatte er ihnen sehr überzeugend erklärt, die alten Schulden seien Vergangenheit, er rede jetzt über Geld, das die Zukunft finanzieren solle. Die Rezession von 1921 hätte seine Träume für CTR allerdings fast beendet. Doch die Firma kam durch, und Watson benannte sie 1924 in International Business Machines Corporation um – ein Name, den er für angemessen und großartig hielt. Der Namenswechsel schien auch bei Watson eine Transformation zu bewirken. Er war inzwischen Anfang Fünfzig und sah sich nicht mehr als jemanden, dessen Karriere einem ständigen Auf und Ab unterworfen war, sondern war sich bewußt geworden, daß er eine Bestimmung hatte. Und das strahlte er auch aus.

Während der Weltwirtschaftskrise hätte Watson fast Bankrott erklären müssen, weil er sich überschuldet hatte, um IBM-Aktien zu kaufen. Wäre der IBM-Kurs auch nur noch um ein paar Punkte gefallen, wäre er pleite gewesen. Dazu kam noch, daß dem handwerklich absolut unfähigen Watson das Wohnhaus abbrannte, weil er mit dem Heizkessel nicht zurechtgekommen war. Dennoch – IBM überlebte die Weltwirtschaftskrise, war sogar nach deren Ende doppelt so groß wie vorher.

Zu Beginn des Zweiten Weltkriegs erreichte die Firma die Umsatzgrenze von 40 Millionen Dollar. Während des Krieges stagnierte das Wachstum kurz, obwohl IBM ihre Produktion zu zwei Dritteln auf Maschinengewehre und andere

Waffen umstellte und viele ihrer jungen Mitarbeiter an die Front schickte.

Watson zahlte ein Großteil des Gehalts dieser Männer während des Krieges an deren Familien weiter, weil er der Meinung war, sie sollten nicht noch dafür bestraft werden, daß sie ihrem Land dienten. Das war eine der Geschichten, die im Lauf der Jahre von IBMlern wieder und wieder erzählt wurden, wenn sie jemandem erklären wollten, warum sie ihrem Arbeitgeber so loyal gegenüberstanden.

Zu Beginn des Zweiten Weltkriegs war IBM bereits zu einem Nationalheiligtum geworden. Die IBMler hatten sogar ihr eigenes Rangabzeichen in der Navy; Mechaniker, die die wichtigen Rechner reparierten, trugen Abzeichen mit einem I in der Mitte, was darauf hinwies, daß sie beispielsweise Verwaltungsunteroffiziere zweiter Klasse (von) IBM waren. Als nach dem Krieg die Interkontinentalrakete (intercontinental ballistic missile) entwickelt wurde, wäre die logische Abkürzung dafür IBM gewesen, doch dem Computer-Giganten paßte das nicht, weshalb die Rakete den weniger glücklichen Titel ICBM bekam.

Bei der Erziehung seiner Kinder hatte Watson nicht unbedingt eine glückliche Hand. Sie erinnern sich zwar gern an den Mann mit den stechenden dunklen Augen, sprechen davon, wie er sie manchmal Sonntag nachmittags zum Lachen brachte, indem er ein Kleid ihrer Mutter anzog. Doch als sie noch kleiner waren, rebellierten sie gegen die strenge Disziplin, die er ihnen aufgrund seiner eigenen Erziehung abverlangte.

Besonders Tom jun. machte ihm ganz schön zu schaffen. ›Klein Jim‹ – den Kosenamen wurde er sein Leben lang nicht los, nicht einmal, als er schon stark auf die Siebzig zuging. Das Bürschchen wurde von seiner Grundschule gefeuert. Der 1914 geborene Knabe hatte unzählige ›Stinkdrüsen‹, wie er sie nannte, von Stinktieren gesammelt und sie im Lüftungssystem versteckt. Die Schule mußte für einen ganzen Tag geschlossen werden. Der auch als ›Schrecklicher Tommy‹ bekannte Watson-Sprößling brauchte sechs Jahre und vier verschiedene Schulen, um endlich den High-School-Abschluß zu schaffen.

Sein tyrannischer Vater machte ihn zu einem entsetzlich unsicheren jungen Mann. Tom erzählt, daß er nur deshalb am Brown College aufgenommen wurde, weil sein mächtiger Vater den Dekan unter Druck gesetzt hatte (eine Geste, die dem College später zehn Millionen Dollar an Spendengeldern von Tom jun. einbrachte). Nachdem er das College glücklich absolviert hatte und offiziell bei IBM arbeitete, verbrachte Klein-Tom die Hälfte des Tages in seinem Flugzeug in der Luft und die andere Hälfte in den Clubs. Der große, gutaussehende junge Mann flirtete mit Models oder trank und rauchte bis in die frühen Morgenstunden mit seinen Kumpels.

Für Tom jun. änderte sich die Lage erst, als er während des Zweiten Weltkriegs in die Luftwaffe eintrat. Er erwies sich als wagemutiger Pilot, erklärte sich sogar einmal freiwillig bereit, bei einem Flug über die feindlichen Linien nach Burma als Beobachter zu agieren. Als der Nebel so dicht wurde, daß sie die Hand nicht mehr vor Augen sehen und der Höhenmesser anzeigte, daß sie jeden Moment gegen einen Berg krachen konnten, schaute der Pilot zu Tom hinüber und sagte kichernd: »Was soll's? Wer will schon ewig leben.« Tom verbrachte ein Großteil des Krieges als Pilot eines Luftwaffengenerals. Er beobachtete ihn genau und imitierte ihn. So fing er an zu lernen, wie man mit Menschen umgeht. Endlich aus dem Schatten seines übermächtigen Vaters herausgetreten, entwickelte er schließlich doch noch Selbstbewußtsein. Außerdem machte er das erste Mal Bekanntschaft mit dem Computer.

Sofort nach dem Krieg trat Tom wieder in das Familienunternehmen ein. Es ging ihm ganz schön auf die Nerven, daß alle ihn so ehrerbietig behandelten, weil er der Sohn des obersten Bosses war, doch ihm war auch bewußt, wie sehr ihm das half, sich selbst zu finden.

Als junger Außendienstler mißachtete er das Alkoholverbot, das sein Vater ausgesprochen hatte. Der ihm anvertraute Bezirk umfaßte auch die Wall Street. Das war ein so ruhiger Job, daß er sein Jahressoll buchstäblich schon am 2. Januar erfüllt hatte. Sein Vater beförderte ihn so schnell, daß er förmlich die Treppe hinauffiel. Er hatte wohl bemerkt, daß sein Sohn im Krieg zu neuem Selbstbewußtsein gefunden hatte und sogar hin und wieder Anflüge von Disziplin zeigte. Tom sen. erwog sogar die Möglichkeit, seinem Sohn irgendwann die Firma zu überschreiben. Aber da gab es ein Hindernis: Charles Kirk, die Nummer zwei bei IBM, der 1947 erst 42 war. Dann starb Kirk ganz überraschend. Streß und zuviel Alkohol hatten zu einer Herzattacke geführt.

Ende der vierziger und Anfang der fünfziger Jahre versuchte Tom jun. seinen Vater davon zu überzeugen, daß die Rechnerindustrie sich rasch von den mechanischen Sortiermaschinen und Tabulatoren wegbewegte, die IBM jahrzehntelang verkauft hatte. Seiner Meinung nach ging der Trend hin zu jener monströsen Ansammlung von Vakuumröhren und elektronischen Teilen, die das US-Militär Anfang der vierziger Jahre für Kriegszwecke zusammengebaut hatte. Watson sen. war mißtrauisch. Die Kunden fragten schließlich kaum nach diesen primitiven neuen Geräten, die aus so vielen klickenden mechanischen Teilen bestanden, daß es sich manchmal anhörte, als säßen lauter strickende Frauen im Raum. Er gab eine Studie in Auftrag, die belegte, daß alle amerikanischen Firmen zusammengenommen im Lauf der Lebensdauer dieser neuen Computer vielleicht eine Handvoll dieser Geräte brauchen würden, die eine geringere Rechnerkapazität hatten als einige der heutigen Mikrowellenöfen. Die Studie bestätigte auch – jedenfalls bis zu einem gewissen Grade –, daß die älteren Rechner den Weltmarkt noch bis zum Ende der fünfziger Jahre beherrschen würden.

Tom jun. ignorierte die bisherige IBM-Politik, sich nur nach den Wünschen und Bedürfnissen der Kunden zu richten. Er beharrte auf seiner Meinung und behauptete, es gäbe ein dringliches technologisches Erfordernis: Die neuen Computer würden die alten bald deklassieren; die Kunden würden das schon früh genug merken; und es wäre wohl besser, wenn IBM sich jetzt schon auf deren Wünsche einstellte.

Als Tom sen. sich darauf vorbereitete, dem Junior die Firma zu übergeben, gab es heftige Kämpfe zwischen Vater und Sohn. Der Vater war so furchteinflößend, daß selbst erfahrene Führungskräfte – allesamt sehr selbstbewußte Männer – manchmal nach einer Konferenz dermaßen schweißüberströmt waren, daß sie ein Taschentuch benutzen mußten, um den Türknopf zu drehen. Doch Tom jun. lernte ebenfalls sehr schnell, wie man Angst und Schrecken verbreitet. Einmal hatte er mit seinem Vater eine Auseinandersetzung auf einem Flugfeld. Er beschloß sie brüllend: »Verdammt, Alter, kannst du mich denn nie in Ruhe lassen?« Der Senior war 82, als er 1956 kapitulierte und seinem Sohn die Firma übergab. Ein paar Monate später starb er. IBM war zu diesem Zeitpunkt die Nummer 37 unter den größten Firmen der Vereinigten Staaten.

Dick, der zweite Watson-Sohn, war verärgert gewesen, als schließlich feststand, daß sein Bruder, als der ältere, die Firma irgendwann führen würde. Deshalb hatte der Vater das Unternehmen kurzerhand aufgeteilt, Dick die Verantwortung für die Auslandsgeschäfte übertragen und Tom jun. die für das Gesamtunternehmen, ihm aber klargemacht, daß er Dick nicht hineinreden solle. Die Rivalität der Brüder sorgte dafür, daß IBM sich im Ausland so gut etablierte, daß der internationale Zweig jeden Versuch ausländischer Regierungen überlebte, den Einfluß von US-Firmen einzuschränken oder sich vom Einfluß IBMs auf ihren Computermarkt zu lösen. Dick warf sich mit aller Macht auf seine Aufgabe, sprach fließend Französisch und Deutsch und Spanisch fast fließend. Er lernte sogar so viel Russisch, daß er gewöhnlich ohne Dolmetscher auskam. Er stellte sicher, daß die englische IBM-Niederlassung englischer war als die meisten englischen Computerfirmen, daß es bei der deutschen deutscher zuging als bei den deutschen Herstellern, so daß es praktisch unmöglich war, irgendwo Gesetze zu erlassen, die IBMs internationalen Siegeszug hätten aufhalten können. Als die Europäer sich Mitte der achtziger Jahre gegen IBM zusammenschlossen, vermochten sie keine Regeln aufzustellen, die IBM daran hätten hindern können, sich ihnen anzuschließen. Die europäischen Niederlassungen waren es, die IBM Ende der achtziger Jahre überleben halfen, als die amerikanische Mutter in ernsthaften Schwierigkeiten steckte. (Dick starb 1974. Er war in seinem Herrenhaus in New Canaan/ Connecticut die Treppe heruntergefallen.)

Als Tom jun. die Firma 1956 übernahm, brach er mit einigen chaotischen Traditionen. So sah es aus, als wäre buchstäblich jeder disziplinarisch seinem Vater unterstellt gewesen und als hätte sein Vater alle Entscheidungen allein getroffen – nur umgeben von einigen Speichelleckern. Tom sen. sagte den Leuten gern: »Loyalität bewahrt einen davor, täglich entscheiden zu müssen, was das Beste wäre.«

Die Veränderungen, die der Junior Mitte der fünfziger Jahre anregte, führten zu den ersten Dezentralisationsmaßnahmen, die IBM im Lauf der Jahre vollzog. Das neue Arrangement brachte das Management-Komitee hervor, das es Tom jun. ermöglichte, die Verantwortung ein wenig zu verteilen. Die neue Organisationsform besiegelte auch das ›System interner Diskussionen‹, das die Managementstrukturen bei IBM über die Jahre hin bestimmte. Der Grundgedanke war nicht nur, daß Manager der niedrigeren Stufen selbständig Entscheidungen treffen, sondern die Vor- und Nachteile ihrer Vorschläge so gründlich diskutieren sollten, daß sie wirklich von ihrer Richtigkeit überzeugt waren. Der Prozeß dauerte lange, doch so lange nun auch nicht, weil IBM Ende der fünfziger Jahre nur etwa 50 000 Beschäftigte und eine Milliarde Dollar Umsatz hatte. Während der nächsten 25 Jahre jedenfalls sorgte diese Idee bei IBM für außergewöhnliche Disziplin.

Als Gegengewicht zu dieser Disziplin ließ sich der Junior bei seiner Geschäftsführung von Instinkten leiten. Er feuerte jemanden am Freitag und stellte ihn in der Hälfte der Fälle am Montag wieder ein, nachdem er das Wochenende genutzt hatte, sich wieder zu beruhigen. Einmal hatten sich Watson und sein Generaldirektor – der großgewachsene, gutmütige Vin Learson – wegen irgendwelcher Segelregeln zerstritten, und Watson war so sauer, daß er wochenlang nicht mit seinem Vize sprach.

David Kearns, der später Vorstandsvorsitzender bei Xerox wurde, erinnert sich, daß er in den Sechzigern als aufstrebender Manager eine Präsentation vor dem Management-Komitee machen mußte und Zeuge einer der Temperamentsausbrüche wurde, für die Watson berühmt war. Kearns sagt, er sei nicht einmal sicher gewesen, ob Watson überhaupt wußte, wer er war, doch dann habe der höflich jemanden begrüßt, der zu spät zu der Konferenz gekommen war, und gesagt: »David macht gerade eine Präsentation, an der Sie Ihren Spaß haben werden«, bevor er losdonnerte: »Ganz anders als bei Jack, der eben seine Präsentation machte und uns allen ins Gesicht gelogen hat!« Kearns erzählt, er hätte sich am liebsten hinter der Staffelei versteckt, auf der seine Grafiken standen.

Watson machte Leute aber nicht nur fertig, er wußte auch genau, wann er mit jemandem behutsam umgehen mußte. Er ließ einmal einen Manager von einer Außenstelle kommen, dessen Entscheidung IBM zehn Millionen Dollar gekostet hatte. Als der Mann verzagt vor ihm stand, fragte er ihn: »Wissen Sie, warum ich Sie hergebeten habe?«

Der Mann erwiderte: »Ich nehme an, damit Sie mich feuern können.«

Watson schaute ihn überrascht an. »Sie feuern?« Er schüttelte den Kopf »Natürlich nicht. Ich habe doch gerade erst zehn Millionen Dollar in Ihre Weiterbildung investiert.«

Danach beruhigte er den Mann und ermahnte ihn, seine Chance nun auch wirklich zu nutzen.

Ein anderes Mal rief er einen Assistenten zu sich. Es war Anfang der Sechziger, und Watson hielt ihm vorwurfsvoll eine Titelgeschichte über 3M vor die Nase: »Lesen Sie das! Das ist die Art von Dezentralisierung, die ich mir für IBM wünsche.« In dem Artikel waren Dezentralisierungsmaßnahmen beschrieben worden, die denen stark ähnelten, auf die IBM heute zustrebt, doch sein Stab überzeugte Watson damals, daß so etwas nicht möglich sein würde.

Anders als die meisten seiner Nachfolger sagte Watson, er habe versucht, für die Schlüsselpositionen ›barsche, unangepaßte Leute‹ zu finden. Später war es für Untergebene schwierig, ihren Vorgesetzten zu gestehen, daß sie Probleme hätten. Doch Watson, der auch noch selbst ans Telefon ging, nachdem er Vorstandsvorsitzender geworden war, ermutigte die Mitarbeiter immer wieder, direkt zu ihm zu kommen und ihm zu sagen, wie die Dinge wirklich lagen. Außerdem drängte er Untergebenen nur zu gern seinen Willen auf, wenn er überzeugt war, recht zu haben. Beispielsweise überstimmte er Anfang der sechziger Jahre fast sein gesamtes

Management, als das befürchtete, Transistoren seien für den Einbau in Computer nicht geeignet, weil sie zu schnell kaputtgingen. Er überreichte jedem der Zweifler eines der Transistorradios, die damals gerade auf den Markt gekommen waren, und sagte ihnen, sie sollten ihn sofort anrufen, wenn ihres streikte.

Während der Fünfziger mußten die Watsons überlegen, was man gegen dieses neue Ding – Computer genannt – unternehmen sollte, bei dem Remington Rand sich so weit an die Spitze der Entwicklung gesetzt hatte, daß die breite Öffentlichkeit von einem Univac sprach – diesen Namen hatte Rand seinem gegeben –, wenn sie einen Computer meinte. Watson jun. ließ allerdings nicht zu, daß dieser Zustand lange dauerte.

Anfang der Sechziger begann er mit dem, was *Fortune* das ›5-Milliarden-Dollar-Spiel‹ nannte. Das war ungefähr das Dreifache des damaligen IBM-Umsatzes, heute wäre es damit ein 200-Milliarden-Dollar-Spiel. Das Spiel – ein größeres Unterfangen als das Manhattan-Projekt, das die Atombombe hervorbrachte – war gedacht, eine ganz neue Art von Großrechnern zu produzieren, 360er genannt. Das Projekt war sogar noch wagemutiger, als schon die reinen Kosten andeuteten, weil IBM unter Watson etwas tat, das sie seitdem nie wieder versucht hat: Statt die existierende Produktlinie vor den 360ern zu schützen, versuchte IBM, den 360er einzusetzen, um alle auf dem Markt angebotenen Produkte auszumerzen – einschließlich der Erzeugnisse von IBM.

Wegen einer Verzögerung bei der Entwicklung der Software stand das Projekt 1965 allerdings kurz auf der Kippe. Die IBM löste das Problem, indem sie so viele Programmierer an das Projekt setzte, daß die fast mehr Zeit brauchten, die Arbeit zu koordinieren, und keiner wirklich etwas tat. Watson geriet in Panik. Doch kaum war das Softwareproblem gelöst, schaffte IBM dank des 360er den Sprung von einem Marktanteil von 25 Prozent gegen Ende der Fünfziger auf nun mehr als 70 Prozent. IBM katapultierte sich so unter die ›Top ten‹ der amerikanischen Großunternehmen.

Der 360er besaß einen doppelten Zauber. Er benutzte die Technologie des integrierten Schaltkreises, die damals gerade erst entwickelt worden war, und verzichtete auf die großen Vakuumröhren, die für die ersten ›Elektronengehirne‹ so charakteristisch gewesen waren. Die ersten Maschinen, die Vakuumröhren wie die in den frühen Stereogeräten benutzten, waren so schnell kaputtgegangen, daß das Militär während des Zweiten Weltkriegs Soldaten abgestellt hatte, die ständig Ersatzröhren bereithielten, um sie gegen die ausgebrannten auszutauschen.

Die 360er-Linie war auch die erste wirkliche Computerfamilie, die diesen Namen verdiente. Bis zu diesem Zeitpunkt hatte kein Kunde, der einen leistungsfähigeren Computer von IBM oder einer anderen Firma kaufte, die alte Software auf der neuen Maschine benutzen können. Beim 360er aber konnte der Kunde mit einer kleinen Maschine beginnen und später, wenn der Bedarf wuchs, eine größere wählen und die alte Software weiterbenutzen. Diese Fähigkeit war der entscheidende Faktor, der IBM-Kunden überzeugte, im Lauf der Jahre Software im Wert von Hunderten von Milliarden Dollar zu schreiben und auf IBM-Maschinen laufen zu lassen.

Selbst nachdem Watson seine Aktionäre so reich gemacht hatte, daß das Fortune-Magazin ihn »den größten Kapitalisten der Geschichte« nannte, tat er etwas, das kein Boß, der etwas auf sich hält, in den achtziger oder neunziger Jahren gewagt hätte: Er kürzte sein eigenes Gehalt. Sein Vater hatte laut Vertrag ein Prozent der IBM-Gewinne erhalten, und Tom jun. hatten außergewöhnlich günstige Optionen auf Aktien zugestanden. Doch als er feststellte, daß diese Optionen ›unanständig‹ profitabel waren, nahm er sie nicht mehr wahr.

Unter den Watsons, Senior wie Junior, blieb IBM ein Familienunternehmen. Dutzende von Mitgliedern einer großen Familie arbeiteten möglicherweise bei IBM, wohnten nahe beieinander in einer IBM-Stadt im New Yorker Hudson Valley, trafen ihre Freunde im IBM-Country Club oder bei den Familien-Picknicks, die IBM veranstaltete. Auf jeden Fall aber trafen sich alle zu der großen Weihnachtsparty. Jedes Kind, das durch die Tür kam, erhielt eine IBM-Lochkarte, auf die sein Name getippt war. Viele betrachten es noch heute als einen Höhepunkt ihrer Kindheit, wenn sie dann – aufgrund der Informationen auf der Karte – zu einem bestimmten Tisch geleitet wurden, an dem sie ihre Geschenke bekamen, was auch immer das ›Spiele-Komitee‹ für dieses Jahr beispielsweise für achtjährige Mädchen oder Knaben ausgesucht hatte.

Komischerweise war es die Angst vor einem Atomkrieg, die dieses Familiengefühl hervorbrachte, zumindest galt das für die Randbezirke von New York City, in die IBM Anfang der sechziger Jahre seine Zentrale verlagert hatte. Watson war überzeugt, ein atomarer Erstschlag würde mit Sicherheit New York City treffen und damit auch IBM zerstören. Deshalb hatte er die Firmenzentrale etwa 50 Meilen weiter nach Norden verlagert, um dem Schlimmsten zu entgehen. Der zweite Grund für den Umzug war realistischer: Watson, der in einem bescheidenen Haus auf einem Seegrundstück in Greenwich/Connecticut wohnte, gefiel es nicht, jeden Tag mehr als eine Stunde unterwegs sein zu müssen, um sein Büro mitten in Manhattan zu erreichen. Armonk dagegen war nur ein paar Minuten entfernt. Bis heute – er ist inzwischen fast achtzig – nutzt Watson noch häufig die Gelegenheit, sich auf sein altes BMW-Motorrad zu setzen, schnell nach Armonk zu fahren, um bei IBM nach dem Rechten zu sehen.

Die Watsons pflegten dieses Gemeinschaftsgefühl, indem sie ihre Angestellten zu Beginn eines Meetings IBM-Lieder singen ließen. ›Ever Onward‹ war die IBM-Hymne. Ihr Text besagte: »IBM ist groß, wird aber noch größer werden.« Die Songs, bis in die siebziger Jahre hinein ein fester Bestandteil bei allen Meetings, waren auch gedacht, erfahrene Führungskräfte zu ehren. Sie trugen Titel wie »Für Samuel M. Hastings, Chairman, Scale Finance Committee«.

Bald nachdem Watson im Jahr 1970 mit 56 Jahren einen Herzinfarkt erlitten hatte, übergab er die Firma an Vin Learson, der die Geschäfte zwei Jahre lang führte und sie dann Frank Cary übergab. Der war das glatte Gegenstück zu Watson. Er war ein Profi, gab niemals seinen Instinkten nach; war kühl, wurde nie heftig; war ein Stanford-Absolvent und eben nicht der ältere Sohn des früheren Bosses. Als man ihm 1973 sagte, IBM habe einen Prozeß verloren, den Telex angestrengt hatte wegen der Stellung von IBM auf dem Großrechnermarkt, die man fast als Monopol ansehen konnte, und damit 350 Millionen Dollar, zuckte er mit keiner Wimper, obwohl das der bis zu diesem Zeitpunkt größte Antitrust-Prozeß war und IBM mit Sicherheit über Jahre hin mit neuen Prozessen eindecken würde. Er fragte seine Anwälte nur ganz ruhig: »Okay, was machen wir jetzt?« Als ihm der IBM-Chef-Hausanwalt, der frühere US-Generalbundesanwalt Nicholas D. Katzenbach, seinen Rücktritt anbot, sich also als Sündenbock zur Verfügung stellte, entgegnete Cary trocken: »Nein. Das ist mein Problem, nicht Ihres.«

Einige Jahre später stürmte ein junger Informatiker namens Andy Heller eines frühen Abends in Carys Büro. Er hatte beschlossen, dem Vorstandsvorsitzenden einmal so richtig die Meinung zu sagen. Heller erklärte Cary, auf der IBM-Skala von eins bis fünf, auf der eins die höchste Wertung war, sei er – also Cary – eine Sieben. Der Nummer eins bei IBM, dem Mann, von dem man behauptete, ›er könne über Wasser gehen‹, sagte also einer wie Heller, der in der Hierarchie ein halbes Dutzend oder mehr Stufen unter ihm stand, er sei dabei zu ertrinken. Der junge Mann aus der Forschungsabteilung maßregelte den obersten Boß.

Doch Cary schmiß ihn nicht raus, sondern zeigte Neugier. Heller fragte Cary, wie der jemanden einschätzen würde, der die Großrechner, IBMs wichtigste Einkommensquelle, dadurch gefährde, daß er bei den Menschen knausere, die sich einem Projekt verschrieben hätten. Cary ließ ihn ruhig ausreden und forderte ihn dann höflich auf zu bleiben und sich mit ihm gemeinsam Bert Lannces Rücktritt aus der Carter-Regierung anzusehen, die an diesem Abend im Fernsehen übertragen wurde.

Nachdem er Hellers Frage eine Nacht überschlafen hatte, setzte Cary am nächsten Tag 150 Leute an die Entwicklung eines Großrechners, der IBM als 3090er sicher durch den Rest der achtziger Jahre bringen sollte. Heller machte Karriere und wurde einer der Star-Informatiker von IBM.

Als eine Delegation erfahrener US-Führungskräfte Mitte der Siebziger China besuchte, kurz nachdem es sich dem

Westen geöffnet hatte, konzentrierte sich der pfiffige Vorsitzende einer Kolchose augenblicklich auf Cary., obwohl er noch nie vorher einen Geschäftsmann aus der westlichen Welt gesehen hatte und Carys Fragen von einem Dolmetscher übersetzt werden mußten. Als einer der anderen Bosse aus Amerika den Landwirt fragte, wie er denn mit der Konkurrenz umginge, erwiderte der knapp: »Es gibt Bauernhöfe und Bauernhöfe.« Dann nickte er in Richtung Cary und fügte hinzu: »Fragen Sie ihn. Er weiß es.«

Mitte der Siebziger unterbreitete ein Team von Marketing-Experten dem Management-Komitee den Vorschlag, einige Preise herunterzusetzen, um einen Konkurrenten aus dem Feld zu schlagen, obwohl diese Preise, wie die Männer nach monatelangen Studien festgestellt hatten, so irrational niedrig waren, daß der Konkurrent Geld verlieren mußte. Da fragte Cary: »Wie kommen Sie darauf, daß die Firma Gewinne macht? Lassen wir die Preise lieber, wie sie sind.« Zwei Monate später meldete der Konkurrent Konkurs an.

Wenn Watson wieder einmal in die Luft ging, war Cary meist der einzige, der es wagte, sich ihm entgegenzustellen. Dann ging jedesmal ein hörbarer Seufzer durch die Versammlung, weil alle im Raum den Atem anhielten und darauf warteten, was passieren würde – doch Cary blieb zumeist Sieger.

Irving Shapiro, einst Vorstandsvorsitzender bei Dupont und Direktor bei IBM, sagt: »Cary ist eine der klügsten und fähigsten Führungskräfte der amerikanischen Wirtschaft gewesen. Er ist hochintelligent und hat ungemein großen Elan.«

In Carys Ära entwickelte IBM jenen Managementstil, der weltweit Bewunderung erregte – mit seinem ausgeklügelten Fortbildungssystem für Mitarbeiter, seiner Ergebenheit gegenüber den Kunden, dem Stolz auf die Vielzahl seiner Manager und dem Auswahlsystem, das ein Potential hochbegabter Mitarbeiter herausfilterte und förderte.

Was die Außenwelt nicht sah, war die Angst vor dem Scheitern, die Cary hinter seiner ruhigen Fassade verbarg. Und es sah auch niemand, wie hart er arbeiten mußte, damit die Bürokratie wirklich spurte. Er genehmigte beispielsweise sogar die Briefe, die seine Assistenten auf Beschwerden der Mitarbeiter für ihn vorbereiteten. Watson hatte eine Politik der offenen Tür eingeführt, und die beinhaltete, daß IBM-Beschäftigte, die glaubten, von ihren Vorgesetzten unfair behandelt worden zu sein, sich direkt an den obersten Boß wenden konnten. Und er ging noch weit darüber hinaus. So wühlte er sich durch die zentimeterdicken Akten, die seine Assistenten zusammengetragen hatten, bevor sie ihre kurzen Vorschläge machten. Manchmal entdeckte er dabei, daß etwas bei einem mittleren Manager nicht stimmte, den er schon länger beobachtet hatte, oder er stellte fest, daß man an der IBM-Managementschule etwas ändern sollte.

Cary redete nicht viel bei Konferenzen, hatte aber die Angewohnheit, komplizierte Fragen zu stellen. Falls er zum Beispiel gefragt hatte: »Wer hat Ihnen wann was gesagt?«, lehnte er sich zurück und lauschte nicht nur der Antwort, sondern auch dem ›Rhythmus dieser Antwort‹, und registrierte die Wortwahl ganz genau. Nachdem er die Antwort auf vier oder fünf Ebenen überprüft hatte, stellte Cary dann eine weitere Frage, auf die es keine einfache Replik geben konnte. Sehr bald hatte er sich so dem wirklichen Problem genähert.

Cary hatte wie alle seine Vorgänger in der IBM-Geschichte als Verkäufer gearbeitet, war also kein Techniker. Seine Kenntnisse reichten nicht über das hinaus, was er im Physikunterricht auf der High-School gelernt hatte. Sein Hauptfach im College waren politische Wissenschaften gewesen. Deshalb hatte Cary – wie die anderen Vorstandsvorsitzenden in den IBM-Annalen auch – besonders hart arbeiten müssen, um diese Firma effektiv leiten zu können, die auf technologischem Gebiet wohl die fortschrittlichste der Welt ist.

Wie es Watson vor ihm getan hatte, umgab sich auch Cary mit Leuten, die Fraktur redeten und keine Angst hatten, ihm zu widersprechen, wenn sie der Meinung waren, ein Großprojekt sei technologisch noch nicht ausgereift und nicht richtig durchdacht. Er wollte Leute um sich, die auch miteinander stritten, wodurch sich die Selbstzufriedenheit des einzelnen in Grenzen hielt. Beispielsweise schützte er über Jahre hin Bob Evans, einen Manager mit technischem Background, der seine Kollegen gewöhnlich wegen ihrer technischen Vorgehensweise hart attackierte. Diese Männer hatten dann nichts Besseres zu tun, als zu Cary zu marschieren, sich über Evans zu beschweren und darum zu bitten, daß er endlich ›abgeschossen‹ werden sollte. Cary lachte dann meist nur und erklärte ihnen, sie hätten nicht ganz verstanden. Es war Evans' Job, sich aufzuregen. Es war aber keineswegs so, daß Cary der Meinung gewesen wäre, Evans hätte immer recht. Er gab seinen Kollegen gegenüber sogar zu, Evans hätte vielleicht weniger Ahnung als einige andere Techniker, doch zumindest sorge er dafür, daß die Dinge in Bewegung blieben und genauestens überprüft würden.

Die IBM-Forschungsabteilung sah unter Carys Ägide schon recht früh voraus, daß in den siebziger Jahren Personalcomputer nicht nur möglich, sondern nötig sein würden. Das war ziemlich leicht. Die Chips mit der Elektronik wurden immer kleiner, also würden auch die Computer, in die diese Chips eingebaut wurden, kleiner werden können. Es war aber nicht so einfach, eine solche Maschine herauszubringen. IBMs *General Products Division* mit Sitz in Atlanta machte denn auch einige großartige Vorschläge für einen kleinen Computer und kam dann ein paar Jahre später mit einem Computer wie dem Datamaster oder einem der 5100er Serie auf den Markt.

Diese Fehlschläge waren der Grund, warum Cary so hart am Ball blieb und schließlich zu der Überzeugung kam, das Problem hätte vor allem in dem bestanden, was man sich bei IBM unter dieser Produktreihe vorgestellt hätte. Seine Führungskräfte waren alle davon ausgegangen, daß die Systeme nur mit IBM-Technologie laufen sowie nur vom IBM-Außendienst verkauft werden dürften und die gesamte Standard-Servicepalette von IBM bieten müßten. Das waren Vorstellungen, die natürlich jeder IBM-Produktgruppe am Herzen lagen, doch kaum hatte Cary erkannt, daß sie auch für die Probleme verantwortlich waren, löste er sich von ihnen.

Cary konnte die Wachstumsrate, die Watson vorgelegt hatte, nicht halten, doch das wäre wohl keinem gelungen. (Cary witzelte manchmal, wie es ihm hätte gelingen können, mit Watson Schritt zu halten. Er betrat ein IBM-Fabrikgelände in England, in dessen riesigen Hallen Großrechner und Festplatten standen, die anscheinend nur von einer Handvoll Operatoren benutzt wurden. »Mein Gott«, sagte Cary, »wenn wir die Leute dazu kriegen könnten, Computer so wie wir zu nutzen, würden unsere Verkäufe noch über dem Bruttosozialprodukt der USA liegen.«) Abgesehen davon mußte Cary ein Großteil seiner Zeit damit verbringen, gegen eine Antitrust-Klage der Regierung anzugehen, die von 1969 bis 1981 lief und die Geschäfte des IBM-Managements stark limitierte.

Die Regierung konfiszierte während dieser Zeit mehr als 760 Millionen Dokumente. Der Fall verlangte harte Arbeit von jedermann. Ein Anwalt stellte IBM sogar an einem einzigen Tag 27 Stunden in Rechnung, denn er hatte von New York an die Westküste fliegen müssen und die drei Stunden Zeitunterschied mit berechnet. Die IBM-Führungskräfte scheuten sich während dieser Zeit, irgend etwas schriftlich niederzulegen, weil sie ständig befürchten mußten, die Regierung könne das entsprechende Dokument beschlagnahmen. Die Anwälte hatten die Gewalt über die Firma vollkommen übernommen und bestimmten, was bei Konferenzen gesagt werden konnte und was nicht. Niemand durfte über den Marktanteil von IBM sprechen, und wenn doch, mußte das in bedeutungslosen Phrasen geschehen, indem der Markt für Textverarbeitung beschrieben wurde, als spräche man über alles – vom Supercomputer bis hinunter zu Papier und Bleistift. Die Führungskräfte konnten keine Konkurrenzanalyse machen. Die Leute in der Entwicklungsabteilung durften keine Maschinen von der Konkurrenz kaufen, man erwartete schlicht von ihnen, daß sie wüßten, was drin ist.

Cary hatte sich tatsächlich darauf vorbereitet, die Firma zweizuteilen, weshalb er Mitte der siebziger Jahre die *General Products Division* einrichtete, ein wahres Sammelsurium, zu dem viele Abteilungen gehörten, die nichts mit den Großrechnern zu tun hatten und die schließlich auch den Personalcomputer hervorbrachten.

Unter dem Druck der Regierung überlegte er, die Firma in

noch mehr Bestandteile zu zergliedern, doch als die Anwälte dann ihre Tabellen vorlegten, die zeigten, wo jeder IBM-Zweig seine Produkte verkaufte, sah das so aus, als versende IBM ihre Produkte nur an sich selbst. Cary und seine Berater beschlossen daraufhin, es wäre einfach zu hart, IBM noch weiter zu zerbröseln.

Als der Druck der Regierung sich Ende der siebziger Jahre lockerte, boten die Anwälte des Justizministeriums an, die Sache fallenzulassen, falls IBM eine Lösung anbiete, die ihnen helfe, das Gesicht zu wahren. Deshalb bot Firmenberater Katzenbach an, ein Stück von IBM abzuspalten. Doch es handelte sich nur um die kleinen *Satellite Business Systems,* die ohnehin nicht profitabel waren. Die Regierungsanwälte betrachteten dieses Angebot als persönliche Beleidigung. Sie sagten: »Rufen Sie uns nicht wieder an, wir melden uns«, und von da an blieb das Telefon still.

Bei dem vermutlich größten Fehler der Cary-Ära handelte es sich um *Future Systems,* einen Versuch, den Durchbruch zu wiederholen, den es in den Sechzigern dank der 360er Linie gegeben hatte. Diesmal jedoch erwies sich die Idee als zu wagemutig. FS, so lautete die Abkürzung für das System, verlangte zu viele Schritte in Richtung moderne Technologie zur gleichen Zeit. Viele der Ideen werden erst heute in den Computern umgesetzt. Es war höchst unwahrscheinlich gewesen, daß dieses ehrgeizige Projekt wirklichen Schaden anrichten konnte. Anfang der siebziger Jahre war die US-Wirtschaft aus einer Rezession herausgekommen, die die Verkäufe so stark beeinträchtigt hatte, daß IBM zunächst einmal ihre Großrechner-Strategie überdenken mußte und dann fröhlich weitermachte. Doch FS hatte solche Unsummen verschlungen und sich als derartiger Flop erwiesen, daß es von diesem Zeitpunkt an zu gewagt gewesen wäre, ein größeres Risiko einzugehen. Das galt ganz besonders deshalb, weil John Opel die Hauptlast des Desasters mit dem FS zu tragen hatte. Er wurde übrigens der nächste Vorstandsvorsitzende.

Als Opel 1980 Carys Nachfolge antrat, schien er zunächst nur ein Abziehbild seines Vorgängers zu sein. Hinter dem Stehpult, das er jedem Schreibtisch vorzog und das aussah wie ein Podium, wirkte der äußerst korrekte, bebrillte Opel sogar fast noch professioneller, noch vergeistigter. Opel hatte so wenig Charisma, daß er kaum zur Kenntnis nahm, von einem Direktor als ›farblos‹ bezeichnet zu werden. Doch seine Leidenschaft für Literatur und die schönen Künste in Verbindung mit seiner Vorliebe, über Lebensfragen nachzudenken, machte ihn zu einem Philosophen-König, eine passende Symbolfigur für die Übermacht, über die IBM zu Beginn der achtziger Jahre auf ihrem Feld verfügte.

Als Opel kurz nach dem Zweiten Weltkrieg in Missouri als Verkäufer bei IBM anheuerte, betrat er einen Pfad, der ihn an die Spitze der Firma bringen sollte. Seine Mutter war jedoch nicht dieser Meinung gewesen. »Bei all deinem Wissen und deiner Erziehung hättest du einen Job finden können, der mehr auf Zukunft ausgerichtet ist«, schalt sie ihn.

Opel mied jede persönliche Publicity. Preise, die ihm in fernen Ländern wie Brasilien verliehen wurden, wo er zum Mann des Jahres gewählt worden war, hielt er für unverdient. Rief mal hin und wieder ein Reporter bei ihm zu Hause an und bekam seine Frau an den Apparat, versprach die höflich, ihn zu holen, legte auf, aber Opel rief niemals zurück. Doch diese Zurückhaltung trug nur noch zu der Legende bei, der leidenschaftslose Opel sei das ›Gehirn von IBM‹.

Der Schein trog. Opel verfügte nicht über Carys Intellekt. Das Resultat war, daß er sich von den IBM-Erfolgen geradezu mitreißen ließ und der Firma damit ein Großteil der Schwierigkeiten einbrockte, die die folgenden Jahre überschatten sollten.

Opel hatte eine Firma übernommen, die ganz anders war als die, in die er Ende der vierziger Jahre eingetreten war. Nach dem Zweiten Weltkrieg hatten elektrische Schreibmaschinen noch als ausgesprochen exotische Büromaschinen gegolten. Damals existierte nur eine Handvoll Computer. In einigen Industriezweigen, wie im Bergbau oder der Stahlindustrie, bedurfte die Neuentwicklung einer Technologie meist genauso lange wie die Karriere einer Führungskraft, weshalb die Topleute einer solchen Firma sich kaum allzu vielen neuen Ideen anpassen müssen. Doch bei IBM, in einem Industriezweig also, bei dem die Technologie alle paar Jahre ein völlig neues Bild bietet, hatte es Opel mit Technologien zu tun, die zehn oder mehr Generationen weiterentwickelt waren als die in den Maschinen, die er nach Kriegsende bei seinem Start in der Firma in Jefferson City/Missouri verkauft hatte.

Opel machte sich Sorgen wegen der IBM-Leasing-Politik. Er fürchtete, eine andere Firma könne eine Technologie entwickeln, die der der IBM-Großrechner überlegen sein könnte. Die Kunden konnten ihre Leasingverträge nämlich mit einer Frist von dreißig Tagen kündigen, und IBM hätte dann mit einem Haufen nutzlosen Metalls dagesessen und feststellen müssen, daß sie auf Sand gebaut hatte. Also änderte Opel die Preisgestaltung bei IBM, um die Kunden so zu ermutigen, ihre Computer zu kaufen statt zu leasen.

Statt wie bisher jeden Monat nur ein paar Prozent des Kaufpreises jedes einzelnen Computers einzunehmen, bekam IBM nun plötzlich den ganzen Plunder auf einmal. Umsatzerlöse und Gewinne stiegen ins Unermeßliche. Als dann 1981 der PC auf den Markt kam und in den Jahren 1982 und 1983 so richtig einschlug, hob der Umsatz ab. Die Umsatzerlöse bei IBM insgesamt stiegen von 29 Milliarden Dollar im Jahr 1981 auf 46 Milliarden Dollar in 1984. Die Gewinne verdoppelten sich im gleichen Zeitraum von 3,3 Milliarden Dollar auf 6,6 Milliarden – das ist (nach wie vor) der größte Profit, den irgendeine Firma weltweit jemals erreichte.

IBM ging als die am meisten bewunderte Firma in die Jahresliste von *Fortunes* ein. Der Aktienwert an der Börse war nun mehr als doppelt so hoch, erreichte Ende 1984 etwa 72 Milliarden Dollar, womit IBM weltweit den größten Unternehmenswert verkörperte.

Als der Sog dieses Wechsels nachzulassen begann, änderte IBM sogar ihre normalerweise ultrakonservativen Bilanzierungsverfahren. Nun konnten neue Leasingverträge wie Verkäufe behandelt werden, die gesamten Umsatzerlöse und Gewinne wurden also im voraus eingerechnet, statt als die Teilzahlungen angesehen zu werden, um die es sich ja tatsächlich handelte. Außerdem begann IBM, mehr als dreiviertel der Ausgaben für einige große Softwareprojekte auf

Jahre zurückzustellen, so daß die Jahresergebnisse Anfang und Mitte der achtziger Jahre besser aussahen, als sie wirklich waren. Die neue Firmenpolitik inflationierte diese Ergebnisse künstlich sogar noch mehr, als es die Veränderung bei der Leasingpolitik bewirkt hatte.

IBM sonnte sich in der Gewißheit, allen Kunden alles bieten zu können. So wie Fords River-Rouge-Fabrik nahm IBM an einer Tür Rohmaterialien – wie Sand, Metall und Plastik – entgegen und schob aus einer anderen Multimillionendollar teure Maschinen hinaus. IBM entwickelte alle nötigen Technologien, produzierte sämtliche Teile aller ihrer Produkte, verkaufte alle ihre Maschinen selbst, half den Kunden, ihre Käufe zu finanzieren, installierte die Maschinen bei den Kunden, reparierte sie auch dort, und so weiter.

Unter Opel begann bei IBM auch ein Goldenes Zeitalter, was den Umgang mit den eigenen Beschäftigten anging. IBM – schien während dieser Ära für ›I've Been Moved‹ (Ich mußte umziehen) zu stehen – ging mit außergewöhnlicher Umsicht vor, wenn jemand umziehen mußte, zahlte eine große Umzugsabfindung, garantierte den Verkaufspreis für das Haus oder die Wohnung des Mitarbeiters und half dem Ehe- oder Lebenspartner bei der Jobsuche am neuen Arbeitsort, selbst wenn das eine Umschulung oder Weiterbildung erforderlich machte.

Das hätte auch alles gutgehen können, wenn Opel und seine Mannschaft sich bewußt gewesen wären, wie stark der Wechsel vom Leasing zum Verkauf die Bilanzen aufplusterte und als wie verhängnisvoll der Verlust des Leasinggeschäfts sich eines Tages erweisen könnte. Statt dessen prahlte Opel intern, dieses Wachstum bedeute, daß IBM jedes Jahr ein neues Digital Equipment hervorbringe, und das war immerhin die zweitgrößte Computerfirma nach IBM. Opel prophezeite, 1990 würde die Firma die Umsatzschallgrenze von 100 Milliarden Dollar erreichen. Tatsächlich hatte er sich dann um 30 Milliarden Dollar verrechnet. Und dadurch, daß er das Leasinggeschäft aufgegeben hatte, waren der Firma durch Opel auch ihre Sicherheitspolster entzogen worden. Das bedeutete, daß er in jedes Jahr bereits mit 80 Prozent seines Umsatzziels hineinging. Allerdings investierte er, als wäre ein Wachstum von wenigstens 15 Prozent garantiert. Dadurch stiegen die Investitionen pro Jahr um 13 Prozent, und das war nicht aufrechtzuerhalten.

»Es gab viele Analysen, die belegten, was passieren würde, wenn die Wachstumsrate nicht zu halten wäre, aber keiner glaubte daran«, sagt Dean Phypers, ein Mitglied des Management-Komitees während dieser Ära.

Opel machte auch ein paar geringfügigere Fehler. Er fürchtete die größeren japanischen Firmen so sehr, daß er zu dem Schluß kam, IBMs größtes Problem sei, mit deren niedrigen Produktionskosten nicht Schritt halten zu können. Das ist der Grund, warum er so viel in den Bau automatisierter Fertigungsanlagen investierte, daß IBM während der letzten paar Jahre Unsummen in deren Demontage stecken mußte. Nachdem Steve Jobs, der Mitbegründer von Apple-Computer, eine Führung durch Opels ganzen Stolz – eine stark automatisierte Fabrikationsanlage für Schreibmaschinen und Drucker in Lexington/Kentucky – mitgemacht hatte, sagte er beim Herauskommen, die Technologie sei toll, »doch sie bauen den *falschen* Drucker«. Da er die Möglichkeiten für Laserdrucker bereits erkannt hatte, vermutete Jobs zu Recht, IBM würde sich von ihren geräuschvollen langsamen Druckern verabschieden. Doch das geschah eben nicht freiwillig.

Erst nach zwei Jahrzehnten gab IBM diesen Geschäftszweig auf, aber da war das einst hochprofitable Center für Schreibmaschinen und Drucker in Lexington schon fast zu einer Belastung geworden. Die neuen Eigentümer rissen ein Großteil der IBM-Automaten heraus. Wahrend Opel sich wegen der japanischen Firmen so sehr den Kopf zerbrach, daß er sich darauf konzentrierte, die paar Prozent Lohnstückkosten einzusparen, kam IBM mit einigen seltsam aussehenden Produkten auf den Markt oder viel zu spät mit den wirklich guten. Und auf dem Computermarkt konnte man sich kaum noch Fehler leisten. IBM-Studien besagen, daß während der letzten Jahre 90 Prozent der Gewinne eines Computers während der ersten sechs Monate gemacht werden, in denen er auf dem Markt ist.

Opel pflegte darüber zu grübeln, daß es Probleme geben

könne, pflegte zu sagen, diese ganze positive Publicity sei ihm peinlich, weil er sicher sei, so sterblich wie jeder andere zu sein. Er gab auch zu, daß er vermutlich stärker hätte dezentralisieren sollen, um die Entscheidungsgewalt mehr in die Hände von Leuten zu legen, die zwar einen niedrigeren Rang hatten, aber näher am Endverbraucher waren als jene, die ständig die dünne Luft der ›galaktischen Zentrale‹ in Armonk atmeten.

»Wenn ich IBM nehmen, sie in eine Reihe kleiner Firmen aufteilen, mit ihnen an die Börse gehen und Investoren die Chance bieten würde, könnte ich den Marktwert von IBM vermutlich vervierfachen«, sagte er 1985 in einem Interview.

Doch er fügte noch schnell hinzu: »Das ist nur so ein Einfall, den ich hatte.« Er war selbst nicht überzeugt, daß er handeln sollte, weil er der Meinung war, IBM schon so viele Veränderungen aufgezwungen zu haben, daß sie nun eine Pause brauche. Dabei wäre eine gewisse Dezentralisierung eine gute Idee gewesen. Als AT & T sich Anfang 1982 zu dieser Maßnahme entschloß, fingen sie und ihre Nachfolgefirmen mit einem Börsenwert von 47,5 Milliarden Dollar an. Ein Jahrzehnt später aber hatten sie die 180-Milliarden-Dollar-Grenze überschritten, waren also fast um das Vierfache gewachsen. Als IBM Anfang 1982 die Antitrust-Klage endlich abgeschmettert hatte, also nicht wie AT & T aufgelöst werden mußte, hatte IBM einen Börsenwert von 34 Milliarden Dollar. Zu der Vervierfachung, von der Opel gesprochen hatte, sollte es nicht kommen.

Obwohl die Veränderungen, die er in der Firma vollzog, nach heutigen Maßstäben minimal, wenn nicht sogar belanglos waren, sprach er, als er sich 1985 darauf vorbereitete, das Amt zu übergeben, von »den enormen Veränderungen, die wir zu bewältigen versuchten... Ich nehme an, ich hatte in kürzerer Zeit mehr Veränderungen zu bewältigen als alle (meine Vorgänger) zusammengenommen... weil die technologischen Fortschritte sich überstürzten.« Er sagte, während seiner vier Jahre als Vorstandsvorsitzender »haben wir das Unerwartete getan – Reorganisation, Zukäufe, Preiskürzungen, neue Marketingtaktiken«. Fast herablassend fügte er hinzu: »Diese Veränderungen müssen in unserer

Firma weltweit noch ganz durchgesetzt werden«, und implizierte damit, seine Nachfolger würden sich während des nächsten Jahrzehnts ganz schön ranhalten müssen, um das zu erreichen. Er hatte ja keine Ahnung.

Opel betrachtete es als große Sache, daß er erwartete, die Hälfte der Hardware-Umsätze der folgenden fünf Jahre würde von Produkten kommen, die zu diesem Zeitpunkt noch nicht einmal auf dem Markt waren, und das in einem Stadium, in dem die Industrie derartig aggressiv vorging, daß Firmen – wie beispielsweise Sun – ihre gesamte Produktpalette buchstäblich jedes Jahr erneuerten. Jedes Hardwaresystem, das älter war als ein Jahr, wurde damals ›Gramps‹ (Großvater) genannt. Fünf Jahre waren da eine ganze Ewigkeit.

Der Erfolg zu Beginn der achtziger Jahre ließ die IBMler arrogant werden. Nachdem die Konkurrenz anscheinend aus dem Weg geräumt war, gab es für sie nur noch eine Möglichkeit, ihren eigenen Erfolg unter Beweis zu stellen: Sie mußten sehen, wie weit sie in der Firma kamen. Wie Beamte maßen sie sich an ihrem Gehaltsniveau: »Ich bin ein fifty-seven, doch sie wurde gerade ein sixty-one.« Und sie merkten rasch, daß zum Weiterkommen nicht notwendigerweise gute Ideen gehörten. Man brauchte einfach zu lange, bis das jemandem auffiel. Der beste Weg, befördert zu werden, war eine gute Präsentation. Von vielversprechenden Talenten pflegte man zu sagen: »Er kann gut mit Folien umgehen«, was sich auf die Overhead-Projektoren bezog, die IBM-Konferenzen zunehmend dominierten. Die Leute begannen damit, tage-, ja wochenlang das Folienmaterial für Routine-Meetings vorzubereiten. Dabei handelte es sich nicht nur um die paar Folien, die sie benutzen wollten, sondern sie legten ganze Sammlungen von Archivmaterial für den Fall an, daß jemand noch eine Frage hatte. Präsentationen waren nun von solcher Wichtigkeit, daß man es sich nicht mehr leisten konnte, bei einer Nachfrage zu sagen: »Das werde ich noch klären.« Die Folien – häufig ›Slideware‹ genannt – hatten sich ihren Platz fast unschuldig erobert. Es begann mit Tom Watsons Angewohnheit, immer eine Rolle Transparentpapier auf dem Tisch liegen zu haben, um Einfälle festhalten zu können. Doch bald gehörten sie so sehr zur Firmenkultur, daß Führungskräfte sich Projektoren in ihre wunderschönen Schreibtische aus Rosenholz einbauen ließen, um sie lesen zu können.

IBMs eigenartiges Bilanzierungssystem trug zu diesem Gefühl der Unwirklichkeit bei, das die Firma Anfang der achtziger Jahre erfaßte. Ein großer Prozentsatz der Kosten bei IBM wurde als Gemeinkosten betrachtet, die eine Gruppe von Bilanzbuchhaltern auf die verschiedenen IBM-Unternehmenszweige verteilte. Eine Produktgruppe, die feststellte, daß ihr 80 Prozent ihrer jährlichen Kosten zugeschlagen wurden, mußte sich nicht bemühen, die Kosten niedrig zu halten. Sie mußte nur gute Folien vorbereiten und konnte dann mit den Buchhaltern darüber streiten, daß eine andere Produktgruppe einen höheren Anteil an den Gemeinkosten tragen solle.

Ein weiterer Bestandteil dieses Bilanzierungssystems war, daß die Kosten für technologische Entwicklungen generell dem Firmenzweig zugeschlagen wurden, der diese Technologie zuerst bei einem Produkt einsetzte. Das bedeutete natürlich, daß die höchst profitable Großrechnerabteilung die Rechnungen für die Entwicklungen beglich. Alle anderen bekamen sie gratis, was es zusätzlich erschwerte, Probleme zu erkennen. Beim PC zum Beispiel wurden sie erst erkannt, nachdem es zu spät war. Bis Mitte der achtziger Jahre gab es eigentlich nur ein einziges Ziel, was die Gewinnspanne anging – es betraf die Gesamtfirma, nicht die der einzelnen Töchter. Und es war eben nicht abhängig davon, wieviel Konkurrenz es in einem Marktsegment gab. Dieses Einzelziel erschwerte es IBM, auf Gebieten tätig zu werden, wie dem der Personalcomputer-Drucker, das zunächst nur annehmbare Profite erbrachte, sich aber später als strategisch wichtig erwies.

IBMs Verkaufspolitik verstärkte einige der Probleme noch zusätzlich. Die Verkäufer verloren beispielsweise ihre Provision, wenn ein Produkt, das sie verkauft hatten, irgendwann durch ein anderes ersetzt wurde. Das wäre im Prinzip in Ordnung gewesen. Es bedeutete aber, daß jemand, der einem Kunden einen Großrechner aufgeschwatzt hatte, die

Provision verlor, wenn der unglückliche Kunde die Ware zurückgab. Die Provisionspolitik sollte die Verkäufer auch motivieren, sich ganz besonders zu bemühen, um alle Konkurrenten auszuschalten, die versuchen könnten, IBM-Maschinen zu verdrängen. Der Fehler der Provisionspolitik war jedoch, daß sie die Verkäufer dazu brachte, eher dafür zu sorgen, daß existierende IBM-Geräte blieben, wo sie waren, selbst wenn das bedeutete, innovativere Produkte – wie den PC – zu ignorieren. Und das auch dann, wenn diese Produkte für die Zukunft der gesamten Firma von entscheidender Wichtigkeit sein konnten. Wer wollte schon die Provision für einen 15 Millionen Dollar teuren Großrechner aufgeben im Austausch gegen die für einen ›nur‹ 500 000 Dollar teuren Kleinrechner oder die für ein Dutzend PCs, die pro Stück lediglich 5000 Dollar kosteten? Niemand.

IBMs Wechsel vom Leasingverfahren zum Verkauf der Großrechner schien auch die Einstellung des Außendienstes verändert zu haben. Bisher war es so gewesen, daß der Verkäufer für die von ihm vermittelten Leasingverträge zu Beginn jedes Jahres 80 Prozent seines Anteils ausgezahlt bekam, solange der Kunde mit den bereits vorhandenen Geräten zufrieden war. Das bewirkte, daß der Verkäufer sich darauf konzentrierte, den Kunden zufrieden zu halten.

Nach dem Ende der Leasing-Ära mußten die Verkäufer aber am 1. Januar ganz von vorn beginnen und den Kunden nun so viele Geräte verkaufen, daß sie sich um die bereits vorhandenen nicht mehr so sehr kümmern konnten. Die Veränderung vollzog sich allerdings so unauffällig, daß IBM ein paar Jahre brauchte, bis sie da ein Problem erkannte. Aber die Veränderung war doch so gravierend, daß das Unternehmen die letzten Jahre des vorigen und die ersten dieses Jahrzehnts nach einer Lösung suchte, um die ungeheuer kostbaren Verbindungen zu ihren Kunden in der Großindustrie wieder neu anzuknüpfen.

Unter Opel wurde IBM faul. Man hatte nur ein paar hundert Kunden, um die man sich wirklich kümmerte: die Manager der Computerabteilungen in den größten Unternehmen der Welt, die den Großteil der IBM-Großrechner und Kleinrechenanlagen kauften. Deshalb lernten die IBMler die

Geburtstage der Kinder ihrer Klienten auswendig, spielten mit ihnen Golf und machten ihnen immer wieder klar, es sei noch nie jemand gefeuert worden, nur weil er bei IBM gekauft hatte. IBM war inzwischen so fest in der amerikanischen Wirtschaft verwurzelt, daß sie gewöhnlich irgendeinen Boß zur Rettung eines Verkäufers ins Feld schicken konnte, falls der einen Abschluß vermasselt hatte.

Nach einer Studie, die Ende der siebziger Jahre durchgeführt wurde, waren mehr als die Hälfte der leitenden Angestellten der *Fortune 500*-Firmen bei IBM ausgebildet worden und damit gewiß dem Druck ihrer Freunde bei IBM ausgesetzt, falls sie sich ihrem ehemaligen Brötchengeber gegenüber jemals illoyal verhalten sollten. Von mehr als sechzig der *Fortune 500*-Firmen saß ein Chef entweder im Vorstand von IBM oder ein IBMler im Vorstand dieses Unternehmens. Als Matt Fitzsimmons 1980 Informationschef bei Burns International Security war, versuchte er einige Laufwerke bei Memorex zu kaufen, weil IBM wiederholt nicht pünktlich geliefert hatte. Daraufhin bekam er einen wütenden Anruf von seinem obersten Boß bei Burns. Der war von einem ebenso wütenden IBMler beim Golf gestört worden, der sich wegen dieser ›Ungeheuerlichkeit‹ beschwerte. Nachdem Fitzsimmons später die ComputerLand-Niederlassung von White Plains/New York gekauft hatte, wurde seine Geschäftsverbindung zu Texaco plötzlich abgebrochen. Er erfuhr, daß der Vorstandsvorsitzende von Texaco selbst den bescheidenen Vertrag aufgekündigt und beschlossen hatte, direkt bei IBM zu kaufen. Interveniert hatte diesmal IBMs Vorstandsvorsitzender Frank Cary, der auch bei Texaco im Vorstand saß.

Selbstzufriedenheit machte sich auch im Topmanagement von IBM breit, wo Opel – nach der Schlappe mit dem FS-Projekt – nicht geneigt war, weitere Risiken einzugehen. Er konnte auch die lautstarken Streitereien der Technikexperten nicht ertragen, die Cary durch Evans vom Zaun brechen ließ. IBMler sollten – so wollte es Opel – diskutieren, ›ohne daß es Scherben‹ gab, das heißt, ohne Kollegen vor den Kopf zu stoßen. Barsche, eigenwillige Menschen brachten andere seiner Meinung nach nur aus dem Konzept und schienen diesem Management durchaus entbehrlich.

Nachdem Evans drei Jahre lang einen erbitterten Feldzug wegen der immensen Wichtigkeit geführt hatte, eine neue Technologie einzuführen, ging Opel 1984 schließlich bei einer Konferenz des Management-Komitees in die Luft. Obwohl sich herausgestellt hatte, daß Evans vollkommen im Recht war und IBMs Entschlußschwäche die Firma einige hervorragende Chancen gekostet hatte, besonders auf dem Markt für Arbeitsplatzstationen, erklärte Opel kühl, er wolle davon nichts mehr hören. Evans kündigte.

Damals ging das Bestreben bei IBM einzig dahin, einen Kunden bloß nicht zu enttäuschen und Versprechen zu halten. Die Bosse dieser Firmen wußten kaum etwas über Computer – fanden sie manchmal sogar furchteinflößend –, konnten also auch nicht feststellen, ob IBM ihnen Qualität lieferte oder nicht, aber sie merkten auf jeden Fall, wenn ein wichtiges Produkt nicht rechtzeitig geliefert wurde. Deshalb einigte man sich bei IBM auf Entwicklungsprozesse, bei denen vor allem auf eins geachtet wurde: daß die Produkte pünktlich auf den Markt kamen. Das führte oft genug dazu, daß eine einjährige Entwicklungszeit auf drei Jahre ausgeweitet wurde. Aber das interessierte niemanden. Die Leute, die Software schrieben, ließen ihre Arbeit zwar auf Fehler überprüfen, weil die Kunden die wohl kaum übersehen würden, aber nicht darauf, ob die Software schnell genug war. Bei den Großrechnern hatte IBM ein Monopol auf die Software, wen interessierte also Schnelligkeit? Ganz abgesehen davon, je langsamer die Software, desto langsamer waren auch die Systeme der Kunden – und desto mehr Großrechner würden eben diese Kunden von IBM kaufen.

Unter Opel wurde aus dem, was eine Serie bewährter Verfahrensweisen gewesen war, der *Prozeß.* Während die weißen Hemden und blauen Anzüge seit langem zur IBM-Kultur gehörten, weil sie die Verkäufer so professionell aussehen ließen, waren sie zu Opels Zeiten schon fast zu einer Religion geworden. Wer zu einer IBM-Außendienstschulung kam und ein Hemd trug, das nicht blütenweiß war, wurde öffentlich mit der Frage gedemütigt: »Haben Sie ein Problem mit Ihrer Waschmaschine oder mit Ihrer Einstellung?« Außendienstler, meist von Natur aus ohnehin optimistisch, wurden so sehr darauf getrimmt, optimistisch zu sein, daß Realismus keine Option mehr war. Bei der Verkäuferschulung brachte man ihnen tatsächlich bei, daß sie jemandem, der sie nach einem Autounfall blutend am Straßenrand fand, auf Nachfrage sagen sollten, es ginge ihnen ›super‹. Das galt als die einzig erlaubte Antwort.

Teilweise wurde der ›Prozeß‹ eingeführt, weil IBM wegen ihrer Probleme – wie dem mit der 360er Software – vorsichtig geworden war. Und die Firma hielt sich daran, weil der Erfolg von IBM den Leuten das Gefühl gab, sie machten alles richtig. Warum also hätten sie etwas ändern sollen? Alles, woraus man eine Regel machen konnte, wurde zur Regel. Ihr Motto war: »Humor bei IBM ist nichts, worüber man lacht.«

Manche Vorgesetzte nahmen das so ernst, daß ihre Redenschreiber keine Bonmots in ihre Ansprachen einbauen durften. Sie ließen einfach eine freie Stelle und notierten: »Humor folgt.« Dann lieferten sie dem Redner einige Witze zur freien Auswahl und nahmen den Witz danach in eine offizielle Witze-Datenbank auf. Jeder einmal benutzte Witz war damit für einen gewissen Zeitraum gesperrt, und der hing vom Rang der Person ab, die ihn benutzt hatte.

Auf den meisten der 200 mit einzeiligem Abstand beschriebenen Seiten dieser Datenbank stehen hoffnungslos langweilige Witze über Menschen, die mit spitzen Straßenschuhen versuchen, Tennis zu spielen. Nur einer ist es wert, wiedergegeben zu werden. Er zeigt eine erstaunliche Selbsterkenntnis zum Thema Bürokratie bei IBM.

Da kommt ein Boß – vermutlich einer von IBM – um drei Uhr morgens betrunken nach Hause und sieht, daß seine Frau total verärgert hinter der Tür steht. Nach einem kurzen Blick auf seine Frau sagt er: »Angesichts der Umstände werde ich wohl auf mein vorbereitetes Statement verzichten und direkt zu dem Punkt ›Fragen und Antworten‹ kommen.«

Etwa ein Jahr nach Einführung des PC hatte Paul Rizzo, Opels Stellvertreter, morgens einen Wutanfall, als er die Ausbeute der Zeitungsausschnitte auf den Schreibtisch bekam. Wie üblich dominierte der PC das Presseecho. Dem

Management war das seit langem ein Dorn im Auge. Der PC war praktisch für null Prozent der Umsatzerlöse und Gewinne verantwortlich, hatte aber in der Öffentlichkeit so viel Anklang gefunden, daß die Zeitungen sich für kein anderes IBM-Produkt mehr interessierten. Da gab es bei IBM diese enorm profitablen Großrechner, ein Wunderwerk moderner Technologie, doch alles, worüber Journalisten schreiben wollten, waren diese Spielzeugmaschinen. Und dann war da Don Estridges Gesicht, das auf all diesen Zeitungsausschnitten prangte, so als wäre dieser Manager der mittleren Ebene der wichtigste Mann bei IBM. Rizzo knallte die Pressesammlung auf den Schreibtisch und brüllte, er wolle Estridges Konterfei nie wieder auf einer Zeitungsseite sehen.

Dieser Reaktion sah sich Estridge überall in der Firma gegenüber. Je mehr über ihn berichtet wurde, desto verärgerter wurden die Mitarbeiter in anderen Teilen der Firma. Einige glaubten, er setze sich bewußt in Szene und schade zudem noch dem Hause, weil er gar nicht erst versuchte, seine Produkte den anderen bei IBM anzugleichen, da er weder mit dem Außendienst arbeitete noch bereit war, seine Teile bei IBM zu kaufen. Die Leute, die bei IBM Speicherchips herstellten, haßten Estridge geradezu, denn er schien ihnen nicht einen einzigen Auftrag geben zu wollen. Selbst die, denen es gelang, Estridge etwas zu verkaufen, waren sauer auf ihn, weil er so hart verhandelte und – anders als andere IBM-Abteilungsleiter – nicht zuließ, daß seine internen Zwischenhändler die Preise heraufsetzten, falls sie ein Problem oder ihr Budget überzogen hatten. Die Leiter des Außendienstes schafften es nicht, Estridge dazu zu bringen, bei ihren Konferenzen zu erscheinen, selbst dann nicht, wenn sie versuchten, für einen ihrer Großkunden ein Problem zu lösen.

Als wäre es nicht genug, so viele Feinde zu haben, lief Estridge zeitweise auch noch Gefahr, von allzuviel Zuneigung erdrückt zu werden. Die vielversprechenden Typen bei IBM wollten sich im Glanz des PC sonnen, weshalb Unmengen von Managern gen Süden, nach Boca Raton, zu pilgern begannen. Die obersten Bosse sahen das gern, wollten sie doch, daß ihre Führungselite Zugang zu all den wichtigen

Abteilungen bei IBM hatte. Nachdem das *Time*-Magazin den PC 1982 zur ›Maschine des Jahres‹ gekürt hatte, sagte John Akers – von John Opel gerade als Präsident berufen – im Scherz zu Estridge, IBM werde seine Zentrale wohl von Armonk nach Boca Raton verlegen müssen, falls seine Abteilung sich weiterhin als derartiger Kassenschlager erweisen sollte.

Die obersten Bosse begannen, Hunderte, ja Tausende von Menschen zu Estridge zu schicken. Die Unternehmensführung war der Meinung, er werde für viele Menschen Verwendung finden. Und da Anfang der achtziger Jahre im Bereich Büromaschinen – wie beispielsweise bei den Schreibmaschinen – Schwierigkeiten aufgetaucht waren, brauchten sie neue Arbeitsplätze für die dort Beschäftigten. (IBM konnte diese Leute natürlich nicht entlassen, weil das der Vollbeschäftigungsgarantie der Firma widersprochen hätte.)

Die Fans von Estridge unter seinen Bossen redeten bereits im März 1982 darüber, ihn in den Schoß der Firma zurückzuholen, weil sie glaubten, er habe Großes geleistet, und nun hofften, er könne auch anderen Teilbereichen von IBM möglicherweise von Nutzen sein. »Man kann doch einen Geschäftszweig, der unter Umständen 25 Prozent des Umsatzes ausmacht, nicht außerhalb des formalen Systems laufen lassen«, sagt ein Mitglied des damaligen Management-Komitees. Estridges Vorgesetzte gingen auch davon aus, man könne seine Organisation besser mit den Forschungs- und Entwicklungsabteilungen anderer Teile bei IBM koppeln, wenn man ihn wieder in die reguläre Struktur eingliedere. Sie versicherten, das sei nur zu seinem Besten, weil es den Zugriff auf Technologien erleichterte, die es ihm ermöglichen würden, die Leistung seiner Maschinen schneller zu verbessern, als er es könnte, wenn er sich auf die minderwertigen Standardteile verließ, von denen seine Bosse glaubten, sie seien der Hauptbestandteil seines Computers.

Nachdem nun alle hinter ihm her waren, sah Estridge sich faktisch gezwungen, ein paarmal pro Woche in Armonk aufzutauchen, wo er prompt in die Fänge der bürokratischen Firmenstruktur geriet. Recht schnell mußten sich seine Mitarbeiter durch verschiedene Managementebenen kämpfen, um zu ihm durchzudringen. Sein Entwicklungsteam, das bis dahin leichten Zugang zu ihm gehabt hatte, mußte nun feststellen, daß es schon ungeheuer schwer war, telefonisch zu ihm durchzukommen. Er wollte unabhängig bleiben, die PC-Produktlinie nach oben und nach unten erweitern – ein Vorhaben, das er ›PC Plus‹ nannte –, um es mit anderen Teilen von IBM aufzunehmen. Doch er verlor den Kampf, und am 1. August 1983 wurde aus seiner informellen kleinen Abteilung die *Entry Systems Division.*

Estridge hatte mit einem kleinen eingeschworenen Team in einem häßlichen eingeschossigen Betonklotz in der entferntesten Ecke der IBM-Niederlassung von Boca Raton angefangen. Auch als er sich vergrößert hatte, war er nur in ein kleines Gebäude auf der anderen Straßenseite umgezogen, das in der Nähe eines Einkaufszentrums lag. Somit verfügte er über zwei Gebäude – Hauptquartier genannt –, die natürlich auch über Brunnen und Innenhöfe verfügten.

Die Entscheidung, aus Estridges Abteilung einen eigenen Unternehmensbereich zu machen, ging erstaunlicherweise ohne große Diskussionen über die Bühne. Alle Mitglieder der Führungsebene schienen das für eine gute Idee zu halten. Anscheinend glaubten sie, durch eine Aufstockung seines Stabes könne man Estridge helfen, jene Fehler auszumerzen, die sich bei Produkten wie dem PCjr. eingeschlichen hatten. Sie übersahen allerdings, daß Estridges Erfolg allein auf der Tatsache beruhte, daß er sich eben nicht an die Tausende von Regeln hatte halten müssen, die bei IBM gang und gäbe waren. Sie sahen auch nicht, daß die einzigen großen Produkterfolge während der achtziger und Anfang der neunziger Jahre sich nur dann eingestellt hatten, wenn eine Gruppe sich nicht nach dem IBM-Regelwerk gerichtet hatte.

Als die PC-Abteilung ein Unternehmensbereich wurde, erweiterte Estridge seinen Stab so stark, daß aus einem bereits aufgeblähten Apparat von viertausend Leuten über Nacht zehntausend wurden. Außerdem verlor Estridge nun auch den direkten Draht zum Vorstandsvorsitzenden. Nunmehr mußte er sich durch drei, wenn nicht sogar vier Führungsebenen kämpfen, wenn er den Boß erreichen wollte. In einer

High-Tech-Abteilung dauert es immer eine Weile, bevor Probleme sichtbar werden, weil Leerlauf bei den Arbeitsvorgängen für eine Zeitlang auf die noch nicht abgeschlossene Entwicklung zurückgeführt werden kann. Der Wechsel zum Unternehmensbereich bedeutete aber, daß es nun mit Sicherheit zu Problemen kommen würde.

Der Ärger begann nicht gleich. Der XT, mit dessen Entwicklung Monate vor Einführung des PC begonnen worden war, kam Anfang 1983 auf den Markt, nur einen Monat später als geplant. Die Verzögerung beruhte zum Teil auf den Schwierigkeiten, auf die Microsoft gestoßen war, als es DOS überarbeitete, um es der größten Innovation des XT – einer Festplatte – anzupassen. Bei IBM war man wütend, als man von den Problemen erfuhr, doch die Verzögerung erwies sich dann doch als recht unerheblich. Alles war verziehen. Mit dem XT (die Abkürzung für ›extended technology‹) gelang es IBM wieder einmal, sich an die Spitze der PC-Technologie zu setzen. Wie der PC verkaufte er sich wie wild. Inzwischen hatte IBM 75 Prozent des PC-Marktes für Geschäftskunden besetzt.

Etwa zu dem Zeitpunkt, als der Original-PC vorgestellt worden war, hatte Estridges Team begonnen, neben dem XT an einem weiteren Projekt zu arbeiten. Dieses sollte – PCjr. genannt – den Markt für Heimcomputer erobern. Sein ursprünglicher Plan schien Sinn zu machen. Der PC hatte sich eher als Computer für den Geschäfts- als den Gebrauch zu Hause erwiesen, warum also sollte man es nicht noch einmal auf dem Markt für Heimcomputer versuchen? Sollten die Leute doch durch wirklich gebräuchliche Verkaufskanäle ein billiges System erwerben, selbst in den Verbrauchermärkten auf der grünen Wiese. Daneben sollten sie die Möglichkeit haben, dieses System durch den Zukauf von Peripheriegeräten zu einem Äquivalent des PC zu machen. So konnten sie die gesamte Software benutzen, die für den PC bestimmt war, und so mit ihrem PC zu Hause genauso arbeiten wie mit dem im Büro. Der Junior sollte im Juli 1983 vorgestellt werden, mit einem guten Vorlauf also für das Weihnachtsgeschäft.

Diese Idee kam den Vorstellungen recht nahe, die die Unternehmensführung damals hatte. Dazu zählte die Möglichkeit, auf den Elektronikmarkt für Konsumenten zu gehen und vielleicht zu versuchen, die Vernetzung von Computern möglicherweise auch in privaten Haushalten zu etablieren oder vielleicht interaktives Fernsehen auszuprobieren. Diese Idee paßte möglicherweise fast zu gut in diese Vorstellungen, weil sich auch das Management-Komitee stark für den Junior interessierte. Das führte allerdings dazu, daß die Ursprungsidee etlichen Veränderungen unterzogen wurde.

Die meisten Diskussionen drehten sich um IBM-Standard-Themen: Sollte man zulassen, daß ein neues Produkt eventuell einer existierenden Linie Konkurrenz machen könnte, was bei dem Junior zweifellos der Fall wäre, wenn er tatsächlich so leistungsstark und kompatibel sein sollte, wie der Plan vorsah? Es sieht so aus, als habe das MC Estridge zwar nie aufgefordert, seine Pläne zu ändern, dennoch wurde das Produkt zunehmend in seinen Fähigkeiten beschnitten. Eigentlich war ein normalgroßes Keyboard für den Junior vorgesehen gewesen, aber das wurde abgeschmettert. An seine Stelle trat eines mit winzigen Tasten, das schließlich als ›Chiclet‹-Keyboard verspottet wurde. Kritiker meinten, nur kleine Kinder mit winzigen Fingern könnten damit etwas anfangen, und – obwohl es bis heute noch immer nicht alle einsehen wollen – sie hatten recht. Das Chiclet-Keyboard war ursprünglich für Grundschulen und kleine Kinder gedacht gewesen. Dutzende von Peripheriegeräten, die den Junior einem regulären PC gleichgestellt hätten, wurden ebenfalls gestrichen. Die Preise wurden angehoben. Der Plan, den PCjr. in den Verbrauchermärkten zu verkaufen, wurde abgeschmettert. Es war schließlich schon schlimm genug, daß IBM-Produkte bei Computerhändlern zu haben waren, doch die Idee, ein Big-Blue-Produkt in Billigmärkten anzubieten, entsprach einfach nicht der allgemeinen Geschäftspolitik.

IBM machte den Schritt zurück von einem vollentwickelten, preiswerten Produkt, das verkauft werden sollte wie ein Fernsehapparat, zu einem verkrüppelten teuren, das angeboten wurde wie ein Großrechner. Doch die Fabrikationspläne wurden nur zurückhaltend und Stück für Stück zurückgeschraubt. Außerdem kam der Junior so spät auf den Markt, daß ans Weihnachtsgeschäft nicht mehr zu denken war. Plötzlich wollte keiner mehr das Ding kaufen.

Nach mehr als einem Jahr versuchte es IBM mit einer Preissenkung, gab ihm einige zusätzliche Funktionen zurück, ließ ihn auch über die Computerabteilungen der großen Kaufhäuser vertreiben und weckte so tatsächlich ein gewisses Interesse. Einige Marketingstrategen entwickelten eine ihrer Meinung nach clevere Anzeigenkampagne. Da nur Kleinbuchstaben benutzt werden sollten, hätte sie auch den Namen PCjr. in pcjr. geändert. Doch die Kampagne war so umstritten, daß sie schließlich vor dem MC landete. Das MC hatte aber erst kürzlich eine Abteilung ins Leben gerufen, die sich mit dem Erscheinungsbild des Unternehmens in der Öffentlichkeit beschäftigen sollte, weshalb die sich nun mit der Kampagne auseinandersetzen und sie überprüfen sollte. Damit war die Idee gestorben. Aus dem Junior war nun endgültig die Luft raus. Er hatte einen zu schlechten Ruf, und außerdem war die Konkurrenz mit weit ansprechenderen Produkten auf dem Markt.

1985 verkündete IBM, »der PCjr. werde seine Produktionsfristen einhalten«. In der IBM-Sprache bedeutete das, daß der Patient gestorben war.

Obwohl Estridge sich nicht allzulange auf den Junior konzentriert hatte – er hatte ihn von einem Fremdunternehmer bauen lassen, weil er nicht willens gewesen war, Eigenmittel zu investieren –, wurde er doch als sein erster wirklicher Flop gewertet. Der Publicitywirbel um das vorzeitige Ende des Junior hatte bei den Führungskräften derartig tiefe Narben hinterlassen, daß sie noch vor wenigen Jahren hinter vorgehaltener Hand sagten, sie seien allem Neuen gegenüber deshalb so mißtrauisch, weil sie befürchten müßten, noch einmal einen solchen Reinfall wie den mit dem PCjr. zu erleben.

Noch bevor Compaq 1982 mit seinem revolutionären tragbaren Personalcomputer auf den Markt gekommen war, hatten Estridge und Co. ebenfalls begonnen, mit der Idee zu spielen, einen portablen PC zu entwickeln, der freilich mit 30 Pfund weit schwerer war als die heutigen Laptops und Notebooks. Aber er hatte zumindest aus einem Stück bestanden, das man in einem Kasten mit Tragegriff herumschleppen konnte. IBM war sich der Technologietrends ebenso bewußt wie alle anderen auch, deshalb kamen ihre Technologen bald nicht mehr darum herum, kleinere Systeme zu entwickeln. Doch IBM unterschätzte dabei ständig, wie schnell die Kosten sinken konnten, weshalb sie auch unterschätzte, wie groß der Markt werden würde – von einem Fünfhundert-Dollar-Produkt werden nun einmal mehr Einheiten verkauft als von einem Tausend-Dollar-Produkt. IBMs Problem war, daß sie sich auf die Einschätzung der Preisentwicklung jener Gruppen verlassen hatte, die die Teile intern produzierten und somit alle Gemeinkosten tragen und alle Profiterwartungen erfüllen mußten. Wogegen die Neulinge auf dem PC-Markt es mit ebenfalls aufstrebenden Zulieferern zu tun hatten, die die Profite zunächst ebenfalls ignorierten und erst einmal versuchten, sich einen Platz am Markt zu erobern.

»Unsere Konkurrenten wurden nicht immer von den Fakten belastet, mit denen wir uns herumschlagen mußten«, sagt ein langjähriger IBM-Boß.

Außerdem war IBM immer derart auf Geheimhaltung aus, daß sie von Kunden niemals ein Feedback für ein Produkt bekam, bevor es offiziell eingeführt war. Und Kunden, die nie einen tragbaren Computer von IBM gesehen hatten, bekamen auch kaum die Gelegenheit, dem Unternehmen mitzuteilen, daß sie sich Systeme wünschten, die geschlossen und dann zu einem anderen Arbeitsplatz transportiert werden könnten. Die Kunden von Sony hatten schließlich auch nicht gesagt, sie wünschten sich ein kleines portables Radio und Kassettenrecorder in verschiedenen Größen, Formen und Farben, möglicherweise auch in einigen ganz schrillen, oder wasserdicht, so daß sie sie auch zum Joggen im Regen mitnehmen könnten. Sony vertraute den Technologietrends, fabrizierte ein paar Prototypen, zeigte sie seinen Kunden, erntete begeisterte Reaktionen und produzierte den Walkman. IBM stellte ebenfalls einige portable Prototypen her, zeigte sie aber nur einigen IBMlern, erntete indifferente Reaktionen – und *Compaq* produzierte einen tragbaren Computer, der nicht nur seine Zukunft sicherte, sondern auch unzähligen anderen Unternehmen bewies, wie man den Konkurrenzkampf mit IBM gewinnt.

Selbst nachdem Compaq seinen Portabel herausgebracht hatte, war sich IBM so sicher, alles über seine Technologie zu wissen, daß sie nicht ein einziges Compaq-System kaufte, um festzustellen, ob man nicht noch etwas von ihm lernen konnte. Nachdem IBM ihr System im Februar 1984 – mehr als ein Jahr nach Compaq – herausgebracht hatte, war das System immer noch zu schwer, und der Bildschirm war unscharf, die Datenwiedergabe verschwommen. Er starb schnell. IBM brauchte Jahre, bis sie mit einem akzeptablen tragbaren Gerät auf den Markt kam. Das war 1990, also lange nachdem der PC-Markt von den viel kleineren Laptops beherrscht war und sich die sogar noch kleineren Notebooks angekündigt hatten. Dadurch, daß IBM so lange brauchte, um sich den portablen und dann den Laptops und Notebook-Computern zuzuwenden, blieb ihr nur eine winzige Scheibe eines Marktes, der Anfang der neunziger Jahre mit sechs Milliarden Dollar pro Jahr abschloß.

An allen Fronten gleichzeitig kämpfend, begann Estridge 1982 an seinem nächsten wirklich großen System zu arbeiten. Es war der AT (das stand für ›advanced technology‹). Dabei ging es darum, so schnell wie möglich mit dem Intel-Prozessor der nächsten Generation an den Markt zu gehen. Doch ein Teil seiner zunehmenden Anbindung an die IBM-Bürokratie war, daß sich Estridge nun noch um viele zusätzliche Punkte kümmern mußte.

Einerseits stand er derart unter Druck, daß er freiwillig die langsamen, formelleren Entwicklungswege zu gehen begann, die für IBM typisch waren. Außerdem markierte der AT den Zeitpunkt, zu dem IBMler auf der ganzen Linie feststellten, daß es nicht ausreichte, ein Big-Blue-Logo auf einen PC zu kleben, um IBM dieselbe Kontrolle über den Markt zu sichern, die es bei den Großrechnern hatte.

Bei den Großcomputern produzierte IBM die gesamte

Technologie selbst, bei den PCs aber kaufte sie die Chips bei Intel, die Betriebssysteme bei Microsoft und die Monitore und Diskettenlaufwerke bei einer ganzen Legion anderer Firmen. Da die Rivalen von IBM diese Teile ebenso leicht bei den Fremdfirmen beschaffen konnten, wurde IBM bewußt, daß sie sich diesmal einer recht zahlreichen Konkurrenz gegenübersehen könnte. IBMler – von Estridges Untergebenen bis hinauf zum Management-Komitee – begannen aufs Geratewohl die beiden Firmen ins Visier zu nehmen, die den PC-Standard zunehmend kontrollierten: Microsoft und Intel.

Es ist zwar nicht allgemein bekannt, doch die IBM versuchte tatsächlich, den Intel-Prozessor, der das Herz des AT sein sollte, auf ihren individuellen Bedarf zuzuschneiden. Das hätte ein fundamentales Problem mit dem Chip (bekannt als der 80286) lösen können, und IBM wäre dann die einzige Firma gewesen, die Zugang zu dieser Version des Chip gehabt hätte. Das hätte den Clonern das Leben schwergemacht, zumindest für eine lange Zeit. IBM, und nicht Intel, hätte damit auch den wichtigsten Teil der Technologie der AT-Generation kontrolliert.

Der AT-Chip war in der Industrie schnell als ›braindamaged‹ bekannt geworden, und das aus gutem Grund. Er operierte in zwei unterschiedlichen Modi, wobei es allerdings unmöglich war, aus dem einen in den anderen zurückzukehren. Der Chip war wie ein Auto, das im ersten Gang läuft, in den fünften geschaltet werden kann, doch lief es erst mal im fünften, konnte man nicht mehr in den ersten zurückschalten. Die gesamte Software, die zu diesem Zeitpunkt für den PC erhältlich war, würde also in der AT-Chip-Version des ersten Ganges laufen. Die Software aber, die sich der fantastischen neuen Möglichkeiten bediente – der zusätzlichen Schnelligkeit und der Fähigkeit, mit einer weit größeren Datenmenge zu operieren –, würde im fünften Gang laufen. Ein Kunde mußte jedoch in der Lage sein, zwischen den Gängen je nach Bedarf zu wählen. Andernfalls würde er eine Entscheidung treffen müssen. Entweder hätte er seine gesamte existierende Software wegwerfen und nur im fünften Gang operieren müssen oder seine alte Software behalten, sich dabei aber immer bewußt sein müssen, daß er nur im ersten Gang operieren konnte und auf jede Art neuer Software verzichten mußte, die bald für den fünften Gang zu haben sein würde.

Estridges Ingenieure fanden einen raffinierten Weg, das Problem des AT-Chips anzugehen. Sie borgten eine Idee von Intel, die ihre Chips, wenn sie die testen wollten, unten mit einem zweiten Pin versahen. (Die Pins werden gebraucht, um die Chips auf dem Schaltbrett im Innern des PCs zu befestigen, genauso wie die Pole eines Steckers in eine Steckdose passen.) Estridges Ingenieure stellten fest, daß sie den AT-Chip durch die Benutzung einer besonderen Verbindung, ähnlich der von Intel, dazu bringen konnten, zwischen den beiden Modi hin- und herzuspringen. Da IBM wegen seiner enormen Größe und seines Einflusses von Intel Sonderkonditionen bekommen hatte, damit Zugang zu der grundlegenden Technologie von Intel und außerdem das Recht, an dieser Technologie Änderungen vorzunehmen, wäre es für die anderen Computerhersteller sehr schwer gewesen, diesen Extrapin zu duplizieren. Aber der Pin funktionierte nicht. Den IBM-Ingenieuren wollte es einfach nicht gelingen, den überarbeiteten Chip so schnell zu machen, daß die Kunden wirklich hätten zufrieden sein können, die alte Programme benutzten. Diese Leute, bei denen die Anwendungssoftware im ersten Gang mit 25 km/h lief, würden rasch merken, daß ihr System mit dem neuen Chip von IBM nur mit 5 oder 6 km/h dahinschlich.

IBM hätte unter Umständen versucht, Produkte mit dem auf die Firma zugeschnittenen Chip herzustellen, doch dann kam ein Programmierer bei Microsoft auf eine raffinierte Idee, die das Problem des AT-Chips in der Software löste. Das bedeutete, es bestand kein Grund mehr für eine spezielle IBM-Hardware. Der Mann, der das Problem löste, war einer von der Sorte, um die sich Microsoft und andere Software-Firmen rissen, der aber bei IBM keine drei Tage überstanden hätte. Gordon Letwin – klein, stämmig, Bartträger, mit einer Vorliebe für T-Shirts und Arbeit rund um die Uhr – war Gates aufgefallen, als er versuchte, Software aus seinen Anfangstagen an die Firma zu verkaufen, bei der Letwin damals beschäftigt war. Der junge Mann war auf einen Streit aus gewesen, hatte alles getan, um Gates abzublocken.

Letwins Weltsicht war und ist ganz einfach: Er hat recht, der andere unrecht, und Höflichkeit ist überflüssig. Das sollte ruhig jeder sehen. Man konnte ihm zwar beweisen, daß er im Unrecht war, doch niemand vermochte ihn zu überzeugen. Bei dieser ersten Gelegenheit hatte Letwin – und nicht so ganz grundlos – vor seinen Bossen gewütet, seine Software sei besser als die von Gates angebotene. Letwin verlor die Schlacht, gewann aber den Krieg. Gates engagierte ihn vom Fleck weg.

Damit gehörte er zum ersten Dutzend Programmierer, das bei Microsoft eingestellt wurde, und er kam in den Genuß von Aktien, die heute viele Millionen Dollar wert sind. Die Idee, wie man den AT-Chip retten könne, kam ihm, als er an seinem Computer herumspielte. Wenn der AT-Chip im ersten Gang begann, später aber nicht in ihn zurückkehren konnte, schaltete er den Computer jedesmal aus und dann wieder ein, um in den ersten Gang zu kommen. Das war so, als würde man ein Auto bei 70 km/h anhalten, nur weil man vom fünften Gang in den vierten schalten will. Der Plan war komplex, weil der Prozessor eines Computers alle (ungesicherten) Daten verliert, wenn man ihn abschaltet, doch Letwin fand auch eine Möglichkeit, mit diesem Problem fertig zu werden. Weil IBM dem AT den Codenamen Lachs (Salmon) verpaßt und alle mit ihm in Verbindung stehenden Projekte mit maritimen Namen belegt hatte, nannte Microsoft seinen Trick Fisch-Magie (Fish Magic).

Auch nachdem die Idee mit dem Extra-Pin gestorben war, hatte Estridge noch einige Tricks auf Lager, als die Entwicklungsarbeit 1984 fortgeführt wurde. Einen borgte er sich von den Großrechnern. Er nutzte die enge Verbindung zu Intel und kaufte alle Chips für den AT-Typ auf, die zu haben waren. Wenn also niemand sonst sie kaufen konnte, vermochte auch niemand sonst PCs zu bauen, die seinen hätten Konkurrenz machen können. Das funktionierte tatsächlich für eine Weile. Nachdem der AT im August 1984 vorgestellt worden war, brauchten die Konkurrenten in der Tat noch ein paar Monate, bis sie ihre eigene AT-Klasse ankündigen und fast ein Jahr, bis ihre Maschinen in Serie produziert werden konnten.

Estridge hatte sich damit allerdings auch in gewisse Schwierigkeiten gebracht, denn sobald Chips in großen Stückzahlen hergestellt werden, passiert etwas Komisches: Sie werden nicht nur billiger, weil der Produzent die Schwachstellen des äußerst komplizierten Herstellungsprozesses ausmerzen kann, sondern sogar radikal billiger, und der Produzent lernt auch, wie man sie dazu bringt, schneller zu laufen. Als die Cloner mit ihren eigenen Versionen des AT herauskamen, saß Estridge auf einem Berg von Chips, die sowohl teurer als auch langsamer waren als die der Wettbewerber. Estridge gelang es, das Problem so schnell abzutun, daß die Konsumenten nicht in großer Zahl zur Konkurrenz überliefen, aber das Problem war damit noch lange nicht aus der Welt, weil es immerhin der Konkurrenz zum erstenmal gelungen war, vor IBM mit einer neuen PC-Technologie auf den Markt zu kommen.

Estridge, immer risikobereit, hatte sich aber ein weit größeres Problem geschaffen, weil er eine IBM-Routinemaßnahme nicht beachtet hatte. Sie besagt, daß man für jedes Teilstück eines Systems immer zwei Zulieferer (ob nun intern oder extern) braucht. Für den Fall, daß einer Schwierigkeiten hat, kann dann der andere einspringen. Estridge hatte jedoch nur eine Firma für die Festplatten des AT unter Vertrag und nur eine für die Chips, die die Funktion der Festplatten kontrollierten. Seine Zulieferer hatten natürlich Probleme bekommen.

Der AT war im August 1984 auf dem Markt, doch bei den Kunden gingen massenhaft Disketten und Festplatten kaputt, und zwar mit einem ekelhaften Geräusch, ähnlich dem, wenn die Nadel eines Plattenspielers auf einer Platte entlangkratzt. Die Kunden verloren ihre Daten, was vielleicht das Schlimmste war, das IBM ihnen antun konnte. Selbst wenn die Disketten heil blieben, zerstörten die Probleme mit dem Controllerchip manchmal die Daten der Kunden – nicht völlig, aber es reichte doch, um in einer Tabellenkalkulation ein paar Zahlen durcheinanderzuwerfen.

IBM mußte aufhören, Diskettenlaufwerke in ihre ATs einzubauen, bis sie herausgefunden hatte, was los war. Estridge geriet in noch größere Schwierigkeiten, weil er nicht erkannte, wie ernst die Probleme seiner Zulieferer waren, obwohl das IBM-Managementsystem verlangte, daß Probleme sofort quantitativ bestimmt werden müßten. Estridge flog immer wieder nach Armonk und bestand bei Konferenzen des Management-Komitees darauf, daß seine Probleme so gut wie gelöst seien. Doch sie sollten sich noch neun Monate länger hinziehen.

Eine Firma aus Boca Raton setzte zum Spaß eine Anzeige in eine Lokalzeitung, in der es hieß, die Kunden sollten alle defekten Festplatten einschicken. Es kamen so viele, daß man eine ganze Schaluppe mit ihnen füllen konnte, ein Stück vor die Küste hinausfuhr und sie in einem Loch des Riffs versenkte. Das brachte dieser Firma eine Menge Publicity, allerdings auf Kosten von IBM, wo man gehofft hatte, es würde schnell Gras über diese Pleite wachsen.

Die Schwierigkeiten mit dem AT machten Estridge angreifbar für all jene Splittergruppen bei IBM, die nach wie vor empört waren, weil er sie nicht zurückgerufen und die ganze Aufmerksamkeit der Presse auf sich gezogen hatte. Da das PCjr.-Fiasko noch in den Köpfen dieser Menschen herumspukte, bedeutete der Ärger mit dem AT, daß Estridge sich nun tatsächlich um sein Image bei anderen Teilen von IBM Gedanken machen mußte. Ende 1984 begann er, sich mehr anzupassen, umgänglicher zu werden, kaufte sogar Teile von anderen IBM-Einheiten.

Zwei Dinge halfen Estridge, noch ein wenig Zeit zu schinden. Einmal die Tatsache, daß die Konkurrenten noch nicht herausgefunden hatten, daß von IBM ein PC-Standard entwickelt worden war, dem sie folgen mußten. Die Wangs und Digital Equipments dieser Welt versuchten nach wie vor, Systeme zu verkaufen, die nicht mit der Software laufen konnten, die für den IBM-PC geschrieben worden war. Ihnen war nicht klar, daß sie effektiv versuchten, in einer vom VHS-System bestimmten Welt von Videorecordern Beta zu verkaufen. Andere Firmen, wie beispielsweise Tandy, hielten es für ausreichend, in etwa an den Standard heranzukommen, weshalb sie behaupteten, sie seien zu 90 Prozent

IBM-kompatibel. Für die Kunden klang das wie VHS-kompatibel. Das war so, als würde man sagen, im großen und ganzen sei es okay, nur während der Sexszenen des Films könne das Bild etwas unscharf werden. Der zweite Punkt, der Estridge rettete, war der, daß IBM die Industrie nach wie vor so sehr zu kontrollieren schien, daß viele Firmen geneigt waren, zu warten und zu sehen, was IBM mit einer neuen Generation von Intel-Chips machen würde, weshalb die Konkurrenz ihre Systeme der AT-Klasse nicht vor IBM auf den Markt bringen konnte.

Die Wettbewerber waren selbst so langsam, daß der AT immer noch als überragender Erfolg gefeiert wurde. Der PC-Umsatz erreichte 1984 die Vier-Milliarden-Dollar-Grenze. Damit stand das PC-Geschäft unter den amerikanischen Industrieunternehmen an 74. Stelle, und nach dem Rest von IBM und Digital Equipment war er der drittgrößte Computerhersteller des Landes. Dennoch fragten sich die Mitglieder des MC bei IBM, ob sie mit der Vermutung richtig lagen, daß man auf einem kleinen Markt keine großen Probleme haben könne. Der PC-Markt wirkte inzwischen ziemlich groß. Und als Estridge die Verzögerungen beim AT nicht vermeiden konnte, die zuließen, daß die Konkurrenz die Lücke füllte, die IBM hinterlassen hatte, sah sich IBM plötzlich einem neuen Begriff gegenüber, den *Clones,* die schließlich die ganze Firma unterminieren sollten.

Als 1983 und 1984 bei der PC-Hardware von IBM und auf dem Gebiet der PC-Betriebssysteme Probleme auftauchten, sorgte die IBM für zusätzliche Schwierigkeiten, indem sie die Anwendungssoftware verpfuschte. IBM hatte einen vielversprechenden Start gehabt, als sie Software veröffentlichte, die von anderen stammte, doch kaum hatte der ›Prozeß‹ eingegriffen, brachte er die Bemühungen der Gruppe um Estridge zu Fall.

Software Publishing hatte beispielsweise die Assistent-Serie von Software für den Geschäftsgebrauch auf dem IBM-PC herausgebracht und geplant, diese Software kontinuierlich weiterzuentwickeln, doch IBM brauchte Ewigkeiten, um die verbesserten Versionen zu prüfen und sicherzustellen, daß sie ihrem Standard entsprachen. In dem Glauben, es könne Ordnung ins Chaos der PC-Welt bringen, entschied IBM einmal, Software Publishing müsse einen Grundzug seines Textverarbeitungsprogramms streichen – wie die ziemlich unkomplizierte Möglichkeit, Wörter mit einem Bindestrich zu schreiben, wenn sie von einer Zeile in die nächste hinübergezogen werden. Der Grund war, daß IBM plante, sich diese Möglichkeit für ein anderes Textverarbeitungsprogramm zu reservieren, obwohl sie in den Produkten fast aller Konkurrenten längst enthalten war, so daß IBM sich durch diese Weigerung nur ein Verkaufshindernis auflud.

Die Anpassung an den IBM-Standard zwang Software Publishing einmal, ein Produkt ein Jahr lang zu überarbeiten, das seiner Meinung nach marktreif war. Software Publishing, damals ein Neuling, konnte sich derartige Verzögerungen nicht leisten, weshalb es das Produkt für die Hardware eines Konkurrenten freigab und ihm so Zugang zu einem Stück der populären Assistent-Serie verschaffte und damit zu seiner Glaubwürdigkeit beitrug. Nachdem IBM weiterhin schwankte, brachte Software Publishing sogar seine neue Assistent-Serie für den Gebrauch auf IBM-Hardware heraus, allerdings unter einem anderen Namen, was bedeutete, daß IBM die Lizenzgebühren nicht bekam, die ihr eigentlich zustanden.

IBM verkrüppelte sogar ihr eigenes Displaywrite-Textverarbeitungspaket, indem sie seine Fähigkeit beschnitt, mit E-Mail umzugehen, einem sehr populären Anwendungsprogramm. Das war noch in jenen Tagen, als man bei IBM dachte, Tippen sei etwas, wofür man einen Großrechner oder Kleinrechenanlagen brauchte, und die Mainframe-Leute wollten ihr E-Mail-System – PROFS genannt – unter allen Umständen schützen, das an die Großrechner gekoppelt war, indem sie den PC dieser Fähigkeit beraubten. Außerdem behaupteten die Bosse des Großrechnerbereichs, Hunderttausende von Sekretärinnen, die sich an PROFS und die Großrechnerversion von Displaywrite gewöhnt hätten, wollten gar keine neuen Eigenschaften.

Joyce Wren, die 1980 für Estridge die Softwarebeschaffung übernommen hatte, mußte von 1982 bis 1984 jede Woche zwei bis drei Tage in Armonk verbringen. Das waren genau jene Tage, die sie üblicherweise bei Kunden war, oder an denen sie sich früher mit den Programmen der Konkurrenz beschäftigt hatte, und nun mußte sie die mit Kompetenzstreitigkeiten vergeuden. Joyce Wren erzählt, sie hätte mal ganz eilig ein Grafikprogramm gebraucht, sich ein Brüderpaar gesucht, die beiden in ein Hotel in Fort Lauderdale eingemietet, und acht Wochen später hätte sie ihr Programm gehabt. Doch die Konsequenz war, daß sie nach Armonk zitiert wurde, weil die IBM-Grafik-Abteilung im englischen Hursley es irgendwie herausbekommen hätte. Dort hatte man stocksauer reagiert, weil man nicht zuerst konsultiert worden war.

»Du meine Güte«, sagt Joyce Wren, »die hätten ja schon sechs Wochen für eine Stellungnahme gebraucht. Es war, als hätten wir eine völlig andere Zeitrechnung. Sie verstanden einfach nicht, wie schnell wir auf Veränderungen des Marktes reagieren mußten.«

Mitten in der Verwirrung, für die diese internen Kämpfe sorgten, verpaßte IBM die größte Chance, die sich dem Unternehmen je geboten hatte. Selbst bei IBM wissen nur die wenigsten, daß Mitch Kapor, der Gründer von Lotus Development, IBM im Sommer 1982 geradezu auf den Knien anflehte, die exklusiven Marketingrechte für seine Lotus-1-2-3-Tabellenkalkulation zu übernehmen. Wäre IBM darauf eingegangen, hätte sie im Lauf der Jahre Milliarden von Dollar damit umsetzen können. Was aber noch wichtiger gewesen wäre: 1-2-3 wäre das einzige noch fehlende Stück für die damalige IBM-Strategie gewesen. Die Konkurrenz ging in jenen Tagen davon aus, IBM setze den Industriestandard für Hardwaredesign; zusammen mit Microsoft kontrolliere sie den Markt für Betriebssysteme. Und hätte IBM Kapors Angebot angenommen, wäre die Firma auch in den Besitz eines Programms gekommen, das so wichtig war, daß es für den größten Ansturm bei den PC-Verkäufen sorgen sollte. IBM hätte dann die ganze PC-Industrie in der Hand gehabt.

Kapor war damals gewiß nicht der beeindruckendste Bittsteller. Er war früher einmal Taxifahrer gewesen, hatte sich als witzereißender Schmierenkomödiant und dann als Lehrer für transzendentale Meditation durchgeschlagen. Kapor war ziemlich korpulent und trug zu allem Überfluß am liebsten Hawaii-Hemden. Trotzdem war es ihm gelungen, sich der Unterstützung von Sevin Rosen und Kleiner Perkins zu versichern, einer Risikokapitalgesellschaft, die Compaq und die anderen Erfolgsfirmen der frühen PC-Ära finanzierte. Kapor hatte außerdem einen fabelhaften Geschäftsplan, der die größten Verkäufe im Jahr nach einer Firmengründung auslöste, die es in der Geschichte je gegeben hatte.

Kapor gefiel der Gedanke überhaupt nicht, sich mit IBM einzulassen, doch Jim Lally von Kleiner Perkins hatte ihn überzeugt, ein Großteil seines rasch dahinschwindenden Budgets in einen Trip nach Boca Raton zu investieren. Kapor hatte ursprünglich versucht, einen Termin bei Estridge zu bekommen. Nachdem das gescheitert war, brauchte er zwei weitere Versuche, um eine Begegnung mit einem von dessen Mitarbeitern zu vereinbaren, der allerdings eine Stufe unter Estridge stand. Kapor und Lally kamen an einem irrwitzig heißen und schwülen Tag im Juni 1982 in Boca Raton an und mußten dann noch feststellen, daß die Gegenseite den Termin hatte platzen lassen. Deshalb wurden sie noch eine weitere Ebene hinuntergereicht.

Als sie versuchten, diesem Angestellten ihre Produktpläne darzulegen, sagte der, er dürfe ihnen gar nicht zuhören. Unabhängigen Softwarefirmen wie Microsoft und Borland war es im Lauf der Jahre gelungen, exorbitante Gewinne zu machen, weil sie aufgrund ihres Bekanntheitsgrades für Programmierer interessant waren, die für ihre Produkte Hilfe beim Marketing brauchten. Doch damals war IBM zu vorsichtig, ihren weit größeren Bekanntheitsgrad zu nutzen. Viele kleine neuere Firmen hatten nämlich gegen IBM geklagt und behauptet, der Gigant habe Produkte auf den Markt gebracht, für die sie die Idee gehabt hätten. Das war der Grund, warum jener IBM-Mann in Boca Raton sich über Lotus nur Fakten anhören durfte, die bereits öffentliches Eigentum waren. Er durfte sich also nicht erklären lassen, worum es sich bei Lotus handelte.

Kapor sagt, er habe deshalb gelogen und behauptet, alles,

worüber er ihn unterrichten wolle, sei bereits allgemein bekannt. Doch der IBM-Angestellte hörte auch jetzt nur kurz zu. Nach ein paar Minuten teilte er Kapor und Lally höflich mit, er habe da ein paar hübsche Demos von neuen IBM-Geräten, die könne er ihnen gern zeigen, wenn sie interessiert seien. Er gab ihnen genau eine halbe Stunde, dann wies er ihnen die Tür. Sie kamen so früh für ihren Rückflug auf dem winzigen Flughafen von Boca Raton an, daß sie noch Zeit hatten, sich im Coffee Shop einen Kaffee zu genehmigen. Dort saßen sie dann und fragten sich kopfschüttelnd, warum wohl alles schiefgegangen sei.

Lally, aufgrund des Erfolges von Lotus heute ein reicher Mann, sagt jetzt: »Sie haben uns davon abgehalten, einen schrecklichen Fehler zu machen. So sind wir für immer in ihrer Schuld und ihnen auf ewig zu Dank verpflichtet.«

Joyce Wren hat die PC-Anwendungssoftware-Abteilung 1985 frustriert verlassen. Ihr Nachfolger hielt den Zweig für nicht profitabel und löste ihn auf.

Während sich um ihn herum die Probleme häuften, verlor Estridge zunehmend seinen Sinn für Humor. Immer häufiger ging er in die Luft – auch als er Anfang 1984 ein Poster von Apple sah, das Kapor, Bill Gates und Fred Gibbons von Software Publishing zeigte, die harmlose Nettigkeiten über Apples neuen Macintosh sagten. Steve Jobs, Mitbegründer von Apple, hatte die Idee gehabt, die drei bei einer Zusammenkunft in Hawaii auf die Bühne zu holen, wo der Mac seinen Mitarbeitern vorgestellt wurde. (Zufälligerweise machte Estridge zu diesem Zeitpunkt in diesem Hotel Urlaub und hatte Jobs in der Lobby getroffen. Die beiden hatten einander erkannt und begrüßt und ein paar Minuten Small talk gemacht.) Jobs' Einfall war es, die Fernsehshow ›Herzblatt‹ zu kopieren, wobei die drei Softwarespezialisten den Zuschauern erzählen sollten, warum sie gern mit einem Mac ›ausgehen‹ würden. Danach hatte Jobs noch dieses Poster machen lassen, das den Verkauf ankurbeln sollte.

Ungefähr zu dem Zeitpunkt, als das Poster herauskam, war Kapor wieder in Boca Raton. Nachdem er inzwischen selbst ein Star geworden war, hatte er keine Mühe mehr,

Aufmerksamkeit zu erregen. Er war überrascht, als er aus einem Meeting herausgeholt und zu Estridge geführt wurde, den er bisher nicht kannte. Kaum hatte er Estridges Büro betreten, fiel der wegen des Posters über ihn her, noch ehe er hatte Platz nehmen können. Zwei einschüchternde Stellvertreter hatten neben Estridges Schreibtisch Stellung bezogen, während der Kapor Illoyalität vorwarf. Wußte er denn nicht, daß IBM verantwortlich war für den Erfolg von Lotus? War er sich denn nicht bewußt, daß IBM sein großer Partner war? Warum hatte er sich bloß mit Apple eingelassen? Kapor – normalerweise recht selbstbewußt und sich in diesem Fall keiner Schuld bewußt – wand sich peinlich berührt und strebte schnellstens wieder zur Tür hinaus, wobei er sich pausenlos entschuldigte, nur um diesem Angriff zu entgehen.

Gibbons, den zu dieser Zeit glücklicherweise nichts nach Boca Raton trieb, nahm eines Tages nichtsahnend den Telefonhörer ab und wurde von Estridge gleichermaßen beschimpft. Nur Gates blieb wegen der Posteraktion verschont, konnte sich allerdings nicht erklären, warum das so war. Er sagt nur, er sei mit Estridge immer gut ausgekommen, weshalb der ihn möglicherweise in Ruhe gelassen habe.

Trotz der Probleme, die auf dem PC-Sektor aufgetaucht waren, umgab Estridge nach wie vor eine Aura des Erfolgs. Es waren nicht nur seine Untergebenen, die ihn bewunderten, auch die Konkurrenten von IBM begannen ihn zu umwerben. Apple machte ihm den Hof, hätte ihn gern zum Präsidenten gekürt und ihm eine Million Dollar pro Jahr geboten. Sun war ebenfalls hinter ihm her. In weniger als einem Jahrzehnt war aus dem Mann, den IBM wegen des Reinfalls mit dem Betriebssystem der Serie 1 fast gefeuert hätte, ein Star geworden, der fast jeden Topjob der Computerindustrie hätte haben können. Aber er hörte sich das Werben der Konkurrenten kaum an. Er hatte es immer für aufregend gehalten, den Leuten sagen zu können: »Ich arbeite für IBM«, um sich dann in ihren bewundernden Blicken zu sonnen.

IBMs Führungsspitze war allerdings nicht mehr ganz so wild auf Estridge. Dem Firmenklatsch zufolge hatten die Watsons immer die ›Wildenten‹ ermutigt – Leute, die nicht viel Sinn für den Formationsflug hatten –, doch inzwischen war es kaum noch möglich, sich für längere Zeit aus der Formation auszuklinken. Anfang 1985 wurde Estridge seines Jobs in der PC-Sparte enthoben und befördert. Ersetzt wurde er durch jenen Bill Lowe, der Estridge 1980 das PC-Projekt übergeben hatte.

Wie üblich bemäntelte IBM die Degradierung. In der Verlautbarung hieß es, Estridge sei die Verantwortung für die weltweiten Produktionsstätten übergeben worden. Dies, so insistierte das Topmanagement, sei ein Versuch, Estridges Erfahrungen auszuweiten, um ihn so auf größere Aufgaben vorzubereiten. In Wirklichkeit aber hatte man ihm die Verantwortung für den vielleicht aufregendsten Geschäftsbereich der IBM-Geschichte genommen und ihm einen Fantasietitel gegeben, der wenig wirkliche Verantwortung bedeutete. Freunden gegenüber fragte sich Estridge bei vertraulichen Gesprächen, warum man ihn wohl abgeschossen habe. Und einigen sagte er sogar, er überlege, ob er IBM nicht doch lieber verlassen solle. Öffentlich aber beharrte er auf der Darstellung, er freue sich, sein Können auf einem neuen Gebiet unter Beweis stellen zu dürfen. Und er tat alles, um diese These zu stützen.

Als er sich im März 1985 von seinem Team in Boca Raton offiziell verabschiedete, kam es zweimal zu stehenden Ovationen. Estridge versuchte zwar, sich der ausgelassenen Stimmung anzupassen, doch nach viereinhalb Jahren permanenten, außergewöhnlichen Drucks hatte er nicht nur graue Haare bekommen und tiefe Falten im Gesicht, sondern war auch ganz einfach zu müde.

Während der paar Monate in dem neuen Job schaffte es Estridge nicht, sich in der Firmenzentrale in Armonk zu etablieren. Er war eben keine dieser gewieften Führungskräfte, die Jahre der Erfahrung auf verschiedenen Produktbereichen oder im Ausland hinter sich hatten. Er mußte noch viel über Herstellungsprozesse lernen und vor allem darüber, wie man den ganzen Tag in Konferenzen herumsitzen kann. Immerhin hatte er seine Karriere der Tatsache zu verdanken, daß er versucht hatte, die Bürokratie zu umgehen, die ihn jetzt aufzufressen drohte. Die Leute, die in dieser Phase mit ihm zusammenarbeiteten, sagen, Estridge sei es nicht gelungen, bei seinen Bossen Eindruck zu schinden. Nachdem man ihn, wie man bei IBM sagt, »auf die Strafbank geschickt« hatte, sei er nicht wieder ins Spiel gekommen.

Estridge trat schließlich mit seiner Frau einen Urlaub an, den er ihr schon lange versprochen hatte. Er wollte sich von den Turbulenzen des Jobwechsels erholen. Sie waren in der Delta-Maschine, die am 2. August 1985 bei stürmischem Wetter in Dallas zu landen versuchte. Nur etwa 150 Meter über dem Boden wurde das Flugzeug von einem kräftigen Fallwind erfaßt. Den Piloten gelang es nicht, es wieder unter Kontrolle zu bekommen. Es stürzte ab. 137 Menschen kamen ums Leben, unter ihnen waren Don und Mary Estridge.

Hunderte von Menschen kamen zur Beerdigung der Estridges. Auf ihren Särgen lagen rote Rosen. Dan Wilkie, der in Boca Raton zum Ursprungsteam für den PC gehört hatte, wurde durch sie an etwas erinnert, das Estridge einst getan hatte, um seine Leute zu motivieren. Estridge hatte irgendwo Anstecknadeln mit roten Rosen gesehen und aus einer Laune heraus eine Handvoll davon gekauft. Von da an hatte er jedem, der eine besondere Leistung vollbracht hatte oder niedergeschlagen war, eine dieser Nadeln überreicht und ihm gesagt, er solle sie voller Stolz tragen, denn er gehöre zu einem Team, das IBM und die ganze Computerindustrie revolutionieren werde.

Bevor Don Estridges Sarg ins Grab gelassen wurde, nahm Wilkie deshalb seine Rosennadel vom Revers und legte sie auf den Sarg. Sieben andere folgten ihm, so daß ein kleiner Kreis dort lag, während sich alle von Estridge verabschiedeten.

4. Kapitel

Obwohl Bill Lowe der Pate des IBM-PC gewesen war, hatte man Anfang der achtziger Jahre so viel Wind um Don Estridge gemacht, daß Lowe sich einmal sogar von seiner Frau hatte fragen lassen müssen: »Bill, warum bist du nicht so gut wie dieser Estridge?« Jetzt, da er Estridge ersetzt hatte, wollte er herausfinden, was er besser machen konnte.

Lowe verfügte gewiß über eine große Erfahrung in der IBM-Management-Tradition. Als ausgebildeter Ingenieur hatte er sich 13 Jahre lang auf dem Weg durch einige Testabteilungen nach oben gedient, bis er 1975 eine erste Chance erhielt. Da wurde er in den Stab der Zentrale der *General Products Division* in Atlanta befördert, wo ein ganzes Sammelsurium preiswerter Geräte hergestellt wurde. Eine noch größere Chance bekam er ein Jahr später durch die Versetzung nach Boca Raton. Seine Aufgabe war es da, in den prestigeträchtigen Personalcomputermarkt einzubrechen. Nachdem er dem Management-Komitee 1980 den ungeheuer erfolgreichen PC präsentiert hatte, hatte Lowe ›einen Stern auf der Stirn‹, wie man bei IBM sagt. Das heißt, er war zu Höherem berufen.

Als er im Sommer 1980 nach Rochester/Minnesota ging, nachdem die PC-Operation angelaufen war, hatte er sich bereits den Ruf erworben, mit dem System 34 eine erfolgreiche Kleinrechneranlage lanciert zu haben. Schließlich hatte er eine Stabsstelle in Armonk innegehabt, die ihn mit all den wichtigen Leuten in der Firma vertraut gemacht und ihm einen Einblick in die Politik der Mächtigen verschafft hatte. Daneben hatte er auch eine Menge über die Unzahl von Verhaltensmaßregeln gelernt, die bei IBM das Fortkommen bestimmten.

Schon 1982, als Sam Albert – eine Führungskraft des mittleren Managements – Lowes Namen beim damaligen Vorstandsvorsitzenden John F. Akers erwähnte, spitzte der die

Ohren. »Sie wissen, wer Bill Lowe ist?« fragte er rhetorisch. »Bill Lowe ist einer, aus dem was werden kann.«

Obwohl Lowe über alle IBM-Standard-Kriterien verfügte, bewies seine Wahl doch kaum besonders viel Inspiration. Lowe war ein ganz respektabler Golfer, spielte manchmal Poker, galt privat als netter Kerl, war aber nie in der Lage, einer größeren Zuhörerschaft seine guten Eigenschaften zu vermitteln. Wenn er eine Ansprache halten mußte, schien er keinen Hals zu haben; wenn er den Kopf drehen wollte, mußte er die ganze Schulterpartie bewegen. Er tat nur einmal etwas für ihn Ungewöhnliches, als er Jahre später seine Frau verließ und mit seiner Assistentin, die in den Dreißigern war, nach Georgia ging und sie dort 1992 heiratete.

Lowe teilte nie Estridges Vision von einer Welt voller PCs, die von lauter gewöhnlichen Menschen bedient wurden. Er faßte kaum einmal seinen eigenen PC an, benutzte ihn ausschließlich nur für E-Mail.

»Bill hat keine Ahnung vom PC«, sagt Stewart Alsop, Redakteur der Fachzeitschrift *InfoWorld,* Freund von Bill Lowe und Sohn des gleichnamigen Politik-Journalisten.

Zählte Estridge zu den wahren Anhängern des PC, so war Lowe ein Agnostiker. Er hatte das IBM-System durchlaufen, wo jeder der Meinung war, ein echter Manager könne alles managen – vom kleinsten Team, das den kleinsten Computer herstellt, bis zu den Unmengen von Menschen, die die Großrechnerungetüme produzieren.

Als er im Frühling 1985 den PC-Job in Boca Raton und damit den Auftrag übernahm, diese aufmüpfige Bande wieder gefügig zu machen, bediente sich Lowe der typischen Mechanismen. Im Gegensatz zu Estridge, der es nach dem Motto »Wir haben keine Zeit, Memos zu schreiben« abgelehnt hatte, welche zu Papier zu bringen oder zu empfangen, wollte Lowe alles schriftlich. Estridge hatte den Leuten gesagt, sie müßten sich bei niemandem mehr rückversichern, wenn sie erst einmal mit ihm gesprochen hatten, Lowe aber fragte grundsätzlich: »Hat die Zentrale (gemeint war Armonk) dieses Memo gesehen?« – »Hat die Produktion dies gesehen?« Und am wichtigsten: »Haben die Anwälte das gesehen?«

Auch wenn die PC-Sparte schon während Estridges letzter Tage bürokratischer geworden war, konnte damals eigentlich jeder Mitarbeiter jederzeit sein Büro betreten. Doch nachdem Lowe das große Büro mit dem dicken pfirsichfarbenen Teppichboden bezogen hatte, setzte er zwei Reihen von Sekretärinnen ins Vorzimmer, die einen Schutzwall bildeten, den jeder durchbrechen mußte, der ihn – Lowe – sehen wollte.

Kaum hatte sich Lowe in dem Job eingelebt, mußte er sich überlegen, wie er mit der kleinen Softwarefirma namens Microsoft umgehen sollte, der es auf Kosten von IBM so gutzugehen schien. Bei dieser Entscheidung bekam er Unterstützung von seinem Boß Mike Armstrong, einer außerordentlich effektiven Führungspersönlichkeit. Armstrong war allerdings Marketingexperte und hatte – wie sich herausstellen sollte – ebensowenig Ahnung von moderner Technologie wie Lowe.

Armstrong galt als ausgesprochen energisch. In einer Firma, in der die meisten Führungskräfte ein ruhiges Golfspiel bevorzugten, galt er als wilder Tennisspieler. Im Gegensatz zu einigen Bossen, die sich wochentags in großen Limousinen chauffieren ließen und am Wochenende ihren Mercedes aus der Garage holten, sprang Armstrong dann möglicherweise auf seine Harley Davidson. Armstrong, ein adretter Typ, der allerdings schon früh eine Glatze bekam, hatte immer ein Funkeln in den Augen und war, wie ein alter Hase sagt, bei IBM als ›netter, aber unerbittlicher Kerl‹ bekannt.

»Er ist der Typ, der einem nicht nur sagte, man solle aus dem Fenster springen«, fügte der IBMler hinzu, »er zeigte einem auch noch, wo das Fenster war, und half einem beim Rausspringen. Und während man sprang, stellte man fest, daß man sich sogar noch bei ihm bedankte.« Der Ex-IBMler zitiert dann einen Freund, der ihm eine der ersten Konferenzen schilderte, die Armstrong Jahre später mit seinem Management abhielt, nachdem er IBM verlassen hatte, um Hughes Aircraft zu leiten. Armstrong erläuterte die drakonischen Sparmaßnahmen, denen er das gesamte Unternehmen unterziehen wolle. Und dann sagte er, nur um ein Beispiel zu nennen, habe er beschlossen, die Gruppe zu halbieren, die sich gerade in seinem Zimmer befände. »Das Komische war«, meinte der Manager von Hughes, »daß er auf dem richtigen Weg zu sein glaubte, als ich das Zimmer verließ.«

Armstrong konnte auch ungewöhnlich direkt sein, selbst dann, wenn es darum ging, die Schuld für etwas zu übernehmen. Er sagt beispielsweise, die Entscheidung, den bis dahin unabhängigen PC-Sektor 1983 wieder ins System einzubinden, sei von der ganzen Gruppe getroffen worden, und es habe gute Gründe für diesen Schritt gegeben. Doch dann fügt Armstrong, der von 1983 bis 1986 die Verantwortung für den Bereich der Niedrigpreisprodukte, einschließlich der PCs, hatte, hinzu: »Aber wenn Sie jemandem die Schuld geben wollen, muß ich wohl sagen, daß *ich* auf diese Entscheidung gedrängt habe.«

1985 hatte Armstrong alle Punkte gemacht, die eine erfahrene Führungskraft bei IBM sammeln sollte, wenn sie es auf den Topjob abgesehen hatte. Er war ein gewiefter Verkäufer gewesen und hatte sich dann langsam nach oben gearbeitet, einige höhere Marketingjobs bekleidet, wo er für die Preisgestaltung zuständig war und festlegte, unter welchen Bedingungen die Produktgruppen bei der Definition der unterschiedlichsten Produkte vorgehen mußten. Obwohl er nicht gerade ein Techniker war, hatte man ihm dann das Management des Großrechnerbereichs anvertraut, weil jeder hoffnungsvolle Bewerber für den Job des Vorstandsvorsitzenden bei IBM mit der Mainframe-Mentalität mehr als vertraut sein sollte. Armstrong hatte natürlich bei allem Erfolg gehabt, was er angefaßt hatte. Es half ihm auch, ein Busenfreund von Akers zu sein, der 1985 zum obersten Boß aufgestiegen war. Die beiden hatten sich kennengelernt, als sie Anfang der sechziger Jahre auf dem Weg zum ersten Kurs der IBM-Verkäuferschulung waren und ihre Karriere begannen. Sie hatten ihre Freundschaft über die Jahre kultiviert und einmal im Urlaub sogar gemeinsam einen Raft-Trip gemacht.

Armstrong und Lowe wußten, daß sie mit Bill Gates einen harten Verhandlungspartner vor sich hatten. Estridge hatte seine Software-Experten immer gewarnt: »Laßt mich bloß nicht allein in eine Konferenz mit Bill Gates gehen. Ich habe keine Ahnung, wie ich auf das reagieren soll, was er sagt.« Doch als Lowe und Armstrong Mitte 1985 an den Verhandlungstisch gingen, waren sie sehr selbstbewußt. Sie meinten, die Macht von IBM und die Disziplin, zu der IBM ihre Führungskräfte erzogen hätte, mache sie Gates überlegen, mit dem man wieder einmal über eine Strategie für ein gemeinsames Betriebssystem verhandeln mußte.

In Wirklichkeit aber waren Lowe und Armstrong im Nachteil, schrecklich im Nachteil. Das Marketingtraining bei IBM war zwar ausgezeichnet, wenn es darum ging, Manager zu unterrichten, wie man komplizierte Produktpläne entwirft und Preisstrategien entwickelt, um Kunden zu halten, bereitete aber wirklich nur darauf vor, wie man auf alten Märkten mit alten Produkten handelt. Es half jedoch niemandem, neue Märkte zu erkennen. Das IBM-Marketing-Mantra – »Wir tun, was immer der Kunde will« – läßt auch Führungskräfte zögern, sobald der Markt sich verändert, egal, was das für die Produktentwicklung oder eine eventuelle Partnerschaft bedeutet. Diese Unschlüssigkeit kann IBM schaden, so wie es bei den Verhandlungen von Lowe und Armstrong mit Gates häufig geschah.

Lowe hatte von Estridge eine Gruppe von Leuten übernommen, die immer noch damit kämpften, sich mit ihrer Beziehung zu Microsoft auseinanderzusetzen. Estridges Software-Experten hatten 1984 viel Zeit damit verbracht, sich eine klare Strategie zurechtzulegen und zu entscheiden, wie Microsoft da hineinpaßte. Das Problem war, daß diese Beziehung sich ganz anders entwickelt hatte, als die im Mainframedenken ausgebildeten IBM-Bosse vorausgesehen hatten. Sie waren daran gewöhnt, alle Fremdfirmen wie Zulieferer zu behandeln. Bei der Hardware funktionierte das auch immer noch, doch bei der Software war es diffiziler. Hardware zu bauen konnte man mit einem Hausbau vergleichen, aber die Arbeit an Software in einem Joint-venture mußte man eher mit dem gemeinsamen Schreiben eines Romans gleichsetzen.

Die Führungskräfte kamen nicht zu einem einhelligen Schluß. Sie hätten es als angenehm empfunden, Microsoft hinter sich zu lassen und ein eigenes Betriebssystem zu entwickeln, doch das Versagen bei früheren Softwareprojekten mahnte Lowe und andere zur Vorsicht, was einen eigenen Versuch in dieser Richtung anging. Die IBM-Komitees hatten statt dessen beschlossen, nur einen Teil der Software selbst zu schreiben, statt Microsoft – wie bisher – einfach nur zu sagen, was sie brauchten, und Microsoft die ganze Arbeit zu überlassen.

Es war eine reine Frage der Macht: IBM wollte diesen Neulingen auf dem Gebiet der Software nicht auf Gedeih und Verderb ausgeliefert sein. Außerdem wollte IBM verlangen, daß über dem gemeinsam produzierten Code ›rights equivalent to ownership‹ stand, um zu demonstrieren, daß man die Kontrolle über den Prozeß ausübte.

Während IBM noch überlegte und Unterlagen studierte, handelte Gates. Er wußte genau, was er wollte, und davon wich er nicht ab. Die Verbindung zu IBM sollte unter allen Umständen erhalten bleiben. Dann wollte er soviel Einfluß wie möglich haben. Da Gates nicht den – allerdings zweifelhaften – Vorteil besaß, schon jahrelang im Geschäft zu sein, verstand er den neuen PC-Markt weit besser als die Herren in den blauen Anzügen. Er kannte die Notwendigkeit, rasch schnellere Prozessoren und grafische Benutzeroberflächen auf den Markt zu bringen. Da Gates mit allen Computerherstellern Geschäfte machte, konnte er auch deutlich verfolgen, wie schnell die Clones aufschlossen, eine Tatsache, von der Lowe und Armstrong nichts hätten wissen wollen, selbst wenn sie sie vorausgesehen hätten.

Lowe und Armstrong stand außerdem noch jene Selbstgefälligkeit im Weg, die damals die meisten IBMler auszeichnete. Die Außendienstbosse bei IBM hatten sich Anfang der Achtziger zufrieden zurückgelehnt, weil die Computerindustrie sich für IBM als eine Art Schlaraffenland erwiesen hatte – IBM mußte nur etwas bauen, und die Kunden kamen. Dieses Gefühl hatte sich bis zur Mitte der achtziger Jahre bei fast allen amerikanischen Unternehmen festgesetzt, weil sich die paar hundert Großkunden von IBM wirklich an den Spruch hielten: »Es ist noch nie jemand gefeuert worden, nur weil er bei IBM gekauft hat.« Lowe und Armstrong war allerdings nicht klar, daß Konsumenten in der

PC-Welt ihre hartverdienten Dollars nicht so leicht ausgaben wie die großen Firmen, die Millionen von Dollar aus anscheinend bodenlosen Firmenkassen holten. Der IBM-Führungsspitze war auch nicht bewußt, daß ein junger Mann wie Gates sich in dieser neuen, auf den Endverbraucher abgestellten Welt besser auskannte, als es die Häuptlinge der großen Firmen jemals können würden.

Als Gates und Ballmer, die leidenschaftlichen Tüftler, sich im Frühjahr 1985 auf ihr Treffen mit Lowe und Armstrong – den verhandlungsgeübten Geschäftstüchtigen – vorbereiteten, mußten sich beide Seiten zudem mit einigen Schwierigkeiten der jüngsten Geschichte herumschlagen.

Estridges Software-Team hatte sich 1983 für eine Idee begeistert, die von einem Forscher in IBMs Yorktown-Heights-Niederlassung stammte. Er saß in einem futuristischen Glaskomplex, der sich zwischen den Bäumen am sich windenden Sawmill River Parkway, nördlich von New York City, erhob. Seine Idee hätte es den Leuten erlaubt, mehr als ein Programm gleichzeitig zu benutzen, indem man die Bildschirme in verschiedene Fenster – in ›Windows‹ – aufteilte. Diese Idee hätte auch die Komplexität eingedämmt, weil sie ihnen Kommandomenüs zur Auswahl gegeben hätte, was bedeutete, daß sie die vielen geheimnisvollen DOS-Kommandos hätten vergessen können, die sie sich bis dahin hatten merken müssen.

Doch im Lauf der Monate verpfuschte IBM auch ihr neuestes Softwareprojekt aus all den üblichen Gründen – sie setzte zu viele Leute an das Projekt, die Arbeit dauerte zu lange, die Software operierte zu langsam, und dann stellte sich heraus, daß die Kunden etwas wollten, das viel prachtvoller war als das, was IBM zu bieten hatte. Das Produkt wurde bald als TopView bekannt, erhielt aber von den Kunden den Spitznamen ›TopHeavy‹ und wurde einer der größten Flops in der Geschichte des IBM-PC-Geschäfts.

IBM gab schließlich die meisten Kopien von TopView ab, die sie nach seiner Markteinführung 1984 produziert hatte, doch der finanzielle Reinfall dieses Projekts war erst der Anfang des Desasters.

IBMs enge Verbindung zu den Kunden bedeutete, daß sie ein Produkt unter allen Umständen herausbringen mußte, sobald sie es als strategisch richtig eingeführt und den Kunden gegenüber Versprechungen gemacht hatte. Andere Firmen hatten das nicht nötig. In späteren Jahren, nachdem IBM und Microsoft ein Betriebssystem namens OS/2 produziert hatten, konnte Microsoft den Kunden sagen: »OS/2, OS/2, OS/2«, und dann fortfahren: »Hoppla! Machen Sie sich nichts draus. Wir meinten Windows, Windows, Windows.« Die Kunden spendeten Microsoft sogar noch Applaus dafür, weil es seinen Fehler erkannt und ausgemerzt hatte. Für die Einkäufer der Großkunden von IBM aber stand der eigene Job auf dem Spiel, wenn sie ihr Vertrauen in IBM gesetzt hatten, deshalb mußte IBM einen Reinfall wie den mit TopView bis zum bitteren Ende durchziehen. IBM versuchte jahrelang, TopView zum Funktionieren zu bringen, und konnte es nicht fallenlassen, solange auch nur ein Kunde noch Interesse zeigte.

Aber ehe sich IBM auf das TopView-Experiment eingelassen hatte, hatten sich Gates und Microsoft auf einen weit schwierigeren, wenn auch letzten Endes erfolgreichen Weg begeben, der ihre Zusammenarbeit mit IBM mehr komplizierte als alles andere. Steve Jobs von Apple hatte Gates 1981 eine frühe Version des Macintosh-Computers gezeigt, weil er hoffte, Gates würde einige Programme für den Mac entwickeln. Kaum hatte Gates einen Blick auf den Mac geworfen, verliebte er sich in die raffinierte Art, in der er symbolische Darstellungen benutzte, um den Anwender Programme auswählen und Grundfunktionen ausüben zu lassen; in die Art, wie der Cursor mit einer Maus bewegt werden konnte; und darin, daß auf dem Bildschirm des Macintosh gleichzeitig mehr als ein Fenster geöffnet sein konnte, was es leichtmachte, zwischen verschiedenen Programmen hin und her zu springen und Informationen von einer Datei in eine andere zu schieben. Für Gates stand schnell fest, daß es gar nicht mehr lange dauern würde, bis jedermann durch eine grafische Benutzeroberfläche wie der des Macintosh mit seinem Computer interagieren wollte.

Jobs und Gates hatten nur zu recht, wie sich herausstellen

sollte. Die Kunden, die Mitte der Achtziger angefangen hatten, sich an die schnellen, scharfen Grafiken der Videospiele zu gewöhnen, wünschten ebenfalls lebhafte und schnelle Computer. Niemand wollte einen PC, der wie die langweiligen Terminals von IBM aussah, auf denen es – wie bei Top-View geschehen – nur ein paar Schriftzeichen gab.

(Ein kleiner redaktioneller Kommentar: Einer der großen Gaunertricks der Achtziger, unterstützt von IBM und deren Großrechnermentalität, war, daß die Leute ›Computer-gebildet‹ sein mußten. Paranoide Eltern rannten sofort los, um Computer zu kaufen, aus lauter Angst, der Junior könne den Anschluß verlieren, wenn es ihm nicht rasch gelänge, die Geheimnisse des Computers zu enträtseln. Tatsächlich war diese Forderung nach Computer-Bildung nur ein Weg der Computerhersteller, den Benutzern das Gefühl zu geben, sie hätten sich auf die Computer einzustellen. Die grundlegende Einsicht, die Jobs zuerst hatte und Gates kurze Zeit später, war aber, daß es eigentlich umgekehrt sein sollte. Die Computerhersteller müßten sich der Mühe unterziehen, ihre Maschinen den Bedürfnissen der Anwender anzupassen. Jobs drückte es so aus, daß selbst IBM nicht groß genug sei, jedem Personalcomputer, den sie verkaufte, eine ›Mutter‹ mitzugeben. Man müsse deshalb schleunigst herausfinden, wie man etwas ›Mütterliches‹ in die Maschinen einbauen könne.)

Ende 1981 hatte Gates ein Team an ein Projekt gesetzt, das in der PC-Welt als Windows bekannt wurde. Ende des Jahres 1982 sah Gates auf der namhaften Computermesse Comdex in Las Vegas ein Konkurrenzprodukt mit dem Namen VisiOn, das anders als Windows schon so weit entwickelt war, daß es vorgeführt werden konnte. Aber dann hatte Gates Glück. So etwas passierte ihm mehr als einmal. VisiCorp, der Hersteller von VisiOn, ging 1983 aufgrund einiger Prozesse, die die Führungskräfte gegeneinander angestrengt hatten, kaputt. Gates kündigte Windows erst bei der nächsten Comdex, Ende 1983, an. Da war er bereits so wichtig, daß er die Einführungsrede dieser großen Messe halten durfte, seine Firma aber führte er noch immer mit einem so niedrigen Budget, daß er seinen Vater bitten mußte, während seiner Rede den Diaprojektor für ihn zu betätigen. Auch nach der offiziellen Ankündigung wurde Gates' Projekt noch so viele Male verschoben, daß die Branche dafür einen neuen Begriff prägte: *Vaporware* – eine inzwischen gebräuchliche Bezeichnung für Produkte, die zwar angekündigt waren, aber nur in irgend jemandes Kopf zu existieren schienen oder sich vielleicht vollends in Luft aufgelöst hatten.

Trotz aller Probleme übte Gates jedoch einen solchen Druck aus, daß sein Windows-Team wie wild schuftete und allen Konkurrenten eine Nasenlänge voraus blieb, die mit der Schwierigkeit kämpften, eine Macintosh-ähnliche Schnittstelle für IBM-kompatible PCs zu ersinnen. Im Gegensatz zu den selbstzufriedenen Führungskräften bei IBM hatte Gates immer mit der Angst gelebt, es könne irgendwer kommen, der besser wäre als er, wenn er auch nur eine Sekunde lang nicht gut aufpasse, weshalb er sein Windows-Team auf einen ›Todesmarsch‹ geschickt hatte, wie die Männer sagten. 1985 war Windows dann endlich da.

Gates und Estridge hatten feststellen müssen, daß sie auf verschiedenen Wegen wandelten, als Gates Ende 1983 nach Boca Raton flog, um dem PC-Chef Windows vorzuführen. Gates bekam einen Schock, als Estridge ihm TopView zeigte, und sagte sich, daß IBM sich wohl nie für Windows interessieren würde.

In den folgenden Monaten sprachen die beiden sogar darüber, daß Microsoft Windows sterben lassen solle oder könne, damit die beiden Firmen sich gemeinsam darauf konzentrieren konnten, ein Betriebssystem für die nächste PC-Generation zu entwickeln. Doch diese Gespräche gingen nie sehr weit. Gates glaubte an Windows, weshalb er nicht bereit war, es leichten Herzens aufzugeben, und es wurde dann ja auch ein Bestseller. Ganz abgesehen davon konnte Estridge einem Fremdunternehmer ja wohl auch schlecht vorschreiben, wie er seine Firma führen solle. Das wäre genau eine jener Gelegenheiten gewesen, auf die das Justizministerium nur gewartet hätte. Denn obwohl die IBM die Antitrust-Prozesse gewonnen hatte, war sie darauf bedacht, nicht in neue hineinzulaufen. Da es keine Möglichkeit zu geben schien, den Windows/TopView-Konflikt zu lösen, strebten die beiden Firmen nun anscheinend in verschiedene Richtungen.

Nachdem Lowe 1985 den PC-Bereich übernommen hatte, hätte es für ihn viele Gründe gegeben, mit Gates zusammenzutreffen, doch es war ein Cartoon, der sie schließlich zusammenbrachte. *InfoWorld,* eine Fachzeitschrift mit großer Auflage, brachte eine Karikatur, auf der die beiden als Pistolenschützen gezeigt wurden, die aufeinander zielten. Gates, dem jede Gelegenheit recht war, seine Beziehungen zu den Führungskräften bei IBM zu verbessern, hatte Lowe daraufhin angerufen und ihm ein Treffen vorgeschlagen, bei dem sie vielleicht vorhandene Unstimmigkeiten klären könnten. Lowe stimmte zu, und Gates nahm den nächsten Flug nach Boca Raton.

Die beiden verstanden sich auf Anhieb. Gates fand Lowe sehr clever und mochte dessen direkte Art. Lowe seinerseits fand, Gates sei ein ausgesprochen kluger und energischer junger Mann. Gates entsprach so überhaupt nicht seinem etwas trotteligen Image. Er reist viel und gern und liest alles, was ihm zwischen die Finger kommt, auch wenn es nichts mit Computern zu tun hat, wodurch er auf jedem Parkett sicher ist. Er kann sogar charmant sein, wenn er will.

Nach einigen weiteren Gesprächen setzten sie sich hin, um zu diskutieren, ob sie die Zusammenarbeit fortsetzen sollten, was keineswegs als selbstverständlich galt. Es stellte sich nämlich heraus, daß Lowe da keine weitergehenden Vorstellungen hatte. In der Hauptsache wollte er nämlich eine Beteiligung an der Entwicklung der nächsten Generation von Betriebssystemen. Immerhin mußte er auch eine Beschäftigung für die mehr als siebzig Programmierer finden, die nach dem Debakel mit dem Datamaster-Betriebssystem Ende der siebziger Jahre und der Pleite mit dem AT-Betriebssystem 1984 kaum noch etwas zu tun hatten.

Gates ging nur zu gern darauf ein, obwohl beide Seiten sich eigentlich der Schwierigkeiten hätten bewußt sein sollen, die ein gemeinsames Entwicklungsvorhaben bringen konnte. Bei der Verhandlung der ›rights equivalent to ownership‹-Klausel, die Lowe durchsetzen wollte, gab es ein paar Probleme, aber selbst die wurden aus dem Weg geräumt.

Als es um die Lizenzgebühren für DOS und zukünftige Betriebssysteme ging, machte Lowe den ersten richtigen Fehler. Er ließ sich von dem jüngeren Gates am Verhandlungstisch geradezu überfahren. Lowe besaß einen Anteil von etwa 80 Prozent am Markt für Personalcomputerverkäufe an Unternehmen und Firmen und war – wie so viele andere IBMler, die ihre Firma für den Mittelpunkt des Universums hielten – überzeugt, daß ihm der auch zustünde. Nachdem immerhin auch die Großrechnerumsätze 1985 gut aussahen, die Firma insgesamt fast an die Rekordumsätze von 1984 herangekommen war, hielten Lowes Mainframe-Kollegen einen Marktanteil von mehr als 80 Prozent. Deshalb war es Lowes Hauptanliegen, einen möglichst niedrigen Preis für DOS zu zahlen. Um die restlichen 20 Prozent Marktanteil, die die anderen PC-Anbieter hielten, machte er sich dabei jedoch nicht die geringsten Sorgen.

Wieder einmal war Gates nur zu gern bereit, darauf einzugehen, weil er überzeugt war, die Zukunft weit klarer zu sehen als Lowe. Bei den älteren Führungskräften von IBM machte sich der Generationsunterschied wirklich bemerkbar. Sie konnten einfach nicht glauben, daß die langhaarigen Äquivalente der Rockmusiker in der Computerindustrie es jemals schaffen würden. Und die Kids der Industrie, zu denen Gates unzweifelhaft gehörte, wußten, daß der Rockmusik die Zukunft gehörte.

Im Gegensatz zur IBM, die daran gewöhnt war, pro Jahr nur einige tausend Großrechner zu verkaufen, und die im August 1981, bei der Markteinführung des PC, davon ausgegangen war, im Verlauf der nächsten drei Jahre nur 200 000 PCs loszuwerden, hatte Gates kurze Zeit später einem PC-Magazin erklärt, so viel würde IBM seiner Meinung nach bereits 1982 verkaufen.

Wie sich herausstellte, hatte Gates recht behalten. Und nun erwartete er, daß der PC-Markt viel schneller wachsen würde, als es der IBM, die sich immer an den Großrechnern orientiert hatte, in den Sinn gekommen wäre. Vor allem sah er voraus, welch große Rolle die Clones dabei spielen würden. Deshalb sagte Gates Lowe auch, es sei kein Problem, er könne DOS für seine Maschinen für so gut wie nichts haben. Im Gegenzug verlangte er allerdings das Recht, die Lizenzgebühren bei allen anderen PC-Herstellern – wie beispielsweise Compaq und Tandy – kassieren zu dürfen. Lowe stimmte zu, und die beiden unterzeichneten im Juni 1985 ein *Joint Development Agreement.*

Es dauerte gar nicht so lange, bis sich die Marktverhältnisse verschoben. Heute haben sie sich glatt umgekehrt. IBM verfügt über weniger als 20 Prozent des IBM-kompatiblen Marktes, und der Rest der PC-Welt – jener Welt, der Gates mit Zustimmung von Lowe die Rechte an DOS verkaufen durfte und darf – hält mehr als 80 Prozent. Daß IBM nach Lowes Meinung den Mittelpunkt dieser Welt bildete, kostete die Firma den Anspruch auf einen Riesenbrocken des höchst profitablen Marktes für PC-Betriebssysteme, eines Marktes, der gut zwei Milliarden Dollar pro Jahr wert ist.

Daß ihm diese Voraussicht fehlte, bedeutete auch, daß in dem *Joint Development Agreement* die Frage von Windows nicht angesprochen wurde. Ein Versäumnis, das IBM jeder Chance beraubte, ihre Vorreiterrolle auf dem PC-Markt zu halten. Lowe hatte die Bedeutung grafischer Benutzeroberflächen unterschätzt und geschwankt, eine engere Verbindung mit Microsoft einzugehen. Hätten er und IBM nicht aus ihren Erfahrungen mit den Großrechnerkunden, die keine Alternative zu IBM kannten und denen es ziemlich egal war, wie ein Computerbildschirm aussah, falsche Schlüsse gezogen, wäre ihnen aufgegangen, daß Grafikprogramme einfach kommen mußten, und hätten selbst ein Grafiksystem angeboten oder auf diesem Gebiet die Partnerschaft mit Microsoft gesucht. Seit Anfang der sechziger Jahre gab es Farbfernsehen, die Videospiele Anfang der achtziger Jahre liefen in Farbe, und bald würde die Farbe auch die Computer erobert haben, so daß Wissenschaftler recht bald schon von virtueller Realität sprachen – davon, daß die Leute Brillen mit kleinen Bildschirmen tragen würden, auf denen anscheinend reale Welten wiedergegeben würden, in denen der Brillenträger ›existieren‹ könnte. Doch

IBM war nach wie vor der Meinung, ihre Kunden wären vollauf damit zufrieden, mit ihren Computern über Bildschirme zu interagieren, auf denen nur ein paar Worte standen. Deshalb erlaubte man Gates auch, sein eigenes Projekt fortzuführen, das man am Anfang als hoffnungslos unrealistisch betrachtete, weil Windows mehr Prozessorkapazität verlangte, als die PCs damals hatten. Niemand rechnete damit, daß er es schaffen würde, weil die Vision dahinter nun einmal richtig war.

Die Verbraucher in der Ära der Videospiele wollten nicht nur die DOS-Kommandos vergessen und vermißten nicht nur zusätzliche Fähigkeiten, sondern wünschten auch fantasievolle Grafiken und schöne Farben.

Gates brauchte fast neun Jahre, um eine brauchbare Version von Windows auf den Markt zu bringen, doch Lowe und IBM waren so schwer von Begriff, daß sie Gates die Zeit ließen, die er brauchte, und zuließen, daß er Windows voll auf dem Markt etablierte. In dem Augenblick, als IBM klarwurde, was vorging, und sie ein Produkt auf den Markt brachte, das mit dem von Gates konkurrieren konnte, hatte das Geld, das Gates durch die DOS-Lizenzen an die Cloner verdient hatte, Microsoft so reich gemacht, daß es IBM nun standzuhalten vermochte. Daß Microsoft IBM die Vorherrschaft auf dem PC-Markt abgejagt hatte, trug dazu bei, daß die IBM auch auf dem Markt für PC-Hardware verblüffend schnell Anteile verlor, was sie schließlich mehr als 15 Milliarden Dollar Umsatz pro Jahr kostete.

Bevor Lowe und IBM Mitte 1985 das *Joint Development Agreement* mit Microsoft unterzeichneten, hatten sie jede Menge Einfluß bei Microsoft. Danach änderte sich das, und sie sollten ihn auch nie mehr bekommen.

5. Kapitel

Dick Hanrahan sprach, wie für ihn typisch, von purpurfarbenen Pinien. Der Software-Experte von IBM saß Anfang 1986 in einer Konferenz mit Bill Gates und Steve Ballmer von Microsoft und ging derartig rabiat mit den beiden um, daß sie völlig verblüfft waren. Er war der erste höherrangige Software-Experte, den IBM auf die Software seines PC angesetzt hatte, und er ging an diese Aufgabe genauso heran, wie er es während seiner zwanzig Jahre bei den Großrechnern gelernt und seitdem immer gemacht hatte. Seine Botschaft an Microsoft lautete an diesem Tag: »Ich kapiere einfach nicht, warum, zum Henker, wir überhaupt mit Ihnen zusammenarbeiten. Was können Sie uns schon bieten?« Gates gab sich die größte Mühe, das zu erklären, doch Hanrahan unterbrach ihn prompt mit seiner Lieblingsfloskel: »Purpurne Pinien ...«

Diesmal benutzte er dieses absurde Bild, um die Loyalität von Microsoft in Frage zu stellen. »Was tun Sie, wenn ich Ihnen sage, Sie sollen purpurne Pinien malen?« fragte Hanrahan. »Würden Sie purpurne Pinien malen, nur weil IBM das von Ihnen verlangt?«

Als Gates zu einer Erklärung ansetzte, schnitt Hanrahan ihm wieder das Wort ab.

»Sehen Sie«, sagte Hanrahan, »Sie würden es nicht tun. Und wenn Sie nicht bereit sind, purpurne Pinien in einem Programm unterzubringen, nur weil IBM das so will, dann kann ich Ihnen nicht vertrauen.«

Nachdem die Konferenz beendet war, verließen Gates und Ballmer das IBM-Gebäude in White Plains/New York, einer kleinen Stadt 45 Fahrtminuten nördlich von New York, die umgeben ist von den Zentralen großer Firmen. Außer sich vor Zorn marschierten sie auf einem Bürgersteig am Rande des häßlicheren Teils der Stadt auf und ab. Auf der anderen Seite der Straße war mal ein Einkaufszentrum gewesen, aber inzwischen standen die Läden leer. Die Gegend wirkte noch grauer und düsterer, nachdem an diesem entsetzlich kalten Tag die Dunkelheit hereingebrochen war. Todmüde nach dem langen Flug quer durch die USA und völlig frustriert von der Begegnung mit Hanrahan und seinen purpurnen Pinien, konnten Gates und Ballmer nur noch mechanisch auf und ab gehen.

»Das war's«, sagte Gates. »Wir sind gefeuert. Unsere Verbindung mit IBM gehört der Vergangenheit an.«

Wenn das gestimmt hätte, wäre durch die Trennung zumindest der Schaden minimiert worden, den Bill Lowe angerichtet hatte, als er Mitte 1985 das *Joint Development Agreement* mit Microsoft eingegangen war. Ein Abbruch dieser Beziehung hätte auch dazu führen können, daß IBM vielleicht schon damals ein paar Lektionen über die Software von Personalcomputern gelernt hätte, die sie – leider – erst begriff, als es bereits zu spät war.

Nach einiger Zeit entdeckte Gates plötzlich eine Telefonzelle an einer Straßenecke. Er versuchte, Lowe anzurufen, Hanrahans Boß. Bei ihm wollte er sich beschweren, weil es den Anschein hatte, als wollte Hanrahan die Arbeiten an dem Betriebssystem aufkündigen, mit denen Microsoft und IBM nach der Vereinbarung von 1985 bereits begonnen hatten. Bei Lowe nahm aber keiner ab. Wieder gingen Gates und Ballmer ruhelos hin und her, bis sie schließlich in ihren Mietwagen stiegen und losfuhren. Unterwegs überlegten sie angestrengt, wie man mit IBM wieder ins reine kommen konnte.

Hanrahans anzügliche Bemerkungen über purpurne Pinien brachten Anfang 1986 eine Sorge auf den Punkt, die IBM seit Beginn des Jahres 1983 bewegt hatte, lange bevor Lowe den Top-PC-Job bekam und auch vor der Markteinführung des AT 1984. Anfang 1983 suchte man bei IBM nach einem Betriebssystem, das sich die Kapazität des neuen Prozessors nutzbar machen konnte, der das Herz des AT bildete. IBM sprach allerdings mit Microsoft nicht über diesen Plan, weil man die günstige Gelegenheit sah, sich von der kleinen Firma in Seattle unabhängig zu machen, die inzwischen

400 Mitarbeiter beschäftigte, mehr als das Zehnfache der Beschäftigtenzahl also, die Microsoft hatte, ehe IBM Mitte 1980 zum erstenmal Kontakt mit Gates aufgenommen hatte. Obwohl Don Estridge sich im Verlauf der Jahre 1981 und 1982 fast mit Gates angefreundet und sich sogar einige Male der Mühe unterzogen hatte, die lange Reise nach Seattle zu machen, nur um Gates zu sehen, hatte er sich entschlossen, ein übergeordnetes Betriebssystem zu entwickeln, das über DOS liegen und eine Unzahl zusätzlicher Fähigkeiten mitbringen sollte – wie zum Beispiel die Möglichkeit, mehr als ein Programm gleichzeitig laufen zu lassen. Wenn ihm das gelungen wäre, hätte Microsoft nur das langweilige alte DOS kontrolliert, wohingegen Estridge die Kontrolle über die vielversprechenden neuen Fähigkeiten bekommen und so die weitere Entwicklung hätte kontrollieren können. Dann wäre er in der Lage gewesen, Microsoft zu feuern. Microsoft, das damals pro Jahr nur ein paar Millionen Dollar Umsatz machte, hätte zu diesem Zeitpunkt keine Chance gehabt, sich gegen IBM zu wehren, wenn IBM tatsächlich in der Lage gewesen wäre, diese Software zu entwickeln.

Obwohl PCs zu jener Zeit meist nur einzeln eingesetzt wurden, sah Estridge damals schon voraus, daß sie zunehmend durch Netzwerke verbunden und an größere Maschinen angebunden werden würden. Aus diesem Grund gab er Software in Auftrag, die diese Verbindung durch Netzwerke ermöglichen sollte. Beide Projekte sollten in anderthalb Jahren abgeschlossen sein, rechtzeitig zur Markteinführung des AT im Sommer 1984.

Doch die IBM machte wieder ihre typischen Fehler. Man setzte viel zu viele Programmierer an die einzelnen Projekte, so daß sie mehr Zeit damit verbringen mußten, miteinander zu kommunizieren, als zu programmieren. Außerdem ließ das IBM-Management wieder einmal zu, daß die verschiedenen Abteilungen unterschiedliche Konzepte entwickelten. Die Mainframe-Manager bestanden darauf, daß die Vernetzung ihre Sache sei, weshalb die PC-Programmierer sich an die Software-Regeln für Großrechner halten mußten. Die Marketing-Gruppen bei IBM, die nach geographischen Gesichtspunkten organisiert waren, beharrten auf verschiedenen Versionen, die genau auf ihre jeweiligen Märkte zugeschnitten waren – auch wenn das bedeutete, daß jemand ein ganzes Jahr brauchte, um die Software auf den türkischen Markt zuzuschneiden, und das selbst dann, wenn IBM nicht einmal hoffen konnte, dort etwas zu verkaufen.

Die PC-Entwickler mochten diese Forderungen nicht einfach übergehen. In der Bürokratie, die sich etabliert hatte, konnte jeder bei dem Projekt jedes anderen mitreden. Das hieß, daß aus IBM eine Firma geworden war, in der jeder nein und niemand ja sagen konnte. Und jeder, der bei einem Projekt nicht wenigstens ein paarmal nein sagte, wurde bei IBM als Niete betrachtet – im IBM-Jargon hieß es über jemanden, der Einspruch erhob, er ›pflichte nicht bei‹.

Die Einwände durchliefen die ganze Hierarchie, bis sie schließlich nach Wochen und Monaten ständiger Konferenzen endlich bei jemandem landeten, der erfahren genug war, sich mit ihnen auseinanderzusetzen. Dessen Stellungnahmen sickerten dann wieder ganz allmählich nach unten durch, wie es das Kompetenzgefüge vorsah. Ende 1983 waren Estridges Betriebssystem und sein Vernetzungsprojekt bereits sechs bis neun Monate im Verzug. Er versetzte ihnen den Gnadenstoß. Die Tatsache, daß diese Projekte auf der Strecke blieben, bereitete den Weg für das Debakel des OS/2 Software-Projekts, das Ende der achtziger und Anfang der neunziger Jahre dazu führte, daß Microsoft boomte und die IBM den größten Einbruch ihrer Geschichte erlebte.

Während Estridge seine Betriebssystem- und Vernetzungsprojekte allein weiterverfolgte, beschäftigte sich Microsoft mit DOS, wie es vertraglich vereinbart worden war. Doch IBM änderte ständig die Meinung darüber, ob man nun ein paar kleine Veränderungen durchführen und dann auf den Markt gehen wollte oder mit einem Betriebssystem höherer Kapazität ganz neu anfangen sollte. Anfang 1984 hatte IBM dann begonnen, die Projektgruppen mit Volldampf arbeiten zu lassen. Bob Markell, ein neuer Software-Experte, arbeitete nun für Estridge und überprüfte – unter dem Druck von ganz oben – dessen gesamte Software-Strategie, einschließlich der Frage, ob man nach wie vor auf Microsoft setzen solle. Weil er die Leute bei Microsoft nicht anlügen wollte, obwohl die Gerüchte, daß er alles auf Herz und Nieren überprüfte, längst bis dorthin durchgesickert waren, hörten er und die IBMler um ihn herum auf, überhaupt mit Microsoft zu kommunizieren. Und das, obwohl Microsoft gerade dabei war, einem Betriebssystem den letzten Schliff zu geben, von dem es überzeugt war, daß IBM es Ende 1984 auf den Markt bringen wollte. Die Tatsache, daß ihre ganze Mühe möglicherweise umsonst gewesen war, ließ die Leute bei Microsoft – von Gates bis hinunter zu den Programmierern – sich fragen, ob die Führungsspitze bei IBM überhaupt noch wußte, was sie tat.

Die Überprüfung dauerte sechs Monate, brachte aber keine neuen Erkenntnisse. Es wurden ein paar Vorschläge unterbreitet, Betriebssysteme unabhängig von Microsoft zu entwickeln, dabei war jedoch immer klar, daß IBM den Weg des geringsten Widerstandes gehen würde. IBM hatte mit Microsoft zusammengearbeitet, und das Betriebssystem, das Microsoft produziert hatte, schien gut zu funktionieren, warum also sollte man etwas daran ändern? Abgesehen davon hatte das Scheitern der IBM-AT-Software-Projekte nicht wenige IBMler dazu gebracht, erst über die Risiken nachzudenken, bevor sie noch einmal versuchten, etwas mit eigenen Mitteln anzugehen. Estridge stand dabei ganz an der Spitze. Denn das Desaster des Betriebssystems der Serie 1 hatte ihn gelehrt, vorsichtiger zu sein.

Ende 1984 hatten Estridge und sein Boß Mike Armstrong beschlossen, das Betriebssystem fallenzulassen, an dem Microsoft die Arbeit fast vollendet hatte, und sich entschieden, eine weitgehendere Überarbeitung von DOS zu beginnen – ein Projekt, das später als OS/2 bekannt wurde. Das sollte es den Benutzern ermöglichen, mehr als ein Programm gleichzeitig laufen zu lassen. Das hätte beispielsweise bedeutet, daß man weiter an einem Brief schreiben konnte, während man einen anderen ausdruckte. Die neue Version sollte auch in der Lage sein, einige der geheimnisvollen DOS-Kommandos vor den Anwendern zu verbergen, die aus manchen der frühen PCs ›Closet Computer‹ gemacht hatten, wie die Leute sagten. So manch verärgerter Kunde hatte seinen PC in einen Abstellraum eingeschlossen und ihn nie wieder rausgeholt.

Für das neue Betriebssystem war jedoch keine Macintosh-ähnliche grafische Benutzeroberfläche vorgesehen, weil Estridge und Armstrong noch nicht von deren Notwendigkeit überzeugt waren. Nach dem Plan von IBM sollte das neue Betriebssystem Mitte bis Ende 1986 herauskommen. Sie hielten das für völlig ausreichend. Ihrer Meinung nach konnten die Kunden dann den AT-Prozessor voll ausnutzen. Immerhin war es bei den Großrechnern üblich gewesen, erst Jahre nach der Einführung einer Mainframe-Produktlinie eine neue Version des Betriebssystems anzubieten. Armstrong hielt den AT für im wahrsten Sinne des Wortes stark genug, mit diesem geplanten Betriebssystem die strategisch wichtigste Maschine des PC-Marktes werden zu können. Er sollte verbessert werden, wann immer bessere Hardware oder Software zu haben war, weil Armstrong davon ausging, daß der AT wie eine Produktlinie der Mainframes sieben Jahre überdauern würde. Statt mit der Lebensdauer von anderthalb Jahren zu rechnen, die PC-Produkte bald nur noch haben sollten, begann er den AT als einen Computer zu sehen, der Jahre um Jahre überstehen würde. Die Außendienstler verkauften ihren Kunden daraufhin Tausende von ATs, indem sie ihnen eines jener Versprechen gegeben hatten, das die IBM dann später unmöglich brechen konnte: daß der AT nämlich während der nächsten Jahre im Mittelpunkt der PC-Strategie stehen würde.

»Ich habe Hunderte von Kunden angerufen«, sagt Armstrong. Er glaubte den Großfirmen versichern zu müssen, daß die Zukunft dieses ›absolut großartigen Basis-ATs‹ gesichert sei, und fügt hinzu: »Einige Leute sagen, ich hätte den falschen Anruf getätigt. Dafür können Sie mich verantwortlich machen.«

Nachdem Armstrong und Estridge nun alles auf die Zukunft des AT gesetzt hatten, begann die Arbeit am Betriebssystem Ende 1984. Doch wegen des bösen Blutes zwischen IBM und Microsoft ging es ziemlich planlos zu. Es wurde gar nicht ernsthaft angefangen, bis Lowe Anfang 1985 auf der Bildfläche erschien, Gates auf den Zahn fühlte und im

Juni desselben Jahres das *Joint Development Agreement* mit Microsoft unterzeichnete. Deshalb wurde bei IBM die Anfang 1983 begonnene Arbeit an einem neuen Betriebssystem erst mehr als zwei Jahre später wiederaufgenommen.

Markell, Estridges erfahrenster Software-Experte, hatte sich bemüht, früher anzufangen, indem er versuchte, einhundert Programmierer von einem dahinvegetierenden Workstation-Projekt namens RT herüberzuholen, das zum PC-Bereich gehörte. Diesen Einfall hatte er Estridge schon deshalb gut verkaufen können, weil der befürchtete, der RT könne ein Flop werden, und deshalb nichts dagegen hatte, die Arbeit daran einzustellen.

Doch als Lowe Anfang 1985 den Job von Estridge übernahm, erinnerte der sich der üblichen IBM-Strategie und sagte, es sei eine weitere Projektgruppe nötig, die sich mit der Situation auseinandersetzte. Die Programmierer blieben also, wo sie waren, während Lowe noch unschlüssig war. Schließlich entschloß er sich zu einem Kompromiß. Er wollte den RT allmählich sterben lassen, weil man sich bei dem schwerlich noch weitere Probleme leisten konnte. Für Markell aber wollte er im Lauf der Zeit immer wieder eine Handvoll Mitarbeiter abziehen. Markell sagt, er hätte nach dem Ende des ersten Vierteljahres an dem Projekt, als er sechzig bis siebzig Leute hätte haben sollen, lediglich fünf gehabt. Das war aber erst der Anfang jener Probleme, die die Geburt des OS/2 so schwierig machen sollten.

Diese letzte Projektgruppe machte Markell außerdem mit einer weiteren Komplikation bekannt. Die Programmierer, die man ihm zugestanden hatte, mußten nämlich in Austin/Texas bleiben, waren also weit entfernt von den beiden Orten, an denen die eigentliche Entwicklungsarbeit stattfinden sollte – Boca Raton/Florida und Redmond/Washington, einem Vorort von Seattle, wohin Microsoft seinen Firmensitz verlegt hatte. Dieser zusätzliche Produktionsort führte zu einem riesigen Durcheinander, das nie richtig entwirrt wurde. Obwohl man in der Computerindustrie bei der Entwicklung von Software durchaus mit kleinen Teams arbeitet, die das Problem unabhängig von anderen angehen, konnte das hier nicht funktionieren, denn am Ende waren es mehr als 1700 Programmierer, die unter zwei verschiedenen Managements arbeiteten. Das Problem war so klar, daß irgend jemand hätte Alarm schlagen müssen – ob nun Lowe, Armstrong, das Management-Komitee oder Gates. Microsoft allerdings war unter allen Umständen darum bemüht, die Geschäftsverbindung zu IBM aufrechtzuerhalten, weshalb die Kreativen bereit waren, jede Entwicklungsstruktur zu akzeptieren, die IBM wollte. Und bei IBM war man schon aufgrund der Geschichte der Großrechner daran gewöhnt, mit großen Entwicklungsteams in verschiedenen Städten, wenn nicht gar verschiedenen Ländern, zu arbeiten.

Dies war einer der Fälle, in dem IBMs Politik, sich immer und überall als gute Staatsbürger zu geben, sich als Fehler erwies. Die IBM wollte ihre Entwicklungsabteilungen und Fabriken über die ganze Welt verteilen und gleichzeitig gute Beziehungen zu den Staaten und Ländern unterhalten, in denen sie sich ansiedelte. Dazu kam, daß IBM aus Angst, eine Stadt zu stark zu dominieren und sie in die Pleite zu stürzen, falls sie Stellen abbauen oder sich ganz würde zurückziehen müssen, nie zu viele Leute an einem Ort beschäftigen wollte. Dieses Vorgehen, obwohl politisch gerechtfertigt, wirkte sich schädlich auf die Entwicklungsarbeit aus, weil die Manager sich daran gewöhnen mußten, mit kleinen Teams zu arbeiten, die über das gesamte IBM-Imperium verteilt waren.

Der zweite Punkt von Bedeutung war der Erfolg von IBM. Sie hatte ein Monopol auf die Betriebssysteme, die benutzt wurden, um die Anwendungsprogramme auf den Großrechnern laufen zu lassen. Dadurch war es möglich, für diese Betriebssysteme jeden Preis zu verlangen, und das machte IBM zur größten und profitabelsten Softwarefirma der Welt. Das führte allerdings dazu, daß die IBMler falsche Schlüsse zogen. Sie nahmen an, dieser Gewinn sei der Qualität ihrer Software zuzuschreiben. Tatsächlich aber waren die guten Umsätze nur darauf zurückzuführen, daß IBM das Monopol hatte. Deshalb brauchte die Firma auch, als sie sich auf einen Markt mit starker Konkurrenz – wie den des PCs – begeben hatte, eine ganze Weile, um festzustellen, daß ihre Entwicklungsprozesse viel zu lange dauerten. Bis zum heutigen Tag gibt es IBMler, die die Software der Firma für großartig halten, und das, obwohl es nicht ein einziges erfolgreiches PC-Software-Produkt von IBM gibt.

Selbst in den letzten paar Jahren neigten IBMler dazu, die Idee, kleine, zusammengeschweißte Teams an einem Ort zu konzentrieren, als eine wichtige Entscheidung ›der da oben‹ zu betrachten. 1984 fanden die IBMler es jedenfalls absolut in Ordnung, daß die Entwicklungsarbeiten an den unterschiedlichsten Orten durchgeführt wurden, so daß niemand sich ernsthaft veranlaßt sah, über das komplizierte Entwicklungsarrangement mit Microsoft nachzudenken.

Die Schwierigkeiten bei der Entwicklung des OS/2 wurden durch die internen Konflikte zwischen den Programmierern von IBM und Microsoft nur noch größer. Und aus den Konflikten wurde sehr schnell ein ausgesprochener Grabenkrieg. Daß viele Leute von Microsoft in Boca Raton einfielen und sich auf ein Problem stürzten, stand in scharfem Gegensatz zur Würde und Ordnung, die in den heiligen Hallen von Boca Raton gewöhnlich herrschten. Die Männer von Microsoft arbeiteten tagelang rund um die Uhr und zogen sich dann in eine Wohnung zurück, die Microsoft angemietet hatte. Dort brachen sie förmlich zusammen und schliefen sich – meist zu sechst in einem Raum – erst einmal aus. Sie zogen sich auch sehr lässig an, um nicht zu sagen nachlässig. Dann spielten sie Frisbee in der Halle des IBM-Gebäudes in Boca Raton. Einmal landete sogar ein Fußball in einem Feuermelder und löste Alarm aus. In den Fluren, die zu den Büros führten, in denen die Microsoft-Programmierer sich eingeigelt hatten, lagen Tüten von irgendwelchen Plätzchen auf dem Boden. Außerdem hatten sie Kaffeemaschinen in ihren Büros installiert, ein offener Affront gegen die IBM-Brandschutzbestimmungen.

Die IBMler hielten die Gruppe aus Redmond/Washington für schmuddelig und undiszipliniert. Ihrer Meinung nach gehörten die Microsoft-Programmierer eher in einen College-Schlafsaal denn in die hehren Büros von IBM. Das schloß Gates und Ballmer durchaus ein, die neuerdings ständig Probleme mit ihren Wagen hatten, wie die Programmierer beschönigend sagten. Die beiden waren einmal getrennt nach

Boca Raton geflogen und hatten je ein Auto gemietet, dann waren sie gemeinsam zum Flughafen zurückgefahren und hatten das zweite Fahrzeug glatt vergessen. Ein paar Wochen später hatte ein führender Angestellter von Avis bei Microsoft angerufen und sich höflich nach dem Schicksal des Wagens erkundigt.

Ein anderes Mal stieß Ballmer in Boca Raton auf einen IBMler, der erzählte, er sei ganz geknickt, weil offenbar immer jemand im Büro sei. Egal wie hart er selbst auch arbeitete, der andere war da, wenn er morgens um fünf kam, und auch noch, wenn er um Mitternacht wieder ging. Der IBMler hatte sich oft gefragt, wer das wohl sein mochte.

»Sehen Sie dieses Auto drüben«, sagte er zu Ballmer und zeigte auf den Parkplatz. »Es steht immer da. Das macht mich noch mal verrückt.«

Ballmer schaute fassungslos hinüber. Ihm wurde bewußt, daß es der Wagen war, den er vor mehr als einem Monat ausgeliehen und vergessen hatte abzuliefern.

»Also da ist er geblieben«, meinte er.

Wirklich kompliziert wurde es aber, als Ballmer versäumt hatte, seinen Führerschein verlängern zu lassen. Deshalb mußte Gates ein Auto für ihn mieten, das Ballmer dann prompt irgendwo abstellte und nicht wiederfand. Als die Verleihfirma diesmal bei Gates anrief, um sich nach dem Verbleib des von ihm entliehenen Wagens zu erkundigen, hatte er keine Ahnung, wo der sein konnte, weil Ballmer ihn ja gefahren hatte. Das wiederum hatte Gates total vergessen. Ein anderes Mal hatte Ballmer auf dem Weg zum Flughafen mit seinem Auto eine Panne gehabt. Aus Zeitmangel hatte er es einfach am Straßenrand stehenlassen, einen Lastwagen angehalten und sich von dem Fahrer mitnehmen lassen.

Gates dagegen ärgerte die IBM-Programmierer mit seiner Angewohnheit, sie grundsätzlich zu übergehen. Wegen der Arbeitsaufteilung und der nicht festgeschriebenen Verantwortlichkeiten war vorher nicht festzulegen, wer bei einem Streit letztlich gewinnen würde. Wenn Gates also mal eine Antwort zu einem Teilbereich des Projekts bekam, die ihm nicht gefiel, pflegte er zu sagen: »Lassen Sie mich mit jemandem reden, der wirklich was zu sagen hat.« Dann eilte er zu dem Software-Experten, der Lowe unmittelbar unterstand, oder direkt zu Lowe. Schließlich überging er sogar den.

Gates gewann so viele Schlachten, daß die IBM-Programmierer meinten, IBM hieße ›Intimidated by Microsoft‹ (Eingeschüchtert von Microsoft). Sie schossen auch gegen ihre Bosse in Somers/New York, wo Lowe und dessen Stab Büros unterhielten. Die Programmierer meinten, die von I. M. Pei gestalteten Glaspyramiden auf den Dächern des Somers-Gebäudes, die sich hoch über die bewaldeten Hügel erhoben und von weither sichtbar sind, hätten schon einen praktischen Wert – sie seien auf die Eierköpfe der Führungskräfte zugeschnitten.

Die IBMler beklagten sich mit einer gewissen Berechtigung, die Microsoft-Programmierer seien wie Cowboys, aufgewachsen in der Frühzeit des Wilden Westens im Personalcomputergeschäftsbereich. Sie sagten, es wäre vielleicht ganz gut, hier ein wenig ›Law and Order‹ einzuführen, endlich mal für Ordnung zu sorgen und ihnen die IBM-Gesetze nahezubringen. Die Microsoft-Programmierer waren nicht unbedingt geneigt, sich an die anerkannten Programmierregeln zu halten. Sie wendeten alle möglichen Tricks an, um die einzelnen Komponenten schneller laufen zu lassen. Dabei war ihnen völlig egal, ob dieser Trick im Regelbuch stand oder nicht. Wenn also jemand ein Anwendungsprogramm schreiben und genau diese Komponente des Betriebssystems verwenden wollte, benutzte er einen Code, der das ganze System zerstörte, weil er keine Ahnung hatte, wie der Trick funktionierte. Es schien ihnen auch völlig egal zu sein, daß jemand, der nach Jahren vielleicht versuchte, das Betriebssystem auf den neuesten Stand zu bringen, davon unter Umständen so verwirrt war, daß er unbeabsichtigt ein totales Chaos anrichtete. Außerdem machte sich die Gruppe von Microsoft kaum einmal die Mühe, ihre Arbeit ordentlich zu dokumentieren.

Einer der Programmierer setzte beispielsweise die Initialen seiner Freunde als *Binder* für die Codesektionen ein, die er geschrieben hatte. Er tat das nur als Erinnerungsstütze für sich selbst, damit er später noch wußte, was die verschiedenen Sektionen bewirken sollten. Er wußte natürlich, was die

Initialen bedeuteten und wie er sie benutzt hatte, allerdings war es ihm ziemlich gleichgültig, wie ein anderer damit umging. Auch mit dem Testen hatten die Programmierer von Microsoft nicht viel im Sinn. Jedenfalls nicht mit der Art von Tests, die bei IBM seit der Frühzeit der Großrechner üblich waren.

Total verärgert reagierten die IBMler, wenn die ›Microsofties‹ nicht bei irgendwelchen Konferenzen auftauchten. Zum einwandfreien Ablauf der Firma gehörte es bei IBM, daß Konferenzen um sieben oder spätestens um acht Uhr morgens begannen. Doch bei den Programmierern von Microsoft konnte es vorkommen, daß sie nicht vor morgens sechs oder sieben ins Bett gekommen waren. Wenn sie jedoch mal zu einer der Morgenkonferenzen auftauchten, dann nur deshalb, weil sie die ganze Nacht nicht geschlafen hatten.

Mark Zbikowski, ein Microsoft-Programmierer, erzählt, die IBMler hätten ihn 1985 und 1986 häufig während ihrer frühmorgendlichen Meetings angerufen und ihm irgendwelche Fragen gestellt. Er pflegte dann zu antworten: »Tut mir leid, ich schlafe« und legte auf.

Die Microsoft-Programmierer empfanden übrigens für die IBMler dieselbe Abneigung. Sie waren der Meinung, die IBMler seien nicht besonders klug. Sie witzelten, IBM stünde für ›Incredible Bunch of Morons‹ (Unglaubliche Ansammlung von Schwachsinnigen) oder ›Install Bigger Machines‹ (Installiert größere Maschinen). Außerdem fanden die Microsofties IBM paranoid. Sie beschwerten sich darüber, daß die IBMler ihnen sogar auf die Toilette folgten, wohl in der Hoffnung, dort irgendwelche Firmengeheimnisse zu hören.

Einige von ihnen erinnern sich da eines besonders bezeichnenden Vorfalls in Boca Raton. Sie hatten gerade den langen Flug von Seattle hinter und ein Mordsproblem vor sich. Nach ihrer Ankunft am Spätnachmittag richteten sie sich mit ihren Computern in einer Cafeteria für die Arbeit ein. Doch dann ließ ihr IBM-›Kindermädchen‹ sie kurz allein, weil er auf die Toilette mußte und sich einen Kaffee holen wollte. Als er zurückkam, waren sie weg. Ein Sicherheitsmann hatte in seiner Abwesenheit festgestellt, daß in der Cafeteria nur ›Nicht-IBMler‹ waren. Und obwohl es in der Cafeteria nun wirklich keine Betriebsgeheimnisse zu entdecken gab, die Microsoft-Programmierer Besucherausweise und eine plausible Geschichte zu erzählen hatten, die leicht nachzuprüfen gewesen wäre, hatte er sie allesamt hinausgeworfen, bevor ihr IBM-Mittelsmann zurückgekommen war. Er hatte darauf bestanden, sie dürften dort nur dann sein, wenn jemand von IBM ein Auge auf sie hatte. Die Microsoft-Leute fanden das so absurd, daß sie ins Microsoft-Apartment gefahren waren und sich schlafen gelegt hatten.

Laut Zbikowski waren auch 1985, Jahre nachdem die Antitrust-Klage abgewiesen worden war, überall IBM-Anwälte. Als er sich einmal mit einem IBM-Kollegen über seine Arbeit unterhalten habe, sei ein Anwalt auf sie zugekommen und habe ihnen erklärt, sie dürften während der Mittagspause nicht über ihren Job sprechen. Ein anderes Mal sei er nach Feierabend mit einem IBMler ein Bier trinken gegangen, und am nächsten Tag habe ein Anwalt alle Programmierer darüber belehrt, daß sie während des Feierabends nicht mit ›Zulieferern‹ ausgehen dürften.

Am nächsten Tag hörte Zbikowski, wie einer der Programmierer ins Telefon brüllte: »Zum Teufel! Was ich in meiner Freizeit tue, ist verdammt noch mal meine Sache.« Doch als dieser Programmierer Zbikowski später zu seiner Super-Bowl-Party einlud, mußte er sich von einem Anwalt sagen lassen, er habe ihn augenblicklich wieder auszuladen. Zbikowski und sein Freund von IBM folgten der Aufforderung, weil sie keinen Ärger haben wollten.

Das Microsoft-Team beklagte sich auch über die Methodik, mit der IBM ans Programmieren ging, weil die jede Art der Kreativität unterdrückte. Das IBM-System wußte Qualität und Schnelligkeit nicht zu schätzen, weil es die Kriterien des Meßverfahrens für zu subjektiv hielt. Das änderte sich erst, als das ganze Projekt wirklich abgeschlossen war. (IBM versuchte sich nach dem Ende eines Projekts auf die Schnelligkeit zu konzentrieren, aber das funktioniert selten. Es ist schwer, einen Roman zu einem kommerziellen Erfolg zu machen, wenn er satzweise von hundert Leuten in hundert verschiedenen Stilarten geschrieben worden ist, denen niemand gesagt hatte, sie sollten von Anfang an ein paar Sexszenen einbauen und sich einer faszinierenden Sprache bedienen.)

Das IBM-System schenkte hauptsächlich der Zeilenanzahl Beachtung, was die Programmierer dazu trieb, ziemlich ineffektive Software zu schreiben. Das ist so, als bezahlte man Autoren für jedes Wort. (Auf diesen Fall angewandt, müßten Sie sich hier durch eine größere Zahl von Wörtern kämpfen, als Sie jetzt lesen.) Große Teile der Software laufen sehr langsam, weil sie den Prozessor des PC überfordern. Das ist mit einem normalen Rasenmäher zu vergleichen, der ganz dickes Gras schneiden müßte. Irgendwann wird man es schaffen, doch es ist ein mühsamer Prozeß. Große Mengen Software verlangen nach Computern mit riesigen Speicherkapazitäten, was sich im Fall des OS/2 als kritischer Punkt erwies, weil Speicherchips Mitte bis Ende der achtziger Jahre, als das OS/2 aktuell war, noch gepfefferte Preise hatten.

Zu den größten Streitigkeiten zwischen den Entwicklern von IBM und Microsoft kam es, als einer der Männer von Microsoft einen IBM-Code nahm, der nach 33 000 Anschlägen verlangte, und ihn in 200 Anschlägen neu schrieb – das war ein Hundertsechzigstel des Originalraums. Das empfanden die IBMler als Unverschämtheit. Andere Microsoft-Experten schrieben dann andere Teile des IBM-Codes neu, um ihn schneller und kleiner zu machen. Das wurde als noch größere Unverschämtheit empfunden. Die IBM-Manager beklagten sich darüber, daß Microsoft nicht den vereinbarten Beitrag geleistet habe, jedenfalls nicht nach ihren Standards. Und da ginge es nun einmal um Zeilen, sagten sie. Microsofts Beitrag sei eigentlich sogar negativ einzustufen, was bedeuten solle: Microsoft hätte IBM für diesen Kondensierungsprozeß eigentlich noch Geld zahlen müssen.

Die Microsoft-Leute wiederum beschwerten sich, weil IBM nicht bereit war, irgend etwas zu ändern, sobald Probleme auftauchten. Die IBMler neigten dazu, die Probleme einfach zu ignorieren. Die Leute von Microsoft meinten, die IBMler vertrauten eher den Overheadfolien, auf denen sie im voraus festgeschrieben hatten, wie die Software zu funktionieren habe, als den Tests am Computer. Das eigentliche Problem war aber wohl der den IBMlern eingebläute Optimismus, den vor allem die Ex-Außendienstler verinnerlicht hatten, die die Firma leiteten, und all jene, die in Vorbereitung auf diese Jobs Stabsstellen innerhalb des Unternehmens übernommen hatten. Diese Außendienstler brachten allen bei, daß alles immer super sein mußte, und das hatte dazu geführt, daß sogar die Leute in der Entwicklungsabteilung, die normalerweise geradeheraus waren, Probleme lieber negierten.

Obwohl es bei IBM einige ausgesprochen scharfsinnige Kräfte in der Entwicklung gibt, beschäftigt die Firma auch eine ganze Reihe von Flaschen – ein weiteres Problem der lange praktizierten Vollbeschäftigungspolitik. Während die meisten Softwarefirmen Mitte der achtziger Jahre Youngster einstellten, die neue Sprachen wie C beherrschten, waren die meisten guten Programmierer bei IBM schon lange im Geschäft und hatten sich ursprünglich auf ältere Sprachen wie Cobol spezialisiert. Sie mußten sich wie jemand fühlen, der perfekt aus dem Englischen ins Französische übersetzt und plötzlich ins Deutsche übertragen soll. Das ist gewiß möglich, wenn man diesem Menschen genügend Zeit läßt, Deutsch zu lernen, dennoch wird er nie so gut sein wie jemand, der mit Deutsch groß geworden ist und die Nuancen der Sprache kennt. Außerdem hatte IBM die Qualität seines Programmiererstabs dadurch untergraben, daß sie die Entwicklungsabteilung quasi als Abstellgleis für Leute aus IBM-Fabriken nutzte, deren Jobs wegrationalisiert worden waren. Das ist, als nähme man einen Fließbandarbeiter von General Motors und verlangte von ihm, Prousts *A la recherche du temps perdu* aus dem Französischen ins Schwedische zu übersetzen. Selbst wenn dieser Mensch zu den Intelligentesten auf der ganzen Welt gehört, wäre das verdammt schwierig für ihn.

Das Zusammentreffen mit diesen neuen oder erst wieder neu ausgebildeten Programmierern bei IBM schockierte Leute wie Zbikowski, den Programmierer von Microsoft, den die IBMler so häufig morgens mit Anrufen weckten. Er war eben ein typischer Vertreter jener Microsoft-Programmierer, die 1985 und 1986 nach Boca Raton geschickt wurden und dem Gates-Ballmer-Modell des konkurrenzbewußten Intellektuellen entsprachen. Ballmer kannte er schon seit seinem 13. Lebensjahr. Damals hatten sie sich in einem Mathe-Leistungskurs kennengelernt. Im Gegensatz zu den IBM-Programmierern, die vorher andere Jobs in der Firma gehabt hatten oder die neuen Computersprachen erst nachträglich hatten lernen müssen, war Zbikowski seit seinem Studium an der Harvard-Universität mit den neuesten Computersprachen vertraut. Genauso wie Baseballspieler, von denen man sagt, sie brächten mit 28 oder 29 Jahren ihre größten Leistungen, brachte auch Zbikowski mit Ende Zwanzig seine optimale Leistung. Er war lange genug im Geschäft, um die Regeln zu kennen, aber noch nicht so lange, daß seine Kenntnisse überholt gewesen wären. Die Vorgehensweise bei IBM war ihm ziemlich egal – er verstand nicht einmal, worum es sich da handelte –, ihm ging es nur um die Herausforderung, gute Software zu entwickeln. Außerdem war es ihm wichtig, schnell wieder nach Hause zu kommen. Und er hielt das Schneckentempo bei IBM dafür verantwortlich, daß er wochenlang in Boca Raton bleiben mußte. Das ärgerte ihn, weil er und seine Frau, die in Seattle geblieben war, sich bald ein Kind wünschten.

»Microsofts Beschäftigungsmodell heißt ›nur gute Leute‹«, sagt Ed Iacobucci, der damals bei IBM Entwicklungsmanager für das OS/2-Projekt war. »Wer nicht gut genug ist, bleibt nicht. IBM dagegen hat eher ein ›masses of asses‹-Programm.«

Die Microsoft-Programmierer wurden rebellisch, beschwerten sich 1985 und 1986 immer wieder bei Gates und Ballmer, daß IBM einfach zu dämlich sei, als daß man Geschäfte mit ihr machen könne. Gates und Ballmer hielten allerdings an ihrem Vorhaben fest, die Geschäftsverbindung zu IBM unter allen Umständen aufrechtzuerhalten. Deshalb prägten die Programmierer für ihr Führungsteam den Begriff *Bogu,* den sie jedesmal gebrauchten, wenn die beiden sich auf eine Konferenz bei IBM vorbereiteten. *Bogu* stand für »bend over and grease up« – eine Anspielung auf Menschen, die sich auf Analverkehr einlassen, obwohl sie das eigentlich gar nicht wollen. Schließlich wurde der Begriff aber hauptsächlich auf Ballmer zugeschnitten. Nun hieß es »bend over and grease up, Steve«.

»Steve (Ballmer) tat wirklich alles, um uns alle glauben zu machen, die IBM-Programmierer seien genauso wie wir. Sie trügen nur Anzüge«, sagt Gordon Letwin, ein leitender Microsoft-Programmierer, für den schon sehr früh feststand, daß er nie wieder mit IBM würde arbeiten können. »Ich hielt das für die völlig falsche Einstellung. Das war ja so, als hätten die USA ihren Soldaten im Zweiten Weltkrieg gesagt, sie seien genauso wie die Nazi-Soldaten, trügen nur andere Uniformen. Und das, obwohl die Nazis diese schrecklichen Kriegsverbrechen begingen (in ihren Konzentrationslagern).«

Im zweiten Halbjahr 1986 standen dann plötzlich noch die Clones zwischen IBM und Microsoft. Den Clonern war es gelungen, an die Intel-Prozessor-Chips heranzukommen, die das Herz des AT von IBM bildeten, und IBM war wieder einmal zu langsam, um ihnen mit einem neuen Trick zu begegnen. Obwohl IBM noch nicht die geringste Ahnung von dem schwerwiegenden Problem hatte, war klar, daß sie in den Clonern Gegner sah – und in jedem, der half, die Clones herzustellen. Microsoft gehörte dazu. In der Frühzeit des PC war Microsoft von IBM noch so eingeschüchtert gewesen, daß Gates – von Hitachi auf die Möglichkeit angesprochen, gemeinsam einen Clone zu entwickeln – denen behutsam beibrachte, es sei besser, ein anderes System zu entwickeln. Doch Gates, der bei seinen Verhandlungen mit IBM weit vorausschauend prognostiziert hatte, daß er DOS an jeden Kunden verkaufen dürfe, war jetzt nur zu gern bereit, jedem PC-Hersteller zu helfen und ihm zu versichern, daß dasselbe DOS-Betriebssystem, das auf IBM-Computern lief, auch auf ihren laufen könne.

Die Spannung wuchs, und IBM suchte immer noch nach Wegen für eine Trennung von Microsoft. Zum Beispiel entwickelte ein leitender IBM-Informatiker 1985 den Plan, ein Betriebssystem für die Hardware der AT-Generation aufzugeben. Das war das Ziel, das sich Lowe und Gates gemeinsam vorgenommen hatten – und sich statt dessen mit einem

Betriebssystem für den Intel-Chip der nächsten Generation (80386 genannt) zu beschäftigen.

Das schien Lowe zu riskant. (Dabei hätte ein Plan wie der dieses Informatikers Erfolg haben können. Ein eigenes PC-Betriebssystem ganz allein zu entwickeln, hätte aber natürlich bedeutet, daß IBM überhaupt in der Lage war, ein akzeptables zu produzieren – eine Fähigkeit, die IBM freilich bis heute nicht unter Beweis gestellt hat. Doch hätte man – wie Estridge – das Vorhaben gestartet, ohne sich an die Regeln für Software-Entwicklung halten zu müssen und einfach etwas zusammengeschustert, hätte es funktionieren können. Aber selbst wenn das nicht gelungen wäre, hätte jemand, der sich an neuen Dingen versucht und auch einmal über die IBM-Grenzen schaut, um festzustellen, wie der Rest der PC-Welt mit Software umgeht, auch die Fehler erkannt, die IBM mit Betriebssystemen machte, bevor ihr klar war, daß es da überhaupt Probleme gab. So jedoch vollzog IBM bis 1991 – sechs Jahre nach dem Vorschlag des Informatikers – keine grundlegenden Veränderungen.) Gerüchte über den Plan des Informatikers und die anderen Versuche IBMs, sich von Microsoft zu distanzieren, drangen allerdings grundsätzlich bis nach Redmond/Washington vor, und jedesmal schaukelte Gates ein bißchen hektischer vor und zurück als üblich.

Gates ging in die Offensive, indem er Windows gegen IBMs TopView einsetzte sowie gegen das im Anfangsstadium befindliche OS/2 und die Systeme aller anderen Wettbewerber. Er brauchte für Windows allerdings die Unterstützung von IBM. Denn obwohl es ihm Ende 1985 endlich gelungen war, es auf den Markt zu bringen, schien es nicht so recht zu laufen. Das Produkt kam so spät, daß einige Typen aus der Branche im Herbst bei der Comdex-Messe in Las Vegas nur noch darüber Witze rissen. Sie heizten Gates ganz gehörig ein. Einer spottete sogar, der kahlköpfige Ballmer habe noch sein ganzes Haupthaar gehabt, als Microsoft mit dem Projekt angefangen hätte. Gates sagte sich deshalb, Windows könne nur von dem Werbeschub profitieren, den IBM geben mußte. Bei DOS hatte es ja schließlich auch funktioniert. Deshalb schickte er Briefe an IBM, hielt Vorträge bei IBM und rief Leute bei IBM an, um allen einzuhämmern, Windows könne eine großartige Oberfläche für seine fantastische neue Version von DOS sein, die bald fertig sei. Ende 1985 ließ die Spannung schließlich etwas nach. IBM hatte zumindest ein Fünkchen Interesse gezeigt.

Anfang 1986 konnte Gates Lowe und Armstrong endlich die Wichtigkeit dieses ›gooey-Zeugs‹ klarmachen. ›Gooey‹ wurde gesagt, wenn sie *gui* meinten, was für ›graphical user interface‹ steht. Lowe und Armstrong war zwar nicht bewußt, wie schnell die PC-Welt auf grafische Benutzeroberflächen zusteuerte, sie ärgerten sich aber derartig über die Cloner, daß sie nach Wegen suchten, ihrem eigenen PC einen besonderen Anstrich zu geben. Sie teilten Gates mit, er mögen ihnen etwas von diesem ›gooey-Zeug‹ geben.

Doch natürlich war die Sache nicht ganz so einfach. IBM hatte sich öffentlich verpflichtet, TopView bereitzuhalten, konnte also das Produkt nicht einfach sterben lassen, auch wenn damals schon feststand, daß es sich um einen Flop handelte. Lowes Software-Experten bestanden darauf, daß Windows überarbeitet werden müsse, damit man auch Programme darüber laufen lassen könne, die für TopView geschrieben worden waren. Das war etwa so, als hätte man den Laser eines CD-Players so ummodeln wollen, daß man Platten damit abspielen konnte. Doch das war den Herren völlig egal. IBM und Microsoft vertrauten einander zu diesem Zeitpunkt so wenig, daß IBM Microsoft nicht einmal dabei half, aus TopView klug zu werden, und Microsoft überhaupt nicht daran dachte, IBM irgendwelche Rechte abzukaufen.

Als ein IBMler im Scherz sagte, Microsoft könne sich ja einen TopView-Clone kaufen, ging Ballmer hin und tat's. Er gab drei Millionen Dollar für eine kleine Firma aus, die einen TopView-Clone namens Mondrian baute. Selbst das erwies sich für Microsoft noch als Glücksfall. Denn obwohl nach ein paar Monaten keiner mehr von TopView oder seinen Clones redete, Microsoft also die drei Millionen abschreiben mußte, die es dafür ausgegeben hatte, bekleiden einige jener Leute, die diese kleine Firma beschäftigte, inzwischen hohe Posten bei Microsoft. Und unter denen, so sagt Gates, seien die besten, die sie je eingestellt hätten.

Kaum hatte Microsoft mit dem Versuch begonnen, Top-View mit Windows zu kombinieren, änderte sich bei IBM wieder einmal die Besetzungsliste, denn nun tauchte der Software-Experte Ed Kfoury auf. Wenige Wochen nachdem Gates eine vorläufige ›Duldung‹ für Windows durchgesetzt hatte, die die Unstimmigkeiten zwischen IBM und Microsoft hätte beheben können, die IBM so viel Geld kosten sollten, änderte sich die Position von IBM erneut.

Kfoury ist eigentlich ein umgänglicher Mensch, der ständig Seglergeschichten erzählt oder von anderen Abenteuern berichtet, die nichts mit IBM zu tun haben. Er ist klein, kugelrund und kahlköpfig, lacht prustend, und seine Stimme ist so rauh, daß er lebhaft an den von Bob Hoskins gespielten Cockney-Detective aus den *Roger Rabbit*-Filmen erinnert.

Gates und Ballmer mochten Kfoury, als sie ihm Anfang 1986 bei einem Mittagessen in einer Suite im obersten Stock des La Reserve Hotels zum ersten Mal begegneten. Das La Reserve ist ein sehr feines Etablissement in White Plains, von dem aus man einen tollen Blick über die sanft geschwungenen Hügel hat, auf denen sich die Schlafstädte des nördlichen New York angesiedelt haben. Der Haken war, daß Kfoury – wie viele der Topleute, die jetzt durch die PC-Abteilung geschleust werden – von ›Big Iron‹ kam, den Großrechnern. Als er all dieses Gerede über Grafiken hörte, dachte er deshalb gleich an seine Freunde im englischen Hursley, die Grafiken für die Großrechner entwickelten. Und da er zu jenem Hoheitsdenken erzogen worden war, das IBM-typisch ist, glaubte er, sie besäßen alle Grafiken, die IBM produzierte. Plötzlich stellte Microsoft fest, daß Windows möglicherweise nicht als Oberfläche für IBMs und Microsofts neues OS/2-Betriebssystem benutzt werden sollte. Gates und Ballmer sahen sich, als es um das Recht ging, die grafische Benutzeroberfläche zu entwickeln, nun der Konkurrenz aus Hursley gegenüber.

Gates und Ballmer waren Anfang 1986 wegen einiger technischer Einzelheiten hinter Kfoury her und bekamen nach einigen Wochen – wie Ballmer sagt, ›mündlich den Zuschlag‹ – die Zusage, sie hätten das Rennen gewonnen und dürften die Oberfläche für das OS/2 entwickeln. Doch dann war Hanrahan – der mit den purpurnen Pinien – als Software-Manager auf der Szene erschienen, und die Position von IBM änderte sich erneut. Hanrahan, ebenfalls ein Mainframe-Typ, begab sich daran, Gates und Ballmer so gründlich in die Mangel zu nehmen, daß sie trotz des eiskalten Windes vor seinem Büro in White Plains hin und her gerannt waren, um sich abzureagieren. Mehr als jeder andere hinterfragte er, ob IBM sich überhaupt mit Microsoft herumschlagen sollte.

Gates mußte handeln, wirklich versuchen, sich und seine Firma gut zu verkaufen – mehr Reisen nach White Plains, mehr Briefe, mehr Anrufe. Nach einigen Wochen sagte sich Hanrahan schließlich, daß zumindest er nicht derjenige sein würde, der Microsoft auf die Straße setzte. Kfoury aber hielt es für erforderlich, Teile des *Joint Development Agreements* neu zu verhandeln, obwohl es noch keine neun Monate alt war. Lowe war nämlich endlich klargeworden, daß die Clones eine weit wichtigere Rolle spielten, als er anfangs angenommen hatte. Deshalb wollte Kfoury den Punkt neu fassen, in dem es um die Lizenzeinnahmen ging, um so ein größeres Stück vom Kuchen für IBM herauszuholen.

Gates explodierte. Warum, so wollte er wissen, zündete IBM bei einer ohnehin schon angespannten Beziehung eine solche Bombe? Und wie sollte er es da noch schaffen, ein derart kompliziertes Betriebssystem weiterzuentwickeln?

Kfoury blieb hart. Er verzögerte und behinderte das gemeinsame Entwicklungsprojekt, bis Gates in der Lizenzfrage nachgab. Aber Gates, dem durchaus bewußt war, daß er dabei am längeren Hebel saß, hatte es nicht eilig, klein beizugeben.

So kam es, daß IBM im Frühjahr 1986 – zum dritten Mal seit 1980 – Projektgruppen für ihre Betriebssystem-Strategie zusammenstellte und die Beziehung zwischen IBM und Microsoft in einem ›Schwarzen Loch‹ verschwand, wie man bei Microsoft sagte. Monatelang hörte man in Seattle überhaupt nichts von IBM. Daß Microsoft in dieser Phase an die Börse ging, was Gates, Ballmer und einige andere Führungskräfte bei Microsoft reicher machte, als es sich die Führungselite bei IBM je hätte vorstellen können, erwies sich da auch nicht gerade als hilfreich. Gates allein verdiente an dem Tag, als die Aktien erstmals öffentlich gehandelt wurden, 311 Millionen Dollar, und an jedem weiteren Tag wurden es mehr und mehr. Selbst weniger hochrangige Leute wurden sehr wohlhabend, und sie stellten ihr Glück zur Schau, indem sie Buttons trugen, auf denen FYIFV stand – das hieß »Fuck you, I'm fully vested« (»Fuck you, das steht mir zu«). Die IBM-Führungsmannschaft konnte das nicht begreifen. Die Herren waren überzeugt, wichtiger zu sein als irgend jemand von dieser kleinen Firma im äußersten Nordwesten. Manche IBMler meinten sogar, sie hätten Microsoft ja eigentlich ›erschaffen‹, und fragten sich, warum sie nicht ebenfalls so reich geworden waren. Sie wußten eben nicht, daß es nicht ausreichte, intelligent zu sein, ein großes Büro bei IBM zu haben, hart zu arbeiten und sich immer an die Regeln zu halten. Sie wußten nicht, daß der einzige Weg zum Reichtum mit der Bereitschaft verknüpft ist, auch einmal Risiken einzugehen, wie von Gates und seinen Mitstreitern vorexerziert.

Zu dem größten Problem dieser Beziehung aber kam es erst, als Earl Wheeler im Jahr 1986 an Einfluß gewann. Wheeler, ein weiterer Software-Experte von ›Big Iron‹, der für den multimillionendollarschweren Software-Bereich zuständig war, hatte mit dem PC eigentlich direkt nichts zu tun. Ihm unterstand ein eigener Unternehmensbereich, der dem des PC in der Firmenstruktur absolut ebenbürtig war. Doch Wheeler hatte großen Einfluß und versuchte, einen Weg zu finden, ihn auf den PC-Sektor auszudehnen, den IBMler als fast sinnbildliche Vision der Zukunft der Software- und Hardware-Entwicklung betrachteten.

Diese Vision wurde aufgrund einer provokativen Anzeige harte Realität. Der verhaßte Rivale Digital Equipment hatte sie geschaltet. In ihr hieß es: »Digital hat es jetzt (schon)!« Das war Digitals Art zu erklären, daß es leicht war, seine Maschinen untereinander kommunizieren zu lassen, wogegen es bekanntermaßen schon schwierig war, IBM-Anlagen mit anderen IBM-Typen zu vernetzen. IBM, so hieß es in den Anzeigen weiter, rede zwar viel über Vernetzungsfähigkeiten für ihre Computer, doch »Digital hat es jetzt!«

Als die IBM ihre Großkunden zu einem Kongreß in Orlando/Florida zusammentrommelte, um ihre Produktpläne darzulegen, schaltete DEC jeden Tag Doppelseiten in der örtlichen Zeitung, die herausschrien: »Digital hat es jetzt!« IBM war stocksauer, aber Wheeler glaubte eine Lösung zu haben.

Der farblose Wheeler wirkt wie die Karikatur einer IBM-Führungspersönlichkeit. Er ist groß und hält sich immer so gerade, wie man es ihm während der fünfziger Jahre in der Luftwaffe eingebleut hatte. Bei Konferenzen verhält er sich wie ein Gentleman, aber äußerst kühl. Er ist sehr fordernd. Einige Leute aus seinem Stab nennen ihn ›Earl Will‹. Mehr als jeder andere IBM-Boß benutzt er den Code der firmeninternen Abkürzungen mit den drei Buchstaben. Wenn er sich mit Außenseitern unterhält, zumindest mit solchen, die kein Informatik-Diplom haben, braucht er einen Dolmetscher. Und er hat wenig Sinn für Humor. Als er einmal von einem *Business Week*-Reporter interviewt wurde, redete er sich geradezu in eine Euphorie hinein, als er ihm ein keines Stück Software beschreiben wollte, das wie der Rüssel eines Staubsaugers alle möglichen Daten in den Großrechner ziehen sollte. Der Reporter von *Business Week*, ein kluger Junge, wandte daraufhin ein: »Earl, ich glaube, Ihre Analogie hat sich festgesaugt.« Alle am Tisch brachen in lautes Lachen aus – alle, außer Wheeler. Der bekam einen roten Kopf und fragte, ob er irgend etwas falsch gemacht hätte.

Wheeler war Mitte der fünfziger Jahre als junger Ingenieur zu IBM gekommen. Bei der Luftwaffe, in der er danach zwei Jahre lang diente, um eine ROTC-Obligation zu erfüllen, hatte er tatsächlich einige Programmierfähigkeiten erworben. Wieder zurück bei IBM, erntete er seine ersten Lorbeeren, nachdem er einen schnellen, wenn auch nicht ganz legitimen Weg gefunden hatte, ein größeres Softwarestück fertigzustellen, an dem andere gescheitert waren. Wheelers Software, so stellte sich allerdings schnell heraus, war sogar für den Geschmack der IBM-Außendienstler zu langsam, die sonst eigentlich ganz gern langsame Software verkauften, weil dann die Kunden nämlich mehr Großrechner brauchten. Die Software mußte deshalb noch einmal überarbeitet werden.

Aber Wheeler war ja bereits angenehm aufgefallen und hatte sich längst seinem nächsten Projekt zugewandt. Das war, wie sich zeigte, die 360er Großrechner-Linie, die Tom Watson jun. Mitte der sechziger Jahre herausbrachte und die IBM für Jahrzehnte im Geld schwimmen ließ. Obwohl das Betriebssystem für den 360er so spät kam, daß Watson glaubte, die Firma ginge bald vor die Hunde, war Wheeler zu jenem Zeitpunkt noch nicht lange genug dabei, daß man ihm den Schwarzen Peter hätte zuschieben können. Daraufhin arbeitete er sich langsam die Karriereleiter hinauf, fast so, wie es ein Politiker anstellen würde. Er schuftete hart, und wann immer es in der Forschung oder der Software-Abteilung einen verantwortungsvollen Posten zu besetzen galt, nahm er Einfluß auf Entscheidungen. Zum Beispiel bei der Ernennung Hanrahans zum Vizepräsidenten für Software in der PC-Abteilung. So kam es, daß er nach seiner Berufung zum Leiter der Software-Operation bei IBM über ein ganzes Netzwerk von wichtigen Mitarbeitern verfügte, die sich ihm verpflichtet fühlten, und zwar nicht nur im großen Software-Unternehmensbereich, sondern auch in den Entwicklungslabors der anderen Abteilungen. Bei den Großrechnern, den Kleinrechneranlagen, den Personalcomputern, den Kommunikationsgeräten – überall saßen Wheelers Leute. Auf die Außendienstler, die überall da waren, wo IBM ihre Geschäfte abwickelte, hatte er allerdings kaum Einfluß. Auch in der Firmenzentrale hatte er niemanden, der sich ihm hätte verpflichtet fühlen müssen. Doch selbst bei den Verkäufern und den Firmenbossen hatte er aus einem Grund Eindruck gemacht, den niemand verstehen kann, der einmal erlebt hat, wie stümperhaft seine Ansprachen sind – er schwadroniert endlos und vergißt keine noch so winzige Kleinigkeit der guten Seiten von CICS, LU6.2 oder MVS/ESA zu erwähnen.

Bei IBM wurde er dennoch als guter Redner gerühmt, weil er in der Lage war, komplizierte Sachverhalte auf wenige Punkte zu minimieren. In einer Firma, die von Außendienstlern geleitet wird, die für technische Feinheiten kein Auge haben und relativ simple Erklärungen brauchten, war diese Fähigkeit unglaublich wichtig, auch wenn es keine Garantie dafür gab, daß Wheeler die richtigen Einzelheiten herauskristallisiert hatte, und seine Bosse schließlich keine Möglichkeit fanden, das zu überprüfen.

Über den Software-Unternehmensbereich hatte Wheeler so viel persönliche Autorität aufgebaut, daß er es sich leisten konnte, direkter zu sein als die meisten IBM-Spitzenmanager. Einer seiner ehemaligen Kollegen sagt, Wheeler habe, als er ein Projekt vorantrieb, aus dem der 8100 Großrechner hervorging, alles getan, um jede Art von Konkurrenz auszuschalten. Er, noch nicht so lange in der Firma wie Wheeler und deshalb weit unerfahrener, sei beispielsweise mal mit einem prall gefüllten Aktenordner mit technischen Informationen eines rivalisierenden Projekts zu ihm gegangen, woraufhin Wheeler die Herausgabe des Ordners verlangt, ihn aber nie zurückgegeben habe. Wenn ihm Softwareprojekte vorgetragen wurden, die nicht seinen Vorstellungen entsprachen, gab er sich nicht damit zufrieden, nur hinter den Kulissen zu agieren, um sie zu verhindern. Er sagte dem Betreffenden offen ins Gesicht: »Nein, das werde ich nicht zulassen.« Ende der Diskussion.

Um gegen die Anzeigen von Digital anzugehen, hatte er die Dinge so weit vereinfacht, daß er argumentieren konnte, man könne das Problem lösen, das IBM mit der Vernetzung hatte, indem man eine Software in ein IBM-Betriebssystem installiere und den Prozeß des Softwareschreibens regele – eine großartige Idee, wenn er sie verwirklichen konnte.

Wheeler hatte das Problem aber im falschen Punkt versimpelt. Einmal lag das daran, daß er die Welt typischerweise nur aus IBM-Sicht gesehen hatte. Er lief rum und suchte nach Wegen, IBM-Computer über Standleitungen miteinander zu verbinden, ohne zu berücksichtigen, daß sich die Kunden weitaus mehr wünschten. Sie wollten ihre IBM-Computer mit Digital-Computern verbinden, mit Hewlett-Packard-Computern, mit ihren Sun-Work-Stations und so weiter.

Als die Kunden 1986 zum erstenmal gebeten wurden, an einer Planungssitzung des höheren IBM-Managements teilzunehmen, wurde ein Dia einer riesigen Computerabteilung gezeigt. Fast alle Schlüsselpositionen waren dabei von IBM-

Geräten besetzt, kontrollierten das Netz. Im Netz aber sah man auch alle möglichen Geräte, die nicht von IBM stammten. Der Firmenboß erklärte den IBMlern, er habe vor, das alles miteinander zu vernetzen – mit IBM oder ohne, lieber allerdings mit IBM. Die Anwesenden im Raum unterhielten sich anschließend darüber. Offenbar hatten alle gerade erst gemerkt, daß es sogar bei den IBM-Großkunden eine Menge Geräte gab, die nicht bei IBM gekauft worden waren. Und die IBM mußte sich dieser Tatsache endlich stellen. Man brauchte allerdings lange, sich an den Gedanken zu gewöhnen, daß IBM tatsächlich mithelfen sollte, fremde Geräte mit eigenen Maschinen zu verbinden. Besonders lange währte es bei den Vertretern der alten Garde, zu denen Wheeler gehörte.

Statt sich nur auf ein internes Problem zu konzentrieren, hätte Wheeler daran arbeiten müssen, einen neuen Industriestandard zu entwickeln, um Computer kompatibel zu machen.

Außerdem war der von Wheeler verfolgte Plan dazu angetan, zukunftsorientierte Entwicklungsprojekte zu Fall zu bringen, denn er zwang IBM-Geräte auf den niedrigsten gemeinsamen Nenner. Selbst wenn die IBM-Hardware einmal so konstruiert gewesen wäre, daß Programmierer den kurzen Weg nehmen konnten, wenn sie Software dafür schrieben, verlangte Wheelers Entwurf, daß die Leute den langen Weg nahmen – weil andere Hardware diesen kurzen Weg nämlich möglicherweise nicht zuließ, und Wheeler wollte die Softwareschreibtechniken schließlich auf allen Systemen identisch haben. Der Plan mußte alle umfassen, weshalb Wheelers Mitarbeiter gezwungen waren, sich mit veralteten Technologien herumzuschlagen, beispielsweise mit den ›dummen‹ Terminals, die Großrechnerkunden zu benutzen pflegten. Dabei hielt er es für unerheblich, daß diese Terminals sehr schnell von der Bildfläche verschwinden würden und sein eigentliches Vorhaben erheblich schnellere Kommunikation und leistungsfähigere Software zugelassen hätte, wenn man sie neueren, auf PCs ausgerichteten Technologien hätte anpassen können.

Wheelers Projekt – Systems Application Architecture genannt oder abgekürzt SAA – umzusetzen dauerte auch viel zu lange. Er hatte die Idee 1985 ausgebrütet, brauchte aber dann zunächst ein Jahr, sie intern zu verkaufen, und ein weiteres, um sie fertig zu formulieren. Als sie 1987 veröffentlicht wurde, handelte es sich lediglich um ein Versprechen, ein paar Dokumente mit Spezifikationen darüber anzubieten, wie Software entwickelt werden könnte. Die Dokumente wiederum waren erst ein Jahr später fertig. Es dauerte drei weitere Jahre, bis zusätzlich zentimeterdicke Entwicklungsmanuals in grauen Ordnern herausgebracht worden waren.

Inzwischen sind viele der Manuals fertiggestellt worden, doch die Welt hat sich stark verändert seit der Zeit, da Wheeler damals angefangen hatte. Die Kunden haben IBM vorgeführt, daß sie die Computerindustrie nicht länger als ihr ureigenes Feld ansehen konnte, sondern sich den Branchenstandards anpassen mußte, wonach Maschinen nur dann eine Chance haben, wenn man sie miteinander koppeln kann. Die dogmatische Haltung, die durch SAA manifestiert wurde, hat dazu geführt, daß einige Entwicklungsprojekte, wie das IBM-Microsoft OS/2-Vorhaben, mehr oder weniger auf der Strecke blieben. Den eigentlichen Grund für SAA – Digital und seine frechen Anzeigen – gibt es schon lange nicht mehr. Aber 1986 vermochte niemand Wheeler das begreiflich zu machen. Er hatte soviel Einfluß, daß man ihn als den 800-Pfund-Gorilla des Unternehmens bezeichnete, der jeden ausstechen konnte, wenn er nur wollte.

Wheeler nutzte seine Macht sogar, um TopView sterben zu lassen, obwohl es erst 1984 als strategisch wichtig erklärt worden war und IBM es haßte, Versprechen zu brechen. Wheeler war der Meinung, SAA trüge dazu bei, die Welt ›gooey‹ zu machen – mit Benutzeroberflächen, die in etwa der grafischen Methode des Macintosh ähnelten –, weshalb TopView mit seinen Textmenüs nicht mehr gut genug sei. TopView sterben zu lassen war zwar ein kluger Schachzug, aber Wheeler schleppte dennoch zuviel Ballast mit in die Welt der grafischen Benutzeroberflächen. Er wollte die Weiterbenutzung all der ›dummen‹ Terminals ermöglichen, die die Kunden benutzten, und glaubte SAA so gestalten zu müssen, daß sie es trotz ihrer limitierten Möglichkeiten nutzen konnten, mit Grafiken umzugehen. So verfügte Wheeler, daß Microsoft und sein Windows wieder einmal draußen waren und die IBMler aus Hursley seit Mitte 1986 wieder drin.

Gates meinte irgendwann, daß er ein Problem hatte. Er erkannte zwar nicht gleich, wie ernst es war, begann aber in seiner üblichen Art augenblicklich wieder aktiv zu werden und seine Ideen zu verkaufen. Er schrieb Briefe an Lowe und jeden anderen, der ihm einfiel, erklärte, Windows sei die Möglichkeit für eine grafische Benutzeroberfläche, und erinnerte daran, daß IBM und Microsoft schließlich gemeinsam die Branche geprägt hätten und IBM deshalb nichts tun dürfe, was den gemeinsamen Erfolg gefährden könne.

Dann war Gates eine kleine Pause vergönnt. John F. Akers, der Vorstandsvorsitzende, erklärte einer Gruppe von Wertpapieranalytikern, er werde aus der PC-Industrie aussteigen, wenn sie zu einem reinen ›Rohstoff‹-Geschäft verkäme. Akers meinte eines, in dem es nicht mehr möglich wäre, das technologische Können von IBM einzusetzen, um ihre Produkte von denen der Konkurrenz unterscheiden zu können, und in dem die Hersteller in erster Linie dadurch wetteiferten, daß sie die Preise senkten.

Der stets opportunistische Gates schrieb einen Brief an Akers, in dem er erklärte, so weit müsse es nicht kommen, wenn IBM ihre Kenntnisse auf dem Gebiet der Halbleitertechnologie nutzte und in ihren Werken in Burlington/Vermont und Fishkill/New York Chips produziere, die sich von denen unterschieden, die Intel den Clonern zur Verfügung stelle. Außerdem müsse die Firma möglichst schnell Verbesserungen bei den Betriebssystemen durchführen, um die Vorteile der speziellen Leistungsmerkmale zu nutzen, mit denen IBM diese Chips ausstatten könnte. Gates bot Akers an, in einem persönlichen Gespräch detailliert zu erklären, was er meinte. Akers mochte Gates, ganz besonders zu Beginn ihrer Bekanntschaft. Er hatte Gates auch gefragt, ob er nicht Nachfolger seiner Mutter im Vorstand des *United Way* werden wolle, und Akers hatte ihm dann den Sitz verschafft.

Deshalb stimmte Akers zu, Gates zum Mittagessen zu treffen.

Das zwang Lowe zu handeln. Es war eine Sache, wenn IBM die Leute davon abhielt, mit Gates über das IBM-Microsoft-Entwicklungsprojekt zu sprechen, aber eine ganz andere, wenn Gates in dem Glauben mit dem IBM-Vorstandsvorsitzenden zu Mittag aß, die Verbindung würde fortgesetzt, wenn sie tatsächlich so gut wie beendet war. Deshalb lud Lowe Gates am Vortag seines Lunchs mit Akers Anfang Juli 1986 zu einem Treffen ein.

Das Treffen mit Lowe war einer der kritischsten Momente in der Beziehung IBM-Microsoft. Gates und Ballmer trafen Lowe im IBM-Hauptgebäude in White Plains. Das Haus war typisch IBM: ein flacher Betonklotz mitten in der Stadt. Lowe hatte diesen Standort für das PC-Hauptquartier gewählt, weil die Firmenzentrale in Armonk nur ein paar Meilen entfernt lag – als einen Versuch, die PC-Abteilung mit dem Rest des Unternehmens im Gleichschritt marschieren zu lassen. Dieses Gebäude beherbergte so viele Menschen, daß einige von einem Massenauflauf sprachen, als sich einmal die etwa tausend Beschäftigten bei einer Feuerwehrübung allesamt draußen in der Kälte wiederfanden. All diese Typen in ihren blauen Anzügen und weißen Hemden, die wußten, daß sie auf dem Weg zur Karriere auf der Überholspur waren, weil sie im Hauptquartier arbeiteten, standen nun da, starrten einander verwundert an und fragten sich, wer wohl all diese anderen Kerle sein mochten.

Gates und Ballmer betraten einen bescheidenen Konferenzraum mit hellem Pinienfurnier, der direkt neben Lowes Büro lag. Lowe, von ein paar Assistenten begleitet, brauchte anderthalb Stunden, um zu erklären, was Wheelers SAA-Plan vorsah: daß man nämlich auf der ganzen IBM-Produktlinie die Grafik-Methode von Hursley benutzen müsse und es unrealistisch sei, diese Methode mit Windows koppeln zu wollen. Lowe legte die vernichtende Konsequenz daraus in dürren Worten dar: Microsoft hatte den Auftrag für die grafische Benutzeroberfläche verloren, die den Anwender mit dem interagieren lassen würde, was jeder im Raum als die nächste Generation der PC-Betriebssysteme betrachtete.

Microsoft, so sagte er, könne allerdings an dem Grundbetriebssystem Akkordarbeit leisten. Doch von den wichtigen, wirklich innovativen Teilen des neuen Systems sei es ausgeschlossen. Dazu käme, daß IBM die Sache zum ersten Mal allein angehen wolle, was bedeute, daß Microsoft vermutlich nicht wieder herangezogen werde.

Lowe unterbrach die Konferenz, um Gates eine Chance zu geben, über eine mögliche Reaktion nachzudenken.

John Sabol, der Assistent von Gates, der bei diesem Treffen Notizen machte, sagt: »Bill hat nicht gleich begriffen, daß wir den verdammten Krieg verloren hatten. Ballmer dagegen war in heller Panik.«

Die Konferenz wurde nach 45 Minuten fortgesetzt. Gates war nervös. Später sagte er, seine Botschaft an IBM sei gewesen: »Wir sind flexibel. Wir sind flexibel. Testen Sie unsere Flexibilität!« Doch aufgrund seiner ausgeprägten Selbstkontrolle war er in der Lage, einen komplizierten Plan zu entwickeln, wie man die technischen Probleme einer Kombination von Hursley und Microsoft aus dem Weg räumen könne. Außerdem trüge seine Methode dazu bei, Entwickler von IBMs SAA-Plan nicht abweichen zu lassen.

Trotz seiner Nervosität »war Bill völlig rational bei der Erklärung, wie man mit den Problemen fertig werden könne«, sagt Sabol, der diese Darstellung als die geschickteste technische Improvisation beschreibt, die er bei Gates je erlebte. »Bill Lowe, ein total rationaler Typ, sagte auch, das höre sich gut an.«

Das Mittagessen mit Akers, von dem Lowe angenommen hatte, es würde Gates' Schicksal besiegeln, wurde zu einem regelrechten Love-in. Statt sich weiterhin auf nur einen Teil des Markts für PC-Betriebssysteme beschränken zu müssen, bekam Gates nun die Chance, Produkte für den ganzen Markt zu entwickeln. Damit ergriff er die Gelegenheit, Microsoft zu der Machtposition zu verhelfen, das gesamte PC-Software-Geschäft zu kontrollieren. Lowe paßte sich der Situation an. Er flog nach Seattle und besuchte Gates in dessen Haus in einem der Vororte am Strand des Lake Washington zu einem vergnüglichen Abendessen. Dabei erklärte Gates wieder einmal – aber vielleicht dachte er auch nur laut –, er könne sich vorstellen, Windows sterben zu lassen und sich ausschließlich auf die Zusammenarbeit mit IBM zu konzentrieren.

Die Atempause dauerte nicht lange. Die Entwickler bei IBM kamen zu dem Schluß, Hursley/Windows könne nur Hursley bedeuten, wogegen Gates und Ballmer meinten, es bedeute eindeutig Windows. Ballmer erklärte öffentlich, auf allen zukünftigen Betriebssystemen von IBM und Microsoft könnten Anwenderprogramme laufen, die für Windows geschrieben seien, versprach also im Grunde, daß Windows siegreich aus dem Kompromiß hervorgehen werde. Nathan Myhrvold, ein erfahrener Microsoft-Entwickler, war sicher, daß die Hursley-Methode auf der Strecke bleiben würde. Er erzählte den Leuten, er werde das neue Betriebssystem so manipulieren, daß sich für jeden, der die Hursley-Methode auch nur ansatzweise benutze, ein kleines Fenster auf dem Bildschirm öffne, in dem dann Myhrvolds private Telefonnummer mit dem Zusatz erscheinen werde: »Rufen Sie Nathan per R-Gespräch an.« Doch Wheeler, der ›800-Pfund-Gorilla‹, hatte angefangen, auf die Leute Druck auszuüben. Er war entschlossen, die Hursley-Methode durchzubringen, weil sie das war, wonach SAA verlangte.

Zwischen IBM und Microsoft kam es zu so vielen Streitigkeiten und Kämpfen, daß Gates – nach seiner Beziehung zu IBM gefragt – nur noch erklärte, er müsse ›den Bären reiten‹. Zu der vielleicht größten Spannung kam es, als sich herausstellte, daß man dem OS/2-Betriebssystem einige ernsthafte Beschränkungen auferlegte, wenn man es auf PCs laufen lassen wollte, die den AT-Prozessor benutzten. Das größte Problem war, daß viele der Anwendungsprogramme, die für DOS gedacht waren, nicht auf Maschinen laufen würden, die das OS/2 benutzten. Da aber viele Kunden in erheblichem Maße auf DOS basierende Programme gekauft hatten, würde es wohl schwer werden, die Leute zu überzeugen, daß sie die nur um des Vergnügens willen wegwerfen sollten, endlich das OS/2 benutzen zu können. Ende

1989 glaubte Gates eine Lösung für das Problem gefunden zu haben. Er wollte auf den AT-Prozessor verzichten und das OS/2 so weiterentwickeln, daß es auf PCs laufen konnte, die den 80386 Chip einsetzten, den Prozessor der nächsten Generation. Ein OS/2, das auf den 80386 zugeschnitten war, würde alle DOS-Programme nutzen können, weil dieser Chip weit besser war als der AT-Prozessor. Doch Armstrong konnte sich Gates nicht anschließen. Er hatte den Kunden die strategische Wichtigkeit des AT eingehämmert, eines jener großartigen IBM-Versprechen abgegeben, konnte also jetzt keine Innovation bringen, die den AT ausschloß.

Im weiteren Verlauf des Jahres 1986 stieg die Anspannung. Bei einer Konferenz mit IBM machte sich Ballmer am Rand eines Katalogs handschriftliche Notizen. Da stand dann: »Bill (Gates), beruhige Dich« und »Halt den Mund, Steve (Ballmer?)« Ballmer war sich auch bewußt, daß IBM »dies personalisieren werde. (Dies) kann persönlich genommen werden.« Er fügte hinzu: »Jay ist stocksauer«, was sich auf einen IBM-Boß namens Jay Martinson bezog, den bei Microsoft niemand leiden konnte.

Schließlich kamen IBM und Microsoft zu einem faulen Kompromiß. Sie konstruierten das OS/2 so, daß es auf dem AT laufen konnte, wie IBM es wollte, bauten aber noch eine ›Kompatibilitäts-Box‹ ein, wie sie es nannten. Die war gedacht, dem OS/2 zu helfen, alte PC-Anwendungen laufen zu lassen, die für DOS gemacht waren. Es funktionierte nicht. Auf dem OS/2 liefen viele der alten DOS-Programme nicht. Dazu kam, daß auf der Kompatibilitäts-Box nur je ein DOS-Anwendungsprogramm gleichzeitig laufen konnte, was bei dem bewährten DOS ohnehin bereits möglich gewesen war. Warum sollte man also auf OS/2 umschwenken?

Armstrong kam zu einem sehr schlechten Schluß. Um sein Versprechen über den strategischen Wert des AT zu halten, entwickelte er ein Betriebssystem, das aber auf dem AT nicht gut genug lief, um diese Kunden zufriedenzustellen, und erst recht nicht gut auf den etwas weiterentwickelten PCs. Die Konzentration auf den AT, so stellte sich heraus, war das größte Problem für das OS/2.

Sogar bei IBM war es Mitte 1986 wegen der fehlgeleiteten

Betriebssystem-Strategie zu Mißhelligkeiten gekommen. Bob Markell, der von Lowe als leitender Software-Experte geholt worden war, erklärte Lowe und Armstrong, der Schritt, dem OS/2 eine grafische Benutzeroberfläche zu geben, sei im Augenblick noch zu radikal. Markell und einige andere IBM-Software-Größen hätten gerne beendet, was sie begonnen hatten – also etwas auf den Markt zu bringen und erst dann anzufangen, darüber nachzudenken, eine grafische Benutzeroberfläche zu entwickeln. Die Software-Bosse hämmerten IBM in einer Reihe endloser Konferenzen mit Unterstützung von Overheadfolien monatelang ein, IBM werde ihre Kunden und die unabhängigen Softwarefirmen nur verwirren, wenn sie ihnen ständig frühe Versionen von OS/2 zur Verfügung stellte, damit sie Anwendungsprogramme für das OS/2 entwickeln konnten, nur um ihnen dann immer wieder sagen zu müssen, sie sollten sie wegwerfen, weil IBM beschlossen habe, OS/2 neu zu überarbeiten, um es zu verbessern und weiterzuentwickeln. Ferner argumentierten Markell und die anderen Software-Bosse Mitte 1986, man brauche noch ein weiteres Jahr Arbeit an dem neuen Betriebssystem, und dann werde es noch einmal etliche Jahre dauern, bis die Firmenkunden die Software fertig hätten, die man darauf benutzen könne. Außerdem würde das ständige Verwirrspiel die Entwicklung von Anwenderprogrammen durch unabhängige Softwarefirmen verzögern, warnten Markell und die anderen. Der Grad der Verfügbarkeit guter Programme entscheide aber über den Erfolg des OS/2. »Sehen Sie nur, was aus dem Apple Macintosh wurde«, erklärten sie. Sie behaupteten, unter Verwendung einer grafischen Benutzeroberfläche Programme zu schreiben sei so schwierig, daß die fehlende Software dafür verantwortlich sei, wenn der Mac erst jetzt beginne, Boden gutzumachen, obwohl er bereits seit zweieinhalb Jahren erhältlich gewesen sei. Wenn IBM nicht aufpasse, so warnten Markell und die anderen, stünde sie bis Ende der achtziger Jahre mit nur sehr wenig brauchbarer Software für einen PC da, den AT nämlich, immerhin seit 1984 auf dem Markt.

Obwohl sich Markells Meinung als übertrieben optimistisch erweisen sollte – für das OS/2 gab es selbst Mitte 1993 kaum interessante Software –, zeigte sich Armstrong seinen Argumenten nicht zugänglich. Weil er vom Marketing kam, wußte er, daß der Markt sich verändert hatte, weshalb IBM sich augenblicklich der Nachfrage nach grafischen Benutzeroberflächen anpassen müsse. Da IBM bereits einmal versäumt hatte, die Bedürfnisse der Kunden vorauszuahnen, müsse sie nun versuchen, im Wettbewerb mit vorausschauenderen Konkurrenten aufzuholen. Auch die Argumentation mit dem Mac ließ Armstrong kalt. Jetzt, Mitte 1986, sei ja alles in Ordnung. IBM, so sagte er, müsse aus den Fehlern von Apple lernen und den Entwicklern von Programmen helfen, die Software schneller als Apple herauszubringen. Unausgesprochen blieb bei Armstrong die Standard-IBM-Weltanschauung: »IBM gehört die Zukunft.« Die Kunden würden schon warten, bis IBM sein Betriebssystem fertig hätte, schien Armstrongs Leitlinie zu sein. Sie hatten es schließlich immer getan.

Der Haken sowohl bei Armstrongs als auch bei Lowes Denkweise war: In Anbetracht der Tatsache, daß die Clones stetig aufholten, mußten sie einen Weg finden, ihre Hardware von der der Clones unterscheidbar zu machen. IBM mußte einen Unternehmenszweig schützen, der ihm Multimilliarden einbrachte. Armstrong und Lowe glaubten, eine nette grafische Benutzeroberfläche würde ihnen da helfen. Außerdem planten sie, einige Teile des neuen Betriebssystems selbst zu entwickeln, unabhängig von Microsoft. Diese Teile sollten es Benutzern von IBM-PCs erlauben, Datenbanken aufzubauen und mit Netzwerken von IBM-PCs und Großrechnern zu kommunizieren. Armstrong und Lowe wollten die Kunden damit in Staunen versetzen, daß diese Teile auf der Hardware der Clones hervorragend laufen würden.

Markell behauptete, es sei unmöglich, Hardware durch die Benutzung von Software untereinander abzugrenzen. Wenn die Software, so meinte er, auf IBM-Maschinen liefe, würde sie auch auf all den Clones funktionieren. Wo also läge der Vorteil?

»Mein größter Fehler war vermutlich, daß ich die Leute nicht davon überzeugen konnte, daß dies ein Desaster werden würde«, sagt Markell. »Ich habe mich so darüber aufgeregt, daß ich (1987) gegangen bin.«

Armstrong gibt heute zu, daß er zuviel Zeit darauf verwandt hatte, das OS/2 für Unternehmen attraktiv zu machen statt wettbewerbsfähig im Desktop-Bereich. Das heißt: IBM bemühte sich zu sehr, PCs ins Netzwerk von IBM-Großrechnern einzugliedern, statt sich nur auf das zu konzentrieren, was Benutzer von ihren Desktop-Computern erwarteten. 1986 bestanden er und Lowe jedoch darauf, daß ihre Programmierer wieder mit der Arbeit am OS/2 begannen. Was also 1983 als simples Projekt gestartet worden war, ein Betriebssystem zu produzieren, hatte 1984 durch die Einführung des AT neu überdacht werden müssen. Es war 1985 neu gestartet und jetzt – 1986 – noch einmal wiederbelebt worden.

Wichtige Kunden waren verwirrt. Software-Firmen, die Anwendungsprogramme entwickelten, waren sauer. Gates und Microsoft waren verwirrt und sauer. Aber damit war der Ärger längst noch nicht vorbei. Während all dieser nutzlosen Streitereien zwischen IBM und Microsoft über die neue grafische Benutzeroberfläche ließ IBM zu, daß Microsoft mit einer limitierten Form des neuen Betriebssystems weitermachte, womit ›zumindest etwas‹ auf dem Markt sein würde, das sich die Fähigkeiten des AT zunutze machte. Bei IBM war man sich allerdings bereits ziemlich sicher, daß man diese Version gar nicht mehr wünschte. Da man Gates aber wegen der nötigen Vereinbarung über die Lizenzgebühren wieder an den Verhandlungstisch holen wollte, hielt man diese Informationen ganz bewußt zurück. Außerdem vertrauten Armstrong und Lowe Microsoft nicht ganz, weshalb sie Gates und Ballmer nicht viel über ihre Pläne für neue PCs erzählten, die 1987 herauskommen sollten, aber nicht in der Lage sein würden, die Version des Betriebssystems zu nutzen, die Microsoft gerade produzierte. Also arbeitete Microsoft mit Volldampf an der Software, testete sie und erhöhte ihre Leistungsfähigkeit und Schnelligkeit. Der Plan sah eine Markteinführung im Dezember 1986 vor, doch IBM ließ diese Version kurz vorher sterben. Microsofts fruchtlose Bemühungen bedeuteten, daß der Teil der Arbeit am OS/2, die Microsoft übernommen hatte, nun 1987 erneut in Angriff genommen werden mußte, weil IBM sich nicht hatte entscheiden können, ob Microsoft nun Feind oder Freund war.

All die Verzögerungen und Spannungen zwischen IBM und Microsoft führten dazu, daß die komplette Version des OS/2 mit einer grafischen Oberfläche sich bis Ende 1988 verzögerte und die Kunden ihr keine Aufmerksamkeit mehr widmeten, auch nachdem sie endlich auf den Markt gekommen war. Das Produkt, eigentlich für Kunden gedacht, die nur ihre CDs katalogisieren wollen – oder was auch immer zu Hause anfällt –, verlangte nach einem ganzen Regal voller Manuals und kam auf mehr als zwölf Disketten daher, was sogar die Techniker großer Firmen und die Computerhändler erschreckte, die versuchten, OS/2 zu installieren.

Statt das OS/2 billig zu verkaufen – auf die Art, wie Microsoft DOS zu seiner Allgegenwart verholfen hatte –, verlangte IBM 340 Dollar dafür. Das Produkt brauchte jedoch einen so großen Speicher, daß die Interessenten erst einmal 2000 Dollar in einen Erweiterungsspeicher investieren mußten, bevor sie OS/2 laufen lassen konnten. Dann stellte sich auch noch heraus, daß es zu langsam war, um auf Computern der AT-Klasse zu laufen. Jeder, der vorhatte, sich des OS/2 zu bedienen, mußte also entweder ein leistungsfähigeres, auf dem 80386-Chip basierendes System haben oder seinen weniger leistungsfähigen Computer auf den Müll werfen und zigtausend Dollar für einen neuen ausgeben. IBM und Microsoft hatten den Versuch unternommen, ein Jagdflugzeug von einem Betriebssystem zu bauen, wegen des gegenseitigen Mißtrauens war aber eine Art *Spruce Goose* dabei herausgekommen. Sie hatten das schwerste Betriebssystem der Welt produziert. Es konnte fliegen, kam jedoch kaum hoch – war also gerade reif genug für einen Platz im Museum.

Software für das OS/2 begann erst 1989 und 1990 in den Markt zu tröpfeln. Aber auch die erwies sich als Flop. Die Kunden verschmähten die Extra-Software-Teile, die IBM für das OS/2 selbst gemacht und *Extended Edition of OS/2* genannt hatte, weshalb IBM sie schließlich fallenließ. Bis zum

Frühjahr 1992 gelang es IBM nicht, eine einigermaßen brauchbare Version des OS/2 herauszubringen. Das war neun Jahre nach dem Start der entsprechenden Arbeiten. Die Welt war damals noch so anders, daß das Produkt trotz einer anständigen Technologie unmöglich Erfolg haben konnte.

IBM und Microsoft verschlimmerten das Problem im April 1987 und in den folgenden Monaten noch durch kühne Voraussagen darüber, wie schnell es gehen werde, bis das System DOS ersetzen und innerhalb weniger Jahre 90 Prozent des Marktes für PC-Betriebssysteme beherrschen würde. Die Firmen wurden in der Folgezeit an diesen Voraussagen gemessen, weshalb dem OS/2 bald der Geruch des Versagers anhaftete. IBM verhalf dem OS/2 auch dadurch zu einem denkbar ungünstigen Start, weil Lowe – der darauf bestand, ein Teil der Investitionen, die er in das OS/2 gepumpt hatte, rasch wieder einzuspielen – so schnell wie möglich eine Version auf den Markt hatte werfen wollen. Diese Version war jedoch so unausgereift, daß Brian Proffit – damals einer der OS/2-Manager bei IBM – sagte, keine andere Firma hätte gewagt, sie Kunden zu verkaufen. Er erklärt, die Version OS/2 1.0 hätte man als *Developer's Kit* kostenlos an Programmierer großer Unternehmen und Softwarefirmen abgeben und ihnen helfen müssen, Programme zu entwickeln, die auf dem OS/2 laufen konnten.

»Wären dreißig Kopien dieser Version von OS/2 verkauft worden, hätte mich das sehr überrascht«, sagt Proffit.

Da Marktforscher sich mit allem beschäftigten, was IBM machte, fand die ganze Welt schnell heraus, daß das OS/2 einen schlechten Start gehabt hatte. Philippe Kahn, Präsident von Borland, einer großen und einflußreichen Softwarefirma, verpaßte dem OS/2 das Etikett ›BS/2‹ (Bachelor of Science), womit er sagen wollte, man müsse studiert haben, um damit arbeiten zu können.

Hätte IBM sich an irgendeinem Punkt des Weges von Microsoft getrennt, wären möglicherweise anfangs Probleme aufgetaucht, mit denen die Firma hätte fertig werden können, man hätte aber vielleicht auch herausgefunden, wie sie damit fertig werden konnte. Hätte IBM sich dagegen voll auf

Microsoft eingelassen, wäre wahrscheinlich ein ganz anständiges Produkt kreiert worden. Doch IBM hatte sich für eine halbherzige Scheidung entschieden und gleichzeitig eine ebenso halbherzige Versöhnung angeboten. So stand IBM nun mit einem schlechten Produkt und einem verärgerten Partner da.

Die Probleme mit dem OS/2 waren im übrigen ausgesprochen kostspielig, sogar für eine Firma wie IBM, die scheinbar unerschöpfliche Geldreserven zu haben schien. Anfang 1987 saßen bei IBM mehr als tausend Programmierer an dem Projekt, was bedeutete, daß sie pro Jahr mehr als 125 Millionen Dollar für sie berappen mußte.

Das ist einfache Mathematik. Über den Daumen gepeilt kostete ein Programmierer eine Firma damals pro Jahr zwischen 100 000 und 125 000 Dollar, wenn man Gehalt, Sondervergütungen, Raumkosten und Ausstattung wie eine Workstation zusammenzählte. IBM hatte auch in dieser Beziehung immer an der Spitze gestanden. Das heißt: 1000 x 125 000 Dollar = 125 Millionen Dollar.

Obwohl nach dem ursprünglichen Plan ein bescheidenes Softwareprojekt herauskommen sollte, hatte IBM bereits mehrere hundert Millionen Dollar in seinen Fehlstart investiert.

Gates versuchte nach wie vor der Welt weiszumachen, seine Beziehung zu IBM sei völlig intakt, und daß IBMs Ankündigung, dem OS/2 eine grafische Benutzeroberfläche mitgeben zu wollen, nur bedeuten könne, sie sei mit seinem dahinkümmernden Windows-Projekt einverstanden. Tatsache war jedoch, daß Gates – und nicht jemand von IBM – sich in der folgenden Woche auf dem Titel von *Business Week* wiederfand, obwohl die wirkliche Neuigkeit war, daß IBM ihre gesamte PC-Strategie neu überdacht und Gates nur einen kleinen Anteil daran hatte. Die Titelzeile der *Business Week* proklamierte Gates als MILLIARDEN-DOLLAR-SENKRECHT-STARTER, und in der dazugehörigen Geschichte hieß es, er habe IBM Windows als Basis für das OS/2 verkauft. Aber das stimmte nicht. Gates versuchte zwar weiterhin mit allen Mitteln, das wahr zu machen, aber das Windows-Problem steigerte sich im Lauf der folgenden Jahre bis zu einem Punkt, an dem es IBM und Microsoft total entzweite, und IBM und nicht Microsoft sollte der Verlierer sein.

Neben all ihren anderen Schnitzern machte die IBM im Geschäftsverkehr mit Microsoft auch den teuersten Fehler, der ihrem PC-Unternehmenszweig jemals unterlaufen war. Zu diesem Fehler kam es Mitte 1986, als Gates IBM anbot, einen Teil von Microsoft zu kaufen. Er glaubte, das könne die beiden Firmen noch enger aneinander binden, weil sich Microsoft IBM dann stärker verpflichtet fühlen und IBM profitieren würde, wenn Microsoft prosperierte. Möglicherweise könnte das ja diese endlosen Kleinkriege endlich beenden, hatte er gemeint.

Gates und Lowe wurden nie sehr konkret, aber die ungefähre Vorstellung war, daß IBM zehn Prozent von Microsoft kaufen sollte. Lowe schien anfangs interessiert. Es gab sogar einen Präzedenzfall, weil IBM ähnliche Anteile von Intel und Rolm erworben hatte. Aber nach den anfänglichen Gesprächen zwischen Gates und Lowe kam Lowe darauf zurück und gab seinen Verzicht bekannt. Der Einfluß der Antitrust-Verfahren war immer noch so stark, daß Lowe sich scheute, die Macht von IBM zu sehr zu manifestieren, indem er eine gewisse Kontrolle über Microsoft ausübte. In völliger Unkenntnis der Weiterentwicklung des PC-Marktes sagte Lowe, IBM wolle nicht als die Firma betrachtet werden, die den PC-Markt allzu stark dominierte.

Hätte IBM zu den Preisen von Mitte 1986 zehn Prozent von Microsoft gekauft, wäre die Summe weniger als 100 Millionen Dollar gewesen – Klimpergeld für eine Firma, die 1985 mehr als 6,5 Milliarden Dollar eingenommen hatte. Diese zehn Prozent wären heute fast drei Milliarden Dollar wert, so daß diese Investition IBM mehr eingebracht hätte, als sie über die gesamte Geschichte ihres PC-Unternehmensbereiches eingenommen hatte.

6. Kapitel

Ende 1986 veranstaltete das Fachblatt *Computer Reseller News* eine Umfrage und stellte fest, daß 15 Prozent seiner Leser behaupteten, sie besäßen einen IBM-PC2-Personalcomputer. Dumm war allerdings, daß ein PC2 überhaupt nicht existierte und auch niemals existieren sollte.

Die Verwirrung der Leser war entschuldbar, hatte die Presse doch monatelang spekuliert, wann IBM eine neue PC-Generation – ›PC2‹ genannt – herausbringen würde. So kam es, daß die neuen Maschinen den Menschen schon real vorzukommen begannen. Jedem, der nur entfernt mit der PC-Industrie zu tun hatte, war längst bewußt, daß IBM irgend etwas für diese Produktlinie tun mußte. Es war immerhin mehr als zwei Jahre her, daß IBM ihr ›Arbeitspferd‹ AT angekündigt hatte.

Die IBM, die einst den PC-Markt zu beherrschen schien, war bei den Geschäftskunden seit Ende 1985, als die Cloner den Markt zu überschwemmen begannen, anteilmäßig von mehr als 70 Prozent auf weniger als vierzig Prozent abgerutscht. Im September hatte der Branchenzwerg Compaq IBM eine Ohrfeige versetzt, als er nach New York City gekommen war, mitten ins Herz des IBM-Mutterlandes also, um seinen PC auf ganz extravagante Art vorzustellen. Dieser PC benutzte zudem den Intel 80386, den Chip der nächsten Generation also, und war dadurch um vieles schneller als der AT, die leistungsfähigste IBM-Maschine.

Während Laserlicht in einer Disco in Manhattan zuckte, wurde bald klar, daß die Kunden begeistert waren von den zusätzlichen ›PS‹ der Compaq-Maschine und Compaq IBM noch schneller Marktanteile abnehmen würde. Es schien tatsächlich so, als könnte Compaq IBM auch noch die technologische Führungsrolle wegschnappen. Das Publikum hielt sich zurück, weil jeder der Anwesenden wußte, daß in der Computer-Industrielandschaft unzählige ›Leichen‹ von

Firmen lagen, die im Lauf der Jahre versucht hatten, IBM herauszufordern. Sie hatten dann allerdings feststellen müssen, daß IBM blitzschnell ein besseres Produkt auf den Markt geworfen und dem frechen Neuling die Kunden wieder abgejagt hatte. Doch diesmal verstrichen Wochen, ja Monate, ohne daß IBM reagiert hätte, woraufhin man sich in der Computerindustrie zu fragen begann, wann IBM endlich etwas tun würde. Die neuen PCs von IBM, welche auch immer, würden nämlich nicht nur über die Zukunft von IBM in diesem Bereich entscheiden, sondern auch die Zukunft des gesamten PC-Hardware-Bereichs für die nächsten Jahre bestimmen.

Zu wetten, wann IBM wohl endlich handeln würde, war in der Branche ein richtiger Sport geworden. Analytiker versuchten ihre Voraussicht dadurch unter Beweis zu stellen, daß sie sogar auf das ungefähre Datum Wetten abschlossen. Einer sagte Januar 1987, ein anderer Februar, ein dritter April. Alle gaben sich ausgesprochen siegessicher, obwohl natürlich keiner seine ›Quelle‹ preisgeben wollte. Einige wurden sogar ganz konkret, so absurd es sich auch anhörte. Ein Analytiker hatte beispielsweise die Ankündigung auf die Halbzeitpause des alljährlichen Super-Bowl-Endspiels angesetzt.

Tatsache war: Alle hatten unrecht. IBM hatte geplant, die neue Linie so schnell herauszubringen, »daß wir den Markt im Sturm erobern«, sagt Mike Armstrong, der Boß von Bill Lowe, der den PC-Bereich leitete. Armstrong sagt, ursprünglich habe man vorgehabt, im August 1986 eine neue PC-Generation vorzustellen und dann für das Weihnachtsgeschäft große Mengen verfügbar zu haben. Hätte IBM das geschafft, wären ihre Konkurrenten regelrecht vom Markt gefegt worden, doch dann war es zu den üblichen Schwierigkeiten gekommen.

Lowe hatte versucht, bei seiner neuen Generation in der Hauptsache IBM-Technologien einzusetzen. Das stand in krassem Gegensatz zu dem Ansatz, den er 1980 bei der Präsentation des Original-PCs vor dem Management-Komitee vertreten hatte. Lowe hatte sich in der Zwischenzeit gesagt, IBM müsse anfangen, sich auf die firmeninternen Forschungskapazitäten zu stützen, um so den Fortschritt in der PC-Industrie voranzutreiben und ihre eigenen Produkte über die Möglichkeiten hinauszuheben, die IBM als die ›veralteten‹ Standardteile von Zulieferfirmen ansah.

Lowe ignorierte wohl die Tatsache, daß IBM während der siebziger Jahre im PC-Bereich versagt hatte, weil sie zu langsam gewesen war, ihre Technologie in Produkte umzuwandeln und sich damit der Geschwindigkeit dieser Zuliefererfirmen anzupassen, ganz zu schweigen davon, sie hinter sich zu lassen. Außerdem war Lowe der Meinung, sein PC-Bereich müsse mehr von der Disziplin geprägt sein, die im Großrechnersektor üblich war, und sich auch der dort üblichen Vorgehensweise anpassen.

»Wir kamen als Team zu dem Schluß, daß es bei den PCs gar nicht so viel anders sein könne, die Vorherrschaft zu erringen, als im Rest der Computerindustrie«, sagt Armstrong heute.

Kaum hatte Lowe die Großrechner-Mentalität in den PC-Bereich hineingetragen, bewirkten jedoch die ständig zu vereinbarenden Konferenzen und internen Revierkämpfe, daß es nur noch sehr langsam voranging. Die Entwicklung der neuen Produktgeneration verzögerte sich an so vielen Fronten, daß Lowe seinem Ziel, sie im August anzukündigen, nicht einmal annähernd nahe kam. Er verlegte ein Teil der Ankündigung auf Ende Januar 1987. Der Produktmanager hatte übrigens tatsächlich Werbezeit für die Halbzeitpause des Super-Bowl-Endspiels gebucht, in der Hoffnung, damit dieselbe Aufmerksamkeit zu erreichen wie Apple drei Jahre vorher mit seiner ›Big Brother‹-Anzeige für den Macintosh. Diesem Termin kam Lowe schon etwas näher, aber in letzter Minute beschloß er, die Werbung zurückzuhalten, um eine weitere Projektgruppe einzuschalten, die entscheiden sollte, ob man noch eine Steckkarte bei allen neuen PCs oder wenigstens bei einigen einbauen sollte, die als Micro Channel bekannt war.

Nach Lowes Überzeugung war es besser, es richtig zu machen, als früh dran zu sein. Abgesehen davon würden die Kunden schon warten, bis IBM zu einer Entscheidung gekommen war. Lowe mußte jedoch sehr schnell feststellen, daß der PC-Bereich ganz und gar nicht mit dem der Großrechner vergleichbar war. Es war besser, früh dran zu sein, als es richtig zu machen. Und kein Kunde wartete hier auf einen Hersteller, nicht einmal auf IBM.

Don Estridge, Lowes Vorgänger in dem PC-Job, hatte Ende 1984 und Anfang 1985 einen ganz anderen Plan entwickelt. Statt zu versuchen, die Clones mit ausgefallener Technik vom Markt zu vertreiben, hatte er vorgehabt, sie mit schnöder Schnelligkeit zu schlagen. Er trieb einen Plan voran, der jedermanns PC-Generation als den Schnee von gestern hätte erscheinen lassen, natürlich einschließlich seiner eigenen. Estridge hatte immer der erste sein wollen, der eine neue Technologie auf den Markt bringt. So wie es ihm mit dem Original-PC und dem AT gelungen war, wollte er nun eine Generation herausbringen, die auf dem verführerischen Intel 80386-Prozessor der nächsten Generation basierte, der bald als Muster erhältlich sein sollte. Er hatte gemeint, er könne die Maschinen, die über den neuen Chip verfügten, so rasch ankündigen, daß die Cloner gewiß eine Weile brauchen würden, um sich von dem Schlag zu erholen. Zu dem Zeitpunkt, da sie aufgeholt hätten, so hatte er sich gesagt, würde er dann gewiß schon an etwas anderem arbeiten.

Estridge hatte vor, bei Intel seinen hohen Status zu nutzen, um Zugang zu den ersten Mustern zu bekommen und die notwendige technische Unterstützung, wenn er eine Maschine entwickeln wollte, die allen anderen überlegen war. Außerdem hatte er geplant, die gesamte Anfangsproduktion des 80386 aufzukaufen, was ihm – wie nach seinem Großeinkauf des Chips der vorigen Generation für den AT – wiederum einen zeitlichen Vorsprung verschafft hätte. Nach Estridges Vorstellung sollte vom Tag der Ankündigung seiner neuen Generation die Welt wissen, daß alle bisherigen PCs, einschließlich derer von IBM, nur noch Spielzeuge seien.

Seit er jedoch 1983 Chef der *Official Division* geworden war, wurde Estridges Handlungsfreiheit eingeschränkt. Es war anders als damals, als er das PC-Produkt angekurbelt hatte. Statt der direkten Verbindungen zum Vorstandsvorsitzenden, die er in der Anfangszeit gehabt hatte, war Estridge Ende 1984 Armstrong unterstellt, der wiederum einem Mitglied des Management-Komitees, der wiederum dem Präsidenten, welcher schließlich derjenige war, der John Akers, dem Vorstandsvorsitzenden, Bericht erstattete. Es dauerte, bis Estridge sich durch all diese Ebenen gekämpft hatte, und so war es auch viel schwieriger, die Zustimmung für ein derart radikales Vorhaben zu bekommen, wie es sein Plan für den 80386 war.

Die frühe Version des 80386 Chips kostete pro Stück einige hundert Dollar, deshalb wäre es logisch gewesen, sie für teurere PCs einzuplanen, die an die zehntausend Dollar kosteten. Doch es war etwas anderes, eine ganze Generation um den 80386 herum zu planen, einschließlich preiswerter Maschinen, die 2500 Dollar kosten – unter der Voraussetzung, daß es sich bei dem Prozessor nur um ein Siliziumplättchen in einem System handelte, das nicht nur Dutzende anderer Chips einschließt, sondern auch teure Bestandteile vom Diskettenlaufwerk bis zum Monitor. Der Prozessor allein hätte bei einem Billig-PC mehr als ein Viertel der gesamten Herstellungskosten von IBM ausgemacht. Armstrong und Estridges andere Bosse sagten sich deshalb, daß die Verdienstspanne bei seinen 80386-Maschinen unangemessen gering wäre, und verwarfen aus diesem Grund seinen Plan.

Diese Bosse, allesamt ehemalige Außendienstler, zogen die weniger brisante Taktik vor, die bei IBM üblicher war und dazu beitrug, auf dem Großrechnersektor derart außergewöhnliche Profite einzufahren. Die Bosse wollten eine existierende Produktgeneration so lange melken, wie das nur möglich war. Immerhin hatte sich die kostenintensive Arbeit, die die Entwicklung von PCs erforderte, längst bezahlt gemacht. Warum also sollte man sich nicht einfach zurücklehnen und weiterhin PCs produzieren, die IBM nur die Hälfte dessen kosteten, was die Kunden dafür ausgeben sollten? Nur wenn IBM es nicht länger hinauszögern könnte, würde sie dafür bezahlen, Produkte zu entwickeln und herauszubringen, die sich neuer Technologie bedienten. (Armstrongs und Estridges anderen Bossen war nicht klar, daß zu dem Zeitpunkt, da Estridges neue Generation erhältlich gewesen wäre, die Billig-PCs der anderen Hersteller ohnehin nur ähnlich geringe Verdienstspannen haben würden. Armstrong und seine Bundesgenossen in den oberen Rängen von IBM waren verwöhnt. IBM hatte 1984 nach Abzug von Steuern 6,6 Milliarden Dollar eingenommen, ansehnliche 14 Prozent seines Umsatzes von 46 Milliarden Dollar, und die IBM-Manager – immer noch naiv – verlangten nun, daß alle Unternehmensbereiche solch spektakuläre Verdienstspannen einfahren sollten.)

Estridges Plan mit dem 80386 befand sich noch in einem ganz frühen Stadium, als er Anfang 1985 des PC-Jobs enthoben und durch Lowe ersetzt wurde. Und Lowe, eher geneigt, sich den Wünschen seiner Bosse unterzuordnen, begrub ihn rasch.

Über den leistungsfähigen Intel Chip 80386 wurde von Zeit zu Zeit wieder geredet, wenn die PC-Gruppe ihre Dreijahrespläne aufstellte. Sie ähnelten tatsächlich den Fünfjahresplänen in der alten Sowjetunion und waren ein Überbleibsel aus dem IBM-Großrechnerbereich, in dem Veränderungen nur in großen Abständen auftraten und darum von IBM so umsichtig behandelt werden konnten, daß eine langfristige Planung möglich war. Doch der 80386-Prozessor wurde nie in die Produktplanung eingeschlossen. Obwohl niemand bestreiten konnte, daß der Chip schnell war, hatte Intel doch enorme Mühe gehabt, 1984 die Fehler der vorangegangenen Generation des AT-Prozessors nicht zu wiederholen. Lowes technische Berater glaubten den Chip der nächsten Generation nicht so rasch herausbringen zu können, wie Intel versprochen hatte. Es war also besser, erst einmal abzuwarten und zu sehen, was geschah.

Weitere Bedenken kamen aus dem Kleinrechnerbereich. Dort fürchtete man, der 80386 könne so leistungsstark sein, daß mit ihm ausgerüstete PCs den hochprofitablen Kleinrechnern Marktanteile wegnehmen könnten. Lowe wußte, daß es unmöglich war, dem Management-Komitee ein Produkt zu verkaufen, welches die Verkäufe eines anderen profitablen Geschäftszweigs beeinträchtigen könnte.

Abgesehen davon waren Lowe und sein Team nach wie vor so naiv anzunehmen, sie kontrollierten den PC-Standard. Deshalb waren sie auch überzeugt, daß kein größerer Konkurrent vor IBM ein Produkt einführen würde, das auf dem Intel 80386 basierte. Falls jedoch einer so unvorsichtig sein sollte, voreilig zu handeln, glaubte IBM den Rivalen kräftig bluten lassen zu können, indem man noch eine kleine zusätzliche Steckkarte in die IBM-PCs bauen könne, sobald es für IBM an der Zeit sei, ein System einzuführen, das den 80386 benutzte. Nur ein paar kleine Veränderungen in der Verdrahtung würden sicherstellen, daß Peripheriegeräte – wie Diskettenlaufwerke, Modems und Steckplatten, die Speicherchips enthalten – an den auf dem 80386 beruhenden IBM-PC angeschlossen, aber nicht mit den ebenfalls auf dem 80386 basierenden PCs der Rivalen verbunden werden konnten. Weil die Hersteller von Peripheriegeräten immer zunächst versucht hatten, Steckplatten zu bauen, die die Fähigkeiten von IBM-PCs steigerten, ging Lowe davon aus, daß sie sich darauf konzentrieren würden, ihre Produkte dazu zu bringen, mit ihren 80386-PCs zu arbeiten und die der Konkurrenz zu ignorieren. Es würde dem Konkurrenten wirklich schaden, wenn der Hersteller eines Peripheriegerätes etwas Innovatives tat, wie beispielsweise eine Steckkarte zu produzieren, die es einem PC ermöglichte, Faxe zu verschicken und zu empfangen. Wenn die Möglichkeit zu faxen nur IBM-PCs vorbehalten wäre, hätte der voreilige Konkurrent anschließend vielleicht viel Zeit damit vergeuden müssen, seine Produkte umzurüsten, um wieder mit dem IBM-Standard gleichzuziehen.

Selbst wenn Intel mit dem 80386 rechtzeitig auf den Markt kommen sollte, glaubte Lowe, müsse er sich nicht allzusehr beeilen, ihn einzusetzen.

Er lag falsch, und seine Fehler machten ihn angreifbar. Als Compaq Computer im September 1986 eine auf dem 80386 basierende Maschine ankündigte und Anspruch auf den enorm lukrativen Markt für die nächste Computergeneration anmeldete, verfügte Lowe nicht einmal über eine einzige Kopie des neuen Intel-Chips. Lowe brauchte fast ein Jahr, um mit Compaq gleichzuziehen, wodurch es Compaq möglich war, ihre Finanzdecke aufzupolstern und sich bei den Kunden als neuer Technologie-Marktführer im PC-Bereich zu etablieren.

So wie Lowes Unschlüssigkeit im Geschäftsverkehr mit Microsoft IBM den Einfluß auf diese Firma kostete, verlor er durch sein Zögern beim Einsetzen des 80386-Chips den über Intel, das einzige andere Unternehmen, das Microsoft als Trendsetter auf dem PC-Markt hätte Paroli bieten können. All diese Schlappen zusammengenommen nahmen Lowe jede Möglichkeit, aus dem PC-Bereich etwas zu machen, das IBM hätte tragen können, falls ihr Hauptstandbein – der Großrechnerbereich – jemals in Schwierigkeiten kommen sollte, und sogar die Chance, mit den PCs zumindest einen bescheidenen Gewinn zu erzielen.

An Intel war schon deshalb immer etwas Besonderes gewesen, weil es von Robert Noyce mitbegründet worden war, einem der beiden Männer, die als erste einen integrierten Schaltkreis entwickelt hatten. Bis zum Ende der fünfziger Jahre hatte ein Schaltkreis aus unzähligen Einzelteilen bestanden – Widerständen, Transistoren, Kondensatoren und so weiter –, die von Hand verdrahtet werden mußten, um den Elektrizitätsfluß – beispielsweise in einem Radio – kontrollieren zu können. Robert Noyce und Jack Kilby hatten unabhängig voneinander Wege gefunden, ganze Schaltkreise auf einem Siliziumplättchen unterzubringen. Ihre Methoden machten es möglich, auf das zeitaufwendige Verdrahten von Hand zu verzichten. Dazu kam, daß man die elektronischen Teilchen bis zu einem Punkt verkleinern konnte, wo Millionen elektronischer Vorrichtungen auf einen einzigen Computerchip von der Größe eines Fingernagels paßten, weil sie ja nicht mehr so groß sein mußten, um von dicken Menschenfingern bedient werden zu können. Die Forschung von Noyce und Kilby führte zu einer wahren Miniaturisierungswelle, wie sie die Welt noch nicht gesehen hatte.

Während der Weltwirtschaftskrise hatte man für ein Radio so viele Vakuumröhren gebraucht, daß es in den Wohnzimmern eine ganze Ecke ausfüllte. Radios galten damals als Einrichtungsgegenstände, auf die sich die Aufmerksamkeit aller Anwesenden konzentrierte, wie heute etwa bei einem Flügel. Kaum kamen Ende der fünfziger Jahre die ersten Transistoren auf den Markt, waren Radios, befreit von den unzähligen Vakuumröhren, nur noch so groß wie ein Taschenbuch. Und dank der integrierten Schaltkreise schrumpften sie immer weiter. Beispielsweise ist das Radio eines Sony-Walkmans nur noch so groß wie eine halbe Kreditkarte.

Die Miniaturisierung öffnete den Weg für vieles, angefangen von der Entwicklung einer weltumspannenden Kultur, die der internationale Luftverkehr möglich machte, bis zur Bedrohung durch nukleare Zerstörung. Ein moderner Jet etwa wäre so schwer, daß er nicht vom Boden hochkäme, wenn all seine Miniaturschaltungen unter Benutzung der altmodischen Vakuumröhren und handverdrahteter Technologie gebaut worden wären. Auch Raketen könnten keine Nuklearsprengköpfe befördern. Der Einfluß der Miniaturisierung erfaßte alles, was in ihre Nähe kam – einschließlich IBM, nur um willkürlich einen Namen herauszupicken. Denn erst die winzigen elektronischen Schaltungen ermöglichten es, die Großrechner zu einer weltweiten Institution zu machen, die jetzt allerdings wegen der noch winzigeren Elektronikbauteile in PCs ins Abseits gedrängt wurde.

Anfang der sechziger Jahre ließ Noyce nichts unversucht, um die bereits offensichtlichen, fast mystischen Kräfte der Miniaturelektronikteile freizusetzen. Er erregte zusätzliche Aufmerksamkeit, als er eine Gruppe von *Fairchild-Semiconductor*-Angestellten – in der Branche als Fairchildren bekannt – dazu brachte, sich von ihrem Arbeitgeber zu trennen und mit ihm Intel zu gründen. Die Gruppe, allgemein die ›verräterischen Acht‹ genannt, ließ lediglich verlauten, Intel sei die Kurzform von INTegrated ELectronics, aber in der Branche wußte jeder, daß die draufgängerische Firma das Wort INTELligenz abgekürzt hatte.

Anfang der siebziger Jahre gelang Intel mit ein wenig Glück ein weiterer Durchbruch. Obwohl die Firma sich eigentlich mit einigen grundlegenden technologischen Fragen beschäftigte, willigte sie ein, ein paar Chips im Auftrag zu entwickeln. Einmal war da ein japanisches Unternehmen, das einen neuen Rechner bauen wollte. Daraufhin kam dem Ingenieur Ted Hoff an einem Oben-ohne-Strand auf Tahiti, während er den Duft von Sonnenschutzmitteln einatmete – aus Gründen, die nur ihm eingängig sind –, ein revolutionärer Einfall, wie man das Problem des japanischen Rechnerherstellers lösen könne. Seine Idee machte das erforderlich, was als ›Computer auf einem Chip‹ bekannt wurde, und führte so zur Entwicklung der Mikroprozessoren, die heute das Gehirn aller Personalcomputer und Workstations sind.

Sein Grundgedanke entsprach den Ideen von Noyce und Kilby, obwohl keiner von denen an einem Oben-ohne-Strand gewesen war, als er die Inspiration hatte. Hoff brachte alle Grundelemente eines Prozessors auf einem kleinen Chip unter, und das zu einem Zeitpunkt, als Prozessoren üblicherweise riesige Elemente in kühlschrankgroßen Mainframes waren. Die Prozessoren waren deshalb so groß, weil sie aus verschiedenen Teilen bestanden – einem Core Chip, der die Daten buchstäblich massierte, einigen Logik Chips, die die Daten für den Gebrauch im Core Chip aufbereiteten, einem kleinen Speicher also, und so weiter. Die einzigen winzigen Prozessoren, die es damals gab, existierten in Rechnern, die allerdings nur ein paar wenige mathematische Funktionen ausführen und nicht für Textverarbeitung oder Grafikverarbeitung nachprogrammiert werden konnten, auch nicht für die vielen anderen Dinge, die Mikroprozessoren heute mühelos bewältigen.

Dadurch, daß er alle Teile eines Prozessors auf einem einzigen Chip zu kombinieren vermochte, der dann miniaturisiert werden konnte, öffnete Hoff den Weg für die heute allgegenwärtige Wegwerfelektronik. Während man für das *Manhattan-Projekt* noch unzählige Topmathematiker hatte zusammenholen müssen, die die umfassenden Berechnungen für den Bau einer Atombombe selbst hatten anstellen müssen, verfügen heutzutage fast alle Haushaltsgeräte – vom Mikrowellenherd bis zum CD-Spieler – über eine so fortschrittliche Elektronik, daß man sie in einem Bruchteil der Zeit programmieren könnte, die damals die besten Köpfe Amerikas brauchten, dieselben Berechnungen durchzuführen. In Anbetracht all der Chips in Autoradios, Sensoren von Airbags, ABS-Bremsen, Einspritzmotoren und so weiter, enthalten die meisten Autos mehr Prozessor-Kraft als der IBM 360 Großrechner, der der Firma in den sechziger Jahren solchen Auftrieb gegeben hatte.

Natürlich öffnete der Mikroprozessor auch den Weg für sprechende Grußkarten und viele andere Übel der modernen Zeit. Die fundamentale Regel der Elektronik hat bewiesen, daß alles kleiner und billiger wird – und das sehr schnell. Deshalb übernahm man die Kräfte der Natur, kaum war es Hoff gelungen, alle Teile eines Prozessors auf einem Chip unterzubringen, und machte die Prozessoren so klein und so billig, daß es fast unmöglich ist, beispielsweise ein Radio zu reparieren. Und die Ausgabe wäre es gewiß nicht wert. Besser ist es, das Radio einfach wegzuwerfen und für zwanzig Dollar ein neues zu kaufen – ein unfaßbarer Gedanke für jeden, der während der Weltwirtschaftskrise an den mehr als zwanzig Knöpfen seines riesigen Radiogeräts herumgedreht hatte. Sich die Verarbeitungsleistung eines Computers zu kaufen, war fast so billig und leicht wie Strom zu kaufen. Die Allgegenwart der Verarbeitungsleistung veränderte die Landschaft der Computerindustrie ständig und bereitete zu Anfang der neunziger Jahre Firmen wie IBM, die nicht Schritt gehalten hatten, ganz erhebliches Kopfzerbrechen. IBM forderte ihre Kunden nämlich auf, bei ihr zu kaufen, weil ihre Sorte Strom besser sei als die jedes anderen, und sie beschrieb die Technologie zur Herstellung ihres Stroms ganz detailliert. Doch die Kunden merkten schnell, daß der Strom von IBM sich nicht von dem anderer unterschied.

Als Hoff Noyce seine radikale Idee für einen Mikroprozessor vortrug, hörte der ihm einfach ein paar Sekunden ruhig zu, statt, wie bei IBM üblich, wenn es um neue Technologien ging, sofort loszustürmen und diesen bahnbrechenden Einfall einer jahrelangen Überprüfung unterziehen zu lassen. Seine Augen zeigten einen eigenartigen Ausdruck, so als hätte er schon immer gewußt, daß der Mikroprozessor eines Tages möglich sein würde. Dann sagte er: »Machen Sie's.«

Anfangs interessierte sich Intel trotzdem nicht besonders für Mikroprozessoren. Auch als die siebziger Jahre sich ihrem Ende näherten, wurden die Chips hauptsächlich in Geräten wie dem Altair Computer genutzt, die in der Bedienung so umständlich waren, daß sie, von Freaks abgesehen, keine nennenswerte Verbreitung fanden. Prozessoren für den Altair zu verkaufen war kein schlechtes Geschäft, aber auch kein großes. Intels Marketing-Leute hatten gemeint, sie würden möglicherweise pro Jahr zehntausend oder mehr Prozessoren absetzen können – nicht die fünfzehntausend pro Tag, die Intel heute verkauft. Als die achtziger Jahre begannen, schien Motorola die Urheberschaft auf alles zu haben, was die Zukunft der Mikroprozessoren anging. Der bestverkaufte PC dieser Zeit, der Apple II, verfügte über einen Mikroprozessor von Motorola. Dazu kam, daß Motorolas neue 68000-Prozessorenfamilie der allgemeinen Ansicht zufolge der von Intel weit überlegen war.

Dennoch war Intel mit der Mikroprozessor-Technologie so früh am Start, daß es die beste Ausgangssituation für den Erfolg hatte, und der stellte sich ein. Als 1980 erst Lowe und dann Estridge den Original-PC geplant hatten, kamen ihre Ingenieure von einem Projekt, bei dem sie mit frühen Intel-Prozessoren gearbeitet hatten, und da sie mit dem Intel-Chip so vertraut waren, gelang es ihnen natürlich schneller, einen Computer um einen Chip von Intel herum zu bauen als um einen von Motorola. Außerdem war ein Großteil der frühen Software für PCs, wie Microsofts Programmiersprachen, für den Intel-Prozessor geschrieben worden, was bedeutete, daß die Software für den PC bereits dasein würde, wenn er auf dem Markt angeboten wurde. IBM verfügte jedoch auch über eine Menge eigener Technologien, weshalb sie einen eigenen Prozessor hätte bauen können, doch das hatte Estridge niemals ernsthaft in Erwägung gezogen. IBM war immer zu langsam gewesen, frühere Prozessortechnologien in Produkte umzusetzen, weshalb sie grundsätzlich durchgefallen waren, wenn sie denn endlich vorgestellt wurden.

In der Computerindustrie entscheidet die Schnelligkeit des Entwicklungsprozesses größtenteils über die Schnelligkeit des Chips. Wenn Firmen, die Chips bauen, Zugang zu denselben Basistechnologien haben – was gewöhnlich der Fall ist –, hat der, der sie zuerst in einem neuen Chip einsetzt, gewöhnlich auch den schnellsten Chip auf dem Markt.

Als IBM Interesse an Intel bekundete, fand man das bei Intel prima, doch die dortigen Bosse – wie die bei Microsoft – betrachteten diese Entscheidung nur als kleinen Entwicklungsgewinn. Immerhin kosteten die Prozessoren, die IBM kaufte, lediglich etwa neun Dollar pro Stück. Das gab IBM für jeden PC an Lötmetall aus, um die Teile auf den Steckkarten zu befestigen. Außerdem hatte man bei Intel andere Dinge im Kopf. Anfang der achtziger Jahre hatte die japanische Konkurrenz bei den Speicherchips – damals Intels erfolgreichstes Produkt – so stark aufgeholt, daß Intel allein im 3. Quartal 1983 114 Millionen Dollar verlieren sollte. Nach Jahren des Ausprobierens hatten die Japaner endlich gelernt, sich in dem schwierigen Geschäft der Herstellung von Speicherchips zurechtzufinden, und produzierten sie nun so effizient, daß Intels Position mehr als gefährdet war. IBM investierte 1983 und 1984 fast 400 Millionen Dollar in Intel, nur um sicherzustellen, daß ihr Zulieferer für Prozessoren noch eine Weile verfügbar war. IBM bekam dadurch einen beinahe zwanzigprozentigen Anteil an Intel. Außerdem erwarb IBM das Recht, weitere zehn Prozent zu kaufen.

Doch kaum hatte Intel erkannt, welch ein Hit der PC war und dann, wie schnell IBM den AT, den Computer der nächsten Generation, verkaufen würde, konsolidierte sich die Lage für Intel so rasant, daß es nun kein Bettler vor den Toren von IBM mehr war, sondern eine Firma, die in ein paar weiteren Jahren mehr verdienen sollte als IBM und die IBM Anfang der neunziger Jahre, was den Börsenwert anging, überholen sollte.

IBM verbrachte Jahre damit, Projektgruppen zusammenzustellen, die herausfinden sollten, wie man mit der Hardware weiter verfahren könne. Doch IBM änderte auch deshalb immer wieder ihre Meinung, weil verschiedene Splittergruppen in dem vergeblichen Versuch, alle Kunden glücklich machen zu wollen, bestimmte Projekte in die unterschiedlichsten Richtungen zerrten. Außerdem erschwerte der scharfe Wind, der inzwischen auf dem Markt blies, es den Bossen aus dem Außendienst, die IBM leiteten, bei einem einmal gefaßten Plan zu bleiben. Intel dagegen war so auf sein winziges Scheibchen des Chip-Marktes konzentriert, daß es schnell eine Strategie entwickeln konnte, die sich im Lauf der Jahre wenig änderte: den Plan nämlich, auf dieser Beziehung zu IBM bis zu dem Punkt aufzubauen, wo es weitgehend unabhängig von IBM war – und reich werden konnte.

Als es um den Chip ging, der das Herzstück des AT war, dominierte IBM Intel immer noch so stark, daß es darauf bestehen konnte, daß Intel die Rechte an diesem Chip einer anderen Firma übertrug. Dabei ging es darum, daß IBM aus einer zweiten Quelle schöpfen konnte, falls Intel Schwierigkeiten haben sollte. Aus Intels Sicht aber brachte diese Lizenz es in eine Konkurrenzsituation, die die Prozessorpreise bis zu dem Punkt sinken ließ, an dem Intel kaum noch etwas verdienen konnte.

Als der 80386 – der Chip der nächsten Generation – am Horizont auftauchte, beschloß Intel sich an eine Reihe extravaganter Spielchen heranzuwagen. Ein Hersteller von Computer-Prozessoren ist in einer gefährlichen Position. Er verkauft kein Produkt, bei dem beispielsweise ein US-Stahlarbeiter wüßte, was er damit anfangen sollte. Deshalb muß sich ein Hersteller von Prozessoren auf die Freundlichkeit von Fremden verlassen, und das in einer Welt, in der nur ein paar dieser Fremden helfen können – nämlich jene Handvoll von Großkunden wie IBM, die riesige Mengen von PCs verkauft, die diese Prozessoren nutzen könnten. Als IBM wenig Interesse zeigte, den 80386 bald einzusetzen, sah Intel sich vor der Alternative, entweder jemand anderen zu finden, der für den Chip eintreten und ihn in einem PC auf den Markt bringen würde, oder herumzusitzen und darauf zu warten, bis IBM sich des 80386 annahm – dabei aber immer vor Augen, daß es mit dem Chip der vorhergegangenen Generation wenig Geld machte, weil die Konkurrenz in diesem Marktsegment einfach zu erdrückend war. Intel hatte noch einen besonderen Ansporn, einen Förderer für den 80386 zu finden, denn schließlich besaß es das Monopol. Je schneller es ihm gelang, den neuen leistungsfähigeren

Chip auf dem Markt zu plazieren, desto eher konnte es der bedrückenden Konkurrenz entfliehen, der es sich bei den älteren Prozessoren gegenübersah. Deshalb wandte Intel sich schließlich an Compaq, ignorierte ganz bewußt das Risiko, dadurch seinen wichtigsten Kunden, IBM, zu verprellen.

Nachdem sich dieser Schachzug ausgezahlt hatte und die erfolgreichen Maschinen von Compaq die Kunden mehr in Richtung des neuen Intel 80386 drängen ließ, mußte sich Intel allerdings noch mit IBM auseinandersetzen. Ende 1986 hatte Intel mit seinem Prozessor genug verdient, um sich nun der Forderung von IBM widersetzen zu können, die Rechte an diesem Chip ebenfalls an einen anderen Hersteller zu geben, so daß IBM die zweite Quelle wieder einmal garantiert gewesen wäre. Doch Intel beruhigte IBM mit dem Zugeständnis, ihr das Recht zuzubilligen, den 80386 Chip für den eigenen Gebrauch selbst herzustellen – und das, obwohl diese Entscheidung Intels eigenes Verkaufsergebnis schmerzlich hätte beeinträchtigen können. Außerdem erlaubte Intel der IBM, den 80386 zu verändern, wie immer sie wollte. Diese Entscheidung hätte Intel völlig zerstören können, weil IBM über eine Prozessor-Technologie verfügt, die Weltklasse ist und noch leistungsfähigere Varianten des Intel-Chips hätte hervorbringen und den 80386 damit vom Markt drängen können. Die IBM-Bosse sagen, sie hätten tatsächlich zweimal versucht, Versionen des 80386 zu fertigen, die weit leistungsfähiger gewesen wären. IBM hatte es aber wieder einmal nicht geschafft, sie rechtzeitig herauszubringen.

An einer Version hatte sich Glenn Henry, ein erfahrener IBM-Informatiker, versucht, der gehofft hatte, den Intel 80386 mit einem Workstation-Chip zu kombinieren, den IBM damals gerade entwickelte. So hätte der Chip alle Programme laufen lassen können, die für den PC gedacht waren, IBM aber auch die Möglichkeit gegeben, die Zukunft des Marktes zu bestimmen. Weil Henrys Kreuzung ebenfalls Programme laufen lassen würde, die für den leistungsfähigen Workstation-Chip entwickelt worden waren, hätte IBM den Kunden unabhängig von Maschinen gemacht, die Intel-Chips benutzten, indem sie den Kunden für Software interessierte, die speziell für IBM-Workstations entwickelt worden war. Hätte IBM die Aufmerksamkeit der Kunden auf die Software für die Workstations lenken können, hätte IBM, und nicht Intel, den Standard bei der Hardware für IBM-kompatible Maschinen besessen. Die Resultate von Henrys Experiment waren vielversprechend, doch wieder einmal kam alles zum Stocken.

Henry sagt, er habe schließlich den Punkt erreicht, an dem er drei oder vier Tage pro Woche unterwegs gewesen sei, nur um andere bei IBM über den Fortgang seiner Arbeit zu informieren und sie um Unterstützung zu bitten. So seien ihm nur noch ein oder zwei Tage in der Woche geblieben, an denen er das Projekt habe vorantreiben können. Er hatte schließlich aufgegeben, IBM frustriert verlassen und war zu Dell Computer gegangen, einem direkten Konkurrenten. Erst 1991 gelang es IBM, eine eigene Variante des 80386 in ihren PCs einzusetzen, aber der Chip wies nur so wenige neue Vorzüge auf, daß er Intel nicht im mindesten zu schaden vermochte.

Nachdem Intel aus den Spielchen, die es 1986 begonnen hatte, siegreich hervorgegangen war, hatte es ein Monopol auf den Chip 80386 und erzielte einen unerwartet hohen Spekulationsgewinn. Das einzige, was noch wie ein Damoklesschwert über seinem Kopf hing, war der zwanzigprozentige Anteil, den IBM besaß. Intel wollte, daß IBM diesen Anteil verkaufte, damit andere PC-Hersteller sich weniger Sorgen machten bei ihren Geschäften mit Intel. IBM tat's. Sie verkaufte die Aktien 1986 und 1987 für etwa 625 Millionen Dollar, was nach drei Jahren einem Gewinn von beeindruckenden 50 Prozent auf die ursprünglich gezahlten 400 Millionen Dollar gleichkam. Allerdings bei gleichzeitigem Verzicht auf die Chance, noch mehr Geld zu machen, als es ihr bei all ihren Bemühungen auf dem PC-Sektor gelang. Die Aktien, die IBM gekauft hatte, wären heute 5,4 Milliarden Dollar wert; hätte die Firma sie behalten, dann hätte IBM mit ihrer kleinen Investition glatte fünf Milliarden Dollar gemacht. Außerdem hatte IBM niemals ihr Recht wahrgenommen, die zusätzlichen zehn Prozent von Intel zu kaufen, womit sie auf weitere 2,5 Milliarden Dollar verzichtet hatte.

Nachdem Intel alle Hindernisse aus dem Weg geräumt hatte, ereignete sich 1986 und 1987 etwas recht Seltsames. Kunden, Analytiker und die Presse bezeichneten, wenn sie über PCs redeten, den Intel-Prozessor als deren Herzstück, ohne IBM-Maschinen, Compaq-Maschinen oder sonstige auch nur zu erwähnen. Die Veränderung war anfangs kaum erkennbar, doch das IBM-Logo begann an Wert zu verlieren. Nicht IBM gehörte die Zukunft, sondern Intel und Microsoft.

Lowe machte sich wegen Intel und der Clones derartige Sorgen, daß er sich nicht recht konzentrieren konnte und eine Unmenge strategischer Chancen auf anderen Feldern des PC-Marktes glatt übersah. Mitte der achtziger Jahre interessierten sich die Kunden so sehr dafür, ihre Computer mit Erweiterungsspeichern, Diskettenlaufwerken und ähnlichem zu verbessern, daß sich Märkte im Umfang von vielen Milliarden Dollar entwickelten, doch IBM wollte sich daran nicht beteiligen. Sie sah sich nun einmal als Verkäufer von Systemen, nicht als purer Zulieferer von Teilen. Deshalb waren es die Seagates und Conners der Welt, die ihr Vermögen durch den Verkauf von Diskettenlaufwerken an unerschrockene Privatkunden und Cloner machten, obwohl IBM sowohl die Technologie für Disketten als auch für Diskettenlaufwerke erfunden hatte.

IBM ist der größte Chip-Hersteller der Welt, doch es waren die japanischen Firmen, die mit dem Verkauf von Speicherchips an Clone-Hersteller Gewinne machten und dabei lernten, wie man Chips billiger herstellen kann, als IBM es konnte, was bedeutete, daß die Konkurrenten von IBM beim Kauf von Speicherchips häufig einen Kostenvorteil hatten.

Lowes Team versuchte, ein Modem zu bauen und es durch Händler zu verkaufen, doch sie machten es schlecht. Hayes, eine kleine Firma in Atlanta, hatte mit seinem Modem so viel Erfolg gehabt, daß es nun als Norm für Modems galt, die untereinander kommunizieren. IBM allerdings wollte nie anerkennen, daß ein anderer die Norm bestimmte, weshalb ihr Modem ausschließlich in der IBM-

Modem-Sprache ›redete‹, nicht in der von Hayes. Das bedeutete, ein IBM-PC mit einem IBM-Modem konnte nur mit einem anderen IBM-PC kommunizieren, aber nicht mit irgendeiner der Millionen von anderen Maschinen, die es draußen gab. Für PC-Anwender machte das keinen Sinn. Sie wollten mit jedermann sprechen. Deshalb wurde das IBM-Modem ein Flop.

Die größte Chance ließ sich IBM Mitte der achtziger Jahre entgehen – die Drucker, die allerdings nicht zu Lowes Unternehmensbereich gehörten. Der Druckersektor, in Lexington/Kentucky beheimatet, hatte schon früh Pläne entwickelt, PC-Drucker zu produzieren. Die Bosse dort studierten und überprüften alles, um festzustellen, warum die Japaner so viel Erfolg hatten, und fanden schließlich einen Weg, den Fähigkeiten der japanischen Produkte gleichzukommen und die Japaner auf der Kostenseite sogar zu schlagen. Es gab nur ein Problem: Die Produkte würden vor Steuern lediglich eine Verdienstspanne von ungefähr acht Prozent bringen. Das war in etwa das, was auch die Japaner übrig hatten. Zu einer Zeit, da IBM über den ganzen Unternehmensbereich verteilt an zwei- bis dreimal höhere Verdienstspannen gewöhnt war – ganz besonders dank der höheren Verdienstspannen der Auslandsniederlassungen, wo die Preise möglicherweise doppelt so hoch waren wie in den Vereinigten Staaten –, war das allerdings undenkbar. Die IBM-Bosse unter ihrem Vorstandsvorsitzenden John Opel sahen IBM immer noch als *eine* Firma und nicht als den Zusammenschluß verschiedener Firmen. Deshalb gab es auch nur ein Verdienstspannenziel für alle, und acht Prozent vor Steuern reichte da einfach nicht aus.

Ed Lucente, der den Schreibmaschinen- und Druckersektor damals leitete, reiste, mit vielen Folien bestückt, nach Armonk, um für seine Sache einzutreten. Er wartete draußen in dem stillen, vornehmen Eckchen der Zentrale, wo das Management-Komitee zusammenkam. Dann wurde er hineingerufen und durfte darlegen, welche Chance er hier sah und daß sie sich seiner Meinung nach langfristig auszahlen würde. Dafür erntete er allerdings nur Hohn und Spott.

Was dachte sich die Gruppe aus Lexington nur dabei,

solch eine magere Verdienstspanne überhaupt in Erwägung zu ziehen? wurde er gefragt. Wollte er denn die gesamte Firma ruinieren?

Der Plan wurde zur weiteren Überprüfung nach Lexington zurückverwiesen. Nachdem wieder dieselben Argumente vorgetragen worden waren, wurde der Vorschlag ein weiteres Mal zurückverwiesen.

Irgendwann gab Lexington dann nach und legte einen Produktplan vor, bei dem die Preise zu hoch waren, um die Drucker gut verkaufen zu können. Doch immerhin erfüllte man die Verdienstspannen-Erwartung des Management-Komitees. Kaum war IBM dann im Geschäft, wurden die Preise sogar noch ein wenig gesenkt, sobald sich herausgestellt hatte, daß die Kunden nicht gerade wild auf die IBM-Drucker waren. Dennoch blieb es weiterhin bei den IBM-Gepflogenheiten, Verkäufe eher zu verhindern.

Ein Team von Marketing-Experten war herumgereist und hatte mit Computerhändlern diskutiert, wie man Drucker vertreiben könne. Kathy Vieth, die damals in Lexington eine leitende Funktion innehatte, sagt, sie hätten auch viele gute Ratschläge bekommen. Die IBMler wären darauf hingewiesen worden, daß das Kaufverhalten der Kunden bei Druckern anders sei als bei PCs; Drucker würden gewöhnlich im nachhinein erstanden. Deshalb könne IBM, so hatten sie gewarnt, nicht dieselbe Markentreue erwarten, die es bei den PCs gäbe. Statt dessen wurde IBM eine engere Zusammenarbeit mit den Händlern empfohlen. Sie sollte ihnen höhere Verdienstspannen, bessere Zahlungsbedingungen und so weiter zusichern, um sie anzuregen, IBM-Drucker überhaupt anzubieten.

Die IBMler hatten genickt und waren an ihre Schreibtische zurückgekehrt. Doch bei IBM ist es schwer, völlig neue Wege zu gehen. Vorschläge in diese Richtung wurden gewöhnlich abgeschmettert oder zumindest zerredet, weil IBM-Marketing und dem Marketing verwandte Produktgruppen ihre Einwände vorbringen. Sie behaupteten beispielsweise, man könne gefährliche Präzedenzfälle für andere IBM-Produkte schaffen, wenn man Händlern höhere Verdienstspannen und flexiblere Konditionen zubillige. Jeder,

der bei IBM schnell etwas durchbringen wollte, mußte mit althergebrachten Argumenten kommen, um das zu erreichen, weil sie bei IBM bereits einmal durchgekommen waren und den ›Prozeß‹ überlebt hatten.

Als IBM also die Verdienstspannen und die anderen Bedingungen für Drucker für die Händler festlegte, waren das schließlich genau dieselben wie bei den PCs, die nach Meinung der Händler keine Aussicht auf Erfolg hätten. Und so war es auch. Der ProPrinter wurde deshalb ein Flop.

»Wir gingen noch einmal zu den Händlern, fragten sie, wie das komme, und sie antworteten: ›Wir haben Ihnen doch gesagt, das würde nicht funktionieren‹«, erklärt Kathy Vieth. Lachend fügt sie hinzu: »Wir rieten ihnen: ›Nun, sagt es uns noch mal.‹«

Doch der ProPrinter wurde für IBM noch zu einem hübschen kleinen Geschäft, aber als sie versuchte, ihn zu einem hübschen großen Geschäft zu machen, konzentrierte sie sich auf die falschen Themen. Langjährige IBM-Bosse gestanden während der achtziger Jahre in privaten Gesprächen, daß die japanischen Firmen ihnen schlaflose Nächte bereiteten. Ständig grübelten sie über die Zukunft von IBM nach. In der Annahme, das Geheimnis der Japaner läge in den riesigen Fabriken, die preisgünstige Produkte ausstießen, war Opel Anfang der achtziger Jahre von dem Gedanken fasziniert, Roboter könnten ihm helfen, die Lohnkosten zu senken.

Er investierte 350 Millionen Dollar in die Automation der Fabrik in Lexington, die die IBM-Drucker produzierte, und benutzte sie bei Kunden und der Presse als Möglichkeit zu demonstrieren, daß die Herstellungsprozesse bei IBM auf der Höhe der Zeit waren. Das Problem war, daß die Lohnkosten nur ein paar Prozent der Kosten jeder einzelnen Maschine ausmachten. Selbst wenn durch die Automation diese Kosten um die Hälfte gesenkt worden wären, hätte das die Gesamtkosten vielleicht nur um ein Prozent gedrückt. Tatsächlich kam es darauf an, die richtigen Produkte zu entwerfen, und Lexington hatte bei den PC-Druckern völlig danebengelegen.

Mitte der achtziger Jahre begannen Laserdrucker die PC-Industrie aufzumischen, doch die Leute in Lexington bildeten sich ein, mehr als die Firmen zu wissen, die sich bemühten, Laserdrucker zu bauen. Lexington produzierte teure Hochgeschwindigkeits-Laserdrucker für Großrechner, wußte also, daß nur einer der Spiegel, der den Laserstrahl auf ein Blatt Papier wirft, nur um einen einzigen Buchstaben zu formen, Tausende von Dollar mehr kostete, als ein PC-Laserdrucker vermutlich kosten durfte. Lexington, zu blasiert, wenn es um detaillierte Kostenanalysen ging, und von der Firmentradition her nicht in der Lage, über den IBM-Horizont hinauszudenken oder sich einmal auf dem Markt umzusehen, sagte sich, ein Laserdrucker sei noch nicht möglich.

Canon, frei von IBMs Reichtum an Informationen, fing einfach an und baute ein preisgünstiges Laserdruckeraggregat – das mechanische Innenleben der Maschine. Zu diesem Zeitpunkt hätte Lexington die Canon-Hardware noch kaufen und einen Drucker produzieren können, doch – trotz der Erfahrungen mit dem Original-PC – vermochte IBM sich nicht mit dem Gedanken anzufreunden, sich bei einem so zentralen Teil der Technologie eines Produkts auf einen Zulieferer verlassen zu müssen. Hewlett-Packard, ebenfalls eine konservative Firma, aber frei von der IBM-Firmenkultur, legte los, kaufte die Canon-Motoren, versah sie mit einer Abdeckung, baute ein wenig Software ein und eroberte den Markt. Heute gehören HP 60 bis 70 Prozent des Marktes für Laserdrucker. HP macht pro Jahr mehr als zwei Milliarden Umsatz und hat eine Verdienstspanne, die IBM gern gehabt hätte, obwohl es das Innenleben seiner Drucker nach wie vor bei Canon kauft.

Schließlich gab IBM die ganzen hübschen Fertigungsautomaten auf und verkaufte die Fabrikationsstätte in Lexington, weil man der Meinung war, es handele sich um einen zu vernachlässigenden Geschäftszweig.

Lowe übernahm einige von Estridges Projekten, baute einen Laptop-Computer und eine schnellere Version des XT, doch auch die wurden schnell Opfer der ausgefeilten Entwicklungsprozesse von IBM. Die Pläne für einen IBM-Laptop waren zu dem Zeitpunkt, als man darüber nachzudenken begann, mit denen der Konkurrenten vergleichbar gewesen. Doch die PC-Bosse der Wettbewerber hatten nicht ständig durchs ganze Land fliegen, die Hälfte ihrer Arbeitswochen in Konferenzen verbringen und andere Teile der Organisation über ihre Pläne unterrichten müssen. Die Entwicklungs-Bosse der Konkurrenz mußten nicht zentimeterdicke Kladden stapeln, die täglich eine Unmenge an Schreibarbeit erforderlich machten – so daß die Bücher jedesmal, wenn ein Boß sie sehen wollte, immer bis zum letzten Detail des Projekts auf dem neuesten Stand waren.

Die Wettbewerber brauchten auch nicht den Wünschen von Außendienstlern in 160 Ländern nachzukommen, bevor sie mit einer Entwicklung beginnen oder sie weiterführen konnten. Und schließlich mußten die Konkurrenten sich auch nicht mit dem bei IBM üblichen ›Eskalations‹-Prozeß herumschlagen, bei dem Dutzende von Auseinandersetzungen zwischen der Entwicklungsgruppe und anderen Teilen von IBM immer weiter nach oben getragen wurden und dann nach Wochen, in denen Folien vorbereitet worden waren und intern gestritten worden war, irgend jemand eine Entscheidung traf, die dann wieder durch die Bürokratie nach unten weitergegeben werden mußte.

Die IBMler jedoch hatten mit all diesen Problemen – und mehr – zu kämpfen, und dank des IBM-Systems kam der Laptop sehr spät. Der Convertible Laptop war bereits in dem Moment ein hoffnungsloser Fall, als er die Fabrik verließ. Bei der Ankündigung im April 1986 hinkte er den Laptops der Konkurrenz um fast eine Generation hinterher. Er wurde wegen des hohen Gewichts, nicht genügender Leistung und eines Bildschirms kritisiert, auf dem man kaum etwas lesen konnte. Der Convertible hatte nicht mal ein Modem. Der Produktmanager konnte es nicht über sich bringen, in seinem Computer ein Hayes-Modem zu benutzen, und IBM hatte zu diesem Zeitpunkt noch kein eigenes verfügbar. Er war arrogant genug anzunehmen, die Kunden würden warten, bis IBM ihr Modem fertig hätte. Das war ein Irrtum. Lowe setzte Mitte 1986 unverzüglich seine Experten daran, dieses Problem zu lösen, doch der IBM-›Prozeß‹ hatte bis zum Jahresende auch diese Bemühungen wieder im

Keim erstickt. Lowe kam mit der nächsten Generation des Convertible sechs bis neun Monate nach der Konkurrenz auf den Markt und schaffte den Anschluß nie mehr. Wegen der Probleme, die IBM 1984 mit dem tragbaren Computer gehabt hatte und jetzt mit dem Laptop, war ihm ein Markt verschlossen geblieben, der inzwischen etliche Milliarden Dollar pro Jahr ausmacht.

Der Convertible wurde zu einem solchen Witz, daß selbst ein Typ wie Lowe darüber Scherze machte. Als er im Juni 1988 bei einer Pressekonferenz gefragt wurde, wie sich der Laptop verkaufe, lächelte Lowe nur müde und sagte: »Wenn Sie einen haben möchten, können wir Ihnen sicher einen besorgen.«

Mit der Version des XT war es sogar noch schlimmer. Das Projekt hatte anfangs ausgesehen wie eine ganz alltägliche Übung im Gerätebau, weil es sich nur alter Technologien bediente. Der Plan sah vor, den XT irgendwann Anfang 1985 als eine weniger teure Variante des AT herauszubringen. Aber die Arbeit daran schleppte sich derart dahin, daß der XT 286 das Licht der Welt erst im August 1986 erblickte. Seine Technologie war zu diesem Zeitpunkt so veraltet, daß er sogar noch schlechter als der Convertible abschnitt. Der XT 286 war bereits ein hoffnungsloser Fall, *bevor* er die Fabrik verließ.

Noch schlimmer war vermutlich, daß Lowes Team etwas Schreckliches völlig übersehen hatte, obwohl die Pläne wieder und wieder überprüft worden waren. Die Steckkarten, gedacht für seine Bruder-Maschine, den AT – um einen Erweiterungsspeicher zu installieren, eine Festplatte oder etwas anderes – waren zu hoch für den XT 286. Jeder, der eine solche Steckkarte benutzen wollte, mußte die Abdeckung von seiner Maschine nehmen, wodurch das Innenleben des PCs bloßlag. Der XT wurde wie der Convertible das, was IBMler einen ›Bootsanker‹ nennen, was bedeutete, daß man ihn von Bord werfen mußte.

Während Lowe noch darüber nachdachte, ob er seine Produktlinie 1986 ›auffrischen‹ – das war die IBM-Ausdrucksweise – sollte, um gegen die Clones anzugehen, berichtete ihm jemand von einer Technik, die eine Gruppe an einem obskuren Stück Hardware entwickelt hatte, die sich eigentlich teilweise mit den Problemen von Hochfrequenz-Emissionen bei PCs beschäftigte. Diese Gruppe, die sich zunehmendem Ärger gegenübersah, den FCC-Richtlinien zu entsprechen, die verlangten, daß PCs keine Radioprogramme stören durften, hatte nämlich eine Lösung gefunden. Dazu gehörte, den ›Bus‹ zu verändern, eine Sammelleitung, über die die Komponenten eines Computers verbunden sind. Die Lösung beinhaltete außerdem eine Veränderung der Kontaktfüßchen, die am Ende der Steckkarte hervorlugten. Das Layout dieser Pins zu verändern hätte bedeutet, daß alle Speicher, die für den Gebrauch mit früheren PCs verkauft worden waren, nicht in die Schlitze der PCs paßten, die den neuen Bus benutzten. Das war, als wollte man einen dreipoligen Elektrostecker in einer Welt benutzen, in der alle Steckdosen zweipolig sind und in der es keine Adapter gibt. Den Ingenieuren war das jedoch egal. Sie hatten eine saubere Lösung für das Funkwellenemissions-Problem gefunden, und Ingenieure lieben nun einmal saubere Lösungen.

Wie sich herausstellen sollte, störte sich Lowe ebenfalls nicht daran. Den Kunden hatte es nichts ausgemacht, daß IBM in den AT einen anderen Bus eingebaut hatte als in den Original-PC, deshalb sagte sich Lowe, es würde sie nun ebensowenig irritieren. Dazu kam, daß Lowe und sein Boß Armstrong den Bus als eine Möglichkeit betrachteten, einen alten Großrechner-Trick anzuwenden: IBM hatte festgestellt, daß diejenigen, die ihre Maschinen kopieren wollten, immer neun bis achtzehn Monate hinterherhinkten, wenn IBM das Innenleben einer Maschine nur schnell genug veränderte. Wenn die Cloner Computer bauen wollten, die exakt so waren wie die von IBM, dann mußten sie einen Weg finden, die komplizierten Schaltungen in diesem Bus zu kopieren. Möglicherweise, so dachte Lowe, würde der Bus ihm ja eine Atempause verschaffen.

Nach dem ursprünglichen Plan war der Bus nur für die neue hochwertige Maschine gedacht, die auf dem Intel-80386-Chip basierte. Doch nachdem er die für die Halbzeit des Super-Bowl-Endspiels von 1987 geplante Ankündigung zurückgezogen hatte, um die Dinge noch einmal gründlich überprüfen zu lassen, entschloß sich Lowe, mit dem Bus – Micro Channel genannt – weiterzumachen. Lowe entschied sich, den Micro Channel in den mittelgroßen Computer einzubauen, der den veralteten Chip der AT-Klasse benutzte. Auch wenn man die Möglichkeit, einen Computer über seinen Bus verkaufen zu wollen, in etwa damit vergleichen konnte, ein Haus aufgrund seiner Installationen zu veräußern, solange der Micro Channel der einzige Unterschied zwischen der Hardware von IBM und der der Cloner war, sagte sich Lowe, er könne ihn schließlich auch in so vielen anderen Maschinen wie möglich benutzen, selbst wenn das eine Verzögerung von einigen Monaten bedeuten würde, da einige dieser Maschinen aus diesem Grund neu überarbeitet werden müßten.

Lowe wußte, daß der Micro Channel nach einer schlagkräftigen Verkaufstaktik verlangte, weil er den Anwendern kurzfristig keinerlei sichtbare Vorteile bot, glaubte aber, sie durch die Aussicht auf langfristige Vorteile bei der Stange halten zu können. Diese Methode hatte bei den Großrechnern immer funktioniert, denn dort hatten die IBM-Bosse den Kunden grundsätzlich eine Technologie-Strategie dargelegt, für deren Verwirklichung sie dann zehn Jahre Zeit gehabt hatten.

Teil dieser Marketingtaktik mußte es nach Lowes Ansicht sein, der ganzen Welt zu erklären, wie ernst er es mit dem Micro Channel meinte. Deshalb ließ er den AT sterben. Er war sein Topprodukt und das Beste in der PC-Geschichte bis zu diesem Zeitpunkt. Er erlaubte es den Kunden auch, die Vielzahl von Schaltbrettern zu nutzen, an die sie sich gewöhnt hatten, wenn sie den Speicher ein wenig erweitern oder ein Diskettenlaufwerk anschließen wollten. Aber Lowe wollte den Kunden nicht die Wahl zwischen dem alten Standard und dem Micro Channel lassen – nicht, wenn der Micro Channel zum neuen Standard erhoben werden sollte.

Als weiterer schicksalsträchtiger Schritt erwies sich Lowes Entscheidung, die ganze neue Linie müsse $3^1/_2$-Zoll-Disketten benutzen und nicht die bis dahin üblichen $5^1/_4$-Zoll-Disketten, die inzwischen längst als Norm galten. Die $3^1/_2$-Zoll-

Disketten waren den größeren klar überlegen. Sie konnten mehr Daten speichern als ihre älteren Cousins, und dank ihrer harten Plastikhülle waren sie widerstandsfähiger gegen Beschädigungen als die $5^1/_4$-Zoll-Disketten in ihren Papphüllen. Die Frage war nicht, ob die kleineren Disketten zum Standard werden würden, sondern wann. Lowe glaubte den Einfluß von IBM nutzen zu können, um den Kunden klarzumachen, daß dieser Zeitpunkt jetzt gekommen war.

Nachdem die wichtigsten Hardware-Entscheidungen getroffen waren, mußte Lowe nur noch eine angemessen extravagante Ankündigung für Anfang April 1987 vorbereiten.

Seine Marketing-Leute mieteten das Miami Convention Center, wo sie Tausende ihrer größten Kunden und viele Computerhändler für ein paar Tage unterbringen und sie über die große Neuigkeit informieren wollten. Ein kluger Schachzug, weil die Menschen aus dem kalten Norden das warme Wetter genossen und gern blieben. Als der große Tag gekommen war, setzten sie ein Feuerwerk und eine Lasershow ein, um eine poppige Atmosphäre zu kreieren. Auch die Eingeladenen schienen freudig erregt. Außerdem hatte Lowe zu einer Pressekonferenz ins Auditorium der Kunstgalerie im Untergeschoß des IBM-Hauptgebäudes in New York City eingeladen, und dort drängten sich die Reporter.

Die ganze Computerindustrie hielt die IBM-Ankündigungen für einen historischen Moment in der Geschichte der Computerbranche. Software-Entwickler, Konkurrenten und Kunden sagten sich, sie müßten sich den Plänen von IBM anpassen – und jeder hätte darauf gewettet, daß viele der Wettbewerber nicht mehr so lange überleben würden, daß sie irgendwann einmal erzählen könnten, wie sie sich mit IBM angelegt hätten.

Die neuen Maschinen trugen den Namen ›die PS/2-Generation‹. Das stand für Personal System 2. John F. Akers, der neue Vorstandsvorsitzende, hatte auf der Benennung ›System‹ bestanden, weil sich das gewichtiger anhörte, mehr nach Großrechner als nach dem Charlie-Chaplinesken Original-PC. Die Computer verfügten über eine scharfe Grafikgestaltung, die es den IBMlern erlaubte, einige Demos mit Fernsehqualität zu zeigen. Da sah man Bilder von zwischen

Bäumen gelegenen Häusern oder Metallkugeln, die das Abbild der sie umgebenden Gegenstände präzise reflektierten. Außerdem hatte Lowe Demos anfertigen lassen, um zu beweisen, wie er IBM-Know-how eingesetzt hatte, um den Clonern zu begegnen: Leitende Angestellte hatten sich wie gewöhnliche Arbeiter ans Fließband gestellt und vorgeführt, daß sie einen PS/2 in weniger als einer Minute zusammenbauen konnten, womit sie zeigen wollten, daß IBM bei der Produktion des neuen Systems sogar Lohnkosten sparte.

Obwohl die Maschinen nur auf geringes Interesse stießen, schafften es Lowe und IBM doch, so viel Aufmerksamkeit zu erregen, daß es so aussah, als müßten sie sich nun nur noch darum sorgen, wie sie sich die Cloner vom Hals halten konnten. Diesmal hielt Lowe IBM für vorbereitet.

Er war bereit, eine Unmenge Patente anzumelden, die alle Teile des Micro-Channel-Designs umfaßten. Wer den kopieren wollte, brauchte dazu ein Jahr oder länger – erzählte er damals den Leuten. Für jeden, der versuchte, die neuen Designs zu clonen, hatte Lowe sogar zwei Überraschungen bereit. Die erste war, daß er die Geschwindigkeit des Micro Channels steigern konnte – und das auch tun würde, sobald jemand es geschafft hätte, die Geschwindigkeit der ersten Version zu erreichen. Die zweite war ein Geschenk seiner Anwälte. Sie hatten ihm erklärt, die Firmen, die AT-Clones hergestellt hatten, hätten einige Schlüsselpatente von IBM verletzt. Obwohl es schwierig wäre, das 1987 noch zu verfolgen – Jahre, nachdem die Konkurrenz diese Verstöße begangen hätte –, würde jeder, der die Rechte an den neuen Patenten wollte, auch für die alten zahlen müssen. In der Vergangenheit hatten Lizenznehmer IBM nur ein Prozent des Preises für das Produkt bezahlen müssen, für das sie das IBM-Patent nutzten, aber nun wollte Lowe fünf Prozent des Preises jedes verkauften Clones verlangen, was bei einem 3000 Dollar teuren Clone zusätzliche 150 Dollar ausmachte, und das in einem Markt, der von Niedrigpreisen abhängig war.

Lowe glaubte sich in einer großartigen Position und meinte, jetzt nur noch darauf warten zu müssen, daß die Clones kamen.

7. Kapitel

Die Clones kamen nicht. Bill Lowe wartete den Rest des Jahres 1987 und das Jahr 1988 darauf, daß Dell oder Tandy oder Toshiba oder irgend jemand einen erfolgreichen Clone auf den Markt warf. Lowe sagte, jeder, der versuche, die Micro-Channel-Architektur zu kopieren, solle entweder ausgesprochen geschickte Ingenieure haben oder eine Unmenge guter Anwälte. Während die Monate vergingen und die Konkurrenz den Micro Channel ignorierte, erklärte Lowe, er sei möglicherweise bereit, die Lizenzen für den Micro Channel zu vernünftigen Konditionen zu vergeben. Nichts geschah. Daraufhin war er bereit, sie unter fast jeder Bedingung zu vergeben. Schließlich mußte Lowe die anderen Firmen förmlich bitten, den Micro Channel zu übernehmen. Wie hätte IBM auch behaupten können, über den neuen Standard zu verfügen, wenn niemand sonst ihn benutzte?

Dabei wären die Clones fast gekommen. IBM hatte eine solche Verwirrung gestiftet und schien immer noch soviel Kontrolle über den Industriestandard auszuüben, daß große Konkurrenten in Erwägung gezogen hatten, Clones zu produzieren. Sogar Compaq, der Erzrivale von IBM, hatte ein Großteil der technischen Vorarbeiten dafür abgeschlossen. Aber zunächst sollte IBM beweisen, daß die Kunden den Micro Channel wirklich wollten – und Compaq hatte sich vorgenommen, das zu verhindern.

Die Debatte begann direkt im Anschluß an die Ankündigung des IBM PS/2 im Frühjahr 1987. Dabei ging es äußerst förmlich zu. Überall in der Welt trafen sich Bosse von Compaq und IBM zu Diskussionsforen und sprachen höflich über ihren jeweiligen Gegner, doch diese Debatten lähmten die PC-Industrie für mehr als anderthalb Jahre. Als sie endlich beendet war, stellte sich heraus, daß IBM, was die Zukunft ihres PC-Bereichs anging, auf einer Belanglosigkeit herumritt – einem Stückchen Hardware –, dem Bus, der die Leistung des Computers kaum beeinträchtigte und von dem wohl die wenigsten wußten, daß er überhaupt zu einem PC gehörte.

IBM behauptete, der Micro Channel transportiere Daten schneller als der Standard-Bus. Das stimmte auch, doch Compaq war der Meinung, das sei unerheblich. Compaq sagte, IBM habe sich da für eine Welt voller langsamer Fahrzeuge eine Autobahn gebaut. Schon der Bus des AT habe seine Kapazität auch nicht annähernd ausschöpfen können, meinte Compaq, deshalb gäbe es zur Zeit noch keinen Bedarf für einen noch schnelleren Bus. Möglicherweise würde er eines Tages gebraucht werden, doch ganz gewiß sei er die 50 Prozent Preiszuschlag nicht wert, die IBM im Vergleich zu den Clones für ihre Maschinen verlange.

Compaq versuchte sich sogar als Moralapostel und behauptete, mit dem Micro Channel hätte die IBM das Vertrauen ihrer Kunden mißbraucht. Compaq wies darauf hin, die Großfirmen könnten die Platinen, die sie im Lauf der Jahre gekauft hätten, um bei den ATs den Speicher ein wenig zu erweitern oder beispielsweise Modems anzuschließen – nämlich in den neuen PCs –, gar nicht benutzen, sondern müßten sich für etliche hundert Dollar pro Zusatz neue Platinen kaufen. Denn die waren für den Anschluß an den Micro Channel neu gestaltet worden. Nach Compaq profitierte IBM als der einzige vom Micro Channel, weil IBM durch ihn wieder die Kontrolle über die Richtung übernehmen wolle – und könne –, die die Industrie in Zukunft ansteuerte. Und dann, so fuhren die Compaq-Leute düster fort, würde IBM die PC-Welt in Richtung des Großrechnermarkts drängen, wo die Kunden fast jeden Preis zahlen mußten, den IBM verlangte, weil es so gut wie keine Konkurrenz gab. Compaq erklärte, es werde die alten Werte erhalten, weiterhin den aus dem AT bekannten Bus benutzen, und behauptete, jetzt selbst die Industrie-Norm zu vertreten, nicht mehr IBM.

Bei IBM gab es daraufhin endlose Meetings, und sie schlug ein paar Wochen später zurück. Compaq reagierte mit einigen mehr technischen Bedenken, bei denen IBM schließlich einräumte, daß Compaq da recht habe. Aber wieder einmal war IBM zu langsam, so daß Compaq kräftig Punkte machte. Obwohl sich der Streit eigentlich nur noch um technische Einzelheiten drehte, schien Compaq dadurch auch an Ansehen zu gewinnen. In den von einigen Firmen in Fachblättern geschalteten Anzeigen wurde erklärt, daß ihre Maschinen *Compaq-kompatibel* seien.

Während die Debatte sich dahinschleppte, erschien eine Titelgeschichte des *Wall Street Journal* (nicht von diesem Reporter geschrieben), die die Positionen fein säuberlich auflistete. In der Story kam der Journalist zu dem Schluß, der Micro Channel sei die IBM-Version einer bestimmten Colgate-Zahncreme, die mit dem mysteriösen Zusatz MFP geworben habe. Keiner wußte, was das sein sollte, aber Colgate behauptete, es könne Wunder vollbringen. IBM war peinlich berührt, weil sehr angesehene Kunden und Industriebosse zitiert wurden, die nicht die mindeste Ahnung hatten, worüber IBM da überhaupt redete. Ed Belove, einer der Technik-Chefs beim Software-Giganten Lotus Development, hatte dem *Wall Street Journal*-Reporter erklärt, an dem Micro Channel müsse aber irgend etwas sein, weil IBM das schließlich gesagt habe. Er wisse allerdings nicht, was es sei. Noch ein Punkt für Compaq.

Auch die Kunden gerieten 1987 und 1988 allmählich in Harnisch. Lowes Edikt, wonach die gesamte PC-Welt sich augenblicklich auf $3^1/_2$-Zoll-Disketten umzustellen hatte, mochten sie nicht so einfach schlucken. Besonders die großen Firmen wollten sich die Entscheidung, wann sie zu den neuen Disketten wechselten, vorbehalten und es sich nicht von IBM oder sonst irgend jemandem diktieren lassen. Sie entwickelten ein neues Vorurteil – aus Big Blue wurde plötzlich Big Brother. Das hatte zwar in der Welt der Großrechner funktioniert, aber nicht bei den PCs, wo die Kunden die Wahl hatten.

Kaum hatten die Kunden im Frühjahr 1987 mit ihrer Meuterei gegen den neuen IBM-PS/2 begonnen, entschieden sie sich rasch, daß sie eigentlich zwei Computer-Typen wollten. Einmal PCs, die auf dem neuen Intel-Chip 80386 basierten, oder gute alte verläßliche Maschinen, die IBMs AT ähnelten.

Lowe bot Mitte 1987 allerdings keinen von beiden an. Er hatte den AT sterben lassen. (Interessanterweise hatte Lowes langjähriger Boß Mike Armstrong, der Ende 1986 nach Paris versetzt worden war, von wo aus er die europäischen Niederlassungen leitete, sich entschlossen, den AT dort weiter bauen und vertreiben zu lassen. Er blieb ein großer Erfolg.) Außerdem hatte Lowe nicht rechtzeitig die Möglichkeiten erkannt, die der 80386 bot, und konnte erst Ende 1987 einen PS/2 auf den Markt bringen, der auf dem Chip basierte – mehr als ein Jahr nach Compaq. Aber zu diesem Zeitpunkt war der Name Compaq bereits so eng mit den Maschinen verknüpft, die auf dem 80386 basierten, daß es weiterhin mehr absetzte als IBM. Auf einen verkauften IBM-Computer kamen in einem äußerst lukrativen Markt für diese neuen hochwertigen PCs drei oder vier von Compaq.

Der Marktanteil von IBM, der in der guten alten Zeit bei fast 80 Prozent gelegen hatte, war nach dem Auftauchen der Clones bereits unter vierzig Prozent gesunken. Lowe hatte seinen Vorgesetzten versichert, seine PS/2-Strategie würde diesen Niedergang stoppen und zu einem Wiederanstieg des Marktanteils führen. Doch 1987/88 rutschte er trotzdem weiter ab.

Lowe erkannte allmählich, aber nicht schnell genug, welchen Ärger er sich eingehandelt hatte. Er hatte sich eingeredet, seine PS/2-Linie böte das beste Preis-Leistungs-Verhältnis aller auf dem Markt befindlichen Maschinen. Er hatte an Folien und Overhead-Projektoren geglaubt, die seine leitenden Angestellten ihm gezeigt hatten. Da war es um alle möglichen obskuren Maßeinheiten bezüglich der Geschwindigkeit der Einzelteile des PS/2 gegangen, beispielsweise darum, wie schnell eine Festplatte Informationen zugänglich machte. Doch außerhalb von IBM interessierte sich niemand für diese Folien. Den Kunden war nur wichtig, wie schnell ein PC war, wenn es um tatsächliche Anwendungsmöglichkeiten – wie die Neuberechnung einer Tabellenkalkulation – ging. Und sie hatten erkannt, daß der einzige Unterschied zwischen den Maschinen von IBM und der Konkurrenz darin lag, daß IBM dreißig bis fünfzig Prozent höhere Preise verlangte. Lowe hatte so stark auf die Markteinführung des

PS/2 gesetzt, daß er 1987 und 1988 nur mit einigen neuen Modellen aufwarten konnte, und dabei handelte es sich um Maschinen, die nur geringfügig von dem Ursprungs-PC abwichen.

Wie bei IBM üblich, sagte sich Lowe, an seiner Strategie sei nichts auszusetzen, was man mit ein wenig Druck beim Vertrieb nicht ändern könne. Deshalb verbrachte er die Jahre 1987 und 1988 fast ausschließlich in der Luft, reiste quer durchs Land, um Kunden und Industrie-Bosse davon zu überzeugen, daß sie den PS/2 und seinen erstklassigen schnellen Bus brauchten. In einem Zeitraum von 18 Monaten saß Lowe nur ganze drei Tage am Schreibtisch in seinem Büro, überließ den PC-Bereich praktisch sich selbst und ignorierte die Probleme in der Beziehung zu Microsoft, die sich immer weiter zuspitzten.

Im Sommer 1988 griffen der Compaq-Boß Rod Canion und sein Vizepräsident Mike Swavely schließlich zum Telefon, um herauszufinden, ob die anderen PC-Firmen wohl bereit wären, IBM wegen des Micro Channels den Kampf anzusagen. Sie waren es. Canion und Swavely gelang es, acht weitere große PC-Hersteller zu finden, einschließlich Tandy und zweier anderer, die möglicherweise PCs bauen wollten, die den Micro Channel benutzten.

Compaq rechnete fest mit Unterstützung, vor allen Dingen aufgrund von Informationen, die es von IBMs alten Freunden Intel und Microsoft erhalten hatte. Canion hatte sich seinen Ärger über die dumme Idee, die der Micro Channel seiner Meinung nach war, bei Bill Gates von Microsoft und Andy Grove von Intel von der Seele geredet. Gates und Grove sprachen routinemäßig mit hochrangigeren Leuten der PC-Industrie als jeder andere, weil sie die Basisteile von PCs im IBM-kompatiblen Marktsegment an jedermann verkauften, und sie hatten viele andere genauso meckern hören. Obwohl sie eigentlich nicht vorhatten, eine Revolte gegen IBM anzuzetteln, hatten sie Canion und Swavely erzählt, daß andere Firmen ihre Abneigung gegen den Micro Channel teilten.

Nach dieser Bestätigung durch Microsoft und Intel hatte Compaq ein Großteil der technischen Arbeiten an einer Alternative zum Micro Channel so gut wie abgeschlossen, noch ehe Canion und Swavely die anderen Firmen angerufen hatten. Deshalb konnte Compaq bereits unter Beweis stellen, daß es einen Bus zu produzieren vermochte, der so schnell war wie der von IBM, aber – und das war der wesentliche Unterschied – einen, der die ganzen alten Steckkarten weiterhin nutzen konnte, die die Kunden schon besaßen und nicht wegwerfen wollten. Canion und Swavely blieben bei ihrer Meinung, daß die Kunden in den nächsten Jahren noch gar keinen schnelleren Bus brauchten, wollten sie aber zumindest wissen lassen, daß Compaq einen solchen Bus zur Verfügung stellen könne, sobald Bedarf bestünde. Kaum hatten die Kunden diese Zukunftsinformation, waren Canion und Swavely sicher, daß IBM mit seinem Micro Channel nun nicht weiterhin darauf pochen konnte, die Industrienorm zu besitzen, der die Kunden sich anpassen mußten.

1981, nur sieben Jahre bevor von Compaq zum Angriff auf IBM und die Kontrolle geblasen worden war, die sie über den PC-Sektor hatte, war Compaq nur ein Gedanke in den Köpfen einiger leitender Angestellter bei Texas Instruments gewesen. Sie waren anscheinend keine Ausnahmeerscheinungen. Und ihre Ursprungs-Idee war schlecht. Denn es sah nicht so aus, als könnten sie eine Finanzierung von Wagniskapitalgebern erwarten. Abgesehen davon war die künftige Firma prima in Form gewesen.

Die Angestellten, angeführt von Canion, waren frustriert wegen der Unfähigkeit von Texas Instruments, in den sich gerade in seinen Anfängen befindlichen Personalcomputer-Markt einzusteigen, und von seiner mangelnden Bereitschaft, es nach einem früheren teuren Fehlschlag wenigstens noch einmal zu versuchen. TI hatte bei den elektronischen Rechnern zu den Pionieren gehört und nicht vorausgesehen, wie schnell die Profite auf diesem Markt schwinden würden. Auch das Geschäft mit den Speicherchips war so gut gelaufen, daß TI sich überhaupt nicht vorstellen konnte, wie schnell die Japaner den Markt beherrschen würden – bis zu dem Tag, als TI gezwungen war, seine Chips vom Markt zu nehmen. Deshalb fühlte sich TI Anfang der achtziger Jahre so sicher und selbstzufrieden wie IBM während der ganzen Dekade und zeigte keinerlei Neigung, auch nur das geringste Risiko einzugehen.

Am Ende des Jahrzehnts war TI ein Gerippe. Es machte sein gesamtes Geld mit dem Verkauf der Rechte an seinen Patenten und verlor in allen anderen Geschäftszweigen. Nachdem es die Chance versäumt hatte, in den PC-Markt einzusteigen, hätte TI dann mehr Geld machen können, wenn es die gesamte Produktion und den Vertrieb eingestellt hätte, um nur noch ein paar Anwälte zu beschäftigen, die die Patentabschlüsse tätigen konnten.

Rod Canion erschien kaum wagemutig und wirkte ständig erschöpft. Er war groß, dünn und blaß, hatte glattes braunes Haar und eine blecherne, weinerliche Stimme. Canion blinkte unablässig mit den Augen. Offenbar kam er nicht mit seinen Kontaktlinsen zurecht. Canion und seine drei Mitbegründer entsprachen kaum dem Typ des radikalen Computerfreaks, der aus irgendeiner kalifornischen Garage heraus arbeitet. Sie waren Männer, die einer ›Organisation‹ angehörten, genauso wie die typischen IBMler. Jahre später fand sich in einem Compaq-Jahresbericht ein Foto der neun Top-Leute: Alle neun waren weiß und Männer, und sie trugen, wie es der Zufall so wollte, schwarze Anzüge, weiße Hemden und rote Krawatten. Doch im wichtigsten Punkt unterschieden sich Canion und die anderen von den typischen IBMlern: Sie waren bereit, ihren Kopf für eine Idee hinzuhalten, an die sie glaubten.

Als Canion an die Wagniskapital-Gesellschaft Sevin-Rosen herantrat, die in den frühen Tagen der PC-Industrie für viele der erfolgreichsten Neulinge die Finanzierung sichergestellt hatte, machte man ihm wenig Mut. L. J. Sevin war nicht gerade begeistert von Canions Idee. Denn der hatte vor, eine Zusatzkomponente für den IBM-PC herzustellen, und das wäre gewiß ein Desaster geworden, weil so viele andere dieselbe Idee gehabt hatten. Außerdem erklärte Sevin Canion, sein Unternehmensplan entspreche in keiner Weise den strengen Regeln, die er selbst und sein Partner Ben Rosen nach einigen Reinfällen für sich aufgestellt hätten. Doch

Sevin und Canion waren Freunde, hatten sich durch gemeinsame Bekannte aus der Halbleiterindustrie in Texas kennengelernt. Also versprach Sevin ihm, er wolle sehen, was er tun könne.

Als Sevin seinem Partner Rosen erzählte, er habe einen Freund, der ihren Kriterien nicht entspräche, mit dem sich aber vermutlich trotzdem ein Versuch lohne, sagte Rosen, das sei wirklich komisch. Dann erklärte er, er habe ebenfalls einen solchen Freund. Die beiden kamen überein, auf ihre Instinkte zu vertrauen, was diese Freunde anging, und so schafften sie ein Großteil des Kapitals für Canion und Compaq heran. (Rosens Freund brachte Sevin-Rosen übrigens genausoviel Gewinn. Es war Mitch Kapor, der Lotus gründete.)

Sevin verwarf Canions Idee von der Zusatzkarte, und so setzten sich Canion und einige seiner Ingenieure bei einem gemeinsamen Abendessen im Restaurant hin und zeichneten einen neuen Plan auf die Rückseite einer Serviette. Die Idee war ganz simpel: Es war ein IBM-kompatibler Computer mit einem Griff. Aber auch die Idee des tragbaren Computers allein war schon großartig. Somit konnte Compaq ein Produkt verkaufen, das IBM nicht hatte, weshalb es auch die Konkurrenz des Giganten nicht fürchten mußte. Außerdem war Compaq so bereits 1982 auf dem Markt für IBM-kompatible Computer vertreten, lange bevor die meisten der etablierten Firmen begriffen, daß IBM mit dem PC einen so starken Standard gesetzt hatte, daß die Kunden verlangten, daß jeder PC, den sie von einer anderen Firma kauften, mit der für die IBM-Maschinen geschriebenen Software funktionieren mußte und alle Peripheriegeräte nutzen konnte, die für den IBM-PC gedacht waren. Der Compaq-PC war plump, mit 30 Pfund sehr schwer, erzielte aber die beabsichtigte Wirkung. Compaq besaß eine günstige Ausgangsbasis und wurde prompt frecher. Es war nämlich die erste Firma, die den IBM-AT clonte, nachdem er im August 1984 eingeführt worden war. Als auch das geklappt hatte, war Compaq so schnell gewachsen, daß es bald als jüngste Firma aller Zeiten in die Top 500 von *Fortune* Einzug halten konnte und dann die Eine-Milliarde-Dollar-Umsatzgrenze überschritt.

Compaq hätte sich nun leicht in jene Selbstgefälligkeit fallen lassen können, die bei IBM gang und gäbe war. Doch Canion und Compaq dachten nicht daran, sich – wie häufig IBM – zurückzulehnen und auf Anstöße von den Kunden zu warten. Canion und seine Ingenieure konzentrierten sich mindestens ebensosehr auf das, was die Technologie inzwischen möglich machte – ein wichtiger Punkt, weil dies bedeutete, daß Compaq die erste Firma war, die Produkte auf den Markt brachte, von denen die Kunden noch nicht so viel wußten, daß sie danach hätten fragen können. Sie konnten ja nicht ahnen, daß so etwas überhaupt schon möglich war. Compaq war nicht nur die erste Firma, die 1986 mit einer Maschine auf den Markt kam, die auf dem Intel-80386-Chip basierte, sondern kam auch mit dem ersten guten Laptop heraus, dem ersten hochklassigen Notebook Computer (wieder einmal war die erste Skizze auf die Rückseite einer Serviette gezeichnet worden) und dem ersten ›Server‹, einer zunehmend wichtigen Form des PC, die in einem Abteilungs-Netzwerk Daten für den Gebrauch jedes einzelnen Nutzers speichert oder den Zugang der vernetzten PCs zu Laserdruckern, Faxgeräten und so weiter kontrolliert.

Compaq profitierte auch von einem gesunden Angstgefühl. Das war eine Emotion, die niemanden bei IBM je zu befallen schien. Canion und sein Team vergaßen ganz besonders in ihrer Anfangszeit nie, daß IBM sie ganz schnell vom Markt verdrängen konnte, wenn sie mit einem vergleichbaren Produkt herauskäme. Der Markenname IBM verkörperte eine so große Macht und ihre Marketing-Experten waren so stark, daß Compaq viel bessere Maschinen als IBM bauen mußte, nur um im Geschäft zu bleiben. Canion war sich auch bewußt, daß jeder seiner Konkurrenten ihn jederzeit vom Markt hätte fegen können, wenn er trödelte, und daß er dann möglicherweise das Versäumte nie würde aufholen können. Seine Investoren machten Canion ebenfalls die Hölle heiß, weil Wagniskapitalgeber ihre Investition nun einmal schnell und mit Gewinn wiederhaben wollen. Sie verfügen schließlich nicht über jene unerschöpflichen Reserven, die IBM so behäbig machten.

Deshalb gab es bei Canion und seinem Team auch nichts, was dem bewußten Entscheidungs-›Prozeß‹ bei IBM, welches Produkt gebaut werden sollte, auch nur im entferntesten glich – ein Prozeß, bei dem ganze Teams von Marketing-Experten Kunden ausfragten und Listen mit den Wünschen dieser Kunden zusammenstellten, die wiederum den Leuten in der Entwicklungsabteilung gegeben, dem Management zur Begutachtung vorgelegt und dann von den verschiedensten Marketing- und Produktgruppen in Diskussionen zerredet wurden, von denen die meisten nur das maßgebliche Interesse gemein hatten, radikale Veränderungen zu verhindern.

Bei Compaq war das anders. Da skizzierten ein paar Ingenieure eine Idee auf einem Fetzen Papier, brachten es ihrem Boß, und wenn der nickte, gingen sie an die Verwirklichung ihrer Idee. Einige dieser Ideen erwiesen sich als unbrauchbar und wurden schnell wieder fallengelassen. Bei anderen handelte es sich um Produkte, die nur mäßigen Erfolg versprachen, wie beispielsweise den Server, der seiner Zeit um Jahre voraus gewesen war. Doch Compaq hatte dennoch eine außergewöhnlich hohe Erfolgsrate, und die Produkte kamen zumindest immer pünktlich heraus, was ihre Chance auf Erfolg erhöhte.

Außerdem beschleunigte Compaq den tatsächlichen Entwicklungsprozeß, indem es alles im IBM-System Übliche mied – da wurde der Entwicklungsabteilung nämlich noch eine abschließende Liste mit Kundenwünschen übergeben, woraufhin die einen Prototyp baute, der an die Fertigung ging, die daraufhin herauszufinden suchte, wie eine Massenproduktion zu bewerkstelligen sei, und ihre Pläne dann wieder an den Außendienst zurückverwies, der dann einen Marketingplan erstellte. Compaq dagegen setzte alle gleichzeitig auf das Produkt an. Die Arbeitsabläufe waren so chaotisch wie eine Tortenschlacht, aber sie sparten Monate. Monate, die das Produkt früher auf dem Markt sein konnte.

Compaq unterschied sich außerdem dadurch von IBM, daß es einen unabhängigen Vorstandsvorsitzenden hatte, den Wagniskapitalgeber Rosen. Anders als bei IBM, wo Vorstandsvorsitzender und oberster Boß ein und dieselbe Person sind, und kein Vorstandsmitglied, das kein IBM-Boß war, irgend etwas über das Computergeschäft wußte, hatte

Rosen in den Vorstand von Compaq enormes Wissen und große Weitsicht eingebracht. Er war eben Techniker, am CalTech zum Ingenieur ausgebildet worden. Er wurde dann Wertpapieranalytiker, verfolgte die Halbleiterindustrie bei Morgan Stanley, aber Ende der siebziger Jahre begeisterte er sich für die ersten Personalcomputer. Er kaufte alle und spielte mit ihnen, und wegen seiner Kenntnisse der Halbleiterindustrie erkannte er sehr früh, wie rasch die Entwicklung in Richtung Miniaturisierung gehen und die Computer noch besser machen würde.

Rosen rief das berühmteste Mitteilungsblatt der Personalcomputerindustrie ins Leben und eine Konferenz, das PC-Forum, das alle wichtigen Leute der Branche als absolutes Muß empfanden. Sie stellten nämlich fest, daß sie mehr lernten und bessere Geschäfte machten, wenn sie bei Rosens dreitägigen Konferenzen nur am Pool herumsaßen, als während des gesamten Rests des Jahres. Dann sagte sich Rosen, daß die wirkliche Chance wohl im Investieren läge, und so gründeten er und sein alter Freund L. J. Sevin eine Firma, die sich zum erfolgreichsten aller Risikokapitalfonds entwickeln sollte. Sobald Compaq ins Rollen gekommen war, kümmerte sich Rosen nicht mehr ständig darum. Mitte der achtziger Jahre war er in der Industrie für seine Mätzchen genauso bekannt wie für seine Geschäftstüchtigkeit. Weder seine weißen Haare noch die beginnende Glatze hielten ihn davon ab, sich als Jongleur zu versuchen, eine Pizza auf dem Mittelfinger kreisen zu lassen, einen Stuhl auf der Nase zu balancieren, sich als Tambourmajor zu verkleiden und durch eine Konferenz zu marschieren – für einen Lacher tat er alles.

Er veranstaltete bei Branchenkonferenzen lasterhafte Scharadenspiele, deren einziger Zweck es zu sein schien, die PC-Bosse zu obszönen Gesten zu animieren, wenn sie sich bemühten, ihre Hinweise zu geben. (Der Film *Octopussy* beispielsweise wurde berühmt durch die Art, in der jemand seinen Mitspielern einen Tip geben wollte.) Rosen hielt den Kontakt zu sämtlichen wichtigen Leuten der Branche, doch solange bei Compaq alles wunderbar zu laufen schien, begab er sich zufrieden in eine Art Vorruhestand und bemühte sich, in seinem Club in Mt. Kisco/New York sein Golfspiel zu verbessern. Doch als sich Compaq Anfang der neunziger Jahre schließlich genauso fett und zufrieden zu gebärden schien wie IBM, zögerte Rosen nicht eine Sekunde. Er schnappte sich zwei Compaq-Leute, die auf der mittleren Ebene gearbeitet hatten, und schickte sie auf eine geheime Mission. Die beiden sollten so tun, als wollten sie eine PC-Firma aufziehen und herausfinden, wie hoch die Kosten sein würden. Dann verglich er deren Unternehmensplan mit dem von Compaq und konnte ganz präzise feststellen, wo Compaq Teile zu teuer kaufte und Arbeitsprozesse zu teuer bezahlte.

Obwohl Canion zehn Jahre lang hervorragende Arbeit geleistet hatte, scheute Rosen sich nicht, ihn bei einer Vorstandssitzung Ende 1991 direkt anzugreifen; auch wenn er und Canion von sich behaupteten, gute Freunde zu sein, war zwischen ihnen nie dieses Kumpelgefühl entstanden, das die IBM-Bosse verband, die gemeinsam die Karriereleiter hinaufgeklettert waren. Als Canion sich einer Veränderung widersetzte, zwang Rosen ihn zum Rücktritt. Compaq kam danach schnell wieder auf die Beine.

Den Wert einer unabhängigen Meinung kann man gar nicht hoch genug einschätzen, ganz besonders in der Computerindustrie, wo sich Technologien so rasant verändern, daß man bei einer Verschleppung des Managementproblems auch nur um sechs Monate am Ende mit einem Produkt dasitzt, das hinter demjenigen der Konkurrenz eine ganze Generation herhinken kann. Als Apple Mitte der achtziger Jahre Schwierigkeiten bekam, hätte Mitbegründer Steve Jobs sie leicht ruinieren können, wäre da nicht der Risikokapitalgeber Mike Markkula gewesen.

Markkula, ein Veteran der Computerindustrie, vermochte Probleme schnell herauszufiltern und besaß einen so großen Anteil an der Firma, daß er auch über die Macht verfügte, rasch Abhilfe schaffen zu können, obwohl das bedeutete, seinen Freund Steve Jobs zu attackieren. Markkula beeinflußte 1985 John Sculley, den neuen Präsidenten von Apple, etwas gegen Jobs zu unternehmen, und Apple erholte sich schnell. Als Hewlett-Packard Anfang der neunziger Jahre leichte Probleme bekam, tauchte der Mitbegründer David Packard plötzlich wieder in der Szene auf. Er wanderte durchs Haus, versuchte herauszufinden, wo die Schwierigkeiten lagen, und half, die Firma wieder ins richtige Fahrwasser zu bringen. Bei Digital Equipment dagegen wagte es im Vorstand nicht ein einziger, sich dem Gründer Ken Olsen in den Weg zu stellen. So konnte ihn auch niemand davon abhalten, die Firma nach dem außergewöhnlichen Erfolg, den sie Mitte der achtziger Jahre gehabt hatte, den Bach heruntergehen zu lassen. 1992 wurde er dann endlich abgelöst.

Anfang September 1985 waren Compaq und die anderen Rebellen dann bereit zu handeln. Sie begannen andere Firmen anzurufen, um sich soviel Unterstützung wie nur möglich zu sichern, und es dauerte gar nicht lange, da hatten sie mehr als sechzig zusammen. Die Antworten kamen so zügig herein, daß sich zwanzig zusätzliche Mitstreiter meldeten, nachdem die Liste einen Tag vor der öffentlichen Ankündigung gedruckt worden war. Sie riefen an und baten, mitgezählt zu werden. Es sah so aus, als wollte niemand den IBM-Bus.

Compaq – dem sich bedeutende Clone-Hersteller wie Tandy, AST und Zenith angeschlossen hatten – wählte als Ort der Verlautbarung selbstbewußt ein Hotel in Manhattan, genau gegenüber dem, in dem IBM gerade einen PC vorstellte. Die Rebellengruppe genoß ihren Versuch, der verhaßten IBM die Führerschaft in der Branche abzujagen. Sie verkündeten schlicht, sie wollten bei den technischen Einzelheiten für den Bus zusammenarbeiten, ein unbedeutendes Stückchen Schaltung, für das sich wohl kaum jemand interessiert hätte, wenn IBM nicht solchen Wind um den Micro Channel gemacht hätte. Die Stimmung der neun Gründungsmitglieder schlug dennoch hohe Wellen, während jeder einzelne auf der hastig hergerichteten Bühne schnell ein paar Worte sagte. Als die Meuterer nach ihrer kurzen Präsentation Fragen beantworteten, gab Canion bekannt, daß er Bill Lowe telefonisch über das informiert hätte, was die Gruppe vorhabe.

»Bill war sehr verbindlich«, erklärte Canion, »lehnte es jedoch ab, sich uns anzuschließen.« Canion lächelte.

Nach dem Ende der Fragerunde unterhielt man sich noch lange in dem überfüllten Ballsaal. Es handelte sich um eine der eindrucksvollsten Versammlungen seit langem. Daran nahmen sehr viele Branchenbosse, prominente Analytiker und Berater teil, und niemand hatte es eilig, wieder zu gehen. Alle bewegten sich von Gruppe zu Gruppe, freuten sich über die Frechheit, deren Zeuge sie gerade geworden waren, und fragten sich, ob Compaq und die anderen wohl mit heiler Haut davonkommen würden. Sie wunderten sich auch über die Tatsache, daß Intel bereit war, die Chips für den Bus der Rivalen zuzuliefern. Intel, das einmal so abhängig gewesen war von IBM und IBMs Wünschen, war aber 1988 so erfolgreich, daß seine Bosse nur mit einem Achselzucken reagierten, wenn man sie fragte, ob die Verbindung der Firma zu den Rebellen ihre Beziehung zu IBM denn nicht gefährde.

Die Intel-Bosse entgegneten, sie seien schließlich nur die Lieferanten der Munition. Was IBM, Compaq und die anderen mit dieser Munition machten, sei nicht ihr Problem.

Die Gründungsgruppe, die hinter der Meuterei stand und schnell die ›Gang der Neun‹ genannt wurde, war am nächsten Tag zufällig vollständig versammelt bei einer Salomon Brothers PC-Konferenz im Ballsaal eines anderen Hotels in Manhattan, wo John Roach, der Boß von Tandy, in seinem breiten Texas-Slang mit Bezug auf seine Mitrebellen von dem ›Gangster Rod Canion‹, dem ›Gangster Safi Qureshey‹, von der AST-Forschung und so weiter sprach. Als Lowe mit seiner Ansprache kurz vor dem Mittagessen begann, war der Raum brechend voll, weil jeder wissen wollte, wie er den Rebellen begegnen würde. Doch Lowe, hölzern wie immer, las nur seine Standardrede ab, in der er mit keinem Wort auf das einging, was sich am Vortag in der Stadt zugetragen hatte. Danach verließ er den Raum, ohne auch nur eine einzige Frage zuzulassen.

Als der Herbst 1988 sich seinem Ende näherte, wurde klar, daß Compaq und die Rebellen den Sieg davongetragen hatten. Auch heute noch – sechs Jahre nachdem IBM ihren Kunden weismachte, daß sie unbedingt einen schnelleren

Bus brauchten – kaufen vier oder fünf PC-Kunden Maschinen mit dem alten AT-Bus und nur einer eine mit dem schnelleren Bus, ob nun von IBM oder der von Compaq angeführten Gruppe.

Daß Lowe sich entschieden hatte, seine Strategie gegen die Cloner ausgerechnet an dem Bus aufzuhängen, einer unbedeutenden Kleinigkeit, kostete IBM nicht nur ihre Rolle als technologische Führerin des PC-Marktes, sondern Lowe verlor auch eine Menge Kunden. Sein Versuch, ihnen den Micro Channel aufzudrängen und dazu sein Beharren auf dem OS/2 – einem Betriebssystem, das niemand wollte –, kostete IBM zum Ende des Jahrzehnts darüber hinaus noch einmal 20 Prozent Marktanteil. Umgerechnet bedeutete das Umsatzverluste von nahezu zehn Milliarden Dollar pro Jahr. Diese Verluste kosteten IBM außerdem die Marktführerschaft. IBMs Marktanteil lag nun in etwa bei dem von Apple und Compaq. IBM war also nur noch eine Firma von vielen, was hieß, daß sie den Preiskriegen, die das Computergeschäft zunehmend lähmten, während der folgenden Jahre hilflos ausgeliefert war.

Lowes PC-Strategie war wie ein Torpedo gewesen, der IBM selbst getroffen hatte. Ende 1988 wußte es noch niemand, aber IBM sank bereits. Und Lowes Zeit bei IBM war fast abgelaufen.

Während Lowe 1987 seine Strategie gegen die Cloner vorantrieb, wurde auch der Rest von IBM ganz schön gebeutelt. Die Verkäufe bei den Großrechnern liefen nur schleppend, was teilweise daran lag, daß all die Kunden, die mit angehaltenem Atem auf die neue Linie gewartet hatten, die von IBM seit 1985 verkauft worden war, 1987 bereits alle Maschinen besaßen, die sie brauchten, und teilweise daran, daß die PC-Revolution allmählich ihren Tribut verlangte. Viele Firmen benutzten PCs nicht nur, um neue Anwendungen einzusetzen, wie beispielsweise den Wall-Street-Brokern mehr Informationen über den Aktienmarkt zukommen zu lassen, einige Unternehmen hatten sogar begonnen, auf Großrechner zu verzichten, und sie durch PCs ersetzt, weil die preiswerter waren.

Das war ein höchst bedrohliches Zeichen für IBM. Ihr größter Aktivposten waren seit langem die Millionen Zeilen von Software gewesen, die die Kunden für ihre Großrechner geschrieben hatten, mit denen sie ihre Gehaltsabrechnungen, ihre Buchhaltung und so weiter abwickelten. Diese Software für den Gebrauch auf PCs umzuschreiben, ist für die Kunden immens teuer und zeitaufwendig, weshalb sie es in der Regel vermieden. Außerdem ist dieses Umschreiben riskant, weil neue Software auf neuen Maschinen nie so gut funktioniert wie ein voll ausgereiftes Programm, das lange in Gebrauch ist. Irgendeine beliebige Aufgabe mit einem Großrechner auszuführen, ist ungefähr hundertmal so teuer wie auf einem PC, doch selbst wenn die Ausgabe, die Software umzuschreiben, gerechtfertigt wäre, bleibt für die Kunden immer die Frage, ob sie das Risiko eingehen sollen. Die neue Software könnte beispielsweise abstürzen, was bedeuten würde, eine Menge Kundenaufträge zu verlieren. Falls einige Kunden es dennoch riskierten, ihre Software von den Großrechnern auf die PCs zu verlagern, hätte IBM ein wirkliches Problem, weil die Großrechner für etwa die Hälfte ihres Umsatzes und zwei Drittel ihrer Gewinne verantwortlich waren.

Auch Digital Equipment, seit Mitte der sechziger Jahre ein wesentlicher Widersacher, setzte IBM 1987 bei den Kleinrechnern mit seiner »Digital hat es jetzt«-Kampagne ziemlich zu. Im Gegensatz zu Digital, das eine einzige Generation von Vax-Computern hatte, die alle untereinander verbunden werden konnten und deren Software untereinander kompatibel war, verfügte IBM über fünf verschiedene Kleinrechner-Baureihen, von denen keine einzige leicht mit den anderen vernetzt werden und keine mit der Software der anderen vier laufen konnte. Die Vax-Computer von Digital waren so gut in der Kommunikation, daß sie selbst mit den Computern anderer Hersteller verbunden werden konnten, weshalb einige Berater ihren Kunden empfahlen, wenn sie IBM-Computer miteinander vernetzen wollten, sollten sie doch einen Vax in die Mitte stellen, so daß beide über den Vax kommunizieren könnten.

IBM hatte Anfang der achtziger Jahre eines der für sie typischen riesigen Projekte ins Leben gerufen, um dieses Kommunikationsproblem endlich zu lösen. Doch das Projekt, Fort Knox genannt, wurde – wie immer – in so viele verschiedene Richtungen gezerrt, daß es schließlich starb – nachdem 4000 Experten vier Jahre daran verschwendet hatten. Nachdem IBM so viel wertvolle Entwicklungszeit verloren hatte, blieb kaum noch eine Möglichkeit, auf Digital und seinen anwenderfreundlichen Vax zu reagieren.

Ende 1986 brachte IBM ein schnelleres Produkt heraus, IBM-intern der ›Vax-Killer‹ genannt. Doch das System mit der Bezeichnung 9370 hatte einen miserablen Start. Als IBMs Boß für Meinungs- und Beziehungspflege am Tag der Ankündigung eine Informationsveranstaltung von Wertpapieranalytikern verließ, erwähnte er einigen gegenüber, IBM mache sich wegen ihrer europäischen Niederlassungen Sorgen. Die Analytiker waren wegen Europa beunruhigt gewesen, IBMs Hauptstandbein zu einer Zeit, in der die Nachfrage in den Vereinigten Staaten mehr als ein Jahr lang erschreckend niedrig gewesen war, weshalb sie rasch Warnungen ausgesandt hatten, woraufhin prompt die Aktienkurse gerutscht waren.

In den Zeitungsberichten hieß es am nächsten Tag, IBM habe in Europa größere Schwierigkeiten, und ihre Aktienkurse seien drastisch gefallen – und, oh, übrigens habe IBM da noch irgendeinen größeren Computer vorgestellt. Der 9370 erholte sich schließlich von seinem schlechten Start, doch kaum hatten die Kunden ihre Testläufe beendet, fällten sie ein ziemlich harsches Urteil über ihn. Der Preis des 9370 sei überhöht, seine Leistungsfähigkeit zu gering, und in der Bedienung sei er viel zu kompliziert. IBM hatte bei der Ankündigung United Airlines gegenüber damit renommiert, sie würde um Tausende von 9370s herum ein Netzwerk für Reisebüros bauen können, doch sogar United Airlines nahm schließlich von ihrem Plan Abstand, mit dem 9370 zu arbeiten – eine sehr peinliche öffentliche Blamage.

Bei den PCs verlor die IBM natürlich Marktanteile an Compaq und die anderen Hersteller IBM-kompatibler Systeme, während sie gleichzeitig Geld für das Betriebssystem-Desaster hinauswarf, das sie gemeinsam mit Microsoft, wenn auch in widerwilliger Zusammenarbeit, bis 1988 als volle OS/2-Version auf den Markt werfen wollte. Die Kosten des PC-Geschäftszweigs waren immer noch so hoch, daß Compaq in einer Konkurrenzanalyse zu dem Schluß kam, IBM könne bei den PCs vor Steuern höchstens drei bis vier Prozent Profit machen und möglicherweise sogar zusetzen. Dabei waren in der Compaq-Analyse nicht einmal die Kosten der OS/2-Entwicklung enthalten oder jene, die Lowes Geschäftsbereich verursachte, als er sieben Jahre, nachdem Apollo als Pionier Workstations auf den Markt gebracht hatte, versuchte, bei den Workstations einzusteigen. IBMs Bilanzierungssystem zufolge mußten Lowe und seine Vorgesetzten jedoch annehmen, die PCs seien ein zumindest ganz annehmbares Geschäft, auch wenn IBM Marktanteile verlor.

Als 1987 das Unternehmen in seiner Gesamtheit Probleme bekam, sah es so aus, als handelte es sich hier um mehr als das normale Auf und Ab, dem Computerfirmen unterliegen, wenn Produkte heiß gehandelt werden und dann schnell veralten, weil der technologische Fortschritt mit rasender Geschwindigkeit weitergegangen ist. Das würde das zweite lausige Jahr nach einem Jahresabschluß sein, den IBM als nur mäßig erfolgreich betrachtet hatte. IBM hatte 1985 6,56 Milliarden Dollar Gewinn gemacht, den zweithöchsten Profit, den je irgendeine Firma erzielte. Er lag sogar einen Punkt höher als der Umsatz des zweitgrößten Computerherstellers in diesem Jahr. Doch IBM hatte sich nach dem Rekordgewinn von 6,58 Milliarden Dollar im Vorjahr ein noch höheres Ziel gesetzt, weshalb 1985 eher eine Enttäuschung war.

Dann kam 1986, ein wirklicher Niedergang. Die Gewinne sanken um 27 Prozent, der Umsatz stieg um weniger als drei Prozent – ein echter Abstieg nach all den üppigen Tagen zu Anfang der achtziger Jahre, als er noch bei 15 Prozent gelegen hatte. Auf jeden Fall war es aber viel weniger, als in den grandiosen Plänen von IBM vorgesehen.

Bei Anbruch des Jahres 1987 war man dann bei IBM wieder optimistisch. Die Bosse sagten voraus, das Interesse an einigen schnelleren Versionen der Großrechnerlinie, die Verkäufe der neuen 9370 Kleinrechneranlage und der Bedarf für die neue PS/2-Computerlinie, von dem sie sicher meinten, daß er existiere, würden sich gewiß in der zweiten Jahreshälfte bemerkbar machen und damit das Jahresergebnis retten können. Als keiner dieser Träume sich erfüllte, die Gewinne nach dem schwierigen Jahr 1986 nur unwesentlich stiegen und die Umsätze um weniger als sechs Prozent kletterten, war das auch nicht annähernd genug, um den jährlichen Kostenanstieg von 13 Prozent aufzufangen, der von John Opel dem Unternehmen zugestanden worden war, nachdem er 1980 den Chefsessel von Cary übernommen hatte.

Opel hatte jedoch schließlich für John F. Akers Platz gemacht, den Titel des obersten Bosses 1985 an Akers übergeben und den des Vorstandsvorsitzenden 1986. Das Timing schien perfekt, weil IBM so viel Ärger hatte, daß sie sich einen philosophierenden Boß wie Opel kaum noch leisten konnte. IBM brauchte einen Mann der Tat – genauso einen, wie der Ex-Marine-Kämpfer und Sportler Akers zu sein schien.

Akers hatte immer etwas Majestätisches gehabt. Bevor er zum Top-Mann bei IBM ernannt worden war, hatte ein Professor der Harvard Business School seinen Studenten Videos von Akers und einem Dutzend anderer IBM-Manager gezeigt, und fast die ganze Klasse hatte darauf getippt, daß man ihm den Topjob anbieten würde. Er war ein eindrucksvoller Redner, hatte eine kräftige Stimme und vermochte sein Publikum zu faszinieren. Wenn ein Manager, ein Aktionär bei der alljährlichen Versammlung oder auch ein Reporter eine Frage stellte, die Akers für dumm hielt, druckste er nicht lange herum, sondern sagte einfach, dies sei eine dumme Frage, bevor er selbstbewußt fortfuhr.

Entscheidungsfindungen, die zu lange dauerten, schienen ihn nervös zu machen. Wenn ein Manager vorschlug, man solle zu einem bestimmten Thema noch weitere Überlegungen anstellen, kam es schon einmal vor, daß Akers ihn anschnauzte. »Überlegungen? Wir tun's, wir stellen's her, wir kaufen, wir verkaufen.« Als Akers nationaler Vorstandsvorsitzender des *United Way* wurde, beklagte er sich bei Freunden, wie schwer es ihm doch fiele, nicht einzuschlafen, wenn bestimmte Vorstandsmitglieder sprächen. Gelegentlich kamen von ihm Sätze wie: »Möchten Sie, daß ich zu diesem Punkt eine Entscheidung treffe? Oder wollen Sie nur, daß wir uns alle heute auf dem Heimweg wegen dieser Sache miserabel fühlen?«

Obwohl nur von durchschnittlicher Größe, wirkte er mit seinem energischen Kinn und dem kurzgeschorenen grauen Haar, das viele an seine Vergangenheit als Kampfflieger bei der Marine erinnerte, sehr imposant. Man glaubte förmlich zu sehen, wie er seinen Jet ganz cool auf einem Flugzeugträger landete, der auf sechs Meter hohen Wellen schlingerte. Mit seinen 51 Jahren war Akers immer noch drahtig. Kein Wunder, verbrachte er doch viele frühe Morgenstunden zu Hause auf seinem Trimmrad, wobei er über die Zukunft des Unternehmens nachdachte. Er strahlte ein Selbstvertrauen aus, das dem totalen Erfolg entsprungen war, den er in jedem von ihm ausgefüllten Job errungen hatte.

»Er war ein CEO, wie er im Buche steht«, sagt Irving Shapiro, der frühere Chairman von Du Pont, der Anfang der Achtziger bei IBM Direktor gewesen war. »Es gab nie Zweifel, daß er den Job bekommen würde.«

John Fellows Akers wurde 1934 in Needham/Massachusetts geboren. Needham liegt vor den Toren von Boston. Sein Vater Kenneth Fellows war Bauingenieur, am MIT ausgebildet, hatte aber seinen Job verloren. »Während der Weltwirtschaftskrise wollten sie einfach nicht so viele Brücken bauen«, hatte Akers die Tatsache erklärt, daß sein Vater danach Verkaufsmanager bei einer Versicherungsfirma wurde. Mary Joan Reed Akers, Johns Mutter, die kein College besucht hatte, war Sekretärin gewesen, als sie seinen Vater kennengelernt hatte. Als für die Familie später ein zweiter Verdienst nötig wurde, hatte sie eine kleine Grundstücksmaklerfirma gegründet. Akers hatte die öffentliche High-School in Needham besucht und war so gut gewesen, daß er von Yale angenommen wurde. In Yale war er allerdings mehr durch seine Rauflust als seinen Intellekt aufgefallen. Freunde aus jener Zeit erinnern sich an den Studenten Akers als »nun, einen guten Eishockeyspieler«. Auf dem Eis war ›Johnny‹ nicht nur als sehr ehrgeizig bekannt, sondern auch als ausgesprochen diszipliniert. Wenn ein Spiel beendet war, gewonnen oder verloren, hatte er bereits an das nächste gedacht.

Nachdem Akers 1956 sein Diplom in Betriebswirtschaft in der Tasche hatte, ging er freiwillig als Lieutenant vier Jahre zur Marine, genau so lange, daß er Pilot auf einem Flugzeugträger werden konnte. Nach seinem Abschied von der Marine ließ er sich von IBM als Verkäufer anstellen und gehörte bald zur ersten Garnitur in diesem Job. Wie jeder gute Politiker hatte er ein fantastisches Namensgedächtnis, kannte das Produkt, wußte, wie man einen Handel abschließt. Er kam auch mit den schwierigsten Kunden zurecht, indem er ihnen Geschichten aus den Eliteuniversitäten im Osten erzählte, über Sport plauderte oder über die Zeit, in der er seinen Kampfjet auf den kurzen Landebahnen aufgesetzt hatte, die auf hohen Wellen schaukelten.

Akers wurde als einer der höchsten ›Hi-pos‹ bezeichnet, also einer, der auf jeder Ebene immer Topnoten bekam. Er war in dem kunstvoll konstruierten Gitterwerk, das die IBM-Personalabteilung sich ausgedacht hatte, um herauszufinden, welcher der x-hunderttausend Angestellten das hatte, was im Topmanagement gebraucht wurde, immer ganz oben gelandet.

Zu jener Zeit war Akers als barsch verschrien, weil er ungeduldig wurde, wenn Menschen nicht so schnell reagierten wie er. Seinen Bossen gegenüber schindete er schon damals Eindruck. IBM-Berater Nicolas de B. Katzenbach erinnert sich noch gut, wie angenehm ihm Akers auffiel, als er Anfang der siebziger Jahre ihn und andere Manager der mittleren Ebene instruierte, wie sie sich in Anbetracht des Anti-Trust-Verfahrens verhalten sollten, das die Regierung gegen die Firma angestrengt hatte. Katzenbach erzählt, er habe keine Ahnung gehabt, wer Akers war, sei aber beeindruckt gewesen von den bohrenden Fragen, die sich auf das bezogen, was die Regierung eventuell in der Hand haben konnte. Katzenbach war auch aufgefallen, daß Akers, der sich ganz offensichtlich gründlich auf das Treffen vorbereitet hatte, so klug gewesen war, sich seine Fragen einzuprägen, und keine

Notizzettel benutzte, um vor seinen Kollegen nicht als übereifrig zu erscheinen. Katzenbach hatte sich gesagt, es lohne sich, diesen Mann allein deshalb im Auge zu behalten, weil Akers einen steilen Aufstieg schaffen und bald zu den Mächtigen bei IBM gehören würde.

Akers brauchte sieben Jahre, bis er Manager wurde. Anschließend ging es tatsächlich steil nach oben. Vier Jahre später – immer noch einer der steilsten Aufsteiger – bekam er die Chance, Assistent bei einem der höchsten Bosse zu werden. Das war ein Test, um herauszufinden, ob er wirklich über das nötige Rüstzeug verfügte. Akers hatte das Glück gehabt, bei Frank Cary zu landen, der damals erst einer der Vizepräsidenten war. Cary hatte Gelegenheit, sich von Akers' Gewandtheit und Disziplin zu überzeugen, und ihm gefiel, was er sah. Manchmal striezte er Akers allerdings auch, indem er ihn ›John Boy‹ nannte, und rief beispielsweise: »Komm rein, John Boy, da ist was, worüber wir reden müssen!« (Das tat Cary auch noch, nachdem er Vorstandsvorsitzender geworden war und Akers zu seinen Führungskräften gehörte.) Doch die Beziehung der beiden wurde so stark, daß Akers es sich sogar leisten konnte, Cary wegen seines Aufstiegs zu necken. Akers war aufgefallen, daß Cary kurz nach Beginn ihrer Zusammenarbeit zum geschäftsführenden Vizepräsidenten aufgestiegen war und dann – da war er immer noch sein Assistent – zum Präsidenten, eine Beförderung, die darauf hindeutete, daß er der nächste Oberboß werden dürfte. Und im Scherz hatte Akers gemeint, vielleicht habe er als Assistent ja einen gewissen Anteil an diesen Beförderungen.

Jahre später wurde Akers von seinem ehemaligen Hockeytrainer in Yale gefragt, wie er es denn geschafft hätte, den Topjob bei IBM zu bekommen. Akers hatte erwidert: »Indem ich zu jedem nett war.«

Akers blieb in Armonk ein Jahr an der Seite von Cary und hatte bereits einen so guten Eindruck hinterlassen, daß man ihn zum Verkaufsleiter für eine mehrere US-Bundesstaaten umfassende Region ernannte. Da machte er dann als jemand, der etwas zu bewegen vermochte, im besten IBM-Sinne auf sich aufmerksam, stimmte seine Verkäufer stets mit flotten

Sprüchen und Firmensongs ein. Akers, ein halbwegs guter Golfer, Tennisspieler und Skiläufer, erzählte häufig irgendwelche Sportgeschichten, um seinen Leuten zu beweisen, daß er einer von ihnen war. Einmal drehte er sogar einen Film, in dem er seinen Verkäufern dankte, daß sie im vergangenen Jahr trotz einiger Widerstände ihr Soll erfüllt hätten. Danach hielt er einen Fußball hoch und rief. »Das ist es, was wir im letzten Jahr geschafft haben!« Dann warf ihm jemand einen anderen Fußball zu, viermal so groß wie ein normaler, und er fügte hinzu: »Und das ist das, was wir in diesem Jahr schaffen müssen.« Seine Männer waren begeistert.

Als Akers einen großen Karrieresprung machte und Boß des US-Marketing wurde, hielt er vor seinem neuen Team nur eine ganz kurze Rede, mit der er seine Bescheidenheit unter Beweis stellte. »Meine Berufung zeigt nur, daß bei IBM alles möglich ist«, sagte er.

Nachdem er Mitte der Siebziger Präsident der Großrechnerabteilung geworden war, dem Königsmacher bei IBM, bewunderten seine Mitarbeiter, wie gut der junge Star seinen Arbeitstag im Griff hatte.

Er kam gegen acht Uhr morgens, nach den IBM-Normen nicht besonders früh, und steuerte abends gegen halb sechs oder sechs Uhr immer auf sein Auto zu. Als ihn einmal jemand anhielt und ihn fragte, wie es denn käme, daß er so früh gehen könne, oder ob er sich nicht wenigstens Arbeit mit nach Hause nähme, erwiderte Akers: »Wenn ein Manager nicht genügend Zeit hat, die er zu Hause mit seiner Familie verbringen kann, dann stimmt entweder mit ihm etwas nicht oder mit seinem Job.« Danach marschierte er zielstrebig auf seinen Wagen zu.

Akers stand bald in dem Ruf, eine typische Führungspersönlichkeit zu sein – ein Mann, der zwar die Entscheidungen traf, aber seinen Untergebenen zuhörte und sich auf deren Unterstützung verlassen konnte.

James F. MacDonald, der bei IBM für Akers arbeitete, bevor er Präsident bei der Elektronikfirma Gould wurde, sagt: »Ich ging in eine Konferenz, fiel mit meinen Argumenten durch und zog trotzdem frohgemut ab, weil es eine gute Konferenz war.«

Akers' militärisch-stramme Haltung und seine Pünktlichkeit trugen natürlich zu seiner Aura als hervorragende Führungspersönlichkeit bei. Wenn er etwas bis 16.30 Uhr haben wollte, weil er an diesem Tag früh nach Hause mußte, mußte jemand, der erst um 16.32 Uhr kam, feststellen, daß er bereits weg war. Wie viele Führungskräfte hatte er um sich einen Stab versammelt, der ihn ständig beschäftigte und dafür sorgte, daß er immer pünktlich war. Während jemand einen Termin mit ihm hatte, wartete ein anderer darauf, mit ihm sprechen zu können. Auf dem Weg zum Aufzug hakte er den nächsten Termin ab und traf den vierten, mit dem er auf der Fahrt zum Flughafen sprach, wo ein fünfter wartete, der den Flug für die Besprechung nutzte.

Akers brauchte zwar nie in irgendeinem Teil von IBM die Kastanien aus dem Feuer zu holen, er besaß auch keinerlei Erfahrungen außerhalb der Vereinigten Staaten, doch er hatte Charisma, und das machte ihn bereits Ende der siebziger Jahre zu jedermanns Wahl für den Vorstandsvorsitz. Irving Shapiro, IBM-Direktor und Ex-Präsident von Du Pont, sagt, sowohl Cary als auch Opel hätten ihm verübelt, daß er Ende der Siebziger nicht an einem informellen Abendessen am Rande einer Vorstandssitzung in Paris teilgenommen hätte, weil man ihm bei dieser Gelegenheit Akers habe vorstellen wollen. Obwohl dies Jahre vor dem Zeitpunkt gelegen hatte, zu dem Außenstehende auch nur ahnten, daß Akers Opels Nachfolger werden sollte, hielten es seine beiden Vorgänger doch für an der Zeit, seine Vorbereitung schneller voranzutreiben und ihn allmählich mit dem *Board of Directors* bekannt zu machen. Obwohl man wußte, daß Akers von Cary protegiert wurde, stand er immer ganz oben auf den Listen, die die Personalführung von den vier bis fünf Kandidaten für den Topjob machte. Akers schien nicht nur das Talent zu haben, sondern war auch jung genug, um noch neun Jahre vor sich zu haben, in denen er IBM in Schuß bringen konnte, bevor er Ende 1994 in den IBM-üblichen vorgezogenen Ruhestand gehen würde.

Nachdem Opel Akers 1982 zum Präsidenten ernannt und damit sichergestellt hatte, daß er den Topjob wirklich bekommen würde, blieb Akers – wie für ihn typisch – ganz bescheiden. Er scherzte, er würde an diesem Abend nach Hause gehen und seinen drei Kindern beim Essen von der Beförderung erzählen. Freunden berichtete er, seine Tochter sei nach der Eröffnung zu seiner Überraschung ganz aufgeregt gewesen. »Warum«, so habe er sie gefragt, »freust du dich ausgerechnet über diese Beförderung, wo dich die bisherigen doch völlig kalt ließen?« Sie erklärte, das läge an den komplizierten, aus drei Wörtern bestehenden Titeln, die für IBM-Führungskräfte so typisch seien, und meinte dann: »Präsident von IBM! Endlich mal ein Titel, unter dem sich meine Freunde etwas vorstellen können.«

Trotz der Beförderung veränderte sich Akers wenig. Er fuhr einen Mercedes, aber einen alten, Baujahr 1977. Er bewohnte ein Haus auf einem 240 Hektar großen Grundstück auf einem Hügel in Westport/Connecticut, das wegen der dichten und hohen Hecken von außen nicht einzusehen war. Westport ist eine reiche Gemeinde, in der vor allem Führungskräfte wohnen, eine von vielen an der Küste in der Nähe von New York City. Doch das zweistöckige Fünfzimmerhaus war recht bescheiden, und er hatte dort auch schon gewohnt, bevor er den Topjob bei IBM bekommen hatte. Sein einziger wirklicher Luxus war ein Haus in Nantucket, das im 18. Jahrhundert von einem Walfänger gebaut und von Akers liebevoll restauriert worden war. Akers ist so stolz auf dieses Haus, daß er es manchmal zur Besichtigung freigibt. Denn gewöhnlich schaffen es Jungen aus Needham nicht, sich in Nantucket niederzulassen.

Seine Frau Susan, eine großgewachsene, sehr elegante Lady, reagierte genauso wie ihr Mann. Sie bewies sich als charmante Gastgeberin, die nicht vergessen hatte, woher sie kam, obwohl ihr Mann Karriere gemacht hatte. Wenn sie zusammen mit anderen Paaren in dem Firmenjet flogen, versorgte sie diese mit Drinks und servierte die Horsd'œuvres. Denn hier gab es keinerlei Personal, wie bei anderen Firmen üblich. Im Gegensatz zu vielen anderen Ehefrauen, die das Firmenpersonal behandelten, als wäre es ihnen persönlich unterstellt und sich bei irgendwelchen offiziellen Anlässen seiner Unterstützung versicherten oder es einsetzten, um beispielsweise die Verlobungsanzeigen ihrer Kinder in *The*

New York Times zu plazieren, erregte Mrs. Akers schon deshalb Aufsehen, weil sie ihre Stellung nie ausnutzte.

Als die Akers 1985/1986 den Platz als erstes Paar von IBM einnahmen, schienen sie sich wohl zu fühlen. John übernahm eine Firma, die Anfang der achtziger Jahre – zur Zeit des Booms – etwa 70 Prozent der Gewinne der gesamten Computerindustrie eingeheimst und im Lauf ihrer Geschichte, die glanzvoller war als die jedes anderen Unternehmens, mehr als 50 Milliarden Dollar Profit gemacht hatte. Als Akers 1985 bei einem Jahrestreffen von IBM erstmals die Eröffnungsansprache hielt, sagte er: »Die Aussichten für IBM sind niemals glänzender gewesen als heute.« Deshalb saß Akers zunächst zufrieden in seinem Eckbüro, von dem aus er auf die Überreste eines alten Obstgartens hinter der Firmenzentrale in Armonk blicken konnte. Er trug weiße Hemden mit Monogramm und benutzte seine Lesebrille, um die Berichte über alle IBM-Erfolge regelrecht zu verschlingen.

Zur Erinnerung an seine sportlichen Interessen stand auf einem Bücherregal eine Bronzestatue des Basketballspielers Jerry West. Zur Erinnerung an seine republikanischen Überzeugungen hatte er ein Bild auf seinen Schreibtisch gestellt, das ihn mit Ronald Reagan zeigte. Auf der Anrichte hatte er ein Computerterminal als Hinweis auf das, womit IBM seinen Lebensunterhalt verdiente – und, wenn auch unbeabsichtigt, als ein Symbol für den Grund, warum IBM abwärtstrudelte, kaum hatte Akers es sich in seinem Bürosessel bequem gemacht. Denn es handelte sich um ein ›dummes‹ Großrechnerterminal, ohne jede Art von intelligentem Innenleben, nicht um einen der PCs, die weltweit bereits auf Millionen von Schreibtischen gelandet waren und begonnen hatten, den Großrechnerunterbau von IBM zu unterminieren. Dazu kam, daß der Vorstandsvorsitzende der größten Computerfirma der Welt dieses Terminal selbst kaum einmal benutzte. Im Gegensatz zu den ganzen jungen Typen aus Silicon Valley, die jeden Tag stundenlang vor ihren PCs herumhingen, E-Mail rausschickten, Berichte studierten oder einfach nur mit dem System herumspielten, um die Technologie besser verstehen zu können, verfügte Akers über Assistenten, die sich um seine Memos kümmerten. Er wollte die Berichte auf Papier ausgedruckt, nicht auf dem Computerbildschirm. Falls eine Analyse im Computer erstellt werden mußte, erledigte das sein Stab. Akers spielte nie mit dem System herum. Er mochte Computer nicht besonders.

Die mittelmäßigen Erträge der Jahre 1985 und 1986 machten Akers Sorgen. Durch Presseveröffentlichungen, Ansprachen und seine Rede bei der jährlichen Aktionärsversammlung und bei Sitzungen mit Wertpapieranalytikern hatte er der Welt ständig versichert, IBM sei auf dem besten Weg, das Geschäft wieder anzukurbeln, und würde den Rekord übertreffen, den sie 1984 aufgestellt habe. Akers deutete sogar an, die Firma würde 1993 die Umsatzschallgrenze von 180 Milliarden Dollar durchbrechen – ein Ziel, das er um 120 Milliarden Dollar verfehlte.

Das Jahr 1987 hatte kaum begonnen, da wurde Akers bewußt, in welch peinlicher Lage er sich befand, weil er die Probleme von IBM während der beiden vorangegangenen Jahre unterschätzt hatte. Kaum war klar, daß die Aussichten für 1987 alles andere als rosig waren, mußte Akers erkennen, daß nach nur dreijähriger Amtszeit als oberster Boß das dritte miese Jahr in Folge vor ihm lag. Akers bekam eine Gänsehaut. Er hatte mit allem Erfolg gehabt, was er je angefaßt hatte. Er hatte es geschafft, an die Spitze der mächtigsten Firma der Welt aufzusteigen. Durch den vollen Einsatz seiner Persönlichkeit wollte er nun sicherstellen, daß der Erfolg ihm treu blieb.

Doch Akers, der so entschlossen wirkte, hatte nie zuvor das Steuer derart hart herumreißen müssen. Seine Reaktion auf die drängendsten Probleme war die Einsetzung einer ganzen Reihe von Projektgruppen. Hunderte von Leuten igelten sich monatelang in eigens für diesen Zweck eingerichteten fensterlosen Untergeschossen von Gebäuden ein, die in den entlegensten Ecken des Areals der Firmenzentrale lagen. Beispielsweise war da ein kleines IBM-Gebäude, von dem man den Hafen von Stamford/Connecticut überblicken konnte. Wer zu den Projektgruppen wollte, brauchte einen speziellen Ausweis. Die Eingänge waren so gut getarnt, daß sogar andere Angestellte kaum zu sagen vermochten, wer kam oder ging.

Mitte 1987 lagen die Untersuchungsergebnisse der Projektgruppen vor, und sie waren nicht ermutigend. IBM sah sich keineswegs nur einem frühen Frostausbruch gegenüber. Die augenblicklichen Probleme waren erst der Beginn einer Eiszeit. Akers' Führungskräfte waren zu dem Schluß gekommen, daß aus dem Großrechnergeschäft kaum noch etwas herauszuholen war. Hier konnte man bestenfalls von einem jährlichen Wachstum von fünf bis acht Prozent ausgehen. Das lag weit unter dem, was man brauchte, um den derzeitigen 15prozentigen Kostenanstieg zu stützen. Die Studie drängte auf eine Abkehr von der Hardware, die zwar 71 Prozent der IBM-Umsätze ausgemacht hatte, allerdings ein langsameres Wachstum erwarten ließ als die Software und der Dienstleistungssektor. Die Studie führte auch die Chancen an, die in der Systemintegration lagen – darin nämlich, große Hardwaresysteme für Kunden zusammenzustellen und die Software zu schreiben, die dazugehörte. (Die Empfehlung, sich der Systemintegration zuzuwenden, war eine Wiederholung des Rats, den 1984 eine Projektgruppe Akers' Vorgänger Opel gegeben hatte, doch der hatte ihn ignoriert.) Nach Akers' Studie würden vor allem die ausländischen Niederlassungen zum Wachstum beitragen, doch mehr als sechzig Prozent der 400 000 Beschäftigten saßen in den Vereinigten Staaten, und ein Großteil der Forschungs- und Entwicklungsaufgaben wurde ebenfalls hier geleistet.

Akers, kaum der Typ, der vor Problemen zurückschreckte, nahm die Herausforderung an und begann, die richtigen Dinge zu sagen. Er verkündete, IBM würde Anfang 1990 die Hälfte ihrer Umsätze auf dem Software- und Dienstleistungssektor einfahren.

Nach den IBM-Normen wurde Akers zu einem wahren Aktivisten. Ein früherer Assistent sagt, Akers habe in seinem ersten Jahr als Vorstandsvorsitzender doppelt so viele ›wichtige Personalentscheidungen‹ getroffen wie Opel im Vorjahr – wichtige Personalentscheidungen wie die Schließung einer großen Teilevertriebseinrichtung in Greencastle/Indiana. Nachdem er seit Beginn der achtziger Jahre Opel dabei geholfen hatte, den Spitzenpersonalstand auf 407 000 IBM-Beschäftigte zu bringen, kündigte Akers auch den ersten einer ganzen Reihe von Versuchen an, den Personalstand wieder abzubauen. Er gab ein Paket von Frühpensionierungs- und Abfindungsangeboten in den Vereinigten Staaten bekannt – beschönigend FAP genannt, was für *Financial Assistance Package* stand. So wurden Zehntausende von Stellen in den USA abgebaut.

Akers, für seine geschliffenen Umgangsformen bekannt, blieb bei alldem aber den IBM-Traditionen treu. Weiterhin galt der Grundsatz von der lebenslangen Arbeitsplatzgarantie und dem Respekt vor dem einzelnen. Den etlichen hundert Beschäftigten in Greencastle wurden 1987 nicht nur Jobs in anderen Bereichen von IBM oder an anderen Orten angeboten, sie wurden sogar stark abgeworben. Andere Niederlassungen schickten ganze Abordnungen nach Greencastle, um bei Job-Börsen, die im Greencastle-Auditorium abgehalten wurden, die besten Leute an Land zu ziehen. Dort dröhnten aus den Lautsprechern Lieder wie ›The Future's so Bright I Gotta Wear Shades‹ (Die Zukunft strahlt so hell, daß ich eine Sonnenbrille tragen muß). Die Angestellten, die Interesse an anderen Jobs bei IBM bekundeten, wurden durch die Gegend geflogen und von ihren voraussichtlichen Bossen hofiert.

Akers' anderes Programm beruhte im Gegensatz zum Greencastle-Projekt auf absoluter Freiwilligkeit. Hier bot Akers fast jedem ein sehr großzügiges Abschiedsprogramm an. Die einzige Ausnahme bildeten eine Handvoll von ›Fachkategorien‹, darunter auch Programmierer, von denen IBM glaubte, auf keinen einzigen der Beschäftigten verzichten zu können. Die Firma offerierte den Leuten auch eine ausführliche Beratung, inwieweit es für sie finanziell günstig war zu kündigen, und versicherte ihnen, daß sie bis zum letzten Tag noch ihre Meinung ändern könnten, ob sie denn wirklich gehen wollten. Außerdem verschaffte IBM ihnen Zugang zu einer Arbeitsvermittlung, die ihnen half, außerhalb der Firma neue Jobs zu finden. Angestellte, die sich zum Gehen entschlossen hatten, konnten sich auf Kosten von IBM nach einer anderen Stelle umsehen und bis zu sechs Monate lang weiterhin alle IBM-Vergünstigungen genießen. Akers schickte Arbeitnehmer zu diesem Zeitpunkt noch in die Nicht-IBM-Welt hinaus, ohne ihnen ein Schild umzuhängen, auf dem gestanden hätte ›Gefeuert‹, wie er es später tat. Im Grunde plazierte er Stellengesuche für sie, in denen es hieß: »Verdienter Mitarbeiter sucht woanders neue Chancen.«

Akers bekam jedoch einen weiteren Schock, als er erfahren mußte, welche Ergebnisse sein Abfindungsprogramm tatsächlich gezeitigt hatte: Eine große Zahl der besten Leute von IBM hatte das Abfindungspaket genommen und war gegangen. Einer aus der Führungscrew, der zu jener Zeit eine Produktgruppe leitete, berichtet, er habe sich der Unterstützung der Präsidenten einiger Unternehmensbereiche versichert und sei zu Akers gegangen, um ihm zu sagen, die Firmenanwälte hätten ihm erklärt, IBM müsse wahrlich nicht jedem eine Abfindung anbieten. IBM könne durchaus die Gelegenheit nutzen, den Ballast loszuwerden, der sich unweigerlich in einer Institution ansammeln muß, die 400 000 Menschen beschäftigt. Warum also sollte man das Risiko eingehen, die besten Leute zu verlieren? Akers hatte ihm daraufhin versichert, die IBM-Top-Männer würden schon bleiben, weil sie allesamt der Meinung seien, innerhalb der Firma immer noch die besten Chancen zu haben. Akers hielt, um seine These zu stützen, eine sogenannte *Distribution-A-Konferenz* ab. Daran nahmen die obersten 75 der Firma teil, diejenigen, die auf der A-Verteilerliste standen und besonderes Vertrauen genossen. Bei dieser Gelegenheit beharrte Akers noch einmal darauf, daß jeder in der Firma den gleichen Zugriff auf die Abfindungsangebote haben solle. Akers wollte vermeiden, daß irgendein Manager gewissen Leuten nahelegte, sie sollten das Angebot annehmen, weil er sie loswerden wollte, und anderen sagte, das Angebot sei nicht für sie bestimmt. Wie sich später herausstellte, gehörten von den 10 000 Mitarbeitern, die das Abfindungsangebot annahmen, 8000 zu den unter A eingestuften, wenn man dem Mann glaubt, der Akers auf diese Gefahr angesprochen hatte.

Unter den 220 000 damals bei IBM-Amerika Beschäftigten gab es aber nur 22 000, die diesen Status hatten. So kam es, daß Akers' Programm mehr als ein Drittel der besten IBMler in den Vereinigten Staaten veranlaßte, die Firma zu verlassen.

Was Manager der mittleren Ebene anging, herrschte damals in der Branche das Vorurteil, man dürfe sie keinesfalls direkt von IBM weg engagieren. Sie hätten nach zu vielen Jahren in einer Bürokratie, in der die Pflichten ganz präzise abgesteckt waren, einfach zu viele schlechte Angewohnheiten. Aus diesem Grund waren die Personalchefs anderer Firmen überzeugt, diese Manager würden bei ihrem ersten Job in der ›realen Welt‹ die Übersicht verlieren und versagen. Deshalb überließen sie in solchen Fällen gern der Konkurrenz den Vortritt und griffen erst nach einer ›Zwischenstation‹ zu. IBM hatte immerhin einige der besten Leute engagiert, und nach einem Fehler hätten die Manager der mittleren Ebene ihre schlechten Angewohnheiten meist abgelegt. In der Branche hieß es, die Bürokraten von IBM hätten außerhalb der Firma nur wenige Chancen. Es waren deshalb nur die draufgängerischen Typen, die besten und klügsten, die die Geldbündel von IBM nahmen und darauf vertrauten, ihr Glück auch woanders machen zu können.

Angesichts der Tatsache, daß so viele seiner besten Leute weggegangen und die Umsätze 1987 schwach geblieben waren, wurde Akers allmählich bewußt, daß er etwas an der Unternehmensstruktur ändern mußte. Doch es fiel ihm äußerst schwer. Immerhin war er selbst ein Produkt dieser überwältigenden Firmenkultur. Als kluger, mächtiger, optimistischer, politisch weitsichtiger Absolvent des dominierenden IBM-Außendienstes war Akers sogar eines der überzeugendsten Exemplare, die diese Unternehmensphilosophie je hervorgebracht hatte. Deshalb redete er nur über Veränderungen, statt tatsächlich alles das umzuwerfen, was ihm an IBM vertraut war und was er mochte.

Eine der meistbeklatschten Aktionen von Akers war 1987 beispielsweise seine Erklärung, dies sei das Jahr des Kunden, und dann hatte er noch angeführt, »die Beziehungen zu den Kunden auszubauen« sei eines der geheiligten Ziele der Firma, das seit Jahren niemand geändert hätte. Diese Ankündigung führte allerdings kaum zur Wiederherstellung jener engen Verbindung zwischen IBM und ihren Kunden, die zu Anfang der achtziger Jahre bestanden hatte. Akers *erzählte* seinen Außendienstlern und Produktdesignern lediglich, sie sollten diese Verbindung wiederherstellen. Fälschlicherweise vermutete er, daß das ausreichen würde.

Die eine fundamentale Veränderung, die Akers 1986 und 1987 bei IBM durchzuziehen versuchte, kam direkt aus dem IBM-Lehrbuch. Dem Charakter der Firma entsprechend, wollte er ›den Himmel mit blauen Anzügen füllen‹. Akers und sein Marketing-Boß Ed Lucente hatten einen Plan ausgebrütet, wie man die Verkäufe in den Vereinigten Staaten wieder ankurbeln könne. Sie wollten wahre Massen neuer Verkäufer losschicken, die sie aus den Fabriken und sonstigen Unternehmenszweigen abgezogen hatten, wo sie nicht länger gebraucht wurden. In diesem Zusammenhang mußten schließlich so viele Leute umziehen, daß man diese Aktion bei IBM als die größte Umzugswelle seit dem Ende des Zweiten Weltkriegs bezeichnete.

Lucente war als zäher Bursche bekannt. Er hatte eine breite Stirn, kleine stechende Augen, ein kantiges Kinn und eine Stupsnase, und er machte grundsätzlich ein finsteres Gesicht, schien immer voller Ungeduld zu sein, stets auf dem Sprung und immer bereit, irgend jemanden mit lauter Stimme anzuschnauzen. Lucente hatte beim Außendienst in Pittsburgh angefangen und – wie fast alle Führungskräfte bei IBM – über die Marketingschiene Karriere gemacht, aber unter Beibehaltung vieler Ecken und Kanten, die sich bei seinen Kollegen im Lauf der Jahre abgeschliffen hatten. Er wirkte arroganter als die meisten anderen. Wer ihm ein Memo schickte, bekam es mit einem kurzen Kommentar zurück, der aus höchstens zwei Wörtern bestand: »Ja«, »Nein«, »Wir reden«. Ein junger Mitarbeiter seines Stabes erzählt, er sei 1988 zu Lucente geschickt worden, um ihm vor der Ankündigung des AS/400 Kleinrechners einige Dokumente vorzulegen. Zum festgelegten Termin hörte der junge Mann weder von Lucente noch von dessen Sekretärin, obwohl der geduldig Wartende sehen konnte, daß Lucente in seinem Büro saß. Nach anderthalb Stunden war Lucente aus dem Büro gekommen. Der junge Mann hatte all seinen Mut zusammengenommen und ihn darauf angesprochen.

Lucente fragte nur: »Was erwarten Sie von mir?« Er gab allerdings mit keinem Wort zu, daß er sich verspätet hatte.

Der junge Mann hatte ihm daraufhin gesagt, was er wollte.

Lucente hatte den mehrere hundert Seiten umfassenden Stapel mit den Dokumenten genommen, ihn in ein paar Sekunden durchgeblättert und »OK. ED« auf das Deckblatt geschrieben, ohne auch nur eine Zeile gelesen zu haben. Dann hatte er sich umgedreht und war zurück in sein Büro marschiert.

Lucente hatte sich der IBM-Bürokratie so perfekt angepaßt, daß er sich sogar einen Overheadprojektor in seinen wunderschönen Schreibtisch aus Rosenholz hatte einbauen lassen und einen Bildschirm dahinter, so daß er sich jederzeit eine Präsentation anschauen oder mit den Standard-IBM-Folien eine machen konnte.

Einer seiner Bekannten beschreibt ihn als gläubigen Katholiken, der sich Sorgen machte, daß durch seine Neugliederung des Außendienstes Familien auseinandergerissen werden könnten. Dieser Bekannte sah Lucente schon morgens um sechs beim Joggen in New Canaan/Connecticut. Manchmal blieb Lucente stehen, um zu plaudern und sich seine Sorgen von der Seele zu reden. Doch sobald er ins Büro kam, achtete er sorgfältig auf jedes seiner Worte. Weil er 1987 die Entlassung von insgesamt 15 000 Leuten überwacht und mitgeholfen hatte, 8200 Stabsstellen und 16 000 Jobs in der Fertigung zu streichen, wurde er ›Neutronen-Eddy‹ genannt. Das war eine Anspielung auf die Neutronenbombe, was heißen sollte, daß Lucente zwar die Gebäude stehen ließ, aber die Leute tötete.

Die Anspielung auf ›Neutronen-Eddy‹ amüsierte niemanden bei IBM, als sie erstmals in *The Wall Street Journal* auftauchte. Akers zitierte sofort die Reporter sowie eine ganze Reihe von Redakteuren zu einem Mittagessen mit ihm und dem Management-Komitee nach Armonk. An Akers schienen Attacken gegen ihn persönlich Mitte der achtziger Jahre anfänglich abzuprallen, und auch die meisten Angriffe gegen IBM, denen er im Lauf seiner Amtszeit ausgesetzt war, ignorierte er. Und auch jetzt stellte sich heraus, daß er sich nur über die ›Neutronen-Eddy‹-Anspielung und einige wohl kaum schwerwiegendere Dinge beschweren wollte. Er fragte wiederholt, warum das *Journal* gleich so persönlich werden müsse. Sogar bei positiven Geschichten hatte er, wie die Reporter feststellten, etwas gegen persönliche Berichterstattung.

Als *Business Week* einmal ein begeistertes Porträt über die IBM-Vizepräsidentin Lucie Fjeldstadt veröffentlichte, beklagte Akers sich intern. Zum Teil lag es wohl daran, daß das Stück sie wie eine Heldin dastehen ließ, die trotz der ihr von der IBM-Bürokratie verpaßten Zwangsjacke Wunder vollbracht hatte. Akers, der Hüter dieser Bürokratie, betrachtete das als indirekten Angriff auf sich selbst. Zum anderen lag es daran, daß jede persönliche Publicity IBM nervös machte. Man war allgemein überzeugt, daß keiner der derzeitigen oder auch jeweiligen Bosse sich als Held aufspielen dürfe, da die Watsons, die die Firma ja aus dem Nichts zu einem Giganten gemacht hatten, ziemlich publicityscheu waren und Tom jun. schließlich noch lebte. Akers gefiel es weit besser, wenn Außenstehende IBM als gesichtslose Masse sahen und nicht als eine Ansammlung von Stars und Flaschen.

Lucente hatte bei der Ausweitung des US-Außendienstes aufgrund der strengen IBM-Tradition, wonach jedem Mitarbeiter sein Arbeitsplatz auf Lebenszeit garantiert war, keine großen Wahlmöglichkeiten gehabt, er durfte nicht einfach Leute von außen einstellen, sondern mußte die nehmen, deren Jobs als Programmierer und in der Fertigung eingespart worden waren, und sie zu Verkäufern umschulen lassen. Es dauerte Monate, bis diese Männer sich in ihren neuen Jobs wohl fühlten. Wie aber einige IBM-Marketing-Chefs inzwischen zugeben, hatte die Qualität des Außendienstes doch ganz erheblich unter dieser Maßnahme gelitten.

Die Herren sind der Meinung, zum Verkäufer werde man geboren, aber auf keinen Fall umgeschult. Selbst wenn jemand der beste Vormann aller Zeiten gewesen sei, hieße das nicht, daß er auch wußte, wie man einen Handel abschließt. Bei IBM behauptet man zwar, man habe keine Statistik darüber geführt, wie viele der Männer, die man in den Außendienst versetzt hatte, noch bei der Firma seien, ehemalige IBMler behaupten allerdings, die Mehrheit der für teures Geld Umgeschulten sei gegangen, als auch der Außendienst sich während der vergangenen Jahre langsam habe gesundschrumpfen müssen.

*

Als Ed Lucente an der Verstärkung des Außendienstes – als ›geflügelte Streitkräfte‹ bekannt – arbeitete, berief Akers im Januar 1988 eine der seltenen Pressekonferenzen ein. Sie fand im Sitzungssaal hoch oben im 42stöckigen IBM-Gebäude mitten in Manhattan statt. Wie er da am Kopf des rechteckigen Tisches saß, der den riesigen Raum ausfüllte, wirkte er wie ein blaugekleideter König Arthur im Kreis seiner Ritter. Das Bild des Gründervaters Tom Watson mit dem ›Think‹-Zeichen hing wie das Porträt des strahlenden Tom Watson jun. nur ein paar Räume weiter in der Bibliothek, und so sprach Akers mit einer Sicherheit, die nur die Firmengeschichte rechtfertigte. Er führte u. a. aus, der Computermarkt habe sich grundlegend verändert, und IBM werde, um sich den neuen Verhältnissen anzupassen, die größte Veränderung ihrer Managementstrukturen vollziehen, seit Tom jun. Mitte der fünfziger Jahre die Firma übernommen habe. Akers deutete an, die Veränderungen wären möglicherweise noch radikaler als das System des internen Wettstreits, das Tom jun. eingeführt habe.

Der Grundgedanke war, daß das Management-Komitee die Entscheidungen nach unten in die einzelnen Organisationen zurückgeben solle, so daß Akers sich nicht länger mit den Streitigkeiten unter den verschiedenen Abteilungen von IBM herumschlagen und das MC nicht länger über Kleinigkeiten entscheiden müßte, wie beispielsweise darüber, ob ein Kunde für ein bestimmtes Produkt einen Sonderpreis bekommen solle. Auch die einzelnen IBM-Produkte stünden nun in direktem Konkurrenzkampf untereinander, und das

Management werde nicht länger versuchen, profitable, alte Produkte wie die Großrechner zu schützen. Akers erklärte, IBM werde künftig als risikofreudiges Unternehmen betrachtet werden müssen.

Diese neuen Strukturen sollte Terry Lautenbach durchsetzen, ein bei allen beliebter Manager der obersten Ebene. Lautenbach ist ein korpulenter Mann. Seine Arme würden jedem Trucker Ehre machen, und er war in der Lage, es beim Trinken mit jedem aufzunehmen. Er hat für alle ein freundliches Lächeln und lacht am lautesten über sich selbst. Ein Exredenschreiber sagt, eine seiner Lieblingsgeschichten sei die gewesen, in der er einen früheren Schulfreund trifft. Der Freund, so Lautenbach, habe sich gefragt, wie er eine so glänzende Karriere hatte machen können, wo er doch ein so mittelmäßiger Schüler gewesen sei. Lautenbach erwiderte: »Das ist ganz leicht. Wenn ich etwas für drei Dollar herstellen und es für sieben Dollar weiterverkaufen kann, dann habe ich eine vierprozentige Gewinnspanne.«

Lautenbach mit dem Silberhaar – von dem einige Leute meinen, er ähnele dem Schauspieler Dick van Dyke, sofern der Steroide schlucken würde – war ein Typ, den man mögen konnte, auch wenn er erst fünfzig war, als er den neuen, hochrangigeren Job bekam, denn er war nur einmal kurz als eventueller Nachfolger für Akers im Topjob erwähnt worden. In Anbetracht des Wettstreits, der unter der IBM-Führungselite herrschte, war das wichtig. Lautenbach wurde schon deshalb nicht ernst genommen, weil er Probleme mit dem Herzen hatte, die Anfang der Achtziger eine Bypass-Operation erforderlich gemacht hatten, ähnlich wie bei einem seiner älteren Brüder, der mit Anfang Fünfzig gestorben war. Obwohl Lautenbach sich ganz gut erholt zu haben schien, war sein Gesundheitszustand doch immer ein Thema, weshalb seine Mitbewerber für den Topjob keine Gewissensbisse haben mußten, wenn sie auf ihrem Weg an die Spitze an ihm vorbeizogen.

Aber Lautenbach hatte auch aus anderen Gründen viele Bewunderer. Er hatte sich auf dem Weg durch die Marketingebenen große Verdienste erworben, und es war ihm gelungen, den Vernetzungs-Geschäftszweig aus den roten Zahlen zu holen. Außerdem war er als äußerst entscheidungsfreudig bekannt. Er kam morgens um halb acht und ging selbst ans Telefon, bis seine Sekretärin eintraf, und er erledigte alle Dinge sofort.

»In ihm vereinigt sich die eindrucksvollste Kombination von Managementfähigkeiten, Entschlußfreudigkeit und Energie, die mir je untergekommen ist«, sagt John Sabol, ein Boß bei Microsoft, der einst Assistent von Lautenbach bei IBM war.

Joe Zemke – heute Boß beim IBM-Konkurrenten Amdahl – sagt, während seiner IBM-Zeit habe er sich zunächst nicht entscheiden können, als Lautenbach ihm eine Versetzung angeboten habe. »Ich sagte ihm, ich müsse darüber nachdenken. Ich hätte fünf Kinder und sei nicht sicher, ob ich mich zu einem Umzug entschließen könne. Terry schaute daraufhin auf, sah mich an und erklärte: ›Ich habe sechs. Sie nehmen den Job. Ich habe ein paar Akten in einem Raum an diesem Flur, von denen ich möchte, daß Sie die sich einmal ansehen.‹ In Lautenbachs Gegenwart fühlte man sich, als sei man mitten in einem Wirbelsturm.«

Lautenbach sammelte Punkte als vorurteilsloser Manager, weil er sich für Ellen Hancock einsetzte und dafür sorgte, daß sie befördert wurde, während auch er aufstieg. Das war ein geschickter Zug, weil Ellen Hancock – eine Technikerin, die als Programmiererin zur Firma gestoßen war – den Vernetzungsbereich ausgesprochen geschickt geleitet hat. Lautenbach setzte damit Maßstäbe. Auch wenn die IBM-Spitze nach wie vor als reiner Männerclub angesehen wird, schaffte er es doch, Ellen Hancock als Vizepräsidentin zu installieren. Und wenn man von dem Unternehmenszweig ausgeht, dem sie heute vorsteht, kann sie mit Sicherheit als jene Managerin gelten, die es in der Geschichte der amerikanischen Wirtschaft am weitesten gebracht hat.

Lautenbachs Karriere entsprach ganz der Überzeugung von Tom Watson sen., daß Vetternwirtschaft gut sei fürs Geschäft. Er und drei seiner Brüder waren so etwas wie der Kennedy-Clan von IBM. Sie machten gemeinsam Familienurlaub und wetteiferten auf allen möglichen Ebenen miteinander, auch beim Vorwärtskommen innerhalb des IBM-Systems. Dem stämmigen Dan unterstand eines der größten Vertriebsgebiete in den Vereinigten Staaten, während Ned – der einzige der Brüder, der recht klein geraten war und ruhiger als die anderen – und Terry zu Vizepräsidenten aufstiegen.

Eine derartige Vetternwirtschaft konnte kompliziert werden. Terry Lautenbach war einmal in der Position, daß ihm Ed Lucentes Bruder Angelo direkt unterstand und Ed Lucente der direkte Vorgesetzte von Ned Lautenbach war. Als Terry und Ned 1988 befördert wurden, wäre Ned Terry eigentlich offiziell unterstellt gewesen. Akers mußte deshalb eine Lösung finden, nach der Ned einem anderen Rechenschaft ablegen konnte. Doch das IBM-Management war immer überzeugt, solche Komplikationen könne man durchaus in Kauf nehmen, wenn Vetternwirtschaft bedeutete, Familien wie die Lautenbachs unter Vertrag nehmen zu können und IBM quasi zu einem Familienunternehmen zu machen.

In der neuen Struktur, die Akers 1988 ankündigte, unterstand praktisch jeder Lautenbach – alle, mit Ausnahme der Vertriebsorganisationen außerhalb der Vereinigten Staaten. Der Grundgedanke war, daß er Entscheidungen wesentlich schneller treffen könne als das Management-Komitee und das MC dann endlich Zeit habe, sich auf andere, wesentlichere Dinge zu konzentrieren. Außerdem erwartete man von Lautenbach, daß er delegieren würde.

Das funktionierte nicht. Lautenbach, ebenfalls ein Produkt der IBM-Unternehmenskultur, war keineswegs bereit, Verantwortung abzugeben. Statt dessen baute er eine eigene Organisation auf, und die verfügte über einen großen Stab. Entscheidungen wurden keinesfalls schneller getroffen als unter dem alten System. Geschäftszweige wie der PC-Bereich und der der Workstations mußten weiterhin vergeblich gegen ihre profitablen älteren Brüder – die Kleinrechneranlagen und Großrechner – ankämpfen.

Akers hatte wieder einmal nur über Veränderungen geredet, die seine Probleme gelöst hätten, aber IBM ging es nicht besser als vorher. Tatsächlich war die Firma schlechter dran, weil sie wertvolle Zeit damit vertan hatte, sich auf einen falschen Lösungsansatz zu konzentrieren.

Das einzige, was IBM 1988 vor der Katastrophe rettete, war ein Projekt, das wie der PC klammheimlich im verborgenen begonnen worden war. IBM hatte zwar jahrelang einen Frontalangriff auf den Kleinrechnermarkt versucht, das heißt, Tausende von Entwicklern an große Projekte gesetzt, doch fünf Leute, die in einem verlassenen Labor in Rochester/Minnesota arbeiteten, hatten das Problem gelöst.

Sie fanden einen Weg, zwei inkompatible Kleinrechner-Generationen – die Systeme 36 und 38 – miteinander zu kombinieren. Das kleine Team konnte seine Manager davon überzeugen, daß man das Produkt in zwei Jahren entwickeln könne, wenn nur der IBM-›Prozeß‹ einmal außer Kraft gesetzt würde. Zwei Jahre – das galt bei IBM als die Hälfte der Zeit, die man normalerweise benötigte. Sogar die Marketing-Leute hatten diesmal mitgezogen und ausnahmsweise nicht auf totaler Geheimhaltung bestanden. Schon früh zogen sie Kunden und Software-Entwickler hinzu, was bedeutete, daß die neue Kleinrechneranlage von Anfang an auf dem richtigen Weg war und außerdem vom ersten Tag an jede Menge nützlicher Software für ihn zur Verfügung stand.

Trotz des Erfolges des neuen Kleinrechners war das IBM-Management aber nach wie vor nicht überzeugt, daß es tatsächlich an der Zeit war, die ehernen Regeln der Entwicklungsprozesse endlich über Bord zu werfen, bei denen Tausende es nicht schafften, ein Problem zu lösen, das fünf Leute leicht bewältigen konnten. Die Führungselite bei IBM schien jedoch durch den neuen Computer, den AS/400, einiges über Marketing dazugelernt zu haben, auch wenn sie sich in erster Linie in seinem Erfolg sonnte. Der AS/400 entwickelte sich rasch zu einem Geschäftszweig, der 14 Milliarden Dollar im Jahr einbrachte, was bedeutete: Er hätte der zweitgrößte Computerhersteller der Welt sein können, wäre er nur unabhängig gewesen, und hätte damit zu den vierzig größten US-Firmen gehört. Genauso wichtig war aber, daß der AS/400 – AS steht für ›Applikations-System‹ – Digital Equipment, den Erzrivalen auf dem Kleinrechnermarkt, und seine unverschämten Anzeigenkampagnen aus dem Sattel werfen konnte. Dieser Produktlinie von IBM ist es zu verdanken, daß der Börsenwert von Digital um mehr als drei

Viertel sank, Digital gezwungen war, Zehntausende von Beschäftigten zu entlassen und seinen Gründer Ken Olsen aus dem Vorstand zu verbannen.

Nachdem der AS/400 IBM 1988 nach drei schwierigen Jahren geholfen hatte, endlich wieder auf die Gewinnerstraße zurückzukehren, gab sich Akers wieder einmal entspannt. Er kehrte zu seiner Reden-Reden-Reden-Strategie zurück, wenn es galt, Probleme zu lösen. Er war der Meinung, der alles verschlingenden Bürokratie zu begegnen, indem er die Leute nur dazu brachte, ›nein‹ zu sagen, wenn Vorgesetzte oder ansonsten im Rang über ihnen Stehende von ihnen unnötige Memos oder Berichte verlangten. Und er tat so, als löse allein das schon die Probleme, obwohl die Budgetplaner nach wie vor Berichte über zu erwartende Berichte schrieben, obwohl Entwicklungsüberwacher immer noch bei allen wichtigen Produktsitzungen anwesend waren und darauf achteten, daß alle Schritte des offiziellen Entwicklungsprozesses auch peinlich genau eingehalten wurden, und obwohl die Bürokratie immer noch so allgegenwärtig war, daß ein Vizepräsident der Firma – eine der fünfzig Führungskräfte des Unternehmens – immer noch sieben Stufen unter Akers stand. Akers ignorierte einfach, daß es immerhin Firmen gibt, die mehr als eine Milliarde Dollar Umsatz pro Jahr machen und bei denen selbst der einfachste Arbeiter keine sieben Stufen unter dem obersten Boß steht.

Akers schien Ende 1988 sehr zufrieden und glaubte, nun alles unter Kontrolle zu haben. Und er war sicher, an sein Ziel gelangt zu sein. Obwohl er sich entschlossen hatte, sich still zu verhalten, bis er wirklich gute Nachrichten zu vermelden hätte, war er Ende 1988 bereit, eine Reihe von ausführlicheren Interviews darüber zu geben, wie es ihm gelungen sei, die Wende bei IBM herbeizuführen.

»Das, was wir uns vorgenommen hatten, haben wir tatsächlich erreicht«, sagte er.

Der US-Markt beunruhigte Akers nach wie vor. Dort waren die Umsätze 1988 trotz der Tausende zusätzlicher Verkäufer umfassenden ›Zurück in den Außendienst‹-Bewegung weiter gesunken. Lucente, als Top-Mann des US-Marketings, mußte dafür die Verantwortung übernehmen. Außerdem hatte er sich während des Umbaus des Außendienstes den Ruf erworben, ein wahrer Zuchtmeister und Killer zu sein, weshalb er nach Akers' Meinung die Fähigkeit zu führen eingebüßt hatte und nun gegen einen anderen ausgetauscht werden mußte. Um sein Ziel zu erreichen, setzte er auf eine Reihe von Veränderungen, die eine neue Epoche im IBM-PC-Geschäftsbereich einläuten sollte.

Akers übertrug Lucente ›besondere Aufgaben‹, ein ungewöhnlicher Weg, alle Welt wissen zu lassen, daß Lucente, wie man bei IBM sagte, auf die ›Strafbank‹ geschickt worden war. Da blieb er allerdings nur für eine ausgesprochen kurze Zeit. Nach nur wenigen Monaten übernahm er in Japan die große asiatische Niederlassung. In Anbetracht von Lucentes fehlender internationaler Erfahrung bis zu diesem Zeitpunkt glaubten viele, mit diesem Job wolle man ihn fit machen, damit er eines Tages die Nachfolge von Akers antreten könne. Auf jeden Fall fragte man sich nach dieser Versetzung, warum Lucente nicht den normalen Weg hatte gehen müssen, das heißt, warum er nicht erst irgendwelche Erfolge hatte vorweisen müssen, bevor er die Strafbank wieder verlassen durfte.

Als Nachfolger von Lucente erkor Akers Ende 1988 George Conrades, Lowes relativ neuen Boß, der Generalmanager einer Produktgruppe gewesen war, zu der PCs, Workstations und einige andere Erzeugnisse gehört hatten.

Für Lowe wurde dadurch die Stelle frei, die er angestrebt hatte. Er war nun seit dreieinhalb Jahren Abteilungspräsident gewesen und hatte den PC-Bereich geleitet. Das war eine lange Zeit für jemanden, der sich – wie er – als aufgehenden Stern sah. Deshalb hatte er schon ungeduldig auf seine nächste Chance gewartet. Doch Lowe wurde übergangen. Akers gab den Job Dick Gerstner, der bis dahin die IBM-Niederlassung in Asien geleitet hatte (und der der ältere Bruder von Lou Gerstner ist, der 1993 der neue IBM-Boß wurde).

Für Lowe stand fest, daß er bei IBM nun am Ende war. Er ging im Dezember 1988 und nahm einen Job bei Xerox an. Im Grunde schien er erleichtert zu sein. Die Presse hatte alle

Fehler der IBM-PC-Strategie erbarmungslos aufgelistet, Lowe dabei persönlich kritisiert und natürlich nicht unerwähnt gelassen, daß er bei der Beförderung übergangen worden war. Bei Xerox ging es nett und ruhig zu. Möglicherweise konnte er hier der Presse ja aus dem Wege gehen, mußte nicht mehr so viel unterwegs sein und konnte tatsächlich einmal etwas bewirken. Sollte doch jemand anderes den IBM-PC-Bereich leiten, der so erbarmungslos im Blickpunkt der Medien stand.

8. Kapitel

Während der siebziger und zu Beginn der achtziger Jahre hatten die IBM-Spitzenmanager noch beeindruckende Macho-Spitznamen: Spike und Buck und Bo und Blackjack. Als Jim Cannavino seinen Job als Leiter des Großrechnerbereichs aufgab und Ende 1988 in der PC-Szene auftauchte, um die Nachfolge von Bill Lowe anzutreten, schien mit ihm ein Zeitalter freundlicher Verniedlichungen anzubrechen: Jimmy, Bobby, Nicky und Davey. Das Team – allesamt Anfang bis Mitte Vierzig – wurde manchmal die ›Kids‹ genannt. Man ging davon aus, daß sie irgendwann erwachsen werden und eines Tages die Firma leiten würden.

Um irgendwann die Führungsposition zu übernehmen, mußte Jimmy Cannavino nur im PC-Bereich ein Wunder vollbringen, denn inzwischen war allen IBM-Bossen klargeworden, daß man auf diesem Sektor keinen Fehler ausgelassen hatte. Die PS/2-Linie der PCs verkaufte sich nicht. Die OS/2-Betriebssystem-Software war eine totale Pleite. Es gab keine Strategie für den Verkauf von Anwendungssoftware; genausowenig eine für den Verkauf von PC-Peripheriegeräten. Außerdem hatte man Intel und Microsoft jede Gelegenheit gegeben, die Kontrolle über jene Richtung zu übernehmen, die der Markt nehmen würde, und die hatten sie ergriffen, während IBM ihren angestammten Platz verlor.

Cannavino, in der Hauptsache im Großrechnerbereich des IBM-Hauses groß geworden, hatte einmal gewitzelt, wenn der liebe Gott gewollt hätte, daß die Menschen Personalcomputer haben, »hätte er sie uns wohl gleich ins Handgelenk eingebaut«. Deshalb mußte Cannavino schnell lernen, worum es bei den PCs überhaupt ging – wie man bei IBM sagt: Er mußte aus einem Feuerwehrschlauch trinken.

Einer der Punkte, an denen er ansetzte, war Bill Gates. Gates, dem seine Beziehung zu IBM immer äußerst wichtig gewesen war, hatte ihn angerufen, um herauszufinden, ob er den neuen Mann kennenlernen könne, und Cannavino hatte zugestimmt. Die beiden beschlossen, sich Anfang 1989 mehrmals zu treffen, um sich ein wenig zu beschnuppern, bevor sie ernsthaft übers Geschäft redeten. Da Gates nach diesem Telefonat ohnehin ein paar Tage im Osten zu tun hatte, einigten sie sich darauf, daß er Cannavino für anderthalb Stunden in dessen Büro in White Plains besuchen solle.

Es funktionierte nicht. Während der ersten paar Monate gelang es ihnen zwar, verbindlich zu bleiben, während sie einander auszuloten versuchten, doch im Spätsommer 1989 hatten sich die Fronten total verhärtet. Die beiden konnten sich partout nicht ausstehen, und von da an ging es rapide bergab.

Cannavino hielt Gates für einen Klugscheißer. Er gab immer wieder ungebetene Ratschläge, erklärte Cannavino, er solle an einer Stelle die Programmiererstellen kürzen, die Leute woanders einsetzen, auf ein anderes Problem und so weiter. Gates dachte allerdings auch gar nicht daran, damit aufzuhören. Er saß einfach da, die Arme vor dem Bauch gefaltet, schaukelte vor und zurück und feuerte seine Ideen in dem ihm eigenen Maschinengewehrstil ab.

Andere IBMler beeindruckte das nicht. Als erfahrene IBM-Bosse sahen sie in ihm nur einen cleveren jungen Mann, der mehr Ideen hatte, als er nutzen konnte. Cannavino aber mußte sich beherrschen, um nicht gereizt und wütend zu reagieren. Er hatte nie ein College besucht, und obwohl das einer der Gründe war, aus denen die meisten anderen ihn wegen seiner bisherigen Erfolge nur noch mehr bewunderten, reagierte er sehr gereizt auf Leute, die ihn von oben herab behandelten. Das lag wohl in erster Linie daran, daß er sich seines Mangels an formeller Bildung nur zu bewußt war. Ganz besonders empfindlich zeigte er sich dann, wenn jemand allzusehr auf seinem Intellekt herumritt. Auch Gates hatte keinen College-Abschluß, war aber immerhin von Harvard abgegangen. Cannavino dagegen hatte lediglich eine technische Abendschule besucht und während dieser Zeit tagsüber in einem Lebensmittelladen und einer Pizza-Bude gearbeitet, um den Lebensunterhalt für seine Familie zu verdienen.

Auf Gates wiederum wirkte Cannavino wie ein Schaumschläger. Der redete nur über seine Pferde und Autos. Möglicherweise ließ er sich auch einmal darüber aus, wie IBM der amerikanischen Industrie zeigen würde, daß man gegen die Japaner ankommen kann, aber er schwadronierte nur. Der nervöse Gates wollte ewig zu dem einen oder anderen Punkt kommen, weshalb er sich ärgerte, wenn Cannavino drauflosphilosophierte.

Wenn die beiden nicht einer Meinung waren, sagte Cannavino nie irgend etwas wirklich Bedrohliches. Er murmelte nur durch zusammengebissene Zähne, aber seine Körpersprache schien ausdrücken zu wollen: Ich mache Ihnen jetzt ein Angebot, dem Sie nicht werden widerstehen können. Die Pose des starken Mannes, die er dabei einnahm, mußte den eher zarten Gates abstoßen.

Die Monate vergingen, und bis zum Sommer 1989 hatte Cannavino so viel mitbekommen, daß ihm die Problematik mit Microsoft klar wurde. Gates, der Windows bereits ein paarmal fast aufgegeben hatte, sah nun genügend Potential, um jede Anstrengung zu unternehmen, eine neue Version auf den Markt zu werfen. Cannavino hatte den Eindruck, diese Arbeit unterminiere die gemeinsame von IBM und Microsoft an dem OS/2-Projekt, weil die beiden Betriebssysteme schließlich um die Gunst desselben Anwenderkreises wetteiferten. Jeder Erfolg von Windows nutzte nur Microsoft, weil Bill Lowe jeden Versuch von Microsoft, Windows zu einem gemeinsamen Projekt zu machen, strikt unterbunden und die Chance ausgeschlagen hatte, Anteile an Microsoft zu kaufen. Diese Altlasten hatten Cannavino in eine Lage gebracht, in der er sich alles andere als wohl fühlte.

Cannavino begann allmählich auch aufzugehen, welchem Kuhhandel Lowe zugestimmt hatte, als er Microsoft erlaubte, die gesamten Lizenzgebühren für Betriebssysteme zu kassieren, die er an die Cloner verkaufte. Cannavino bestand darauf, wieder in die Lizenzverhandlungen einzusteigen. Seiner Meinung nach sollten sich IBM und Microsoft die Umsätze aller DOS-Betriebssysteme fünfzig zu fünfzig teilen. Er vertrat die Ansicht, die beiden Firmen seien eine Partnerschaft mit der Intention eingegangen, alles gleichmäßig zu teilen, egal, was im Vertrag stehen mochte. Gates war der Ansicht: Zu dumm, da habt ihr wohl Pech gehabt. Und er hatte den Vertrag auf seiner Seite.

Bei einer Konferenz im Frühsommer 1989 begann Cannavino schließlich, Gates hart in die Zange zu nehmen, besonders, was seine Pläne für Windows anging. Aus den frühen Versionen von Windows war nichts geworden, seit sie 1985 auf den Markt gekommen waren, und Cannavino war nicht bewußt gewesen, wie ernst es Gates damit war, im Frühjahr 1990 eine neue Version von Windows herauszubringen. Er hatte das Gefühl, von Gates betrogen worden zu sein. Cannavino wollte nun wissen, warum Gates Windows so verbissen vorantrieb, da man doch eigentlich von ihm erwarten könnte, das OS/2 als neuen Standard für grafische Benutzeroberflächen installieren zu wollen. Als Gates ihm auszuweichen schien, bohrte Cannavino dann um so verbissener weiter.

Gates begann so heftig hin und her zu schaukeln, daß Cannavino fast fürchtete, er würde sich den Kopf an der Tischkante stoßen. Dann fing Gates an zu schwitzen. Cannavino erzählte seinen Mitarbeitern, der Schweiß sei ihm nur so aus den Poren geschossen, nicht nur in den Achselhöhlen, sondern auch von der Stirn, den Nacken hinuntergelaufen, den Rücken, und sogar an der Brust sei er ganz naß gewesen. Die IBMler sagen, Cannavino habe die Furcht, die Gates erfaßt hatte, förmlich riechen können. (Gates sagt, das sei lächerlich. Wichtig ist freilich, was Cannavino dachte, weil viel von dem, was er später tat, auf seinem damaligen Eindruck von Gates basierte.)

Cannavino war überzeugt, Gates nicht länger trauen zu können. Also kehrte er in sein Büro zurück und bat das Management-Komitee um einen Termin. Vor dem Vorstandsvorsitzenden John Akers und den verschiedenen anderen anwesenden Bossen erklärte er dann, er wisse, daß sie alle Bill Gates und Microsoft für großartige und fantastische Partner hielten, doch er könne in ihm beim besten Willen keinen Partner mehr sehen.

An diesem Punkt beschloß das IBM-Management, man

müsse die Verbindung zu Microsoft entweder abbrechen oder Microsoft zur Räson bringen. Aber wie?

*

Cannavino war in West Melrose Park/Illinois aufgewachsen, einem schwierigen ethnischen Fleckchen etwa 15 Meilen westlich von Chicago, wo an den Schulen vor Algebra Sexualkunde gelehrt wurde, wie seine ehemaligen Schulfreunde sagen. Mit 17 hatte ihn seine High-School-Liebe, die er nach dem Schulabschluß heiratete, zum ersten Mal zum Vater gemacht. Um seine kleine Familie durchzubringen, mußte er mit drei, vier Stunden Schlaf auskommen und unermüdlich arbeiten. Diese Fähigkeit legte er auch später nicht ab, sie wurde so etwas wie sein Markenzeichen. Er arbeitete damals in der Familien-Pizza-Bude, nahm aber daneben jeden Job an, den er im örtlichen Supermarkt bekommen konnte. Cannavino wurde Manager der Obst- und Gemüseabteilung, und als dann der Leiter der Fleischabteilung ging, bat Cannavino dessen Posten auch noch übernehmen zu dürfen – und das zweite Gehalt natürlich. Der Boß des Supermarkts willigte ein. Bald ging ein weiterer Manager, und Cannavino sicherte sich auch dessen Job, zusammen mit dem dritten Gehalt. Das bedeutete, daß er an den meisten Tagen von morgens sechs bis abends um zehn Uhr arbeitete, aber wenigstens einigermaßen ordentlich verdiente. Außerdem begann Cannavino, das *DeVry Technical Institute* in der Nähe von Chicago zu besuchen, um alles über Elektronik zu lernen.

Dann mußte der Supermarkt sich eines Tages den Richtlinien der Gewerkschaft unterwerfen, und das Management konnte es sich nicht länger leisten, einem einzelnen Menschen drei Gehälter zu zahlen. Cannavino sagte sich, daß es wohl besser wäre, sich nach einem neuen Job umzusehen. Weil sein Auto dem Laden gehörte und er keine Ahnung hatte, wo er suchen sollte, bestieg er einen Bus, der in Richtung Chicago fuhr. Er hoffte, in der Nähe der Stadt bessere Jobs zu finden. Die Endhaltestelle war Oak Park, ein hübscher Vorort im Westen von Chicago. Und so geschah es, daß Cannavino direkt vor einer IBM-Niederlassung ausstieg. Da er schon von IBM gehört hatte, beschloß er, hineinzugehen und sich vorzustellen.

Cannavino erzählte der Empfangsdame, er habe einen Termin. Als sie ihn fragte, bei wem, zögerte er ein paar Sekunden, und sie sprang für ihn ein.

»Mr. Thompson?« fragte sie.

»Richtig«, antwortete Cannavino, »Mr. Thompson.«

Thompson war, wie sich herausstellte, der Manager der Niederlassung. Da das Mädchen am Empfang nicht ganz sicher zu sein schien, ob Cannavino wohl tatsächlich einen Termin bei Thompson hatte, sagte er deshalb geistesgegenwärtig: »Okay, ich werde in dem Moment gehen, wenn Mr. Thompson herunterkommt und mir sagt, daß er den Termin mit mir vergessen hat.«

Weil man bei IBM nun wirklich nicht darauf eingerichtet ist, mit schnell reagierenden Schlitzohren fertig zu werden, klappte der Trick. Das Mädchen rief Thompson an. Und der Manager, darauf trainiert, auf IBM-Art immer höflich zu bleiben, kam aus seinem Büro und entschuldigte sich, weil er den Zettel mit dem Termin offensichtlich verlegt habe. Er ließ Cannavino einen Eignungstest als Reparaturtechniker machen und geleitete ihn, der immerhin noch ein Teenager war, danach in sein Büro.

Cannavino bestand den Test mit Auszeichnung, doch als Thompson ihn nach seiner bisherigen Ausbildung befragte, mußte er zugeben, daß er nur den High-School-Abschluß hatte. Dann bot er Thompson einen Handel an: Wenn er nicht innerhalb von sechs Monaten der beste Reparaturtechniker werden würde, den der Manager je gesehen hätte, wolle er den Job freiwillig aufgeben und alle seine Gehaltsschecks zurückgeben. Thompson lachte nur.

Er zögerte. Cannavino entsprach nicht den Anforderungen, die die Firma stellte, deshalb konnte er Probleme bekommen, wenn er seine Einstellung jemals würde rechtfertigen müssen. Doch damals, Anfang der sechziger Jahre, konnte man es selbst bei IBM nicht immer so genau nehmen. IBM war gerade dabei, die 360er Großrechner-Linie auf den Markt zu bringen. Das war ein Fünf-Milliarden-

Dollar-Spiel, das über das Schicksal der Firma entscheiden würde, und die war deshalb gezwungen, Tausende von Leuten einzustellen, um den Service für die Maschinen gewährleisten zu können. Thompson ging das Risiko ein, Cannavino bekam den Job.

Nach etwa drei Monaten schoß Thompson allerdings aufgebracht aus seinem Büro und brüllte, er wolle sofort Cannavino sehen. »Kommen Sie augenblicklich in mein Büro!« schrie er so laut, daß jeder es hören mußte.

Cannavino starrte seine Kollegen in der Reparaturwerkstatt fassungslos an und sagte: »Ich schätze, ich bin hier raus. Keine Ahnung, was ich verbrochen habe, aber ich bin wohl gefeuert.«

Thompson polterte los, irgend jemand aus der Buchhaltung hätte ihn angerufen und in den Hörer gebrüllt, seine ganzen Unterlagen seien durcheinandergeraten, weil ein Techniker namens Cannavino seine Gehaltsschecks nicht einlöse.

»Wollen Sie, daß ich gefeuert werde?« verlangte Thompson zu wissen.

Cannavino erklärte, er hielte sich nur an die Abmachung.

»Welche Abmachung?« brüllte Thompson, der immer wütender wurde.

Während Cannavino es ihm erklärte, huschte ein Lächeln über Thompsons Gesicht, als ihm alles wieder einfiel. Er sagte, er hätte angenommen, Cannavino habe nur Spaß gemacht.

»O nein«, erwiderte Cannavino. Er hatte die ganzen Schecks in einem Schuhkarton gesammelt, für den Fall, daß er sie hätte zurückgeben müssen.

Schließlich lachte Thompson und sagte: »Ja, richtig, Sie sind das Einstellungsgespräch gewesen, das ich vergessen hatte.«

Cannavino sagte sich, daß es besser sei, gleich alles zu gestehen, solange Thompson lachte, und beschloß, sich die ganze Last von der Seele zu reden, erzählte also, daß er gar keinen Termin gehabt hätte.

Thompson hörte gar nicht mehr auf zu lachen. Er sagte, Cannavino solle die Schecks auf jeden Fall einlösen.

Cannavino erklärte, das käme ihm sehr gelegen, weil er nun den Job in der Pizza-Bude aufgeben könne, den er beibehalten hatte, um seine Frau und seinen Sohn ernähren zu können, bis er von IBM bezahlt würde. Danach übernahm Cannavino sehr schnell zusätzliche Verantwortung, besonders für Probleme mit dem Betriebssystem des Großrechners. Cannavino, der bis zu seinem 21. Lebensjahr noch zwei weitere Söhne bekam, gab den Technikerjob bald auf und wurde Programmierer, war damit der erste aus seiner Familie, der in die Industrie ging. (Sein Vater war Mechaniker, seine Mutter Bankangestellte. Sein Bruder ist Maschinenschlosser. Eine Schwester ist Hausfrau, und die andere hilft in dem Restaurant, das der Familie gehört.) Cannavino igelte sich tagelang in seinem Büro ein. Auf dem Boden um ihn herum lagen Berge von Computerausdrucken, Schokoriegeln, Crackers und ein Schlafsack. Wenn er ein schwieriges Problem lösen wollte, schlief er auch im Büro.

So kam es, daß er und ein anderer ehrgeiziger junger Programmierer sich einen so guten Ruf beim Aufspüren von Viren erwarben, daß die Kollegen die beiden das ›Change Team‹ nannten (›engineering changes‹ sagte man bei IBM beschönigend, wenn Viren ausgemerzt wurden, die ein ganzes System lahmlegen konnten). Dieser Spitzname führte dann zu einem komischen Mißverständnis, das ihm bald zu einem noch weit größeren Bekanntheitsgrad verhelfen sollte.

O. M. Scott, ein führender Manager aus dem Hauptquartier, besuchte Ende der sechziger Jahre Chicago und beschloß, sich mit allen wichtigen Teams aus diesem Gebiet zu treffen. Er hörte, wie jemand das ›Change Team‹ erwähnte, und da er nicht wußte, daß es sich hier nur um einen Spitznamen handelte, wies er seine Sekretärin an, mit diesem Wunderteam einen Termin fürs Mittagessen zu machen.

Cannavinos Kollege war an diesem Tag krank, so daß Scott nur einen Gast zum Lunch hatte. Beide brauchten eine ganze Weile, bis sie herausgefunden hatten, was überhaupt los war. Cannavino hatte man nur gesagt, er solle Scott zum Mittagessen treffen, aber nicht den Grund genannt. Nun wartete er ständig darauf, daß Scott auf den Punkt kam. Scott seinerseits fragte sich, wer dieser Cannavino nun eigentlich war und wann wohl endlich das Treffen mit dem kompletten Change Team stattfinden werde.

Nachdem sie sich schließlich Klarheit verschafft hatten, konnten sie sich vor lauter Lachen kaum noch einholen.

Cannavino ergriff die Gelegenheit, um eine Beförderung zu bitten. Schon an seinem ersten Tag bei IBM – damals war er noch ein Teenager gewesen – hatte er in ein Notizbuch Entscheidungen übertragen, die er treffen würde, wenn er IBM leiten müßte. Dies machte er, um seine Urteilsfähigkeit für den Tag testen zu können, an dem er die Firma möglicherweise tatsächlich führen würde. Scott fragte, ob er Cannavino wohl in Chicago halten könne, wenn er ihm mehr Verantwortung übertrüge. Cannavino entgegnete, das könne er sich vorstellen. Dann fragte er allerdings, ob er auf sein Gehalt verzichten und sich statt dessen nach der Zahl der reparierten Fehler bezahlen lassen könne.

Scott fragte, wieviel Cannavino denn pro Fehler haben wolle.

»Das ist mir ziemlich egal«, erwiderte Cannavino. »Setzen Sie den Preis so niedrig an, wie Sie wollen. Das, was anfällt, ist allemal genug, und ich repariere sie auch schnell, deshalb werde ich mit jedem Preis jede Menge Geld machen.«

Doch Scott konnte keinen seiner Bosse dazu bewegen, die gesamte Gehaltsstruktur bei IBM über den Haufen zu werfen. Deshalb sah er die einzige Möglichkeit, etwas für Cannavino zu tun, darin, ihn nach Poughkeepsie/New York zu schicken, mitten ins Herz der Großrechnerentwicklung von IBM. So hatte der jugendliche Draufgänger wenigstens Gelegenheit, Software zu schreiben, ›statt nur Heftpflaster draufzukleben‹.

Kaum war Cannavino Ende der Sechziger in Poughkeepsie angekommen, begann er schon wieder, unkonventionelle Wege zu gehen. Er ›erfand‹ eine Methode, von der er glaubte, sie würde viele Programme auf den neuen IBM-Großrechnern drastisch schneller laufen lassen. Nachdem er seine Bosse nicht hatte überzeugen können, ihn mit einem Schlüsselteil des Systems herumprobieren zu lassen, um seine Idee zu testen, beschloß er, es auf eigene Faust zu versuchen.

Er fand heraus, daß drei Abteilungen seiner Niederlassung diese neuen Großrechner bestellt hatten, und sagte sich, eine davon könne auf ihren wohl erst einmal ein paar Monate warten. Also schlich er in das Lager, in dem die Großrechner zum Versand bereitstanden, und tauschte einen Adreßaufkleber aus, so daß eine der Maschinen in einem unbenutzten Labor landete. Für die nächsten paar Monate okkupierte er dann genau dieses Labor. Mit Hilfe zweier Kollegen, die ebenfalls nichts dagegen hatten, die Nächte durchzuarbeiten, perfektionierte Cannavino rasch sein ›Change‹. Die Ergebnisse waren besser als erwartet. Ein Großteil der Anwendungssoftware lief nun auf den neuen Großrechnern doppelt so schnell.

Nun, da Cannavino positive Resultate erzielt hatte, begeisterten sich seine Bosse geradezu für seinen Verbesserungsvorschlag. Weil sie keine Ahnung hatten, daß die Maschine gestohlen war, fingen sie an, Leute aus anderen Niederlassungen durch Cannavinos provisorisches Labor zu führen. Natürlich wußten sie auch nicht, daß er sich das Labor ebenfalls ohne offizielle Erlaubnis angeeignet hatte. Die Bosse prahlten lauthals, welch cleveren jungen Burschen sie sich da mit Cannavino an Land gezogen hätten. Er selbst geriet allerdings noch einmal ganz schön in Panik, als der rechtmäßige Eigentümer des Großrechners feststellte, wo das gute Stück abgeblieben war, und ihn anrief, um ihm die Hölle heiß zu machen. Doch Cannavino kam mit einer ernsten Verwarnung davon. Sinngemäß sagte man ihm, er würde sofort gefeuert werden, wenn er jemals wieder etwas derartig Kluges täte.

Zu diesem Zeitpunkt arbeitete Cannavino so viel, daß er seine Frau und seine drei Söhne kaum noch sah, weshalb seine Ehe nach nur sieben Jahren geschieden wurde. Auf der Habenseite aber stand für ihn, daß er das Interesse einiger sehr wichtiger Leute erregt hatte. Carl Conti, der schließlich Vizepräsident und Generalmanager der Produktgruppe wurde, zu der die Großrechner und Großrechnerfestplatten gehörten, nahm das Risiko auf sich, Cannavino einen Job als Laborleiter in Endicott/New York anzubieten, obwohl der junge Mann damals vom Rang her ungefähr vier Stufen unter einem Laborleiter stand. Das wiederum ließ Blackjack Bertram hellhörig werden, den Boß von Cannavino, der zu dieser Zeit vier oder fünf Karriererangstufen höher rangierte.

Cannavino hatte Bertram ein Jahr früher unter recht unglücklichen Umständen kennengelernt. Ein paar Leute aus Bertrams Stab hatten Cannavino zu sich zitiert, weil er ein kleineres Projekt für Bertram übernehmen sollte. Cannavino sah sich die Sache an, überlegte kurz – und lehnte ab, weil er der Meinung war, sie sei nicht machbar. Bertrams Leute zerrten ihn daraufhin fast mit Gewalt in dessen Büro und sagten dem, so ein Augenzeuge: »Dieser Typ will den Job nicht machen.«

Bertram fragte: »Warum nicht?«

Cannavino entgegnete: »Es würde vermutlich nicht funktionieren, und ich sehe nicht ein, warum ich mich dann damit herumärgern soll.«

Bertram erklärte, er habe persönlich eine Menge Arbeit in das Projekt investiert und sei sicher, daß es funktionieren würde.

Cannavino erwiderte: »Sie sind so gut, da verstehe ich gar nicht, warum Sie Ihren verdammten Job nicht selber machen.«

Bertram funkelte ihn böse an und brüllte: »Raus hier!«

Ein Jahr später änderte Bertram jedoch seine Meinung, weil er es sich nicht leisten zu können glaubte, Jim Cannavino an Conti zu verlieren, weshalb er ihm zu einer großen Beförderung verhalf und ihn zum Laborleiter in Poughkeepsie machte.

Conti seinerseits stieg die IBM-Karriereleiter immer weiter hinauf und zog Cannavino kontinuierlich mit. Mitte der achtziger Jahre leitete der ›Junge ohne College-Abschluß‹, inzwischen vierzig Jahre alt, den Großrechnerbereich, der für die Hälfte der IBM-Umsätze und für zwei Drittel ihrer ungeheuren Gewinne verantwortlich war.

Cannavino war auch hier so gut, daß Jack Kuehler, der bald Präsident von IBM werden sollte, beschloß, dem mit 44 Jahren immer noch jungen Mann Ende 1988 den PC-Bereich zu übergeben. Einem Großrechner-Typen den PC-Job zu geben paßte zu der Einstellung von IBM, daß die Großrechner im Mittelpunkt des Universums stünden und die PCs erst dann richtig anziehen würden, wenn man sie nur besser in die Welt der Mainframes integrierte. Der Job war auch als Test gedacht. Der junge Heißsporn sollte beweisen, daß er das Zeug hatte, die Karre wieder aus dem Dreck zu ziehen. Cannavino sträubte sich zunächst, doch Kuehler überredete ihn schließlich, den Job anzunehmen.

Wieder wurde Cannavino schnell befördert, wurde Mitte 1989 Generalmanager des Bereichs, zu dem PCs und Workstations gehörten. Diesmal öffnete ihm ein weiterer Zufall den Weg. Dick Gerstner, dessen Ernennung zum Generalmanager Ende 1988 zum Abgang von Bill Lowe geführt hatte, war aufgrund einer medizinischen Fehldiagnose nach ein paar Monaten schon wieder gegangen. Gerstner hatte unter so schrecklichen Rückenschmerzen gelitten, daß er es fast unerträglich fand zu fliegen und sich sogar während der Arbeit häufig flach auf den Boden legen mußte. Oft war es so schlimm, daß er die Geschäfte von zu Haus aus führen mußte, weil er gar nicht mehr aufstehen konnte. Da er die Schmerzen bald überhaupt nicht mehr aushalten konnte, entschloß er sich, früher in Pension zu gehen. Die Ärzte hatten allerdings übersehen, daß das Kernproblem von Gerstners Leiden die Lymekrankheit war, eine durch Zeckenbisse übertragene, schmerzhafte bakterielle Infektionskrankheit. Erst Jahre später wurde die Krankheit korrekt diagnostiziert und behandelt, und Gerstners Rückenschmerzen waren plötzlich wieder erträglich, doch da war er längst im Ruhestand. Cannavino war also der Posten sozusagen in den Schoß gefallen, nach dem Lowe jahrelang gestrebt hatte. ›Jimmy‹ Cannavino hatte es zu erstaunlichem Ansehen gebracht.

Ende der achtziger Jahre heiratete Cannavino wieder. Seine zweite Frau war eine Programmiererin, die er in Poughkeepsie kennengelernt hatte, und es lag wohl teilweise an ihr, daß er in diesen mörderischen Lebensstil – neben der harten Arbeit nun auch noch anstrengende Freizeitaktivitäten – verfallen war. Er hatte Suzie zum ersten Mal gesehen, als er eines Tages endlich einmal hatte wissen wollen, warum seine Ingenieure ihre Pausen immer im Büro einer bestimmten Programmiererin verbrachten. Deshalb hatte er seine Arbeit kurz entschlossen liegenlassen und war in dieses Büro gewandert. Kaum hatte er einen Blick auf Suzie geworfen, war für die Ingenieure die Pause vorbei gewesen. Er hatte sie hinausgeschickt und sie seine Arbeit beenden lassen. Er war bei Suzie geblieben.

Sie liebte Pferde, und es dauerte nicht lange, da liebte er sie auch. Heute züchtet er Pferde auf einer Farm in Dutchess County, auf der ein 200 Jahre altes Haus steht. Die Farm liegt nördlich seines Büros in Somers/New York und ist etwa 45 Autominuten entfernt. Cannavino bekleidet ein Ehrenamt im örtlichen Jagdclub. Und wenn er von einem großartigen Urlaub spricht, dann meint er, seine Reitstiefel anzuziehen und eine Woche lang durchs Dickicht eines Reviers in Virginia zu reiten und Füchse zu jagen. Wann immer er die Möglichkeit hat, läuft Cannavino Ski, und er geht so oft zum Golfspielen, daß es ihm keine Schwierigkeiten bereitet, sein Zwölfer-Handicap zu halten.

Einmal beschloß er, auf den berühmtesten Golfplätzen Schottlands zu spielen. Dank seines Ehrgeizes hatte er es schon nach zehn Tagen geschafft, zwanzig Plätze gespielt zu haben, indem er jeden Tag 36 Löcher spielte. (Einige, die mitspielten, fragten sich, ob sein Handicap nicht vielleicht in Wirklichkeit doch niedriger sei. Sie meinten, er sei eigentlich immer ein paar Schläge besser als jemand mit einem Zwölfer-Handicap. Sie vermuteten, er stapele bewußt tief, um seine Wetten zu gewinnen.)

Trotz dieser anstrengenden Freizeitaktivitäten ackert sich Cannavino tagtäglich nach wie vor durch den dicksten Terminkalender aller IBM-Führungskräfte. Häufig hat er Dreifachtermine. Das bedeutet, er vereinbart Ersatztermine für den Fall, daß einer der ursprünglichen platzt, und dann noch einmal Ersatztermine für viele der Ersatztermine. Sein Terminplan ist so eng, daß Leute, die ihn unbedingt sprechen wollen, manchmal vor seinem Büro Posten beziehen und dort warten, bis er sich auf den Weg nach Hause macht – auch wenn das selten vor neun oder zehn Uhr abends der Fall ist, manchmal sogar erst in den frühen Morgenstunden. Cannavino arbeitet häufig so lange, daß es sich nicht einmal mehr lohnt, nach Hause zu fahren. Dann schläft er ein paar Stunden in einem nahe gelegenen Holiday Inn. Er hat endlich ein System entwickelt, das vorsah, daß seine langjährige geschäftsführende Assistentin Susan Fairty bei den unzähligen Konferenzen in aller Welt als seine Stellvertreterin auftreten konnte, wenn er selbst keine Zeit hatte, daran teilzunehmen. Oder aber sie ging in ein Meeting, das Cannavino eigentlich leiten sollte, und erklärte, sie sei ›praktisch Jim‹ – ihre Art zu sagen, daß sie bei dieser Konferenz Cannavinos Platz einnahm.

Außerdem nimmt sich Cannavino noch Arbeit mit nach Hause, hat sich dort sogar ein Labor eingerichtet, in dem er unzählige PCs der Konkurrenz installierte, um an ihnen herumspielen und feststellen zu können, ob sie an sein Produkt heranreichen. Manchmal läßt er sich auch Maschinen seiner eigenen Firma schicken, um zu testen, wie schnell und wie gut ein Auftrag ausgeführt wird. Einmal ließ Cannavino in seiner boshaften Art sogar zu Hause vor seinem Labor einige Rohre verlegen, bis seine Frau schließlich fragte, wozu die denn gut sein sollten.

»Oh«, entgegnete Cannavino, »die sind für das Kühlsystem des Großrechners. Ich habe es installieren lassen.«

Während Cannavino in der Firma aufstieg, sammelte er eine ganze Reihe von Bewunderern um sich. Der inzwischen in den Ruhestand gegangene Conti beispielsweise sagt, für ihn sei Cannavino die beste Führungskraft in der Firma überhaupt, und er sei der Meinung, man hätte ihn zum Nachfolger von Akers als Vorstandsvorsitzenden ernennen sollen. Cannavinos Lieblinge unter den Untergebenen, die von seinem starken Sinn für Loyalität profitierten, beteten ihn geradezu an. Dick Guarino, einer seiner Assistenten, erzählt gern von einer Zeit, zu der Cannavinos Team wochenlang durch die Gegend reisen mußte, weil es ein sehr schwieriges Problem zu lösen galt. Damals seien sie alle fix und fertig gewesen. Guarino war besonders im Streß, weil er kurz vor seiner Heirat stand, doch die Arbeit lenkte ihn ab. Am Ende eines harten Arbeitstages verkündete Cannavino, er habe vor, eine Party für den Bräutigam zu geben. Er bat alle, den Raum zu verlassen. Als sie ein paar Minuten später wiederkamen, stand eine riesige rosafarbene Torte mitten im Raum. Alle stöhnten auf, fragten sich, wie Cannavino nur so geschmacklos sein könne, heutzutage und in seinem Alter eine spärlich bekleidete Frau aus der Torte hüpfen zu lassen. Und dann sprang der Tortendeckel tatsächlich auf – und heraus hüpfte ein vollbekleideter Cannavino.

Diejenigen aber, die nicht zu dem favorisierten inneren Zirkel gehörten, sahen den Mann allerdings ganz anders. Manche beklagten sich über sein übergroßes Ego – und das in einer Firma, wo jeder auf diesem Level ein übergroßes Ego hatte. Als Cannavino den Großrechnerbereich leitete, hatte er sich in Somers ein Büro eingerichtet, das sogar größer und eleganter war als das von Akers. Personen, die bei ihm einen Termin hatten, erklärten, sie hätten eine Audienz beim ›King‹. Nachdem er den PC-Bereich übernommen hatte, erteilten einige seiner ehemaligen Untergebenen ihren Kollegen dort gute Ratschläge für den Umgang mit dem Boß. Sie könnten nichts falsch machen, hieß es, solange sie nur lernten, sich tief genug zu verbeugen, und einen Kratzfuß mimten.

Denen, die in anderen IBM-Bereichen arbeiteten, besonders im Marketing, verursachte Cannavino manchmal Bauchweh. Seine Kollegen im Marketing beschwerten sich vor allem, weil er absolut jede Konferenz dominierte, an der er teilnahm. Er sei wohl der Meinung, niemand außer ihm könne eine gute Idee haben. Außerdem war er einfach nicht bereit, sich ins Zeug zu legen und ihnen zu helfen, das Problem eines Kunden zu lösen. Wegen seines überfrachteten Terminkalenders kam er außerdem häufig zu spät zu den Konferenzen, und wenn er dann auftauchte, erklärte er zunächst einmal in aller Ausführlichkeit, daß er seiner Meinung nach in diesem Meeting überhaupt nichts zu suchen habe.

Cannavino entwickelte zudem einen komplizierten Managementstil, der einige Leute stark verärgerte. Ein junger Mann aus der Führungsmannschaft war – das war Teil seines Trainingsprogramms – einen Tag abgeordnet worden, Cannavino zu begleiten. Er erlebte ihn bei der Jahrestagung hautnah in Aktion. Jnan Dash – so war sein Name – hat IBM inzwischen verlassen. Er erzählt, Cannavino habe ihm auf dem Weg zur Tagung gesagt: »Sie werden den ganzen Tag über Leute sehen, die versuchen, mir Scheiße zu erzählen. Mein Job ist es, sie dabei zu erwischen.« Nach dem ersten Gespräch, in dem ein junger Mann in aller Ausführlichkeit dargelegt hatte, wie gut sein Geschäftsbereich liefe, habe Cannavino gebrüllt: »Ich glaube Ihnen kein einziges Wort. Fangen Sie noch mal von vorn an, und lassen Sie diesmal den ganzen Scheiß weg.« Dann habe er sich zu Dash umgedreht und ihm zugezwinkert.

Selbst diejenigen, die Cannavino mochten, empfanden ihn manchmal als schrecklich anspruchsvoll und fordernd. Er vermittelte den Eindruck, daß jeder bis tief in der Nacht arbeiten müßte, nur weil er und seine Assistentin Susan Fairty es nun einmal so hielten. Hin und wieder mußte einer seiner Untergebenen ihn sogar in seinen Fitneßclub begleiten, wo er abspecken und sich in Form bringen wollte, denn früher hatte es eine Zeit gegeben, zu der er vierzig Pfund mehr wog als heute und vier Päckchen Zigaretten am Tag rauchte. Er verbrachte deshalb ziemlich viel Zeit in dem Club, strampelte sich beim Fitneßtraining ab, bis ihm der Schweiß nur noch so übers Gesicht lief. Und neben ihm stand dann jeweils irgendein junger Mann im dunklen Anzug, der sich eifrig Notizen machte, während Cannavino ihm schnaufend seine höchstrichterlichen Entscheidungen diktierte.

Was immer die Mitarbeiter jedoch von ihm hielten, IBM suchte nach jemandem, der die festgefahrenen Strukturen lockern konnte, die den PC-Bereich über so viele Jahre gelähmt hatten, und dies schien dafür genau der richtige Mann zu sein.

*

Nachdem Cannavino den PC-Job 1989 übernommen hatte, verbrachte er die ersten sechs Monate, vielleicht auch mehr, in seliger Unwissenheit. Er lief viel herum, löste auch einige der offensichtlichen Probleme, regelte Prozesse im PC-Geschäftsbereich, überzeugt, das trüge schon zur Verbesserung bei. Das Jahr neigte sich bereits seinem Ende zu, als Cannavino bewußt wurde, daß er einige weit ernsthaftere strategische Probleme hatte, mit denen er sich schnellstens auseinandersetzen mußte. Ganz besonders kritisch war dabei seine Beziehung zu Gates und Microsoft.

Nachdem Cannavino begonnen hatte, sich mit dieser Beziehung zu beschäftigen, hatte er kurz erwogen, sie einfach zu beenden. Er fing damit an, sich den Code genauer anzuschauen, den die beiden Firmen für das OS/2-Betriebssystem erarbeitet hatten, und was er sah, ärgerte ihn. Da fehlte es völlig an der Disziplin, an die er sich gewöhnt hatte, als er Software für die Großrechner von IBM geschrieben hatte. Da hatten detaillierte Notizen innerhalb des Codes erklärt, was man zu erreichen versuchte. Und da hatten Programmierer dicke Manuals erstellt, die der weiteren Dokumentation dienten. Als Cannavino sich dann noch mit dem ›Prozeß‹ beschäftigte, der bei der Erstellung der Software benutzt worden war, wurde ihm klar, daß da alles aus dem Ruder lief. Außerdem hatte er alle Berichte über die Unmengen von Fehlern in der letzten Version der OS/2-Software gesehen. Und unabhängig davon kaufte es schließlich auch niemand.

Doch dann sagte sich Cannavino, daß ihm in diesem Punkt die Hände gebunden seien. IBM hatte vor seinen Kunden das großartige Versprechen abgegeben, sie könnten große strategische Computernetzwerke auf dem OS/2 aufbauen. IBM hatte garantiert, es würde ein gutes System sein, und es würde ebensogute Software in ausreichender Zahl dafür zur Verfügung stehen. Diese Versprechungen konnte er nicht brechen. Nicht nur deshalb, weil die Karrieren der Manager der Datenverarbeitungs-Abteilungen der Großfirmenkunden von IBMs Fähigkeit abhingen, ihnen zu liefern, was sie versprochen hatten, sondern weil auch führende IBMler ihren guten Ruf für das OS/2 aufs Spiel gesetzt hatten. Jedesmal, wenn irgend jemand in einer Konferenz des Führungskreises die Möglichkeit in Erwägung zog, ein Projekt möglicherweise abzublasen, protestierten ein paar der Herren: »Moment mal, ich war gerade bei dem XYZ-Unternehmen und habe denen versprochen, wir würden dieses Projekt noch verbessern, weil es strategisch wichtig ist.«

Keiner der IBM-Bosse wollte sich je vor einem Kunden blamieren lassen. Nachdem sie hatten miterleben müssen, wie die Presse auf IBM eingeschlagen hatte, als sie vor Jahren das PCjr.-Projekt hatte fallenlassen, hatten die Herren natürlich Angst davor, wieder durch die Schlagzeilen gezogen zu werden, wenn sie eingestanden, daß das OS/2 nicht marktfähig sei.

Außerdem spürte Cannavino einen noch delikateren Druck. Da gab es nämlich eine geheimnisvolle Bilanzierungsprozedur, von der IBMler nicht gern zugeben, daß sie irgendwelche Auswirkungen auf ihr Denken hat. Denn es geht darum, daß nur ein Viertel der Kosten jedweder Software-Entwicklung in dem Jahr als Ausgaben verbucht werden, in dem sie angefallen waren. Die verbliebenen Kosten werden in den folgenden drei Jahren von der Rechnungsabteilung abgeschrieben. Die Theorie ist, daß die grundlegenden Vorkosten der Software-Entwicklung über die vielen Jahre verteilt werden sollten, in denen die Software später verkauft wird. Das entspricht aber manchmal nicht der Realität. Hier gab IBM vielleicht 150 Millionen Dollar pro Jahr für die Entwicklung von OS/2 aus. Weil die Firma jahrelang derartige Summen ausgegeben, aber ein Großteil der Kosten vor sich hergeschoben hatte, warteten auf Cannavino nun praktisch auf einen Schlag Ausgaben von 225 Millionen Dollar. Wenn er das OS/2-Projekt weiterführte, hatte er die Möglichkeit, sie allmählich abzutragen. Falls er das Projekt dagegen sterben ließ, mußte er sie sofort zahlen. Das würde sein Betriebsergebnis ruinieren und IBM zwingen, alles abzuschreiben.

Nachdem Cannavino sich entschlossen hatte, 1989 mit dem OS/2 weiterzumachen, erwog er, das selbst zu übernehmen, mußte aber schnell feststellen, daß Gates zu vorsichtig gewesen war, als daß er das hätte tun können. Gates hatte geschickt dafür gesorgt, daß Microsoft ein Großteil der Schlüsselteile der OS/2-Software geschrieben hatte. So – das merkte Cannavino schnell – mußte IBM, wenn sie sich denn zu einem klaren Schnitt durchringen konnte, bei ganz wichtigen Teilen des Codes, die zudem noch äußerst kompliziert waren, praktisch ganz von vorn anfangen. Das wiederum würde die Programmierer von IBM wohl ein paar Jahre kosten, eine entsetzlich lange Zeit im schnellebigen PC-Geschäft.

Cannavino kam zu der Überzeugung, daß er da keine guten Karten hatte. Er konnte ein schlechtes Betriebssystem nicht sterben lassen und sich auch nicht von einem Partner befreien, den er nicht mochte und dem er nicht traute. Deshalb versuchte er erst einmal Zeit zu gewinnen. Während der nächsten beiden Jahre nutzte er jede Gelegenheit, bei der er Microsoft ausstechen konnte. Der dickköpfige Gates ließ ihm jedoch keine Chance. Alles, was Cannavino erreichte, war ein Patt. Das schadete dem OS/2 und gab seinem Erzrivalen die Möglichkeit, die Welt zu erobern.

1989 galt Windows nach wie vor als Reinfall, und es sah so aus, als könne es die Beziehung zu IBM nicht besonders belasten, obwohl es in Konkurrenz zum gemeinsam entwickelten OS/2 stand. Microsoft hatte sein Windows-Team auch längst reduziert: 1987 und Anfang 1988 kümmerte sich nur noch ein einziger Programmierer darum, während Ballmer die etwa 200 Leute, die am OS/2 arbeiteten, quasi mit der Peitsche antrieb, um bis Ende 1988 eine Version des gemeinsamen Betriebssystems auf den Markt bringen zu können. Selbst nachdem Mitte 1988 wieder ein paar Leute mehr an Windows gesetzt worden waren, blieb OS/2 das Hauptprojekt. Die besten Programmierer von Microsoft sagten, sie alle hätten lieber zum OS/2 gewollt und gern daran gearbeitet. Bei IBM mutmaßte man freilich, Gates hätte zu diesem Zeitpunkt längst voll auf Windows gesetzt und deshalb ein Team seiner besten Kräfte damit beschäftigt.

Irgendwann hatte Ballmer sogar bei einer Konferenz gefragt, ob Microsoft vielleicht ganz auf Windows verzichten solle. Die Meinung der Anwesenden über die Ernsthaftigkeit dieser Frage geht recht weit auseinander. Hatte Ballmer vielleicht nur den Advokaten des Teufels gespielt, um sicherzustellen, daß Gates sich all seiner Optionen bewußt war? Tatsache ist jedenfalls, daß Windows von 1987 bis weit in das Jahr 1988 hinein bei Microsoft nur von geringer

Wichtigkeit war. Dafür gab es auch einen guten Grund: Windows verkaufte sich nicht. Microsoft behauptet, bis Ende 1987 500 000 Stück verkauft zu haben, doch die Mehrzahl davon war wohl mehr oder weniger gratis weggegeben und nicht einmal benutzt worden.

Mitte 1988 aber war Windows plötzlich wieder ein Thema. Ein Zufall. Microsoft hatte für den Sommer einen Medizinalassistenten engagiert, der Professor Murray Sargent von der Universität von Arizona kannte. Sargent war Experte für Lasermedizin, kein Programmierer, aber er schien ein cleverer Bursche zu sein und hatte den Sommer über frei, weshalb Microsoft beschloß, auch ihn noch zu holen und die beiden zusammenzuspannen. Die Philosophie von Microsoft war immer gewesen: Je mehr clevere Leute da sind, desto besser.

Bald stellte sich heraus, daß Sargent in seiner Freizeit ein kleines Programm entwickelt hatte, mit dem man Fehler auf der Software auszumerzen vermochte. Damit konnte man genau die Art von Problemen beseitigen, die die Fähigkeiten von Windows bislang limitiert hatten. Das Problem war, daß Windows nicht mit größeren Datenmengen umgehen konnte. Das bedeutete wiederum, daß Programme, die für Windows geschrieben wurden, winzig sein mußten, was sie in ihren Möglichkeiten begrenzte. Außerdem konnte Windows nicht mehrere Programme gleichzeitig verkraften. Sargent hätte niemals eine Chance gehabt, seine Ideen über die Speicherkapazität von Windows anzubringen, hätte er nicht schon früh seine Arbeit am OS/2 beendet, die eigentlich den ganzen Sommer lang dauern sollte. Da er zuwenig Zeit hatte, noch eine andere wichtige Aufgabe zu übernehmen, bevor die Vorlesungen an der Universität von Arizona im Herbst 1988 wieder begannen, sagte man Sargent, er solle sich doch einfach mit irgend etwas beschäftigen, zu dem er Lust hätte. Er begann mit Windows herumzuexperimentieren und stellte fest, daß seine Idee das Problem mit der Speicherkapazität vielleicht lösen konnte. Bevor er zur Universität zurückkehrte, zeigte Sargent Ballmer, was er erreicht hatte. Ballmer war außer sich vor Begeisterung.

Der Durchbruch kam zu einem Zeitpunkt, als Microsoft

mit seiner Beziehung zu IBM alles andere als glücklich war. Im Frühjahr 1988 war IBM nämlich einer Gruppe beigetreten, die sich *Open Software Foundation* nannte. Gates war förmlich an die Decke gegangen. Die *OSF,* der Digital Equipment, Hewlett-Packard, Apollo Computer und etliche andere Firmen angehörten, hatte zu einer Pressekonferenz geladen, bei der mehr Computergiganten unter einem Dach versammelt waren als jemals zuvor. Sie hatten sich vorgenommen, eine einheitliche Version von Unix zu entwickeln, einem Betriebssystem, das von AT & T stammte und von vielen Wissenschaftlern und Ingenieuren benutzt wurde.

Unix war ein exzellentes Betriebssystem und verfügte 1988 bereits über ein so breites Anwendernetz, daß Gates fürchtete, es könne vielleicht so populär werden, daß es die Vorherrschaft gefährdete, die er – von DOS bis Windows oder OS/2 – auf dem Markt für PC-Betriebssysteme errungen hatte. Das einzige Problem bei Unix war, daß jeder Hersteller, der Computer mit dem Unix-Betriebssystem verkaufte, seine eigene Abart von Unix produzierte. Anwendersoftware, die auf IBM-Workstations laufen sollte, lief nicht auf Unix-Workstations oder den Kleinrechneranlagen von HP. Dadurch war die Unix-Welt so fragmentarisch, wie es die PC-Welt bis Ende der siebziger und Anfang der achtziger Jahre gewesen war, als Anwendersoftware, die für den Gebrauch auf Tandys PCs geschrieben worden war, nicht auf denen von Apple, Kaypros und so weiter gelaufen war. Erst als DOS auf den Markt gekommen war und es ermöglicht hatte, dieselbe Anwendersoftware auf jedermanns IBM-kompatibler Hardware laufen zu lassen, war die Nachfrage nach PCs gestiegen.

Gates erinnerte sich natürlich sehr gut, wie die Nachfrage damals explodiert war. Er sorgte sich, daß all diese Hardware-Giganten wie IBM, Digital und HP sich plötzlich auf eine einzige Version von Unix einigen könnten und die Nachfrage nach Unix dann genauso explosionsartig steigen könnte wie damals bei DOS. Unix, so sagte er sich, könnte nicht nur der direkteste vorstellbare Konkurrent für DOS werden, sondern auch für die gemeinsame Arbeit von Microsoft und IBM an OS/2.

Gates holte wegen der Beteiligung von IBM an der OSF zu einem kurzen, aber wirkungsvollen Gegenangriff aus. Er hatte die Neuigkeit etwa eine Woche vor der Pressekonferenz erfahren, als er sich im Frühling 1988 anläßlich der Comdex in Atlanta mit Bill Lowe unterhalten hatte. Wie ein Tiger im Käfig war Gates danach herumgelaufen und hatte geschäumt und geschäumt, bis ein Assistent ihm einen Vorschlag machte, wie er Lowe austricksen könnte. John Sobol – so war der Name des Mannes – war bei IBM lange Terry Lautenbachs geschäftsführender Assistent gewesen und wußte deshalb, daß Lautenbach selber ans Telefon ging, wenn er morgens um halb acht ins Büro kam. Da Lautenbach nun auch Lowes Boß war und seine Sekretärin erst um acht Uhr kam, versuchte Gates früh am nächsten Morgen sein Glück.

Lautenbach war der Meinung, Gates' Bedenken seien nicht ganz unbegründet, weshalb Gates am Mittag des nächsten Tages nach einer längeren Fax-Korrespondenz und einem Trip an die Westküste, wo er vor einer Gruppe von IBMlern eine längst abgesprochene Rede gehalten hatte, nach Armonk kam, um seine Sache durchzufechten. Er hatte es nun mit Jack Kuehler zu tun, dem Vizevorstandsvorsitzenden von IBM, der als der wohl beste Techniker in den oberen Rängen die Geschichte mit der *OSF* eingefädelt hatte.

Kuehler holte Gates am Haupteingang der Firmenzentrale ab und geleitete ihn in einen der Speisesäle, die für die Chefetage vorgesehen waren. Wie überall im IBM-Imperium war auch dieser Raum im Erdgeschoß, der der Angestellten-Cafeteria gegenüberliegt, in einem langweiligen Gelb tapeziert, und die Anrichten entlang der Wände waren aus billigem dunklen Furnierholz. Außerdem blickte man von diesem Raum auf die Parkplätze hinter dem Gebäude, und die hier geführten Gespräche wurden häufig durch IBMler unterbrochen, die auf dem Flur vorbeigingen und sich unterhielten. Das einzige Zeichen dafür, daß hier Privilegierte zu Mittag aßen, war der Summer neben Kuehlers rechter Hand, mit dem er hin und wieder einen Kellner herbeirief.

Kuehler argumentierte, IBM müsse seinen Kunden die

Wahl lassen, sich selbst zu entscheiden, ob sie Unix oder das OS/2 wollten. Außerdem ließ er durchblicken, daß die *Open Software Foundation* als Grundlage ihrer Unix-Version IBM-Technologien benutzen wolle, wodurch IBM auch die Richtung bestimmen könne, die die *OSF* nehmen und von der *OSF* recht ansehnliche Summen für diese Technologie kassieren würde.

Kuehler ›vergaß‹ freilich zu erwähnen, daß IBM die anderen Firmen geradezu erpreßt hatte, ihre Technologie zu benutzen, weil sie der Vereinigung sonst nicht beigetreten wäre. Wie sich herausstellen sollte, hatte IBM all ihre üblichen Probleme mit der Software und konnte fast keinen der vereinbarten Termine für die Lieferung des Codes halten. Das Ergebnis war, daß IBM etwa hundert Millionen Dollar an Zahlungen von der *OSF* entgingen und die *OSF* die Software anderer Firmen für ihre Version von Unix einsetzte.

»Jack, die wollen nicht Ihre Technologie«, sagte Gates, »sondern nur Ihr Geld und Ihren Namen.« Warnend erinnerte er daran, daß IBM ihre eigenen Bemühungen um das OS/2 unterminieren werde, wenn sie dabei helfe, derartig viele mächtige Firmen dabei zu unterstützen, *eine* Version von Unix herauszubringen. Er sagte, IBM würde seine Kunden verunsichern, keiner würde mehr wissen, was nun strategisch wichtig sei, OS/2 oder Unix. »Was haben Sie eigentlich vor?« fragte er dann.

Gates erreichte nichts. Er verließ Armonk verärgert und verunsichert und hatte keine Ahnung, was IBM im Frühling 1988 wirklich plante. Als er dann ein paar Wochen später von Murray Sargent hörte und erfuhr, daß der einen Weg gefunden hatte, Windows auf die Beine zu helfen, plagten Gates keinerlei Gewissensbisse mehr, das Projekt weiterzuverfolgen.

Als IBM im Oktober 1988 einen Handel mit Next, der neuen Firma von Steve Jobs, ankündigte, ging Gates wieder einmal in die Luft. IBM zahlte fünfzig Millionen Dollar für die Rechte an einem innovativen Betriebssystem, das Jobs entwickelt hatte, und sprach davon, es auch für IBM-PCs nutzen zu wollen. Das hätte bedeutet, daß das Betriebssystem von Jobs auf einer Stufe mit dem OS/2 und Microsofts DOS und Windows gestanden und sich mit ihnen im direkten Wettbewerb befunden hätte. Wieder fragte sich Gates, was sein Partner wohl vorhaben mochte und ob er bei IBM überhaupt noch einen Platz hatte.

Im Spätsommer 1989 lieferten sich Cannavino und Gates eine ganze Reihe von kleineren Scharmützeln. Gates beschäftigte sich daneben wieder mit Windows, und Cannavino wußte immer noch nicht, was er mit seinem zeitweiligen Partner anfangen sollte. Besonders heftig wurde der Streit jedesmal, wenn es um Geld ging.

Cannavino beschwerte sich darüber, daß Microsoft einen zu geringen Anteil der Kosten für die Entwicklung von OS/2 übernähme. Er hielt fest, IBM habe mehr als tausend Leute an ein Großteil des Projekts gesetzt, wogegen Microsoft lediglich zweihundert daran arbeiten ließe. Cannavino sagte, das bedeute, daß IBM weit mehr Zeilen des Codes schriebe als Microsoft. Und darin, daß Microsoft ganze Sektionen des Codes neu schrieb, um sie kürzer zu machen, sah IBM einen neuen Grund zur Klage und behauptete, Microsoft schriebe im Grunde sogar negative Softwarezeilen.

Gates erwiderte, man könne Leistung nicht nach geschriebenen Zeilen bemessen. Ginge man dagegen von dem aus, was man mit der Software der jeweiligen Firma bewirken könne, hätte Microsoft jedoch wenigstens genausoviel getan wie IBM, sagte er. Wenn IBM sechs- oder siebenmal so viele Programmierer dafür brauche, nun, dann sei das Cannavinos Problem. Gates, der Pfennigfuchser, wollte seine Kosten immer so niedrig wie möglich halten. Gates, der frühere Starprogrammierer, der an das Michelangelo-Modell fürs Programmieren glaubte, war ohnehin überzeugt, es sei besser, weniger Kräfte an ein Projekt zu setzen als zu viele.

Im Rahmen dieses Kampfes wurden den ganzen Sommer über Hunderte von Folien produziert, weil beide Firmen ihr gesamtes Beweismaterial aufbieten wollten, um ihren jeweiligen Standpunkt zu untermauern. Schließlich einigten sich Cannavino und Gates auf eine gemeinsame Überprüfung, die von zwei erfahrenen Technikern beider Firmen vorgenommen werden sollte. Die beiden, die nicht mit dem Projekt betraut gewesen waren, wußten nicht, wer welchen Code entwickelt hatte. Beide Seiten warteten, mußten sich mehrere Monate gedulden. Dann fiel das Urteil.

Microsoft hatte gewonnen. Die Schiedsrichter versuchten allerdings, es nicht wie einen überwältigenden Sieg aussehen zu lassen. Sie erklärten, der Microsoft-Code sei nur unwesentlich besser. Außerdem teilten sie mit, die Codes beider Firmen seien nicht unproblematisch. Cannavino machte sich diesen Punkt zunutze und behauptete nun, beide Firmen hätten verloren. Aber Gates und seine Programmierer triumphierten. Denn das Ergebnis bestätigte sie nicht nur in dem Bewußtsein, besser gearbeitet zu haben, sondern bewies auch, daß der Programmiererstab bei IBM zu groß war, was Gates ja schon immer behauptet hatte.

Kurze Zeit später standen sich die beiden Firmen wieder als Konkurrenten gegenüber, diesmal wurde es das *Great Hilda Fly-Off* genannt. Bei beiden Firmen war Software zum Verwalten von Dateien geschrieben worden, ähnlich den Dokumenten, die bei der Textverarbeitungssoftware produziert werden. Beide Firmen gingen davon aus, daß ihr Verfahren besser sei. Nachdem sie wochenlang Folien eingesetzt hatten, um ihren Standpunkt zu untermauern, machte IBM schließlich einen Test, der – wie sie sagte – bewies, daß ihr System schneller war, mußte dann allerdings unter Druck zugeben, daß man getürkt hatte. Nachdem sich die Firmen dann endlich auf die Bedingungen für einen neuen Test geeinigt hatten, versammelte sich bei Microsoft unter Leitung des Softwareschreibers Gordon Letwin eine Expertengruppe. In Letwins überfülltem Büro im Hauptquartier von Microsoft, einer Ansammlung niedriger Gebäude, die östlich von Seattle zwischen hohen Kiefern verstreut liegen, ließen sie den Test auf der Microsoft-Software laufen und stellten fest, daß es 15 Sekunden dauerte, bis eine Sequenz von Aufgaben erledigt war. Dann starteten sie den Test auf der Software von IBM und warteten nervös.

Nachdem 15 Sekunden vergangen waren, lächelten sie. Dann verstrichen weitere 30 Sekunden, eine Minute und noch eine halbe. Nach zwei Minuten machte die Gruppe von Microsoft Luftsprünge vor Freude, warf die Manuals in die Luft und jubelte.

Trotzdem versuchte IBM ihr Verwaltungssystem in das OS/2 einzubringen. Die Folien, die die Techniker bei IBM vorbereitet hatten, bewiesen, daß das IBM-Verfahren schneller sein müßte, und die IBMler blieben bei deren Analyse. Ein ungläubiger Letwin beschwerte sich direkt bei Gates und Ballmer, die den Projektmanager einfach übergingen und IBM, bewaffnet mit den eindeutigen Testergebnissen, dazu brachten, nachzugeben.

Zu zusätzlichen Spannungen kam es, als Microsoft bei IBM Mike Maples, einen Vizepräsidenten, abwarb, der den Bereich Anwendungssoftware leiten sollte. Gates und Ballmer holten zwar die Erlaubnis von Kuehler ein, bevor sie Maples ansprachen, doch sein Frontenwechsel sorgte dann trotzdem für eine gewisse Verbitterung.

Maples kündigte mit einer – wie er meinte angemessenen – Frist von zwei Wochen, ging dann zum Mittagessen und fand all seine Habseligkeiten säuberlich zusammengepackt vor der abgeschlossenen Tür seines Büros. Die Schlösser waren bereits ausgewechselt worden. Maples ging nach Hause und meldete sich von dort aus beim internen IBM-System an, um Kollegen und Freunde über E-Mail von seiner Entscheidung zu unterrichten. Am nächsten Morgen fielen ihm noch ein paar Leute ein, die er persönlich informieren wollte, doch als er versuchte, sich im System anzumelden, mußte er feststellen, daß auch sein Paßwort inzwischen gelöscht worden war.

Im Lauf der nächsten Jahre kamen eine Menge recht erfahrener IBM-Manager wegen Maples ins Grübeln, mußten sie doch mit ansehen, daß er dank seiner Microsoft-Aktien so viel Geld verdiente, daß er sich eine Ranch kaufen konnte und stinkreich wurde. Seine Kollegen bei IBM hielten ihn für eine gute Führungskraft, aber bestimmt nicht für so außergewöhnlich. Er war sogar so sehr in der IBM-Bürokratie verwurzelt, daß er in dem IBM-Entwicklungsmanual ein Kapitel übers Kreieren von Software geschrieben hatte. Zunächst einmal übersahen seine Kollegen wohl die Tatsache, daß Maples ein Risiko eingegangen war, als er zu einer kleineren, jüngeren Firma überwechselte, wogegen sie die Sicherheit der alten Mutter IBM vorgezogen hatten. Außerdem gingen sie fälschlicherweise davon aus, die Bürokratie müsse ein Teil von ihm sein, weil er schließlich ein Teil der Bürokratie gewesen war. Das stimmte nicht. Maples bewies den Leuten bei Microsoft schnell, daß er sehr wohl zu unterscheiden wußte, welche Teile des IBM-›Prozesses‹ sinnvoll waren und welche man besser vergessen sollte. Das untermauerte er auf symbolische Weise.

Als er zu seiner ersten Stabskonferenz einlud, deren Tagesordnung er eine Woche vorher elektronisch verschickte, erwähnte er auch den Punkt ›Kleiderordnung‹. All seine von lässig bis nachlässig gekleideten Programmierer bekamen einen Schock und rechneten mit dem Schlimmsten. Bei der Konferenz wartete er bis zum Ende, ehe er zu einer Erklärung ansetzte: »Nun kommen wir zur Kleiderordnung. Es gibt keine. Aber ich wollte Sie alle wissen lassen, daß ich im Lauf der Jahre eine Menge Geld für weiße Button-down-Hemden aus Oxford-Leinen ausgegeben habe und beabsichtige, sie alle zu tragen, bis sie auseinanderfallen.«

Alle lachten. Dann wettete Maples noch mit Ballmer. Es ging um die Spenden, die ihre beiden Organisationen für den *United Way* machen würden. Derjenige, der weniger aufbrachte, sollte einen Teich auf dem Microsoft-Gelände – Lake Gates genannt – durchschwimmen. Nachdem das Ergebnis der Spendenhöhen feststand, fanden sowohl Maples wie Ballmer einen Weg zu verkünden, sie hätten verloren, so daß beide an einem kühlen Novembertag in das eiskalte Wasser steigen mußten. Ballmer machte großes Theater daraus. Er entkleidete sich, bis er nur noch eine winzige Badehose trug, schwamm durch den Teich und hüllte sich dann auf der anderen Seite bibbernd in ein Badetuch. Auch Maples spielte seine Rolle gut. Er erschien in seinem besten IBM-Anzug mit Schlips und durchschwamm den Teich bekleidet, obwohl einige Leute mit besonders guten Augen meinten, über dem weißen Kragen habe ein Taucheranzug herausgelugt.

IBM und Microsoft begannen 1989 dann auch noch einen Kampf um die Richtung, die das OS/2 1989 nehmen sollte.

Microsoft beharrte darauf, den fünf Jahre alten Chip aufzugeben, der das Herz des AT war. Die Version des OS/2, die für die Maschinen der AT-Klasse gedacht war, verkaufte sich nicht, und der Prozessor des AT war so schlecht, daß es schwierig sein würde, diese Version überhaupt zum Laufen zu bringen.

Gates meinte, es sei besser, sich auf Maschinen zu konzentrieren, die um den 80386 herum gebaut waren. Es würde leichter sein, mit dem Chip der nächsten Generation zu arbeiten, und außerdem verkauften sich die Maschinen mit dem 80386 zu diesem Zeitpunkt bereits sensationell gut. Cannavino war anderer Meinung. Er stand nach wie vor unter dem Druck, das vor Jahren gegebene Versprechen einzulösen, wonach IBM sich verpflichtet hatte, sich bei sämtlichen Hardware- und Softwareverbesserungen zehn Jahre lang auf den AT zu konzentrieren. Außerdem hätte ihm wieder einmal die Abschreibung sämtlicher Kosten ins Haus gestanden, die bei der Entwicklung der AT-Version des OS/2 aufgelaufen waren. Und wegen des Bilanzierungssystems bei IBM würden diese Kosten bereits in seinen Büchern auftauchen. Darauf konnte er gut verzichten.

Während die Generale beider Seiten sich auf breiter Front bekämpften, konzentrierte sich niemand besonders darauf, das unglückselige System, das eine Gemeinschaftsarbeit sein sollte, weiterzuentwickeln, obwohl etwa 1700 Programmierer in vier Niederlassungen auf zwei Kontinenten an AT-verwandten Projekten arbeiteten. Da so viele Leute daran arbeiteten, war es ungeheuer schwierig, das Ganze zu koordinieren, so daß die Arbeit kaum Fortschritte machte.

Cannavino unternahm auch wenig, um gegen die inzwischen allzu offensichtlichen Probleme anzugehen. Einmal hatte er in seinen Programmierabteilungen einfach zuviel Personal, zum anderen tat er nichts, um seine Leute aus dem hemmenden Netz der Bürokratie zu befreien. Brian Proffit – zu jener Zeit der Manager der OS/2-Version – beschwerte sich beispielsweise wegen des Ärgers, den er hatte, als er versuchte, ein wichtiges Teil der Grafik-Software zu überarbeiten. Das Teil war fehlerhaft, und eine Verbesserung hätte die Geschwindigkeit erhöht, mit der ein Anwendungsprogramm auf dem OS/2-Produkt laufen würde. Als jedoch ein Team von Großrechner-Programmierern merkte, daß er die Software auf eigene Faust verbessert hatte, sagten sie sich, daß diese Art von Grafiken nach den ehernen IBM-›Gesetzen‹ in ihren Bereich gehörten. Die Großrechner-Gruppe bestand darauf, sich allein um die Software kümmern zu wollen. Beide Seiten ließen den Streit eskalieren, was dazu führte, daß er schließlich vor dem Management-Komitee landete. Wochen später drang dann nach unten durch, daß Proffit verloren hatte. Die Großrechner-Gruppe maß dem Projekt allerdings nur eine so geringe Bedeutung bei, daß es die Arbeit daran nie zu Ende führte. Proffits bereits abgeschlossene Arbeit blieb drei Jahre lang in einer Schublade liegen, während jeder das OS/2 weiterhin kritisierte, weil es einfach zu langsam war.

Zu Beginn des Herbstes 1989 führten die Probleme mit dem OS/2 zu einer schweren Krise, die die gesamte PC-Software-Industrie erschütterte. Hunderte von Firmen, angefangen bei Lotus bis hinunter zur letzten Klitsche, hatten auf das OS/2 gesetzt und sich voll darauf konzentriert, hatten ihre Tabellenkalkulationen, Textverarbeitungsprogramme und so weiter so abgestimmt, daß sie auf dem OS/2 laufen konnten. Diese Anwendungen waren unbrauchbar, wenn der Computernutzer OS/2 nicht besaß. Falls OS/2 also nicht bald verfügbar war, mußten diese Firmen die Investitionen total abschreiben, die sie in die Entwicklung gesteckt hatten. Doch im Grunde war alles noch viel schlimmer. Es war kaum jemandem verborgen geblieben, daß Microsoft seine Anwendungsprogramme so entwickelte, daß sie auf Windows laufen konnten. Wenn Windows also vor dem OS/2 fertig war, würde Microsoft als die einzige große Firma, die Windows-Anwendungssoftware auf dem Markt hatte, abräumen. Gates und Microsoft schienen bereits alles an sich gerissen zu haben. Sie dominierten den unglaublich lukrativen Markt für Betriebssysteme und verkauften mehr als die Hälfte der Anwendungssoftware, die die Leute auf ihren Apple Macintoshs benutzten. Gates und Microsoft hatten daneben bei den Verkäufen von Software-Paketen in der

Welt der IBM-kompatiblen Computer in allen wichtigen Softwarekategorien einen respektablen dritten oder vierten Platz belegt – Textverarbeitungsprogramme, Tabellenkalkulationen, Desktop-Präsentationen und so weiter. Falls Windows ein Hit wurde und OS/2 floppte, würde Gates den Markt für IBM-kompatible Anwendungsprogramme total beherrschen, genauso wie er alles und jedes in der PC-Welt zu kontrollieren schien. Er war bereits ein harter Konkurrent, größer als alle seine Rivalen. Wenn Windows Erfolg hatte, konnte ihn niemand mehr aufhalten. Die IBM, die garantiert hatte, daß sie OS/2 in Gang bringen würde, stand ebenso dumm da wie eine Menge der unglücklichen Software-Konkurrenten von Gates. Nun war allen klar, daß OS/2 nicht nur ein Erfolg werden, sondern ganz schnell erhältlich sein mußte.

Cannavino traf im Herbst 1989 mit etlichen Software-Herstellern zusammen. Dazu gehörten Jim Manzi, der Boß von Lotus, Fred Gibbons, der Boß von Software Publishing, Dave Liddle, der Boß von Metaphor, und noch einige andere. Inzwischen nahm Cannavino alles persönlich. Er, der von seinen Mitarbeitern absolute Loyalität verlangte, vermißte sie bei Gates. Jetzt ging es nicht mehr darum, daß er Gates mißtraute – er konnte ihn überhaupt nicht ausstehen. Den meisten der Software-Bosse, die er um sich versammelte, ging es ebenso. Sie mochten Gates nicht. Einige haßten ihn sogar. Gates' persönliches Vermögen hatte eben erst die Eine-Milliarde-Dollar-Grenze übersprungen, seine weniger glücklichen Mitbewerber aber hielten ihn für habgierig. Er setzte seine Übermacht auf dem Markt ein, um für sich selbst die besten Bedingungen herauszuschlagen. Er schien einfach jeden kleinsten Teil des Softwaremarktes kontrollieren zu wollen. Jetzt sah es so aus, als hätte er alle übers Ohr gehauen, indem er ihnen erzählte, sie sollten OS/2 entwickeln, während er sich auf Anwendungsprogramme gestürzt hatte, die unter Windows liefen.

Diese Treffen verliefen hitzig. Die Software-Bosse bedrängten Cannavino, Gates und Windows augenblicklich zu stoppen. Cannavino hatte immerhin behauptet, daß OS/2 der Gewinner sein würde. Jetzt sollte er sich besser daran halten. Täte er das nicht, hätte er seine ganze Glaubwürdigkeit in der PC-Welt verloren.

Cannavino lief unruhig in seinem Konferenzraum herum. Angeblich hatte er einen Plan, Gates zu vernichten. Der springende Punkt dabei schien zu sein, daß er seine Rechte an DOS nutzen und sie im direkten Wettbewerb mit Microsoft verkaufen wollte. Obwohl IBM DOS nur verkauft hatte, wenn es in ihren eigenen PCs installiert worden war, ließ Cannavino nun durchblicken, er könne ja anfangen, durch Händler Pakete verkaufen zu lassen, die in direkter Konkurrenz zu den DOS-Paketen stehen würden, die über den Einzelhandel vertrieben wurden – für die Leute, die DOS selbst auf ihren PCs installieren wollten. Außerdem könne er auch die Cloner dazu bringen, DOS von IBM zu kaufen, um es vor dem Versand auf ihren Maschinen zu installieren. Alle Cloner hatten DOS bislang von Microsoft gekauft, und DOS war immer noch der größte Umsatzträger von Microsoft, weshalb es IBM durchaus gelingen konnte, Microsoft durch Dumpingpreise für DOS Konkurrenz zu machen.

Wenn Cannavino vor sich hin brummelte, die Windows-OS/2-Frage sei wirklich wichtig für IBM, erinnerte er stark an den Mafioso Luca Brasi. Er versprach, alles in seiner Gewalt Stehende zu tun, um Gates im Zaum zu halten. Die Software-Bosse gingen in der Hoffnung, Gates würde bald einen blutigen Pferdekopf unter seinem Kopfkissen finden.

Auch mit Gates traf Cannavino im Herbst einige Male zusammen und versuchte ihn zu überreden, Windows aufzugeben. Cannavino sagte zwar nicht, was er tun würde, falls Gates ihn noch länger sabotiere, sprach aber immer in einem drohenden Unterton.

»Sie glauben, Sie können mich hintergehen«, sagte Cannavino irgendwann im Frühherbst 1989. »Aber merken Sie sich eins: Jedesmal wenn Sie versuchen, mit einem meiner Großkunden Geschäfte zu machen, ruft der mich an, um mir brühwarm zu erzählen, was Sie gesagt haben, noch bevor Sie aus der Tür sind.«

Dann stieß er zwischen zusammengepreßten Zähnen etwas hervor, das sich schnell zu einem Refrain entwickelte:

»Ich möchte nicht in Ihrer Haut stecken. Ich würde an Ihrer Stelle nicht versuchen, IBM Konkurrenz zu machen.«

Cannavino, so erinnert sich Gates, sagte immer wieder: »Ihr könnt nicht mehr an Windows arbeiten. Sie müssen Ihre Arbeit an Windows runterkurbeln.« Gates sagt, er habe sich wirklich gefragt, wie die Anti-Trust-Behörde wohl über IBM und Microsoft denken würde, wenn sie erführe, daß sie versuchten, den Markt für PC-Betriebssysteme untereinander aufzuteilen. Und die Kommission untersuchte tatsächlich, ob Microsoft sich gesetzwidrig verhalten hatte. Gates fügt hinzu: »Meine Anwälte raten mir immer, wenn jemand etwas Derartiges sagt, solle ich einfach meinen Drink umkippen (um jedermanns Aufmerksamkeit zu erregen) und sagen: ›Vergessen Sie nicht, dem habe ich nie zugestimmt.‹«

Cannavinos Drohungen, wie gefährlich es sei, es mit IBM aufnehmen zu wollen, beeindruckten Gates nicht im geringsten. Dennoch machte sich Gates Sorgen um seine Beziehung zu IBM, die immer schlechter wurde. Außerdem wollte er IBM dazu bringen, Windows zu akzeptieren, weil das Microsoft helfen würde, unabhängige Softwarefirmen zu bewegen, Anwendungssoftware zu entwickeln, die unter Windows lief. Den Computernutzern war immerhin nicht gleichgültig, welche Fähigkeiten ihre Computer hatten, wogegen ihnen völlig egal war, was das Betriebssystem leistete. Während Windows weiterentwickelt wurde, wollte Gates sich jeder Hilfe versichern, die er bekommen konnte, bevor er im Mai 1990 die nächste Windows-Version vorstellte.

»Während des letzten Jahres stagnierte unsere Beziehung«, schrieb Gates im Oktober 1989 an Cannavino. Zu dieser Zeit versuchte er noch verzweifelt, die Verbindung nicht abbrechen zu lassen. »Ich verstehe jedoch nicht, was Microsoft getan hat und was eine derartige Hinhaltetaktik rechtfertigen würde.«

Es war wirklich nur der Zeitdruck, der dafür sorgte, daß die beiden überhaupt noch miteinander redeten. Weil die PC-Industrie sich wegen der offensichtlichen Spannung zwischen IBM und Microsoft das Maul zerriß, sagten sich Cannavino und Gates Anfang 1989, sie müßten bei der Comdex in Las Vegas ein Statement über den Stand ihrer Beziehungen abgeben. Dort versammelten sich jedes Jahr alle wichtigen Mitspieler der Computer-Industrie und etliche hunderttausend andere Menschen noch dazu. Beide Seiten schickten Teams los, die gewisse Fragen abklären sollten. Gates und Cannavino flogen häufig zu Treffpunkten auf neutralem Terrain irgendwo im Land, wo sie unter vier Augen versuchten, das Eis zu brechen.

Da ihnen die Zeit davonrannte, kamen sie schließlich zu einem recht heiklen Kompromiß. Cannavino war bereit, Gates die Zustimmung zu Windows nicht länger zu verweigern, die er all die Jahre gewollt hatte. Im Gegenzug wollte Gates offiziell erklären, Windows sei nur für preiswerte Personalcomputer bestimmt, wogegen man das OS/2 als Standard-Betriebssystem für leistungsstärkere PCs betrachten müsse.

Der Kompromiß wurde allerdings so spät getroffen, daß man keinen umfassenden Vertrag hatte ausarbeiten können, was beide Seiten ein wenig nervös machte. Sie beschlossen jedoch, sich daran zu halten, und beide hofften, daß bei einem Abschlußtreffen am Sonntagmorgen im Hilton Hotel in Las Vegas alles gutgehen werde. Gates, Ballmer und ein paar andere leitende Kräfte von Microsoft verbrachten den Samstag und ein Großteil der Nacht zum Sonntag damit, Details ihrer Version des Kompromisses mit IBM herauszuarbeiten. Während der Milliardär Gates sonst bei jeder Gelegenheit Linie fliegt – natürlich in der Touristenklasse –, hatten er und seine Leute diesmal so lange gearbeitet, daß sie den planmäßigen Flug von Seattle nach Las Vegas verpaßten. Deshalb charterten sie ausnahmsweise eine kleine Maschine, hatten aber wegen der Stürme, die an diesem Tag über die Westküste fegten, einen schrecklichen Flug. Der Pilot versuchte zwar ständig, die Turbulenzen zu überfliegen, doch in der großen Höhe vereisten immer wieder die Tragflächen, weshalb er dann wieder auf Sinkflug in tiefere Luftschichten gehen mußte, wo es wärmer war. Allerdings flog er nun in bedrohlicher Nähe der Berggipfel. Der ganze Flug war ein einziges Auf und Ab. Es gab mehr als eine bedrohliche Situation, bei der den Passagieren schier das Blut in den Adern gefror. Das Schlimmste aber war, daß der Pilot total die Orientierung verloren zu haben schien. Einer der Microsoft-Leute, der Small talk machen wollte, um die Situation aufzulockern, hatte den Mann gefragt, wie oft er denn schon nach Las Vegas geflogen sei. »Einmal«, antwortete der Pilot. Während des Fluges schaffte es natürlich keiner, irgendeinen der Punkte des Kompromisses mit IBM niederzuschreiben. Nur Gates gelang es, während der ganzen Zeit zumindest den Eindruck zu erwecken, als dächte er über irgend etwas nach. Er war der einzige an Bord, der sich später an nichts erinnern konnte, jedenfalls nicht an etwas Außergewöhnliches.

Kaum waren alle in Las Vegas eingetroffen – die IBM-Bosse wie üblich in einem der komfortablen Firmenjets –, hielten Microsoft und IBM ihre Konferenz im Hilton ab. Alles ging gut. Man blieb bei dem Kompromiß. So nahmen alle anschließend an einem Abendessen teil, zu dem die 25 wichtigsten Leute der größten PC-Software-Firmen eingeladen worden waren.

Dieses Abendessen sollte zum Wendepunkt in der Geschichte des PC-Bereichs von IBM und der gesamten Industrie werden.

Das Dinner war überstürzt vorbereitet worden. Man hatte es erst arrangiert, als sich endlich ein Kompromiß abgezeichnet hatte. Aber dann hatte IBM sich ganz schön ins Zeug geworfen. Ein gestandener PC-Boß hatte persönlich den Telefonhörer in die Hand genommen und jeden der Software-Leute einzeln eingeladen, denen die IBM dann jeweils einen ihrer Topleute als eine Art Betreuer zur Seite stellte. Der sollte den Software-Boß aufheitern, neben ihm am Tisch sitzen und ständig auf ihn einreden.

Diese Betreuer wurden seitens IBM bei potentiellen Kunden routinemäßig eingesetzt. Jemand, der an einer Kundenveranstaltung teilnahm, stellte gewöhnlich fest, daß sich während der Kaffeepause jemand von IBM zu ihm gesellte. Der IBMler war immer etwa in dem Alter des Kunden, und während die beiden sich unterhielten, erfuhr der Kunde, daß dieser IBMler einige seiner persönlichen Interessen teilte. Dazu kam die zumeist erfreuliche Feststellung des Kunden, daß der IBMler bereits eine ganze Menge über ihn wußte, was dazu beitrug, daß er zufrieden in die Konferenz zurückkehrte. Außerdem plante IBM die Sitzordnung sehr bedachtsam, so daß jedem klar war, welche der Software-Bosse als Freunde betrachtet wurden und bei welchen man eher eine (zu große) Nähe zu Microsoft vermutete. Die Tische waren in U-Form aufgestellt worden, wobei Cannavino und Gates an der Stirnseite nebeneinander saßen, die Freunde von IBM auf Cannavinos, die von Microsoft auf Gates' Seite des U.

Dieses Abendessen kam den Geladenen von Anfang an irgendwie komisch vor. Die meisten guten Restaurants in Las Vegas waren längst ausgebucht, weil alle wichtigen Firmen anläßlich der Comdex große Sonntagnacht-Dinner veranstalteten. Deshalb hatte IBM sich mit dem Chateau Vegas begnügen müssen, einem kleinen Laden hinter dem Convention Center, der wegen seiner grellen rot-schwarzen Tapete bei einigen Bossen das Gefühl hinterließ, in einem Bordell gelandet zu sein. Der Raum war außerdem viel zu klein für die 60 Eingeladenen, die sich regelrecht eingepfercht fühlten. Die Decke war so niedrig, daß einige der Anwesenden Klaustrophobie bekamen. Gates und Cannavino mußten sich an der Stirnseite eine Art Nische teilen, was es ihnen erschwerte, aufzustehen und ihre Reden zu halten. Die Klimaanlage am anderen Ende des Raumes war so laut, daß die dort Sitzenden kaum ein Wort von dem verstehen konnten, was Gates und Cannavino sagten, denn die Lautsprecheranlage setzte immer wieder aus.

Zum Dinner wurden Teller, auf denen sich Steaks, Hähnchen und Hummer türmten – mehr, als irgend jemand essen konnte, und sogar mehr, als irgend jemand auch nur sehen mochte –, vor die Gäste gestellt. Der IBM-Betreuer, der neben Fred Gibbons von Software Publishing saß, war so betrunken, daß alle um ihn herum nur darauf warteten, daß er mit dem Gesicht in den Berg von Essen fallen würde.

Cannavino und Gates hielten kurze Ansprachen, um den Kompromiß zu erläutern. Dabei lehnten sie sich ziemlich wortgetreu an das, was ausgehandelt worden war, aber keiner von ihnen brachte es über sich, voll und ganz dazu ein Bekenntnis abzulegen. Cannavino sagte nicht etwa, daß er nichts mehr gegen Windows hätte, und Gates vermied ebenso zu erwähnen, daß er der Entwicklung von Windows ab sofort weniger Bedeutung beimessen werde. Beide ärgerten sich über die Ausflüchte, die der jeweils andere zu machen schien.

Fragen waren zugelassen. Es gab nur ein paar, aber die sprachen für sich. Ein Teilnehmer wollte Cannavinos Einstellung zu Windows genau erläutert haben. Cannavino wand sich. Er meinte, ja, er habe nichts dagegen, nahm es aber gleichzeitig wieder zurück. Auf jeden Fall war es aber kein klares Ja. Gates und Ballmer schauten einander bedeutungsvoll an, und Ballmer flüsterte: »Oh, verdammt!« Er beobachtete Gates während des ganzen Abends und sagt, daß Gates sauer war, »sauer, sauer, sauer«.

Gibbons, ein Verbündeter von IBM, stand daraufhin auf und fragte: »Bill, Sie kamen neulich in mein Büro und sagten mir, ich solle Anwendungssoftware für Windows entwickeln. Werden Sie jetzt in mein Büro kommen und mich auffordern, statt dessen Programme für das OS/2 zu entwickeln?«

Cannavino hatte mit einer zustimmenden Antwort gerechnet. Doch Gates flüchtete sich in eine lange, komplizierte Abhandlung darüber, daß Software-Entwickler seiner Meinung nach an Anwendungsprogrammen sowohl für Windows als auch für OS/2 arbeiten sollten.

Dave Liddle, der direkt neben Cannavino saß, versuchte zur Klärung beizutragen, um den Kompromiß nicht platzen zu lassen. »Okay, Bill«, sagte er. »Wenn Sie den hier Anwesenden jedoch einen Rat geben sollten, worin sie ihre Entwicklungs-Dollars zu investieren hätten, würden Sie schon vorschlagen, daß sie die für OS/2 ausgeben, nicht wahr?«

Cannavino wartete, nahm an, nun endlich ein klares Ja zu hören. Statt dessen erklärte Gates: »Die hier Anwesenden stehen alle ihren eigenen Softwarefirmen vor. Es sind kluge Leute, die fähig und in der Lage sind, ihre eigenen Entscheidungen zu treffen. Ich würde mir nie anmaßen, ihnen vorzuschreiben, wie sie ihre Geschäfte führen sollen.«

Cannavino schäumte. Die Bosse der Software-Industrie, die vorher mit ihm zusammengetroffen waren, zeigten sich total verblüfft. Microsoft denkt überhaupt nicht daran, Windows aufzugeben, dachten sie. Es scheint entschlossen, Windows zu einem Erfolg zu machen, und jetzt sieht es sogar so aus, als könne Windows lange vor dem OS/2 populär werden. Die Programme von Microsoft, die für Windows gedacht waren, würden alle Firmen aus dem Feld schlagen, die sich bei der Entwicklung auf das Pleite-Unternehmen OS/2 konzentriert hatten. Cannavino mochte zwar geglaubt haben, er habe Gates im Griff, den Software-Bossen wurde aber plötzlich klar, daß Gates selbst für IBM inzwischen zu mächtig geworden war.

»Das war der Moment, in dem ich wußte, daß das Spiel vorbei war«, sagt Gibbons. »Das Ergebnis war auf der Anzeigetafel zu lesen, und Microsoft hatte gewonnen.« Jim Manzi von Lotus stand auf und verließ verärgert das Restaurant.

Nachdem die Tafel aufgehoben worden war, hatten sich einige Teilnehmer sofort um Gates geschart. Cannavino versuchte, sich zu ihm durchzudrängen, um unverzüglich eine Erklärung zu verlangen. Doch Gates' Assistent hielt ihn zurück und versprach ihm, sie würden sich später alle zusammensetzen, um die Lage zu besprechen. Gates, immer noch im Mittelpunkt der Gruppe und des Interesses, schlenderte davon und schien nicht einmal zu ahnen, wie aufgebracht Cannavino war.

Als die Software-Häuptlinge draußen ankamen, stellten sie fest, daß die Organisatoren von IBM sich einen bösen Lapsus geleistet hatten.

Da stand eine lange Reihe von Limousinen, die die IBM-Bosse ins Las Vegas Hilton zurückbringen sollten, doch für niemanden sonst stand ein Wagen bereit. Die IBMler marschierten auch prompt hinaus, verteilten sich auf die Limousinen, und weg waren sie. Zurück blieb eine Großzahl potentieller Kunden. Sie hatten sie einfach am Straßenrand stehenlassen. Außerdem war das Restaurant recht abgelegen, ein Taxi war hier kaum zu bekommen. Einige gaben irgendwann auf und trampten ins Hilton zurück. Später versammelten sie sich an der Bar und hechelten durch, was sie gerade erlebt hatten. Obwohl eine Gruppe von Reportern, die dort lauerte, jedes ihrer Worte hören konnte, nahmen sie kein Blatt vor den Mund und lamentierten laut über den Bruch des Kompromisses zwischen IBM und Microsoft.

Während des ganzen nächsten Tages – es war der Montag – bemühten sich Gates und Cannavino, ihre Differenzen aus der Welt zu schaffen. Sie schotteten sich in einem Wohnwagen auf dem Parkplatz des Convention Center ab, wo Cannavino ein mobiles Büro eingerichtet hatte. Es war alles vorhanden: ein großer Schreibtisch, dicke Teppiche, eine Toilette, etliche Telefonanschlüsse und Platz für eine ganze Reihe von Assistenten. Cannavino wollte nicht, daß seine Führungsmannschaft bei ihrer Arbeit während der Messe auf den gewohnten Komfort verzichten mußte, und hatte deshalb acht luxuriöse Wohnwagen ausstatten und sie von New York aus durch das ganze Land nach Las Vegas fahren lassen. Gates verbrachte den Tag und ein Großteil der Nacht mit Zusammenkünften, manchmal mit Cannavino und manchmal ganz allein, bedrängt von wenigstens neun IBMlern. Als er den Wohnwagen am Dienstag morgen kurz vor Sonnenaufgang verließ, sah es so aus, als wäre der Kompromiß wieder in Kraft.

Cannavino war immer noch nicht überzeugt. Er sah nicht ein, was die ganze Aufregung um Windows sollte. Auf einen Großrechner-Experten wie Cannavino mußte Windows ja auch wie ein Betriebssystem aus dem Spielzeugland wirken. Cannavino ging nun einmal davon aus, daß die Kunden etwas Solides wollten, etwas ohne Showeffekt, etwas, das Ähnlichkeit mit einem Großrechner hatte – mit anderen Worten: etwas wie das OS/2. Deshalb wollte Cannavino trotz des Kompromisses mit Gates die Software-Entwickler oder Kunden nicht glauben machen, er habe nichts mehr gegen Windows. In den späten Morgenstunden des Dienstags begannen Cannavinos Betreuer, ihn mit einer ganzen Reihe von provokanten Fragen zu löchern, von denen sie meinten, sie könnten eventuell bei der Pressekonferenz am Nachmittag gestellt werden. Die erste Frage war natürlich: »Wollen Sie damit wirklich sagen, daß Sie Windows befürworten?«

»Verdammt, nein!« rief Cannavino.

Einer der Fragesteller sagte: »Es sieht aus wie eine Ente,

es watschelt wie eine Ente, also muß es eine Ente sein« – eine IBM-Pointe, die in diesem Zusammenhang bedeuten sollte, daß Cannavino tatsächlich hinter Windows zu stehen schien.

Cannavino war verblüfft. Er schaute sich angestrengt in dem Raum um, in dem nur IBMler saßen, und sagte, falls nur ein einziger seine Aussagen als Unterstützung für Windows begreife, sei es gewiß besser, die Pressekonferenz ganz schnell abzusagen. Auch nachdem Cannavino seinen Wohnwagen verlassen hatte und durch das Convention Center spazierte, erklärte er seinen Assistenten, er sei nicht sicher, ob man sich wirklich auf die Veranstaltung einlassen solle. Am Eingang des Konferenzsaales angekommen, stellten sie fest, wie viele Leute Cannavinos Einstellung zu Windows hören wollten.

In dem Raum hatten eigentlich nur 140 Menschen Platz, doch es waren 800 vorhanden, die sich das Feuerwerk ansehen wollten – alle erpicht, sich den besten Platz zu sichern, während sie in den Saal drängten. Einige aus Cannavinos Stab mußten Sicherheitsbeamte holen, um die unruhige Menschenmenge unter Kontrolle zu halten. Etliche Reporter von wichtigen Nachrichtenorganisationen und Publikationen schafften es nicht einmal, in den Raum zu gelangen.

Ein Public-Relations-Mann von Microsoft versuchte den IBMlern klarzumachen, es wäre besser, einige ihrer Kollegen herauszuholen, die dort Plätze besetzt hatten, um Platz zu machen für die Reporter. Doch die IBMler, die sich offenbar sicherer fühlen, wenn sie von ihresgleichen umgeben sind, bringen immer Dutzende von eigenen Leuten zu Pressekonferenzen mit, weshalb IBM auch jetzt keinen einzigen Stuhl frei machte. Cannavino drängte sich derweil auf seinem Weg zur Tür durch die Menge.

Gates, der ein paar Minuten später kam, bemerkte die riesige Menschenmenge im Flur und fragte sich laut, ob er und Cannavino die Pressekonferenz nicht besser gleich im Korridor abhalten sollten, wo wesentlich mehr Platz war. Als Gates das Podium erreicht hatte, stand Cannavino mit vor der Brust gekreuzten Armen etwa fünf Meter von ihm entfernt. Es sah aus, als wollte Cannavino zwischen sich und

Gates soviel Abstand wie möglich schaffen. Selbst nachdem Gates ihn auf das Podium gebeten hatte, hielt er auf Abstand – gut zwei Meter standen die beiden auseinander. Sie hielten sich an den Buchstaben des Kompromisses, wobei Cannavino Windows halbherzig unterstützte und Gates an der Behauptung festhielt, OS/2 sei das Betriebssystem der Zukunft. Aber in dem Augenblick, als Fragen gestellt werden durften, fiel die Fassade in sich zusammen. Die Spannung, die zwischen ihnen herrschte, konnte niemandem entgehen – genauso wie zwei Abende zuvor jeder gemerkt hatte, was los war, der an dem Abendessen teilgenommen hatte. Natürlich war die erste Frage, ob IBM sich endlich habe durchringen können, Windows auf seiner Hardware zu installieren und Software-Entwickler nun ermutigen wolle, Anwendungsprogramme zu schreiben, die unter Windows liefen. Cannavino schluckte schwer, trat von einem Fuß auf den anderen und setzte zu einer Antwort an, bei der er in 400 gewundenen Worten überhaupt nichts sagte. Als jemand im Versuch, Cannavino festzunageln, nachhakte, erwiderte der mit einer noch längeren nichtssagenden Aussage.

Cannavino verließ die Pressekonferenz in der festen Überzeugung, jedes öffentliche Bekenntnis zu Windows vermieden zu haben. Doch er schien der einzige in der ganzen Branche zu sein, der diesen Eindruck hatte. Cannavino hatte einen irreparablen Schaden für IBM angerichtet und in der Software-Industrie das Gesicht verloren. Er hatte sie unbeabsichtigt veranlaßt, das OS/2 fallenzulassen und sich auf Windows zu stürzen, wodurch er das Ende des OS/2 herbeigeführt und den Erfolg von Windows beschleunigt hatte.

Als Cannavino den Raum verließ, glaubte er auch, er habe zumindest noch eine gewisse Kontrolle über Microsoft. Aber wieder war er allein mit seiner Ansicht. Viele an der Pressekonferenz teilnehmende Journalisten waren zwei Nächte zuvor in der Bar des Hilton Zeugen gewesen, wie sich die Führungskräfte der unabhängigen Softwarefirmen über Gates' rücksichtslose Art Cannavino gegenüber mokiert hatten, und begriffen nun, daß Cannavino Gates nicht das Wasser reichen konnte. Alle anderen in der Branche, ausgenommen IBM, sagten sich auch, daß Gates inzwischen zu erfolgreich und daneben auch noch zu mächtig geworden war, als daß IBM ihn noch hätte zügeln können. Kaum war Windows 1990 zu einem Hit geworden, machte Gates so viel Geld und übernahm die Kontrolle über die Richtung, die die Softwarebranche nehmen sollte, so vollkommen, daß ihn absolut niemand mehr aufhalten konnte.

9. Kapitel

Keiner Marketing-Kanone bei IBM blieb ein Zwischenstopp in der Produktentwicklungs-Abteilung von ›Blackjack‹ Bertram erspart. Ein Jahr bei ihm gehörte zum Firmenritual, denn dort wurden die Betriebsangehörigen auf Herz und Nieren geprüft. So mancher eifrige junge Mann und so manche eifrige junge Frau, die sich darauf gefreut hatten, den Boß kennenzulernen, kamen nach der Vorstellung bei Bertram recht blaß wieder aus dessen Büro.

»Ihr verdammten Marketing-Trottel!« pflegte Bertram loszudonnern, ohne die Zigarre aus dem Mund zu nehmen. »Ihr glaubt, ihr könnt auf eurem Weg zur Präsidentschaft bei IBM einfach mal hier durchparadieren. Nun, eure Karriere ist mir scheißegal. Wenn ihr mich verarschen wollt, mache ich euch fertig!«

Alle taumelten nach dieser ›Begrüßung‹ verwirrt und verängstigt aus seinem Büro.

Bertram – immer Jack, wenn einer vor ihm stand und immer ›Blackjack‹ hinter seinem Rücken – pflegte grundsätzlich auf alle einzuprügeln, weil er meinte, nur so den guten Kern herausholen zu können. Die IBM-Angewohnheit, alles ›super‹ zu finden, paßte einem cleveren Ingenieur wie Bertram überhaupt nicht in den Kram. Er wußte, daß es Probleme geben mußte. Die Welt war nun einmal so. Falls jemand also nicht beim ersten Mal zugeben wollte, ein Problem zu haben, übte Bertram so lange Druck auf ihn aus, bis er damit herauskam. Seine brummige Art, die für IBMler so atypisch war, hatte seinem eigenen Weiterkommen eine ganze Weile im Weg gestanden, doch im Lauf der Zeit hatte sie ihm dann zu einem geradezu legendären Status verholfen. Seine Gefolgschaft war mindestens so breitgefächert wie die jeder anderen IBM-Führungspersönlichkeit der jüngeren Geschichte.

Das traf ganz besonders auf die Ingenieure zu, von denen

Bertram eine ganze Generation von Topleuten ausgebildet hatte. Er verblüffte andere Techniker nicht nur durch sein ausgesprochen gutes Gespür, sondern auch durch seine Liebe fürs Detail. Bertram brauchte pro Nacht nur drei bis vier Stunden Schlaf, weshalb er – ganz besonders, wenn er im Land unterwegs war – bereits um drei Uhr morgens aufstand und durch die Fabrikhallen lief. So wie beispielsweise in Santa Teresa/Kalifornien, einer Niederlassung, die ihm unterstand. Bei diesen Gelegenheiten konnte Bertram sehen, ob die Herstellung tatsächlich reibungslos erfolgte, und mußte sich nicht auf die Folien irgendeines Mitarbeiters verlassen, der ihm später erklärte, welche Schwierigkeiten bei der Fertigung aufgetreten seien. Falls dann gar ein Verantwortlicher der Niederlassung versuchte, ein Problem unter den Teppich zu kehren, bombardierte Bertram ihn gewöhnlich mit allen möglichen Detailfragen, bei denen die Anwesenden den Eindruck haben mußten, er habe sie einer göttlichen Eingebung zu verdanken, oder sie beruhten auf seiner Intuition.

Die Marketing-Bosse, die traditionellen Feinde der Techniker bei IBM, kamen immer wieder ins Grübeln, weil Bertram offenbar nicht nur seinen Job – die Produktentwicklung – durchzog, sondern außerdem die Kunden und deren Probleme noch besser zu kennen schien als die meisten Marketing-Leute. Bill Grabe, ein ehemaliger Marketing-Boß, sagt, es sei immer höchst gefährlich gewesen, mit Bertram in einer Konferenz zu sitzen. Grabe war beispielsweise einmal aufgestanden und hatte gesagt: »Wir haben ein Problem bei Boeing. Es geht darum ...« Daraufhin hatte Bertram losgepoltert: »Das ist kompletter Blödsinn. Ich war erst gestern bei Boeing, und das Problem ist ...« Natürlich war es stets Bertram, der recht hatte.

Sogar die Anwälte respektierten Bertram, und die von IBM mochten normalerweise niemanden. Sie mußten Bertram zwar hin und wieder zurückpfeifen und ihn davon abzuhalten versuchen, mit Konkurrenten genauso ruppig umzugehen, wie er es mit den aufstrebenden Marketing-Leuten tat. Dennoch sagt Nicholas de B. Katzenbach, einst IBMs erster Anwalt, Bertram sei einer der klügsten und energischsten Topmanager gewesen, denen er je begegnet sei.

Nach Jahren, in denen er vielen Menschen erst auf die Füße getreten hatte, bevor er sie dann langsam für sich gewann, weil sie hatten feststellen müssen, daß er recht gehabt hatte, wurde Bertram schließlich zum geschäftsführenden Vizepräsidenten ernannt. Aber dann war er krank geworden. 1986 lag ›Blackjack‹ im Sterben.

Er litt am Jullian-Barre-Syndrom, der sogenannten Yuppie-Krankheit. Ein Leiden, bei dem man sich wie erschlagen fühlt und das sehr schmerzhaft ist, aber normalerweise nicht zum Tode führt. Bertram aber war die meiste Zeit ans Bett gefesselt und dämmerte langsam dahin.

Bevor er starb, verbündete er sich aber noch mit Jack Kuehler, damals ein geschäftsführender Vizepräsident, und mit Ralph Gomory, dem Boß der Forschungsabteilung bei IBM, um noch eine einzige Sache durchzusetzen. Bertram hatte voller Entsetzen erfahren müssen, wie idiotisch sich IBM auf dem Sektor der Workstations verhalten hatte. Hier hatte sie die Technologien eingeführt, die von anderen benutzt worden waren, um erfolgreich ins Geschäft zu kommen. Wegen der Unbeweglichkeit der Bürokratie hatte IBM jedoch ihre große Chance verpaßt. Und das sah er als glatte Idiotie an. Bertram wollte, daß IBM es noch einmal versuchte. Wie gewöhnlich hatte er auch schon einen Plan gehabt. Er wollte die Basis dieser Entwicklung in Austin/Texas etabliert wissen, weil er sich sagte, daß wohl kaum jemand aus der Firmenzentrale Lust hätte, dort ständig Besuche zu machen, weshalb sich bei diesem Projekt wohl auch niemand einmischen würde. Er wollte, daß die Informatiker in Yorktown Heights, die einen vielversprechenden Chip entwickelt hatten, endlich in die Hufe und aus ihren Laboren herauskamen und ihn bauten. Als Kuehler, der Bertrams Boß war, ihm einen seiner regelmäßigen Besuche im Krankenhaus abstattete, hatte der aber noch eine weitere Überraschung für ihn. Bertram, der mühsam durch einen Respirator atmen mußte, wollte, daß Andy Heller das Projekt leitete.

Heller war bei IBM als Rebell bekannt. Der stämmige, bärtige Heller trug am liebsten Hemden mit offenem Kragen und Cowboystiefel, sogar in der dünnen Luft der Firmenzentrale in Armonk. Nicht sehr passend. Er hatte eine großartige Stimme, wie ein klassisch ausgebildeter Tenor. Wer ihn einmal nach einer Konferenz in einer Hotelbar am Klavier erlebt hatte, war hingerissen. Doch er konnte sein Organ auch wie eine Waffe einsetzen, wenn es galt, einen Gegner einzuschüchtern. Heller liebte es zu streiten. Einmal ärgerte er sich so sehr über das, was er als Wichtigtuerei des IBM-Außendienstes betrachtete, daß er sein Motorrad in den fünften Stock einer Verkaufsniederlassung holte und dort durch die Flure donnerte.

Heller war eine der wildesten ›Wildenten‹, die IBM jemals hatte ertragen müssen.

Die Watsons pflegten zu sagen, sie hätten gern Wildenten um sich, weil es einfach wichtig sei, zumindest ein paar Leute zu haben, die beim Flug aus der Formation ausbrächen. Dieser Ausspruch wird bei IBM nach wie vor zitiert, wenn auch heute wesentlich seltener, weil die meisten Wildenten sich gesagt hatten, sie seien hier nicht mehr willkommen, und woanders hingeflogen waren.

Heller war als egoistischer junger Informatiker bekannt. Man hatte ihm gesagt, wenn ihm tatsächlich so viele Durchbrüche bei der Forschung gelängen, wie er glaube, könne er ruhig so weitermachen und jedem das sagen, was er möchte. Heller hielt sich an diesen Handel und erwartete das gleiche auch von seinen Bossen. Er moserte immer und überall. Er war in das Büro von IBMs oberstem Boß Frank Cary gestürmt und hatte ihm mitgeteilt, wie er Carys Arbeitsmoral einschätze, und dann generell die Meinung gesagt. Auch Spike Beitzel, einer der geschäftsführenden Vizepräsidenten, war nicht ungeschoren geblieben. Heller war in dessen Büro marschiert und hatte ihn wegen der Befürwortung einer Technologie angegriffen, die Heller als einen ›Sack Scheiße‹ bezeichnete.

Beitzels Reaktion war gewesen: »Mein Junge, wenn Sie mir einen Sack voll Scheiße geben und ich feststelle, daß ich ihn mit Profit verkaufen kann, dann würde ich Sie sofort um zwei weitere Säcke bitten.«

Heller war der jüngste Informatiker der IBM-Geschichte, der je den Rang eines *Fellow* erhielt. Das gab ihm das Recht, selbst zu bestimmen, auf welchem Gebiet er forschen wollte.

Jetzt – 1986 – drängte es ihn, eine Workstation für IBM zu entwickeln, obwohl er Wissenschaftler war und niemals vorher ein Produkt entwickelt hatte. Bertram, der für Heller immer so etwas wie ein zweiter Vater gewesen war, ihn im Lauf seiner eigenen Beförderungen mitgezogen und ihn davon abzuhalten versucht hatte, sich in allzu große Schwierigkeiten hineinzureiten, war der Meinung, Heller müsse seine Chance bekommen.

Kuehler schluckte, als Bertram von ihm forderte, daß Heller den Job bekommen sollte. Doch dann schaute er auf Bertram hinunter, der, an einen Respirator gefesselt, in dem tristen Krankenhauszimmer lag und vermutlich bald sterben würde. Er versprach ihm, das in seiner Macht Stehende zu tun. Er war sich klar, daß das schwierig werden würde, weil das gesamte IBM-Management wußte, welch harte Nuß Heller war, aber schließlich war Kuehler ja Mitglied des Management-Komitees und hatte eine Menge Einfluß. Und so gelang es ihm auch, dem Vorstandsvorsitzenden John Akers und den anderen Mitgliedern des MC Bertrams Idee zu verkaufen.

Ralph Gomory, der wohl erfahrenste Informatiker bei IBM, der – wie Bertram – Kuehler unterstand, hielt denn auch Mitte 1986 vor den Informatikern von Yorktown Heights eine leidenschaftliche Ansprache, in der er Freiwillige bat, sich zu melden, wenn sie bereit seien, ein paar Jahre in Austin so richtig ranzuklotzen. Bertram half mit, ein paar Leute für Schlüsselpositionen aufzutreiben. Dazu gehörte die IBM-Legende John Cocke. Cocke hatte Unmengen von wichtigen Innovationen auf den Weg gebracht, sich aber niemals vorher an der realen Entwicklung eines Produkts beteiligt. Danach versammelte Bertram die Kerngruppe noch einmal an seinem Krankenbett und sagte den Männern, sie sollten Gomorys blumige Worte einfach vergessen. Ihr wirklicher Marschbefehl, so erklärte er ihnen, sei: Kommt mit dem Chip zurück – oder auf ihm.

Hellers Frau war, wie sich herausstellte, das letzte Hindernis. Sie wollte nicht nach Austin ziehen. Aber Bertram, der mit dem Ehepaar befreundet war, rief sie an und sagte: »Es sieht so aus, als hättest du da etwas falsch verstanden. Andy wird das machen, mit dir oder ohne dich.« Daraufhin gab sie nach.

»Es war ihr unmöglich, sich dem Wunsch eines sterbenden Mannes zu widersetzen«, erklärt Heller, »jedenfalls nicht dem eines Mannes, wie Blackjack Bertram einer war.«

Anfang 1990 bekam IBM endlich ihre Workstation.

Die Technologie, die hinter der Workstation steht, war schon in den sechziger Jahren vorhanden. Damals hatte Cocke eine scheinbar simple Idee für ein Chip-Design gehabt. Ihm war anfangs nur aufgefallen, wie unregelmäßig Prozessoren die vielen komplexen Aufgaben erledigten, für die sie vorgesehen waren. Daraufhin hatte er sich gefragt, ob ein Chip wohl effektiver und effizienter arbeiten würde, wenn er die komplexen Operationen eliminierte und sich auf einige simple Anweisungen beschränkte.

Ein Chip jener Generation konnte Anweisungen ausführen, die sich in etwa folgenden Sätzen ausdrücken lassen: »Fahren Sie zum Supermarkt«, »Fahren Sie zum Fußballplatz«, und so weiter. Cocke hatte sich damals gefragt, ob es nicht vielleicht besser wäre, dem Chip ein paar Anweisungen mitzugeben, die Befehlen wie ›Fahr‹, ›Stopp‹, ›Links‹, ›Rechts‹ und so weiter entsprächen. Es stellte sich heraus, daß der Prozeß durch den Gebrauch dieser Anweisungen stark beschleunigt wurde. Diese neue Art von Chip wurde als RISC-Chip bekannt, was ›Prozessor mit reduziertem Befehlssatz‹ bedeutet.

Cocke entwickelte diese Idee Anfang der siebziger Jahre weiter und erzielte spektakuläre Ergebnisse, doch außerhalb der Forschungsabteilung interessierte sich niemand sonderlich dafür. Da alle Geschäftsbereiche bei IBM boomten, war eben keiner auf der Suche nach einer radikalen Veränderung der Technologie gewesen. Ganz abgesehen davon waren Cockes Resultate fast zu gut gewesen, als daß jemand sie ernstgenommen hätte. Er hatte immerhin von Computern gesprochen, die zwanzig-, vierzig-, sechzig-, ja sogar achtzigmal schneller waren als die, die IBM damals auf dem Markt hatte.

Anfang der achtziger Jahre fand Cocke dann einen Sponsor in Bo Evans, einem der erfahrensten Technologen bei IBM, bevor Kuehler Mitte der achtziger Jahre die dominierende Kraft in der Technologie geworden war. Evans, ein eher unangenehmer Zeitgenosse, der dafür bekannt war, daß er jedermanns Vorschläge in Zweifel zog, dachte sich ein System aus, wie er die Produktgeneration von IBM vollständig umkrempeln und alle Computer auf Cockes neue RISC-Technologie umstellen könnte. Alles – vom PC bis hinauf zum Großrechner – sollte nun um eine einzige Version des RISC-Chips herumgebaut werden. Das Ergebnis hätte umwerfend sein können. IBM, als Erfinder des MSC-Chips, hätte seine Konkurrenten so dazu veranlassen können, sich die enorme Verbesserung der Leistungsfähigkeit zunutze zu machen, die der RISC bewirken konnte. Die Entwicklungskosten von IBM wären heruntergegangen, weil sie für ihre unterschiedlichen Computerfamilien keine unterschiedlichen Prozessoren mehr hätte entwickeln müssen. Sie hätte sich auf die Entwicklung des eigentlichen RISC-Chips konzentrieren und die Kosten über all ihre Maschinenfamilien verteilen können. IBM hätte auch ihren eigenen PC-Chip herstellen können, was bedeutet hätte, daß sie nicht länger hätte zusehen müssen, wie Intel auf Kosten von IBM zu einem PC-Giganten wurde. Sogar die hämischen Anzeigenkampagnen von Digital Equipment Mitte der achtziger Jahre wären ihr dann erspart geblieben. IBM hätte dann eine ebenso vereinheitlichte Produktlinie gehabt, wie Digital sie hatte, als es verkündete: »Digital hat es jetzt (schon)!«

Evans trieb das RISC-Projekt energisch voran, schaffte es aber nur, die Leute gründlich zu verärgern. John Opel, der Anfang der achtziger Jahre Vorstandsvorsitzender war, wollte auf keinen Fall der Gesamtfirma eine einzige technologische Vision aufzwängen. Jeder Geschäftszweig sollte seinen eigenen Weg gehen. Der Kleinrechnerbereich war allerdings interessiert, weil es hier die unterschiedlichsten Produktlinien gab, von denen kaum eine mit einer anderen kompatibel war. Auch den Leuten aus der Schreibmaschinenabteilung gefiel die Idee. Die Experten der Großrechnertechnologie dagegen vertrauten diesem neuen Chip nicht und dachten, Cocke müsse zumindest einige seiner Ergebnisse getürkt haben, denn sie konnten einfach nicht glauben, daß er die Leistung tatsächlich in dem Maße zu steigern vermochte, wie er behauptete. Abgesehen davon verkauften sich die Großrechner wie die sprichwörtlichen frischgebackenen Brötchen, weshalb in diesem Bereich auch niemand im Traum daran dachte, ein Risiko einzugehen. Ebenso dachte man im PC-Bereich. Da sah man nicht den geringsten Anlaß, die unglaublichen Anfangserfolge zu gefährden.

Evans vertrat seinen Standpunkt jedoch so häufig und so laut, daß Opel ihm schließlich bei einer Konferenz des Management-Komitees förmlich an die Kehle ging. In eisigem Ton sagte er, jeder im Raum kenne Evans' Meinung zu diesem Punkt, und forderte ihn dann auf, doch endlich einmal den Mund zu halten. Alle Anwesenden waren sprachlos. Opel riß sehr selten einmal der Geduldsfaden. Ein paar Monate später verließ Evans die Firma. Damit hatte auch die RISC-Strategie einen ihrer wichtigsten Fürsprecher verloren, und das zu einer Zeit, in der man den Kurs der Firma noch grundlegend hätte ändern können, wäre sie weiterverfolgt worden. Und mit Evans ging auch einer der letzten, der es noch gewagt hatte, die Entscheidungen der Führungselite bei IBM in Frage zu stellen.

Das Kleinrechner-Projekt, das RISC nutzte, wurde besonders heiß gehandelt. Es kam international schnell zu Ansehen, weil es gegen ein schwieriges Problem anging. Die Entwickler sagten, alle diese Kleinrechneranlagen in einer einzigen Maschine zu vereinen, sei, als wolle man einen Sport-, einen Luxus-, einen Lastwagen und einen Kleinbus nehmen und ein einziges Auto daraus bauen, das jedem Zweck gerecht werde. IBM setzte mehr als 4000 Leute für mehr als drei Jahre daran. Damit war RISC das größte Entwicklungsprojekt seit dem ›Tod‹ des Future Systems in den siebziger Jahren.

Mit dem Future System hatte IBM den übertrieben ehrgeizigen Versuch unternommen, die gesamte Branche zu überholen. Sein Zusammenbruch war das Waterloo der Firma gewesen, weil sie danach allen Großprojekten gegenüber äußerst vorsichtig reagierte. Das Kleinrechnerprojekt mit dem Codenamen Fort Knox wurde dann allerdings ein Opfer des IBM-›Prozesses‹. Statt ein einziges Entwicklungsteam an einem einzigen Ort zu installieren, ließ IBM jede ihrer existierenden Kleinrechnergruppen Teile der Gesamtentwicklung in ihren einzelnen Niederlassungen erarbeiten. Das bedeutete nicht nur, daß Unmassen von Flügen durchs ganze Land und Unmengen von Konferenzen nötig waren, um alle über den Stand der Entwicklung auf dem laufenden zu halten, sondern auch, daß jede Kleinrechnergruppe vom Rest des Teams völlig isoliert war. Jede der einzelnen Gruppen bestand darauf, das Projekt zu dominieren, überzeugt, die *Personality* ihres eigenen Kleinrechners müsse unbedingt die Kernpersonality des neuen Kleinrechners darstellen. Wenn Konferenzen abgehalten wurden, um diese Probleme zu lösen, ›stimmten‹ die IBMler, denen man erzählt hatte, man sei eine Niete, wenn man nachgäbe, ›nicht überein‹ und ließen ihre Auseinandersetzungen ›eskalieren‹, bis möglichst viele Topmanager informiert waren. Neben den Standardproblemen, die IBM bei der Software ohnehin schon hatte, sorgte der auseinandergerissene Entwicklungsprozeß dafür, daß man die Fortschritte bestenfalls als minimal bezeichnen konnte.

Der wenig witzige Wahlspruch der Entwicklung lautete bald: »Wir sind ganz begeistert von der Methode, die Entwicklung an vielen Orten durchführen zu können. Wir wünschten nur, all unsere Konkurrenten würden es ebenso machen.«

1985, nachdem mehr als eine Milliarde Dollar und vergebliche Mühen hineingepumpt worden waren, wurde Fort Knox schließlich fallengelassen.

Obwohl man sehr häufig den Eindruck haben konnte, IBM verfüge über unerschöpfliche Entwicklungsressourcen und Gelder, hatte Fort Knox doch so viele Kräfte gebunden, daß für das RISC-Projekt wenig zusätzliches Geld zur Verfügung stand. Das einzige andere Projekt, das 1985 noch vorangetrieben wurde, war ein weit weniger ehrgeiziges im Schreibmaschinenbereich, wo die Entwickler versuchten, ein Textverarbeitungssystem zu produzieren, das ganze Abteilungen miteinander verbinden konnte. Im Schreibmaschinenbereich hatte man sich gesagt, das sei der einzige Weg, es mit Wang aufzunehmen, dessen Textverarbeitungssysteme Anfang der achtziger Jahre noch sehr populär waren.

Durch die Konzentration auf existierende Bereiche – Schreibmaschinen und Kleinrechneranlagen – verpaßte IBM die größte Chance, die die RISC-Technologie bot: die Workstations. Der Grund dafür: Das IBM-System ist zwar durchaus in der Lage, bessere Versionen von Produkten zu bringen, die es bereits gibt, aber fast unfähig, irgendwelche neue zu entwickeln. Da das sogar für so triviale Dinge wie die Farbe der Hemden gilt, die die Männer tragen, und für Produktnamen, gilt es erst recht für neue Maschinen wie Workstations, die die Gewinne der Computer leicht hätten schmälern können, die von profitablen und mächtigen existierenden Unternehmenszweigen hergestellt wurden. Niemand erkannte die Chancen im Zusammenhang mit den Workstations, weil keiner nach ihnen gesucht hatte. Kurz: Es war genau die Art von Problem, die IBM während des vergangenen Jahrzehnts in jedem Geschäftszweig hemmte.

IBM verpaßte seine Chance auf dem Markt für Workstations auch deshalb, weil sie sich auf die falschen Konkurrenten konzentrierte. Wenn man sich 1985 überhaupt wegen irgendwelcher Konkurrenten Sorgen machte, dann drehten die sich um die drei größten japanischen Wettbewerber – Fujitsu, Hitachi und NEC –, die sich die größte Mühe gaben, es IBM bei den Großrechnern gleichzutun, aber keineswegs neue Produkte, wie beispielsweise Workstations, auf den Markt brachten.

IBM hätte sich mehr um die Tausende von kleinen Wettbewerbern kümmern sollen, die überall wie Pilze aus dem Boden schossen, wie zum Beispiel die amerikanischen Newcomer, die in den Markt für Workstations drängten – genauso wie die PC-Nemeses von IBM die Neulinge Microsoft, Compaq und das kleinere Intel gewesen waren. Apollo war an der Ostküste 1980 zuerst mit einer Workstation auf den Markt gekommen. Ein paar Jahre später folgte dann die Firma, die IBM bei den Workstations die größten Probleme verursachen sollte: Sun Microsystems.

In der Vergangenheit hatte IBM immer schnell genug reagiert und doch noch alle Märkte erobern können, die sie beim ersten und zweiten Mal übersehen hatte. Sun dagegen gehörte zu einer neuen Art von Firma, die sich derart schnell weiterentwickelte, daß es nicht so leicht war, sie einzuholen. Sun war von vier jungen Kaliforniern gegründet worden – Bill Joy, einem Studenten der Philosophie, der ein Software-Genie war, Scott McNealy, dem frischgebackenen Stanford-Absolventen, Andy Bechtolsheim, dem außergewöhnlich geschickten Hardware-Tüftler, und Vinod Khosla, einem Wagniskapitalgeber. Da die vier der Ansicht waren, IBM und andere etablierte Firmen stellten in der Branche die Version der funktionellen Musik dar, bauten sie Sun um eine Rock 'n' Roll-Persönlichkeit herum auf.

Am 1. April jedes Jahres versuchten die Sun-Ingenieure, Menschen auf noch originellere Art in den April zu schicken als im Vorjahr. Einmal schwamm das Auto eines Topmanagers mitten in dem Teich vor dem Sun-Gebäude. Ein anderes Mal fand McNealy, der ein begeisterter Golfer ist, in seinem Büro ein komplettes Putting green vor, mit Sandhindernis und allem Drum und Dran. Wieder ein anderes Mal rieben sich die Angestellten morgens verwundert die Augen, weil die Sun-Firmenzentrale in eine riesige Plastikplane eingeschweißt worden war.

McNealy – er wurde der oberste Boß – gab den Ton an und sagte in der Öffentlichkeit so gut wie alles, was ihm in den Sinn kam. Als IBM 1993 auf der Suche nach einem neuen Vorstandsvorsitzenden war, wurde ein Bonmot zitiert, das McNealy in diesem Zusammenhang gemacht hatte. Darin hatte er auf die Marihuana-Affäre von Präsident Clinton angespielt: »Streicht mich von der Liste der möglichen Kandidaten für diesen Posten«, hatte er gesagt: »Ich habe inhaliert.« Als IBM Lou Gerstner von RJP Nabisco engagierte, erklärte McNealy, das sei einfach großartig, weil Gerstner die Firma verändern könne, ohne die IBM-Initialen zu ändern. »Von jetzt an heißt es einfach: Internationale Biskuit-Macher.«

Am wichtigsten war aber vielleicht, daß Sun, als es 1983 und 1984 zu wachsen begann, die Produktentwicklung in einer Hauruckmethodik vorantrieb, die – ganz anders als bei

IBM – versuchte, alle veralteten existierenden Produkte auszumerzen, einschließlich derer von Sun. Diese Methode machte es anderen oft leicht, Sun anzugreifen. Denn die Firma änderte möglicherweise in einem einzigen Jahr ihre gesamte Produktlinie, und wenn dann etwas schiefgegangen wäre, hätte das für Sun das Aus sein können. Diese Methode sorgte aber auch dafür, daß die Konkurrenten von Sun sich die Köpfe zerbrechen mußten, wie sie mit dieser Firma umgehen sollten, die so ganz und gar nicht an einem beständigen Profit interessiert zu sein schien.

Digital Equipment kam da nicht mit, auch Apollo nicht. Hewlett-Packard begann abzurutschen, bis es Apollo kaufte. IBM verbrachte Jahre mit dem Versuch, auf Sun zu reagieren. In der Zwischenzeit expandierte Sun. Sun hatte nur einmal eine Durststrecke durchstehen müssen, nachdem es sich zum Kauf eines Großrechners von IBM hatte überreden lassen. Das Kaufargument war gewesen, Sun wüchse so schnell, daß es einen Großrechner brauche, um mit all den Aufträgen und dem anderen Bürokram fertig zu werden. Sun hatte aber derartige Probleme mit dem Großrechner, daß es fast ein Jahr lang überhaupt nicht mehr wußte, was lief.

Der Erfolg von Sun war mit Sicherheit einer der Faktoren, die den Wandel in der Computerindustrie beschleunigten und dazu führten, daß die Hersteller, die den Großrechnern bis dahin eine Lebensdauer von sieben Jahren zugeschrieben hatten, sich diesem hastigen Wechselzyklus von anderthalb Jahren anpaßten, der sich bei den Workstations und im PC-Bereich durchgesetzt hatte.

Nachdem die Workstations von Sun und Apollo zu haben waren, brauchte IBM eine Weile, bevor sie akzeptierte, daß es einen Markt für diese Maschinen gab. Workstations waren im Kern PCs, denen man Steroide gegeben hat. Die hatten schnellere Prozessoren, eine höhere Speicherkapazität und größere Bildschirme mit einer entschieden größeren Fähigkeit, Bilder hervorzubringen, die sich bewegten. Und sie verfügten über Verbindungen, die es erleichterten, die einzelnen Workstations miteinander zu vernetzen.

Wie sich herausstellte, wurden Workstations vor allem

von Wissenschaftlern und Ingenieuren geschätzt, ganz besonders deshalb, weil auf ihnen CAD/CAM-Software laufen konnte, was für computerunterstützte Konstruktion und computerunterstützte Fertigung steht. Diese Software erlaubte es den Designern, auf dem Schirm mit realistisch aussehenden Bildern potentieller Produkte zu spielen, ohne sich dem zeitaufwendigen Prozeß unterziehen zu müssen, sich im Konstruktionsbüro einen Prototyp bauen zu lassen. Da Vertreter aber lieber an einen bereits existierenden Kundenstamm verkaufen – das ist leichter, als mühsam zu versuchen, sich neue Märkte zu eröffnen – und die Verkäufer, die IBM leiten, kaum Erfahrung mit Wissenschaftlern und Ingenieuren als Kunden hatten, erkannte IBM den immensen Bedarf für CAD/CAM nicht. Außerdem sagte man sich bei IBM, ihre eigenen PCs würden bald so leistungsfähig sein, jene Arbeiten übernehmen zu können, die jetzt von Workstations geleistet wurden.

John Opel, oberster Boß bis 1986, verschlief die Problematik so gründlich, daß IBM erst im Januar 1986 seine erste Workstation auf den Markt bringen konnte. Das war fast sechs Jahre nach dem Debüt von Apollos bahnbrechendem Produkt und fünf Jahre nach dem von Sun. Das Produkt von IBM war fürchterlich. Nachdem IBM 1984 endlich mit der Entwicklung einer Workstation begonnen hatte, stand nicht mal ein passender Prozessor zur Verfügung. Das Fort Knox-RISC-Projekt hätte vielleicht einen guten Prozessor liefern können, war aber längst ein Opfer der internen Flügelkämpfe geworden, die darüber entbrannt waren, wie es überhaupt weitergehen solle. Der Chip, der bei dem Schreibmaschinenprojekt benutzt wurde, war bereits einige Jahre alt, weshalb er langsamer war als jene, die in letzter Zeit entwickelt worden waren. Außerdem war der Chip seiner sogenannten *Floating Point*-Fähigkeiten beraubt worden, die den RISC-Chip bei den Berechnungen so ungeheuer schnell machten, die für Wissenschaftler und Ingenieure unabdingbar waren.

IBM versuchte daraufhin, dem Chip einige seiner *Floating Point*-Fähigkeiten zurückzugeben. Doch dann beschlossen plötzlich die Marketing-Experten, die sich des Workstationbereichs angenommen hatten, die Arbeit müsse innerhalb von ein paar Monaten getan werden, weil man Sun und Apollo den Markt nicht so lange überlassen wolle. Das Resultat war entsprechend. Das Ding war überstürzt und schlampig zusammengeklatscht worden. Obwohl IBM RISC schon fünfzehn Jahre früher erfunden hatte, war der RISC-Chip, den sie im Januar 1986 schließlich auf den Markt brachte, hoffnungslos leistungsschwach.

IBM hatte gehofft, den Markt zumindest ›einfrieren‹ zu können. In der Vergangenheit hatte das geklappt, weil die Kunden, sobald sie sahen, daß IBM auf einen neuen Markt ging, automatisch annahmen, IBM würde schnell aufschließen. Sie hatten dann gezögert, bei einem Newcomer zu kaufen, weil der möglicherweise ganz schnell wieder vom Markt verschwinden konnte, sobald IBM seine ganze Macht ausspielte. Aber dazu kam es diesmal nicht. Der Bedarf an Verarbeitungsleistung war so groß, daß der RT durchfiel und die Kunden sich weiterhin um die Maschinen von Sun und Apollo rissen.

Daraufhin versuchte IBM einen ihrer Standardtricks. Sie machte so viele Ressourcen locker, um die Probleme des RT zu beheben, daß man eigentlich hätte erwarten können, bald eine weit bessere Maschine zu haben. Der RT wurde tatsächlich besser, aber Sun und Apollo hatten während dieser Zeit nicht geschlafen. 1987 und 1988 kam IBM mit neuen Versionen des RT heraus, aber die brachten IBM nur dahin, wo ihre Konkurrenten bereits im jeweiligen Vorjahr gewesen waren. IBM lag immer eine Generation zurück. In der Welt der Techniker und Forscher war der RT für IBM bald eine ebenso große Peinlichkeit, wie es der PCjr. auf dem Konsumentenmarkt gewesen war.

Obwohl IBM darauf beharrte, sie würde den RT zu einem Erfolg machen, wurde die Arbeit am RT nur auf Sparflamme weitergeführt, kaum hatte Bertram seinen letzten Wunsch geäußert. Sein Projekt mit dem Codenamen ›Amerika‹ wurde verstärkt vorangetrieben. Nach Bertrams Tod erwies sich Kuehler als Hauptsponsor des Projekts. Kuehler, zu diesem Zeitpunkt bereits ein geschäftsführender Vizepräsident auf dem Weg zum Präsidenten, war von Mitte der achtziger

Jahre bis 1993 als der höchstrangige Nicht-Außendienstler in der Geschichte von IBM die treibende Kraft, was die Richtung anging, die die Technologie nehmen sollte.

Kuehler war schon rein äußerlich der typische Boß. Er trug konservative Anzüge, eine dicke Brille und ließ sein glattes Haar ganz kurz schneiden. Doch da er ein Ingenieur war, dem man also bei der Verkaufsschulung nie die Persönlichkeit hatte herausdreschen können, wirkte er allerdings ganz anders. Statt die üblichen formellen Präsentationen mit Unmengen von Folien zu machen, schrieb sich Kuehler immer nur ein paar Stichpunkte auf und sprach frei. Er bediente sich niemals der Arroganz, die so viele der Ex-Außendienstler auszeichnete, die sich als tapfere Frontkämpfer von IBM im Kampf gegen die Konkurrenz sahen. Wenn Kuehler mit einem der Bosse in Armonk sprechen mußte, der aber gerade mit jemand anderem redete, entschuldigte er sich immer für die Unterbrechung. Gewöhnlich machte er sich auch mit jedem bekannt, den er nicht erkannte, obwohl ohnehin jeder wußte, wer er war. Bei nicht ganz so offiziellen Besprechungen zog er manchmal sein Jackett aus, hängte es über eine Stuhllehne und sagte fröhlich: »Laßt uns einfach so tun, als seien wir aus Kalifornien.« Oder wenn er jemanden sah, den er nicht besonders gut kannte, reagierte er volksverbunden: »He, Jones, wie, zum Teufel, geht's Ihnen?« Die angemessene Antwort darauf war: »Prima, Kuehler, und wie, zum Teufel, geht's Ihnen?« Als Kuehler 1990 Präsident wurde und in der amerikanischen Presse Jubelstorys über ihn erschienen, schickte er den jeweiligen Reportern handgeschriebene Briefe, in denen er sich ausdrücklich für ihre freundlichen Worte bedankte.

Kuehler fehlte es absolut am Verständnis für Stabsarbeit, die bei IBM viel Energie auffraß. Er hatte während seiner Karriere nur eine einzige Stabsstelle gehabt – für elf Monate – und sie gehaßt. Im Gegensatz zu den meisten IBM-Bossen, die aus dem Mittleren Westen oder Nordosten kamen, stammte Kuehler aus dem Herzen von Silicon Valley, wo er sich in seiner Jugend häufig ein Flugzeug für einen Tag gemietet hatte, damit er an irgendeinem Strand landen und Volleyball spielen konnte. Kuehler hatte auch einen ausgedehnteren Terminplan als die meisten seiner Ex-Außendienstkollegen und nahm den Versuch auf sich, die US-Halbleiterindustrie zu retten.

Es war Kuehler, der 1982 dafür eintrat, in Intel zu investieren, um es vor einem Desaster zu retten. Es war ebenfalls Kuehler, der Ende der achtziger Jahre dafür sorgte, daß IBM verschiedenen Konsortien beitrat, die versuchten, die Halbleitertechnologien der einzelnen US-Firmen in einen Pool einzubringen, um gemeinsam der japanischen Konkurrenz trotzen zu können.

Es war Kuehler, der sicherstellte, daß IBM einer US-Firma – der Silicon Valley Group – half, den Kauf eines wichtigen Herstellers von Halbleiterfertigungsgeräten – Perkin Elmer – zu finanzieren, um die Gefahr abzuwenden, daß eine japanische Firma in diese Abteilung von Perkin Elmer einstieg. Außerdem trat Kuehler verschiedentlich vor dem Kongreß auf, um die Regierung auf den schwindenden Einfluß der amerikanischen Halbleiterindustrie aufmerksam zu machen und sie zum Handeln zu bewegen.

Anfang der neunziger Jahre, als sich seine Karriere ihrem Ende zuneigte, wurde Kuehler hin und wieder von IBMlern angegriffen, weil er sich seinem Boß, dem Vorstandsvorsitzenden John Akers, nicht genügend widersetzte und Akers nicht entschieden genug aufgefordert hatte, IBM einer radikalen Veränderung zu unterziehen, wenn er die enormen Schwierigkeiten vermeiden wolle, denen IBM heute gegenübersteht. Außerdem schien Kuehler sich zu sehr auf die vertraute IBM-Methode zu verlassen, veraltete Technologien so langsam wie möglich auslaufen zu lassen und neue nur Schritt für Schritt auf den Markt zu bringen, damit sie nicht den Verkauf der profitableren älteren Maschinen beeinträchtigen konnten. 1986 aber stand er voll hinter der Workstation-Strategie. Er erklärte den Leuten, sie könnten tun, was immer sie wollten, und gab ihnen dann in Armonk ›Luftunterstützung‹, wie man bei IBM sagt. So war sichergestellt, daß keine andere Abteilung der Firma sich einmischen konnte.

Kuehler gab Heller, dem Projektleiter, 1986 zwanzig ›Goldabzeichen‹, was bedeutete, daß Heller jeden Geschäftszweig übergehen konnte, der Kuehler unterstand – was zu diesem Zeitpunkt etwa die Hälfte der Firma war – und sich aus jedem genau die zwanzig Leute herausholen konnte, die er für geeignet hielt. Die sollten dann den Kern der Tausende von Mitarbeitern bilden, die schließlich an dem Projekt beteiligt sein würden. Heller verließ sich stark auf seinen alten Freund Cocke, der vor vielen Jahren das RISC-Konzept entwickelt und Anfang der achtziger Jahre entdeckt hatte, daß es in den Forschungsabteilungen von Gesamt-IBM etliche Ansätze zu Entwicklungen gab, mit deren Hilfe man einen unglaublich schnellen Prozessor für Workstations entwickeln könnte.

Kuehler brauchte so lange, die Schlachten in Armonk zu schlagen, daß die wirkliche Arbeit erst 1987 beginnen konnte. Doch kaum hatte der Aufrührer Heller einmal angefangen, stürmte er gegen IBM an, wie er bislang gegen alles angestürmt war. Als die Chip-Fabrikation in Burlington/Vermont die Prototypen der bestellten Chips 1988 und 1989 nicht so schnell lieferte, wie er verlangt hatte, machte er die Verantwortlichen total fertig. Heller sagt, die Leute dort seien schließlich so sauer gewesen, daß sie um eine Audienz bei Akers und dem Management-Komitee gebeten hätten.

In letzter Minute hatte Heller von diesem Treffen erfahren. Er charterte ein Flugzeug, um rechtzeitig in Armonk zu sein. Dann marschierte er in die Konferenz des MC, um sich der Gruppe aus Burlington entgegenzustellen. Burlington behauptete, man habe eine Frist von 120 Tagen vereinbart gehabt, um die Schlüsselchips für Heller zu produzieren. Jetzt sei man bei 87 Tagen angelangt, so erklärten die Leute aus Burlington, also schon ganz nahe am theoretischen Wendepunkt von achtzig. Worüber, so wollten sie wissen, regte Heller sich eigentlich auf?

Heller sagt, Akers habe sich daraufhin an ihn gewandt und gefragt: »Wie ist das?«

Dann habe er Akers erklärt: »John, ich habe eine großartige Idee. Ich werde Ihnen helfen, drei Milliarden Dollar pro Jahr zu sparen. Da Burlington der Technologie offenbar derartig hinterherhinkt, sollten Sie es einfach schließen.«

Akers war nicht amüsiert, sagt Heller. Er unterbrach die Sitzung und zog Heller mit sich in den Flur, wo er ihn zehn Minuten lang beschimpfte, weil er nicht bereit war, im Team zu spielen. Rundheraus verlangte er von ihm, die Sache mit Burlington umgehend in Ordnung zu bringen.

Nachdem sie in die Besprechung zurückgekehrt waren, habe Akers sich wieder an ihn gewandt und gefragt: »Okay, Andy. Was haben Sie zu sagen?«

Heller erzählt, er habe daraufhin Akers geantwortet: »John, ich hatte eben eine neue Idee. Firmen wie Texas Instruments und National Semiconductor scheinen sich nicht mit Lasten herumzuplagen, die die Kollegen in Burlington erdrücken. Sie kümmern sich einfach nicht darum, was der theoretische Wendepunkt für diesen Prozeß ist. Sie sind wahrscheinlich zu dämlich zu erkennen, daß sie keinesfalls etwas tun dürfen, was weniger als achtzig Tage dauert. Also werde ich meine Chips einfach bei ihnen kaufen.«

Auch diesmal konnte Akers sich nicht zu einem Lächeln durchringen. Wieder unterbrach er die Sitzung, zerrte Heller nach draußen und kanzelte ihn erneut ab. Heller sagt, Akers habe gedroht, ihn zu feuern, wenn er nicht endlich Teamgeist entwickle und mit Burlington zusammenarbeite.

Nachdem sie diesmal in die Konferenz zurückgekehrt waren, hatte Kuehler interveniert, bevor Heller sich noch mehr Ärger hatte einhandeln können. Kuehler schlug vor, Burlington solle Hellers Chips fertigen, man solle Heller aber auch erlauben, so viele Leute, wie er wolle, nach Burlington zu schicken, die herausfinden sollten, wie man den Herstellungsprozeß beschleunigen könne. Mit ein wenig praktischer Unterstützung gelang es denn auch, den Chip-Herstellungs-Prozeß in Burlington auf 27 Tage herunterzuschrauben. Heller sagt, Akers habe nie zugegeben, daß er – Heller – recht gehabt habe.

Es läßt sich nicht genau feststellen, was zwischen Heller und Akers vorging. Ein Mitglied des damaligen Management-Komitees kann sich nicht an den Vorfall erinnern, über den Heller berichtet. Der Manager erklärt, Heller habe tatsächlich ständig auf Burlington herumgehackt, doch Kuehler habe sich jedesmal rechtzeitig genug eingeschaltet, um die Diskussionen zu beenden, bevor das MC damit befaßt wurde. Dieses Mitglied des MC behauptet ferner, Hellers verschiedene Bosse hätten immer versucht, ihn von Akers fernzuhalten, weil sie Angst gehabt hätten, Heller könne etwas Dummes sagen und Akers damit wütend machen.

Heller bleibt bei seiner Darstellung, und wenn man ihn kennt, weiß man, daß er tatsächlich so hätte handeln können. Die Story entspricht außerdem der Beschreibung von Akers' Persönlichkeit, wie sie etliche der ehemaligen Führungskräfte von IBM sehen. Sie sagen, er habe es gehaßt, schlechte Nachrichten entgegennehmen zu müssen, und konnte es nicht ausstehen, wenn sich ihm jemand widersetzte. Nachdem er den Topjob ein paar Jahre innehatte, soll es sogar noch schlimmer geworden sein. Da habe er sich zunehmend zum Tyrannen entwickelt.

Hellers Glück war, daß er so viele Kräfte aus dem Original-Forschungsteam um sich hatte. Deshalb ging die Arbeit an dem Hauptchip 1987 und 1988 recht schnell vonstatten. Außerdem entfiel die Notwendigkeit, Leute wegen der anberaumten Konferenzen zwischen Austin und Yorktown Heights hin- und herzufliegen. Auch die Mißverständnisse, zu denen es normalerweise kommt, wenn Informatiker sich an den normalen IBM-›Prozeß‹ halten müssen, blieben aus. Denn sie mußten Entwicklungs- und Herstellungsingenieuren ihre Schaltpläne nicht auf Quadratmeilen von Papier darlegen und ihnen auch kein Glück wünschen für die Enträtselung dieser Schaltpläne. Wenn Heller ein Problem lösen mußte, zog er seine Mitarbeiter in den frühen Morgenstunden in sein Büro und drehte sie durch die Mangel, bis die Lösung gefunden war. Dennoch kam es zu Problemen, hauptsächlich natürlich wegen der Software. Den Termin für die Fertigstellung der Hardware, der auf Anfang 1989 festgelegt worden war, verfehlte Heller um ein paar Monate, aber wie üblich hinkte die Software noch weiter hinterher.

Heller wollte die Maschine trotzdem ankündigen, um die Welt wissen zu lassen, daß IBM eine sensationelle Workstation fertig hatte, deren Hardware der sämtlicher anderer Firmen eine Generation voraus war. Er wollte auch zugeben, daß das Betriebssystem noch nicht optimal sei, aber versprechen, das in wenigen Monaten in Ordnung zu bringen. In der Zwischenzeit wollte er den Kunden eine Art Vorlaufmodell zur Verfügung stellen, damit sie damit anfangen konnten, Anwendungssoftware zu schreiben.

Das MC war damit nicht einverstanden. Die Herren meinten, er könne unmöglich eine Maschine ankündigen, an der noch so viel zu tun sei. Heller hielt das für eine dumme Ausrede. Er glaubte, das MC wolle die Maschine deshalb nicht so zeitig ankündigen, weil sie so leistungsfähig war, daß sie gewiß die Verkäufe der etablierten IBM-Kleinrechneranlagen und Großrechner beeinträchtigen werde.

Die offizielle Stellungnahme von IBM lautete dann, man verfolge eine Produktstrategie, in der jede Abteilung das gleiche Recht habe, Produkte herzustellen, auch wenn sie mit denen anderer Abteilungen im Wettbewerb stünden. Davon war man in Wirklichkeit weit entfernt. Akers ermutigte den Außendienst bis Mitte 1991 nicht gerade, Hellers Workstation als Ersatz der weit teureren Kleinrechneranlagen anzubieten. Ganz allgemein ging man bis zu diesem Zeitpunkt sehr behutsam vor, wenn es darum ging, die unterschiedlichen Produktlinien gegeneinander ins Rennen zu schicken. Das wurde bis zu dem Tag so gehandhabt, an dem Akers Anfang 1993 zurücktrat. Heller sollte seinen Leuten sagen, das Produkt würde deshalb nicht angekündigt, weil es nicht fertig sei. Heller weigerte sich, sagte, das sei eine Lüge, und er werde für niemanden lügen. Das MC blieb bei seiner Entscheidung. Heller kündigte.

Akers ergriff die Gelegenheit, der Workstationgruppe die Autonomie zu nehmen und sie Ende 1988 in die zuständigen Abteilungen zurückzuführen. Er gliederte sie also wieder in den PC-Bereich ein, der von dem gerade berufenen Jim Cannavino geleitet wurde.

Das Workstationteam arbeitete verbissen weiter, bekam aber zunehmend Probleme, weshalb das geplante Einführungsdatum immer weiter und weiter auf Ende 1989 verschoben wurde. Bob Montoye, der einen Schlüsselteil des Workstation-Chips entworfen hatte, sagt: »Nachdem wir glaubten, mit der Fertigung der Maschinen beginnen zu können, um sie für die für Ende 1989 geplante Einführung fertig zu haben, hat ein kleinerer Defekt im Hauptprozessor dafür gesorgt, daß nur eine Handvoll der produzierten Chips tatsächlich richtig funktionierte.« Nach Wochen der Chip-Fertigung hatte er Ende 1989 nur neun Prozessoren, die alle IBM-Tests bestanden hatten. Die Gruppe begann sich daraufhin ernsthaft zu fragen, ob es nicht vielleicht doch die Hardware sei, die die Hauptprobleme verursachte.

Schließlich erkannte Montoye das Problem, nachdem er tagelang über Quadratmetern von hauchdünnem Papier gebrütet hatte, auf dem die Chip-Layouts festgehalten sind. Zwei der Hunderttausende von Transistoren auf dem Chip lagen um ein Tausendstel der Breite eines menschlichen Haares zu nahe beieinander. Wenn IBM beim Herstellungsprozeß Pech hatte und die beiden Transistoren versehentlich nur ein klein wenig zu nahe nebeneinander plazierte, würden die Transistoren sich gegenseitig stören. Das allein reichte aus, um die Chips unbrauchbar zu machen. Montoye sorgte augenblicklich dafür, daß das in Ordnung gebracht wurde. Innerhalb weniger Tage hatte IBM nun Hunderte von brauchbaren Prozessoren. Bald waren es Tausende. Die Hardware war wieder okay, und die Ankündigung konnte im Februar 1990 stattfinden.

Montoye merkte aber bald, daß er sich wegen dieses *Change* noch Monate später rechtfertigen mußte. Obwohl jeder meinte, daß man ihm eigentlich dazu hätte gratulieren müssen, daß er das Problem gelöst hatte, behaupteten nun einige Manager der mittleren Ebene, die dem Workstation-Bereich angehörten, und einige Bosse in der Fertigung, man hätte ihm den *Change* nicht einfach so erlauben dürfen. Ihrer Meinung nach hätte er erst einmal die dafür erforderliche Dokumentation einreichen müssen. Montoye sagt, es hätte Wochen dauern können, bis man ihm den *Change* bewilligt hätte, aber damit war der Streit noch lange nicht aus der Welt. Monatelang bekam er E-Mail, in der verlangt wurde, er solle um eine Erlaubnis ersuchen, nur damit die Leute sagen konnten, er habe sich zumindest an die gebräuchliche Praxis gehalten.

Als die Workstation 1990 angekündigt wurde, verblüffte sie die Konkurrenten, die inzwischen so oft erlebt hatten, wie IBM deren Vorläufer – den RT – in den Sand gesetzt hatte, daß man davon ausging, sie würde nie eine Workstation zustande bringen. Die neue Maschine, RS/6000 genannt, war fast doppelt so leistungsstark wie die bis zu diesem Zeitpunkt leistungsstärkste Workstation der Konkurrenz auf dem Markt. Der für wissenschaftliche Berechnungen zuständige Teil des Chips war wenigstens fünfmal so schnell wie jener der Konkurrenten. Außerdem hatte IBM aus der herben Erfahrung mit dem AS/400 gelernt und Kunden und Software-Entwickler vorher sorgfältig darauf vorbereitet.

Das Resultat waren Unmengen guter Software, die ebenfalls schnell auf dem Markt war und auf dem RS/6000 lief, weshalb etliche Großkunden bereits angebissen hatten. Der RS/6000 war aber nicht nur für Techniker interessant, die die traditionellen Abnehmer von Workstations waren, sondern begeisterte auch viele der traditionellen IBM-Kunden wie Broker-Firmen, die nun Netzwerke mit RS/6000s installierten, damit ihre Wertpapierhändler die subtilen Veränderungen der Trends auf den Finanzmärkten besser verfolgen konnten.

Bei der Einführung im Februar 1990 brüstete sich IBM, bis 1994 den größten Teil des Kuchens bei den Workstations für sich beanspruchen zu können. Die Anfangserfolge schienen diese Behauptung zu stützen. Der RS/6000 war zwar erst während der letzten sechs Monate des Jahres 1990 in größeren Mengen erhältlich gewesen, entwickelte sich aber gleich zu einem Eine-Milliarde-Dollar-Geschäft. 1991 wuchs es auf 1,8 Milliarden Dollar an und 1992 auf 2,5 Milliarden Dollar, allerdings mit einem eindrucksvollen Abstand zum Marktführer Sun.

Außerdem kündigte IBM – durch einen 1991 geschlossenen Deal mit Motorola ermutigt – an, eine Niedrigpreisversion des RS/6000-Prozessors herzustellen und ihn für eine Produktlinie leistungsstarker PCs einzusetzen. IBM beschloß sogar, diese Prozessoren an Fremdfirmen zu verkaufen, was bedeutete, daß sie endlich daranging, gegen die

Dominanz von Intel auf dem Markt für PC-Prozessoren anzugehen.

In Austin wurde eine IBM-Motorola-Chip-Herstellungs-Fabrik eröffnet, in der eine kollegiale Atmosphäre herrschte und nichts mehr von der IBM-Bürokratie zu spüren war. Techniker, die ein Problem zu lösen hatten, gingen oft hinaus und spielten Volleyball, um wieder einen klaren Kopf zu bekommen, bevor sie das knifflige Thema weiterverfolgten. Einige kauften Süßwasser-Haie, die sie im Teich vor dem IBM-Motorola-Gebäude aussetzten, einmal weil sie ihren Spaß haben und zum anderen, weil sie jeden daran erinnern wollten, daß ihre PC- und Workstation-Konkurrenten allesamt menschenfressende Haie seien. Da alle mehr an Substanz als an dem ›Prozeß‹ interessiert waren, stellte das IBM-Motorola-Team bald fest, daß es mit seiner neuen Version des RS/6000-Prozessors nicht nur innerhalb des Terminplans lag, sondern ihm sogar vorauseilte.

Dennoch hatte IBM noch viele technische Probleme, die den Siegeszug der Workstation bremsten. 1990 war schon einige Monate alt, als die Schwierigkeiten mit dem Betriebssystem endlich bereinigt waren. Wieder einmal mußte IBM feststellen, daß es sie ungeheure Mühe kostete, gute Software zu produzieren. Diese Probleme standen dem Verkaufserfolg während der ersten Monate im Wege. Außerdem hatte IBM Schwierigkeiten, eine weniger teure, nicht ganz so leistungsfähige Version des RS/6000 auf den Markt zu bringen, und genau die hätte Umsatzgewinne erwarten lassen.

Die preiswertere Version war ursprünglich für 1990 geplant gewesen, doch IBM hatte bei der Produktion billiger Chips nie eine gute Hand gehabt, was allerdings nicht weiter tragisch war. Solange IBM bei der Technologie führend war und zunehmend bessere Chips für ihre Großrechner herstellte, hatten die Kunden nie besonders auf den Preis geachtet. Die Niedrigpreis-Workstation wurde also zunächst auf Anfang 1991 verschoben, dann auf den Spätsommer und schließlich aufs Frühjahr 1992. Es dauerte so lange, daß Ingenieure Witze über ›Amerika‹ – den Codenamen des RS/6000 – machten und meinten, eigentlich sollte man die neue Maschine Vietnam nennen. Man habe damit angefangen, als Amerika noch stark gewesen sei, sagten sie, aber man brauche ewig, um sie zu Ende zu bringen.

Das ›Amerika‹-Projekt, so stellte sich heraus, war entsetzlich teuer. Während der ersten beiden Jahre verlor IBM mit ihm mehr als 500 Millionen Dollar. Und obwohl man fest damit gerechnet hatte, daß der RS/6000 1992 die ersten Gewinne machte, war er immer noch in den roten Zahlen, weil IBM beschlossen hatte, eine PC-Linie zu produzieren, die auf dem Prozessor des RS/6000 basierte.

Obwohl die Geschichte des RS/6000 gewiß zu den größten IBM-Erfolgen der letzten Jahre gehört und beweist, über welch enorme technologische Stärke die Firma verfügt, wenn sie eine ganze Gruppe von Leuten aus den Fängen der Bürokratie herauslöst, zeigt sie aber auch die grundsätzliche Schwäche von IBM: Sie hatte die Entwicklung der Workstation- und PC-Märkte verschlafen, was den Erfolg schmälerte. Weniger als neun Monate, nachdem IBM begonnen hatte, große Stückzahlen des RS/6000 auf den Markt zu werfen, reagierte Hewlett-Packard mit Maschinen, die ebenso leistungsfähig waren wie die von IBM, aber wesentlich billiger. Das zwang IBM, ihre Preise um bis zu 60 Prozent zu senken.

HP bediente sich bei der Entwicklung einiger Überläufer, die während der vorangegangenen Jahre die Fronten gewechselt hatten. Dazu gehörte vor allem der Top-Technologe Joel Birnbaum, der bei der Entwicklung von RISC ganz eng mit IBMs John Cocke zusammengearbeitet hatte. Birnbaum half dem Workstation-Team von HP einige der Ideen weiterzuverfolgen, die IBM zum RS/6000 geführt hatten. Was pure Leistung angeht, ist Sun zurückgefallen, doch es verfügt über so gute Software und ist so fest etabliert, daß es seit der Einführung des RS/6000 Marktanteile gewonnen, nicht verloren hat.

Die PC-Linie, die IBM um den Prozessor des RS/6000 herumbauen will, könnte einen Fortschritt und eine drastische Veränderung bedeuten, das heißt, IBM die Möglichkeit eröffnen, einen Großteil des lukrativen PC-Prozessor-Marktes von Intel zurückzuerobern. Aber es wäre natürlich leichter gewesen, einen neuen Prozessor zu bringen, bevor die Kunden sich derart an die Intel-Prozessoren gewöhnt hatten, daß die meisten, wenn sie ihre Computer beschreiben sollen, in erster Linie von dem Intel-Prozessor-Typ sprechen, über den er verfügt. IBM hätte zu Zeiten von Don Estridge eine Unmenge von Gelegenheiten gehabt, die Kontrolle auf dem Markt für PC-Prozessoren zu übernehmen. Damals, Anfang der achtziger Jahre, hatte sich Estridge entschieden, keinen RISC-Prozessor in seinen PC einzubauen.

Auch Bill Lowe hatte eine Chance vertan, als er Mitte der achtziger Jahre die Gelegenheit verstreichen ließ, auf den Kundenbedarf zugeschnittene Versionen der Intel-Prozessoren herzustellen. IBM ging davon aus, Ende 1993 PC-ähnliche Maschinen, die auf dem RS/6000 basieren, auf dem Markt zu haben, doch selbst IBM ist skeptisch geworden, was solche Termine angeht. IBMler rechnen damit, daß es bis Ende 1994 dauern würde, bis irgend jemand im Markt überhaupt merkt, daß Mitte 1994 eine bessere auf dem RS/6000-Chip beruhende PC-Version zu haben ist. Das bedeutet, daß die Maschinen erst 1995 dasein werden. Und wer weiß, wie lange es dauert, bis auch noch interessante Software auf dem Markt ist, die auf den Maschinen laufen kann. 1996 – oder noch später – könnten dann die preisgünstigeren Maschinen, die um den RS/6000 Prozessor herum gebaut werden sollen, eine echte Sensation werden. Das bedeutet, die IBM könnte fünfzehn Jahre nach der Einführung des PC eine gewisse Kontrolle über den riesigen Markt für PC-Prozessoren zurückerobern.

In der Zwischenzeit wird IBM wohl noch oft erleben müssen, wie wichtige Kräfte ihr davonlaufen, weil sie frustriert sind oder eines der großzügigen Abfindungsangebote annehmen. Heller ging frustriert, um eine Firma zu gründen, die von IBMs meistgehaßtem Konkurrenten Fujitsu finanziert wurde. Cocke bekam ein Herzleiden und ging in den Ruhestand. Montoye nahm die Abfindung und ging anschließend zu Hellers HAL.

Montoye sagt, er und viele seiner Freunde, die am RS/6000 gearbeitet haben, hätten die angebotenen Abfindungssummen als eine Art Intelligenztest empfunden. IBM hätte ihrer Meinung nach die Testfrage gestellt: »Wir geben euch eine Menge Geld, wenn ihr IBM verlaßt und irgendwo anders einen interessanteren und besser bezahlten Job annehmt. Seid ihr klug genug, das Geld und den besseren Job zu nehmen?« Alle seine Freunde, so sagt Montoye, hätten diesen IQ-Test bestanden.

10. Kapitel

Jim Cannavino stand Anfang 1990 ziemlich belemmert da. Er hatte Bill Gates' Windows Ende 1989 eine, wie er meinte, lauwarme Empfehlung mit auf den Weg gegeben. Doch in der Industrie hatten alle, einschließlich der Bosse Cannavinos, diese Empfehlung als weit umfassender betrachtet als er und vor allem gesehen, daß er sie ohne jegliche Gegenleistung abgegeben zu haben schien. Gates hatte Windows keineswegs zugunsten von OS/2 auch nur um einen Deut zurückgenommen. Cannavino hatte nicht einmal irgendwelche Rechte erworben, Windows zu benutzen oder gar weiterzuverkaufen, weil nach dem Debakel bei dem IBM-Microsoft-Abendessen anläßlich der Comdex-Herbstmesse die Fronten derart verhärtet gewesen waren, daß es den beiden Firmen nicht gelungen war, zu einer formellen Übereinkunft zu kommen. Cannavino mußte also etwas aus Gates herausholen, irgend etwas.

Gates war nur allzu gern bereit, mit IBM zu reden und immer noch entschlossen, die Bindung an seinen wichtigsten Partner aufrechtzuerhalten, obwohl er zunehmend Probleme mit Cannavino hatte. Außerdem wollte Gates die volle Unterstützung für seine neue Windows-Version 3.0, die im Mai 1990 herauskommen sollte. Die offizielle Ankündigung schien Gates und Cannavino die passende Gelegenheit zu sein, die Welt über die Pläne zu informieren, die IBM für Windows hatte. Gates hoffte, daß IBM möglichst viele ihrer PCs mit Windows ausrüstete, wogegen Cannavino hoffte, Microsoft veranlassen zu können, Windows und das OS/2 mehr als eine Familie zu sehen, damit Leute, die Windows benutzten, sich ermutigt fühlen würden, rasch auf dessen leistungsfähigeren größeren Bruder OS/2 umzusteigen. Außerdem glaubte Cannavino Gates bewegen zu können, IBM bei der Aufteilung der Lizenzgebühren für Betriebssysteme bessere Konditionen einzuräumen. Also begannen

Cannavino und Gates Anfang 1990 mit einer Serie von Konferenzen, um eine Einigung zu erreichen. Als Microsoft anfing, das Material für die offizielle Ankündigung im Mai vorzubereiten, schrieben die Public-Relations-Leute beispielsweise, die Einführung würde von einem ›Überraschungsgast‹ vorgenommen, wobei sie natürlich an Cannavino dachten.

Diesmal schienen beide Seiten für eine radikale Veränderung bereit zu sein. Selbst bei IBM und Microsoft mag nicht allgemein bekannt gewesen sein, daß Cannavino sogar so weit gehen wollte, die Verantwortung für die Entwicklung des OS/2 komplett abzugeben und damit einzuräumen, daß IBM es nicht packen konnte, sondern Microsoft die Nummer eins auf dem Markt für Betriebssysteme für Personalcomputer sei. Cannavino hatte vor, all seine OS/2-Programmierer abzuziehen und sie an Multimedia-Anwendungen arbeiten zu lassen, die Videobilder, Standbilder, Animation, Ton und Texte auf eine Art miteinander vereinten, die zu ganz neuen Lehrmethoden für Schüler führen könnten, zu neuen Arten der Präsentation im Geschäftsgebrauch und so weiter. Die IBM-Programmierer würden so wenigstens die Chance haben, auf dem Multimedia-Gebiet etwas zu leisten, statt ihre ganzen Bemühungen auf das OS/2 zu konzentrieren, das ein Faß ohne Boden zu sein schien. Und Fortschritte bei den Multimedia-Anwendungen hätten allen PC-Herstellern gedient, weil diese Anwendungen so viele Bilder und Zeichen bei so hoher Geschwindigkeit bearbeiten müssen, daß sie die Leistungskraft eines PC voll ausschöpfen. Falls Multimedia-Anwendungen populär würden, könnten IBM und seine Hardware-Konkurrenten Unmengen schneller, neuer Hardware verkaufen.

Cannavino war so nahe daran, seine OS/2-Entwicklungsabteilung zu schließen, daß er Gates und Ballmer schwören ließ, den Programmiererstab bei Microsoft nicht neu zu organisieren, um sich dieser Veränderung anzupassen. Er befürchtete, daß irgendein cleverer Programmierer bei Microsoft erraten könnte, was da vorging, und es jemandem bei IBM erzählte. Denn das hätte in Cannavinos Programmierer-

Abteilung in Boca Raton, Florida, mit Sicherheit Panik ausgelöst.

Hätte Cannavino seinen Plan durchgezogen, hätte er wenigstens jene 150 Millionen Dollar sparen können, die er pro Jahr für das OS/2 ausgab, um das Geld einem besseren Zweck zuzuführen. Das OS/2 wäre so außerdem aus seiner verrückten Entwicklungsstruktur befreit worden, nach der so viele Programmierer an so vielen Standorten auf zwei Kontinenten zwei verschiedenen – und manchmal sogar zerstrittenen – Managements unterstellt waren. Gates hätte dann plötzlich wirklich einen Ansporn gehabt, das OS/2 zum Laufen zu bringen. Und selbst wenn das OS/2 weiter dahinvegetiert wäre, hätte Gates Cannavino doch so viele Rechte an Windows eingeräumt, daß er sich im Glanz dieses Erfolges hätte sonnen können. Gates und Cannavino wären dann wieder Partner gewesen.

Der Plan hätte aufgehen können, doch es klappte nicht. Die beiden trauten einander nicht über den Weg. Sie schienen nicht in der Lage zu sein, ein Abkommen zu treffen. Cannavino, als Ex-Großrechner-Experte, wollte immer noch nicht einsehen, daß ein limitiertes Programm wie Windows sich zu einem Bestseller würde entwickeln können, wogegen Gates fest davon überzeugt war. Deshalb hatten die beiden auch derart unterschiedliche Auffassungen über den Wert der Rechte an Windows, daß sie einfach keine Übereinkunft erzielen konnten.

Als der Mai 1990 näherrückte, versuchten es Cannavino und Gates mit der Hauruckmethode, trafen sich zu unzähligen Konferenzen unter vier Augen und zogen alle möglichen Mitarbeiter ihrer jeweiligen Stäbe hinzu. Dann hatte Cannavino einen Unfall. Obwohl seine Freunde immer unkten, er würde sich eines Tages verletzen, während er in vollem Galopp hinter einer Hundemeute durch die Wälder preschte, holte er sich seine Verletzung ausgerechnet auf einem Tennisplatz. Er war so ungeschickt aufgetreten, daß ein kleines Stück Knorpel aus seinem Kniegelenk herausgesprungen war. Cannavino hatte starke Schmerzen. Er nahm weiterhin an allen Konferenzen teil, schien aber nie ganz dazusein. Da der Mai und damit die öffentliche Ankündigung immer näher rückte, drängte sich Gates und Ballmer der Eindruck auf, als fühlte er sich unter Druck gesetzt, schnell eine Entscheidung treffen zu müssen. Ihm war es aber unwohl bei dem Gedanken, zu einem Zeitpunkt, zu dem er sich nicht auf die Sache konzentrieren konnte, derart übereilt handeln zu müssen.

Nachdem Gates und Ballmer bei einer Sitzung in Cannavinos Konferenzsaal Anfang Mai keinerlei Fortschritte hatten erzielen können, aber dringend nach Hause gemußt hatten, hatte man sich geeinigt, die Verhandlungen von dort aus mit Hilfe eines Videokonferenzsystems fortzusetzen. Das funktionierte allerdings ebenfalls nicht. Ballmer und ein Assistent hatten einen späteren Flug nehmen müssen als Gates und waren in einen jener unberechenbaren Winterstürme geraten, der den Piloten zwang, in Cleveland zu landen.

Nach Stunden vergeblichen Wartens hatten sie es wenigstens bis Detroit geschafft, wo sie allerdings in der Flughafenhalle schlafen mußten, um am nächsten Morgen die erste Maschine nehmen zu können. Zu der Zeit, als am nächsten Tag die Videokonferenz beginnen sollte, war Gates in das Büro einer benachbarten Firma gegangen, bei der er einen Raum und das Zubehör für die Videokonferenz gemietet hatte. Ballmer und sein Assistent waren aber da noch gar nicht auf dem Flughafen in Seattle gelandet, weshalb die Konferenz erst eine Stunde später anfangen konnte. Gates und Cannavino drehten daraufhin den Ton ab, ließen das Video aber laufen. Eine Stunde lang arbeiteten sie also, der eine in Boca Raton, der andere in Seattle, konnten einander auf ihren TV-Monitoren zwar sehen, sprachen aber kein Wort miteinander. Es sah aus, als wäre es ihnen nicht bestimmt, sich doch noch zu einigen.

Gegen Ende der Videokonferenz schien der böse Wille Cannavino und Gates noch weiter auseinandergebracht zu haben. Cannavino willigte schließlich ein, zwei Tage später mit einem Team nach Seattle zu fliegen, um es noch ein letztes Mal miteinander zu versuchen. An diesem Vormittag Anfang Mai erschien Cannavinos Gruppe mit gepackten Koffern im Büro. Alle gingen davon aus, mittags nach Seattle zu fliegen. Doch nachdem Cannavino in sein Büro gehumpelt war, rief er alle zusammen und erklärte ihnen, er habe beschlossen aufzugeben. Der Trip war gestrichen.

Cannavino pumpte weiterhin Geld in das OS/2. Er verzichtete auf seine Chance, im Multimedia-Geschäft für eine Sensation zu sorgen, und auf jedes Recht an Windows, das tatsächlich aus dem Stand zum Bestseller wurde. Und all seine Versuche, eine Softwarestrategie zu entwickeln, scheiterten, weil er keinen Weg fand, mit Gates zurecht- und auszukommen.

Der Druck auf Cannavino, bessere Resultate zu erbringen, nahm auch deshalb zu, weil Probleme im Großrechnerbereich das Jahr 1989 zu einer Katastrophe für die ganze Firma gemacht hatten. Während der achtziger Jahre hatten die Kunden zunehmend nach leistungsfähigeren Großrechnern verlangt. Die Nachforderung pro Jahr betrug etwa 35 Prozent. Trotz der technologischen Verbesserungen mußten IBM und ihre Konkurrenten die Preise um durchschnittlich 20 Prozent pro Jahr senken, was bei IBM immerhin noch zu einem jährlichen 15prozentigen Umsatzwachstum beigetragen hatte. Ganz anständig, wenn man das schafft, ganz besonders aber für eine Firma, die bereits das viertgrößte Industrieunternehmen der Vereinigten Staaten ist. Überzeugt, daß das so weiterginge, verließ sich IBM auf eine Methode, die firmenintern der ›goldene Schraubenzieher‹ genannt wurde. Die Konzeption war nicht neu, stammte noch aus der Zeit, zu der IBM mechanische Sortiermaschinen verkauft hatte, doch IBM hatte sie sehr profitabel neu aufbereitet. Wenn ein Kunde einen Großrechner bestellte, und zwar zunächst den kleinsten, den IBM anzubieten hatte, bekam er unter Umständen einen Mainframe, der die doppelte Leistungsfähigkeit und die doppelte Speicherkapazität hatte wie der, für den er bezahlte. IBM gab dieser Maschine allerdings ein paar Zeilen Software mit, die den Prozessor davon abhielten, die zusätzliche Speicherkapazität zu nutzen, und den Rechner nur mit der Hälfte seiner wahren Geschwindigkeit laufen ließen. Die Annahme, daß der Kunde irgendwann eine leistungsfähigere Maschine mit größerer Speicherkapazität wünschte, trog selten. In einem solchen Fall schickte IBM dann einen Service-Techniker hin, der alle aus dem Raum scheuchte, damit niemand genau mitbekam, was er da mit seinem ›goldenen Schraubenzieher‹ anstellte. In Wirklichkeit löschte der Techniker lediglich die paar Zeilen Software, die die Maschine verlangsamt hatten, und ließ dem Kunden danach eine Rechnung über ein paar Millionen Dollar zurück.

Ende der achtziger Jahre hatte IBM bei ihren Kunden bereits so viel zusätzliche Speicherkapazität installiert, die nur darauf wartete, aktiviert zu werden, daß die Firma für eine lange Zeit ihre Ruhe zu haben schien, selbst wenn die Kunden nicht mehr in so großer Zahl nach einer Verbesserung ihrer Großrechner verlangen sollten.

Und 1989 mochte Akers immer noch nicht glauben, daß das Wachstum bei den Großrechnern tatsächlich stagnierte. Er klammerte sich an die Idee, die Wachstumsraten beibehalten, zumindest ungefähr die historischen 15 Prozent halten zu können, auch wenn die PCs toll eingeschlagen hatten und offenbar an den Großrechnerumsätzen zu kratzen begannen. Akers beharrte sogar darauf, daß die Verbreitung des PC in Wirklichkeit die Nachfrage nach Großrechnern noch ungeheuer steigern würde. Er mußte so denken, weil die Weltsicht bei IBM sich nun einmal auf die Großrechner konzentrierte und jeder davon ausging, daß die Mainframes bei den großen PC-Netzwerken einfach den Mittelpunkt bilden müßten, als Lagerhallen für Informationen dienen und generell den Verkehrspolizisten spielen würden, indem sie den Datentransfer zwischen den einzelnen PCs übernahmen. Doch es sollte sich herausstellen, daß Akers falsch lag.

Noch Anfang der achtziger Jahre hatten die Kunden tatsächlich die Großrechner als Kernstück in ihre Netzwerke eingebaut, nur weil die IBM-Außendienstler ihnen erklärt hatten, genau so müsse man es machen. Nun taten sie's nicht mehr. Die Kunden hatten sich endlich freigeschwommen, waren inzwischen so vertraut mit der Technologie, daß sie den Computerherstellern die Kontrolle aus der Hand genommen hatten und auf die Pläne der Industrie erheblichen Einfluß nahmen.

Das hätte niemanden überraschen dürfen. Viele der Dinge, die technologisch so komplex erschienen waren, kamen den Kunden nach all diesen Jahren gar nicht mehr so schwierig vor, waren fast alltäglich geworden. Die Bedienung von Automobilen war in den ersten Jahren unseres Jahrhunderts von den Herstellern als so kompliziert betrachtet worden, daß sie davon ausgegangen waren, jeder Käufer würde einen Chauffeur beschäftigen müssen. Fernseher hatten in ihrer Anfangszeit als etwas Magisches gegolten. Ein Techniker der Herstellerfirma hatte sie im Haus oder der Wohnung des Kunden installieren müssen. Wenn er das Bild einstellen wollte, wedelte er mit so einer Art Zauberstab vor dem Schirm herum. IBM hatte erlebt, wie diese Art von Vertrautheit mit den Geheimnissen der Technik sich auf dem Markt für Schreibmaschinen ausgebreitet hatte, wo die Außendienstler in den vierziger und fünfziger Jahren jede elektrische Schreibmaschine noch eigenhändig aus ihrer hölzernen Kiste gehoben, sie im Büro des Kunden installiert und die Benutzer darüber informiert hatten, wie man mit ihr umgehen müsse. Die Verkäufer verbrachten damals so viel Zeit mit Händchenhalten, daß sie gewöhnlich kaum mehr als ein Dutzend der imposanten Bürogeräte pro Monat verkauften. Jeder, der wenigstens zehn davon an den Mann brachte, verdiente allerdings schon ganz gut.

Großrechner erschienen der breiten Öffentlichkeit aber offenbar noch weit komplizierter als Schreibmaschinen, Autos oder Fernsehgeräte, wenn auch nicht den riesigen Technologieabteilungen, die die großen Firmen über Jahrzehnte hinweg aufgebaut hatten, um ihre Computeroperationen zu stützen. Große Beraterfirmen, Fachverlage und technische Publikationen hatten sich ebenfalls bemüht, den Computerabteilungen der großen Firmen ebensoviel technisches Wissen zu vermitteln, wie es die Teams der IBM-Außendienstler mitbekommen hatten. Gegen Ende der achtziger Jahre waren die Kunden also sozusagen volljährig geworden.

Daß sie nun so gut mit Computern zurechtkamen, bedeutete, daß sie jetzt die Wahl hatten. Statt immer nur Großrechner von IBM zu kaufen, konnten die Kunden sich nun mit den kompatiblen Maschinen von Hitachi und Amdahl auseinandersetzen und anfreunden. Diese Großrechner-Clone waren schon seit fünfzehn Jahren auf dem Markt, hatten IBM aber weit weniger geschadet als die PC-Clones.

IBM hatte es immer geschafft, ihre wichtigen Kunden davon zu überzeugen, daß ein Großrechner-Clone entweder im absolut unpassenden Moment kaputtgehen werde oder IBM noch irgendeinen technologischen Supertrick auf Lager hätte, der die Clones hoffnungslos in den Schatten stellen würde. Weil die Großrechner das Herzstück der meisten großen Unternehmen bildeten, gingen die Chefs der Datenverarbeitung nicht das Risiko ein, sich so irgendwelche Probleme einzuhandeln, die vielleicht die Buchhaltung durcheinanderbringen oder den Auftragseingang lahmlegen würden. Abgesehen davon waren mehr als die Hälfte der Chefs in den Datenverarbeitungsabteilungen der Großunternehmen IBM-Stipendiaten oder bei IBM ausgebildet worden und schon deshalb geneigt, mit IBM konform zu gehen.

Einige der technischen Bedenken schwanden im Lauf der achtziger Jahre, als sich Hitachi und Amdahl einen hervorragenden Ruf erwarben, weil ihre Produkte qualitativ wirklich gut waren. Außerdem hatten die Großkunden sehr wohl bemerkt, daß es IBM nicht gelungen war, die PC-Clones vom Markt zu verdrängen, und fragten sich nun, warum es wohl bei den Großrechnern so anders sein sollte. Dazu kam, daß die Computer bei den Ausgaben der meisten Firmen eine derart große Rolle spielten, daß die Finanzchefs im Lauf der Achtziger anfingen, sich immer stärker einzumischen, wenn es um den Computereinkauf ging. Und diese hartgesottenen Zahlenmenschen waren IBM in keiner Form verpflichtet. Ihnen kam es nur auf den niedrigsten Preis an. 1989 mußte IBM dann feststellen, daß die Kunden sich nicht länger vorschreiben ließen, was sie zu tun hatten.

»Es hieß immer, es sei noch nie jemand gefeuert worden, nur weil er bei IBM gekauft habe. Nun, ich weiß, daß das nicht mehr stimmt, weil ich genau den Kerl gefeuert habe«, sagte Bill O'Neil 1989.

O'Neil, der damals ein leitender Technologie-Experte bei Drexel Burnham Lambert war, erzählt, da sei jemand mit der flauen Empfehlung zu ihm gekommen, bei IBM zu kaufen. Als er ihm drängende Fragen nach dem Grund gestellt habe,

habe ihm dieser Mann erklärt, er habe die IBM-Computer empfohlen, weil er sie für die sicherste Wahl hielte. Der massige, bärtige O'Neil, der den Untergebenen ganz erheblich überragte, erzählt, er habe dem Mann gesagt: »Falsch« und dann einen Laut von sich gegeben, der an den Gong einer Game Show erinnerte, und erklärt: »Das Spiel ist aus. Der nächste, bitte!«

Einige Leute der Computerindustrie begannen über die Schwarzen Bretter ihrer E-Mail-Boxen einen Witz zu kolportieren, der zeigte, für wie hinterwäldlerisch sie IBM inzwischen hielten. Darin ging es um den Piloten eines kleinen Flugzeugs und seine zehn Passagiere. Der Pilot hatte bei dichtem Nebel über Atlanta die Orientierung verloren. Das Funkgerät und alle Instrumente waren durch einen Blitzschlag lahmgelegt worden. Schließlich sah der Pilot am Fenster eines hohen Gebäudes einen Mann stehen. Er öffnete das Fenster seiner Kanzel und brüllte hinaus: »Wo bin ich?« Der Mann in dem Gebäude brüllte zurück: »Sie sitzen in einem Flugzeug.« Daraufhin steuerte der Pilot scharf nach links und landete ein paar Minuten später auf dem Flughafen von Atlanta. Ein Passagier, der todmüde aus der Maschine taumelte, fragte den Piloten neugierig: »Es ist ja wirklich ein Wunder, daß Sie uns sicher hierhergebracht haben. Aber, wie in aller Welt, hat Ihnen dieser Mann am Fenster denn geholfen?« Der Pilot erwiderte: »Oh, das war leicht. Was er sagte, war zwar absolut korrekt, aber auch absolut irrelevant, was mein Problem betraf, deshalb wußte ich ganz einfach, daß er bei IBM sein mußte.«

Ende der achtziger Jahre, nachdem Amdahl und Hitachi den Kunden bewiesen hatten, daß sie Qualität liefern konnten, die der von IBM gleichkam, sank der Anteil von IBM am Markt für IBM-kompatible Großrechner von mehr als neunzig Prozent auf weniger als achtzig Prozent, wobei der Verlust dieser zehn Punkte Marktanteil einem Umsatzrückgang von etwa vier Milliarden Dollar und etlichen hundert Millionen Dollar Gewinneinbuße gleichkam.

Der gesamte Großrechnermarkt wuchs aber nun ohnehin weit langsamer, weil die Kunden begonnen hatten, eine ›Umgehungsstrategie‹ anzuwenden. IBM hatte immer auf die Tatsache vertraut, daß die Kunden sich scheuen würden, ihre gesamte Software neu zu schreiben, die sie für ihre Großrechner hatten produzieren lassen. Denn es ist teuer und zeitaufwendig, die Millionen und aber Millionen Zeilen des Codes neu zu schreiben, die für Buchhaltungs- und Gehaltsbuchhaltungssysteme entwickelt worden waren. Außerdem ist es auch gefährlich. Großrechner-Software nimmt sich der Kernoperationen der großen Unternehmen und Regierungsstellen überall auf der Welt an, und ein einziger Tippfehler in irgendeiner dieser Millionen von Zeilen könnte ganz leicht die Informationen korrumpieren, die der Computer liefert, oder ganze Operationen lähmen, indem er das System abstürzen läßt. Das Risiko, das sie mit dem Neuschreiben der Software eingingen, hielt viele Kunden davon ab, ihre teuren Großrechner zugunsten einer Ansammlung von PCs oder einer Kleinrechneranlage fallenzulassen, was ja eine komplette Neubearbeitung bedeutet hätte. Viele Kunden aber hatten sich entschlossen, ihre Großrechner einfach mit kleineren, Kosten-Nutzen-effektiveren Kleinrechnern und PCs zu umgeben, die mit all den neuen Programmen laufen konnten, die der Anwender gern nutzen wollte. Auf diese Weise waren die Anwender nicht gezwungen, mit ihrer existierenden Software herumzuexperimentieren. Und außerdem war es nicht mehr nötig, noch weitere Großrechner zu kaufen.

Die ›Goldene Schraubenzieher‹-Methode hatte IBM Ende der achtziger Jahre ein wenig Luft gelassen, aber auch sie konnte das Problem nicht lange kaschieren.

Akers hatte diese Veränderungen kommen sehen. Die 1987 von ihm in Auftrag gegebene Studie hatte prophezeit, daß die Umsätze bei den Großrechnern von dem 15-Prozent-Polster, das IBM so fett und zufrieden gemacht hatte, recht schnell auf fünf, sechs Prozent pro Jahr sinken würden. Aber Akers hatte das einfach nicht zur Kenntnis nehmen, geschweige denn etwas dagegen unternehmen wollen. Er sprach darüber, das Ausgabenwachstum bei vielleicht sechs Prozent pro Jahr festzuschreiben, aber dazu kam es nicht. Die Gemeinkosten bei IBM – die Nummer eins, wenn es um Einsparungen ging – betrugen nach wie vor pro Jahr 30 bis

35 Prozent der Umsatzerlöse. Das war fast das Doppelte des Prozentsatzes, den ihre japanischen Konkurrenten Hitachi und Fujitsu ansetzten, und das Fünf-, wenn nicht sogar Sechsfache dessen, was IBMs Wettbewerber auf dem PC-Sektor investierten. IBM hatte 1989 noch immer rund 390 000 Beschäftigte. Und die verschwenderische Bürokratie bei IBM erlaubte es den Angestellten nach wie vor, den größten Teil ihrer Wochenarbeitszeit in Konferenzen zu verbringen und quer durchs ganze Land zu fliegen, um dort Kleinkriege zu führen.

Dennoch war Akers überzeugt, entschlossen gehandelt zu haben, um die Probleme abzuwenden, die IBM 1989 überrollten, weshalb er zunehmend frustrierter reagierte, weil sie trotzdem kamen. Ihm war klar, daß seiner der schlechteste Start war, den jemals ein IBM-Boß gehabt hatte, und er fragte sich, wo wohl sein Platz in der Firmengeschichte sein würde, wenn er in ein paar Jahren in den Ruhestand ginge.

Akers wußte, daß IBM seit alters her die Hälfte aller Umsatzerlöse der gesamten Computerindustrie gemacht hatte und daß diese Zahl nun unter ihm auf weniger als ein Viertel des Branchenumsatzes gerutscht war. Er steigerte sich in eine richtiggehende Kampfstimmung hinein, verfügte unter anderem, daß die Verluste auf dem Markt jetzt endlich ein Ende haben müßten.

Seine große Dezentralisationsaktion Anfang 1988 hatte tatsächlich nur eines erreicht: Sie hatte dem Außendienst größere Freiheiten eingeräumt und ihm erlaubt, Anordnungen nach Gusto zu interpretieren. Das taten die Außendienstler auch mit Akers' Edikt von 1989, daß er weitere Verluste bei den Marktanteilen nicht länger tolerieren werde. Die Verkäufer hatten inzwischen die Preisgestaltung zu großen Teilen übernommen, die früher ein Privileg der Geschäftsleitung gewesen war. Und natürlich war ihnen klar, daß die Produkte der Konkurrenz mittlerweile denen von IBM so ähnlich waren, daß IBM nur eine Chance hatte, die Verluste einzudämmen: Sie mußte die Preise senken. Daß Akers das anders sah, ließen sie unberücksichtigt. Sie setzten ihre einzige Waffe ein. Sie begannen einen Preiskrieg, bei dem Kunden mit einem Discount von bis zu

50 Prozent rechnen konnten, und das machte alle bisherigen Listenpreise bedeutungslos. Wer einen Großrechner kaufte, konnte jetzt feilschen wie beim Kauf eines Gebrauchtwagens.

Die Kunden witzelten über ihre ›Millionen-Dollar-Kaffee-Becher‹, denn sie hatten schnell gemerkt, daß die IBM-Außendienstler, wenn sie vorbeikamen und auf den Schreibtischen Kaffeebecher von Amdahl oder Hitachi entdeckten, sofort bereit waren, ihnen den Großrechner für eine Million Dollar weniger zu verkaufen. George DiNardo, der Ende der achtziger Jahre einer der geschäftsführenden Vizepräsidenten der Mellon Bank war, sagt, er habe einmal einen IBM-Verkäufer dazu gebracht, den Preis eines Großrechners drastisch zu senken, indem er ein japanisches Schwert aus dem Regal genommen, es über seinem Kopf geschwenkt und ›Hitachi‹ gerufen habe.

Nachdem die Preise für Großrechner in den Keller rutschten und kein Produkt da war, das die Verluste hätte auffangen können – nicht einmal die immer noch höchst erfolgreiche AS/400-Kleinrechneranlage –, sanken die Erlöse von IBM 1989 ins Bodenlose. Anfang Dezember gab Akers seine Hoffnungen für dieses Jahr auf und verkündete, er werde 10 000 Jobs streichen und sich für eine hohe Wertberichtigung entscheiden. Er stellte sicher, daß die Wertberichtigung so hoch war, daß sie ihm für 1990 ein sicheres Polster verschaffte. Einige Wertpapieranalytiker schätzen, daß die Wertberichtigung ihm erlaubte, 1989 über eine Milliarde Dollar an Kosten hineinzunehmen, die er andernfalls 1990 in den Büchern hätte angeben müssen.

Dann nahm Akers seine beste Kampfhaltung ein und berief, durchaus mit harter Kritik rechnend, für Dezember 1989 eine Konferenz ein, bei der er sich den Hunderten unglücklicher Wertpapieranalytiker stellen wollte, die ihren Kunden IBM-Aktien empfohlen hatten. Und auch die Unmassen von Reportern waren geladen, die bereits Blut gerochen hatten.

Akers wirkte blaß und verhärmt – seine Mutter war ein paar Tage vor der Pressekonferenz gestorben – und weit weniger optimistisch als üblich. Doch als ein Analytiker ihn fragte, ob nicht auch das Topmanagement eine gewisse Verantwortung für die Probleme von IBM trüge und ob Akers der Gruppe glaubwürdig versichern könne, daß er nicht in einem Jahr wiederum eine Konferenz einberufen werde, um ähnliche Wertberichtigungen und Stellenkürzungen zu verkünden, starrte Akers den Mann ein paar Sekunden lang eisig an, bevor er etwas erwiderte. Nachdem er den Analytiker gründlich aufs Korn genommen hatte, sagte er dann sinngemäß, das sei eine dumme Frage gewesen. Natürlich habe er alles unter Kontrolle.

»Ich gehe davon aus, daß ein Management-Team an seiner Fähigkeit gemessen wird, mit Problemen umzugehen«, erklärte er in eisigem Ton, »und ich glaube, daß wir die Probleme erkannt haben und sie lösen werden.«

Da er das Gefühl hatte, endlich etwas unternehmen zu müssen, um IBM den Einstieg in den profitablen Softwaremarkt zu erleichtern und sich aus dem Hardwarebereich zurückzuziehen, in dem er eine tüchtige Tracht Prügel bezogen hatte, aber nicht genau wußte, wie er das machen sollte, gab er 1989 und 1990 eine ganze Serie von halbherzigen Versuchen in Auftrag. Er ließ eine seiner Führungskräfte eine halbe Milliarde Dollar in Softwarefirmen investieren. Andere ließ er sich an der – wie sich herausstellen sollte, letzten – ›Alles für alle‹-Softwarestrategie versuchen. Ein anderer aus seiner Führungsmannschaft durfte sogar probieren, ob man IBM nicht auf den Kopf stellen konnte. Er hielt ganze Teams von IBM-Programmierern an, die Softwareprobleme von Kunden zu lösen, natürlich mit dem Hintergedanken, dem Kunden anschließend Hardware verkaufen zu können.

Alle Versuche scheiterten – und alle aus all den üblichen Gründen.

Die Investitionen in Softwarefirmen waren das Geistesprodukt von Ned Lautenbach, dem jüngeren Bruder von Vizepräsident Terry Lautenbach. Ned war als relativ cleverer Typ mit analytischem Verstand bekannt. Er war Absolvent der Harvard Business School, einer der ganz wenigen, die in dieser Firma den Sprung an die Spitze geschafft hatten. Während der Konferenzen mit seinen Kollegen sprach er wenig. Danach – sobald er wußte, woher der Wind wehte – legte er ein Fünf-Punkte-Programm vor, das die Meinung der Gruppe zusammenfaßte. Diejenigen, die für ihn arbeiteten, beschrieben ihn als einen anständigen Kerl, der ihnen Blumen oder eine handschriftliche Notiz schickte, wenn sie etwas gut gemacht hatten. Diejenigen jedoch, die in anderen Abteilungen der Firma beschäftigt waren, beschreiben ihn als kalt, fast feindselig. Gewiß, der kleine, eulenhafte Ned hatte nichts von dem sorglosen Charme mitbekommen, der seinen stämmigen, lebensfrohen Bruder Terry auszeichnete. Wenn einer von Ned Lautenbachs Kollegen das Problem eines Kunden schilderte und versuchte, die unterschiedlichsten Abteilungen zur Unterstützung einzuspannen, weigerte sich Lautenbach strikt, sich zu beteiligen, solange das Projekt nicht dazu angetan war, ihn in einem guten Licht dastehen zu lassen.

Ned Lautenbach hatte Lorbeeren geerntet, während er sich über die US-Außendienstschiene nach oben gearbeitet hatte, hatte allerdings auf seiner vorangegangenen Karrierestufe Mitte der achtziger Jahre ein ziemliches Durcheinander angerichtet. Er war während der Zeit, als Bill Lowe den PC-Bereich leitete, für die PC-Geschäftsverbindungen zu den Computerhändlern verantwortlich gewesen. Und da war es Lautenbach gelungen, so gut wie jeden mit seiner plumpen Taktik zu verprellen, wonach die Händler davon abgehalten wurden, Geräte anderer Firmen zu verkaufen. Als Compaq auf den Markt kam und die genau entgegengesetzte Richtung einschlug und die Händler in jeder nur möglichen Weise unterstützte, waren die so sauer auf IBM, daß sie alles daransetzten, Compaq zu verkaufen, und so entschieden zu dessen Erfolg – und Lautenbachs Mißerfolg – beitrugen. Seine Kollegen konnten nach diesem Fehlschlag Mitte der achtziger Jahre absolut nicht begreifen, wie man ihn Ende des Jahrzehnts zum Chef einer Abteilung befördern konnte, zu der 33 000 Mitarbeiter gehörten. Akers schien von Lautenbach sehr angetan zu sein, und hin und wieder sagte er denn auch etwas wie: »Dieser Ned hat wirklich was, nicht wahr?« Lautenbachs Kollegen nickten dann natürlich, fragten sich aber regelmäßig, sobald sie den Raum verlassen hatten, was Akers wohl in ihm sehen mochte.

Lautenbach meinte, es sei an der Zeit, daß IBM seinen Logenplatz aufgab und nicht mehr länger nur beobachtete, wie all die kleinen Softwarefirmen der Branche reich und reicher wurden, während IBM leer ausging. Er war überzeugt, daß es eigentlich IBM gewesen war, die Microsoft und Gates ›gemacht‹ hatte, aber nun nicht davon profitieren konnte, wogegen Gates auf dem besten Weg war, der reichste Mann der Vereinigten Staaten zu werden.

Zu diesem Zeitpunkt wäre der Multimilliardär Gates tatsächlich zu einem *leveraged buyout* in der Lage gewesen, wenn es Ende der achtziger Jahre noch so leicht gewesen wäre, die Finanzierung sicherzustellen. Daneben konnte Lautenbach aber auch noch eine Unmenge anderer Softwarefirmen aufzählen, die, wie er behauptete, aus der Tatsache Nutzen gezogen hätten, daß IBM die PC-Industrie aufgebaut und teures Geld investiert hatte, um das Wachstum der Märkte für Großrechner und Kleinrechneranlagen beizubehalten. Er behauptete, es reiche aus, wenn IBM jeden Softwaretyp sorgfältig studiere, damit sie ›die beste Züchtung‹ herausfiltern könne, wie man bei IBM zu sagen pflegt. In diese Firma sollte IBM dann investieren, ihr den Segen geben und vor allem dafür sorgen, daß sie kräftig wuchs. Denn durch den Verkauf guter Software könnte IBM dann ihre Hardwareverkäufe ebenfalls wieder ankurbeln. Wenn man den Softwarehersteller beteiligte, würde das auch bedeuten, daß IBM ebenso profitierte wie der. Und deshalb würde IBM sich nie wieder vorzuwerfen brauchen, es versäumt zu haben, sich bei Microsoft oder irgendeinem anderen Softwarehersteller eingekauft zu haben.

Das Problem war allerdings, daß IBM beim Herausfiltern der ›besten Züchtung‹ unter den Softwarepaketen keineswegs besser war als beim Schreiben der Software selbst. Niemand würde wohl Microsoft jemals mit Policy Management, American Management Systems, Easel, Digital Interactive oder den Dutzenden anderer Firmen verwechseln, die 1989 und 1990 eine halbe Milliarde Dollar der Summe schluckten, die Lautenbach zur Verfügung stand.

Auch beim Aussuchen der Aktien hatte IBM nicht gerade eine glückliche Hand, ob es nun um ihre eigenen Aktien oder die anderer ging. Akers hatte 1989 und 1990 ein Programm ins Leben gerufen, um IBM-Aktien zurückzukaufen. Er bestand darauf, weil die Aktien bereits derart gefallen waren, daß sie nun seiner Meinung nach unterbewertet wurden. Er gab im Lauf der Jahre ungefähr sechs Milliarden Dollar für IBM-Aktien aus, kaufte zu Preisen, die pro Aktie etwa 119 Dollar betrugen. Das war etwa das Zweieinhalbfache des Preises, der Mitte 1993 für die IBM-Aktie gezahlt wurde, die sich zu diesem Zeitpunkt in den hohen Vierzigern bewegte. So hatte IBM – zumindest auf dem Papier – 3,5 Milliarden Dollar ausgegeben, um ihre eigenen Aktien zu kaufen.

Ein weiterer Teil des Problems war, daß IBM die kleinen Firmen förmlich mit Zuneigung überschüttete. Es handelte sich um Firmen, die möglicherweise mit ein wenig Wagniskapital finanziert worden waren, oder auch eine Weile nur mit der Kreditkarte des Eigentümers, und sich nach wie vor bemühten, mit so wenig Personal wie möglich auszukommen. Und dann war plötzlich IBM gekommen und so begeistert von ihrer Software, daß sie Dutzende von Leuten schickte, die mehr darüber herausfinden oder erkunden sollten, wie man sie am besten verkaufen könne. Bei Easel beispielsweise saßen nun doppelt so viele IBMler im Büro herum, wie die kleine Firma Angestellte hatte. Und keiner dort wußte so recht, was er tun sollte.

Die kleinen Firmen mußten nur deshalb Leute einstellen, um jemanden zu haben, der die Verbindung zu IBM aufrechterhielt und die Unmengen von IBM-Abteilungen bei Laune halten konnte. Mit der Zeit konzentrierten sich diese neuen Firmen bald nur noch darauf, die Verbindungen zum Giganten IBM zu regeln und nicht mehr die Software herzustellen, die IBM ja erst auf sie aufmerksam gemacht hatte.

»Die Bürokratie bei IBM ist wie ein riesiger See aus Erdnußbutter, durch den man schwimmen muß«, sagt Donald Coggiola, der geschäftsführende Vizepräsident von Policy Management.

Als Lautenbachs Investitionsstrategie ins Stocken geriet und der Rest seiner Softwarearbeiten kaum Resultate zu zeitigen schien, wurde er 1991 durch Bernard Puckett ersetzt, der schnell so viele Angestellte wie möglich in andere Teile des Unternehmensbereiches versetzen ließ und dafür sorgte, daß seine Organisation sich gesundschrumpfte. Von den ursprünglich 33 000 Mitarbeitern blieben nur siebentausend. Doch Lautenbach wurde keineswegs gekippt, sondern sogar befördert. Man vertraute ihm die riesigen Niederlassungen im asiatischen Raum an. Da sollte er sich den internationalen Schliff holen, den er brauchte, um sich ernsthaft für das Rennen um den Topjob qualifizieren zu können.

Nachdem er eines der schlechtesten Jahresergebnisse hingelegt hatte, das von den asiatischen Niederlassungen je erbracht worden war, fiel Lautenbach dann trotzdem noch ein Stückchen weiter die Treppe hinauf. Er landete im Management-Komitee, wo er für die gesamten Auslandsaktivitäten verantwortlich war, und wurde als einer der beiden internen Kandidaten betrachtet, der Akers mit höchster Wahrscheinlichkeit nachfolgen würde. Und wieder einmal fragten sich seine Kollegen, wie Lautenbach es wohl schaffte, auf dem Weg nach oben nicht zu stolpern.

Kurz nachdem Lautenbach seine Karriere als Börsenhai begonnen hatte, verkündete die IBM im Mai 1989 ein weiteres Sahnestückchen ihrer Software-Strategien. Dieses war gedacht, alle in einem Büro anfallenden Arbeiten zu koordinieren, die mit dem Computer erledigt wurden. Dieses Projekt war ein Geistesprodukt von Joe Guglielmi, einem dunkelhaarigen, gutaussehenden Mann, der immer stark gestärkte weiße Hemden mit Monogramm trug und so leicht an die Karikatur eines IBM-Außendienstlers erinnerte. Wie Cannavino war Guglielmi direkt von der High-School als Techniker zu IBM gekommen. Er hatte sich im Marketing der IBM-Niederlassung in seiner Heimatstadt Syracuse hochgearbeitet, in Abendkursen an der Universität von Syracuse seinen Abschluß gemacht und danach seinen Aufstieg im Außendienst begonnen. Weil Guglielmi – häufig auch Joe G. genannt, da die Leute Mühe hatten, seinen Nachnamen richtig auszusprechen – bereits in so jungen Jahren zu IBM gekommen war, waren ihm die IBM-Sprache und die IBM-Firmenkultur in Fleisch und Blut übergegangen. Deshalb wurde er vor allem wegen seiner typischen IBM-Ansprachen und seiner endlosen, aber absolut nichtssagenden Antworten bekannt, die er im ebenso typischen Firmenjargon herunterleierte, sobald irgendein Reporter ihn irgend etwas fragte. Wenn dieser Reporter nachhakte und ihm auf den Kopf zusagte, er habe sich um eine klare Antwort gedrückt, machte Guglielmi jedesmal sofort einen Rückzieher und meinte, es könne schon sein, daß er sich vielleicht nicht klar genug ausgedrückt habe. Dann senkte er gewöhnlich seine tiefe Stimme noch weiter und wiederholte in seinem aufrichtigsten Marketing-Ton dieselbe absolut nichtssagende Antwort. Auf Reisen sorgte er immer dafür, daß eine Limousine bereitstand, selbst wenn er nur ein paar Blocks von einem Restaurant zurück ins Hotel fahren mußte. Außerdem nahm er immer drei oder vier Leute aus seinem Stab mit, die sich um seine Termine kümmern und aufschreiben sollten, was sie für ihn zu tun hatten. Er hatte eben wirklich alle unsinnigen bürokratischen Gepflogenheiten aufgesaugt, die Teil der IBM-Unternehmenskultur sind. Er war zur Verkörperung des Vorurteils geworden, daß IBMler nicht reich werden, sondern wichtig sein wollen.

Das Software-Projekt, OfficeVision genannt, war Guglielmis Eintrittskarte zur großen Karriere. Er hatte vorgeschlagen, IBM solle feststellen, wie man die ganze Software, die in Büros benutzt wurde – Textverarbeitung, Tabellenkalkulationen, Datenbanken, Desktop Publishing, Desktop Presentations, E-Mail und so weiter – in einer Art miteinander verbinden könnte, daß nahtlos Informationen ausgetauscht werden konnten. So könne jemand, der an einem Dokument arbeitete, es zur gleichen Zeit einer anderen Person per E-Mail schicken. Jemand, der per Desktop Publishing ein Rundschreiben verfaßte, würde es an eine Tabellenkalkulation koppeln können, so daß sich die Zahlen in dem Rundschreiben automatisch verändern würden, falls jemand anders sie in der Tabellenkalkulation korrigierte. Es war eine grandiose Idee. Aber dann stellte sie sich als zu grandios heraus. Die Software funktionierte nie so richtig.

Nachdem Guglielmi dem MC Anfang 1987 die Idee für OfficeVision verkauft hatte, durfte er ein riesiges Team zusammenstellen, das vier Monate lang untersuchte, was man tun müsse. Doch diese Leute wurden wieder einmal in jede nur vorstellbare Richtung gezerrt, denn alle möglichen Abteilungen von IBM waren an OfficeVision interessiert, weil sie es für ein strategisch wichtiges Projekt hielten, über das sie unbedingt Kontrolle haben sollten. Earl Wheeler, der den Software-Bereich leitete, bestand darauf, daß OfficeVision in jeder Beziehung auf seiner SAA-Architektur aufbauen müsse. Cannavinos PC-Leute meinten, es sei doch offensichtlich, daß OfficeVision – oder Office, wie es intern genannt wurde – auf dem OS/2 aufbauen müsse. Andere Bereiche von IBM forderten, es müsse gewissen E-Mail-Standards entsprechen. Und so weiter und so fort. Kaum war das Projekt angelaufen, umfaßte es 1500 Programmierer – eine wahrhaft überwältigende Zahl. Diese Programmierer wurden von einer ganzen Armee von Produktplanern, Finanzexperten und Prognostikern unterstützt. Die OfficeVision-Teams verteilten sich über neun IBM-Niederlassungen in aller Welt. Eine lächerlich hohe Zahl. Sie saßen unter anderem im deutschen Sindelfingen und im texanischen Dallas.

Wie immer bemühte sich IBM, den Kundenwünschen bei diesem Produkt zu 99 Prozent nachzukommen, und das, obwohl sogar die PC-Industrie herausgefunden hatte, daß eine 75-Prozent-Lösung weit bessere Ergebnisse brachte. Selbst wenn es möglich gewesen wäre, den Kundenwünschen bei einem einzelnen Produkt fast hundertprozentig zu entsprechen, hätte es doch viel zu lange gedauert, bis man es auf den Markt bringen konnte. Und – wie im Fall von OfficeVision – war es gewöhnlich ohnehin nicht möglich, ein Produkt herzustellen, das jeden zufriedenzustellen vermochte.

Schließlich stellte sich heraus, daß das OS/2 das größte Problem für Office war. Um alles aneinanderkoppeln zu können, hätte Office auf der sogenannten *Extended Edition* des OS/2 aufbauen müssen, was bedeutete, daß es sich nicht nur um das Grundbetriebssystem handelte, sondern zusätzlich noch eine IBM-Datenbank und Kommunikations-Software erforderlich machte. Die aber waren noch nicht fertig, obwohl IBM bereits mehr als zwei Jahre daran gearbeitet hatte, als 1987 die Vorbereitungen für Office begannen, und vier Jahre zu dem Zeitpunkt, als Office angekündigt wurde.

Als Bill Lowe bei der Ankündigung des PS/2 und OS/2 befragt worden war, warum denn nur IBM und nicht Microsoft an den Teilen der *Extended Version* gearbeitet hätte, hatte er herablassend erwidert, es handele sich um sehr komplizierte Teile. Nur IBM, so hatte er gesagt, verfüge über die erforderliche Kompetenz, um eine derart komplexe Datenbank- und Kommunikations-Software zu entwickeln.

Guglielmi versuchte sein Team 1987 und 1988 an den Vorlaufversionen der *Extended Edition* arbeiten zu lassen, doch auch Cannavinos Programmierer wurden in so viele verschiedene Richtungen gezerrt, daß die *Extended Edition* immer wieder verändert werden mußte. Schließlich beschloß Guglielmi, auf eigene Faust etwas zu tun, das die Fähigkeiten der *Extended Edition* kopierte, doch seine Horden von Programmierern verhedderten sich ebenfalls schnell in den Problemen.

Bei dem Termin im Mai 1989, zu dem OfficeVision angekündigt werden mußte, gab Guglielmi sich optimistisch und versprach, bald in der Lage zu sein, die Version von OfficeVision anzubieten, die gedacht war, den Arbeitsaustausch über ein Netzwerk zu ermöglichen – das war die Version, die die meisten Kunden interessierte –, obwohl die Arbeiten daran bei weitem noch nicht abgeschlossen waren. Aber die Netzwerk-Version von Office mußte schon bald wieder verschoben werden. Der ursprünglich geplante Einführungstermin von Mitte 1990 mußte um sechs Monate verlegt werden. Ende 1990 verkündete IBM, es gäbe da eine weitere Verzögerung, gab aber nicht mal einen ungefähren Zeitpunkt für die Auslieferung an. Ein paar Monate später erklärte IBM bescheiden, sie hoffe, Office würde bald fertig sein.

Guglielmi verschlimmerte seine Entwicklungsprobleme, indem er versuchte, für OfficeVision viel zuviel Geld zu nehmen. Statt – wie in der PC-Branche üblich – Software möglichst zum Niedrigpreis anzubieten, um auf große Stückzahlen zu kommen, sagte sich Guglielmi, Office sei ein so wichtiges Projekt, daß IBM für die Software und Hardware etwa 15 000 Dollar verlangen könne. Und dieses Paket mußte jeder Anwender kaufen, der Office einsetzen wollte.

Obwohl es die wichtige Netzwerk-Version der Software ursprünglich frühestens ein Jahr nach der Ankündigung im Mai 1989 geben sollte – und, wie wir ja wissen, sich auch dieser Termin nicht halten ließ –, hoffte Guglielmi, die Kunden würden die Hardware kaufen, die notwendig war, um die Software laufen zu lassen, oder aber zumindest die Versionen von OfficeVision für Großrechner und Kleinrechneranlagen nehmen. Die Kunden mußten IBM eben vertrauen, daß die wichtige Netzwerk-Version von OfficeVision genauso gut sein würde, wie IBM versprochen hatte, und sich deshalb schon einmal vorbereiten. Doch die Kunden waren nicht länger bereit, das zu tun. Sie beschlossen, es einmal mit der Konkurrenz zu versuchen oder zumindest zunächst abzuwarten.

In der Vergangenheit, das heißt, zur Blüte der Großrechnerzeit, hätte Guglielmi sich aufgrund der Monopolstellung von IBM möglicherweise wieder aufrappeln können. Doch zur Zeit des PC stand sogar IBM im Wettbewerb. Lotus kam mit Notes, das über viele der Fähigkeiten verfügte, die Office zugeschrieben wurden. Auch Microsoft ließ sich von dieser neuen Welle der Software-Strategien tragen. Statt zu versuchen, alles auf einmal zu machen, ging Microsoft allerdings Schritt für Schritt vor. Es beschäftigte sich mit einer guten Textverarbeitung, einer guten Tabellenkalkulation, einem guten Desktop-Presentation-Paket und so weiter. Außerdem baute es in diese Anwenderprogramme Wege ein, die den Austausch von Informationen untereinander ermöglichten. Danach ermutigte Microsoft andere Softwarefirmen, diese Fähigkeiten auch in ihre eigene Software einzubauen. So konnten die Kunden unbeschwert arbeiten, mußten sich nur noch Gedanken über die Basis-Software – Tabellenkalkulationen und Textverarbeitung – machen, aber auch schon bald quer durch ihre PC-Netzwerke Informationen austauschen, ganz ähnlich, wie sie es nach den Versprechungen von IBM mit OfficeVision hätten tun können.

Weil die Entwicklungsprobleme sich bei IBM weit ins Jahr 1991 hinein erstreckten, bereits zwei Jahre seit der Ankündigung von OfficeVision vergangen waren und die Kunden zunehmend das Interesse daran verloren hatten, nahm Akers

Guglielmi das Projekt aus den Händen. Schon bald konnte IBM so verkünden, OfficeVision sei ›stabilisiert‹ worden, was in der IBM-Diktion bedeutete, daß man nicht mehr daran weiterarbeiten würde. OfficeVision war so ›stabil‹ wie eine Leiche.

Cannavino trug 1989 zu einem weiteren vermeintlichen Software-›Sahnestückchen‹ für IBM bei. Er hatte einen Plan, der dem ähnelte, den Don Estridge vor Urzeiten schon einmal ausgeführt hatte. Er gründete eine kleine Firma, Desktop Software genannt, die gute Anwendersoftware anderer Firmen auftreiben und sie mit dem IBM-Logo weiterverkaufen sollte. Das bedeutete, daß IBM dieser Software sein Gütesiegel aufdrücken und der Fremdfirma einen Anteil vom Umsatz geben würde. Seine kleine Firma sollte daneben noch eigene Programme entwickeln.

Die Verantwortung für diesen Geschäftszweig übertrug Cannavino Fernand Sarrat, einem Mann mit gewinnendem Wesen und strahlenden Augen. Er war dafür bekannt, daß er die Vorteile, in der Führungsetage von IBM zu sitzen, genoß wie kaum ein anderer. Sein geschäftsführender Assistent rannte beim leichtesten Anzeichen dafür, daß Sarrat Durst haben könnte, aus dem Büro, um ihm eine Soda zu holen. Natürlich holte der Assistent auch Sarrats Anzüge aus der Reinigung und erledigte alles, was gemacht werden mußte. Der Assistent, ein Auswärtiger, der den Job in der Firmenzentrale bekommen hatte, weil er auf höhere Weihen vorbereitet werden sollte, war sogar in die Nähe von Sarrat gezogen, um ihn morgens zur Arbeit fahren zu können.

Sarrat wurde von seinen Kunden häufig wegen seines offensichtlichen Wohllebens während seiner Geschäftsreisen aufgezogen, doch darüber konnte er nur lachen. Sarrat, der aus einer begüterten Familie stammte und neben seinem üppigen IBM-Gehalt über ein großes Privatvermögen verfügte, erklärte, er reiche keineswegs alle Belege zur Spesenabrechnung ein. »Sogar IBM könnte das nicht bezahlen«, sagte er.

Aber Sarrat bekam seine kleine Firma nie richtig zum Laufen. Es gelang ihm zwar, ein paar unwesentliche Produkte an Land zu ziehen, doch das war's dann schon. Die

Softwarefirmen rissen sich keineswegs darum, mit Sarrat Geschäfte zu machen, weil ihnen klar war, daß IBM im PC-Software-Bereich keinerlei Einfluß hatte. Ihr einziges erfolgreiches PC-Produkt – ein Textverarbeitungsprogramm namens DisplayWrite – war nur bei jenen Großrechnerkunden gut gelaufen, die DisplayWrite auf ihren Mainframes einsetzten. Außerdem hatten die kleinen Softwarefirmen auch erlebt, wie IBM seine Partner zu vereinnahmen pflegte, denn einigen, in die Ned Lautenbach investiert hatte, war es so ergangen. Viele große Softwarefirmen nutzten ihre Stellung aus, weil die kleinen auf ihren Vertrieb angewiesen waren, wenn sie ihre Produkte an den Mann bringen wollten. Die kleinen Entwickler waren bereit, auf einen Teil ihrer Umsatzerlöse zu verzichten, wenn sie dafür nur Zugang zum Vertrieb und Außendienst der großen Firma bekamen. Doch IBM, das größte und bekannteste Unternehmen, schien nicht in der Lage zu sein, die Gepflogenheiten von Microsoft, Borland International und anderen Software-Entwicklern zu übernehmen.

Beinahe wäre es Sarrat allerdings gelungen, das Geschäft in Gang zu bringen, hatte er sich doch für die Paradox Datenbank interessiert, bevor Borland – ihr Eigentümer – sie zu einem Bestseller gemacht hatte. Sarrat hoffte 1990, sich bei Borland einkaufen zu können, um die Beziehung zu festigen, baute dann eine Firma auf, die Paradox als Kernprodukt einsetzte, das all die anderen Anwendungsprogramme, die er erwerben wollte, aneinanderkoppelte. Nach Verhandlungen, die äußerster Geheimhaltung unterlagen, setzte er einen Vertrag auf, wonach er zehn Prozent der Borland-Aktien zu zehn Dollar pro Aktie kaufen wollte. Allerdings brauchte er dafür zunächst die Einwilligung von Cannavino und dann die von Akers und dem Management-Komitee. Sarrat bekam Schwierigkeiten, als Wheeler und sein Großrechner-Software-Bereich einwandten, Sarrat würde damit offiziell ein Datenbankprodukt einführen, das nicht in das Großrechner-Schema von IBM passen würde. Zu dem Zeitpunkt, als Sarrat dem MC endlich seinen Vorschlag unterbreitet und dessen Einwilligung bekommen hatte, war Borland bereits der Durchbruch gelungen, die Börsenkurse waren gestiegen. Borland forderte nun einen höheren Preis für die zehn Prozent. Sarrat sagte sich, es wäre gewiß zu mühselig, sich diesem Entscheidungsprozeß noch ein zweites Mal zu unterwerfen, also ließ er die Idee fallen. Bald lag der Aktienkurs von Borland bei 87 Dollar, das hieß, IBM hatte sich wieder einmal die Gelegenheit entgehen lassen, mit einer bescheidenen Investition Hunderte Millionen von Dollar zu machen. Erneut hatte sich gezeigt, daß es nicht zu den Stärken von IBM gehörte, sich vielversprechende Aktien auszusuchen.

Als Sarrat 1990 und 1991 versuchte, sein Team intern Programme entwickeln zu lassen, hatte er ebenfalls kein Glück. Er erklärte den Programmierern, sie sollten wie Unternehmer an die Sache herangehen. Er stellte Gruppen aus drei oder vier Leuten zusammen und sagte ihnen, sie sollten sich gute Produkte ausdenken. Das Problem war, daß kein Mensch bei IBM wußte, wie ein Unternehmer denkt. Niemand ist der Meinung, daß es Spaß machen könnte, rund um die Uhr zu arbeiten, unter seinem Schreibtisch zu schlafen, sich von Diät-Cola zu ernähren und nur um der Chance willen, eventuell unendlich reich zu werden, das Risiko einzugehen, am Ende ohne Job und einen einzigen Cent dazustehen. Ganz abgesehen davon würde jemand, der viele Überstunden machte, nur um ein Produkt zu entwickeln, das ein Hit werden konnte, bei IBM bestimmt nicht reich werden. Bestenfalls mußte er sich mit einem Schulterklopfen und vielleicht einem Bonus von ein paar tausend Dollar zufriedengeben. Einer von Sarrats Teams bat darum, eine halbe Million Dollar pro Jahr für Messen ausgeben zu dürfen, um das Produkt für Kunden ausstellen zu können – und das zu einem Zeitpunkt, als es noch nicht mal die Ahnung eines Produkts gab. Das kleine Team schien zu glauben, es würde an Bedeutung gewinnen, wenn es einen Ausstellungsraum zur Verfügung hätte, und außerdem sei IBM ja groß genug, daß es die halbe Million Dollar leicht würde verschmerzen können. Sarrat ließ Mitarbeiter, Leute, die derartige Vorschläge machten, eiskalt abfahren. Sie schienen trotzdem nicht zu verstehen, was es nun eigentlich bedeutete, sich als Unternehmer zu fühlen. Soviel Sarrat und andere bei IBM auch darüber redeten, daß man Risiken eingehen und unternehmerischer denken müsse – die IBMler begriffen es nicht. Sie waren einfach zu sehr daran gewöhnt, immer auf Sicherheit zu spielen. Sie wußten nicht, wie man Risiken eingeht.

Wirkliche Schwierigkeiten bekam Sarrat aber in dem Augenblick, als er versuchte, selbst wie ein Unternehmer zu agieren. Akers und andere hatten seit Jahren gepredigt, daß jeder Unternehmenszweig selbständig sein müsse, daß jeder nach Gutdünken handeln könne, selbst wenn das bedeutete, daß er dabei einem anderen auf die Füße trat. Daraufhin sagte sich Sarrat, daß es doch wohl klüger sei, Programme zu entwickeln, die unter Microsofts Windows liefen, und nicht unter dem OS/2. Das paßte vielen natürlich nicht in den Kram. IBM hatte ihren Kunden versprochen, daß OS/2 das gleiche leisten würde wie Windows – und mehr. Deshalb konnte das MC nicht untätig zusehen, wie jemand von IBM den Feind auch noch unterstützte. Das MC kürzte Sarrat 1992 prompt den Etat. Er verkaufte daraufhin die Rechte an der gesamten Software, die er erstanden hatte, und schloß seine ›Firma‹.

*

Die radikalsten Methoden, die IBM 1989 und 1990 auf dem Softwaresektor hätte anwenden können – und diejenigen, die wohl am ehesten funktioniert hätten –, wurden von Bob Berland vorangetrieben. Der kahlköpfige New Yorker, der immer Klartext redete, war der jähzornigste IBM-Manager, den Außenseiter je erlebt hatten. Wenn er fest an irgend etwas glaubte, konnte es schon mal vorkommen, daß er Leute bei Branchenkonferenzen am Schlafittchen packte, sie in sein Zimmer zerrte und sie mit seinen neuesten Ideen tyrannisierte. Er schlich nicht um den heißen Brei herum, versuchte es nie mit einer auch nur ansatzweise diplomatischen Methode, sondern kam direkt zur Sache. Wenn er meinte, IBM hätte Mist gebaut, oder jemand ihm oder IBM das Leben schwermachte, dann sagte er das auch.

1989 hatte Akers beispielsweise bei einer großen Software-Konferenz in einem Kurort in den Bergen – oberhalb von Phoenix/Arizona – die Eröffnungsrede gehalten. Zwanzig Minuten lang hatte er nur Platitüden darüber von sich gegeben, welche Hoffnung IBM doch auf die Zusammenarbeit mit Software-Entwicklern setze. Diese Rede vermochte das Publikum so wenig zu begeistern, daß John Imlay, der Vorstandsvorsitzende von Management Science America, ein großer Softwarehersteller, sich später einen Pavian auf die Bühne bringen ließ und ihn fragte, was er denn von Akers' Ansprache gehalten habe. Der Affe gähnte erst und spuckte dann auf den Boden – das Publikum bog sich vor Lachen. Lange, nachdem Akers wieder den Firmenjet bestiegen hatte und davongeflogen war, war Berland immer noch da und bearbeitete die Anwesenden. Ja, sagte er, IBM habe jahrelang die Nase hoch getragen, aber, so betonte er mit seiner dröhnenden Stimme, die Entwickler müßten ihr noch einmal eine Chance geben, weil IBM jetzt endlich etwas zu sagen habe.

Die großartigste von Berlands Ideen wurde Enterprise Alliance genannt. Sein Vorschlag war, daß IBM den Kunden Programmierer schicken sollte, also nicht mehr Unmengen von Leuten, die ihnen Hardware verkaufen wollten. Die Programmierer sollten sich mit dem Kunden aus der Textverarbeitungsbranche darüber unterhalten, welche Anwendungssoftware sie zu entwickeln versuchten oder wie sie bestehende Probleme mit ihren Informationssystemen beheben wollten. Anschließend sollten die Programmierer Vorschläge machen, wie man den Prozeß beschleunigen könne, und anbieten, innerhalb von 30 bis 90 Tagen – gegen ein angemessenes Honorar, versteht sich – ein Stück der notwendigen Software zu liefern.

Zu diesem Zeitpunkt waren die Kunden normalerweise tief beeindruckt. Gerade die Textverarbeiter wurden gewöhnlich von anderen Großfirmen für Software-Entwicklung derart mit solchen Angeboten überschwemmt, daß es für sie geradezu einer Offenbarung gleichkam, daß die IBM-Programmierer in so kurzer Zeit tatsächlich etwas bewirkt hatten. Eine großartige Werbung. Entweder engagierten die Kunden IBM daraufhin, damit sie für eine stattliche Summe die gesamte Programmierung für ihre Firma übernahm, oder sie kauften zumindest alle möglichen Programmierwerkzeuge bei IBM – Debugger, Codierer und so weiter –, die die Vertreter von IBM benutzt hatten, als sie ihre Arbeit verrichteten. Sobald es darum ging, die Hardware zu kaufen, auf der die neue Software laufen konnte, würden die Kunden sich dann an IBM wenden. Berland behauptete, daß IBM, wenn sie denn die Geschwindigkeit der Software-Entwicklung beschleunigte und endlich die seit Jahren andauernde Nachfrage nach Software der meisten Firmen befriedigte, auf jeden Fall die Nachfrage nach Hardware steigern könne, denn die Firmen würden mit Sicherheit schnell feststellen, daß sie mehr Hardware brauchten, auf der die neue Software dann laufen konnte.

Die *Enterprise Alliance*-Idee hatte 1990 bei IBM einiges Interesse erregt, und ganz allmählich stieg die Zahl der daran Beteiligten auf einige hundert Leute, dennoch hatte Berland immer Schwierigkeiten, sich innerhalb von IBM Gehör zu verschaffen, weil es ihm an der erforderlichen Machtbasis fehlte. Er war zwar Vizepräsident, aber eben einer der 30 oder 40, die IBM sich leistete, und damit so etwas wie ein ›Minister ohne Geschäftsbereich‹. Er konnte zwar für IBM in Verhandlungen mit Softwarefirmen treten, doch es fehlte ihm an der ausreichenden Zahl von Untergebenen. Und allein die war bei IBM ein Maßstab für persönliche Macht. Er hatte zwar Vollmacht, in die Verhandlungen von IBM mit Softwarefirmen einzugreifen, mußte jedoch jeweils viel Mühe investieren, um seine radikaleren Vorschläge intern zu ›verkaufen‹. Und das MC nahm nur wenige seiner Vorschläge an. Berland wurde zu einer Art Rufer in der Wüste, der IBM ständig beschwor, alles Bisherige zu vergessen, umzuschwenken und sich ganz schnell auf die Software zu konzentrieren, wenn sie ihre unvergleichlichen Erfolge fortsetzen wolle.

Mitte 1990 litt der Fünfzigjährige plötzlich zunehmend unter Kopfschmerzen. Er begann zu murmeln. Schließlich ging er in ein Krankenhaus auf Long Island/New York, wo er sich einer gründlichen Untersuchung unterzog. Dort erfuhr er die schockierende Nachricht: Er hatte einen Hirntumor.

Da es eine Chance gab, daß eine Operation ihm noch helfen könnte, wagten die Ärzte den Eingriff. Doch als sie sahen, wie weit der Tumor sich bereits in Berlands Hirn gefressen hatte, war dem Chefchirurgen klar, daß er nichts mehr für diesen Mann tun konnte. Berland erfuhr allerdings erst ein paar Monate später, daß er nicht mehr lange leben würde.

Sobald sich Berland von der ersten Operation ein wenig erholt hatte, bewegte er Jack Kuehler, den damaligen Präsidenten von IBM, ein Terminal in seinem Krankenzimmer installieren zu lassen. Obwohl Berland sehr schwach war, verbrachte er jeden Tag viele Stunden vor dem Computer, weil er seine Projekte weiterverfolgen wollte. Außerdem verschickte er Hunderte von E-Mail-Botschaften, in denen er seine Kollegen bedrängte, ihre Geschäftsgepflogenheiten zu ändern. Im Lauf der Monate hörten sich diese Botschaften immer verzweifelter an.

Trotz wachsender Frustration hielt sich Berland bis zum Schluß an die IBM-Disziplin. Nachdem ihn mal ein Reporter im Krankenhaus angerufen hatte, um ihm gute Besserung zu wünschen, hatte er sich noch ein paar Minuten mit dem Mann unterhalten, aber lediglich über seinen Gesundheitszustand gesprochen. Dennoch rief er, kaum hatte er aufgelegt, einen Public-Relations-Mann von IBM an, um ihn darüber zu unterrichten, daß er ohne Genehmigung mit einem Mitglied der Presse geredet habe.

Illoyal war Berland schlimmstenfalls im Scherz, und auch das erst kurz vor seinem Tod. Als ein Besucher ihn einmal fragte, wie es ihm ginge, nörgelte er: »Ich leide unter Verstopfung.« Dann fügte er lachend hinzu: »Genauso wie IBM.«

Einen Monat später – im Juli 1991 – starb er.

*

Mitte 1990 hoffte Cannavino noch auf Fortschritte bei der Betriebssystem-Software, wenn es ihm gelingen sollte, Microsoft wieder einspannen zu können. Nachdem die Einschüchterungstaktik vor der Comdex 1989 nicht geholfen hatte, die Politik des äußersten Risikos fehlgeschlagen war, mit der er Microsoft – vor der Ankündigung von Windows im Mai 1990 – gewisse Konzessionen hatte abringen wollen, versuchte es Cannavino nun mit einer Taktik des eisigen Schweigens. Nachdem die Gespräche mit Gates Anfang Mai 1990 abgebrochen worden waren, reagierten Cannavino und seine Mannen mehr als sechs Wochen lang weder auf Anrufe noch auf Briefe von Gates oder dessen Assistenten.

In seiner Verzweiflung ließ Gates schließlich von einem Blumenhändler einen Karton liefern, der aussah, als enthielte er langstielige Rosen. Als Cannavino ihn öffnete, fand er jedoch Ölzweige, ein Symbol des Friedens. Er lachte fröhlich in sich hinein.

Cannavino war so angetan von dieser Geste, daß er Gates einen langen Brief schickte. Darin schrieb er, er sei überzeugt, daß es einige gute Gelegenheiten für eine fruchtbare Zusammenarbeit gäbe. Gleichzeitig aber nannte Cannavino ein paar Bedingungen, die Gates akzeptieren sollte, bevor man weiterreden könne. Der wichtigste Punkt betraf die Teilung der Lizenzgebühren aus ihrer gemeinsamen Arbeit an dem Betriebssystem. Gates reagierte positiv, und im Sommer 1990 wurden die Gespräche daraufhin plötzlich wiederaufgenommen.

Gates wurde trotzdem schnell klar, daß er Cannavino irgendwie umgehen mußte, wenn er seine Beziehung zu IBM tatsächlich wieder festigen wollte. Und das war etwas, das er sich von Herzen wünschte. Gates machte sich nämlich große Sorgen wegen der immer stärker werdenden Konkurrenz. Sein Angstgegner war Novell, eine große Firma, die den Teil des Softwaremarktes beherrschte, in dem Computer über ein Netzwerk miteinander kommunizierten. Das ärgerte Gates, der seinerseits den Desktop-Markt beherrschte.

Daß Novell den Markt für Netzwerke dominierte, behinderte Microsoft in seiner Weiterentwicklung. Das lag daran, daß die Computersysteme großer Firmen in einer Hierarchie aufgebaut sind – mit den PCs auf der untersten Stufe und den Großrechnern ganz oben. Gates kontrollierte den Markt für Software, die in lokalen PC-Netzwerken benutzt wurde, und wollte nun auch die Kontrolle über den Markt für Software, die benutzt wird, um PC-Netzwerke mit Großrechnern und über Telefonleitungen mit anderen PC-Netzwerken kommunizieren zu lassen. Falls Novell Gates weiterhin daran hindern konnte, die Kontrolle über die Software für PC-Netzwerke auszuüben, würde das seine sämtlichen Pläne durchkreuzen. Da IBM sogar noch begieriger war als Microsoft, einen Fuß auf den Markt für Software für PC-Netzwerke zu setzen, sagte sich Gates, daß er und IBM sich ja möglicherweise gegen Novell verbünden könnten. In Anbetracht seiner angespannten Beziehung zu Cannavino rief er deshalb gleich Kuehler an, den Boß von Cannavino, und schlug ihm ein Treffen vor. Kuehler meinte: »Klar, kommen Sie her, wir können gemeinsam zu Mittag essen.«

Kuehler telefonierte natürlich augenblicklich mit Cannavino, dem es – ebenso natürlich – nicht paßte, daß Gates sich hinter seinem Rücken an Kuehler gewandt hatte. Cannavino beschloß, es nicht zu diesem Mittagessen kommen zu lassen, bevor Gates bei bestimmten Punkten nachgegeben hatte, die sich auf die Struktur der Beziehungen zwischen IBM und Microsoft bezogen. Kaum war Gates bewußt geworden, daß das Mittagessen in weite Ferne gerückt war, ging er auf die Palme.

»Die nahmen wohl an, ich würde buckeln, nur um mit irgendeinem Kerl von IBM zu Mittag zu essen«, sagt Gates.

Weshalb Cannavino und Gates sich nur ein paar Wochen nach ihrer Wiederannäherung Mitte 1990 erneut in den Haaren lagen und sich den ganzen Sommer über heftige Kämpfe lieferten. Cannavinos chronisches Zuspätkommen bei Konferenzen ließ Gates und Ballmer bald die Wände raufgehen. Einmal waren sie beispielsweise stundenlang quer durchs Land geflogen, weil sie für fünf Uhr mit Cannavino verabredet waren, um dann feststellen zu müssen, daß er keine Zeit hatte. Sie wurden zwar in einen Konferenzsaal geführt, aber dann erklärte man ihnen, es könne noch eine Weile dauern. Einer von ihnen ging daraufhin los, um etwas zu essen zu holen, und kam mit einem scheußlichen chinesischen Menü zurück. Fast drei Stunden lang saßen die beiden nun mit einem ihrer Assistenten da, stocherten in ihrem Essen herum und starrten die Wände an. Nachdem Cannavino schließlich aufgetaucht war, legte er zunächst einige der Prioritäten von IBM dar. Als es an Gates war, etwas zu erwidern, listete er ein paar Punkte auf, die Microsoft zum damaligen Zeitpunkt in der Beziehung zu IBM für wichtig hielt. Dann, unfähig, sich noch länger zurückzuhalten, sagte er kalt: »Außerdem halten wir es für wichtig, zu Konferenzen pünktlich zu erscheinen...«

Ein anderes Mal begann Cannavino eine Konferenz, indem er mehr als zwanzig Minuten über sein neues Auto redete – offensichtlich ein Versuch, sein Verhältnis zu Gates zu kitten, über dessen Interesse an schnellen Wagen in der Presse immer wieder berichtet worden war. Gates aber starrte ihn nur unablässig an, sagte während dieses Monologs kein einziges Wort. Gates' Assistenten behaupten, Cannavino habe während einer dreistündigen Konferenz ohne weiteres zweieinhalb Stunden lang über nichts und wieder nichts reden können, um dann eine halbe Stunde Geschäftliches zu erörtern, wobei allerdings ebenfalls wenig herauskam.

Gates sagt, diese Monologe hätten ihn fast wahnsinnig gemacht. »Immer wieder hätte ich Cannavino am liebsten gesagt: Wir brauchen eine Art Code, weil diese Konferenzen einfach zu lange dauern. Jedesmal, wenn Sie ›13‹ sagen, so wollten Sie mir damit nur mitteilen, Sie täten ja nur, was Ihre Kunden wollten. Für jeden dieser blöden Slogans können wir uns mit Leichtigkeit auf eine Zahl einigen. Es gibt eine Unmenge von kleinen Zahlen. Wissen Sie, Cannavino, wenn Sie darüber reden wollen, wie Sie das amerikanische Erziehungssystem retten würden – okay, die Geschichte kennen wir schon. Das könnte Nummer elf sein. Und, Cannavino, wenn Sie Ihre Ansprache darüber wiederholen wollen, wie Sie die Fertigungsgemeinkosten gesenkt haben und wie großartig und geschickt Sie im allgemeinen sind, was für ein zäher Typ Sie doch sind, nun, der Geschichte können wir ebenfalls eine kleine Codenummer geben, weil Sie bei der wirklich immer besser werden.«

Gates beklagt sich auch darüber, daß Cannavino die meisten Konferenzen verließ, ohne eine Entscheidung getroffen zu haben. »Wenn man in diesen Konferenzen sitzt und versucht, irgend etwas zu diskutieren, und versucht, zu einer Entscheidung und im Sinne der Kunden zu einem Urteil darüber zu kommen, wohin die Technologie wohl führen wird und wo man investieren sollte«, sagt Gates, »dann ist es einfach frustrierend, wenn jemand nach all diesen Stunden noch sagt: ›Nun, wir werden genau das tun, was die Kunden wollen.‹ Und dann glauben diese Menschen auch noch, daß das wirklich bedeutsam ist, und zwar jedesmal, wenn sie es sagen.«

Cannavinos Stab wiederum sagt, zu Beginn vieler Konferenzen sei tatsächlich viel Zeit mit dem Streit über – wie sie betonen – zweifelhafte Vermutungen auf seiten von Microsoft verschwendet worden. Ballmer sei beispielsweise einmal hereingekommen und habe auf die Tafel in Cannavinos Konferenzraum geschrieben: *»Niemand schreibt Anwendungsprogramme für das OS/2.«* In der Annahme, daß diese Vermutung bedeuten solle, daß das OS/2 gefloppt sei und Windows damit wohl die Zukunft gehöre, habe Cannavino nach Aussagen seiner Assistenten zunächst einmal alles getan, um diese Vermutung zu entkräften, bevor er die Konferenz weiterführte.

Wenn die Verhandlungen scheiterten, nahmen Cannavino und Gates wieder ihre Vier-Augen-Gespräche an neutralen Orten irgendwo im Land auf.

Natürlich handelte es sich bei diesen Treffen nicht um echte Vier-Augen-Gespräche. Cannavino ging ohne seine Assistentin Susan Fairty ohnedies nirgendwohin. Susan Fairty wohnte sogar in der Nähe von Cannavino, so daß sie morgens mit ihm zur Arbeit fahren konnte. Die zierliche junge Frau war so gut auf ihren Boß eingespielt, daß sie aus solidarischen Gründen Cannavinos Diätkuren mitmachte, indem sie im Büro herumlief und ebenfalls nur Diätriegel knabberte. Gates hatte sich von Anfang an um eine zahlenmäßige Ausgewogenheit bemüht, damit IBM ihre Überlegenheit auf diesem Gebiet nicht benutzen konnte, um eine Konferenz zu dominieren, also brachte auch er immer einen seiner zwei Assistenten mit. Diesesmal jedoch verschlimmerten diese Treffen die Lage nur noch.

Cannavino ging irgendwann ganz fürchterlich in die Luft

und sagte: »Sie mögen mich ja für einen Idioten halten, aber ich bin keiner. Und ich lasse mich von Ihnen auch nicht noch einmal zum Idioten machen.«

Gates seinerseits beschwerte sich darüber, wie wenig doch erreicht wurde, obwohl er sich so verbissen bemühte, sich Cannavinos Monologe geduldig anzuhören. »Ich bin bei so was wirklich gut«, sagt Gates. »Mir ist durchaus bekannt, wie man jemandem das Gefühl gibt, sein gehorsamer Sohn zu sein. Sie wissen schon: ›Ja, Dad.‹ Aber hier vergehen sieben Stunden, ohne daß man wirklich über irgend etwas geredet hat. Nichts ist entschieden.«

Auch Cannavinos Einstellung irritierte Gates. Er erzählt, Cannavino habe einmal gesagt: »Dafür brauche ich eine Genehmigung, aber wenn ich die Firma erst einmal leite, werde ich niemanden mehr fragen müssen.« Gates fügt hinzu: »Der Kerl leidet wirklich nicht unter Selbstunterschätzung.«

Nach einer Konferenz, die im Spätsommer 1990 in Minneapolis stattfand, hatte Gates die Nase voll. Sie dauerte so lange, daß Gates zwei Flüge verpaßte und zu einer Rede, die er an diesem Abend vor einer PC-Anwendergruppe halten sollte, fast zu spät gekommen wäre. Nach der Konferenz sagte der immer noch verärgerte Gates vor einigen Leuten: »Dieser Arsch Cannavino! Er hat kein einziges Wort gesagt, das Sinn machte. Er wollte die ganze Zeit nur darüber reden, daß er gerade von einem Japan-Trip zurückgekommen sei, und hat gemeint, ich solle mich doch einmal in Japan umsehen, weil es dort so viele gute Chancen gäbe. Verdammtes A... Ich bin, verdammt noch mal, viel früher und viel öfter in Japan gewesen als er. Ich hätte *ihm* erzählen sollen, welche Chancen es dort gibt.«

Da die Positionen von Cannavino und Gates im Sommer 1990 noch weit voneinander entfernt waren, wurde das für Ende August geplante Mittagessen von Kuehler und Gates in letzter Minute abgesagt. Cannavino beharrte nach wie vor darauf, er und Gates müßten erst eine korrigierte Version des OS/2 zustande bringen, bei der die Fehler der Version, die sie 1989 verkauft hätten, ausgemerzt seien. Diese Version wurde auf Maschinen zugeschnitten, die um den Intel-

Prozessor herum gebaut waren, der in dem inzwischen total veralteten IBM-PC AT benutzt worden war. Und der war seit 1984 auf dem Markt. Gates argumentierte, man solle es endlich aufgeben, etwas für die Maschinen der AT-Klasse zu tun, weil sie der Schnee von gestern seien oder – genauer: der Schnee von 1984, nicht der von 1990.

Doch Cannavino konnte das Versprechen, das IBM ihren Kunden 1984 gegeben hatte, immer noch nicht brechen. Er mußte weiterhin alle Software-Verbesserungen so zurechtschneidern, daß sie auf den Produkten der AT-Klasse benutzt werden konnten. Beide waren sich darin einig, daß die Arbeitsteilung am OS/2 bereits eine Garantie für sein sicheres Scheitern sei, stritten aber dennoch darüber, wie man das Projekt wieder unter Kontrolle bekommen könne. Nachdem sich IBM und Microsoft lange darüber den Kopf zerbrochen hatten, beschlossen sie, daß IBM sich ruhig mit einer besseren Version des OS/2 für PCs der AT-Klasse beschäftigen solle. Auch bei einer fortschrittlicheren Version sollte IBM die Führerschaft übernehmen. Sie war für PCs gedacht, die den ebenfalls fortschrittlicheren 80386 Chip benutzten. Microsoft sollte dagegen die führende Rolle bei einer sogar noch fortschrittlicheren Version übernehmen, die die Vorteile der noch schnelleren Prozessoren nutzen konnte, von denen man Mitte 1990 glaubte, daß sie bald kommen würden. Cannavino und Gates einigten sich sogar auf einen Weg, wie IBM limitierte Rechte an Windows erwerben könne und dazu noch auf eine Struktur für die Lizenzgebühren, die für IBM ein bißchen günstiger aussehen sollte als die bisherige.

Es war nicht leicht. Als sie im September 1990 einer Einigung näher kamen, redeten sich die Stäbe von IBM und Microsoft den ganzen Tag in einem Holiday Inn in White Plains die Köpfe heiß. Das Hotel lag am Rand eines nicht besonders vornehmen Statdtviertels, schien aber abgelegen genug, daß die beiden Firmen ziemlich sicher sein konnten, weder von einem Reporter noch von irgendeinem neugierigen Manager der Konkurrenz gestört zu werden.

Gates flog für ein Treffen mit Cannavino ein, das um 19 Uhr beginnen sollte. Die beiden verschanzten sich stundenlang in einem Konferenzsaal, während ein halbes Dutzend von Cannavinos Leuten draußen auf und ab gingen und sich fragten, warum die beiden wohl so lange brauchten. Endlich kamen Cannavino und Gates heraus. Aber sie waren sich noch immer nicht einig. Sie hatten nur einmal dem winzigen Konferenzsaal entfliehen wollen. Es war schon lange nach Mitternacht, als sie die hell erleuchteten Flure auf und ab marschierten. Cannavinos Stab versuchte derweil, aus ihrer Körpersprache klug zu werden. Es sah nicht gut aus. Cannavino – ein eher emotionaler Typ, der dazu neigt, Leute zu umarmen – versuchte, Gates einen Arm in einer Art um die Schultern zu legen, wie es ein klügerer älterer Bruder tun würde. Gates zuckte förmlich zurück. Nachdem die beiden sich dann wieder in ihr Konferenzzimmer eingeschlossen hatten, einigten sie sich schnell. Cannavino nahm einen Marker und schrieb die sechs noch offenen Streitpunkte an die weiße Wandtafel. »Ich werde bei diesen drei Punkten nachgeben«, sagte er, »wenn Sie bei diesen drei nachgeben.« Gates erklärte sich einverstanden. Im September 1990, dreieinhalb Jahre, nachdem Bill Lowe erstmals versucht hatte, mit Gates über ein neues Arrangement zu verhandeln, waren IBM und Microsoft endlich zu einer Einigung gekommen.

Gates ließ Ballmer und einige Anwälte – sie waren in anderen Hotels von White Plains untergebracht – herüberkommen. Sie hatten allesamt neben ihren Telefonen gewartet. Bis vier Uhr morgens beschäftigten sie sich mit den heiklen Vertragspunkten, dann schliefen sie ein paar Stunden und fuhren nach Armonk, wo der Vertrag am nächsten Morgen unterzeichnet werden sollte.

Als der übermüdete Gates auf dem orangefarbenen Teppich vor einem kleinen Büro auf Cannavino wartete, das der in der Firmenzentrale unterhielt und während seiner gelegentlichen Besuche benutzte, sagte er, er sei hungrig, und bat um einen Teller mit Frühstücksflocken. Irgend jemand besorgte ihm welche, und der müde Gates schaufelte sie in sich hinein. Während er sich dabei umsah, bemerkte er, wie alt die PCs auf den Schreibtischen der Sekretärinnen und in den kleinen Kabinen waren, die er einsehen konnte. Im

Gegensatz zu den Microsoft-Leuten, die generell die neueste und beste PC-Ausrüstung bekamen, waren die meisten der Maschinen, die Gates in Armonk sah, entweder mit dem Original-PC vergleichbar oder mit dem XT, der 1983 auf den Markt gekommen war. Das bedeutete: Die neuesten Maschinen bei IBM waren sieben Jahre alt.

»Jesus«, entfuhr es Gates, »das sagt mehr über IBM als alles andere, was ich jemals gesehen habe.«

Beide Seiten stellten die Einigung von 1990 als Durchbruch dar, der die Möglichkeit einer Trennung endgültig verhindert hatte. Dennoch waren die Spannungen schon augenfällig, bevor die Verträge unterschrieben waren. IBM hatte Gates nicht über den Weg getraut und geglaubt, seine Drähte zur Presse seien so heiß, daß jemand von IBM bei dem Reporter eines Fachblatts bereits die wesentlichen Punkte hatte durchblicken lassen. So wollte IBM erreichen, daß der Vertrag als Sieg für IBM gewertet würde. Cannavino und seine Assistenten meinten nämlich, Gates würde bestimmt keinen Tag warten, um seine Version der Vorgänge zu veröffentlichen. Deshalb hatten die Assistenten dafür gesorgt, daß Cannavino bereits am Sonntag nachmittag eine Reihe von Reportern zu Hause anrief, um über einen Vertrag zu berichten, der erst am nächsten Vormittag unterzeichnet werden sollte.

Cannavino wurde noch mißtrauischer, weil es Ballmer gelungen war, bei Microsoft alle Arbeiten an den beiden Versionen des OS/2 sofort abzubrechen, die nun unter Führung und Kontrolle von IBM weitergeführt werden sollten. Einmal meinte Cannavino, Ballmer hätte die Leute noch eine Weile an ihrem Platz lassen sollen, damit sie ihre Kollegen von IBM eventuell einweisen konnten. Zum anderen glaubte er zu wissen, daß Ballmers Softwarespezialisten Wochen, wenn nicht Monate brauchen würden, die 200 Kräfte neu einzuteilen, die er abgezogen hatte, deshalb sagte er sich, daß Ballmer diese Veränderungen wohl bereits vor der Einigung mit IBM geplant hatte. Das bestätigte seine schlimmsten Befürchtungen: daß Microsoft nämlich in den Monaten vor der Einigung vom September 1990 keineswegs hart am OS/2 gearbeitet hatte. Cannavino vermochte eben nicht zu fassen, daß jemand Personalentscheidungen so schnell durchziehen konnte, wie Microsoft es gerade getan hatte.

Trotzdem, der Frieden hielt mehr als zwei Monate, und zwar bis zu dem Tag, als Microsoft seine Jahreskonferenz für Software-Entwickler veranstaltete. Ballmer lud einen Repräsentanten von IBM ein, an der Konferenz teilzunehmen, und schickte die hierfür vorbereiteten Microsoft-Dias vorab an IBM. Daraufhin bekam er einen gereizten Anruf von Lee Reiswig, einem Software-Experten Cannavinos. Aber weder Ballmer noch Reiswig sahen die negativen Auswirkungen auch nur annähernd voraus, die diese Dias haben sollten.

Je weiter die Microsoft-Konferenz fortschritt, desto mehr Anrufe bekamen Cannavino und seine Assistenten von Software-Bossen, die berichteten, Microsoft habe seine Zusage, OS/2 weiterhin zu stützen, zurückgezogen und favorisiere nun ganz offen Windows. Die Anrufer konnten allerdings keine präzisen Anhaltspunkte geben. Es fehlten die Beweise. Statt »OS/2, OS/2, Windows«, zu sagen, sagten Gates und Ballmer »Windows, OS/2, OS/2.« Aber angesichts seines ohnehin übertriebenen Mißtrauens gegenüber Gates war das alles, was Cannavino brauchte, um ihn sich wieder vorzunehmen.

Anfang Januar 1991 verschlimmerte sich die Lage erneut. Als es so aussah, als wolle das *Wall Street Journal* eine böse Geschichte über die Beziehung IBM-Microsoft bringen, spürte eine Public-Relations-Frau von Microsoft Ballmer auf und sagte ihm, es sei besser, den Reporter anzurufen und seine Darstellung zu geben. Sie versuchte ihn zum Handeln zu veranlassen, indem sie ihm per E-Mail auch noch mitteilte, wie die Titelzeile ihrer Meinung nach lauten und was in den ersten paar Absätzen der Geschichte stehen sollte. Ballmer, im Versuch, die Verantwortung zu teilen, rief Reiswig an und forderte ihn auf, den Reporter ebenfalls anzurufen. Dabei bezog er sich auf die Version, die ihm seine PR-Frau von der Titelzeile und den ungefähren Inhalten gegeben hatte. Aber in einer Form, daß Reiswig den Eindruck hatte, der Artikel läge Ballmer tatsächlich vor, weil er nicht wußte, daß das *Journal* denjenigen, um die es in einer Geschichte geht, den Artikel niemals vorab zu lesen gibt.

Mißtrauisch geworden, rief Reiswig seine PR-Leute an und verlangte, daß auch sie sich eine Kopie des Artikels besorgten. Als sie Reiswig zu erklären versuchten, wie strikt Zeitschriftenredaktionen vor der Veröffentlichung ihrer Geschichten deren Inhalte hüten, brüllte Reiswig: »Alles, was ich verstehe, ist, daß die da eine Kopie der Story haben, und ihr nicht!« Daraufhin wurde ihm die wachsende Macht von Microsoft noch unheimlicher.

Ende Januar 1991, als in einem Presseartikel geschrieben stand, Microsoft habe die Arbeit am OS/2 eingestellt und widme nun seine ganze Aufmerksamkeit Windows, wurde alles noch schlimmer. Der Artikel war ein wenig voreilig. Microsoft war zwar dabei, die Zukunft des OS/2 in Frage zu stellen, ließ aber immer noch eine Menge seiner besten Leute hart daran arbeiten. Cannavino, Reiswig und die anderen waren jedoch von der Richtigkeit des Artikels überzeugt. Sie fühlten sich übers Ohr gehauen. Das Schlimmste war für Cannavino aber, daß die Geschichte ausgerechnet an dem Tag erschien, als den Direktoren anläßlich einer Aufsichtsratssitzung die neuen Strategien für IBM-Betriebssysteme vorgestellt werden sollten und Cannavino als einer der Hauptredner vorgesehen war. Alle wollten nun natürlich wissen, wie es sich wirklich verhielt und wie es Gates und seinen Leuten gelungen war, IBM derart reinzulegen.

Ballmer erklärte bei einem Management-Meeting im Januar 1991, daß in allen Zeitungsartikeln nun zu lesen sei, IBM und Microsoft bekämpften sich jetzt bis aufs Messer, und fragte sich laut: »Befinden wir uns wirklich im Krieg mit IBM?« Er konnte es noch nicht wissen, aber sie befanden sich tatsächlich mitten in einem Krieg.

11. Kapitel

Die IBM hatte sich Ende der achtziger und Anfang der neunziger Jahre so sehr isoliert, daß der Stab in ihrer Firmenzentrale häufig nicht mal zu wissen schien, welches die anderen wichtigen Firmen der Branche waren. Ein Mittelsmann von Jim Manzi, dem Boß von Lotus, einer der größten PC-Softwarefirmen, beklagt sich, daß 1990 offenbar niemand in Akers' Büro wußte, wer Manzi war, als er den Vorstandsvorsitzenden habe anrufen wollen. Und dabei ging jeder davon aus, daß Akers' geschäftsführende Assistenten eigentlich die besten und cleversten unter den jüngeren Managern bei IBM seien, die höchsten ›Hipos‹, die Jungmanager mit dem höchsten Potential. Manzis Bekanntheitsgrad war sogar außerhalb der Computerindustrie recht hoch. Er war beispielsweise erst wenige Wochen vor diesem Vorfall auf der Titelseite von *Business Week* gewesen. Doch als jener Mittelsmann anrief und versuchte, für Manzi einen Termin bei Akers zu vereinbaren, mußte er erst einmal in aller Ausführlichkeit erklären, wer Manzi überhaupt war.

»Wie war der Name doch gleich?« fragte der Mittelsmann Manzis Vertrauten. »Manzi?« wiederholte er dann zögernd, nachdem der Anrufer den Namen noch einmal gesagt hatte. »Wie buchstabiert man das? Und bei welcher Firma ist er doch gleich?«

Terry Garnett, ein geschäftsführender Vizepräsident bei Oracle, einer anderen großen Softwarefirma, erzählt, er habe etliche Male ähnliche Erfahrungen gemacht, als er versuchte, Präsident Jack Kuehler zu erreichen und sich dabei mit Kuehlers – angeblich ebenso ›hipo‹ – geschäftsführenden Assistenten habe herumschlagen müssen. Die schienen nicht die geringste Ahnung zu haben, wer oder was Oracle war.

Ende 1989 glaubte Jim Cannavino die Probleme erkannt zu haben, die diese Isolation ausgelöst hatten, und sie nun in den Griff zu bekommen. Er bedrängte seine Produktentwicklungs-Teams, endlich herauszufinden, wie andere Firmen die Dinge angingen. Cannavino hoffte auch, seine Entwicklungs-Teams zu mehr Eile zu veranlassen, indem er sie verkleinerte. Er legte fest, daß man mit einem Projekt, bei dem ein Laptop-Computer entwickelt werden sollte, der Ende 1990 vorgestellt werden konnte, so eine Art Testlauf veranstalten könne.

Cannavino wollte versuchen, wieder auf einem Markt Fuß zu fassen, auf dem IBM Mitte der achtziger Jahre mit ihrem konvertiblen Laptop gescheitert war und nicht mitgemischt hatte, als die Umsätze der Konkurrenz auf etliche Milliarden Dollar pro Jahr angewachsen waren. Deshalb versuchte er nun, in etwa die Ausgangsbasis wiederherzustellen, die das Original-PC-Team 1980 gehabt hatte. Er stellte eine Gruppe zusammen, die so klein und so weit hinten in der Niederlassung von Boca Raton versteckt war, daß Besucher gewöhnlich große Anstrengungen unternehmen mußten, um die Empfangsdame von IBM davon zu überzeugen, daß es diese Leute überhaupt gab. Die Besucher mußten dann durch lange Korridore wandern, bis sie schließlich die kleinen Büros am anderen Ende der Niederlassung erreichten, von denen man direkt auf die Sümpfe blickte. Mehr als einmal zuckten Besucher entsetzt zurück, weil ein paar Alligatoren aus dem Sumpf gekrochen waren und sich nun vor den Büros des Laptop-Entwicklungsteams sonnten. Ein Alligator entwickelte sich fast zum Dauergast. Er erschien jedesmal, bevor irgendein Problem auftauchte, weshalb er ›Murphy‹ genannt wurde – in Anspielung auf ›Murphys Gesetz‹. Und Cannavino mußte im Verlauf des Jahres 1990 zu seinem Verdruß feststellen, daß Murphy sehr häufig auftauchte.

Das Laptop-Projekt kam zu einer neuen Glanzzeit von IBM. Nach fünf mittelmäßigen bis schlechten Jahren wurde 1990 ein fantastisches Jahr für IBM. Je weiter es fortschritt, desto besser wurde es. Deshalb waren bei IBM auch alle überzeugt, daß das, was in den vorangegangenen Jahren als unglaublich schwierige Neustrukturierung angesehen worden war, sie endlich wieder ins Gelobte Land geführt hatte.

Als IBMs Manager für Meinungs- und Beziehungspflege eine Telefonkonferenz mit Wertpapieranalytikern beendete, indem er ihnen beschrieb, welch fabelhaftes Quartal man da 1990 hingelegt habe, konnte er es sich nicht verkneifen, sich die Frustration von der Seele zu reden, die sich im Lauf der Vorjahre angesammelt hatte: »Die diesjährige Bekanntgabe unserer Gewinne«, sagte er, »widme ich all jenen, die pessimistisch waren, was IBM angeht.«

1990 war zum Teil deshalb ein so großartiges Jahr, weil der AS/400 der Konkurrenz weiterhin den Wind aus den Segeln nahm. Die IBMler freuten sich diebisch, als Digital Equipment ins Schleudern kam. Aber auch die allgemein gestärkte US-Wirtschaft und einige Programme zur Umsatzförderung, die die USA nach Jahren erstmals wieder hatten besser dastehen lassen, hatten bei diesem Aufschwung eine Rolle gespielt. Doch 1990 profitierte IBM auch von einigen Faktoren, von denen das Management hätte wissen müssen, daß sie bestenfalls vorübergehender Natur sein würden. Da war einmal die riesige Wertberichtigung von 1989, die Hunderte Millionen von Dollar der Kosten ›beseitigt‹ hatte, die sonst 1990 angefallen wären. Auch die Großrechnergruppe hatte sich Anfang 1990 einiger finanzieller Taschenspielertricks bedient, um die Kunden zu bewegen, weiterhin die gegenwärtige Mainframe-Linie zu kaufen, indem sie ihnen großzügige Preisnachlässe für die neue versprochen hatte, die erst 1991 auf den Markt kommen sollte.

Das funktionierte zwar 1990, doch der Vorstandsvorsitzende John Akers hätte sich dadurch nicht blenden lassen dürfen und wissen müssen, daß sich die Großrechnerverkäufe von 1990 unmöglich halten lassen würden. 1990 profitierte IBM auch davon, daß eine neue Festplattengeneration, die gegen Ende 1989 vorgestellt worden war, der Firma einige Monate Vorsprung vor der Konkurrenz gegeben hatte – eine unerwartete Umsatzsteigerung, die sich ganz gewiß 1991 und 1992 nicht würde fortsetzen lassen.

Dennoch nahm Akers 1990 als Bestätigung des Erfolgs seiner Neustrukturierung und sagte sich, die wirklich großen Probleme lägen nun hinter ihm. Er verzichtete darauf, irgendwelche größeren Veränderungen durchzuziehen, und begann, sich auf eine Art ›Feinabstimmung‹ zu verlassen. Sein Hauptanliegen war, all seine Geschäftsbereiche anzuweisen, nun auch Teile auf dem Markt für Original-Geräte-Hersteller (OEM) zu verkaufen, was bedeutete, daß diese Firmen nun bei IBM ordern und alle Teile – von einem PC-Teil wie einer Festplatte bis hinauf zum kompletten Großrechner – unter ihren eigenen Namen weiterverkaufen konnten. Anlaß für die Maßnahme, die Original-Geräte-Hersteller ernster zu nehmen, war teilweise ein Entschluß, den Akers und Kuehler gefaßt hatten. Sie wollten die Japaner vor allem aus dem europäischen Markt verdrängen. Die japanischen Firmen hatten sich dort nämlich etabliert, indem sie einigen der dortigen Computerhersteller zunächst nur Teile verkauft und dann schließlich deren Firmen erworben hatten, sobald die in Schwierigkeiten gekommen waren. Zeugen, so erklärten Akers und Kuehler, hätten ihnen erzählt, was geschehen sei, nachdem Fujitsu – die japanische Firma, die IBM am meisten haßte – in Großbritannien die Kontrolle über ICL übernommen hatte. Denn nun hatte Fujitsu die Möglichkeit, all seine Produkte in England zu verkaufen, einem Markt also, der ihm bis dahin verschlossen gewesen war und den IBM dominiert hatte.

Wie gewöhnlich stellte sich jedoch auch diesmal heraus, daß die größten Konkurrenten von IBM auch auf dem OEM-Markt keineswegs die riesigen japanischen Firmen waren, sondern die vielen kleinen Firmen – wie die Festplattenhersteller Seagate und Conner –, die eine aggressive Preispolitik betrieben und neue Technologien wesentlich schneller übernehmen konnten als ihre größeren, ebenfalls durch eine riesige Bürokratie gelähmten Konkurrenten aus Japan.

Akers meinte, wenn IBM Teile verkaufte, würde das die internen Teilezulieferer zwingen, sich der Konkurrenz zu stellen, damit beispielsweise der PC-Bereich nicht länger weit mehr für die Teile zahlen mußte, die er von IBM kaufte, als die Konkurrenten ausgaben, wenn sie ihre Teile bei Fremdfirmen orderten. Die OEM-Verkäufe sollten außerdem dringend erforderliche Forschungs- und Entwicklungsausgaben finanzieren.

Der Chip-Bereich von IBM hatte beispielsweise zunehmend Probleme, die Hunderte von Millionen Dollar zu rechtfertigen, die er benötigte, um Fabriken für die Fertigung der curting-edge-Speicherchips zu bauen, die US-Politiker für unerläßlich hielten, damit die Vereinigten Staaten weiterhin mit der japanischen Konkurrenz mithalten konnten. Akers und Kuehler hofften, der Verkauf von überschüssigen Chips und der Abschluß von Joint-ventures mit anderen Chipherstellern würde dazu beitragen, die Kosten für diese Fabriken zu decken.

Dennoch war es für IBM nach wie vor schwer, ihre Denkweise zu ändern. Jemand, der im Forschungslabor in Almaden/Kalifornien arbeitete, mußte beispielsweise immer noch sämtliche von der Bürokratie vorgeschriebenen Schritte unternehmen, die zum Zeitpunkt der Antitrust-Klage gegen IBM in den siebziger Jahren in Kraft gesetzt worden waren, wenn er einen Forschungsvertrag mit einer Fremdfirma abschließen wollte.

Der Informatiker mußte sich zunächst die Erlaubnis der Firmenanwälte in Almaden holen, dann die von denen des Forschungs-Hauptquartiers in Yorktown Heights und danach noch die der Anwälte in der Firmenzentrale in Armonk. Jedes Veto konnte den Vertrag gefährden. Und bis er die Genehmigung endlich in Händen hatte, konnte es zwei Jahre dauern.

Akers und Kuehler stellten nun auch fest: IBM hatte sich so lange isoliert, daß sie jetzt nicht plötzlich die Türen aufstoßen und rufen konnte: »Wir sind hier!« Es war auch nicht zu erwarten, über Nacht einen Markt zu gewinnen, der ihr viele Millionen Dollar einbrächte. Bei IBM war nun einmal alles anders – von der Art, wie die Löcher in die Steckkarten gebohrt wurden, bis zu der Tatsache, daß die Chips quadratisch waren, wogegen alle anderen Firmen rechteckige herstellten. IBM mußte lernen, Löcher zu bohren, Chips zu gestalten und eine Unmenge anderer Dinge anders zu machen, bevor man auf dem OEM-Markt wieder anerkannt wurde. Und selbst dann würde niemand eine Festplatte von IBM nur um ihrer selbst willen kaufen. IBM mußte sich zunächst ein paar Lorbeeren verdienen, und auch dann gelang es ihr nur sehr selten, ihre kleineren Rivalen zu übertreffen.

Neben dem Anstoß, den er auf dem OEM-Markt gegeben hatte, entschied sich Akers, noch ein ›Qualitätsprogramm‹ anlaufen zu lassen. Das hieß, sich einer Unzahl amerikanischer Firmen anzuschließen, die sich einen Einfall der Japaner zu eigen gemacht hatten. Danach bestand ein Bedarf an meßbaren Resultaten bei allen Geschäftsprozessen und der ständigen Verbesserung dieser Resultate. Das Endziel war, ein Nirwana-ähnliches Stadium zu erreichen, das *Six Sigma* genannt wurde. In diesem Stadium machte eine Firma weniger als 3,4 Fehler pro einer Million Produkte, die sie herstellte. Akers hatte wirklich die besten Absichten. Es war festgestellt worden, daß IBM pro Jahr 2,4 Milliarden Dollar ausgab, um bei fertigen Produkten aufgetretene Fehler und Schwierigkeiten zu beheben. Wären diese Probleme nie aufgetreten, hätte IBM diese 2,4 Milliarden Dollar ihren Gewinnen zurechnen können. Außerdem meinte Akers auch ganz richtig, daß IBM Kunden beispielsweise mit solch komplizierten Rechnungen frustriere, daß manche IBM sogar dafür bezahlten, damit sie ihnen half, diese Rechnungen zu enträtseln. Akers nahm an, daß das Qualitätsprogramm solche Probleme lösen könne und auch die Kunden glücklicher machen werde. Denn Qualität wollte er nicht nur bei den Produkten bieten, sondern auch im Umgang mit den Kunden allgemein. Das erstreckte sich sogar bis hin zu der korrekten Antwort auf eine telefonische Anfrage.

Um dem Qualitätsprogramm das nötige Gewicht zu geben, übergab Akers seine Leitung Steve Schwartz. Der war nicht nur einer der geschäftsführenden Vizepräsidenten, sondern auch noch als Held des AS/400-Entwicklungsprojekts bekannt geworden. Außerdem war Schwartz ein vielgereister Manager, der über weitreichende Verbindungen verfügte, so daß er schnell zum Kern des Problems vorstoßen würde. Er hatte eine für IBM wenig typische Einstellung, die es den Leuten unmöglich machte, sich hinter IBM-Verfahrensweisen zu verstecken. Wer mit ihm sprach, mußte gleich auf den Punkt kommen. Außerdem war Schwartz ein alter Freund von Akers, was ihm ungewöhnlich viel Gehör verschaffte.

Akers hatte Schwartz beiseite genommen und ihm gesagt,

das Qualitätsprogramm sei ihr Vermächtnis für IBM. Sie waren nun beide seit mehr als dreißig Jahren bei IBM und würden auch gemeinsam Ende 1994 in Pension gehen. Akers erklärte Schwartz, seiner Meinung nach könne das Qualitätsprogramm bis zu ihrer Pensionierung die Gewinne, Umsätze und Aktienkurse von IBM wieder in Rekordhöhen steigen lassen.

Es war allgemein bekannt, daß Akers nur wenige Themen klar und offen ansprach, über das Qualitätsprogramm aber redete er sogar öffentlich. Er legte dar, wie es die amerikanische Wirtschaft insgesamt stärken könne, und bezeichnete IBM als leuchtendes Beispiel dafür, wie andere Firmen ihre Geschäfte führen sollten. Auch intern rühmte er ›Qualität‹ unablässig, um sicherzustellen, daß die IBMler es nicht als ein weiteres jener kurzlebigen Programme ansahen, die IBM wiederholt ausgelobt und dann im Lauf der Jahre wieder fallengelassen hatte.

Das Problem war allerdings, daß ›Qualität‹ nur ruckweise Fortschritte machte. Ganze Teams fanden zwar Mittel und Wege, Rechnungen so zu vereinfachen, daß die Kunden sie verstehen konnten, oder die Bürokratie abzubauen. Andererseits aber bildeten diese Teams auch eine neue Schattenbürokratie. Fast alle Beschäftigten waren einmal in der Woche in irgendeiner Art von Konferenz, in der es um das Qualitätsprogramm ging. Dazu kamen noch die Tage, an denen jeder am Qualitäts-Training teilnehmen mußte.

Als IBM sich auf kleine Probleme wie beispielsweise auf die Ansagen auf den Anrufbeantwortern konzentrierte, schaffte sie es wieder einmal, ein Thema völlig zu zerreden. IBM engagierte sogar Bob Newhart und zahlte ihm ein saftiges Honorar für die Vorbereitung eines Trainingsfilms über Telefonbotschaften. Daneben gab sie noch eine Broschüre mit dem Titel ›Die fünf Erfolgsgeheimnisse der richtigen Begrüßung‹ heraus. Und nur um sicherzustellen, daß wirklich jeder sich daran hielt, rekrutierte sie zusätzlich noch eine Art ›Telefon-Polizei‹, die ihre Tage damit verbrachte, die Angestellten zu Hause anzurufen und die Botschaften auf ihren Anrufbeantwortern zu überprüfen. Wer gegen die ›Erfolgsgeheimnisse‹ verstoßen hatte, bekam via E-Mail eine ernste

Verwarnung – und eine Kopie davon ging dem jeweiligen Boß zu.

Akers war überzeugt, daß das Qualitätsprogramm IBM tatsächlich auf den nächsten Level bringen würde. »Es hat die Fantasie der bei IBM Beschäftigten stärker beflügelt, als ich jemals gedacht hätte«, sagte er. »Jetzt laufen die Leute herum und fragen sich, wie sie ihren Bereich wohl perfekt organisieren und führen könnten. Es ist wahrhaft erstaunlich und das Beste, was uns je passiert ist.«

Doch die plumpe Methode hinterließ bei seinen ›Truppen‹ bestenfalls gemischte Gefühle. Qualität – bei IBM als *Market-Driven Quality* (Marktorientierte Qualität) bekannt, oder MDQ in Anbetracht der Abkürzungswut – hielten viele wegen des Six-Sigma-Anspruchs für schlicht ›bekloppt‹. »Six Sigma, das ist wie Heil Hitler«, schrieb ein Mitarbeiter auf ein Formblatt, auf dem jeder anonym seine Meinung zum Qualitätsprogramm äußern konnte. Ein anderer beschwerte sich darüber, daß IBM immer mehr Stellen abbaute, und schrieb, MDQ könne nur für ›Move, Die or Quit‹ (Beweg dich, stirb oder kündige) stehen. Ein Untergrund-Mitteilungsblatt der Angestellten kam zu dem Schluß, MDQ könne nur bedeuten ›Management-Driven Quest (for bigger bonuses)‹ (Managementorientiertes Verlangen [nach höheren Prämien]).

Das Qualitätsprogramm löste zwar einige Probleme, führte aber auch dazu, daß IBM sich auf die falschen Themen konzentrierte. Akers war bemüht, einen Motor fein abzustimmen, der alt und kaputt war. Er hätte ihn lieber herausreißen und durch einen neuen ersetzen sollen.

Da Akers und Schwartz Ende 1989 und 1990 ihr Qualitäts-Programm vorantrieben, begann Cannavino mit der Organisation seiner Entwicklungsprojekte herumzuexperimentieren. Die erste neue Methode machte er mit einem Heimcomputer, PS/1 genannt. Die Aussicht, einen weiteren Heimcomputer zu produzieren, erschreckte so erfahrene Manager wie Akers und Kuehler zutiefst. IBM hatte wegen des PCjr. vor Jahren derartige Prügel bezogen, daß keiner mehr das Risiko eingehen wollte, das noch einmal erleben zu müssen, selbst wenn es fürs Geschäft gut gewesen wäre, noch einen Heimcomputer zu haben. Denn 1988 war einem Team in Lexington/Kentucky tatsächlich die Genehmigung für ein Heimcomputer-Projekt erteilt worden. Cannavino hatte seinen Job zwar erst kurze Zeit später angetreten, aber jetzt beschlossen, das auch durchzufechten.

Er legte das Projekt so an, daß es genauso ablaufen konnte, wie das beim Original-PC der Fall gewesen war. Die Forscher, die zu der Gruppe gehörten, wurden zunächst einmal außer Reichweite angesiedelt. Sie zogen in ein Lagerhaus in einem abgelegenen Winkel der IBM-Niederlassung in Lexington um. Das Team wurde auf etwa ein Dutzend Leute beschränkt. Diese versuchten, IBM selbstbewußt zu verhöhnen, indem sie beispielsweise Hosenträger trugen. Doch schon 1989 lieferte das Team ein solides Programm mit drei Maschinen ab, *Bluegrass Good, Bluegrass Better* und *Bluegrass Best* genannt. Doch die Forderungen anderer Abteilungen von IBM trafen das Projekt dann so schwer, daß das Team – wie sein Leiter Tony Santelli es nannte – fast schizophren reagierte.

Zuerst wurde der PS/1-Guppe *Bluegrass Best* weggenommen. Die Maschine galt als heißer ›Multimedia‹-Computer, der ein Publikum würde begeistern können, das Grafiken und einen Ton haben wollte, wie bei Videospielen bereits üblich. Keine schlechte Idee, und in Anbetracht des geplanten Preises von etwa 3000 Dollar hätte dieser Heimcomputer auch ein Hit werden können. Doch eine IBM-Gruppe in Atlanta, die Software und spezielle Computer für Grund- und weiterführende Schulen entwickelte, bestand vor dem Management-Komitee darauf, daß *Bluegrass Best* genau die Art Maschine sei, die sie brauchte, um auf dem Schulmarkt schneller vorankommen zu können.

Die Bildungs-Gruppe gewann die Schlacht, die sich daraufhin entspann. Dann übernahm sie die 3000-Dollar-Maschine und rüstete sie angesichts des überwältigenden Technologie-Angebots, das IBM bietet, mit einigen mehr als fortschrittlichen Multimedia-Fähigkeiten auf, die ihr begeisterte Kritiken in der Fachpresse einbrachten. Dabei verdoppelte sie allerdings auch den Preis der Maschine. Sie schien total vergessen zu haben, daß Schulen in der Regel ein sehr beschränktes Budget für derlei Dinge zur Verfügung steht. Den Preis zu halbieren, indem man sich von einem Teil der Technologie trennte, wäre für diesen Zweck gewiß sinnvoller gewesen, als ihn zu verdoppeln. Das Ende war dann, daß IBM nur ganz wenige Einheiten von *Bluegrass Best* verkaufte.

Bluegrass Good und *Bluegrass Better* blieben 1989 zwar in Lexington, doch die Manager, die für die PS/2-Linie verantwortlich waren, fürchteten sie als Konkurrenz und starteten eine Kampagne, um sie schnell außer Gefecht zu setzen. Die PS/2-Bosse erklärten, wenn man Lexington erlaube, solch leistungsfähige Maschinen zu so günstigen Preisen über Kaufhäuser an Heimcomputer-Benutzer zu verkaufen, würden wohl nur noch sehr wenige Kunden an dem teureren PS/2 interessiert sein.

Die PS/2-Linie hatte auch so schon Probleme genug. Die Kampagne, die die PS/2-Manager gestartet hatten, übte genau die Art von Druck aus, von der alle IBMler – bis hinauf zu Akers – eigentlich annahmen, daß es ihn seit Jahren nicht mehr gäbe. Aber dieses Sich-gegenseitig-Ausstechen konnte man sich nur schwer abgewöhnen. Diese Gruppen, die profitable Produkte auf dem Markt hatten, besaßen immer noch eine außergewöhnliche Macht über jene, die sich bemühten, neue Maschinen herauszubringen. Und sie gewannen deshalb auch fast immer den Kampf gegen die Neulinge.

Die PS/1-Gruppe gab schließlich klein bei und speckte ihre Maschinen ab. Sie beschlossen, den alten AT-Prozessor in ihre Computer einzubauen, obwohl der schon sechs Jahre alt war und viele der IBM-Konkurrenten selbst in ihren billigen Einsteigermodellen bereits einen weit leistungsfähigeren Prozessor benutzten, nämlich eine Version des Intel 80386. Einige der PS/1-Modelle hatten sogar Schwarzweiß-Bildschirme, und das zu einer Zeit, als der Markt längst nach Farbmonitoren verlangte. Jeder, der sein PS/1-Modell verbessern wollte, indem er beispielsweise den Speicher vergrößern, eine größere Festplatte installieren oder eine Steckplatte einsetzen wollte, um den PS/1 an ein Netzwerk anzuschließen, mußte feststellen, daß es schwer war, diese Maschinen aufzuwerten. Denn schließlich sollte niemand auf die Idee kommen, für sein Büro eine *Bluegrass-Maschine* statt eines PS/2 zu kaufen.

Unter dem Druck, nicht zu aggressiv sein zu dürfen, verpaßte die PS/1-Gruppe ihren Maschinen auch noch überhöhte Preise. Als das Team seine Maschinen Mitte 1990 vorstellte, kosteten sie mehr als die Einsteigermodelle der Rivalen, obwohl die PCs der Konkurrenz durch die Bank leistungsfähiger waren. Das PS/1-Team hielt seine Listenpreise sogar für marktfähig, weil sie überzeugt waren, daß Leute in einem Kaufhaus wie Sears den Markennamen IBM allemal dem von Clonern wie Packard Bell und Epson vorziehen würden. Michael Shabazian, ein IBMler, der an der Markteinführung des Original-PC beteiligt gewesen war und nun die große Handelskette *Intelligent Electronics* leitete, sagt, die Repräsentanten von IBM hätten behauptet, der PS/1 würde sich zu Discount-Preisen nicht verkaufen lassen. Und das, obwohl alle Billigmärkte der Welt zu diesem Zeitpunkt alles zu Dumpingpreisen anboten und auch auf alle PCs 25 bis 30 Prozent Rabatt auf die von den Herstellern empfohlenen Verkaufspreise gewährten. Ein IBMler hatte Shabazian sogar erzählt, Sears habe ihm versprochen, es könne die PS/1 sogar zu einem Preis verkaufen, der zehn Prozent über dem Listenpreis läge.

»Ich habe ihm gesagt, er sei verrückt«, erzählt Shabazian.

Die Händler gewährten deshalb auch fast von Anfang an Discountpreise. Es dauerte nur ein Jahr, da verkauften Sears und alle anderen die PS/1 mit einem Nachlaß von 50 Prozent.

Bei der Vorstellung Mitte 1990 konnte Cannavino zwar die Blamage vermeiden, die es bei der Vorstellung des PCjr. gegeben hatte, aber er hatte auch niemandem imponieren können. Die allgemeine Reaktion war – ›Überraschung, Überraschung‹. IBM war mit einem weiteren mittelmäßigen Heimcomputer herausgekommen, der wohl vor allem gedacht war, die Verkäufe anderer Produkte nicht zu beeinträchtigen. Das Innovativste an dieser Vorstellung schien noch die Art zu sein, wie Cannavino sich angezogen hatte.

Die Bühne der Kunstgalerie im Untergeschoß des IBM-Gebäudes, Ecke 57th Street und Madison Avenue in Manhattan, war dekoriert wie ein Arbeitszimmer zu Hause. Nachdem die Lichter auf der Bühne an- und im Zuschauerraum ausgegangen waren, war etwa 30 Sekunden lang überhaupt nichts passiert. Die Menschen im Zuschauerraum begannen schon mit den Füßen zu scharren und fragten sich, ob wohl jemand seinen Einsatz verpaßt hätte. Dann hatte Cannavino das kleine Arbeitszimmer durch eine Seitentür betreten, bekleidet mit einem Pullover.

In diesem Moment konnte es noch niemand wissen, doch Cannavinos kleine Vorstellung führte zu einer völlig neuen Kleiderordnung bei IBM. Cannavino und seine Topmanager setzten nun ständig irgendwelche Kostümierungen ein, ob es sich nun um Skianzüge handelte, um Cowboyhüte oder alle möglichen T-Shirts. Er machte deutlich, daß er nichts gegen Freizeit-Look hatte, weshalb seine Mitarbeiter bald begannen, Pullover zu tragen, wenn sie bei Messen hinter den Kulissen arbeiteten – offizielle IBM-Pullover natürlich und nach einem Farbcode ausgewählt, der jedermann zeigte, zu welchem Teil des PC-Bereichs der Entsprechende gehörte. Schließlich erklärte Cannavino dann, es sei absolut in Ordnung, auch bei der Arbeit im Büro Pullover zu tragen. Das war das Ende der Ära der blauen Anzüge in der PC-Welt. So kam es, daß die Einführung des PS/1 Mitte 1990 erinnerungswürdig war, wenn auch aus einem ganz anderen Grund als dem, den Cannavino im Sinn gehabt hatte.

*

Die indifferente Aufnahme, die der PS/1 1990 gefunden hatte, übertrug sich auch auf ein weiteres, sehr gewagtes Projekt von IBM, weil Cannavino den PS/1 benutzt hatte, um einem Informations-Service namens *Prodigy* neues Leben einzuhauchen. Mit Hilfe von Prodigy konnten Kunden über ein Modem einen Zentralcomputer anwählen und sich in eine elektronische *Community* einschalten, in der sie in einer Art von Einkaufszentrum einkaufen, Titelzeilen hinterfragen, jedem E-Mail schicken konnten, der ebenfalls an dem System teilnahm, und sich an Diskussionen beteiligen konnten, die mittels eines elektronischen ›Schwarzen Bretts‹ geführt wurden. Prodigy war Anfang der achtziger Jahre als Joint-venture zwischen IBM, Sears und CBS geboren worden und zu einem reinen IBM-Sears-Projekt geworden, nachdem CBS sich 1987 entschlossen hatte auszusteigen, weil die erwarteten Erfolge ausgeblieben waren. In den Jahren nach dem Ausstieg von CBS hatte Prodigy zwar weiterhin viel Geld verloren, doch Cannavino hatte gehofft, die Basis von Anwendern Mitte 1990 stark verbreitern zu können, indem er auf jeden PS/1 die Prodigy-Software geladen und damit jedem Käufer eines PS/1 die Möglichkeit gegeben hatte, den Service von Prodigy ein paar Monate lang unentgeltlich zu nutzen. Alle bei IBM – bis hinauf zu Akers – hofften, daß die Hunderttausende, die ihrer Meinung nach den PS/1 kaufen würden, von Prodigy so fasziniert sein müßten, daß aus einem Geschäftszweig, der jahrelang Verluste gemacht hatte, einer werden würde, der Gewinn einbrachte. Als es nicht ganz so funktionierte, wurde Prodigy vom Markt genommen und mußte neu überdacht werden.

Prodigy war Anfang der achtziger Jahre begonnen worden, zu einer Zeit also, zu der anscheinend jede Computerfirma, jede Telefongesellschaft und jede Zeitungsredaktion sich gesagt hatte, das Zuhause der Leute werde bald zum neuen Informationszentrum werden. Nach Jahren der Geldvergeudung und fehlender Gewinne hatten sich fast alle Computerfirmen, Telefongesellschaften und Tageszeitungsverleger aus diesem Markt zurückgezogen, weil sie sich gesagt hatten, die Zukunft läge vielleicht doch woanders. Ein paar Firmen aber waren geblieben, und das IBM-Unternehmen hatte sich von anderen ohnehin von Anfang an unterschieden, weil es mit einigen neuen und guten Ideen aufwarten konnte.

Zum einen hatte man sich bei Prodigy (damals noch Trintex genannt) gesagt, die Anwender zu Hause würden gewiß pro Monat lieber eine feste Summe zahlen wollen, als – wie es andere versucht hatten – nach der Zahl der Stunden bezahlen zu müssen, die sie am Computer saßen, so daß ständig eine Uhr mitlief. Außerdem hatte Prodigy den Computer zum Mittelpunkt seiner Strategie gemacht und damit den Fehler vieler seiner Konkurrenten vermieden, die das Fernsehgerät eingesetzt hatten, um den Anwendern die Informationen zugänglich zu machen.

Der Fehler der Rivalen wurde in dem Moment augenfällig, wenn ein echter Anwender versuchte, seinen Kindern klarzumachen, sie dürften ihren Trickfilm nicht zu Ende sehen, weil Daddy sich endlich mit den Aktienkursen beschäftigen wolle. Der Kampf, der sich daraufhin in den Haushalten entspann, zeigte sehr schnell, wer wirklich über die Fernsehgewohnheiten in der Familie bestimmte – oder der wirkliche Haushaltsvorstand war.

Aber bei Prodigy wurden natürlich auch massenhaft Fehler gemacht. Das lag vor allem daran, daß IBM als die treibende Kraft keine Ahnung hatte, wie man ein neues Unternehmen aufzieht. Ein IBM-Topmann hielt vor dem Management von Prodigy eine kluge, visionäre Rede. Man müsse die Pläne auf die ausgefeilten Technologien stützen, die in ein paar Jahren auf dem Markt sein würden. Das bedeutete, daß die Manager ihre Maschinen nicht auf die Software der langsamen Computer zuschneiden mußten, die zu dieser Zeit den Markt beherrschten – das waren unter anderem der Apple II und der Original-PC von IBM, die es seit 1981 gab. Dann schaute sich Akers allerdings die betriebliche Planungsrechnung an und fragte sich, wo denn da seine Umsatzerlöse herkommen sollten. Ferner fragte er sich, ob er wirklich drei Jahre warten müsse, bis er mit Gewinnen rechnen könne. Aus diesem Grund machten sich die Leute bei Prodigy darüber Gedanken, wie sie ihre Software doch auf den IBM-PC und den Apple II abstimmen könnten.

»IBM geht in die Zukunft und blickt dabei in die Vergangenheit«, sagte einer der IBMler, der zu jener Zeit an Prodigy beteiligt gewesen war, aber ganz schnell frustriert seinen Abschied genommen hatte.

Als Prodigy auf diesen leistungsschwachen Computern lief, war es so langsam, daß es die Anwender fast wahnsinnig machte. Nur die wenigsten hatten den Eindruck, Prodigy bringe ihnen etwas. Dazu kam, daß mit dieser Arbeit Entwicklungszeit vergeudet worden war, die man wahrlich nutzbringender hätte verwenden können. Außerdem verlangte der Umgang mit den primitiven Computern, die damals in Gebrauch waren, den Programmierern einen so umständlichen Code ab, daß die Prodigy-Software sogar auf den leistungsfähigeren Maschinen, die bald auf den Markt kommen sollten, langsam lief.

Außerdem ging IBM an Prodigy heran wie an alles andere: Sie gab das Geld aus, als verfügte sie über unerschöpfliche Quellen. Im Gegensatz zu den meisten Newcomern, die jeden Pfennig einzeln umdrehten, wurde für das Unternehmen Prodigy so schnell wie möglich Personal eingestellt. Und es wurden Maschinen gekauft, weil man beides ja irgendwann einmal würde brauchen können. Als Prodigy beispielsweise Software brauchte, mit der IDs für Anwender erstellt werden konnten, hätte ein einziger Programmierer den simplen Job in ein paar Monaten erledigen können, doch hier wurden acht eingestellt. Sie schafften die Arbeit zwar in einer Frist, die ein paar Wochen unter der lag, die ein einzelner Programmierer gebraucht hätte, saßen danach aber nur noch tatenlos herum, weil es für sie keine neuen Aufgaben gab. Und niemand machte sich darum die geringsten Sorgen. Prodigy, eigentlich ein Neuling, hatte sogar seine eigene Schule, in der die Techniker auf ihren Einsatz vorbereitet wurden. IBM hatte eine solche Schule, also brauchte Prodigy ebenfalls eine. Das Geld wurde mit so vollen Händen ausgegeben, daß sogar IBM und Sears schließlich aufmerksam wurden.

IBM als Mutter zu haben, zwang Prodigy auch zu einigen sehr seltsamen Entscheidungen über die Computer-Hardware, die man benutzen sollte. Ganz am Anfang ließ Prodigy sich von IBM eine ganze Reihe von Kleinrechneranlagen der Serie 1 unterjubeln – es war jene Serie 1, die Don Estridge an den Rand des Wahnsinns getrieben hatte, bevor er das PC-Projekt übernommen hatte – und das, obwohl sie hoffnungslos leistungsschwach waren. Das Problem, das Prodigy mit den Maschinen hatte: Die Software schien im Netzwerk immer mit voller Kapazität zu laufen, die Anwender empfanden sie aber als zu langsam.

Prodigy war der Beweis dafür, daß der Markt völlig falsch

eingeschätzt worden war. Man hatte nämlich angenommen, die Leute würden auf ihre schönen, bunten Kataloge verzichten und Bekleidung, Sportartikel, Möbel und überhaupt alles über Prodigy kaufen, was angeboten wurde. Doch die Strichzeichnungen, die auf den Computer-Bildschirmen in den Häusern der ›Kunden‹ erschienen, konnten es nicht im mindesten mit den Hochglanzfotos der braungebrannten Models aus den Versandhauskatalogen aufnehmen. Weil die Verkäufe bei weitem nicht den Hoffnungen entsprachen, waren auch weniger Firmen als erwartet bereit, bei Prodigy für Werbung zu bezahlen.

Personen, die E-Mail-Botschaften verschicken oder über ein elektronisches Schwarzes Brett miteinander kommunizieren wollten, waren dagegen zunächst begeistert von Prodigy, weil sie nur einen Fixpreis dafür zahlen mußten. Aber selbst diese Klientel verprellte Prodigy schließlich. Zunächst einmal wurde der Preis für alle erhöht, die pro Monat mehr als 30 E-Mail-Sendungen verschicken wollten. Einige Anwender beschwerten sich daraufhin, und andere versuchten sogar, einen Boykott zu organisieren. Die Preiserhöhung war jedoch nicht zu umgehen, sondern die einzig vernünftige Entscheidung gewesen, weshalb der Boykott auch keinen öffentlichen Aufschrei und keine negative Publicity auslöste und dem Unternehmen wohl kaum geschadet hätte. Dann allerdings – wie bei IBM kaum anders zu erwarten – entwickelte Prodigy plötzlich so eine Art Big-Brother-Image. Den Organisatoren des Boykotts wurde nämlich ab sofort der Zugang zum System verwehrt. Und da hieß es natürlich gleich ›Zensur‹, was in den USA für ungeheuer negative Schlagzeilen sorgte und für die Firma zu einer ungeheuer peinlichen Angelegenheit wurde.

Nachdem das Thema ausführlich angesprochen worden war, entspann sich eine Debatte, die sich auf einen Punkt konzentrierte, der viele Benutzer der Schwarzen Bretter verärgert hatte. Diese Menschen waren für Prodigy das größte Marktpotential und gehörten durchweg zu den intellektuellen, freizügigen Typen, die einander per E-Mail die ungewöhnlichsten Nachrichten zukommen ließen.

Anfangs konzentrierte sich ein Großteil der Kommunikation auf Sex – genauso wie sich Telefondienste, Videokassettenverleiher und die meisten anderen der neuen Technologien am Anfang nur um Sex zu drehen schienen. Die Schwarzen Bretter hatten sogar eine neue Art von Publikation hervorgebracht: die ›Zines‹ – kurz für Magazine. Ein besonders originelles hatte Captain Kirk und Mr. Spock aus der Fernsehserie ›Raumschiff Enterprise‹ zu seinen Helden erkoren. Allerdings machte es die beiden Machos zu einem heimlichen Liebespaar, und darauf baute es dann ganz neue Geschichten auf.

Diese ganzen Sex-Stories waren Prodigy und seiner ›Mutter‹ IBM mehr als unangenehm.

Anfang der achtziger Jahre hatte IBM im Joint-venture mit MCA einen kühnen Vorstoß auf den Markt für Unterhaltungs-Elektronik geplant. Das Produkt sollte Disco-Vision heißen. Auf Lasertechnologie aufgebaute Geräte sollten Filme abspielen, die auf Platten gespeichert waren, die Compact Discs ähnelten. Doch wieder hatte IBM Probleme bei der Abstimmung mit einem Partner. Außerdem mochten sich die IBM-Bosse ganz und gar nicht an den Gedanken gewöhnen, daß jemand sich vielleicht zu Hause auf einem Gerät, das ein IBM-Logo trug, einen Porno ansah, also ließ IBM dieses Vorhaben ganz schnell fallen. Disco-Vision verkaufte seine Patente Ende der achtziger Jahre.

Prodigy zensierte von nun an alles, was nicht ›jugendfrei‹ oder ›familiengerecht‹ schien. Daraufhin begannen einige Prodigy-Anwender die Telefonnummern von rivalisierenden Informationsbrett-Anbietern zirkulieren zu lassen, wenn auch nicht über Prodigy. Denn sie waren sicher, daß auch das zensiert werden würde.

Die Geschichte mit der Zensur wurde 1991 und 1992 amüsant. Ein Anwender hatte zum Beispiel versucht, auf dem Informationsbrett einer E-Mail-Box für Münzsammler eine Notiz über einen ›Franklin Dime‹ (ein Zehncentstück mit dem Bild von Benjamin Franklin) zu plazieren, doch der Zensor verweigerte ihm das. Prodigy verbietet nämlich die Benutzung des vollen Namens auf dem Schwarzen Brett, und der Zensor hatte geglaubt, Franklin Dime sei irgend jemandes Name. Ein anderer Anwender machte wegen einer – wie er meinte – antisemitischen Äußerung, die jemand habe plazieren können, einen unheimlichen Wirbel.

Bei Prodigy war man inzwischen wegen dieser ständigen Angriffe gegen die Zensur so verunsichert, daß man sich voll hinter diese Äußerung gestellt hatte, weil man davon ausging, sie müsse okay sein, nachdem sie die Zensur passiert hatte. Und dann ernannte Prodigy ausgerechnet einen Manager mit dem deutschen Nachnamen Heilbronner – Herr Heilbronner wurde er in der Presse prompt genannt – zum Sprecher in dieser Angelegenheit. Die Zeitungen des ganzen Landes stürzten sich natürlich auf dieses Thema, bis den Prodigy-Managern nach ein paar Tagen endlich klarwurde, daß sie die Veröffentlichung dieser umstrittenen Äußerung in Wirklichkeit niemals zugelassen hatten. Sie konnten ihre Hände in Unschuld waschen, sie waren reingelegt worden, aber dumm angestellt hatten sie sich trotzdem.

1987, nachdem CBS sich aus Prodigy zurückgezogen hatte, waren IBM und Sears ziemlich nervös geworden und hatten sich nach einem neuen Partner umgesehen. Der hätte nicht einmal Kapital aufbringen müssen, um sich einkaufen zu können, obwohl IBM und Sears bis zu diesem Zeitpunkt mehrere hundert Millionen Dollar in das Unternehmen investiert hatten. Der Partner hätte nur ein Drittel der zukünftigen Verluste übernehmen müssen. IBM und Sears schätzten, daß sie noch weitere 1,2 Milliarden Dollar in Prodigy würden pumpen müssen, bevor es, wie man meinte, irgendwann 1992 schwarze Zahlen schriebe. Doch es fand sich kein neuer Partner. Solch eine Summe mochte ja für Firmen wie IBM oder Sears nur Klimpergeld sein, andere Unternehmen sahen das schon damals anders. Und außerdem fragten sie sich, was wohl passieren würde, wenn es doch länger dauerte, bis man Profite erwirtschaften konnte.

Genau das passierte. Ende 1992 schrieb Prodigy noch immer rote Zahlen. Es war noch kein Ende der Verluste in Sicht. Daraufhin erhöhte Prodigy die Preise und baute den Benutzern der Schwarzen Bretter eine Uhr ein, was eine völlige Abkehr von der ursprünglichen Idee war: mit Niedrigpreisen zu arbeiten, um viele Leute anzuziehen – und diese Idee war das einzige gewesen, was Prodigy überhaupt attraktiv gemacht hatte. Außerdem strich Prodigy 400 seiner 1100 Jobs. Innerhalb des Unternehmens wurden Gerüchte laut, daß dies erst der Anfang sei. Die Fama behauptete auch, IBM und Sears hätten versucht, eine Telefongesellschaft zu finden, die interessiert sei, ihnen Prodigy abzunehmen. Nachdem dies nicht gelungen war, verdichtete sich das Gerücht, IBM und Sears würden ihr Joint-venture einfach abbrechen.

Nachdem die PS/1-Strategie, der Testlauf von Cannavinos Hardware-Konzeption, Mitte 1990 fehlgeschlagen war, wandte er sich voll und ganz seinem Laptop-Projekt zu. Er wollte die Welt mittels dieses Projekts wissen lassen, daß es ihm gelungen war, die Art grundlegend zu verändern, in der der PC-Bereich seine Produkte entwickelte, obwohl er erst wenig mehr als ein Jahr im Amt war. Mit dem Laptop wollte er beweisen, daß IBM ihre Produkte ebenso schnell herausbringen konnte wie alle anderen und daß sie ebensogut waren wie die aller anderen, sagte Cannavino.

Er beschloß allerdings, dennoch behutsam vorzugehen, weil er auf keinen Fall den peinlichen Fehlschlag wiederholen wollte, als IBM Mitte der achtziger Jahre mit dem konvertiblen Laptop herausgekommen war. Bevor er sich an einen 10-Pfund-Laptop wagte, wollte er es zunächst mit einem 25-Pfund-Portable versuchen, nur damit die Entwickler sich an den Gedanken gewöhnen konnten, PC-Teile in ein winziges Paket zu quetschen.

Cannavino hielt es für eines der größten Probleme des PC-Unternehmensbereichs, daß man sich nicht genügend Zeit nahm, vor dem Beginn einer Entwicklung ausführlich mit den potentiellen Kunden zu reden. Deshalb veranlaßte er das Entwicklungsteam seines Portable, sich mit Hunderten von möglichen Kunden zu unterhalten. Danach entwarf die Gruppe ein fabelhaftes Design und kam mit einem Portable heraus, der jeden Preis gewann, den man sich nur vorstellen kann. Aber das passierte genau zu dem Zeitpunkt, als die Kunden die Portables als viel zu schwer bezeichneten. Sie würden nie wieder einen kaufen, weil sie Laptops brauchten, nichts anderes.

Trotz des Reinfalls mit dem Portable beharrte Cannavino

nach wie vor darauf, das A und O sei es, mehr mit den Kunden zu reden. Was aber wäre, so mußte er sich fragen lassen, wenn die Kunden gar nicht den nötigen Überblick hätten, um nach dem zu fragen, was sie wirklich wollten? Sie hätten schließlich auch nicht gewußt, daß es so etwas wie einen Portable geben könnte, bis Compaq ihnen einen beschert hätte. Die Kunden hätten auch nicht gewußt, daß es so etwas wie einen Laptop geben könnte, bis Compaq ihnen einen guten Laptop präsentiert hatte. Und Sony hätte schließlich auch kein Kunde erzählt, daß er sich ein winziges Radio mit Kassettenteil wünsche, möglicherweise noch in allen möglichen Farben und Formen – und natürlich noch wasserdicht –, und das einen so tollen Namen wie Walkman tragen sollte.

Wie, so hatte der Frager wissen wollen, wollte Cannavino garantieren, daß nicht irgendein Konkurrent da draußen gerade dabei war, an den Grenzen der Technologie zu kratzen, und eine neue, bessere Maschine auf den Markt warf, während er noch dabei sei, einen Weltklasse-Laptop zu entwickeln.

Cannavino übergab dieses Projekt Bob Lawten, einem Manager der mittleren Ebene, der auch die Entwicklung des Portable in der Hand gehabt und die Lorbeeren für die guten Kritiken geerntet hatte. Lawten bekam die Einwilligung für seinen Unternehmensplan an den Weihnachtstagen des Jahres 1989. Und da er nicht zu denen gehörte, die Zeit verschwenden, hatte er sein Team umgehend zusammengerufen. Es bestand, wie das Original-PC-Team, nur aus etwa einem Dutzend Technikern. Da Lawten seine Familie nicht hatte stören wollen, die sich zum Weihnachtsfest in ihrem Ferienhaus an der Küste von New Jersey aufhielt, hatte er sich hinausgeschlichen und die Anrufe von einer öffentlichen Telefonzelle an einem verlassenen Strand aus getätigt. So führte er seine erste Telefonkonferenz, während ihm an einem bitterkalten Dezembertag ein eisiger Wind ins Gesicht blies.

Lawten setzte diesmal alle Hebel in Bewegung. Er bediente sich sogar der Design-Abteilung in Japan, um rund um die Uhr arbeiten zu können. Sein Team in Boca Raton beschäftigte sich beispielsweise zwölf Stunden mit einem Problem, dann schickten sie ihren Kollegen in Japan die Ergebnisse. Die Japaner setzten sich nun ebenfalls mit dem Problem auseinander, und wenn das Boca Raton-Team am nächsten Morgen mit der Arbeit begann, fand es die Resultate aus Japan bereits vor.

Anfang 1990 ging alles so schnell, daß die fröhlichen Laptop-Designer aus Florida ihr Produkt am liebsten KAP (›kick-ass-product‹) genannt hätten. Sie begnügten sich dann aber mit ›Aloha‹. Dafür hatten sie sich entschieden, weil sie dem Laptop-Markt ›Hallo‹ sagen wollten. Später sollte sich dann allerdings herausstellen, daß es eher ein ›Auf-Wiedersehen‹ war.

Einige der Marketing-Leute verbrachten jedoch viel Zeit fern von Boca Raton. Sie flogen quer durch die Vereinigten Staaten, um herauszufinden, wie die Kunden das Produkt gern haben wollten. Als einer dieser Männer seiner dreijährigen Tochter einmal sein Büro zeigen wollte, hatte sie sein Flugzeug sehen wollen.

Das Team von Lawten kaufte, wie einst das von Estridge, viele Teile von Fremdfirmen. Der Hauptzulieferer war diesmal Western Digital, weshalb Lawten in den Büros dieser Firma an der Westküste so eine Art Einsatzraum einrichten ließ. Dieses Zimmer war die reinste Sauna – genauso wie der kleine Raum bei Microsoft, in dem 1980 und 1981 das Betriebssystem für den IBM-PC entwickelt worden war. Solche Räume müssen aus Sicherheitsgründen nun einmal abgeschlossen werden. Dieses Zimmerchen jedenfalls war ideal gelegen, weil es in der Zeitzone zwischen Japan und Florida lag. Wenn Lawten dieses Büro betrat, konnte er jedesmal feststellen, wie seine beiden Teams zusammengehalten wurden – da waren zwei Fiberglaskabel, und es war immer jemand da, der aufmerksam zuhörte. Das kleine Büro war ständig besetzt. Zu jeder Zeit saß dort jemand, der Arbeiten koordinierte und dabei an jedem Ohr einen Telefonhörer hatte – auf der einen Seite sprach Boca Raton, auf der anderen Japan.

Manchmal funktionierten die Teams so schnell und arbeiteten so überstürzt, daß sie an die Keystone Cops erinnerten. Einmal stellte beispielsweise jemand, der in einem Bürogebäude zu tun hatte, das einen Konkurrenten beherbergte, seinen Aktenkoffer mit allen Produktplänen in einem Aufzug ab. Er war so überarbeitet, daß er einen Moment den Überblick verlor und den Lift verließ, ohne seinen Koffer mitzunehmen. Da schloß sich auch schon die Tür, und die Produktpläne entschwebten. Daraufhin griff er sich einige seiner Kollegen, die alle dastanden und gebannt die Anzeigetafel des Aufzugs beobachteten, um zu sehen, wo der halten würde. Sie wußten alle, daß es um das Projekt geschehen war, wenn ein Unbefugter die Produktpläne in diesem heiklen Frühstadium in die Hände bekam. Deshalb entfuhr allen ein Seufzer der Erleichterung, als der Lift nur in einem einzigen anderen Stockwerk hielt und dann wiederkam. Doch er war leer. Daraufhin verteilte sich das Team, um das Gebäude nach dem Koffer zu durchsuchen. Nach einer Stunde fand er sich wieder ein. Ein guter Samariter hatte ihn – ungeöffnet – auf einem Korridor abgestellt. Als ein anderes Mitglied des Teams dann für die Kollegen von der Fertigung ein Videoband zusammenstellte, um ihnen zu zeigen, wie der Laptop gebaut werden mußte, hielt es das fertige Produkt als krönenden Abschluß direkt vor die Kamera, woraufhin der Laptop anfing, ganz fürchterlich zu qualmen.

Als Maskottchen hatte die Gruppe sich Jud McCarthy zugelegt, eine Art vertrottelten Professor, der es geradezu genoß, die Arbeit über so viele Zeitzonen wie möglich verstreut zu wissen. Das bedeutete nämlich, daß er jederzeit von irgend jemandem eine Antwort bekommen und höchstwahrscheinlich irgendwann irgendwen aufwecken würde. McCarthys Brillengläser waren so dick wie der Boden einer Colaflasche, und er schien sich während der ganzen Zeit auch ausschließlich von Cola und Popcorn zu ernähren – das heißt, wenn er nicht gerade seine eigene Roséwein-Schöpfung trank, die er sich aus Rot- und Weißwein zusammenmixte, und Reste aß, die mehrere Tage alt waren.

Das Laptop-Team war berühmt dafür, daß es andere Unternehmensabteilungen quasi als Geisel nahm, beispielsweise wenn irgendwelche Anwälte sich geweigert hatten,

Verträge zu unterschreiben, oder irgendein Unternehmensbereich nicht einverstanden war, Teile zu einem Preis zu liefern, mit dem die Lawten-Gruppe hätte leben können. Das Laptop-Team orderte in einem solchen Fall nur ein paar Pizzen. Es hatte dafür gesorgt, daß die Auslieferer des örtlichen Pizza-Service den Weg zu den abgelegenen Büros fast blind fanden. Dann begannen die Verhandlungen, 36 Stunden, 48 Stunden. Auf jeden Fall dauerte es immer so lange, daß das Essen vergammelt war und die widerspenstigen ›Partner‹ sich über den Tisch ziehen ließen. Denen war mit Sicherheit eines klar: Wenn sie nicht nachgaben, würden sie nie wieder wegkommen. Zu diesem Zeitpunkt wurde das verdorbene Essen entweder beiseite gestellt, bis irgendein Hausmeister darüber stolperte und es wegwarf oder McCarthy es sah und sich schließlich erbarmte.

Da alle derart begeistert und hart arbeiteten, lief 1990 beinahe alles wie am Schnürchen. Der Vorstellung im Oktober schien nichts im Weg zu stehen. Ging man von den Produkten aus, die die Konkurrenz zu bringen beabsichtigte, schien es so, als könne IBM diesmal mit einem neuen schnelleren Prozessor und einer Festplatte mit großem Speicher – einer wichtigen Voraussetzung auf dem Laptop-Markt – zuerst herauskommen. Möglicherweise hatte Cannavino ja recht. Vielleicht wußte der Kunde tatsächlich, was gut war.

Statt den ganz normalen Sequenzprozeß zu durchlaufen – nach dem die Leute aus der Entwicklung zunächst ihre Arbeit abschlossen, dann alle Unterlagen an die Herstellung weitergaben, die herauszufinden suchte, wie man das Produkt am günstigsten produzieren kann, und dann das Marketing-Team auf den Plan rief –, setzte Cannavino alle für das Endprodukt erforderlichen Abteilungen gleichzeitig daran. Die Herstellung brach mit dem üblichen Protokoll und baute tatsächlich die ersten Prototypen, damit diejenigen, die den echten Laptop produzieren sollten, wußten, welche Werkzeuge sie dafür brauchen würden, und mit den Vorbereitungen beginnen konnten. Die Herstellung richtete sogar neben der Fabrikationsebene eine kleine Werkstatt ein, so daß jemand sich ein problematisches Teil nehmen und vor Ort daran arbeiten konnte, um festzustellen, ob vielleicht eine kleine Änderung ausreichte, um das Teil dann besser in den winzigen Computer einzupassen.

Normalerweise hätte selbst die kleinste Veränderung Wochen erfordert, in denen zunächst einmal Anträge geschrieben werden mußten und eine Genehmigung nach der anderen eingeholt wurde. Cannavino und das Team von Lawten waren sehr stolz auf sich, weil sie derartige Risiken eingingen.

Daß sie sich selbst beglückwünschen mußten, weist auf einen der eklatantesten Fehler hin, die sich bei IBM im Lauf der Jahre eingeschlichen hatten. Die IBM-Manager orientierten sich hauptsächlich an der Zahl der Viren, die sie beispielsweise in ihrer Software hatten ausmerzen können, allerdings stets im Vergleich zu der Zahl, die es vorher bei IBM gewesen waren, nicht im Vergleich zur Konkurrenz. Wenn sich irgend jemand bei IBM schon einmal mit der Konkurrenz auseinandersetzte, dann ging es gewöhnlich nur darum festzustellen, welchen Stand sie gerade erreicht hatte, und nicht, wo sie in ein, zwei Jahren stehen würde. Zu sagen, IBM habe sich von seinem langsamen Sequenz-Entwicklungsprozeß befreit, war gewiß richtig und ganz sicher ein Risiko für die IBMler, die es vollzogen. Die Behauptung an sich war dagegen im Grunde nicht besonders relevant. Compaq hatte den Sequenzprozeß schon vor Jahren abgeschafft und war längst dabei, nach anderen Wegen zu suchen, noch mehr Entwicklungszeit einzusparen. IBM hätte es schon mit weit radikaleren Methoden versuchen müssen, wenn sie nicht ständig hätte hinterherhinken wollen.

Dan Mandresh, ein Wertpapieranalytiker bei Merrill Lynch, sagt gern, IBMler glaubten immer, sie spielten auf dem Golfplatz. Solange sie pro Jahr nur ein oder zwei Bälle verschlügen, seien sie glücklich. Die IBMler schienen allerdings nicht zu begreifen, daß sie im Wettstreit mit anderen Golfern spielten und einige der anderen Profis waren, die nebenbei noch viel Zeit auf der Drivingrange (Übungsfläche) verbrachten, wo sie sich bemühten, ihre Schlagtechnik ebenso schnell zu verbessern, wie IBM es auch tat.

Als es Herbst wurde, tauchte Murphy, der Alligator,

immer öfter auf. Bei einem Chip gab es ein Problem, für das offenbar keine Lösung parat war. Und es gab keinen Ersatz für diesen Chip. Der Ankündigungstermin mußte vom Oktober 1990, wo der Laptop der Konkurrenz noch mehr als eine Nasenlänge voraus gewesen wäre, auf den Februar 1991 verschoben werden, und zu dieser Zeit wollten auch die Rivalen auf dem Markt sein. Danach entdeckte Lawtens Zulieferfirma Defekte in einem winzigen Verbindungsstück, das gebraucht wurde, um den kleinen Bildschirm in Gang zu setzen. Schließlich fand das Laptop-Team heraus, daß das Schicksal seine Hand im Spiel gehabt hatte: Der Manager der Zulieferfirma, die das Verbindungsstück herstellte, hatte einen Schlaganfall erlitten, und sein Stellvertreter hatte gekündigt. Und das war der Grund, weshalb Lawten die Vorstellung noch um einen weiteren Monat hatte verschieben müssen, auf den März 1991.

Im März äußerte Cannavino seine Enttäuschung dadurch, daß er die Basis all seiner Entwicklungsarbeiten für portable Computer ins japanische Yamoto verlagerte. Dieser Umzug enttäuschte wiederum das US-Kontingent, das nun anfing, mit dem Namen des Topmanagers der japanischen PC-Technologen Witze zu machen: Nubuo Mii wurde verspottet wie kaum ein anderer. Als der arme Mann in die Vereinigten Staaten kam und in Boca Raton an einem IBM-Rhetorikkurs teilnahm, um seine Redetechnik zu verbessern, gab man ihm die Aufgabe, ausgerechnet eine Rede von Lee Iacocca zu lesen, in der der kräftig auf die Japaner eingedroschen hatte.

Jetzt, da die Laptop-Präsentation vor ihm lag, begann Cannavino seine Standardschlacht um die Preisfestlegung mit den Marketing-Experten zu schlagen. Er wollte den Laptop für 5000 Dollar verkaufen, was ein sehr aggressiver Preis gewesen wäre. Das gefiel ihm. IBM war mit seinem ersten Laptop derart auf den Bauch gefallen, daß er nun alle Welt wissen lassen wollte, daß IBM wieder da war. Seine Marketing-›Partner‹ allerdings wollten – wie gewöhnlich – nicht das Risiko eingehen, auf Geld zu verzichten, das ihrer Meinung nach auf der Straße lag. Sie holten ihre Folien heraus und behaupteten, das Produkt glatt für 6000 Dollar verkaufen zu können. Die einzig vergleichbare Maschine auf dem

Markt koste schließlich noch mehr, warum also solle man die zusätzlichen tausend Dollar in den Wind schreiben?

Cannavino konterte, seine Konkurrenten würden ihre Preise mit Sicherheit senken, sobald die Maschine von IBM auf dem Markt sei. Darauf entgegneten seine Marketing-›Partner‹ in etwa: »Nun, okay, wenn das passiert, können wir unsere Preise ja immer noch senken.«

Cannavino wurde wütend. Er wollte wissen, warum man dann nicht gleich mit dem niedrigeren Preis in den Markt gehen könne. Denn die Leute erinnerten sich später an den Preis, der bei der Vorstellung genannt werden würde, argumentierte er. Wenn die Konkurrenz dann durch Preissenkungen Aufsehen erregte, würden die Leute denken, IBM wolle eine weit teurere Maschine verkaufen. Sie würden glauben, IBM habe mal wieder eine Bauchlandung gemacht. Außerdem machte er sich Sorgen, daß IBM viel zu lange brauchen würde, um auf die niedrigeren Preise reagieren zu können. Es konnte nämlich 60 bis 90 Tage dauern, bis man die Genehmigung für eine Preissenkung bekam. Dem meisten mußte Kuehler persönlich zustimmen. Der Streit eskalierte, aber das Management-Komitee schloß sich der Meinung der Marketing-Leute an. Eine aggressive Preispolitik war nun einmal nicht IBM-like. Sie minderte die Profite.

Und so kam es denn, daß die Konkurrenten prompt innerhalb weniger Tage ihre Preise auf weniger als 5000 Dollar senkten, kaum war die IBM-Maschine für 6000 Dollar auf dem Markt. Cannavino bekam die Erlaubnis zu reagieren und schaffte es tatsächlich, seine Konkurrenten noch zu unterbieten, aber niemand nahm davon Notiz. Die Leute betrachteten den IBM-Laptop als 6000-Dollar-Maschine und fragten sich, warum IBM es wohl nicht geschafft hatte, einen Laptop richtig hinzubekommen.

Innerhalb von Monaten senkte IBM daraufhin ihre Preise auf 3500 Dollar, doch das interessierte kaum noch jemanden. Die beständigen Preissenkungen wurden allmählich als Zeichen der Schwäche gesehen. Anläßlich jeder einzelnen Preissenkung konnte wieder jemand eine Geschichte schreiben, in der es hieß, die Maschine müsse ja ein Riesenreinfall sein – und IBM mußte mit den Preisen noch weiter runtergehen.

Ein Teil der Schwierigkeiten aber war sicherlich auf die Tatsache zurückzuführen, daß gerade zu dem Zeitpunkt, als der Laptop endlich auf den Markt kam, die IBM ihren absoluten finanziellen Tiefpunkt erreicht hatte. Da sich die gesamte Finanzwelt auf die miserablen Resultate konzentrierte, die IBM für 1991 voraussagte, wollte sich niemand mit einem Laptop von IBM beschäftigen, selbst wenn er sich als technologische Sensation erwiesen hätte.

Das echte Problem war jedoch, daß Cannavino sich geirrt hatte. Die Kunden hatten eben doch nicht gewußt, was sie wollten. Sie hatten nicht gewußt, daß man die ganzen Fähigkeiten, die IBM seinem Zehn-Pfund-Laptop mitgegeben hatte, auch einem hätte mitgeben können, der nur sechs Pfund wog: dem sogenannten Notebook. Das heißt, die Kunden hatten das nicht gewußt, bis Compaq ihnen einen Notebook-Computer gezeigt hatte. Cannavino hatte den Kunden genau den Laptop gebaut, von dem sie gesagt hatten, sie wollten ihn, aber trotzdem gingen alle hin und kauften die Compaq-Maschine, diejenige, die sie vorher nicht gesehen hatten, diejenige, die gebaut worden war, weil die Technologie dafür vorhanden war und nicht, weil ein Kundengremium ihr zugestimmt hatte.

Obwohl Cannavino geplant hatte, mit Hilfe eines starken Laptop sich in den Markt für – wie er sagte – mobile Computer zu katapultieren, war es ihm lediglich gelungen, in den Laptop-Markt genau zu dem Zeitpunkt einzusteigen, in dem der ausgelaugt war, genau so, wie er in dem Augenblick auf den Markt für portable Computer gekommen war, als der zusammenbrach. Cannavino begann daraufhin mit der Entwicklung einiger Notebook-Computer, aber auch deren Entwicklung verzögerte sich. Sie kamen erst 1992 auf den Markt und waren typische ›me, too‹-Produkte, keine Verbesserung gegenüber denen von Compaq.

Ein Assistent von Cannavino sagt, Ende 1991 sei die IBM-Planung für portable Computer, Laptops und Notebooks in einem Zustand gewesen, den man sich schlimmer nicht hätte vorstellen können.

12. Kapitel

Nachdem Jim Cannavino Anfang 1991 beschlossen hatte, Bill Gates und Microsoft nun endlich den Krieg erklären zu müssen, tat er zunächst einmal etwas für ihn sehr Uncharakteristisches: Er überlegte ernsthaft, ob er nicht lieber aufgeben sollte. Er gab pro Jahr 125 Millionen Dollar für das OS/2 aus, doch keiner schien es haben zu wollen. Aber zur gleichen Zeit wurden pro Monat eine Million Windows von Gates verkauft. Möglicherweise, so sagte sich Cannavino, könne er sich und anderen eine Menge Ärger ersparen, wenn er zugab, daß Gates diese Runde gewonnen hatte.

Cannavino setzte deshalb einige Leute seines Stabes auf dieses Problem an. Sie empfahlen ihm, weiterzumachen. Dann diskutierte Cannavino das Thema mit Joe Guglielmi, einem ›Überlebenden‹ des OfficeVision-Debakels und inzwischen Boß von Cannavinos Marketingabteilung für das OS/2. Guglielmi war ebenfalls der Meinung, sie könnten es sich nicht leisten, jetzt aufzugeben. Daraufhin baten die beiden um einen Termin bei Vorstandsboß John Akers, Präsident Jack Kuehler und anderen Mitgliedern des Management-Komitees, um ihre Probleme mit dem OS/2 vortragen zu können.

Als Cannavino und Guglielmi die ›heiligen Hallen‹ der IBM-Firmenzentrale betraten, in denen das MC seine Konferenzen abhält, fanden sie dort Akers vor, der, wie es den Anschein hatte, auf Gates' Seite stand. Akers hatte immer eine herzliche Beziehung zu Bill Gates gehabt. Er war derjenige gewesen, der ihm vorgeschlagen hatte, in den Vorstand des *United Way* einzutreten, nachdem seine Mutter ihren Sitz dort aufgegeben hatte. Einige IBMler erzählen, Akers habe Cannavino und Mitarbeiter seines engeren Stabes sogar einmal gefragt, warum sie vor der Presse bloß immer so schlecht über Bill, den Sohn von Mary Gates, sprächen. Ende 1987 hatte Akers in seinem Urlaub Microsoft einen Besuch abgestattet, den Gates als Höhepunkt der Beziehungen zwischen IBM und Microsoft beschreibt. Nach einem Familienbesuch in Oregon war er zu Microsoft gefahren, wo man ihn darüber informierte, was Gates und dessen Leute vorhatten. Danach hatte Akers mit Gates und seinen Eltern zu Abend gegessen und fast so etwas wie ein persönliches Interesse entwickelt (zumindest als Vater einer heiratsfähigen Tochter, die ständig junge Männer mit nach Hause brachte, welche er für nicht ganz passend hielt. Immer wieder hatte er sich deshalb nach einem bestimmten jungen Mitarbeiter von Microsoft erkundigt, Gates gefragt, wie er solche Leute fände, denen seine Tochter nie zu begegnen schien.)

Das war im Oktober 1987, und nur ein paar Tage nach diesem Zusammentreffen war es zu dem spektakulären Börsenkrach gekommen, der die US-Wirtschaft an den Rand des Zusammenbruchs gebracht hatte. Akers hatte sich daraufhin mit weit wesentlicheren Fragen herumschlagen müssen, weshalb es den beiden nicht gelungen war, zu irgendwelchen Abschlüssen zu kommen. Dennoch war jedem klar gewesen, daß Gates und Akers sich zu mögen schienen. Und nun erkundigte sich Akers Anfang 1991 bei Cannavino und Guglielmi, warum IBM weiterhin so viel Geld für das OS/2 aus dem Fenster werfen solle, wenn die Kunden doch ganz offensichtlich Windows zu bevorzugen schienen.

Cannavino, der dem Porträt des gestrengen Tom Watson sen. gegenüber auf dem Podium im MC-Konferenzsaal Stellung bezogen hatte, räumte ein, daß IBM das möglicherweise wirklich nicht tun solle. Doch dann fügte er hinzu, es bestünde vielleicht eine 60prozentige Wahrscheinlichkeit, daß es sich doch als sinnvoll erweisen könne. Außerdem erklärte er, wenn IBM denn mit dem OS/2 weitermachen wolle, müsse sie das allerdings allein tun, weil Microsoft mit Sicherheit keine Gelegenheit auslassen würde, um sein Windows voranzutreiben und das OS/2 zu behindern.

Cannavino redete sich förmlich in Rage, als er erklärte, IBM solle schon deshalb mit dem OS/2 weitermachen, weil man auf dem Markt für Personalcomputer-Betriebssysteme damit Geld machen könne, obwohl er relativ klein sei, nur etwa 600 Millionen Dollar pro Jahr abwerfe, und IBM mit dem OS/2 selbst so gut wie keinen Marktanteil hätte. Dann sprach Cannavino noch das Thema an, daß man Standards setzen müsse. Falls man zuließe, daß Microsoft den Markt beherrsche, dann würde Microsoft auch entscheiden können – und nicht IBM –, wann man den Betriebssystemen Fähigkeiten mitgeben solle, die es den Software-Entwicklern beispielsweise erlaubten, Video in ihre Anwendungen einzubeziehen. Und falls IBM irgendwann zu der Überzeugung käme, die Zukunft gehöre den Multimedia-Programmen, solle sie dann wirklich warten, bis Gates bereit sei, Multimedia-Techniken zu ermöglichen?

Kuehler war in der Zwischenzeit Cannavinos eifrigster Befürworter geworden und hatte dafür gesorgt, daß er von der IBM-Bürokratie verschont blieb, wenn sie ihm hinderlich erschien, und nur einen geringen Anteil der IBM-Gemeinkosten zahlen mußte, obwohl Cannavinos schwache Finanzergebnisse von 1989 und die indifferenten von 1990 eine derartige Sonderbehandlung keineswegs gerechtfertigt hätten.

Obwohl einige von Cannavinos Kollegen, die die verschiedenen amerikanischen Marketing- und Produktgruppen leiteten, 1991 angefangen hatten, sich darüber zu beschweren, daß Cannavino eine Sonderstellung einnähme, setzte sich Kuehler hinter den Kulissen nach wie vor für seinen Schützling ein. Wenn er die Pläne anderer IBM-Geschäftszweige begutachtete, erkundigte er sich beispielsweise regelmäßig: »Und was tun Sie für den PC-Bereich?« So wußte Cannavino, daß er sich Kuehlers Unterstützung nach wie vor sicher sein konnte. Und etwa eine halbe Stunde, nachdem er mit der Präsentation begonnen hatte, schien auch Akers bereit zu sein, einer Weiterführung des OS/2-Projekts zuzustimmen.

Der entscheidende Punkt war, daß Cannavino sagte, er brauche ein größeres Betriebssystem wie das OS/2, um schnellere Hardware verkaufen zu können. Das entsprach genau der IBM-Tradition, nach der die Firma versuchte, den Kunden etwas aufzudrängen, nicht weil sie es wirklich brauchten, sondern weil IBM etwas verkaufen wollte. Die abschließende Überlegung zum OS/2 beruhte also keineswegs auf der Tatsache, daß die Kunden diese Fähigkeiten auch würden nutzen wollen, die das OS/2 ihnen lieferte. Es zählte allein, daß IBM die Kunden dazu bringen mußte, Software zu benutzen, die langsam lief, also viel von der Leistungsfähigkeit der auf dem Markt befindlichen Maschinen aufsaugte. Aus welchem anderen Grund sollten die Kunden wohl sonst schnellere, teurere Maschinen von IBM kaufen?

Cannavino gab zu, daß es schwer sein würde, die Leute davon zu überzeugen. Außerdem erklärte er, Akers und Kuehler sollten keinesfalls unterschätzen, wie mächtig Microsoft geworden war und wie energisch sich Gates zur Wehr setzen würde. Doch Akers stellte sich trotzdem auf seine Seite. Nachdem Guglielmi mit einem weiteren Schuß gegen Gates die Präsentation beendet hatte, schloß Akers die Konferenz mit den Worten: »Los, macht ihn fertig!«

Cannavino und Guglielmi verließen den MC-Konferenzraum beflügelt, bereit, Gates zur Strecke zu bringen. Als Steve Ballmer einen Monat später in dem Glauben, Microsoft und IBM arbeiteten immer noch zusammen, zu einem Treffen mit dem OS/2-Marketing-Team von IBM nach Armonk kam, griff Guglielmi ihn sich und beschimpfte ihn lautstark wegen seiner Pläne für Windows, die er als Verrat ansah. Das Feuer bei IBM hielt jedoch nicht lange an, denn Cannavino und sein Stab brauchten allein drei Monate, um für den April 1991 seine neue OS/2-Strategie ankündigen zu können. Außerdem hatte Microsoft so viele Zuträger bei IBM, daß Gates rechtzeitig erfuhr, was Cannavino vorhatte. Nun blieb ihm genügend Zeit, einen Gegenangriff vorzubereiten.

Gates und die anderen bei Microsoft bereiteten sich auf die Ankündigung von IBM vor, indem sie Reporter, Berater und Wertpapieranalytiker mit gezielten Indiskretionen über die Fehler des OS/2 fütterten. Und dann sorgte Microsoft dafür, daß jeder Erfolgs-Meilenstein von Windows der Öffentlichkeit noch einmal ins Gedächtnis gerufen wurde. Da hieß es dann, daß Windows 3.0 in den ersten zehn Monaten nach seiner Veröffentlichung (im Mai 1990) über 13millionenmal verkauft worden war, wogegen das OS/2 in den Jahren seit seiner Markteinführung (im April 1987) lediglich

300 000 Abnehmer gefunden hatte, von denen aber kaum einer es wirklich genutzt hatte.

Gates' Kommentar zu den 300 000 Kopien brachte ihm eine Zahlung von etlichen Millionen Dollar von IBM ein. Es war so eine Art Schweigegeld. IBM hatte nämlich behauptet, es seien 600 000 Kopien verkauft worden, weil sie ungefähr 300 000 mitgezählt hatte, die an PC-Kunden abgegeben worden waren. Jeder ging davon aus, daß sie nicht einmal benutzt worden waren. Genausowenig waren sie bezahlt worden. Deshalb hatte IBM auch niemals die paar Millionen Dollar Lizenzgebühren an Microsoft weitergegeben, die fällig gewesen wären, wenn man eine so große Einheit tatsächlich verkauft hätte. Doch nachdem Gates angefangen hatte, in seiner Version der Geschichte diese 300 000 Stück nicht einzubeziehen, schickte IBM ihm eiligst einen Scheck für die zusätzlichen 300 000.

Natürlich wurde die Bedingung gestellt, daß er ab sofort sagte, es seien 600 000 Stück verkauft worden. Das tat Gates auch, doch einigen Reportern erzählte er daneben noch die wahre Geschichte, beendete sie aber mit einem Lächeln und sagte, er müsse allerdings darauf bestehen, daß die Reporter sich bei ihren Veröffentlichungen an die offizielle Zahl von 600 000 Stück hielten.

Kaum war Cannavino soweit, seine OS/2-Strategie darzulegen, bereitete er eine seiner typisch grandiosen Präsentationen vor. Er mietete für zwei Tage den Ballsaal eines Hotels, um zunächst seine wichtigsten Kunden zu informieren und danach die Reporter, Berater und Wertpapieranalytiker. Zu diesem Zweck fuhr er starke Geschütze auf.

Akers und Kuehler übernahmen die Ankündigung und schworen jedem der Anwesenden, IBM stünde hinter dem OS/2, wie sie immer hinter allem gestanden hätte, was den Namen IBM trug. Sie sagten, Ende 1991 würde Cannavino eine neue Version des OS/2 liefern, die alle anderen Betriebssysteme vom Markt fegen würde. Und sie behaupteten, unter OS/2 würden DOS-Programme besser laufen als unter DOS, und auch Windows-Programme würden natürlich besser laufen als auf Microsofts Windows. »Das bessere Windows als Windows« wurde zum Schlachtruf der IBMler.

Akers und Kuehler versprachen, Cannavino werde dafür sorgen, daß es auch noch eine Menge anderer guter Software geben würde, damit jeder die Vorteile des OS/2 wirklich nutzen konnte. Akers veranstaltete eine wahrhaft große Show, ging zu den Plätzen der Manager, die direkt mit dem OS/2 zu tun hatten, und sammelte deren Tischkarten ein. Damit wollte er klarmachen, daß er sich jeden persönlich merken würde, der für den Erfolg oder Mißerfolg des OS/2 verantwortlich war. Denn im Anschluß daran verkündete er, er werde ihnen die Namensschilder erst dann wiedergeben, wenn sie die großartige neue Version des OS/2 auf den Markt gebracht hätten.

Die Kunden waren nach dieser Präsentation ganz besonders stark beeindruckt. Akers und Kuehler hatten nämlich nicht nur den Ruf von IBM in die Waagschale geworfen, sondern auch ihren eigenen. Falls es IBM nicht gelang, bis Ende 1991 ein wirklich fabelhaftes Produkt zu bringen, gerieten die beiden auch persönlich in Schwierigkeiten.

Nun mußte Cannavino nur noch liefern.

Im März 1991 bekam Akers den Druck ernsthaft zu spüren, und er wollte entschlossen sicherstellen, daß jeder andere ihn ebenfalls spürte. Nach dem großartigen 1990 hatte er den Vorstand überzeugt, die Tantieme für ihn und sein Management um großzügige 35 Prozent anzuheben und ihm und ihnen daneben noch ein dickes Aktienpaket als Bonus zuzugestehen, was bedeutete, daß sich die Gesamtbezüge mehr als verdoppelt hatten.

Während der Vorstandssitzung Ende Februar hatte Akers sich noch ständig symbolisch auf die Schulter geschlagen und erklärt, wie gut doch alles liefe. Dann, in der dritten Märzwoche, hatte Akers plötzlich verkünden müssen, daß das erste Quartal zu einem Desaster werden könne und noch nicht klar sei, wie eine Wende herbeizuführen wäre.

Einer der Unterhändler, der am Verkauf des Drucker- und Schreibmaschinenbereichs von IBM in Lexington/Kentucky beteiligt war, sagt, Akers habe es nur deshalb so eilig gehabt, den Handel abzuschließen, um im ersten Quartal doch noch einen Gewinn verzeichnen zu können und sich nicht zu den

Verlusten bekennen zu müssen. Der Mann erklärt ferner, Akers hätte viel mehr Geld herausschlagen können, hätte er sich nur ein wenig mehr Zeit gelassen.

Akers gelang es zwar, die breite Öffentlichkeit davon zu überzeugen, daß er wegen des Krieges am Persischen Golf und der allgemeinen Schwäche der US-Wirtschaft schon eine ganze Weile in tiefer Sorge gewesen sei, doch der Vorstand wußte es besser. Von Wertpapieranalytikern, die sich auf die Versprechungen von IBM verlassen hatten, war Anfang 1991 für die Firma ein Rekordergebnis von mehr als sieben Milliarden Dollar vorausgesagt worden. Statt dessen war Akers nunmehr auf dem Weg zu einem Verlust von drei Milliarden Dollar. Da gab es eine Menge, was Akers würde erklären müssen.

Der einzige Grund dafür, daß Akers die Firma nach dem Debakel vom März 1991 wie bisher weiterführen durfte, war wohl, daß Frank Cary gerade in diesem Monat seinen Sitz im Vorstand hatte aufgeben müssen, weil er gerade siebzig geworden war. Der frühere Vorstandsvorsitzende hatte immer noch so viel Macht und Mumm und Geschäftssinn, daß er vermutlich das einzige Mitglied des Vorstands gewesen wäre, das Akers zum Rücktritt hätte zwingen können. Und Cary war inzwischen stinksauer auf seinen früheren geschäftsführenden Assistenten.

Mitte der achtziger Jahre war Cary noch willens gewesen, Akers die Zügel lockerzulassen, weil er sich gesagt hatte, daß man die anfänglichen Probleme noch Akers' Vorgängern anlasten müsse. Danach hatte sich Cary lange einreden lassen, Akers habe die Probleme schon im Griff, besonders nachdem das Jahr 1990 so gut ausgesehen hatte. Doch kaum hatte Akers' zwei Wochen, nachdem er dem Vorstand versichert hatte, alles liefe großartig, verkünden müssen, er habe große Schwierigkeiten, war Cary klar gewesen, woran das lag. Er war so wütend darüber, den Vorstand der Firma verlassen zu müssen, die er quasi mit aufgebaut hatte, daß er die Zwangspensionierung als ›gesetzlich vorgeschriebene Senilität‹ bezeichnet hatte. Seine Freunde und Golfpartner erzählen, er habe 1991 und 1992 nach dem Umsatzeinbruch immer nur vor sich hin gebrummelt, er hätte eigentlich geglaubt, »Johnny (Akers) hätte jetzt alles wieder im Griff«. Cary, von dem die meisten Direktoren bei IBM eingesetzt worden waren, hatte 1991 und 1992 den Kontakt zu den meisten von ihnen und zu einem Großteil des Managements zwar aufrechterhalten können, doch ohne einen Sitz im Vorstand hatte er kaum eine Möglichkeit, auf Akers Einfluß zu nehmen.

Akers wickelte den Vorstand förmlich ein. Monat um Monat stellte er Firmenjets und Hubschrauber bereit, die die Direktoren da abholten, wo sie sich gerade aufhielten, damit sie sich anschließend im Vorstandssaal bei IBM in Armonk versammeln und sich anhören konnten, wie er ihnen erklärte, IBMs wahres Problem sei die schwache Weltwirtschaft. Außerdem belehrte Akers sie darüber, daß auch alle Konkurrenten von IBM Probleme hätten, und tischte ihnen dann die Zahlen auf, die Digital Equipment, Unisys, gelegentlich auch Hewlett-Packard und einige andere PC-Firmen betrafen.

In Anbetracht der Tatsache, daß IBM eigentlich immer ein paar der früheren Firmenbosse im Vorstand gehabt hatte und wie sehr man bei IBM an Traditionen hing, war es nach Carys Abgang nur zu verständlich, daß die Mitglieder des Vorstands nun vom früheren Vorstandsvorsitzenden John Opel erwarteten, daß er die Zügel in die Hand nahm. Doch Opel bevorzugte eine ruhige Gangart. Im Lauf des Jahres 1991 war der Vorstand in seiner Gesamtheit deshalb überzeugt, Akers mache alles richtig.

Akers fuhr zwar fort, eindringliche Appelle an seine Topleute zu richten, schien aber keinen von ihnen disziplinieren zu können oder zu wollen. Der Großrechnerbereich war in Schwierigkeiten, doch Bernard Puckett, dem gegenwärtigen Boß, klopfte er nicht einmal auf die Finger, obwohl der einige riskante Finanztricks angewandt hatte, um die Bilanz von 1990 zu schönen, was allerdings auf Kosten der Betriebsergebnisse von 1991 und 1992 gegangen war. Jetzt sah es dort besorgniserregend aus. Bernard Puckett hatte jedoch zu diesem Zeitpunkt bereits einen neuen Job. Er war inzwischen zum Leiter einer großen Software-Gruppe bei IBM befördert worden. Und deshalb hatte er nie die Konsequenzen für die Probleme tragen müssen, die er im Großrechnerbereich zurückgelassen hatte. Mehr noch: Er wurde bald darauf zum geschäftsführenden Vizepräsidenten berufen und damit zu einem der wichtigsten Kandidaten für die Nachfolge von Akers.

Cannavinos Geschäftsbereich war in einem entsetzlichen Zustand, dennoch entzog ihm Akers keineswegs seine Gunst. Einige andere Unternehmensbereiche erbrachten höchst indifferente Ergebnisse, aber auch hier belangte niemand diejenigen, die dafür verantwortlich waren.

Ende April 1991 rief Akers schließlich doch seine zwanzig Topmanager zusammen, um sie einmal gründlich zusammenzustauchen. Damit hatte er freilich eine Lawine losgetreten, die ihn die Unterstützung der meisten seiner wichtigsten leitenden Mitarbeiter kostete und damit die von fast jedem einzelnen, der in der Gehaltsskala weiter unten rangierte.

Akers hatte sich vor der Konferenz zu Hause in der Küche einige Notizen gemacht. Aber je länger er dagesessen und die Wände angestarrt hatte, desto überzeugter war er gewesen, daß sein Team ihn schnöde im Stich gelassen hatte.

Nachdem seine Manager den Konferenzsaal des MC in Armonk betreten hatten, fanden sie Stuhlreihen wie in einer Schule vor. Sie mußten sich setzen und sich dann vor den Augen und Ohren ihrer Kollegen wie ungezogene Schüler behandeln lassen. Jeden einzelnen Geschäftsbereich nahm Akers aufs Korn. Den Topleuten fiel es nicht leicht, das einfach hinzunehmen. Sie sahen sich als ein Team, und Akers war ihrer Meinung nach ein Teil davon. Denn er hatte schließlich persönlich den wichtigsten Punkten der Entscheidungen zugestimmt, die sie getroffen hatten. Dennoch stand er nun da und brüllte sie an. Er sagte: Sie haben mich hier in eine schlimme Lage gebracht, und Sie mich dort. Niemals hieß es, wir haben ein Problem und wir müssen es lösen. Der Tenor war Sie, Sie, Sie, ich, ich, ich.

Akers sagte: »Die europäischen Konkurrenten – ICI, Phillips, Olivetti – sind in diesem Jahr auf die Schnauze gefallen.« Und merkte an, die Gewinne hätten dann doch wohl IBM zufallen müssen. Danach brüllte er los: »Wo sind sie?«

Er sagte, IBM Japan verliere seit einigen Jahren Marktanteile, dann schrie er: »Ändert das!« Akers erklärte, der Verlust an Marktanteilen mache ihn ›stinksauer‹ – »Ich bin immer davon ausgegangen, daß mein Job als Verkäufer auf dem Spiel steht, wenn mir ein Handel durch die Lappen geht. Sagen Sie Ihrem Außendienst, daß jeder einzelne Job auf dem Spiel steht, wenn das so weitergeht!«

Akers schloß die Sitzung mit Pauken und Trompeten, indem er Einsparungen beim Marketing ankündigte. Er beklagte, er habe den US-Außendienst um 5000 Leute aufgestockt, doch bei den Umsätzen hätte sich nichts, aber auch gar nichts getan. »Wo, bitte, bleibt die Gegenleistung für diese 5000 neuen Jobs?« wetterte er. »Wo sind die Gewinne? Was, verdammt noch mal, tut ihr überhaupt?«

Die Topmanager saßen da und nahmen es hin, weil sie keine andere Wahl hatten. Sie gaben sogar zähneknirschend zu, er habe jedes Recht, sauer zu sein. Einige Leute machten gewiß nicht, was man von ihnen erwartete. Doch dann beging Akers einen Kardinalfehler, den ihm niemand verzeihen konnte: Er ging damit an die Öffentlichkeit. Und das als IBMler, dem man genau wie allen anderen beigebracht hatte, man müsse immer und unter allen Umständen den Mund halten und alles ›super‹ finden.

Nachdem er seine Topleute fertiggemacht hatte, mußte er am nächsten Tag in Armonk vor zwanzig Personen eine Ansprache halten, die an einem der prestigeträchtigsten Managementkurse von IBM teilnahmen. Akers hatte immer noch Wut im Bauch und war außerdem in der Zwischenzeit zu der Erkenntnis gelangt, Teil seiner Probleme sei es, daß seine Anweisungen zu oft und zu stark gefiltert würden, bevor sie bei den Leuten ›da unten‹ ankamen. IBM war immer wie das US-Marinecorps gewesen: Wenn der oberste Boß »Rechts um!« befahl, hatten sich alle sofort nach rechts gedreht, ohne auch nur einen Moment zu zögern. Nun aber hatte Akers das Gefühl, jahrelang »Rechts um!« gebrüllt zu haben, doch ein Großteil der Firma hätte den Befehl entweder nie gehört oder sei sich nicht ganz schlüssig gewesen, ob er ihm nachkommen solle. Da Akers nun die Gelegenheit hatte, einige junge Heißsporne ›aus dem Feld‹ in dem kleinen Konferenzsaal versammelt zu sehen, den IBM für die Schulung benutzte, nahm er dieselben Notizen, die er am Vortag verwandt hatte, und übermittelte den jungen Männern auch dieselbe Nachricht, die er den Topmanagern entgegengebrüllt hatte. Er sagte sich, die Jungmanager würden in ihren Abteilungen dann schon erzählen, wie todunglücklich der oberste Boß war.

Einer der ehrgeizigen Aufsteiger nahm Akers beim Wort. Da der gesagt hatte, er sei es leid, daß seine Botschaften nur gefiltert weitergegeben würden, machte er sich ausführliche Notizen, tippte sie dann in sein Terminal und gab sie per E-Mail an jeden in seiner Abteilung weiter. Aber da blieben sie natürlich nicht. Da IBM insgesamt miteinander vernetzt ist, erreichte das Memo von Akers bald auch andere Abteilungen. So dauerte es nur ein paar Wochen, bis jeder in der Firma eine Kopie des Memos hatte. Wie viele Kopien jemand erhalten hatte, wurde zum Maßstab für den persönlichen Einfluß des einzelnen. Ein Marketing-Topmann in New York sagt, auf seinen Schreibtisch seien innerhalb weniger Tage mehr als dreißig Kopien geflattert.

Bald waren natürlich auch einige Kopien in den Zeitungsredaktionen gelandet, und kaum waren die ersten Geschichten veröffentlicht worden, griffen alle Medien das Thema auf. Es war offensichtlich eine Art von Voyeurismus. Bisher war es immer schwer gewesen, hinter die Kulissen von IBM zu schauen, weil die vielen Ebenen der Bürokratie sichergestellt hatten, daß in dem Augenblick, da etwas öffentlich mitgeteilt wurde, jedes Gefühl aus dem einmal Gesagten herausgefiltert worden war. Hier gab es nun aber eine Möglichkeit, endlich einmal zu erfahren, was in diesem bedeutenden Unternehmen tatsächlich vorging, wenn die Bosse die blauen Anzugjacken ausgezogen, die roten Krawatten gelockert und den obersten Knopf an ihren gestärkten weißen Hemden geöffnet hatten.

Diese Publicity verursachte einen weit größeren Wirbel, als IBM ihn bis dahin hatte erleben müssen. Die IBMler in den ›Schützengräben‹ mußten zugeben, daß Akers in ein paar Punkten durchaus recht hatte, fühlten sich aber von einigen seiner Kommentare zutiefst getroffen. Zum Beispiel hatte er gesagt, er habe es satt, daß die »Leute nur neben den Wasserspendern herumständen und klatschten, und er der Meinung sei, es wäre gut, wenn sie endlich einmal anfingen, sich um ihre Jobs zu ängstigen«.

Seine Vizepräsidentin für Kommunikation, Mary Lee Turner, drängte ihn daraufhin, sich mit solchen Bemerkungen zurückzuhalten. Mary Lee Turner ist ein übernervöser Typ. Sie gab zu, sie sei früher geradezu von Kaffee abhängig gewesen. Sechzehn Tassen pro Tag waren ihr Minimum. Als sie einmal versucht hatte, sich einzuschränken, hatte sie mitten in einer Opernaufführung in der New Yorker Met hinausstürmen und sich an der Bar fünf Tassen Kaffee bestellen müssen, die sie auf der Stelle ausgetrunken hatte. Das Koffein reichte ihr allerdings nicht aus, sie war auch noch ganz wild auf Schokolade. Während ihrer Collegezeit hatte ihr Frühstück meist aus zwei Kopfschmerztabletten und einer Dose Schokoladensirup bestanden. Da Mary Lee Turner vom Marketing gekommen war, wo man daran gewöhnt ist, daß die Kunden jede Nachricht kritiklos schlucken, vermochte sie nicht einzusehen, daß man mit der streitsüchtigen und zunehmend skeptischer werdenden Presse etwas anders hätte umgehen müssen.

1990, als es bei IBM so fantastisch lief, hatte sie zwar angefangen, etwas offener zu werden, eine ganze Reihe vertraulicher Zusammenkünfte zwischen Akers und einigen Reportern arrangiert, um Beziehungen aufzubauen und Verständnis für einige seiner Aktionen zu erreichen, doch diese Politik der Offenheit hatte in dem Augenblick abrupt geendet, als Akers im März 1991 Verluste hatte bekanntgeben müssen. Obwohl Akers außerordentlich gut war, wenn er mit dem Rücken an der Wand stand und mit der Feindseligkeit der Presse oder ganzer Gruppen von Angestellten fertig werden mußte, hatte er sich nun entschlossen, sich ruhig zu verhalten und darauf zu hoffen, daß niemand merkte, wie ernst die Lage bei IBM tatsächlich war. Der einst so dickfellige Akers zeigte erstmals Nerven.

Da die Führungsebene ihre Führungsfunktion aufgegeben hatte, organisierten einige IBMler der unteren Ebene ein elektronisches Schwarzes Brett für all jene, die über Akers'

Kommentare diskutieren wollten. Das fand natürlich zu den IBM-üblichen Bedingungen statt. Beispielsweise war es niemandem erlaubt, Auszüge aus dem Original-Memo von Akers zu zitieren, weil irgend jemand ihm inzwischen den Stempel ›IBM-vertraulich‹ aufgedrückt hatte, obwohl das Memo zu diesem Zeitpunkt längst von so gut wie jeder Zeitung auf der ganzen Welt veröffentlicht worden war. Das Schwarze Brett verdiente aber dennoch Beachtung, hauptsächlich deshalb, weil es mit der offiziellen IBM-Politik des ewigen Mundhaltens gebrochen und Hunderttausende von auf Computern geschriebenen Zeilen von Hunderttausenden von Mitarbeitern hausintern öffentlich gemacht hatte. Diese Kommentare spiegelten das Bild einer Firma wider, die zutiefst getroffen war und in der sich fast jeder über die sogenannte ›Große Graue Wolke‹ der Manager beklagte. Die ›gewöhnlichen‹ Beschäftigten meinten, die ›hohen Herren‹ säßen so weit oben, daß ihr Blick die Wolkenschicht nicht mehr durchdringen könne, sie also auch nicht sehen könnten, was sich draußen in der Welt tat.

»Die Leute standen einfach da und beobachteten, wie ein IBM-Manager Tausenddollarscheine von der nächsten Brücke warf, weil sie fürchteten, ihre Karriere aufs Spiel zu setzen, wenn sie eingriffen«, schrieb einer für das Schwarze Brett. Er wollte damit sagen, die Untergebenen hätten Angst gehabt, ihren Bossen überhaupt zu gestehen, daß es Probleme gäbe.

Ein anderer erklärte, alle in seinem Bereich hätten sich geschworen, ihrem Ärger einmal so richtig Luft zu machen, falls jemals ein Topmanager bei ihnen auftauchen würde, doch als dann Carl Conti, einer der geschäftsführenden Vizepräsidenten, sie besucht habe, hätten sie alle alles im rosigsten Licht dargestellt. Der Schreiber fügte hinzu: »Übrigens, Mr. Conti wirkt in natura sehr jung!«

»Wenn es so weitergeht, wird es IBM bald so gehen wie den Bahngesellschaften, deren Management ebenso schwerfällig ist und deren Beschäftigte ebenso stolz darauf sind, einer großen Organisation anzugehören«, schrieb ein anderer.

»Wir haben eine riesige Management-Hierarchie, die nur

das Talent hat, die eigene Karriere immer weiter voranzutreiben«, beklagte sich jemand.

Ein weiterer IBMler benutzte eine Parabel, um seine Gefühle auszudrücken: »Der US-Außenminister war in Moskau zur Parade anläßlich der Feierlichkeiten zum 1. Mai eingeladen. Die gesamte Vernichtungsmaschinerie war vorbeigerollt: Raketen, Panzer, Artillerie. Dann war die Rote Armee vorbeimarschiert – ein Anblick absoluter militärischer Präzision. Schließlich sei eine weitere große Gruppe aufgetaucht. Die Männer sahen aus wie Zivilisten und waren ziemlich lässig hinter der Armee hergetrottet. Der Außenminister hatte sich an seine Gastgeber gewandt und gefragt, wer denn diese Zivilisten seien. ›Das ist das Mittelmanagement der sowjetischen Wirtschaft. Sie haben ja keine Ahnung, welchen Schaden die anrichten können.‹«

Viele der IBMler griffen natürlich Akers an.

Sie beklagten sich, daß er seine Bezüge Anfang 1991 gewaltig erhöht hatte, wogegen die mittlere und untere Ebene sich mit winzigen Gehaltszulagen hatten begnügen müssen – wenn sie denn überhaupt etwas bekommen hätten. Einer schrieb, die »gewöhnlichen IBMler würden noch immer jeden Cent umdrehen müssen, während John Akers sich gewiß längst einen Berater engagiert hätte, der festlegte, was er mit seinem Aktienbesitz anfangen solle«.

Ein anderer merkte an: »Die Fama behauptet, Mr. Akers habe nicht mal ein Terminal bzw. eine Workstation. Ich verstehe nicht, wie er da behaupten kann, er verstünde etwas von diesem Geschäft.«

Unzählige Angestellte meckerten über die berühmten ›Prozesse‹, die alles zu lähmen schienen.

In Anspielung auf die ›Große Graue Wolke‹, in Anbetracht der IBM-Vorliebe für Abkürzungen auch ›BGC‹ (Big Gray Cloud) genannt, schrieb einer: »Ich habe viel Gerede über den ›Prozeß‹ gehört, aber nichts gesehen, was auch nur im mindesten darauf hinweist, daß unser Planungszirkel einem laufenden Prozeß auch nur nahekommt – es sei denn, damit sei das ständige Chaos gemeint. Ich habe den Eindruck, hier ist alles auf Wunschdenken und Produktgruppen aufgebaut. Irgend jemand in der ›BGC‹ beschließt, wir brauchen das Produkt X zum Zeitpunkt Y, und beauftragt eine Produktgruppe, es zu entwickeln. Sechs Monate später läßt man es fallen, und der Prozeß wiederholt sich, nur liegen wir inzwischen schon sechs Monate hinter der Konkurrenz zurück.« Diese Schreiberin war Programmiererin, und sie erzählte, die letzten vier Projekte, an denen sie gearbeitet habe, seien vor der Marktreife abgeschossen worden.

»Es dauert sechs bis zwölf Monate, bis man die Genehmigung für einen Vertrag bekommt«, beschwerte sich ein anderer. »Um die erforderliche Finanzierung zu erhalten, braucht man wenigstens ein Jahr, möchte man die Einwilligung für ein neues Entwicklungsprojekt, so dauert das ebenfalls mindestens ein Jahr, will man eine Änderung durchführen, um ein Produkt zu verbessern, muß man monatelang warten, will man eine neue Version eines Produkts entwickeln, muß man länger als ein Jahr warten.« Dies war eine der aufschlußreichsten Anmerkungen, die jemand auf dem Schwarzen Brett plaziert hatte, denn weiter hieß es: »Das Dumme daran ist, daß es Jahre dauern würde, wenn wir den ›Prozeß‹ einsetzen wollten, um dieses Problem zu lösen.«

Aber es gab auch witzige Vorschläge. Einer riet dazu, IBM solle doch das THINK-Motto ändern. In Anbetracht der Veränderungen, die IBM durchlief, meinte er ›ÜBERLEG ES DIR‹ oder ›DENK NOCH MAL‹ sei vielleicht passender. Ein anderer wollte das THINK-Motto zwar aufrechterhalten, aber noch ein OR THWIM darunterschreiben.

Doch die meisten konnten der Situation nichts Heiteres abgewinnen. Es brach ihnen geradezu das Herz zu sehen, wie IBM sich verändert hatte.

»IBM ist immer etwas Besonderes gewesen«, schrieb einer. »Wenn sie jetzt von ihren Grundsätzen abweicht, dann wird sie sich bald nicht mehr von General Motors, AT & T oder Exxon unterscheiden.«

Ein anderer beschwerte sich über das komplizierte System, das angewandt wurde, wenn es darum ging, ›normale‹ Leute zu feuern. »Wir sind doch keine Bäume, die nach einem bestimmten Schema gefällt werden müssen«, schrieb er.

Etliche beendeten ihre Kommentare mit der Frage, ob

wohl irgend jemand, der zur ›Großen Grauen Wolke‹ gehörte, überhaupt an dem interessiert sei, was sie zu sagen hätten. Schließlich begannen einige der Topmanager doch Teile dessen zu lesen, was auf dem Schwarzen Brett stand, und fanden es recht informativ.

Akers allerdings las keine einzige Zeile, weil er nicht mit seinem Terminal umgehen konnte. Er reagierte deshalb in keiner Weise, wodurch er an der Basis noch mehr an Vertrauen verlor. Und Mary Lee Turner, seine Sprecherin, erwies ihm nicht gerade einen Gefallen, als sie die Diskussionen, die über das Schwarze Brett geführt wurden, als ›dummes Gerede‹ abtat. Denn die meisten derer, die sich daran beteiligt hatten, waren überzeugt, Vorschläge gemacht zu haben, wie man IBM wieder auf den richtigen Weg bringen, sie zu ihren Grundsätzen zurückführen könne. Denn den Respekt für den einzelnen hielten sie alle nach wie vor für unerläßlich.

Als die Geschäfte im Lauf des Jahres nicht besser liefen, verstärkte Akers den Druck. Er wollte erreichen, daß viele freiwillig die Firma verließen. Außerdem leitete er endlich auch Schritte ein, die Jahre zuvor noch sinnvoll gewesen wären. Er drückte ein Bewertungssystem durch, das inzwischen bedeutungslos geworden war, und bestimmte, daß jene, die auf der untersten Bewertungsstufe standen, ihr Glück woanders suchen sollten.

Bei IBM hatte es seit langem ein System gegeben, nach dem die Beschäftigten auf einer Skala von eins bis fünf eingeordnet werden sollten. Wobei eins bedeutete, daß man auf diesen Angestellten nicht verzichten könne, und fünf, daß dieser Beschäftigte in ernsthaften Schwierigkeiten war. Doch es hatte eine regelrechte Bewertungsinflation gegeben. So gut wie niemand bekam jemals eine Fünf verpaßt. Sogar mit der Vier war man mehr als sparsam umgegangen. Die große Masse schien als Drei eingestuft worden zu sein – oder besser. Jetzt wollte Akers diese Skala deshalb auf eins bis vier beschränken, bestand aber auf bestimmten Prozentsätzen bei der Bewertung: zehn Prozent aller Untergebenen eines Managers sollten eine Eins bekommen, 40 Prozent eine Zwei, 40 Prozent eine Drei und zehn Prozent eine Vier.

Die Hälfte der Vieren wiederum sollte in eine eigene Kategorie eingeordnet werden, die ›Vier zur Überprüfung‹ genannt wurde. Jeder, der längere Zeit in dieser Kategorie blieb, konnte entweder eine Abfindung nehmen und gehen, oder er wurde gefeuert. Die Frist, die man leistungsschwachen Angestellten gab, endlich Erfolge zu bringen, wurde von ein paar Monaten auf wenige Wochen gekürzt. Bei IBM hatte es früher immer geheißen, jemand sei »auf der amtlich vermessenen Meile«, wenn man ihm gewisse Leistungsnormen abverlangte, wollte er es vermeiden, gefeuert zu werden; nun aber hieß es, er sei »auf den amtlich vermessenen letzten 100 Metern«. Dieses Bewertungssystem erschütterte IBM in seinen Grundfesten. Angesichts der Tatsache, daß IBM gerade eine schwere Zeit durchzustehen hatte und andere Firmen Nieten gewöhnlich sofort feuern, ist das zwar schwer verständlich, aber IBMler konnten sich nun einmal nicht vorstellen, daß man auch sie entlassen könnte.

Es hatte schließlich ganz anders angefangen. Tom Watson sen. hatte zwar mal ein paar Leute entlassen, Tom jun. dagegen Unmengen von Leuten gefeuert, häufig sogar fristlos. Frank Carys Stab hatte dem Boß einmal vorgeschlagen, er solle Leute entlassen, wenn auch nur deshalb, um allen zu zeigen, daß er es tun konnte und um die Sache mit der lebenslangen Beschäftigungsgarantie endlich aus der Welt zu schaffen. Obwohl Cary sich dazu nie hatte durchringen können, erzählte er den Leuten oft, IBM könne diese Tradition der lebenslangen Beschäftigungsgarantie nur dann aufrechterhalten, wenn die Geschäfte weiterhin gut liefen. Und außerdem hatte er immer dafür gesorgt, daß die Zahl der Beschäftigten sich in einem vernünftigen Rahmen bewegte. Ende der siebziger Jahre hatte IBM in etwa genauso viele Beschäftigte wie heute, nachdem in den achtziger Jahren etwa 100 000 erst eingestellt und dann wieder weggeschickt worden waren. Doch in Anbetracht der Euphorie zu Beginn der achtziger Jahre hatte man alle Vorsicht in den Wind geschlagen, sich keine Sorgen mehr darüber gemacht, ob man die Vollbeschäftigung würde aufrechterhalten können. Einer Zeitarbeitskraft, die ihre Verwunderung darüber geäußert hatte, daß es für sie gar nichts mehr zu tun gab, und die daraufhin gefragt hatte, ob sie sich nicht lieber von ihrer Agentur zu einem anderen Arbeitgeber solle weitervermitteln lassen, war nur lapidar erklärt worden, sie solle sich doch ein Buch zur Arbeit mitbringen, so daß sie während ihrer Schicht lesen könne – wie alle anderen auch.

Akers' Aktionen bezüglich des Bewertungssystems verärgerten die Beschäftigten auch deshalb, weil sie die geheiligte Tradition des Respekts vor dem einzelnen in Frage stellten. Die IBMler hatten sich an einen langsamen kritischen Prozeß gewöhnt, bei dem man jede Menge Möglichkeiten hatte, Einspruch einzulegen, doch jetzt gab es nur noch Schnellverfahren, weil Akers rasch Ballast abwerfen mußte. Seine Maßnahmen wurden deshalb verzögert und verwässert. Die meisten Manager der mittleren Ebene, die die Spreu vom Weizen trennen sollten, befürchteten, daß auch ihre Jobs zur Disposition stünden, wenn man die Bürokratie denn schon abbauen wolle. Deshalb verbrachten sie mehr Zeit damit, über ihre Schultern zu schauen, um herauszufinden, wann es sie selbst erwische, statt sich um die Leute Gedanken zu machen, die ihnen unterstellt waren.

Einige IBMler benannten Akers sogar um. Sie benutzten das Mittelinitial, seinen zweiten Vornamen, als Zusatz zu seinem Familiennamen. Aus John F. Akers wurde John Fakers (der Täuscher). Er klopfe zwar starke Sprüche, habe aber während der letzten drei Jahre keinen seiner Topmanager in die Wüste geschickt. Viele Angestellte begannen sich zu fragen, ob Akers die augenblickliche Krise wohl überleben würde. Er hatte nur noch drei Jahre bis zum vorgeschriebenen Pensionsalter, und gerüchteweise wurde jeden Monat erneut die Nachricht lanciert, der Vorstand wolle ihn ablösen. So kam es, daß die Beschäftigten sich weiterhin sehr ernsthaft mit dem Bewertungssystem beschäftigten, aber kaum einer noch auf das hörte, was Akers zu sagen hatte. Die IBMler nahmen so eine Art Beamtenmentalität an, sagten sich, sie könnten die Zeit mit Akers sicherlich noch überstehen und dann abwarten, was der neue Spitzenmann tun werde.

Ende 1991 mußte Akers dann einen Topmanager feuern, um seine Glaubwürdigkeit nicht gänzlich zu verlieren. Die

Resultate waren so schlecht gewesen, daß das Management-Team den Fall nicht länger aufhalten konnte. Man hatte zu vielen Mitarbeitern der mittleren Ebene die Tür weisen müssen, nun mußte Akers einen Sündenbock präsentieren. Er brauchte nicht lange, um einen zu finden: George Conrades.

Conrades hatte eigentlich nie dazugepaßt. Wenn man bei allen IBM-Topmanagern davon ausgehen konnte, daß sie über Bildung und gute Umgangsformen verfügten – Conrades besaß beides im Überfluß. Er war groß und schlank, hatte blondes Haar, ein feingeschnittenes Gesicht und dazu noch eine tiefe, seidenweiche Stimme. Alles in allem wirkte er eher wie ein Fernsehmoderator als ein Topmanager. Diesen Eindruck unterstrich er noch durch mit Quasten geschmückte Slipper, auf die Krawatte abgestimmte Einstecktücher und Anzüge, die – sehr gewagt – nicht immer nur blau waren. Traf man ihn zum ersten Mal, konnte es schon vorkommen, daß er genauso honigsüß lächelte wie so viele IBM-Marketing-Kanonen, die gerade dabei waren, ihre Masche abzuziehen. Doch er hatte auch ausgesprochen gute Antennen. Unter Umständen merkte er schon nach 30 Sekunden, daß er damit nicht ankam, machte eine Wende um 180 Grad und versuchte es mit einer etwas ehrlicheren Methode.

Als aufstrebender Jungmanager hatte er die Kühnheit besessen, eine kleine Band zu gründen, die viel Spaß hatte, häufig auf Kosten von IBM. Zur Melodie von »Don't Step on My Blue Suede Shoes« schrieben sie ein Lied, nannten es aber »Don't Step on My Wing-Tip Shoes«. Conrades spielte Schlagzeug, zumindest so lange, bis Akers sein Boß wurde und ihm erklärte, die Band hätte gerade ihr letztes Lied gespielt.

Andere Führungskräfte konzentrierten sich in ihrer Freizeit aufs Golfspiel, züchteten Pferde oder lernten Fliegen, Conrades aber fuhr seine Harley. Nur zu gern erinnert er sich an die Zeit, als er zusammen mit anderen IBM-Topleuten einen ›wirklich sensationellen Kundenbesuch‹ machte, wie er sagt. Sie wollten Harley-Davidson einige AS/400-Kleinrechneranlagen verkaufen und schafften es irgendwie, den Kundenbesuch mit einem Motorradtrip von der Harley-Firmenzentrale in Wisconsin nach Rochester/Minnesota zu verbinden, wo die AS/400 gebaut wurden. Conrades erzählt, er und einige andere Topleute seien in Begleitung etlicher Harley-Davidson-Leute zur Staatsgrenze von Minnesota gefahren, wo eine Gruppe von Harley-Fans auf sie gewartet habe, die sie dann nach Rochester eskortierte. Als sie in Rochester ankamen, sei die Gruppe auf Hunderte von Leuten angewachsen gewesen. Die Polizei habe spontan den Verkehr angehalten, damit die Biker durch die Stadt donnern konnten. Conrades und die anderen Träger der berühmten blauen Anzüge hatten einen Riesenspaß.

Ein Jahr später fuhren Conrades und ein anderer Topmanager auf ihren Maschinen zu einer Harley-Rallye nach Florida. Da hatten er und all die anderen IBMler, die damals diesen Kundenbesuch bei Harley gemacht hatten, die Firma bereits verlassen müssen. Die Manager bei Harley fragten: »Was, um Himmels willen, war da bloß los? Hatten Sie Ärger wegen dieser Motorradfahrt damals?«

Conrades stach aber auch noch aus einem anderen Grund aus der Masse hervor. Er neigte dazu, Akers zu widersprechen, und benahm sich immer, als würde möglicherweise er der nächste Vorstandsvorsitzende werden. Für lange Zeit hatte es so ausgesehen, als gäbe es im Rennen um die Nachfolge von Akers – ein Rennen, das das Denken der meisten Topleute bei IBM beherrschte, obwohl die Favoriten ständig wechselten – nur zwei Kandidaten: nämlich Conrades und Mike Armstrong, der Ende der achtziger Jahre die europäischen Niederlassungen auf bewundernswerte Art wieder auf Kurs gebracht hatte, nachdem er 1986 den Job aufgegeben hatte, den Unternehmensbereich zu leiten, zu dem auch der PC-Bereich gehörte. Aus diesem Grund war Conrades immer der Meinung gewesen, unter allen Umständen immer seine Meinung sagen zu müssen.

Der Wettbewerb zwischen Conrades und Armstrong hatte sich zu einem amüsanten Nebenkriegsschauplatz entwickelt. Denn beide versuchten ständig, den anderen irgendwie in ein schlechtes Licht zu rücken, obwohl sie sich dabei genauso eifrig bemühten, dem Ganzen einen leichten und freundlichen Anstrich zu geben. 1991, als Conrades für die US-Geschäfte von IBM zuständig war und Armstrong einen Posten im Management-Komitee innehatte, wo ihm alle internationalen Niederlassungen unterstanden, hackten sie immer abwechselnd aufeinander herum. Einer von beiden fand stets Mittel und Wege, bei Sitzungen des Management-Komitees eine Frage zu stellen, die für den anderen unangenehm war. Er blickte dann quer durch den Raum, sah die Augen des Rivalen verblüfft aufleuchten und begann, ihn ganz langsam zu rösten. Derjenige, der in der Defensive war, mußte zugeben, keine Lösung zu haben, und der andere sagte gewöhnlich: »Oh, wir haben festgestellt, daß XYZ hervorragend funktioniert.«

Vor Akers benahmen sie sich immer sehr zivilisiert, doch kaum waren sie wieder in ihren Büros, rief der Verlierer ihrer kleinen Schlacht den Gewinner an und brüllte: »Sie A...! Warum, verdammt noch mal, haben Sie mir nicht gesagt, daß Sie sich mit XYZ beschäftigen? Ich hätte das auch gemacht, und das wäre besser gewesen für uns beide.« Der Gewinner erwiderte dann beispielsweise: »Wenn Sie's genau wissen wollen, ich habe diese Idee in einem Ihrer Geschäftsbereiche geklaut«, lachte in sich hinein und endete mit einem »Jeder tut, was er kann«.

Conrades war gewiß nicht der beste Stratege. Niemand vermutete bei ihm Wissen um technische Zusammenhänge, obwohl er im College Mathematik und Physik belegt und erfolgreich abgeschlossen hatte. Auch von der Entwicklungsarbeit verstand er nicht besonders viel. Während seiner kurzen Zeit als Generalmanager für den PC-Bereich und die Workstations war er für seine Entscheidungsfreudigkeit bei allen Entwicklungsthemen bekannt, was aber lediglich daran lag, daß er seine Entscheidungen sehr oft traf. Was er morgens gutgeheißen hatte, warf er mittags wieder um, verkündete nachmittags eine ganz andere Entscheidung und kam am nächsten Morgen möglicherweise mit einer ganz neuen Version ins Büro.

Seinen PC benutzte er nicht oft, jedenfalls nicht freiwillig. Kuehler hatte ihm einmal erklärt, er müsse sich unbedingt mit seinem PC vertraut machen, weil er mit den ihm Unterstellten nun einmal in erster Linie per E-Mail kommuniziere. Conrades hatte erwidert, dagegen habe er nichts, doch als er anfing, seine Berichte via E-Mail zu schicken, waren sie zu perfekt, ganz ordentlich im Format und ohne jeden Tippfehler. Deshalb war Kuehler klar, daß Conrades seinen PC nicht selbst benutzt hatte, sondern seine Sekretärin die E-Mail hatte tippen lassen.

Aber Conrades war ein großartiger Vorgesetzter. Er beschäftigte sich mit einem Thema, erkannte ganz schnell den springenden Punkt und erklärte seinen Leuten dann knapp und prägnant, was sie tun müßten, um das Problem zu lösen. Wenn er mit seinen Erklärungen fertig war, hatten seine Untergebenen nicht nur verstanden, was sie tun mußten, sondern waren auch bereit, für ihn und die gemeinsame Sache durchs Feuer zu gehen.

Seine Kollegen empfinden es als Verbrechen, daß gerade er hatte daran glauben müssen. Außerdem sind sie der Meinung, es hätte eine Menge Kandidaten gegeben, die als Sündenböcke geeigneter gewesen wären, hätte Akers sich bei der Meinungsfindung auf reine Leistungsgesichtspunkte gestützt. Der erste, der Conrades an dem Vormittag im November 1991 anrief, an dem die Nachricht von seiner Degradierung in den Zeitungen veröffentlicht wurde, war der frühere Vorstandsvorsitzende Cary. Er war fuchsteufelswild, daß man Conrades abgesägt hatte. Aber George Conrades war wohl immer ein wenig zu freimütig gewesen für den zunehmend unsicherer werdenden Akers. Und als möglicher Erbe war er wohl auch zu einer zu großen Bedrohung geworden. Conrades hatte gehen müssen.

Im Herbst 1991 hatten Conrades zwar einige Warnungen erreicht, daß er sich vorsehen solle, doch er hatte einfach nicht glauben wollen, daß er ein Problem hatte. Die erste Warnung war noch sehr leise gewesen. Er hatte mit Kuehler Golf gespielt, und der hatte ihn ganz unschuldig gefragt, was er denn von Cannavino hielte. Conrades hatte mit Cannavino nie etwas anfangen können. Er hielt dessen Produkte für mehr als entbehrlich und die Ergebnisse, die er erzielt hatte, für peinlich für IBM. Außerdem war Conrades der Meinung, Cannavino sei mehr an seinem eigenen Fortkommen interessiert als am Erfolg der Firma. Deshalb hatte er sich bei Kuehler auch darüber beschwert, daß Cannavino jede Konferenz dominieren wolle, an der er teilnähme, daß er zu Beginn dieser Sitzungen endlos über irgendwelche unwichtigen Dinge rede und nie bereit sei, einem anderen Geschäftszweig aus der Patsche zu helfen.

Kuehler war verblüfft gewesen. Er hatte eigentlich beabsichtigt, Conrades für eine Kampagne zu gewinnen, die die anderen Topleute dazu bringen sollte, Cannavino zu unterstützen. Conrades war zwar schnell klargeworden, daß er einen Fauxpas begangen hatte, als er Cannavino so hart attackierte, doch das hatte ihn nicht sonderlich irritiert. Von Kuehler konnte er freilich keine Unterstützung mehr erwarten.

Die zweite Warnung bekam er im Oktober 1991, als er an der Hochzeit einer der Töchter von Terry Lautenbach teilnahm, der damals Conrades' Boß war. Conrades und Armstrong hatten sich abseits der Gesellschaft ein Eckchen gesucht, gewiß ein paar Gläschen Wein zuviel getrunken und ein fröhliches Streitgespräch begonnen. Als sie bei den offensichtlichen Problemen von IBM angekommen waren, hatte Armstrong tief aufgeseufzt und gesagt: »Ich weiß nur, George, daß Sie und ich nie die Chance bekommen werden, sie aus der Welt zu schaffen.«

Conrades, der davon ausging, daß Armstrong damit andeuten wollte, keiner von ihnen würde Akers' Nachfolger, hatte daraufhin tief Luft geholt und gesagt: »Da wäre ich mir nicht so sicher.«

Armstrong war inzwischen überzeugt, daß Akers sie beide übergehen würde, weil sie nur fünf Jahre jünger waren als er, und er den Job einem Jüngeren geben würde, der dann eine längere Amtszeit vor sich hätte als sie. Armstrong hatte freilich nicht erklärt, wie er darauf gekommen war, aber als Conrades gefragt hatte: »Mike, wissen Sie wirklich, daß keiner von uns den Job bekommt?«, hatte Armstrong erwidert: »Klar. Ich weiß es wirklich.«

»Sie versuchen mich auf den Arm zu nehmen, nicht wahr?« hatte Conrades nachgebohrt.

»Ja«, hatte Armstrong geantwortet.

Conrades wollte diese Warnung einfach nicht ernst nehmen. Er und Armstrong waren zu lange Konkurrenten gewesen, als daß der eine dem anderen noch ein Wort hätte glauben können.

Armstrong hatte tatsächlich nicht konkret gewußt, was Akers mit ihnen vorhatte. Erst ein paar Wochen nach dieser Hochzeitsfeier hatte Akers Armstrong in sein Büro gerufen, um ihm zu erklären, daß er bei der Beförderung übergangen werden würde. Armstrong hatte daraufhin gesagt, er werde sich nach einem anderen Job umschauen, und verließ IBM Anfang 1992, um die Leitung von Hughes Aircraft zu übernehmen.

Nachdem Ende 1991 der endgültige Beschluß gefaßt worden war, Conrades zu demontieren, überließ man die Aufgabe, ihm das mitzuteilen, ausgerechnet Terry Lautenbach. Und dabei hatte der Conrades' Strategie, den US-Außendienst aufzumöbeln, nicht nur genehmigt, sondern ihm auch grünes Licht für die Durchführung gegeben. Doch Akers erklärte Lautenbach, er solle alles laufenlassen, aber Conrades die Verantwortung entziehen. Daraufhin hatte Lautenbach Conrades in sein Büro gerufen, wo er ihm die schlechte Nachricht übermittelt hatte.

Conrades protestierte. Lautenbach erklärte, es täte ihm leid, er könne nichts für ihn tun. Conrades marschierte daraufhin schnurstracks in Akers' Büro. Er sagte ganz ruhig, Akers habe ja gewiß das Recht, zu tun, was immer er wolle, doch er verstünde diese Maßnahme nicht. Die Großrechnersparte habe sich 1991 in einer schwierigen Übergangsphase befunden, jeder habe nur auf die neuen Produkte gewartet, die längst hätten auf dem Markt sein sollen. Bei den Festplatten, die mit den Großrechnern verkauft werden sollten, habe es große Qualitätsprobleme gegeben. Und über die PCs wolle er gar nicht erst reden, weil die ohnehin allem hinterherhinkten.

»Sagen Sie mir, daß das Marketing-Probleme sind«, hatte er Akers dann verärgert aufgefordert. »Ich möchte nur hören, wie Sie das sagen.«

Doch damit nicht genug. Anschließend zog er noch einmal über Cannavino her. Der habe diesen Bereich schon vor drei Jahren übernommen, aber keinerlei positive Ergebnisse erzielt. »Wenn Sie also meinen, es sei logisch, mich zu feuern, warum muß er dann nicht ebenfalls gehen?« verlangte Conrades zu wissen.

Keine Reaktion. Akers starrte ihn ausdruckslos an, nur in seinem Gesicht breitete sich ein wenig Röte aus. Am Ende wirkte Akers' von Natur aus schon rötlicher Teint, als würde sich gleich jene Zornesröte breitmachen, die Roger Smith, den Boß von General Motors, jedesmal befallen hatte, wenn er unter Druck stand. Und als Smith schließlich zurückgetreten war, hatte er sie sogar angesprochen. Akers allerdings dachte gar nicht daran, klein beizugeben.

Am nächsten Tag hätte Conrades seinen Unternehmensplan fürs nächste Jahr dem Management-Komitee vortragen sollen – und er schockierte alle, denn er tauchte tatsächlich selbst auf. Das MC hatte angenommen, er würde einen seiner Untergebenen schicken. Statt dessen aber lieferte Conrades ein leidenschaftliches Plädoyer für die Aufmöbelung des US-Unternehmensbereichs ab. Danach ging er die ganze Woche lang weiterhin seinen Geschäften nach. Bon Djurdjevic, ein Berater, der am Donnerstag einen Termin bei ihm hatte, sagte Reportern später, seiner Meinung nach habe Conrades entweder zu diesem Zeitpunkt noch nichts von seiner Degradierung gewußt, oder er sei der beste Schauspieler, den er je erlebt hätte. Also muß man wohl sagen, daß Conrades der beste Schauspieler aller Zeiten war, denn er hatte schließlich seit zwei Tagen davon gewußt.

Für die öffentliche Verkündung der ›Hinrichtung‹ von Conrades mußte wieder Lautenbach herhalten. Geplant war sie für acht Uhr an einem kalten Montagmorgen Ende November 1991. Normalerweise wurde die Übergabe der Macht von dem einen auf den anderen bei IBM mit großem Pomp zelebriert. Hunderte von Mitarbeitern wurden in einen Ballsaal eingeladen, um den alten Boß zu verabschieden und den neuen willkommen zu heißen, besonders wenn die Position des Ausscheidenden so hoch angesiedelt war wie die von Conrades. Diesmal jedoch rief Lautenbach nur die etwa zwei Dutzend Leute zusammen, die Conrades direkt unterstellt waren. Lautenbach betrat den Raum mit gesenktem Kopf und erklärte: »George geht, und Bob übernimmt« – das bezog sich auf Bob LaBant, einen früheren Assistenten von Conrades, der inzwischen die Geschäfte der AS/400-Kleinrechneranlagen übernommen hatte. »Das war's«, schloß Lautenbach und verließ den Raum.

Als die Marketing-Bosse nach dieser kurzen Ankündigung noch zusammenstanden und versuchten, sich auf diese schockierende Degradierung einen Reim zu machen, wurde gerüchteweise laut, Conrades habe nicht nur die 110 000 Personen umfassende Außendienstorganisation verloren und eine Stabsstelle übernehmen sollen, bei der ihm nur 50 Leute unterstellt waren, sondern hätte jetzt auch noch seinen alten Rivalen Armstrong als Vorgesetzten gehabt.

Armstrong rief Conrades augenblicklich an und sagte: »George, Sie müssen mir glauben, ich hatte nichts damit zu tun. Ich wußte ja nicht einmal, was da vorging.« Danach fragte er Conrades, welche Pläne er denn für die Zukunft habe.

»Ganz konkrete – ich werde gehen«, erwiderte Conrades.

»Mann«, entgegnete Armstrong, »dann ist die Welt wenigstens noch rund.«

Die unteren Ränge schienen es gutzuheißen, daß Akers nach Jahren, in denen er offensichtlich nur auf die niedrigeren Gehaltsgruppen eingedroschen hatte, endlich einmal einen Topmann gefeuert hatte, doch der US-Unternehmenszweig war nicht ganz so begeistert, daß man ihm seinen inspirierten Boß weggenommen hatte. An Conrades' Stelle trat Ende 1991 LaBant, ein Favorit von Akers, dessen Aufstieg über die einzelnen Marketing-Ebenen verdächtig glatt verlaufen und der nicht annähernd so bedrohlich für Akers' Position war wie Conrades. Nach einer Reihe von Jobs im Außendienst hatte LaBant sich plötzlich als Leiter des AS/400-Kleinrechnersektors wiedergefunden. Das war ein leichter Job, denn sein Vorgänger Steve Schwartz hatte bereits alle Probleme ausgeräumt, die den Kleinrechnerzweig von IBM gehemmt hatten, und den AS/400 zu einem Riesenerfolg gemacht. Bob LaBant hatte nur dafür sorgen müssen, daß alles so weiterlief. Dennoch hatte seine Arbeit dort Akers überzeugt, daß LaBant der geeignete Nachfolger für Conrades wäre und den riesigen US-Außendienst leiten könne und fähig sei, den Marketingjob zu übernehmen, der die meiste Erfahrung erforderte.

LaBant ist ein angespannter Typ, nicht so wortgewandt, wie man es von den Top-Marketing-Leuten bei IBM gewöhnt ist. Er hatte einmal die Ehre gehabt, Akers einer Gruppe von IBM-Bossen vorstellen zu dürfen, dann aber war ihm ein Mißgeschick passiert: Die Kärtchen, die er in einer der bei den IBM-Topleuten üblichen Holzboxen eingeordnet hatte, waren ihm heruntergefallen. Akers war der einzige, der nun wirklich nicht groß vorgestellt werden mußte, doch LaBant hatte vor den etlichen hundert Top-IBMlern verzweifelt versucht, die Kärtchen neu zu ordnen, statt einfach zu improvisieren, was jeder andere getan hätte.

Trotz dieser Angespanntheit ist Bob LaBant ein freundlicher Mann, den manche der Topmanager fast als ihr Maskottchen betrachteten, während er die Karriereleiter hinaufkletterte. LaBant – manchmal liebevoll ›Boo Boo‹ genannt – gelang es jedoch, sich von dem Debakel dieser Vorstellung zu erholen. Einer seiner Untergebenen beispielsweise erzählte später, er habe die Gruppe am nächsten Tag noch einmal zusammengerufen und gesagt: »Sie wissen, wo Sie stehen. Achten Sie nur immer auf den braunen Fleck am Boden.«

Nachdem LaBant den großen Durchbruch geschafft und den Kleinrechnersektor übernommen hatte, pflegte er darüber zu spotten, daß er nun das Vergnügen haben werde, im Winter etliche Male sein Hauptwerk in Rochester/Minnesota aufzusuchen, einer ländlichen Gegend, in der die Arbeiter daran gewöhnt sind, vor Sonnenaufgang anzufangen, und in der so eisige Winde wehten, daß jeden Abend Abschleppwagen die Parkplätze anfahren müßten, um den Autos Starthilfe zu leisten, deren Batterie nicht mehr mitmachte. LaBant erzählte, er habe eines Abends zu seinem Wagen gehen wollen, den er an der Straße abgestellt hatte, und da er nicht gewußt hatte, daß die Leute in Minnesota ihre Autos so hätten aufrüsten lassen, daß die Motoren tagsüber ein paar Minuten lang liefen, habe er einen Satz in die nächste Schneewehe gemacht, als einer der Wagen urplötzlich angesprungen sei, ohne daß jemand auf dem Fahrersitz gesessen hätte. Er habe geglaubt, in einem billigen Horrorfilm gelandet zu sein.

Sosehr alle LaBant auch mochten, beschrieben sie ihn doch als gutes ›Werkzeug‹, als jemanden, der genau das tat, was man von ihm erwartete – vielleicht noch ein bißchen mehr. Als Außendienstler hatte er immer versucht, sein Soll überzuerfüllen. Und auch im Kleinrechnerbereich schaffte er es, Ergebnisse zu erzielen, die immer ein wenig besser waren, als er versprochen hatte. Und als er den Auftrag erhielt, im Außendienst vier- bis sechstausend Leute einzusparen, stellte er sicher, daß es letztlich siebentausend waren. Doch selbst seine Freunde antworteten auf die Frage, was ihn denn für einen Spitzenjob bei IBM qualifiziere, nach längerem Überlegen nur mit einem: »Nun, er ist ein ausgesprochen netter Bursche.«

Nachdem im Sommer 1991 alles um Cannavino herum zusammenzubrechen schien, kniete er sich in die Arbeit, um die öffentlich verkündeten Versprechungen bezüglich des OS/2 endlich zu erfüllen.

Den Hauptteil der Verantwortung schob er auf Lee Reiswig ab, einen zerknittert wirkenden Mann, der bei IBM ohne ordentliche technische Ausbildung angefangen hatte, dem es aber irgendwie gelungen war, Manager im IBM-Softwarebereich zu werden und sich dann langsam nach oben zu arbeiten. Mitte der achtziger Jahre hätte es Reiswig leicht erwischen können, denn er hatte zu denen gehört, die verantwortlich an dem TopView-Desaster beteiligt gewesen waren. Doch Reiswig, von dem man wußte, daß er immer bestens darüber informiert war, wer bei den IBM-internen Schlachten im Aufwärts- oder Abwärtstrend lag, war es gelungen, sich da herauszuwinden.

Mit dem OS/2 fing Reiswig Mitte 1991 so richtig an. Obwohl er als Verfechter eines strikten Softwareprozesses galt, war selbst ihm bewußt, daß es in der Firma zu viele Prozesse gab, zu viele Programmierer und Teams, die einfach zu groß waren. Deshalb ging er daran, die Zahl der am Projekt Beteiligten zu senken und die Teams zu verkleinern. Reiswig, der bei seinen Programmierern sehr beliebt war, versuchte auch, seinen Teams mehr Begeisterung für die Arbeit einzuhauchen. Der untersetzte Reiswig ernannte sich in der Schlacht gegen Microsoft zum ›Blauen Ninja‹. Bei Messen trug er ›Blue Ninja‹-T-Shirts, wenn er etwas vorführte, und seine E-Mail unterzeichnete er mit »Der wahre Blaue Ninja«, selbst wenn sie an Topmanager gerichtet war. Nachdem der Startschuß für die Runde zwei des OS/2 gefallen war und alles nicht so perfekt lief wie erwartet, zog Reiswig aus Armonk nach Boca Raton um, wo die eigentliche Arbeit geleistet wurde, statt alles nur aus sicherer Entfernung zu beobachten und zu kritisieren. (Reiswig war unter den Topleuten, deren Tischkarten Akers im April 1991 eingesammelt hatte, nachdem das Vorhaben öffentlich angekündigt worden war. Und damit gehörte er auch zu denen, die Akers würde persönlich belangen können, wenn die Sache schiefging.)

Außerdem versuchte Reiswig, seine Programmierer mit Zitaten von Gates und Ballmer anzufeuern – ganz im Stil von Fußballtrainern, die ihren Spielern die Kommentare der gegnerischen Mannschaft vorlasen, um sie richtig wütend zu machen. Den größten Wirbel gab es wegen einer Äußerung von Ballmer. Der sollte nämlich gesagt haben, es sei völlig unmöglich, daß es IBM bis Ende 1991 gelänge, dem OS/2 die erstklassigen Fähigkeiten mitzugeben, die Windows besäße, wie IBM es versprochen hatte. Und dann hatte er noch hinzugefügt, er würde eine Diskette essen, falls IBM ihm das Gegenteil beweisen könne. Die IBM-Programmierer hefteten daraufhin eine Diskette an die Wand, die die Aufschrift ›SBD‹ trug, was Steve-Ballmer-Diskette hieß. Und die sollte Ballmer fressen.

Trotz Reiswigs Versuchen, sie aufzuheitern, hatten die Programmierer es manchmal doch recht schwer. Beispielsweise war von Reiswig irgendwann die 50-Stunden-Woche eingeführt worden. Einige der Programmierer, die sich daran gewöhnt hatten, 80 bis 90 Stunden pro Woche zu arbeiten, betrachteten das als schlichte Beleidigung. Sie sagten sich, wenn IBM wegen einer solchen Kleinigkeit eine solche Show mache, dann würden sie auch nur noch exakt

50 Stunden arbeiten. Die Fortschritte beim OS/2 verlangsamten sich denn auch prompt, nachdem die Mehrarbeit angeordnet worden war. Außerdem ließen die Programmierer ein getürktes Memo über eine Ruderregatta zirkulieren, die angeblich zwischen IBM und Microsoft stattgefunden hatte. In dem Memo stand, bei Microsoft hätte ein Steuermann den Takt angegeben, während acht Leute ruderten. Bei IBM dagegen hätten acht Steuermänner den Takt angegeben, während einer ruderte. Microsoft habe überlegen gesiegt. Woraufhin IBM etliche Projektgruppen ins Leben gerufen habe, die das Verhalten der Steuermänner/Ruderer analysieren sollten. Nach etlichen Wochen war man zu dem Ergebnis gekommen, daß der IBM-Ruderer sich nicht genügend angestrengt hätte. Als die Regatta wiederholt worden sei und Microsoft erneut überlegen gesiegt hätte, habe man den Ruderer von IBM gefeuert.

Nach ein paar Monaten wurde Reiswig allerdings klar, was er da angerichtet hatte, und er widerrief seine Anordnung. Die Programmierer machten wieder freiwillig Überstunden, und das OS/2-Projekt wurde so energisch vorangetrieben wie selten vorher ein Vorhaben bei IBM. Einige der Programmierer lebten nun ganz in ihren Büros. Andere zogen in Hotels in der Nähe der Niederlassung von Boca Raton, um die Zeit zu sparen, die sie täglich zum Pendeln zwischen Arbeitsstätte und ihrem Zuhause gebraucht hatten. An den Sonntagen kamen die Ehefrauen und Kinder zum Mittagessen herüber, um den Mann und Vater wenigstens einmal in der Woche zu sehen.

Dem Personal in der Cafeteria war aufgefallen, daß viele der Programmierer tagelang die Kleidung nicht wechselten, woraufhin sie vermutet hatten, daß die Männer wohl die Nächte durcharbeiteten. Deshalb erklärte sich das Personal bereit – das bei einer Zulieferfirma unter Vertrag stand, nicht bei IBM –, ebenfalls Überstunden zu machen. Sie hielten die Cafeteria 24 Stunden geöffnet und sorgten ständig für warmes Essen. Reiswig zeigte sich ebenfalls großzügig, setzte einen Etat fest und veranlaßte, daß das Essen in der Cafeteria bis zum Ende des Projekts kostenlos abgegeben wurde.

Den IBM-Programmierern war bewußt, daß sie nur noch einen letzten Versuch hatten, OS/2 zum Laufen zu bringen. Windows hatte einen so großen Vorsprung, daß ein weiterer Fehlschlag sogar in ihren und den Augen ihrer Bosse das Ende bedeutet hätte. Einige dieser Leute hatten in der einen oder anderen Art bereits seit sechs, sieben Jahren an dem Projekt gearbeitet und waren entschlossen, jetzt nicht so leicht aufzugeben, damit ihre Mühen nicht umsonst gewesen waren.

Da Microsoft Mitte 1991 als potentieller Partner beim OS/2 ausgefallen war, wandten sich Reiswig und Cannavino an eine kleine Softwarefirma namens Micrograph, die den grafischen Teil des Betriebssystems übernehmen sollte. Micrograph war von zwei Brüdern aus Texas gegründet worden, die sich schon sehr früh gesagt hatten, daß Windows sehr wichtig werden würde, worauf sie Grafik-Software entwickelt hatten, die unter Windows lief. Die beiden – Paul und George Grayson – waren zu einer Konferenz geflogen und hatten sich dort Gates gegriffen, um mehr über Windows zu erfahren. Auf dem Heimweg nach Austin/Texas hatten sie dann in einer Bar haltgemacht, um die besten Einfälle ihres Lebens zu entwickeln. Dort hatten sie auch eine Unterhaltung mit einem Mann begonnen, von dem sich herausstellte, daß er Programmierer war, und den hatten sie vom Fleck weg engagiert. Da die Graysons über keinerlei Kapital verfügten, finanzierten sie ihr kleines Unternehmen über eine Kreditkarte, deren Limit sie voll ausschöpften. Auch nachdem sie ihre Firma etabliert hatten, stritten die Brüder – beide Ende Dreißig – sich häufig so heftig, wie sie es als Kinder getan hatten. Bei der Comdex hatten Messebesucher einmal große Schwierigkeiten, die beiden davon abzuhalten, sich handfest zu prügeln. Ob man es nun glaubt oder nicht – genau so wird gute Software meist entwickelt. Mit einer einzigen Idee, die sie rasch ausführten, gelang es ihnen, Anspruch auf einen kleinen Anteil am Markt für PC-Software zu erheben und ein größeres Vermögen anzusammeln als irgendeiner der IBM-Bosse, die allerdings nie im Leben daran gedacht hätten, bei einer Messe eine Schlägerei mit einem Kollegen anzufangen.

Reiswigs Beziehung zu den Graysons funktionierte weit besser als die Verbindung zwischen IBM und Microsoft, dennoch gab es so manches Problem, weil IBM trotz aller Veränderung im Software-Prozeß immer noch viel zu viele Leute beschäftigte und nach wie vor natürlich viel bürokratischer war als seine kleineren, beweglicheren Konkurrenten.

Jemand hat einmal gesagt, wenn IBM eine 30 Meter breite Schlucht überqueren wolle, würde sie dreißig Leute auf einem Fuß hüpfen lassen, und diese Denkweise hatte sich immer noch nicht geändert. IBM hatte zwei Drittel der Arbeit am Code für den neuen Versuch, das OS/2 fertigzustellen, übernommen, und Micrograph ein Drittel. Trotzdem arbeiteten bei IBM tausend Programmierer daran, bei Micrograph dagegen nur fünfzig. IBM beharrte auch nach wie vor darauf, daß ihre Folien absolut korrekt seien, selbst wenn die Realität dagegen sprach. George Grayson sagt, da sei beispielsweise ein Bit *Translation* im Grafikteil aufgetaucht. Theoretisch eine ganz einfache Sache, die die Software keineswegs hätte beeinträchtigen dürfen. Doch Micrograph, durch Schaden klug geworden, hatte IBM davor gewarnt. Sie hatten nämlich bei ähnlichen Arbeiten feststellen müssen, daß dieses Bit *Translation* sich im fertigen Programm als echter Querschläger erweisen konnte, der Tausende, wenn nicht Zehntausende ähnlicher *Translation*-Bits auslöste. Das könnte – nach seiner Erfahrung – dann das ganze Betriebssystem erheblich verlangsamen. Doch seine Kontaktleute bei IBM hätten sich geweigert, auch nur zuzugeben, daß es da überhaupt ein Problem gebe, weil ihre Folien – wie sie meinten – ›bewiesen‹, daß es gar nicht so sein könne. IBM, überzeugt, alles sei in Ordnung, machte weiter, bis sie nach Monaten schließlich aufgeben und eine Kursänderung vornehmen mußte.

»Wir hatten ihnen gesagt: ›Nehmen Sie diese Tabelle, und stecken Sie sie sich ... Sie wissen schon, wohin‹«, erzählt George Grayson. »Die glaubten mehr an ihre Tabellen und Folien als an das, was sie sahen.«

Der IBM-Firmenpolitik war es auch zuzuschreiben, daß Ende 1991 noch einmal alles danebenging, als das OS/2-Team gerade zum Endspurt angesetzt hatte, um den Termin – den 31. Dezember – zu halten, der so wichtig war, weil IBM dieses Datum öffentlich hinausposaunt hatte. Jahrelang hatte IBM stillschweigend geduldet, daß die Beschäftigten ihre Urlaubstage mit ins nächste Jahr hinübernahmen, wenn sie sie nicht hatten nehmen können oder wollen. Viele Angestellte hatten, wenn sie schließlich in den Ruhestand traten, ein ganzes Jahr Urlaub angespart gehabt, das sie sich dann auszahlen ließen. Doch jetzt, da die Geschäfte schlechter liefen, hatte die Firmenzentrale angeordnet, der Urlaub verfiele ersatzlos, wenn er nicht im jeweiligen Geschäftsjahr genommen wurde. Die Mitarbeiter, die Urlaubstage angespart hatten, mußten jetzt pro Jahr zehn davon nehmen – ohne Ausnahme. So kam es, daß sich Hunderte von Programmierern in Boca Raton, die sich begeisterter ins Zeug legten, als es je vorher jemand bei IBM getan hatte, plötzlich von ihren Managern sagen lassen mußten, sie müßten in Urlaub gehen. Viele protestierten gegen diese Anweisung, und einigen wurde auch ein Aufschub gewährt, doch ein Großteil der Programmierer verschwand im Dezember 1991 einfach, weil er nicht auf so viele Urlaubswochen verzichten wollte. George Grayson von Micrograph sagt, das Urlaubsproblem hätte dazu geführt, daß die bessere Grafik-Version des OS/2 nicht mehr in die OS/2-Version habe eingehen können, die Ende des Jahres ausgeliefert werden sollte, was zu den zahlreichen Beschwerden geführt habe, die Software sei zu langsam.

Als das Jahr sich seinem Ende näherte, hatten Reiswig und Cannavino in gewisser Weise Grund, zufrieden zu sein. Ihre Programmierer hatten sich einen cleveren Trick ausgedacht, der das größte Problem gelöst hatte – nämlich, daß die Leute auf dem OS/2-Betriebssystem auch die Anwendungsprogramme laufen lassen konnten, die für Windows geschrieben worden waren. Doch kaum hatten Experten von draußen einmal die Gelegenheit gehabt, sich mit dieser Software zu beschäftigen, und ihre Erkenntnisse an die Fachpresse weitergegeben, hatten Reiswig und Cannavino feststellen müssen, daß dieser Trick eben doch nicht gut genug gewesen war. Bei der Methode, der sich das OS/2-Team bedient hatte, beanspruchten alle Programme, die unter Windows liefen, den ganzen Bildschirm. Bei Windows dagegen konnte man die Programme auf einen winzigen Ausschnitt des Bildschirms beschränken, wobei andere Fenster geöffnet werden konnten, so daß sich jemand die Zahlen aus einer Tabellenkalkulation holen, sie in einen Brief einbauen und alles zusammen beispielsweise mit einem hereinkommenden Fax vergleichen konnte. Reiswig und Cannavino hatten behauptet, OS/2 hätte bessere Fenster als Windows selbst. Die öffentliche Meinung bewies ihnen nun, daß dem nicht so war.

Da sie nicht riskieren wollten, ihr Produkt durchfallen zu lassen, verkündeten Reiswig und Cannavino Ende 1991, die Auslieferung des OS/2 würde sich nun doch noch verzögern. Die Presse drosch daraufhin prompt auf IBM ein. In einer ganzen Flut von Geschichten hieß es, die Probleme zeigten wieder einmal, daß IBM keine Software schreiben könne, und viele Reporter fragten sich, ob IBM wohl je eine vernünftige Version von OS/2 auf den Markt bringen würde. Die Steve-Ballmer-Diskette wurde in Boca Raton kommentarlos von der Wand genommen.

Reiswig und Cannavino versuchten, die Welt davon zu überzeugen, daß sie das Produkt nur zurückgehalten hätten, um es zu verbessern, nicht, weil sie den Termin nicht hätten einhalten können. Am 31. Dezember 1991 schickten sie sogar einigen Kunden eine Version des OS/2, nur um unter Beweis zu stellen, daß sie es sehr wohl fertigbrächten, etwas nach Terminplan fertigzustellen. Doch zu Beginn des Jahres 1992 hatte das Team in Boca Raton mit einem Problem nach dem anderen zu kämpfen. Sie glaubten, Zeit sparen zu können, indem sie auf die sogenannten Beta-Tests verzichteten. Dabei gab man vielen Kunden Kopien, um festzustellen, welche Fehler auftraten, wenn man die Software in der Praxis benutzte. Doch wieder einmal erfuhr die Fachpresse davon und mutmaßte, daß IBM wieder Schund auf den Markt werfen wollte, nur um den neuen Auslieferungstermin, den 31. März 1992, halten zu können. Mitte Februar wollte man das Produkt an die Herstellung weitergeben, so daß am 1. April möglichst viele Kopien im Handel und damit bei den Kunden sein konnten. Doch die Windows-Anwendungsprogramme unter OS/2 laufen zu lassen war weit komplizierter, als IBM behauptet hatte. Die Übergabe an die Herstellung verzögerte sich, wurde erst auf Ende Februar verschoben, dann auf Anfang März und schließlich auf Ende März.

Cannavino hatte sich inzwischen stark gesteigert, was symbolische Darstellungen anging. Weshalb Reiswig am 31. März, noch bevor die endgültige Version des OS/2 fertig war, das ganze Entwicklungsteam in Boca Raton versammelte und verkündete, das OS/2 werde ein großer Hit werden, und er zertrümmerte ein Fenster (Window) mit einem Vorschlaghammer.

IBM wollte sich damit ein wenig für die Witze rächen, die Microsoft auf Kosten von IBM gemacht hatte. Steve Ballmer war zu einer Firmenkonferenz, die Microsoft Anfang 1992 im Seattle Kingdome abgehalten hatte, in einem roten Corvette vorgefahren, auf dessen Türen ganz groß ›Windows‹ gemalt war. Das Publikum, das mehr als zehntausend Menschen umfaßte, war in lauten Jubel ausgebrochen. Ihm war ein anderer Fahrer in einem Kleinwagen ins Stadion gefolgt, und auf dessen Türen hatte ›OS/2‹ gestanden. Danach ratterte eine Horde von Harley-Davidsons herein, wobei eines der Motorräder aus dem Verband ausbrach und allein seine Runden drehte, während der Song ›Leader of the Pack‹ über das Lautsprechersystem dröhnte. Als der einzelne Biker schließlich anhielt und seinen Helm abnahm, stellten alle fest, daß es Gates war. Cannavino hatte darauf reagieren wollen, indem er einen roten Corvette kaufte und die Autofenster zertrümmerte, doch dann hatte man ihn zu einigen weniger kostspieligen Racheakten überreden können.

Als Cannavino am Abend des 31. März vor einer PC-Anwendergruppe in New York sprach, wurden vor seinem großen Auftritt die Lichter gedämpft und ein Filmclip gezeigt, in dem Cannavino auf Skiern einen Hang hinunterraste, von einer Schanze sprang und dabei mit Hilfe von Spezialeffekten ein Fenster zerschmetterte. Als die Lichter wieder angingen, betrat Cannavino die Bühne. Er trug einen Skianzug, und unter seinen Skistiefeln knirschte Glas. In einer Hand hielt er ein Päckchen voller Disketten und Manuals, das er stolz hochhielt und als erste Kopie der endgültigen Version des OS/2 verkaufte. OS/2 sei endlich da, verkündete er laut.

Doch natürlich war es nicht die endgültige Version, die er da hochhielt. In letzter Minute waren Probleme aufgetaucht, und einige Programmierer hatten in der Nacht zum 31. März durcharbeiten müssen, um sie zu beheben. Inzwischen geben die IBMler zu, daß das OS/2 tatsächlich erst am ›32. März‹ fertiggestellt worden sei.

Aber auch sonst lief es nun keineswegs besser. Cannavino hatte das Erscheinungsdatum vom 31. März so häufig vor Reportern wiederholt, daß diejenigen, die sich dafür interessierten, am 1. April tatsächlich in die Läden gingen und feststellen mußten, daß es nicht da war. Die Programmierer waren so spät dran gewesen, daß es keine Möglichkeit gegeben hatte, noch Kopien zu ziehen.

Erst Mitte Mai gelang es IBM schließlich, eine ausreichende Zahl an Kopien anzubieten. Dann stellte sich allerdings heraus, daß Cannavinos Marketingmanager die Zahl der Kunden völlig falsch eingeschätzt hatte, für die das OS/2 auf $5^1/_4$-Zoll-Disketten in Frage kam. Sie hatten auch nicht bedacht, wie viele auf $3^1/_2$-Zoll-Disketten realistisch sein würden. Und so kam es, daß Cannavino der Presse klarmachen mußte, daß er die Nachfrage nach den $5^1/_4$-Zoll-Disketten wirklich großartig fände, weil sie bedeute, daß ein gewisses Bevölkerungssegment doch weit begeisterter vom OS/2 sei, als er gedacht hätte.

Als es im Frühling 1992 beim OS/2 derartig drunter und drüber gegangen war, hatte das den gesamten PC-Sektor getroffen. Jeder schob die Schuld dem – oder den – anderen in die Schuhe. Offener Streit brach aus. Reiswig, Cannavinos verantwortlicher Software-Experte, und Guglielmi, Cannavinos verantwortlicher Marketing-Experte, konnten sich nicht darüber einigen, wer denn nun eigentlich für das OS/2 verantwortlich sei. Im PC-Bereich waren sie zwar ranggleich, doch Guglielmi als Vizepräsident war immerhin Vorstandsmitglied, Reiswig nicht. Guglielmi glaubte aufgrund seines Titels das Recht zu haben, Reiswig Anordnungen zu erteilen, und so berief er Konferenzen ein und ließ Reiswig mitteilen, er habe zu erscheinen. Reiswig reagierte darauf, indem er wartete, bis Guglielmi seinen gesamten Stab von 30 Leuten im Konferenzsaal versammelt hatte, schickte dann einen Assistenten hin, der den Kopf durch die Tür steckte und erklärte, Reiswig sei leider verhindert.

Cannavino und Guglielmi brüllten sich dagegen bei jeder Gelegenheit an. Wenn Cannavino dann ging, wandte sich Guglielmi gewöhnlich an seinen Stab und murmelte irgendwas wie: »Dieser Idiot hat keine Ahnung vom Marketing. Leitete ich den PC-Bereich, hätte ich die Sache im Handumdrehen auf die Reihe gebracht.« Guglielmi schien mit jedem zu streiten. Zum Brüllen und zu ordinären Sprüchen hatte er schon immer geneigt, nun aber fluchte er buchstäblich immer und überall, und er schloß grundsätzlich mit einem »Verdammt! Verdammt! Verdammt!« Hinter seinem Rücken witzelte sogar sein Stab. Wenn jemand zu ihm vorgeladen war, sagte er den Kollegen: »Ich muß zu Joe G. – verdammt, verdammt, verdammt.«

Wenn Cannavino und sein Team sich einmal nicht stritten, dann kämpften sie gegen den US-Außendienst. Der springende Punkt war, daß Cannavino glaubte, eigentlich über die Preise, die Werbung und das Marketing seiner Produkte – einschließlich des OS/2 – bestimmen zu müssen. Nach der IBM-Struktur aber war die nationale Außendienstorganisation dafür zuständig. Als Doug LeGrande, einer der leitenden Manager des US-Außendienstes, bei einer Konferenz verzweifelt die Augen rollte, nachdem Cannavino etwas eingeworfen hatte, und eine abfällige Bemerkung machte, verstellte ihm Cannavino nach dem Ende der Konferenz den Weg. Der dunkelhaarige, stämmige Cannavino schäumte geradezu vor Wut. Mit blitzenden Augen starrte er LeGrande an, sprach durch zusammengebissene Zähne und versetzte ihm bei jedem einzelnen Wort einen heftigen Stoß vor die Brust.

»Wagen (Schubs) Sie (Schubs) es (Schubs) nie (besonders harter Schubs) wieder (Schubs), mich (harter Schubs) so (Schubs) zu (Schubs) behandeln (besonders harter Schubs)«, fauchte er.

Als LeGrande nach einem Abendessen in einem Restaurant von einem Mitglied seines Stabes aufgehalten wurde, das draußen gewartet hatte, um sich ein Marketing-Dokument unterschreiben zu lassen, machte der arme Mann den Fehler zu erklären, es handele sich nur um eine Formsache, da Cannavino bereits seine Zustimmung erteilt habe. Daraufhin schmiß LeGrande das Dokument auf den Bürgersteig und trampelte darauf herum. Es sah aus wie eine Art Kriegstanz. Und dabei brüllte er: »Nein! Nein! Nein!« Ohne auch nur eine Zeile gelesen zu haben, sagte er dann: »Sie haben meine Genehmigung, und mehr brauchen Sie nicht. Cannavinos Genehmigung schon gar nicht.«

Guglielmi, der den PC-Bereich repräsentierte, und Winnie Briney, ein langjähriges Mitglied des US-Außendienstes, merkten Anfang 1992, daß sie nicht einmal die Gegenwart des jeweils anderen ertragen konnten. Selbst wenn der eine eine ganz harmlose Bemerkung machte, mußte der andere sie in Frage stellen. Wenn Briney beispielsweise gesagt hatte: »Heute ist Dienstag«, hatte Guglielmi prompt erwidert: »Aber nicht in Tokio.«

Im Frühling 1992 waren Cannavinos Leute und die des US-Marketings darauf angewiesen, per Konferenzschaltung miteinander zu kommunizieren. Allerdings schienen sie niemals wichtige Dinge zu besprechen, wie beispielsweise die Konkurrenz. Statt dessen fochten sie ihre internen Kämpfe aus. Bei einem der wichtigsten Streitpunkte zwischen dem PC- und dem Marketing-Team ging es darum, welche der Parteien eine der Pressekonferenzen einberufen durfte, die sie gemeinsam planten. Während die eine Seite ihre Argumente vortrug, nachdem sie sich um einen Lautsprecher in einem Konferenzsaal versammelt hatte, stellte die andere häufig den Lautsprecher auf ihrer Seite ab, damit sie ungestört über die Idioten am anderen Ende herziehen konnte.

Die Marketing-Leute meckerten besonders laut über Cannavino. Ihnen war keineswegs entgangen, daß der sich außerhalb der Firma profilierte, und sie meinten, es sei ja ganz toll, daß er Reporter mit Bemerkungen einwickle, wie er die Geschäftsgepflogenheiten bei IBM verändern wolle, nörgelten aber daran herum, daß er nicht die leiseste Ahnung von Marketing habe, was ihrer Meinung nach jedoch das Geheimnis hinter all den großen Erfolgen der letzten

Jahre gewesen sei. Wie sollte er auch etwas von Marketing verstehen? fragten sie sich, schließlich sei er ja nur ein Produktentwickler.

Diese Streitereien fanden zu einem höchst unglücklichen Zeitpunkt statt, weil Microsoft – was niemanden überraschen konnte – für das Frühjahr 1992 eine Anzeigenkampagne für Windows vorbereitet hatte, die sich genau mit der voraussichtlichen Markteinführung des OS/2 überschnitt. Die internen Kämpfe lähmten IBM in ihrem Versuch, darauf zu reagieren. Cannavino wollte augenblicklich mit eigenen Anzeigen zurückschlagen, doch er hatte die Werbung für das OS/2 nicht in der Hand. Das war Sache des Marketings, und das hatte sich entschlossen, das Geld dafür erst im letzten Quartal des Jahres auszugeben. So war man immer verfahren. Das vierte Quartal war bei den Großrechnerverkäufen auch stets das stärkste des ganzen Jahres gewesen. Und deshalb hatte sich das Marketing festgelegt, sein Geld erst dann zu investieren. Cannavinos Marketing-Leute mußten deshalb förmlich um die Beträge betteln, um nicht von Microsoft überrollt zu werden. Es dauerte etliche Wochen, bis die Sache geregelt war und die Ausgaben für wenigstens einige Anzeigen genehmigt waren.

Die Marketing-Kampagne war jedoch ein absolutes Chaos. Das OS/2 wurde diesmal als Betriebssystem, das für Firmen einsetzbar ist, einigermaßen wohlwollend aufgenommen, doch Cannavino und die Marketing-Leute beharrten darauf, es sei ein System, das jeder auf seinen Heimcomputer laden solle. Als sich das Jahr seinem Ende zuneigte und die Marketing-Abteilung ihre große Weihnachtskampagne für das OS/2 startete, wurde in Briefen an die Fachpresse angeregt, die Kolumnisten sollten den Lesern vorschlagen, diese 150-Dollar-Pakete von Industrie-Software als Geschenk unter den Weihnachtsbaum zu legen – eine Sache, über die die Fachzeitschriften sich allesamt lustig machten. Außerdem investierte IBM mehr als 1,5 Millionen Dollar und sponsorte das berühmte *Fiesta Bowl Football Game,* das daraufhin in *OS/2 Fiesta Bowl* umbenannt wurde. Dadurch hoffte man, daß die Leute, die am Neujahrstag biertrinkend dort saßen, sich sagen würden, das OS/2 sei genau das richtige für sie.

Es wird wohl noch zwei weitere *OS/2 Fiesta Bowls* geben, weil IBM gleich einen Dreijahresvertrag unterschrieben hatte.

Einige der von IBM geschalteten Anzeigen haben möglicherweise ebensosehr geschadet, wie sie nützten. Eine zeigte eine idyllische Szene mit der Sonne im Hintergrund, wobei die Namen der OS/2-Anwendungsprogramme auf Blocks standen, die im Vordergrund aus der Erde ragten. Branchenkenner meinten, das wirke, als ginge die Sonne hinter einem Friedhof unter. Auch mit dem OS/2-Logo hatte IBM Pech gehabt. Sie hatte mehr als 100 000 Dollar für die erste Version – sie zeigte das OS/2-Zeichen in einem Kreis – ausgegeben, doch die erweckte lediglich den Eindruck, ein internationales Verbotszeichen zu sein. Der Schrägstrich in OS/2 war so lang, daß er fast über den Kreis hinausragte, wodurch das Logo aussah wie ein Rauchverbots-, ein ›Hunde sind hier nicht erlaubt‹-Zeichen oder irgendein anderes der zahlreichen ›Bitte nicht!‹-Symbole, nur daß es diesmal zu heißen schien: »Finger weg vom OS/2.«

Cannavino und Reiswig hatten 1991 und 1992 ihren Schwung verloren, das Schlimmste, was einem Software-Entwickler passieren konnte. Die Gewinner hießen Gates und Microsoft. Cannavino prahlte, er würde etliche hundert Entwickler dazu bringen, zu einem OS/2-Seminar zu erscheinen, zu Windows aber kamen Tausende. Microsoft hatte 1991 eine Windows-Konferenz veranstaltet, in deren Verlauf die Teilnehmer mehrmals von einem Gebäude in Seattle in ein jeweils größeres hatten umziehen müssen. Zu spät hatten die Organisatoren gemerkt, daß der Andrang so groß war, daß sie eine Versammlungserlaubnis hätten einholen müssen. Ein Magazin, das Software-Entwickler und PC-Anwender ansprechen sollte, war mit dem Titel ›OS/2‹ gestartet, hatte dann in ›Windows und OS/2‹ umbenannt werden müssen und heißt seit Ende 1991 schlicht ›Windows‹.

Im Versuch, für Unterstützung zu sorgen, machten Cannavino, Reiswig und andere einige Zahlenspiele. In ihrem Unternehmensplan hieß es, sie würden im ersten Jahr eine Million Kopien auf den Markt werfen, ein Ergebnis, das sie ohne jede Anstrengung glaubten erzielen zu können. Auf diese Art wollten sie sich dann damit brüsten, daß die Verkäufe weit über Plan lägen. Die IBMler ließen deshalb jeden wissen, daß ihre wirkliche Verkaufserwartung doppelt so hoch sei und bei zwei Millionen Kopien läge. Einige der Topmanager vertrauten den Analytikern allerdings unter dem Siegel der Verschwiegenheit sogar an, eigentlich mit vier Millionen zu rechnen. Vier Millionen – das wäre es gewesen. Mit dieser beeindruckenden Zahl hätte man die Aufmerksamkeit des Publikums auf sich lenken können, da man sie aber nur vertraulich weitergegeben hatte, fühlten sich die IBMler sicher, daß ihnen niemand einen Fehlschlag würde nachweisen können, wenn die Zahl der tatsächlich verkauften Kopien sich als weit niedriger erweisen sollte.

Cannavino hatte bei der Buchhaltung äußerst kreativ sein müssen, um 1992 wenigstens das Ziel von zwei Millionen zu erreichen. Die Händler sagten, daß etwa ein Drittel ihrer Kunden, die IBM-PCs gekauft hätten, auf denen das OS/2 bereits installiert worden war, sie dafür bezahlt hätten, das OS/2 herunterzunehmen und durch Windows zu ersetzen. Das bedeutete, daß Gates gleich doppelt verdiente, denn IBM zahlte ihm eine Lizenzgebühr für jedes mitverkaufte OS/2, und dann bekam er noch einmal Geld für das nachträglich installierte Windows. Cannavino zählte diese vorinstallierten OS/2 als Verkäufe, obwohl IBM dafür keinen Cent bekam und sie nicht einmal benutzt wurden.

Ähnliche Geschichten wissen auch Analytiker zu erzählen. Sie fanden heraus, daß ein weiteres Drittel derjenigen, die IBM-PCs mit OS/2 kauften, es zwar auf ihren Maschinen beließen, aber deaktivierten und ihre Programme unter DOS oder Windows laufen ließen.

Cannavino konnte nicht einmal Carl Conti, seinen inzwischen pensionierten Mentor, dazu bewegen, OS/2 zu benutzen. Conti, ein früherer geschäftsführender Vizepräsident, der für den Unternehmensbereich zuständig gewesen war, zu dem die Großrechner gehörten, besitzt einen sehr leistungsfähigen PC für den Hausgebrauch, doch auch er deaktivierte das OS/2, weil es ihn nur störte.

Cannavinos Buchhaltung behandelte natürlich auch die

deaktivierten OS/2-Kopien als Verkäufe, obwohl die Käufer eigentlich nur an der IBM-Hardware interessiert gewesen waren und nicht im Traum daran gedacht hätten, auch nur einen Cent mehr für das OS/2 hinzulegen, wenn sie es denn hätten bezahlen müssen. Allein zu diesen beiden Kategorien zählten 600 000 bis 700 000 Leute, die eine Kopie des OS/2 hatten, sie aber nicht benutzten. Weitere etwa 700 000 Kopien gab IBM kostenlos an all jene ab, die frühere Versionen des OS/2 gekauft hatten, und auch sie tauchten in Cannavinos Buchhaltung als Verkäufe auf. Die Zahl der Kopien, für die IBM 1992 tatsächlich neue Abnehmer gefunden hatte und die auch benutzt wurden, lag wohl kaum über 600 000 oder 700 000. Und auch die gehörten entweder zu einem gerade gekauften IBM-PC oder wurden für weniger als hundert Dollar abgegeben, was bedeutete, mit einem Rabatt von etwa 50 Prozent auf den ursprünglich empfohlenen Verkaufspreis. Dennoch blieb Cannavino hartnäckig dabei, zwei Millionen verkauft zu haben.

Um herauszufinden, wie gut das OS/2 wirklich lief, mußte man feststellen, wie viele Pakete mit Anwendungssoftware für das OS/2 verkauft worden waren. Die Antwort: Nicht viele. Nur ein Prozent sämtlicher Software, die im Jahr 1992 für den Gebrauch auf Personalcomputern erworben wurde, war für den ausschließlichen Gebrauch auf dem OS/2 bestimmt gewesen. Damit lag ihr Anteil ungefähr genauso hoch wie 1991, obwohl IBM doch angeblich so viele neue Kopien des OS/2 verkauft hatte. Die Programme dagegen, die speziell für den Gebrauch auf Windows gedacht waren, machten 1992 38 Prozent aller PC-Software-Verkäufe aus.

Cannavino prahlte, die 2.0 genannte neue Version des OS/2 hätte man während ihrer ersten neun Monate weit besser verkauft als Windows, und er beharrte darauf, die technischen Vorzüge des OS/2 würden 1993 erst richtig ins Gewicht fallen. Genaugenommen war OS/2 zu diesem Zeitpunkt nirgendwo. Der breiten Anwenderschaft, die IBM im Visier gehabt hatte, war es völlig egal, ob das OS/2 nun ›volle 32 Bit‹ brachte. Und auch die anderen technischen Finessen, auf die IBM solchen Wert legte, ließen die Leute kalt. Microsoft verkaufte in einem Monat mehr Kopien von

Windows, als IBM in einem Jahr vom OS/2 umsetzen würde, und selbst die Menge der OS/2-Logos, die bei der *Fiesta Bowl* auf den Markierungspfeilen zu sehen war, konnte das nicht ändern. Cannavino hätte sicherlich damals – 1985 – mit der Bemerkung Aufmerksamkeit erregen können, das OS/2 hätte einen besseren Start gehabt als Windows, wenn er es sieben Jahre früher hätte anbieten können – als Windows gestartet war. Nun hörte sich seine Behauptung nur wie Prahlerei an.

Gegen Ende 1992 hatten Cannavino und seine Vorgänger im Job mehr als 2,5 Milliarden Dollar in die Entwicklung und das Marketing des OS/2 und seiner Anwendungsprogramme wie OfficeVision gesteckt, die auf dem OS/2 laufen konnten, vermochten aber nur einen Umsatz von 200 Millionen Dollar vorzuweisen.

Cannavino hat derlei Zahlen in der Öffentlichkeit immer bestritten. Er besteht auf der Aussage, das OS/2 sei profitabel, wobei er die Höhe der Summen klar ignoriert, die in den Vorjahren in das OS/2 gesteckt worden waren, und nicht erklären will, woher er seine Zahlen nimmt.

In Anbetracht der Tatsache, daß das OS/2 floppte und IBM selbst bei der Hardware Schwierigkeiten hatte, drohte sogar der Begriff *IBM-kompatibel* an Glanz zu verlieren. Einige Leute fingen an, ihre Maschinen als Windows-kompatibel zu bezeichnen oder noch häufiger als ›auf Intel basierend‹, weil der Typ des Intel-Chips, der in den PCs als Prozessor benutzt wurde, so viel mehr über die Geschwindigkeit aussagte, mit der die Maschinen operierten. Selbst die Leute, die IBM treu blieben, weil sie nun einmal die Normen gesetzt hatte, nannten die Maschinen bestenfalls ›IBM-like‹ oder sagten, im ›Stil von IBM‹.

Cannavino mochte ja glauben, als er im April 1991 seine OS/2-Strategie verkündete, damit endlich eine klare Trennung von Gates vollzogen zu haben, doch das hätte er nicht tun dürfen. Gates hatte ihn ein letztes Mal ausmanövriert, und an Cannavino war es nun, damit fertig zu werden.

Kaum hatte IBM 1991 begonnen, öffentlich darüber zu reden, daß sie Windows ins OS/2 integrieren wolle, hatte auch schon ein Microsoft-Anwalt einen IBM-Anwalt angerufen und ihn darauf aufmerksam gemacht, daß man vielleicht einmal darüber reden müsse. Natürlich hätte IBM Rechte am OS/2 und Windows, doch IBM müsse, so erklärte der Anwalt von Microsoft, dennoch die doppelte Lizenzgebühr zahlen. Einmal müsse sie die Standard-Lizenz für das OS/2 zahlen und dann noch einmal die Standard-Lizenzgebühr für Windows, weil sie den gesamten Windows-Code in jede Kopie des OS/2 integrieren wolle. Dem IBM-Anwalt gefiel diese Idee ganz und gar nicht.

Und auch die IBM-Entwickler stellten bald in Frage, ob Microsoft überhaupt seinen Anteil des Handels geleistet hatte, was ein kleines Stück Software anging, das von entscheidender Wichtigkeit war, damit Windows problemlos laufen konnte. Das Hauptargument der IBMler war dabei, Microsoft habe diese Software extrem spät geliefert und eine ausgesprochen schlechte Arbeit dazu. Einige von Cannavinos Assistenten meinten sogar, man solle klagen. Nach etlichen Verhandlungen mit dem Stab von Microsoft zu diesem Thema verließen sie einen Konferenzsaal im IBM-Gebäude in Somers/New York und sagten, am liebsten würden sie Gates ›den dünnen Hals umdrehen‹.

Gates und Cannavino lagen sich wieder einmal in den Haaren.

Ihre Stäbe diskutierten 1991 die Streitpunkte wieder und wieder, machten aber nicht die geringsten Fortschritte. Gates und Cannavino wechselten während dieser Zeitspanne allerdings kein einziges Wort, weil Cannavinos Abneigung gegen Gates sich bis zu einem Punkt gesteigert hatte, wo er ihn nicht einmal mehr sehen mochte. Allerdings gelang es Cannavino, Gates Mitte 1991 eine Nachricht zukommen zu lassen.

Beim Joggen im Zentrum von White Plains war Cannavino an einem frühen Samstagmorgen auf einen von Gates' Assistenten gestoßen. Tony Audino – so heißt der Mann – begrüßte Cannavino. Der erwiderte den Gruß und redete sich dann geradezu in Rage. Cannavino stand da in seinem Trainingsanzug, den Walkman in der Hand, und attackierte Audino wegen Gates' Versuchen, Kunden zu gewinnen, indem er IBM in den Rücken fiel. So jedenfalls stelle sich die Sache für ihn dar, erklärte er.

Als Audino Gates über dieses Gespräch informierte, sagte Gates nur: »Mein Gott, ich kann den Mann nicht einmal dazu bringen, mich zurückzurufen, und Sie bekommen gleich 45 Minuten seiner Zeit.«

Mit einem bemerkenswert zurückhaltenden Brief, in dem es hieß: »Die neunziger Jahre stellen sich gewiß als äußerst turbulent heraus«, bat Gates Akers zu intervenieren. Cannavino seinerseits wollte ebenfalls herausfinden, ob Akers und Kuehler ihm bei seinem Problem mit Microsoft vielleicht helfen konnten. Akers' Büro nahm Kontakt zu Gates auf und erklärte ihm, man sei bereit, ihm endlich die Audienz zu gewähren, von der er geglaubt hatte, sie im August 1990 bereits vereinbart zu haben. Damals war ihm ein Mittagessen mit Kuehler versprochen worden. Als Gates Ende Oktober 1991 wieder nach Armonk kam, sah es dort ganz anders aus als noch vor ein paar Jahren. In der Zwischenzeit waren so viele Stellen abgebaut worden, daß die Parkplätze fast leer waren.

Akers hatte vorgehabt, den ganzen Asphalt aufreißen und Gras säen zu lassen, um ein Zeichen zu setzen. Er hatte allen klarmachen wollen, daß es die gestrichenen Jobs nie wieder geben würde, hatte sich dann aber gesagt, es sei wohl besser, keinen einzigen Nickel in Projekte in der Firmenzentrale zu stecken.

Gates ging zwischen einigen Betonpfeilern vor dem Haupteingang hindurch, die dort hingestellt worden waren, damit niemand auf die Idee kam, das Gebäude mit einer Autobombe zu rammen. Er betrat das Foyer, das quasi vor das Hauptgebäude geklebt worden war, damit jemand, der eine Bombe im Koffer bei sich trug, schlimmstenfalls den Empfangsbereich in die Luft sprengen, aber nicht weiter ins Gebäude eindringen konnte. Gates nahm im Foyer Platz, um auf Akers zu warten, griff nach einer der ausliegenden Tageszeitungen und mußte feststellen, daß er plötzlich ein Problem hatte. Ballmer war in einer Story über das OS/2 zitiert worden. Er hatte gesagt: »Es ist immer schön, wenn ein Konkurrent etwas vermasselt.«

Akers begrüßte Gates im Foyer und ging mit ihm in einen

der Speisesäle für Führungskräfte. Dort stieß Kuehler zu ihnen. Und es war schnell klar, daß auch sie an diesem Tag die Zeitungen gelesen hatten.

»Ich bin es leid, in der Presse von der Firma IBM und der Firma Microsoft lesen zu müssen«, sagte Kuehler. »Ich bin es leid zu lesen, daß die Firma IBM und die Firma Microsoft nicht miteinander zurechtkommen. Könnten wir uns nicht wenigstens darauf einigen, unsere Unstimmigkeiten unter Ausschluß der Öffentlichkeit zu klären?«

»He«, erwiderte Gates, »da war ja keiner, der einen von uns auch nur sehen wollte. Wie sollten wir denn wissen, ob Sie über *Computer World* oder *PC Week* mit uns verhandeln wollen?«

Außerdem beklagte sich Gates darüber, daß IBMler ihn persönlich angegriffen hätten, wie beispielsweise in einem Bericht in der Presse, wonach ihm jemand am liebsten mit einem Eispickel den Kopf zertrümmert hätte.

»Nun, Sie haben auch Dinge gesagt, die besser ungesagt geblieben wären«, entgegnete Kuehler. »Sie haben behauptet, IBM hätte im PC-Bereich kein Geld verdient.«

»Sie haben recht«, gab Gates zu, »das stammt von mir, und meine Aussage beruhte auf bloßem Hörensagen.«

»Sie hätten es nicht sagen dürfen«, bekräftigte Kuehler noch einmal.

»Okay, ich werde es nie wieder sagen«, erwiderte Gates.

Nachdem sich die Lage ein wenig beruhigt hatte, begann Kuehler über die *Clarence Thomas' Hearings* zu reden, die sich vom Vorabend bis in die frühen Morgenstunden erstreckt hatten. Dabei fühlte sich Gates ein wenig hilflos. Er besaß immer noch kein Fernsehgerät und hatte in den letzten Tagen auch zuviel zu tun gehabt, um ausführlich Zeitung zu lesen. Sein Glück war, daß sein Vater – ein Anwalt – die Hearings fasziniert verfolgt und ihn am Vortag bei einem Telefonat über die wichtigsten Punkte informiert hatte. So gelang es Gates, dieses Gespräch einigermaßen gut über die Runden zu bringen, denn er wollte auf keinen Fall, daß Akers und Kuehler zu dem Schluß kommen könnten, er sei der einzige Mensch in Amerika, der beim Thema ›Anita Hill‹ nicht auf dem laufenden war.

Als Akers, Kuehler und Gates endlich zu ihrem eigentlichen Thema – dem Geschäft – kamen, legte Gates seine Pläne dar – eine lange Liste von Dingen, die seiner Meinung nach IBM und Microsoft gemeinsam zum Erfolg führen könnten.

Akers und Kuehler hörten ihm schweigend zu.

Nachdem Gates geendet hatte, fragte Kuehler leise: »Was ist beim OS/2 passiert, Bill?«

Gates setzte zu Erklärungen an, doch Kuehler unterbrach ihn. »Daran sind wir nicht interessiert. Geben Sie uns eine Lizenz für diesen Code von Windows.«

Gates entgegnete: »Nun, ich bin nicht bereit, diesen Code einfach zu verschenken.«

»Wenn Sie jemals wieder Geschäfte mit dem Unternehmen IBM machen wollen«, entgegnete Kuehler, »dann müßte schon die Partnerschaft wiederhergestellt werden.«

»Nun, in letzter Zeit war da nicht viel von einer Partnerschaft zu spüren«, erklärte Gates. »Wir können eine Menge Dinge gemeinsam machen und eine gute Beziehung herstellen. Was aber eine Partnerschaft angeht...«

Sie diskutierten weiter, konnten sich aber nur darauf einigen, daß beide Seiten aufhören wollten, sich gegenseitig in der Presse schlechtzumachen.

Akers begleitete Gates zum Eingang, wo ein Wagen auf den Microsoft-Mann wartete. Auf dem Weg dorthin sagte Akers: »Es ist wirklich schade um die Beziehung zwischen IBM und Microsoft.« Gates konnte ihm nur zustimmen. Die meiste Zeit sprachen sie über den *United Way,* dessen hauptberuflicher Vorstandsvorsitzender gerade gefeuert worden war, weil er seine Position ausgenutzt hatte, um sich selbst und seine Freunde zu bereichern. Für Akers war das ein wirkliches Problem, weil er ehrenamtlicher Vorstand war, Gates dagegen hatte lediglich einen Sitz im Vorstand, mußte sich allerdings auch mit dem Problem auseinandersetzen.

Sie standen eine ganze Weile draußen in der Kälte, an Gates' Wagen gelehnt, und unterhielten sich sehr angeregt. Dann schüttelten sie sich die Hände und verabschiedeten sich. Das war das letzte Mal, daß sie gemeinsam an einer Sitzung teilnahmen.

Kaum hatte die Führungselite eingesehen, daß Gates nicht nachgeben würde, was die Lizenzgebühren anging, fuhr Cannavino schwere Artillerie auf: seine Anwälte. Etwa neun Monate später trugen sie tatsächlich den Sieg davon.

Die Anwälte hatten ins Feld geführt, daß IBM über Hunderte von Software-Patenten verfüge, gegen die die gesamte Softwarebranche – einschließlich Microsoft – ständig verstieß. Als Gates über Lizenzgebühren reden wollte, erklärten sie Microsoft, zunächst müsse man einmal über die eigenen Ansprüche sprechen. Schließlich willigte Gates ein, IBM 20 Millionen Dollar zu zahlen, um die Rechte an den IBM-Patenten zu erwerben, die er benutzt hatte.

Nachdem die Frage der Lizenzgebühren endlich geklärt war, beschloß Gates, Kuehler beim Wort zu nehmen. Er wollte versuchen, wieder mit IBM übers Geschäft zu reden. Die Mitglieder von Kuehlers und Cannavinos Stäben kamen unabhängig voneinander zu dem Schluß, daß es gut wäre, ein letztes persönliches Gespräch mit Gates zu führen, weil die Einigung über die Windows-Lizenzen der letzte Punkt gewesen war, über den die Firmen sich noch hatten auseinandersetzen müssen. Sobald die Verträge unterzeichnet wären, würde die ›Scheidung‹ zwischen IBM und Microsoft besiegelt und die Aufteilung der Vermögenswerte geklärt sein. Da Cannavino nicht mehr mit Gates verhandeln mochte, übernahm Kuehler diese Aufgabe. Er lud ihn im Oktober 1992 zu einem Frühstück ins IBM-Gebäude nach Manhattan ein.

Gates hatte sich gesagt, es würde Kuehlers Stimmung gewiß heben, wenn er den Scheck über die 20 Millionen Dollar an Lizenzgebühren gleich mitbrächte. Er könnte ja einen Witz darüber machen und einfließen lassen, daß das zwar ein ziemlich hoher Preis für ein Frühstück sei, doch wenn er es nun einmal nicht billiger bekommen könne ...

Kuehler ließ sich davon nicht beeindrucken, und das Frühstück begann nicht besonders angenehm. Sie nahmen es in der Bibliothek von Tom Watson sen. ein, die IBM in den 42. und obersten Stock des Gebäudes umgesiedelt hatte, gleich neben den Konferenzsaal des Verwaltungsrats. Diese Bibliothek mit ihren dunklen Bücherregalen, den alten Wälzern und dem Porträt von Tom sen., das oben an einer Wand hing – direkt unter dem *Think*-Zeichen –, verströmte immer noch den Geist des wichtigsten Mannes in der Firmengeschichte. Es war ein imposanter Raum, doch Kuehler trug ein wenig dick auf für Gates' Geschmack, als er ihm die Ausstattung in allen Einzelheiten erklärte.

»Ich habe mich gefragt, ob ich nun wohl so tun müsse, als sei ich total überwältigt«, erzählt Gates. »Ich meine, schließlich hatte ich schon fünfmal in dem Raum gegessen. Und ich dachte, daß eigentlich ich es hätte sein müssen, der ihm die Sehenswürdigkeiten erklärte.«

Erst nach ein paar Minuten wurde die Stimmung etwas freundlicher. Gates erzählte, er sei unterwegs nach Washington, D. C., wo ihm ein Preis überreicht werden solle. Und Kuehler warf ein: »Das ist schön. Vielleicht sollte ich Sie ja für die Medaille der *National Academy of Engineering* vorschlagen.«

Als Gates aber daraufhin mit der alten Leier anfing, welche Art der Zusammenarbeit mit IBM er sich vorstellen könne, lächelte Kuehler nur.

»Das werden wir sehen, Billy«, sagte Kuehler wiederholt.

Kuehler sprach es zwar nicht aus, doch er war überzeugt, IBM hätte Microsoft und Gates überhaupt erst ›gemacht‹, und daß Gates' Vermögen deshalb eigentlich IBM zustünde. Es ärgerte den Geschäftsmann Kuehler, daß IBM da ruhig zugesehen hatte. Und dem Gentleman Kuehler gefiel es überhaupt nicht, daß Gates und dessen Kollegen sich als so undankbar erwiesen hatten.

»Sie haben es zu etwas gebracht, Billy«, bemerkte Kuehler einige Male.

Nach dem Frühstück wußte Gates, daß IBM nie wieder mit ihm Geschäfte machen würde. Die Verbindung, die vor zwölf Jahren mit einer unverfänglichen Diskussion über ein winziges Stückchen Software für eine noch nicht mal existierende Maschine begonnen hatte und zu der wichtigsten Partnerschaft der ganzen PC-Branche erblüht war, hatte damit ein Ende gefunden.

In den dazwischenliegenden Jahren waren aus den ursprünglich 32 Microsoft-Angestellten 12 000 geworden, und die Firma wuchs rasch weiter, während ganze Teams von Bauarbeitern auf dem Microsoft-Gelände immer neue Gebäude errichteten. Microsofts Gewinne waren von weniger als 100 Millionen Dollar pro Jahr auf mehr als 500 Millionen Dollar jährlich gestiegen, bewegten sich rasch auf die Milliarden-Dollar-Grenze zu.

Microsoft war aus dem Nichts aufgestiegen und gehörte nun zu den zehn US-Firmen, deren Aktien den größten Börsenwert repräsentierten. An manchen Tagen lag der Aktienwert von Microsoft sogar über dem von IBM. Gates war der reichste Mann Amerikas geworden.

IBM dagegen, 1980 noch das profitabelste Unternehmen der Welt, war 1992 in einem schrecklichen Zustand und mußte den größten Verlust melden, den jemals ein Unternehmen hatte hinnehmen müssen. Die Zahl der Beschäftigten war um 40 000 abgebaut worden, und die Entlassungen machten einen um so schlechteren Eindruck, als IBM in den achtziger Jahren Zehntausende neuer Stellen geschaffen und dann all diese Jobs wieder gestrichen hatte und dabei war, noch weitere Kürzungen vorzunehmen. Die Aktien von IBM waren um ungefähr 30 Prozent auf einen Wert gefallen, der dem glich, den sie Mitte der achtziger Jahre erzielt hatte, als sie noch viel kleiner war.

Zu dem Zeitpunkt, da IBM endlich die Trennung von Gates vollzog, waren auch die Geschichten, die IBM die dominierende Rolle in der Computerindustrie zuschrieben, längst Vergangenheit.

Der mächtigste Mann der Branche war inzwischen der Kerl mit dem unordentlichen Haarschopf und den ewig schmutzigen Brillengläsern, der sich gerade von dem IBM-Gebäude entfernte und auf seinen Wagen zuging, den er an der Ecke 57th Street und Madison Avenue geparkt hatte.

13. Kapitel

Im Februar 1991 begann IBM über das Undenkbare nachzudenken. Einige der Ingenieure der Workstation-Abteilung, die zu Jim Cannavinos Produktgruppe gehörte, versammelten sich in einem Konferenzsaal in Somers/New York, um zu diskutieren, wie sie Umsatzzuwächse erwirtschaften könnten. Dabei zogen sie sogar in Betracht, im Rahmen eines Unternehmensplans zu beschließen, ihre Grundtechnologien an andere Firmen zu verkaufen. Präsident Jack Kuehler nahm an dieser Zusammenkunft teil. Das war eine große Ausnahme, denn der Präsident von Gesamt-IBM beteiligte sich normalerweise nie an solchen Brainstormingsitzungen. Doch der Techniker Kuehler hatte sich schon immer besonders für die IBM-Workstation interessiert. Jetzt, da die Ingenieure sich laut fragten, welche anderen Firmen wohl den Zentralprozessor ihrer Workstation kaufen würden, um ihre eigenen Workstations oder Personalcomputer leistungsfähiger zu machen, tat Kuehler etwas, das man eigentlich nur als Verrat hätte bezeichnen können: Er schlug vor, Apple anzurufen, den ewigen Erzrivalen von IBM.

Apple hatte nämlich bereits seit einem Jahr versucht, engeren Kontakt mit IBM aufzunehmen. Michael Spindler, der neue Präsident von Apple, hatte sich bereits Anfang 1990 überlegt, daß es gut wäre, wenn ihn jemand formell mit Kuehler bekannt machte. Er wollte zumindest feststellen, ob und welche Art von Geschäften man unter Umständen miteinander machen könne. Da im kleinen Silicon Valley jeder jeden kannte, fand er in Regis McKenna den idealen Unterhändler. Der weißhaarige McKenna wirkt zwar wie ein gutmütiger Großvater, gilt aber als bunter Vogel, weil er fabelhafte Marketing-Kampagnen gestartet und dabei vielen Newcomern geholfen hatte, sich zu etablieren. Angefangen hatte es mit den Strategien, die den Apple II ins öffentliche Bewußtsein gerückt und dem Macintosh zu seiner Position als

›Computer für alle‹ verholfen hatten. In Silicon Valley war McKenna der Star unter den Marketing-Experten – auf seiner Visitenkarte stand statt eines Titels ›höchstpersönlich‹ –, und er kannte buchstäblich jeden. Als Spindler McKenna fragte, ob er denn auch irgend jemanden in der IBM-Firmenzentrale im Osten kenne, erfuhr er, daß dem politisch aktiven McKenna Kuehler sehr gut bekannt war, weil der sich jahrelang für die politische Karriere eines alten Freundes eingesetzt hatte, und zwar auch dann noch, als er seinem Heimatstaat Kalifornien den Rücken gekehrt hatte.

McKenna sorgte denn auch dafür, daß Kuehler sich bereit erklärte, sich wenigstens telefonisch mit Spindler bekannt zu machen. Im Lauf ihrer angeregten Unterhaltung hielten sie es für an der Zeit, die alten IBM/Apple-Vorurteile endlich über Bord zu werfen und miteinander in Verhandlungen zu treten. Im Herbst hatte Spindler schließlich prompt versucht, konkret zu werden. Ihm war an dem Kauf der IBM-Workstation-Prozessoren gelegen, weil er sie gern als Basis für eine neue, leistungsfähigere Produktreihe von Macintosh-Personalcomputern verwenden wollte. Apple meinte nämlich, das sei mit den bislang benutzten Motorola-Prozessoren nicht möglich. Kuehler äußerte Bedenken. Er betrachtete diese Prozessoren nach wie vor als so eine Art ›Kronjuwelen‹ von IBM und wollte sie deshalb Fremdfirmen nicht zugänglich machen. Doch nachdem das Workstation-Team bei der Konferenz in Somers Anfang 1991 diesen Standpunkt in Zweifel gezogen hatte, sagte sich Kuehler, daß Spindler gewiß angenehm überrascht sein würde.

Er behielt recht. Apple war nach wie vor an einem schnelleren Prozessor für seinen Macintosh interessiert und hätte sich gewiß bald für einen anderen Zulieferer entschieden. Spindler befand sich allerdings in einer Situation, in der ihm nur noch ein paar Wochen Zeit blieben. Die beiden beschlossen daraufhin, zunächst einmal festzustellen, ob die zugeknöpfte IBM überhaupt mit Apple, dem Vertreter der New-Wave-Generation, würde arbeiten können. Das dauerte eine Weile. Apples Vorgehensweise ist: »Auf die Plätze, feuern, zielen«, wogegen IBM nach der Methode »Auf die Plätze, zielen, zielen, zielen ...« operiert.

Beim ersten Treffen zwischen den Ingenieuren von Apple und denen der IBM-Workstation-Entwicklungsabteilung in Austin/Texas erschien das Apple-Kontingent in dreiteiligen Anzügen, die offenbar brandneu waren. Als die Männer das Büro des IBM-Chefinformatikers Phil Hester betraten, mußten sie feststellen, daß Hester und die meisten seiner Mitarbeiter Cowboystiefel, Jeans und Freizeithemden trugen.

»Oh, Scheiße!« murmelten die Apple-Leute.

»Erwischt«, bemerkte Hester mit einem süffisanten Lächeln.

Bei den ersten Konferenzen trugen tatsächlich nur die Apple-Leute Anzüge, wogegen die IBMler in Polo-Shirts oder anderer bequemer Kleidung auftraten, von der sie glaubten, sie sei typisch kalifornisch. Außerdem neigte IBM nach wie vor dazu, dreimal so viele Teilnehmer aufzubieten wie der Verhandlungspartner. Einige der Sitzungen aber, wie beispielsweise die erste, bei der es um ein eventuell gemeinsam durchzuführendes Multimedia-Projekt gegangen war, gerieten so sehr außer Kontrolle, daß die beiden Firmen, wie einer der damaligen Teilnehmer erzählt, »über ein Projekt sprachen, für das man mehr Geld brauchen würde, als selbst der liebe Gott hatte, und mit dem man mehr Geld würde machen können, als irgendwer in der ganzen Geschichte der Wirtschaft je verdient hatte«.

Doch kaum hatten sich die Dinge im Frühjahr 1991 ein wenig beruhigt, kamen die beiden Firmen sehr rasch zu einer Einigung. Kuehler und John Sculley, der Boß von Apple, mochten einander. Sie installierten schließlich sogar die für Videokonferenzen erforderliche Ausrüstung in ihren Büros, so daß sie täglich Auge in Auge miteinander reden konnten – wie George Jetson und Mr. Spacely –, wenn sie es schon nicht schafften, persönlich an den Konferenzen teilzunehmen. Kuehler verlieh Sculley sogar höchste Ehren: einen IBM-Ausweis. Dies bedeutete, daß der Topmann von Apple dieselben Privilegien besaß wie ein IBM-Angestellter in irgendeiner IBM-Niederlassung weltweit.

Nach ein paar Monaten, und nachdem die Firmen sicher waren, daß sie würden zusammenarbeiten können, igelten sich ganze Teams in einem Schulungszentrum in der Nähe des IBM-Hauptquartiers ein, um die Einzelheiten festzulegen. Obwohl die Firmen sich inzwischen auf eine Kleiderordnung geeinigt hatten, wonach sich die Leute in den Apple-Niederlassungen lässig kleiden durften, bei IBM aber lieber Anzüge getragen werden sollten, setzte Cannavino wieder einmal Kleidung als Symbol ein. Er verkündete, im IBM-Zentrum könne und solle sich jeder bequem anziehen. Die Botschaft war: Keine Minute mit Nebensächlichkeiten vergeuden, laßt es uns anpacken! Cannavino verbrachte ein Großteil seiner Zeit mit dem IBM-Verhandlungsteam, nur um sicherzustellen, daß es auch voranging und mögliche Hindernisse an Ort und Stelle weggeräumt werden konnten, die die IBM-Bürokratie möglicherweise vor ihm auftürmte. Schließlich zog Cannavino sogar in das Schulungszentrum um.

All diese Aufmerksamkeiten erfreuten Sculley. Er hielt IBM für weit entgegenkommender, als es ihrem Ruf entsprach, denn Kuehler und Cannavino intervenierten jedesmal persönlich, wenn etwas nicht nach Plan lief. Die Apple-Ingenieure wiederum stellten fest, daß sie tatsächlich dieselbe Sprache sprachen wie ihre Kollegen von IBM. Als besonders angenehm empfanden sie die IBMler aus Austin/Texas, die die Tatsache ausgenutzt hatten, daß sie weit von der Firmenzentrale entfernt waren und eine eigene, lässigere Unternehmenskultur entwickelt hatten.

Bis zum Mai 1991 waren die beiden Firmen auf dem besten Weg zum Erfolg. Sie einigten sich rasch darauf, daß IBM eine Version ihres Workstation-Prozessors entwickeln solle, den Apple dann in seinem neuen Macintosh benutzen könne, um ihn leistungsfähiger zu machen als die bereits existierenden Macs. IBM versicherte sich bei der Herstellung des Chips der Unterstützung von Motorola, weil die bei der Fabrikation preisgünstiger Chips nun einmal die größere Erfahrung hatte als IBM. Außerdem beschlossen IBM und Apple, sich gemeinsam an zwei größere Software-Projekte zu wagen. Eines beschäftigte sich mit einem Betriebssystem für die Personalcomputer der nächsten Generation, von dem beide Seiten hofften, daß es Microsoft einen kräftigen Dämpfer versetzen würde. Das zweite sollte sich auf Multimedia-

Software konzentrieren, die es den Anwendern erleichtern sollte, auf ihren Personalcomputern Video, Ton und Grafiken einzusetzen.

Ein Apple-Manager beging einen Fauxpas, als er die Presse wissen ließ, daß Apple und IBM miteinander redeten. Denn das lenkte große Aufmerksamkeit auf diese Gespräche, was den Druck verstärkte und beide Seiten zwang, ihre Sicherheitsbestrebungen zu verdoppeln. Sie glaubten nicht ertappt zu werden, wenn sie sich weit entfernt von ihren jeweiligen Hauptquartieren trafen, und keinen Verdacht zu erregen, wenn sie jeweils nur einmal an einem Ort zusammenkamen. Aber das öffentliche Interesse jagte den Leuten doch eine Menge Angst ein. Ein Mitglied des IBM-Stabes erzählt, er habe beispielsweise einmal mehrere Niederlassungen im Lande besucht, einschließlich des Apple-Hauptquartiers und der IBM-Niederlassung in Austin, und in jedem Hotel, in das er gekommen sei, hätten ihn bereits Botschaften eines Reporters von der *Washington Post* erwartet.

Im Juli 1991 erreichten die Firmen eine vorläufige Übereinkunft, die bis Anfang Oktober eine endgültige Form annehmen sollte. Alles lief so gut, daß sie schon den Ballsaal eines Hotels in San Francisco anmieteten und so einrichteten, daß von dort aus weltweit Satellitenberichte ausgestrahlt werden konnten. Nach einer schwierigen Endrunde der Verhandlungen am Vortag waren sowohl die Topleute von IBM wie die von Apple und Motorola bereit, den Handel abzuschließen. Doch dann warteten die Motorola-Bosse mit einer echten Überraschung auf: Nach ihren Firmenstatuten durften sie einen Vertrag erst 48 Stunden nach Abschluß der letzten Verhandlungsrunde unterschreiben, nur um sicherzugehen, daß alles seine Richtigkeit hatte. Trotzdem wünschten die Motorola-Leute die Ankündigung, allerdings hätte Cannavino dem zustimmen müssen, denn schließlich besaß er keinen unterzeichneten Vertrag. Cannavino blieb vor Schreck fast das Herz stehen.

Nach endlosen Diskussionen berief er um Mitternacht kalifornischer Zeit in seinem Hotelzimmer eine Krisensitzung ein. Die Ankündigung sollte in fünf Stunden – um acht Uhr östlicher Standardzeit – über den Äther gehen, und er hatte keine Ahnung, was er tun sollte. Sein Stab riet ihm, die Motorola-Beteiligung nicht zu erwähnen, solange der Vertrag nicht unterzeichnet sei. Allerdings wußte keiner, wie Motorola reagieren mochte, wenn man es von dem großen Ereignis ausschließen würde. Ein Public-Relations-Mann empfahl schließlich, sich eines kleinen Tricks zu bedienen, der freilich ein ziemliches Risiko beinhaltete.

Er schlug vor, den Namen Motorola in der Haupt-Presseerklärung nicht zu erwähnen und statt dessen vage anzudeuten, IBM suche noch nach einer Firma, die den Prozessor herstellen könne, den Apple kaufen wolle. Eine weitere vage Andeutung sollte besagen, IBM sei bereits mit einigen Firmen im Gespräch – eine deutliche Drohung in Richtung Motorola, das sich dann bewußt sein müsse, vielleicht aus dem Rennen geworfen zu werden, falls es nicht einen Weg fände, den Vertrag doch noch vorher zu unterzeichnen. Eine ganze Armee von Sekretärinnen entfernte daraufhin jeden Hinweis auf Motorola aus sämtlichen anderen Presseerklärungen.

Cannavino nahm die Pressemitteilungen und ging um ein Uhr nachts damit in die Suite des Motorola-Teams. Das verstand den zarten Hinweis sofort und weckte seine Bosse in Arizona und Chicago. Gegen vier Uhr morgens waren sie zur Unterschrift bereit. So hatten die PR-Leute gerade noch genügend Zeit, den Presseagenturen die Erklärungen zu übergeben. Aber die Ankündigung ging dennoch pünktlich um fünf Uhr heraus, wie es geplant gewesen war...

Am Vormittag des 2. Oktober 1991 um neun Uhr morgens war der Ballsaal gedrängt voll. Alle in der Branche erinnerten sich nur zu gut, wie großkotzig sich Apple benommen hatte, als die IBM ihre UR-PC anbot. Damals hatte Apple IBM mit ganzseitigen Anzeigen auf dem Markt für ›kleine Computer‹ willkommen geheißen, gleichzeitig aber großspurig verkündet, es selbst habe diesen Markt ja schließlich erst geschaffen. Und alle in der Branche wußten natürlich, daß diese Anzeigen den Grundstock für ein Jahrzehnt gegenseitiger Abneigung gelegt hatten. Deshalb faszinierte es die Wertpapieranalytiker, Berater, Kunden und Reporter und sogar die Angestellten von IBM und Apple ganz besonders, jetzt die Gelegenheit zu haben, Sculley, Spindler, Cannavino und Kuehler einmal in trauter Eintracht zu erleben.

Einige der IBMler nahmen es von der komischen Seite und meinten, sie hätten da auf der Bühne die ganze Entwicklungsgeschichte der Menschheit vor Augen gehabt. Auf der einen Seite hätte Apple-Präsident Spindler gesessen, stämmig, mit niedriger Stirn und dichten Brauen und erstaunlich unfähig, sich zu artikulieren. Er repräsentierte sozusagen den Neandertaler. Neben ihm saß Cannavino, der Mann mit dem lockigen Haar und dem stupiden Lächeln. Er symbolisierte den nächsten Schritt auf der Stufenleiter der Evolution. Schließlich Kuehler – geschliffen, in der Lage, sich Gehör zu verschaffen, und ein absoluter Profi. Er repräsentierte den Menschen der Jetztzeit. Und dann war da noch Sculley, der Marketing-Typ mit den fortschrittlichen Ideen, der sich als Visionär erwiesen hatte. Er stand für den Menschen der Zukunft.

Während die IBMler die Bühne beobachteten, hofften sie, die Verbindung mit Apple würde einige Leute bei IBM aufwachen lassen und sie veranlassen, den Blick endlich in die Zukunft zu richten. Das Potential war gewiß vorhanden. Wenn IBM ihren Workstation-Prozessor beispielsweise so gut überarbeiten könnte, daß sie die Wünsche der Kunden erfüllte, die es gern gesehen hätten, daß er nicht derartig viel Leistung fraß und so viel Hitze entwickelte, und Motorola die Prozessoren ganz billig herstellen könnte, dann durfte IBM auch den großen Markt für PC-Prozessoren wieder für sich beanspruchen, den sie an Intel hatte abgeben müssen. Falls wiederum das Betriebssystem-Projekt Erfolg hätte, könnte IBM der verhaßten Microsoftkonkurrenz wenigstens ein paar Steine in den Weg legen und einige der Gewinne wieder für sich beanspruchen, die an Microsoft gegangen waren, seit das OS/2 gefloppt war und Windows die Welt erobert hatte. Falls das Multimedia-Projekt Erfolg hätte, könnte IBM die Welt davon überzeugen, daß Computer als optische Instrumentarien einzusetzen sind, die dann aber eine ganz neue Generation noch leistungsfähigerer Maschinen erforderlich machten, was IBM durch neue Hardwareverkäufe

Milliarden von Dollars einbringen würde. Es blieb nur noch eine Frage, mit der sich IBM in den sechziger oder siebziger Jahren niemals herumgeschlagen hätte, als sie ihren Ruf begründete, so hartnäckig und effizient zu sein wie das US-Marinecorps. Sie lautete: Schafft IBM das tatsächlich?

Selbst als sich Cannavino und Kuehler im Oktober 1991 nach dem Abschluß mit Apple in ihrem Erfolg sonnten, machte sich John F. Akers immer noch Sorgen. Das katastrophale Jahr 1991 hatte deutlich gemacht, daß er die Kosten keineswegs genügend gesenkt hatte und die simple Erklärung nicht ausreichte, die Firma würde ab sofort unternehmerischer denken. Gegen Ende November gelangte Akers zu der Überzeugung, alles noch ein weiteres Mal neu organisieren, Zehntausende weiterer Jobs zusätzlich abbauen und eine weitere große Wertberichtigung vornehmen zu müssen.

Die Idee hinter dieser Neuorganisation war im Grunde dieselbe, die bereits hinter der von 1988 gestanden hatte, als Akers seine damalige Neuorganisation als die endgültige verkauft hatte. Akers wollte die Firma noch weiter dezentralisieren. Auf diese Weise sollten Entscheidungen von jenen Leuten getroffen werden, die in der Organisation zwar einen niedrigeren Rang einnahmen, aber mehr von ihren jeweiligen Märkten verstanden als die Manager an der Spitze. Außerdem würden dann die Entscheidungen schneller fallen, weil dann ein umständliches Genehmigungsverfahren wegfiele. Akers beschloß, diesmal sogar noch weiter zu gehen als beim letzten Mal. Er wollte die Firma in dreizehn organisatorische Einheiten aufgliedern und so einen ›lockeren Firmenverbund‹ bilden. Die meisten dieser Organisationseinheiten sollten Produktgruppen sein – wie der PC-, der Festplatten-, der Großrechnerbereich und so weiter. Daneben setzte Akers noch auf eine Marketingeinheit, die beispielsweise Produkte aus dem PC-Bereich kaufen und dann weiterverkaufen sollte. Er wollte sogar die Dienstleistungsbereiche wie das Personalbüro mit den anderen Abteilungen von IBM zusammenschließen, damit sie ihre Dienstleistungen anbieten und auch anderen Firmen zugänglich machen konnten. Irgendwann sollten diese Einzelfirmen dann sogar eigene Jahresergebnisse vorlegen. Außerdem wollte sich Akers die Möglichkeit offenhalten, Teile eines Bereichs oder eine ganze Einheit zu verkaufen.

Nachdem er sich diesen Plan zurechtgelegt hatte, mußte er ihn nur noch ›verkaufen‹. Trotz seiner vernichtenden Blicke und seiner Beteuerungen vom Dezember 1989, alles sei unter Kontrolle und er würde sich bei den Investoren nicht so bald wieder entschuldigen müssen, fand er sich jetzt, zwei Jahre später, in einem Raum voller Wertpapieranalytiker wieder und mußte erneut behaupten, diesmal habe er die Probleme voll im Griff und damit die Lage wirklich unter Kontrolle.

Akers ging deshalb in die Offensive. Als er die Bühne im Ballsaal des luxuriösen, erst kürzlich neu eingerichteten Macklowe Hotels im Herzen von Manhattan betrat, posaunte er in alle Welt hinaus, sein Vorhaben sei eine grundlegende Neudefinition von IBM. Seine Topleute begannen augenblicklich, von einer neuen IBM zu sprechen. Die Presse dagegen bezeichnete die dreizehn neuen Organisationseinheiten als *Baby-Blues*.

Die Idee, der Akers sich annäherte, erschien sehr sinnvoll. Die Firmen im Silicon Valley hatten IBM jahrelang nur deshalb schlagen können – während das den gefürchteten Japanern gar nicht so besonders gut gelungen war –, weil sie über genau jene Art von Freiheit und Eigenverantwortlichkeit verfügten, die Akers nun bei IBM zu etablieren versuchte. Bei den Silicon-Valley-Firmen waren Besitzer und Manager ein und dieselbe Person. Der Mann an der Spitze besaß einen so großen Anteil an der Firma, daß ihr Erfolg ihn reich machte, unter Umständen sogar stinkreich. Er konnte dafür alles einsetzen, um sich in diese höchst angenehme Lage zu bringen. Auch wenn er dann Risiken eingehen, jeden Pfennig einzeln umdrehen oder rund um die Uhr arbeiten und unter seinem Schreibtisch schlafen mußte. Und sobald er dann sein Glück gemacht hatte, würde er es mit allen Mitteln wahren, selbst wenn das bedeutete, ein paar Freunde feuern zu müssen. Die Silicon-Valley-Firmen, die am Marktanteil von IBM geknabbert hatten, verfügten jedoch keineswegs über Mitarbeiter, die klüger gewesen wären als die bei IBM. Die meisten, die dort angefangen hatten, vermochten nicht einmal unternehmerischer zu denken als ihre Kollegen bei IBM. Der einzige Unterschied war, daß die Besitzer der Silicon-Valley-Firmen von einem niedrigeren Gefühl getrieben waren als IBM: von purer Gier.

Die IBMler wollten wichtig sein, nicht reich. Die Führungselite wollte große Stäbe, viele Untergebene, Zugang zum Firmenjet und einen Titel, die in den ›Schützengräben‹ dagegen wollten Sicherheit. Weder Sicherheit noch das Verlangen, wichtig zu sein, hatten allzuviel mit Gier zu tun.

Jetzt wollte Akers plötzlich Gier in das IBM-System implantieren, doch die Unternehmensphilosophie würde das wohl unglaublich schwermachen. Akers konnte die Leute schließlich nicht nach ihrem Wert bezahlen. Ein Broker-Haus konnte natürlich hingehen und irgendeinem obskuren Devisenhändler eine Provision von etwa zehn Millionen Dollar hinblättern, aber IBM war dank seiner Beamtenmentalität, was die Gehaltsstrukturen anging, nicht in der Lage, jemandem auch nur einige zehntausend Dollar zusätzlich zu geben, sofern die außerhalb des Gehaltsgefüges seines Ranges lagen. Auch nur zu versuchen, den Mitarbeitern jenen finanziellen Anreiz zu geben, den die Neulinge in der Branche ihnen bieten konnten, hätte IBM in ihren Grundfesten erschüttert. Als Akers also beschloß, so gut wie jedem in der Firma einen Bonus zu gewähren, der auf den Erfolgen der jeweiligen Organisationseinheit beruhen sollte, waren drei Prozent auf das Gehalt des einzelnen das höchste, wozu er sich durchringen konnte. Dabei würde es sich pro Jahr allerdings bestenfalls um ein paar tausend Dollar handeln. Das reichte wohl kaum aus, um bei irgend jemandem jene Art von unternehmerischem Denken freizusetzen, das risikobehaftet war und ihn unter Umständen den Job kosten konnte.

Akers vermochte ja nicht einmal genau zu erklären, welche Forderungen eigentlich an die einzelnen Geschäftseinheiten gestellt wurden. Er mußte zugeben, daß es wohl Jahre dauern würde, das zentrale Buchhaltungssystem abzuschaffen und jedem einzelnen Geschäftszweig einen eigenen Finanzstatus zu geben.

Sosehr Akers den Leuten auch klarzumachen versuchte, endlich eigenständig denken zu müssen, konnte er es nicht über sich bringen, ihnen diese Freiheit zu geben. Er war schließlich ein Produkt dieser Unternehmensphilosophie. Vom ersten Tag in der Firma an hatte man ihm beigebracht, wenn er in der Organisation weiterkomme als jemand anders, bedeute das, er sei der bessere Boß und träfe deshalb bessere Entscheidungen. Sollte er nun jetzt, da er Vorstandsvorsitzender war und jahrzehntelang gekämpft hatte, um an die Spitze zu kommen, den Rangniedrigeren im PC-Bereich tatsächlich erzählen, sie seien geeigneter als er, Entscheidungen zu treffen? Nein. Obwohl Akers öffentlich und lautstark Veränderungen begrüßte, sogar verlangte, behielt er das inzwischen völlig anachronistische Management-Komitee bei. Es traf nach wie vor die Entscheidungen bei internen Streitigkeiten, und das erlaubte es den konservativen Unternehmensbereichen weiterhin, alle Versuche der aufblühenden Abteilungen zu unterminieren, obwohl Akers angeordnet hatte, daß so etwas nicht mehr vorkommen dürfe.

Akers konnte sich auch nicht überwinden, mit der Vergangenheit der Firma als Ersatzfamilienoberhaupt zu brechen. Er versuchte, an der Politik der Vollbeschäftigung festzuhalten, die den Angestellten vermittelte: »Wenn du deinen Job ordentlich machst, wirst du hier auch immer deinen Job behalten.« Diese Arbeitsplatzgarantie war ein hervorragendes Mittel gewesen, als IBM im Lauf der Jahrzehnte so schnell gewachsen war und deshalb die Möglichkeit hatte, gezielt solche Fachkräfte einzustellen, die sie brauchte.

Doch Ende 1991 schrumpfte IBM. Der Computermarkt hatte sich so sehr verändert – hin zu den PCs, weg von den Großrechnern –, daß er eher nach Dienstleistungen als nach der Fähigkeit verlangte, Hardware zu verkaufen, so daß IBM eigentlich Zehntausende neuer Leute hätte einstellen müssen, die auf die neuen Computersprachen oder auf Beratung spezialisiert waren. Außerdem hätte IBM Leute gebraucht, die in anderen Firmen gearbeitet hatten und frischen Wind hätten mitbringen können. Doch die Politik der Vollbeschäftigung hielt sie davon ab und zwang sie statt dessen, sich um die bereits vorhandenen Beschäftigten zu kümmern, statt sich nach frischem Blut umzusehen.

Cannavino führte etliche Bosse der neuen IBM-Organisationen an und bewegte sie, Ende 1991 vor Akers für einen eigenen Außendienst einzutreten. Die Konkurrenz hatte die Gewinnspannen der Organisationseinheiten so stark geschmälert, daß sie sich den Luxus nicht mehr leisten könnten, jährlich 35 Prozent ihrer Umsätze abzugeben, nur um den IBM-Außendienst zu finanzieren. Die organisatorischen Einheiten waren außerdem der Meinung, sie bekämen nicht genug zurück für ihr Geld. Sie meinten, die Idee des generalistischen Verkäufers, der alle IBM-Produkte an den Mann bringen könne, sei überholt. IBM hätte einfach zu viele Produkte, und die Kunden verlangten ein zu hohes technisches Wissen, als daß diese Generalisten wirklich noch von Nutzen sein könnten. Akers lehnte die Forderung natürlich ab. Er war ja selbst aus diesem Außendienst gekommen und konnte ihn nun unmöglich auflösen.

Im Dezember 1991 schien Akers immer noch nicht überzeugt zu sein, daß IBM irgendwelche drastischen Maßnahmen ergreifen müsse.

»Wir halten 1991 für eine Ausnahme«, sagte er. »Zur Zeit laufen die Dinge nun einmal nicht normal«, fügte er hinzu, bevor er prophezeite, 1992 würde IBM zu ihrem normalen Wachstum zurückfinden.

Zur Zeit der Neuorganisation war Akers gefragt worden, ob seine augenblicklichen Pläne nicht vielleicht nur der Anfang wären und in den kommenden Monaten nicht doch noch eine Menge Arbeit bei der Dezentralisation von IBM auf ihn zukäme. »Nein«, hatte Akers erwidert. Das Grundproblem sei gelöst. Jetzt wäre es nur noch nötig, die neue Organisationsform zu etablieren.

Daraufhin wurde er gefragt, ob diese neuerliche Reorganisation nicht vielleicht nur ein Versuch sei, dasselbe zu erreichen, was er vor vier Jahren schon einmal probiert hatte. Akers gab das zu. Er versuche nur, dem einen bedeutenderen Anstrich zu geben, damit die IBMler es dieses Mal ernst nahmen.

Die Beschäftigten schienen ihm das allerdings nicht abzukaufen. Wenn man sie fragte, was sie von dieser Neuorganisation hielten, rollten sie nur vielsagend die Augen und fragten unschuldig zurück: »Welche meinen Sie?«

Als Akers begann, seine Reorganisationspläne in die Tat umzusetzen, gab es ein ausgezeichnetes Beispiel einer erfolgreichen Dezentralisierung, das er extrem gut kannte: IBMs Niederlassung in Lexington/Kentucky, die mit seiner Billigung im August 1990 an eine Investmentfirma verkauft worden war. Obwohl das Unternehmen dort es geschafft hatte, Langzeit-IBMlern ein Gefühl für wahres Unternehmertum zu vermitteln, ging Akers jedesmal in die Luft, wenn jemand Lexington auch nur erwähnte. Sobald die Leute über Lexmark – so wurde es genannt – redeten, sagten sie immer, es sei ein Beweis dafür, wie gut die Dinge laufen könnten, wenn man die Fesseln der IBM-Bürokratie ablege. Nun, Akers war der Boß eben dieser Bürokratie und hielt sie keineswegs für so schlecht.

Vor Jahrzehnten war Lexington einer der faszinierendsten IBM-Geschäftszweige gewesen, weil ihre Schreibmaschinen noch an richtige Menschen verkauft wurden und nicht an die gesichtslosen Textverarbeitungsabteilungen der großen Unternehmen. Die Marketing-Leute reüssierten mit allen möglichen amüsanten Reklametricks. Einmal ließen sie für Tom Watson sen. eine weiße elektronische Schreibmaschine herstellen, die der in den fünfziger Jahren dem Papst schenkte. Irgendwann sagte sich dann jemand, man solle den Kunden die Möglichkeit bieten, ihre Schreibmaschinen in den Farben zu ordern, die in ihre Büros paßten. Und schon standen ungespritzte Schreibmaschinen auf den Laufbändern, und an ihnen hing ein Stück Stoff oder ein anderes Farbmuster, damit die Lackierer genau wußten, welchen Farbton sie treffen mußten. Als irgendwann Schreibmaschinen für die Universität von Tennessee mit ihrem orangefarbenen Banner auf den Bändern standen – in Lexington, der Heimat des Erzrivalen dieser Universität, der Universität von Kentucky, wurde das als ernsthafter Affront gewertet –, beschlossen die Arbeiter, die Maschinen zwar orangerot zu spritzen, brachten aber auf ihrer Unterseite ein ›*Go Big*

Blue‹-Logo an. Sollten die Leute in Tennessee doch ruhig rätseln, ob das eine Anspielung auf IBM oder die Farben der Universität von Kentucky sein sollte.

Die Männer vom Außendienst – es gab kaum Frauen unter den Verkäufern – erwarben in den fünfziger und sechziger Jahren den Ruf, große Verführer zu sein. Weil sie es beim Verkaufen meist mit Sekretärinnen zu tun hatten, die sie von der Qualität der Maschinen überzeugen mußten, wurden sie die ›Romantik-Brigade‹ genannt.

Bei den ersten elektrischen Schreibmaschinen, die IBM herstellte, handelte es sich um komplizierte Apparate mit eigenartigen Behältnissen für die Farbbänder, so daß es aussah, als hätten die Maschinen Ohren. Doch kaum war in den sechziger Jahren die Selectric auf den Markt gekommen, gehörte die Schreibmaschinen-Abteilung zu den erfolgreichsten Geschäftszweigen von IBM. Den Kunden gefiel die stocksolide Tastatur der Selectric, und sie fanden es toll, daß sie den Wagen nicht zurückschieben mußten, wobei schon oft Kaffeetassen oder andere Sachen umgefallen waren, die im Wege gestanden hatten. Sie mochten die Art, wie der Kugelkopf blitzschnell herumwirbelte und genau die Buchstaben aufs Papier brachte, die sie angetippt hatten. Aus diesen Gründen waren die Kunden auch bereit, übertrieben hohe Preise für diese Schreibmaschinen zu zahlen – etwa 20 Dollar für ein Teil, das IBM in der Produktion ungefähr einen Dollar kostete.

Viele Kunden entwickelten eine ungewöhnliche Anhänglichkeit an ihre Selectric, bei einigen dauert sie bis zum heutigen Tag an. Ron Javers, ein früherer Redakteur beim *Philadelphia*-Magazin, erzählt, er hätte in seinem Büro zwar einen PC gehabt, der ans Netzwerk des Blattes angeschlossen gewesen sei, seine Mitarbeiter waren aber davon überzeugt, daß er ihn nur dann anstellte, wenn er für das Manuskript in seiner Selectric, die direkt daneben stand, einmal zusätzliches Licht brauchte.

Wie bei IBM üblich, konzentrierten sich allerdings auch die Leute in Lexington so sehr auf ihre bereits laufenden profitablen Projekte, daß sie gar nicht daran dachten, etwas Neues zu probieren, und so eine ganze Reihe großer Chancen verpaßten. Gegen Ende der siebziger Jahre setzte die Konkurrenz die neuen, kleineren elektronischen Prozessoren ein, die in den Personalcomputern von Apple, Tandy und vielen anderen Firmen eingebaut waren. Plötzlich kamen die Schreibmaschinen der IBM-Konkurrenten mit kleinen Displays und elektronischen Speichern daher, was es den Benutzern erleichterte, Textfehler zu korrigieren und Serienbriefe zu schreiben. Aber Lexington reagierte zu langsam. Dazu kam, daß PC-Drucker auf den Markt geworfen wurden, sogenannte Typenrad-Drucker, die wesentlich schneller ausdrucken konnten als die Selectric. Lexington versuchte dennoch, der alten Selectric-Technologie treu zu bleiben.

Dann kam die fabelhafte Textverarbeitung von Wang auf den Markt. Lexington hatte, so stellte sich heraus, auch nicht annähernd genug Forschungskapazitäten freigemacht und in die Weiterentwicklung gesteckt, um da noch mithalten zu können. Bei Wang konnte man den Text auf dem Bildschirm redigieren, bevor man einen Brief oder individuell adressierte Serienbriefe daraus machte. Und nun mußte Lexington feststellen, daß es eben bei weitem nicht ausreichte, großartige, stocksolide Schreibmaschinen herzustellen.

Als Lexington das Anfang der achtziger Jahre endlich begriffen hatte und versuchte, in den Markt für PC-Drucker einzusteigen, fing der Ärger erst richtig an. Das MC wollte nämlich nicht einsehen, daß man an die Drucker ganz anders herangehen mußte als an die PCs. Die Gewinnspannen bei Druckern waren niedriger, und die Geräte mußten zudem auch anders verkauft werden. Danach verfiel Lexington der Faszination für Automation, die John Opel – den damaligen Oberboß – erfaßt hatte, und beschloß Anfang der achtziger Jahre, zum echten Billigproduzenten zu werden. Das heißt, es investierte 350 Millionen Dollar in die automatische Produktion eines Druckers, der längst veraltet war, als er auf den Markt kam. Auch die Chance, die nächste Generation der PC-Drucker – die Laser-Drucker – einzuführen, verpaßte Lexington, weil IBM – wie gewöhnlich – wieder einmal zuviel zu wissen schien. Lexington stellte die hochwertigen, teuren und superschnellen Laser-Drucker für Großrechnerkunden her und war sich natürlich bewußt, daß allein der Spiegel, der den Laserstrahl lenkte, etliche tausend Dollar kostete. Daraufhin hatte man sich in Lexington gesagt, kein PC-Kunde würde jetzt schon so viel Geld dafür ausgeben. Als Canon dann bewies, daß es durchaus einen billigen Laser-Drucker bauen konnte und die Kerntechnologie allen anbot, die daran interessiert waren, verbot der Stolz IBM, sich da einzukaufen. Hewlett-Packard wurde nicht von derartigen Bedenken geplagt; es benutzte die Canon-Technologie, brachte einen Laser-Drucker heraus und beanspruchte einen Markt für sich, der ihm viele Milliarden Dollar einbrachte.

Mitte der achtziger Jahre war es mit der Romantik in Lexington endgültig vorbei.

1989 brachte IBM ein paar ganz annehmbare Laser-Drucker heraus, doch es waren zu wenige, und sie kamen viel zu spät. Es reichte längst nicht mehr aus, einem Produkt das IBM-Logo zu verpassen, um einen dominanten Konkurrenten wie Hewlett-Packard aus dem Rennen zu werfen, der über gute Technologie, einen großartigen Ruf und ausgezeichnete Beziehungen zu den Händlern verfügte. Als es nicht gelang, die Lage mit den Laser-Druckern entscheidend zu verbessern, tauchten immer öfter Gerüchte auf, die Niederlassung, die 80 000 Menschen beschäftigte, würde verkauft oder geschlossen werden. Bald war es so, daß wenigstens einmal in der Woche ein Gerücht für Unruhe sorgte. Wenn erzählt wurde, ein Team von japanischen Managern habe sich um Mitternacht in den Werkshallen umgesehen, um zu entscheiden, ob sie kaufen wollten, breitete sich unter den Beschäftigten jedesmal mehr Angst aus.

Akers hatte zu diesem Zeitpunkt bereits Kontakt mit Clayton Dubilier aufgenommen, dem Vertreter einer kleineren Investorengemeinschaft, die *leveraged buyouts* finanzierte und dafür bekannt war, daß sie einige Technologiefirmen wieder flottgemacht und sich dabei aber mehr um die betroffenen Arbeitnehmer gekümmert hatte als die meisten anderen der als Halsabschneider bekannten *leveraged-buyout*-Gesellschaften, die in den achtziger Jahren wie Pilze aus dem Boden geschossen waren. Akers hatte im Sommer 1990 beschlossen, Lexington zu verkaufen, jedoch erfahren müssen, daß selbst der oberste Boß so etwas nicht einfach anordnen und erwarten konnte, daß es tatsächlich in seinem Sinne funktionierte.

Ein alter Akers-Stellvertreter, der jenen Unternehmenszweig leitete, zu dem die Niederlassung in Lexington gehörte, hatte den Partnern von Clayton Dubilier erzählt, sie könnten die Rechte am Patentbestand von IBM miterwerben, die für zukünftige Produkte gewiß von äußerster Wichtigkeit sein würden. Doch dann fand sich Don Gogel – ein Dubilier-Partner – in einer Verhandlungsrunde mit irgendeinem jungen Anwalt wieder, der ihm erklärte, genau diese Rechte könne er nicht haben.

»Warten Sie mal«, erinnert sich Gogel erwidert zu haben, »der Boß, der für den Unternehmenszweig zuständig ist, zu dem Lexington gehört, hat uns aber gesagt, wir könnten diese Rechte bekommen.«

»Das tut mir furchtbar leid«, entgegnete der Anwalt. »Aber es ist unsere Geschäftspolitik, diese Rechte nicht zu vergeben.«

»Falls ich mich nicht irre«, erwiderte Gogel, »ist der Mann, der mir diese Rechte übertragen hat, der Boß des gesamten US-Unternehmenszweiges. Was er sagt, gilt.«

»Falsch«, widersprach der Anwalt. »Ich bin nicht ihm unterstellt, sondern einer anderen Stabsabteilung. Wenn jemand meine Beschlüsse aufhebt, dann muß das schon mein direkter Vorgesetzter sein. Sie werden es wohl noch weiter oben versuchen und es auf den Eskalationsprozeß ankommen lassen müssen.«

Gogel ging in die Luft. »Sie wissen überhaupt nicht, was los ist«, brüllte er, stand auf und beugte sich bedrohlich über den Schreibtisch. »Wenn Sie mir diese Rechte nicht geben, wird auch John Akers den Scheck über eine Milliarde und 58 Millionen Dollar nicht bekommen, und er wird nicht gerade glücklich sein darüber – und nicht zufrieden mit Ihnen.«

Den Anwalt ließ das kalt. »Wenn Akers Ihnen diese Rechte geben will«, konterte er kühl, »kann er das ja tun. Ich jedenfalls werde es nicht, es sei denn, ich werde von meinem Vorgesetzten dazu gezwungen.«

So mußte Gogel eine formelle Beschwerde einlegen. Der Anwalt reagierte ebenso formell, wie es der IBM-Eskalationsprozeß vorschrieb. Wochen später landete das Thema dann vor dem Management-Komitee, das Clayton Dubilier endlich die Rechte zugestand.

Das Management-Komitee – oder zumindest die Ebene unter dem MC – mußte sich in dieser Angelegenheit ständig mit allem möglichen Kleinkram herumschlagen, weil irgendeine Stabsstelle eines anderen Bereiches bei IBM, die anscheinend keine Kontrolle über die Niederlassung in Lexington hatte, nicht mit dem einverstanden war, was die Manager beschlossen hatten – oder eben ›nicht zustimmen‹ konnte. Die Beschaffungsabteilung von IBM fand beispielsweise heraus, daß ein Topmanager, der für die Niederlassung in Lexington zuständig war, bewilligt hatte, daß IBM für den internen Gebrauch nur Lexmark-Drucker kaufen sollte. Die Beschaffungsleute konnten dem ›nicht zustimmen‹. Das Thema wurde immer weiter nach oben ›eskaliert‹ und landete vor dem MC. Die Kreditorenabteilung von IBM wiederum ermittelte, daß ein IBM-Unterhändler sich einverstanden erklärt hatte, Lexmark einen Sonderstatus zuzubilligen. Die Rechnungen von dort sollten bereits nach 30 Tagen beglichen werden, nicht nach den üblichen 60. Die Kreditorenbuchhalter konnten dem ›nicht zustimmen‹. Das war ein weiteres Detail, mit dem Akers sich irgendwann konfrontiert gesehen hatte.

Sogar in dem Moment, als der Handel im März 1991 abgeschlossen werden sollte und Hunderte von Anwälten, Bankern, Bilanzbuchhaltern und Topmanagern sich im Konferenzsaal von Clayton Dubiliers kleinen Büros mitten in Manhattan drängten, sorgte der berühmte Eskalationsprozeß noch einmal für Unruhe. Ein Manager in den Niederlanden hatte in letzter Sekunde entdeckt, daß der Verkauf ihn zwingen würde, Warenbestände zurückzunehmen. Also entschloß er sich, ›nicht zuzustimmen‹, und der Abschluß kam zunächst nicht zustande. Stunde um Stunde verging, alle konnten nur warten und fragten sich, was wohl diese Verzögerung bewirkt hatte. Als der Arbeitstag in den USA sich seinem Ende näherte, stieg die Nervosität, und in Europa – wo es fast schon Mitternacht war – war die Lage sogar noch angespannter. Die Banker, die sich in London versammelt hatten, um den 1,2-Milliarden-Dollar-Kredit zu unterzeichnen, den Clayton Dubilier hatte lockermachen können, fragten sich, warum sie sich überhaupt herbemüht hätten, denn der Abschluß war ihnen an einem Feiertag auf den Tisch geflattert, den sie wirklich angenehmer hätten verbringen können. Schließlich rief ein IBM-Topmann in den Niederlanden an, erwischte den Manager, der ›nicht zugestimmt‹ hatte, zu Hause, und erklärte ihm, er habe zwar jedes Recht, den formellen Prozeß anzustrengen, diesmal aber hätte er Pech gehabt. Die Lexmark-Angelegenheit ginge eben trotzdem durch, und zwar unverzüglich.

Gogel sagt, zu dem Abschluß wäre es mit Sicherheit nicht gekommen, hätte Akers nicht immer wieder interveniert, um den IBM-Prozeß abzukürzen, wobei er manchmal sechs, sieben IBM-Rangebenen habe hinuntersteigen müssen, um sich persönlich zu vergewissern, daß seine Anordnungen auch befolgt wurden. Nachdem die Verhandlungen endlich beendet waren und im Mai 1991 der Abschluß getätigt war, hatte Gogel die Nase so voll von dem Eskalationsprozeß bei IBM, daß er ein Brettspiel, genannt ›Nicht zustimmen‹, hatte entwerfen lassen, das er den 350 an den Verhandlungen Beteiligten schenkte. Als er auch Akers eines übergab, bewies der, daß er seinen Humor doch noch nicht verloren hatte. Er lachte lauthals.

Kaum hatte Clayton Dubilier die Kontrolle über Lexmark übernommen und Marvin Mann, einen früheren IBM-Vizepräsidenten, als Topmann installiert, war eine der ersten Aufgaben, die die neue Führungselite den Beschäftigten der Niederlassung abverlangte, das alte IBM-Entwicklungsmanual in einen Acrylblock einzugießen und auf dem Gelände zu vergraben. Sie wollten verhindern, daß irgendwer dort sich je an diese ›bösen‹ Anordnungen erinnerte oder sie vielleicht nachschlagen konnte.

Marvin Mann, ein echter Südstaaten-Gentleman, der selbst ein wichtiger Teil des IBM-Prozesses gewesen war, ging unverzüglich daran, der IBM-Unternehmensphilosophie ade zu sagen, die hier noch überall gegenwärtig war. Das System des internen Wettbewerbs wurde ad acta gelegt. Statt dessen wurden all die verschiedenen Elemente von Lexmark zu einem Team nach dem Motto zusammengeschlossen: Entweder gemeinsam gewinnen oder verlieren. Konferenzen wurden auf ein Minimum beschränkt, Dienstreisen ebenfalls. Die Stäbe strich man so gründlich zusammen, daß die Zentrale des Unternehmens, das zwei Milliarden Dollar pro Jahr umsetzte, nun aus weniger als 20 Managern bestand, die in einer einzigen Etage in einem kleinen Gebäude gegenüber dem Bahnhof von Greenwich/Connecticut residierten.

Ein Mitglied des Finanzvorstands sprach einen inoffiziellen Bann gegen die Folien aus, die, so hatte es den Anschein, das einzige Medium waren, über das IBMler kommunizieren konnten. Selbst jene bei Lexmark, die auf die Folien nicht verzichten mochten, hatten höchstens noch eine für den Fall parat, daß sie jemand fragte, wie es um ihre Abteilung stünde. Doch niemand verbrachte mehr ganze Wochen damit, Folien für irgendeine Konferenz vorzubereiten. Hier kam es zu einer echten Dezentralisierung. Ein Fließbandarbeiter stand beispielsweise nur vier Rangebenen unter Marvin Mann. Bei IBM wären es noch sieben oder acht Stufen gewesen. So vielen Leuten wie möglich wurde ihre eigene Bilanz zugestanden, so daß beispielsweise ein Manager der Serienproduktion sich erstmals über den Zinsaufwand für all jene Teile Gedanken machte, die er früher ohne auch nur eine Minute nachzudenken auf Vorrat bestellt hätte.

Informationen wurde nicht länger als Symbol der Macht im inneren Zirkel gehalten, sondern mit den Arbeitern geteilt. John Trisler, der heute die Schreibmaschinenabteilung in Lexington leitet, sagt, wenn er beispielsweise abends erfahren hätte, daß die Monatsresultate ausgesprochen gut gewesen seien, habe er dafür gesorgt, daß die Zahlen bis zum Mittag des nächsten Tages jedem zugänglich waren. Ob das wohl bei IBM möglich gewesen wäre?

»Niemals«, sagt Trisler, »das kann ich Ihnen sagen. Nicht

einmal ich habe die genauen Zahlen erfahren, als ich noch bei IBM war. Nur die Leute, die zwei, drei Stufen über mir rangierten, kannten diese Zahlen.«

Kaum war die Bürokratie im Verschwinden begriffen und allen klar, daß sie selbst Verantwortung für ihr Tun übernehmen mußten, wenn sie nicht zu einer Nummer in der Arbeitslosenstatistik von Kentucky werden wollten, reagierten die Betroffenen, indem sie wirklich jeden Cent in einer Art umdrehten, wie es ihnen bei IBM angesichts des allgemein so verschwenderischen Finanzgebarens nie in den Sinn gekommen wäre. Beispielsweise fragten die Arbeiter einmal einen Bauunternehmer, der gerade eine Rampe baute, wieviel man ihm denn dafür zahle. Als sie erfuhren, daß es sich um 25 000 Dollar handelte, stürmten sie ins Büro ihres Vorgesetzten und beklagten sich, weil er einen total überhöhten Preis akzeptiert hatte. Ein anderer Arbeiter ging ins Büro des Managers, um sich die Erlaubnis zu holen, 26 Ionisatoren zu besorgen, die über das Fließband gehängt werden sollten, um die elektrostatische Aufladung zu beseitigen. Der Arbeiter, dem Denken der IBM-Disziplin noch nicht entwöhnt, hatte sich gut auf dieses Treffen vorbereitet, sich genau zurechtgelegt, wie er diese Ausgaben rechtfertigen konnte. Doch sein Vorgesetzter vertraute darauf, daß der Mann sich alles gut überlegt hatte. Beim Rausgehen dachte der Arbeiter noch einmal gründlich nach und sagte sich, eigentlich brauche ich nur sechs der 1000 Dollar teuren Geräte.

Die Leute fingen nun plötzlich an, Risiken einzugehen. Ein Mann, der selbständig arbeitete, sah eine Möglichkeit, die Druckqualität des Laser-Druckers von Lexmark zu verbessern – auf 600 Punkte pro Inch, im Gegensatz zu den üblichen 300. Das lag zwar nicht in seinem Verantwortungsbereich, aber diejenigen, die darauf ›Einfluß‹ gehabt hätten, ermutigten ihn, es einfach zu versuchen. Der Manager, der für die Entwicklung des Laser-Druckers der nächsten Generation zuständig war, willigte daraufhin ein, das ganze Projekt auf dieser unerprobten Technologie aufzubauen. Die Entwicklung des Druckers basierte auf der Vermutung, daß diese Technologie auch wirklich funktionieren würde. Der Manager ging dieses Risiko ein. Er gewann – und Lexmark hatte zum ersten Mal in seiner Geschichte ein Produkt, das sich mit denen von Hewlett-Packard messen konnte.

Nachdem das alte Personal- und Wettbewerbssystem abgeschafft worden waren, fing Lexmark 1991 an, aus weniger mehr zu machen. Der Druckersektor verdoppelte die Zahl der in Entwicklung begriffenen Projekte und kürzte die Entwicklungszeit um die Hälfte, obwohl er nun etwas weniger Beschäftigte hatte als unter der Ägide von IBM. Als die Manager begannen, ihren Untergebenen mehr Verantwortung zu übertragen, stellten sie fest, daß die weit leistungsfähiger waren, als sie sich hätten träumen lassen.

Trisler ließ die Fließbandarbeiter seiner Schreibmaschinenabteilung ihre eigene Produktgestaltung entwickeln, und die schafften es, im Rahmen dieses Prozesses die Zeit für den Zusammenbau einer Schreibmaschine von acht Stunden auf wenig mehr als eine Stunde zu drücken. Ein anderer Manager hatte sich anfangs noch an den traditionellen IBM-Prozeß gehalten, aber dann einige Ingenieure geholt, die ein neues Fließband entwickeln sollten, und sichergestellt, daß auch all die Wünsche der Arbeiter berücksichtigt wurden. Der Manager hatte seine Arbeiter zusammengerufen und die Ingenieure mitgenommen, damit sie sich mit ihnen abstimmen konnten. Er hatte ihnen erklärt, daß sie – nicht er – den Auftrag für das neue Fließband unterschreiben müßten, und gefragt, ob sie bereit wären, das zu tun. Die Reaktion war negativ. Daraufhin hatte der Topmann gesagt, er würde die Ingenieure jetzt bei ihnen zurücklassen, und keiner von ihnen dürfe gehen, solange nicht jeder zufriedengestellt sei.

Man brauchte zwei Wochen, bis alles geklärt war, und der Arbeitsbeginn an einem Projekt, das im Terminplan ohnehin schon zurücklag, verzögerte sich um eben diese beiden Wochen, und dennoch hatte der Manager – ebenso wie Trisler – seine Produktivität erheblich steigern können.

Die Kosten sanken in einem enormen Maße, nachdem Lexmark mit echten Ausgaben rechnete und nicht mehr die Kostenumlage akzeptieren mußte, die ihm die Firmenzentrale – mehr oder weniger willkürlich – aufgezwungen hatte. Lexmark mußte nun beispielsweise nicht mehr die etwa zehn Prozent seines Umsatzes abgeben, um das R&D-Budget (Investitionen im Forschungs- und Entwicklungsbereich) der Firmenzentrale mitzufinanzieren, wobei es sich in erster Linie um die Entwicklung hochwertiger Produkte gehandelt hatte, die Lexington sich – angesichts seiner Niedrigpreisgeräte in wettbewerbs-orientierten Märkten – beim besten Willen nicht hätte leisten können.

Am wichtigsten aber war, daß Lexington nun nicht länger jene 35 Prozent seiner Umsätze abgeben mußte, um die Gemeinkosten und vor allem die des Außendienstes mitzutragen, der sich auf teure Produkte mit hoher Verdienstspanne konzentrierte und sich zu fein war, die Drucker und Schreibmaschinen aus Lexington überhaupt mitzuverkaufen. Kaum hatte sich Lexmark vom US-Außendienst befreit, stellte es seine eigene kleine Gruppe zusammen, die sich mit den Firmenkunden befaßte, die vom US-Außendienst stark vernachlässigt worden waren. Außerdem wurde von Lexmark ein Team losgeschickt, das direkt bei den Händlern anklopfte. Es merkte schnell, daß man Drucker ganz anders verkaufen muß als PCs, und konnte seine Pläne darauf abstimmen.

All diese Veränderungen, die so gut wie gleichzeitig vollzogen wurden, brachten allerdings eine Menge Leute in Lexington zunächst etwas aus dem Gleichgewicht. Einer verglich IBMs Entscheidung zum Verkauf mit der Situation eines Mannes, der nach Hause kam und hörte, daß seine Frau sich von ihm scheiden lassen wolle. Selbst wenn er möglicherweise geahnt hatte, daß ihm eine Scheidung ins Haus stehen könnte, empfand er es doch immer noch als sehr schmerzlich, mit dieser Tatsache konfrontiert zu werden. Ein anderer sagte, er habe gewußt, daß IBM sich sehr bemüht hätte, den Verkauf reell über die Bühne gehen zu lassen und sicherzustellen, daß Lexmark mit den ehemaligen IBMlern gut umgehen würde. Dennoch sagte er, IBM sei ihm nach wie vor wie ein Vater vorgekommen, der seinen kleinen Sohn auf einen Spaziergang mitgenommen, ihn in ein fremdes Haus gebracht und ihm gesagt hätte: »Mein Sohn, dieses Haus ist ein Äquivalent unseres eigenen, und dieser Mann und diese Frau werden ein Äquivalent zu deiner Mutter und mir sein. Deshalb lasse ich dich jetzt hier. Mach's gut.«

Auch nachdem die Veränderungen durchgezogen worden waren, hatten die Beschäftigten, wie sie sagten, große Schwierigkeiten, mit den alten Gewohnheiten zu brechen. Ein Ingenieur sagt, er sei nicht einmal mit der Entscheidung zurechtgekommen, daß man sich freitags nun nicht mehr formell anziehen mußte. Er erzählt, an dem ersten Freitag, als er ohne Krawatte zum Dienst gegangen sei, hätte er den ganzen Tag bei geschlossener Tür in seinem Büro gesessen, sich irgendwie geschämt und gehofft, daß niemand hereinkam und ihn sah.

Gogel von Clayton Dubilier sagte, Marvin Mann habe einen seiner Angestellten aufgefordert hinzugehen und festzustellen, wie viele Leute er brauche, um drei Funktionen auszuüben. Dieser Mann habe die Situation daraufhin einige Wochen lang ›überprüft‹ und sei mit einer Forderung nach 60 Leuten zurückgekommen – 20 für jede der Aufgaben. Marvin Mann habe dem Lexmark-Angestellten daraufhin erklärt, da habe er ihn wohl völlig mißverstanden. Er hätte an höchstens drei Leute gedacht, einen für jede Aufgabe, und falls das bedeute, daß der Stab dann nicht in der Lage sei, die Informationen wie früher beizubringen, dann sei auch das in Ordnung. Er brauche diese Leute ohnehin nicht. Sein Angestellter verteidigte sich, bei IBM hätten sie das alles ganz anders gemacht, und deshalb habe er sicherstellen wollen, im Zweifelsfall über eine ausreichende Menge von Kräften verfügen zu können.

Nach etwa sechs Monaten aber hatten sich die Leute wieder beruhigt und legten ihre alten Gewohnheiten ab. Von diesem Zeitpunkt an verbesserten sich die Lexmark-Ergebnisse weitaus schneller als erwartet. Man hatte für das Ende des ersten Jahres mit Verbindlichkeiten von insgesamt 1,2 Milliarden Dollar gerechnet, doch sie lagen nur bei etwa 900 Millionen Dollar und sanken rasch auf 700 Millionen Dollar. Die Betriebsgewinne waren zirka doppelt so hoch wie erwartet. Lexmark wurde zum besten Beispiel für das, was geschehen kann, wenn man einen Weg findet, sich die IBM-Technologie und die Talente der Beschäftigten zu erhalten, sich aber von ihrer lähmenden Bürokratie befreien kann.

Doch als Akers Ende 1991 seine jüngste Reorganisation

von IBM ankündigte und sie 1992 umzusetzen begann, wollte er absolut nichts mehr von Lexmark hören. Er stand ohnehin schon genug unter Druck, also wollte er sich nicht auch noch sagen lassen, daß jemand anders mit der Bürokratie von IBM besser fertig geworden war als er. Ein Ex-Topmanager von IBM, der früher einmal Akers' Boß gewesen war, sagt, als er Akers habe darlegen wollen, wie sehr es Lexmark doch geholfen habe, nun seinen eigenen Außendienst zu haben, sei Akers förmlich explodiert.

»Ich habe es endgültig satt, den Namen Lexmark zu hören«, hatte er gebrüllt.

Nachdem Akers nun dabei war, seinen letzten Versuch einer Reorganisation zu unternehmen, und Kuehler und Cannavino Anfang Oktober ihre Einigung mit Apple verkündet hatten, begann IBM allmählich wieder zur Normalität zurückzukehren, was bedeutete, daß alles ganz langsam lief. Weil Kuehler und Cannavino nun nicht mehr 24 Stunden am Tag zur Verfügung standen, um die IBM-Bürokratie in Zaum zu halten, mußte Sculley nun feststellen, daß er allein schon Monate brauchte, um zwei Bosse für die beiden wichtigsten Joint-ventures zu finden. Noch länger dauerte es sogar, die Operationen erst einmal anzukurbeln, obwohl IBM und Apple bereits sechs anstrengende Monate damit verbracht hatten, die Einzelheiten der Organisation festzulegen. Der langsame Start gab der Konkurrenz viel Zeit zu reagieren und schmälerte die Erfolgschancen.

Da Microsoft und Bill Gates Anfang 1992 die Branche zunehmend dominierten, pflegte man zu sagen: »Wer seine Probleme nicht schnell löst, kann sein Geld genausogut gleich an Bill schicken.« IBM und Apple mußten also einen Weg finden, rasch weiterzukommen, wenn sie den Markt nicht wieder ›Bill‹ überlassen wollten.

Kuehler und Sculley waren zunächst auf der Suche nach jemandem für ihr wichtigstes Joint-venture – Taligent genannt. Dabei ging es um die Produktion eines völlig neuen Betriebssystems für Personalcomputer. Sie schienen sich auf Dave Liddle einigen zu können, einen in der ganzen Branche hoch respektierten Mann. Der allerdings sagte sich, seine Firmen-›Eltern‹ würden ihm gewiß nicht die Unabhängigkeit gewähren, die er verlangte, und zog deshalb seinen Namen zurück. Apples Ingenieure entschieden sich dann schließlich für Joe Guglielmi von IBM. Er war zwar ein Marketing-Experte und verfügte kaum über technisches Wissen, doch gerade das gefiel den Technikern von Apple. Er würde sie wenigstens in Ruhe arbeiten lassen. Außerdem meinten sie, Guglielmi kenne IBM gut genug und wisse, wie man Firmenpolitik macht, so daß es ihm locker gelingen werde, die IBM-Mutter in Schach zu halten. Aber Guglielmi lehnte den Job ab. Er fühlte sich wohl bei IBM und hatte eine hohe Pension zu erwarten. Er wollte nicht das Risiko eingehen, bei einem Newcomer zu scheitern.

Anfang 1992 war immer noch kein geeigneter Kandidat aufgetaucht, weshalb Sculley zu Kuehler ging und sagte: »Sie haben gesagt, es sei Ihnen ernst, und jetzt bringen Sie es nicht einmal fertig, einen Ihrer Topmanager zu veranlassen, einen der Topjobs unseres gemeinsamen Projekts zu übernehmen ... Wir wollen Guglielmi, und ich denke, Sie werden ihn uns geben müssen.«

Kuehler griff daraufhin hart durch. Er sagte Guglielmi, der Job bei Taligent sei seine einzige Chance. Wenn er sich nicht entschließen könne, nach Kalifornien umzuziehen und diese Aufgabe zu übernehmen, könne er gleich gehen. Damit hätte Guglielmi bei IBM kein Amt mehr gehabt. Unter diesen Bedingungen sagte er sich, es wäre vielleicht doch eine gute Idee, ins Silicon Valley umzuziehen.

Die PC-Branche reagierte mit Kopfschütteln, als sie von Guglielmis neuer Verpflichtung hörte. IBM und Apple hatten nicht nur fünf Monate gebraucht, einen Topmann zu finden, sondern es auch noch geschafft, einem typischen IBM-Bürokraten einen Job zu geben, der unternehmerisches Denken und Risikobereitschaft voraussetzte. Dazu kam, daß Guglielmi in letzter Zeit nicht mal ein besonders erfolgreicher Bürokrat gewesen war. Er hatte OfficeVision in den Sand gesetzt, und das jüngste Projekt, mit dem er identifiziert worden war – das OS/2 –, war auch nicht gerade ein Glanzstück gewesen.

Als in einem Zeitungsbericht einige dieser Punkte angesprochen wurden, war Guglielmi die Wände hochgegangen. Er trommelte fast 20 Mitglieder seines Stabes zu einer zweistündigen Konferenz zusammen. Die armen Leute mußten sich seine Erfolgsbilanz anhören. Er erzählte sogar, wie viele Großrechner er während seiner Karriere als Außendienstler in etwa verkauft hätte. Es war keineswegs so, daß er irgend jemanden gebeten hätte, irgend etwas für ihn zu tun. Guglielmi schien sich nur darüber beklagen zu wollen, daß man ihn derartig ungerecht behandelt hatte. Im Verlauf dieser beiden Stunden wurde er immer wütender und beendete die Konferenz schließlich laut brüllend. »Ich habe in meiner Karriere mehr getan, als OfficeVision zu versieben!« hatte er geschrien.

Zunächst sah es so aus, als wollte Guglielmi etwas von der IBM-Bürokratie bei Taligent einbringen. Er stellte beispielsweise sicher, daß Taligent – eigentlich als Newcomer geplant – als ›richtige‹ Firma starten konnte. Schon am ersten Tag hatte sie etwa 170 Beschäftigte, einschließlich einer Personal- und Controlling-Abteilung, und so weiter. Und die Firma expandierte schnell. Guglielmi führte bei Taligent die Folien ein, und er ließ in einer Ecke der Apple-Firmenzentrale elegante Büros einrichten.

Die Tatsache, daß Taligent aber nun doch nicht so groß war, hielt ihn zumindest davon ab, zu weit zu gehen. Er beschwerte sich darüber, nicht genügend Leute zu haben, um seine Post öffnen, seine Termine koordinieren und seine Geschäftsreisen perfekt vorbereiten zu lassen. Aber er wußte auch, daß er nicht das Budget hatte, sie einzustellen. Jetzt, da ihm kein großer Stab zur Verfügung stand, mußte Guglielmi sich selbst mit den Problemen auseinandersetzen und Entscheidungen treffen, und zwar ohne Verzögerung. Das gelang ihm so gut, daß er sich sogar über seine ehemaligen Kollegen bei IBM lustig machte, weil sie so lange für ihre Entscheidungen brauchten. Die widersprachen, erzählten ihm, das sei alles besser geworden. Statt der bisherigen drei Monate, in denen sie sich intensiv mit einem Thema beschäftigt hatten, brauchten sie nur noch drei Wochen bis zu einer Entscheidung. Guglielmi erwiderte, das sei ja prima, dennoch träfen sie ihre Entscheidungen nicht so prompt, wie er das bei Taligent praktizierte. Allein die Tatsache, daß er nun in Kalifornien lebte, schien dazu beizutragen, daß Guglielmi immer lockerer wurde. Er trug Polohemden im Büro. Und wenn er seinen Jaguar fuhr, setzte er eine modische Pilotenbrille auf, und im Winter zog er sogar einen sportlichen Parka an.

Bei der Pressekonferenz von Apple und IBM hatte ein Witz die Runde gemacht. Die Teilnehmer hatten sich gefragt: »Was bekommt man, wenn man Apple mit IBM kombiniert?« Die Antwort: »IBM.« In Wirklichkeit war jedoch das Gegenteil eingetreten. Die Antwort lautete tatsächlich: »Apple.« Apple hatte die Grundtechnologie geliefert, aus der Taligent nun ein Betriebssystem zu machen versuchte, und fast alle der 160 Entwickler waren von Apple gekommen. IBM hatte nur einige wenige ihrer Programmierer eingebracht. Guglielmi bat die Apple-Programmierer, ihre Prioritäten ein wenig zu verlagern, aber im großen und ganzen ließ er die Entwickler in Ruhe. Ganz am Anfang hatte er sogar in einem anderen Gebäude gesessen und sich um seine Angelegenheiten gekümmert, weshalb die Apple-Leute ungestört hatten arbeiten können. Da die IBM-Bürokratie keine Möglichkeit zum Eingreifen hatte, gingen die Arbeiten glatt vonstatten.

Doch selbst wenn Taligent äußerst erfolgreich sein sollte, wird es vor 1995 wohl kaum ein marktfähiges Produkt vorweisen können. Software-Entwickler brauchen nun mal zwei bis drei Jahre, um herauszufinden, wie man mit einer völlig neuen Technologie wie der, die Taligents Produkt repräsentieren dürfte, arbeitet. Aber auch PC-Anwender brauchen ein paar Jahre, bis sie sich auf einen gänzlich neuen Softwaretyp umgestellt haben. Deshalb wird es, selbst wenn alles ganz hervorragend läuft, wohl bis zum Ende des Jahrtausends dauern, bevor Taligent dem PC-Geschäftszweig von IBM zu dem Auftrieb verhelfen kann, den er so dringend nötig hat.

Es wird also dauern, ehe man weiß, ob Taligent ein Treffer ist, und selbst dann steht nicht fest, daß es reüssiert. Denn wohl jede Softwarefirma spielt inzwischen mit der Technologie herum, die hinter Taligent steht – alle, einschließlich einer Firma namens Microsoft, die von einem Mann geleitet wird, dessen Namen Guglielmi nicht einmal bei Konferenzen mit seinem Stab über die Lippen bringt. Wenn er es denn gar nicht umgehen kann, ihn zu erwähnen, spricht er von »diesem Kerl in Redmond/Washington«, wenn er Gates meint. Die Beteiligung von Apple hat sich für Taligent positiv ausgewirkt. Immerhin hat Apple der Welt den Macintosh beschert und auf einer beständigen Basis unter Beweis gestellt, daß es weiß, was die Leute sich von Computern und Software versprechen. IBM hatte dagegen jedesmal eine Bauchlandung gemacht, sobald es um PC-Software gegangen war. Da ist die Frage: Gibt es einen Grund anzunehmen, daß es diesmal anders sein wird? Wie üblich wird es schwer sein, gegen diesen ›Typen in Redmond/Washington‹ anzugehen. Möglicherweise muß ja auch Guglielmi am Ende ›sein Geld an Bill schicken‹.

Als IBM und Apple Ende 1991 nach jemandem suchten, der ihr Multimedia-Joint-venture würde leiten können, wirkte die erste Wahl geradezu irrwitzig. Es sollte Bob Carberry sein, ein hyperaktiver Typ, der zu den erfahrensten Spezialisten des PC-Bereichs von IBM gehörte. Es lagen sogar schon Presseerklärungen bereit, in denen seine Berufung bestätigt wurde. Aber Carberry sagte sich – wie Guglielmi –, daß es ein zu großes persönliches Risiko für ihn wäre, IBM zu verlassen. Außerdem machte sich Carberry wegen seiner Pension Sorgen. Er lehnte ab, und IBM ließ das Thema prompt fallen.

Gegen Ende 1991 war nicht einmal mehr klar, daß das Unternehmen – Kaleida genannt – ›überleben‹ würde. Apple hatte, genauso wie bei Taligent, die Schlüsseltechnologie zur Verfügung gestellt und war der Meinung, IBM müsse nun ebenfalls einen Beitrag leisten, und zwar einen erheblichen. Cannavino widersprach dem energisch und setzte seine Anwälte an die Aufgabe, ganze Listen von Technologien zusammenzustellen, die IBM zu dem Vorhaben beitrage. Die Anwälte von IBM und Apple stritten sich bis März 1992, dann gab Apple nach.

Die Suche nach einem Topmann wurde fortgesetzt, aber so gut wie jeder aus der Branche wies die Avancen von IBM und Apple zurück. Anfangs mochten die beiden Partner ja noch viele überzeugt haben, daß ihr Joint-venture ein faszinierendes Vorhaben war, doch dann hatten sie so lange herumgetrödelt, daß seit der Ankündigung ihrer Zusammenarbeit an diesem Projekt in der Presse bereits fast ein Jahr vergangen war, weshalb man die Sache in der Branche wieder sehr realistisch sah. Außerdem bestanden Apple und IBM darauf, das Unternehmen als Standardproduktgruppe anzusiedeln. Das fand die Creme der Silicon Valley-Society alles andere als attraktiv, denn die hätte natürlich ihren angemessenen Anteil haben wollen, falls sie einen Erfolg landete. Die Suche zog sich so lange hin, daß sie die Chancen von Kaleida noch weiter gefährdete.

Dabei hatte das mit der Suche befaßte Komitee sogar einen erstklassigen Kandidaten gehabt: Nat Goldhaber. Auf ihn hatte man sich fast geeinigt, doch dann sah es so aus, als paßte der Mann, der schon vor den Kaleida-Plänen Interesse gezeigt hatte, nicht ins Schema von IBM. Der stämmige, bärtige Goldhaber war ein Produkt der sechziger Jahre. Seine Eltern waren beide Physiker an der Berkeley-Universität gewesen. Der Sohn hatte sich beim Maharishi Yogi in Indien mit transzendentaler Meditation befaßt und dann, mit 23, die Maharishi-Universität in Iowa gegründet, die sogar akademische Titel vergibt und noch heute – zwanzig Jahre später – eine Lehrerlaubnis hat. Goldhaber selbst machte seinen Doktor in Erziehungswissenschaft, zog dann nach Pennsylvania, wo er zum ›Energie-Zaren‹ des Staates wurde und während des Atomunfalls von *Three Mile Island* 1979 die Evakuierungspläne entwickeln mußte.

Nachdem Goldhaber ins Silicon Valley gezogen war, gründete er eine Firma, die eine Netzwerk-Software namens TOPS herstellte – für ein transzendentales Betriebssystem. Als er die Firma an Sun verkaufte, brachte ihm das ein ansehnliches Vermögen ein, und so tat er, was so viele Alt-Sechziger auch gern tun würden: Er setzte sich zur Ruhe und half bei der Erziehung seiner kleinen Drillingssöhne mit. Daneben war Goldhaber aber auch ein Macintosh-Fan. Er liebte seinen Duo-Dock, einen tragbaren Macintosh, so sehr, daß er ihn sogar abends mit ins Bett nahm.

Seine Frau stellte ihn deshalb eines Nachts vor die Alternative: »Er oder ich – triff deine Wahl!«

Außerdem hatte Goldhaber eine Idee, die ihn immer wieder umtrieb, aber die paßte nun so ganz und gar nicht zur Denkweise von IBM. Sie entstammte seiner Enttäuschung über die sogenannte Personalcomputer-Revolution. Wie viele andere hatte er in jenen Tagen gemeint, es handele sich um so eine Art ›Alle Macht dem Volk‹-Bewegung, die dem einzelnen unendlich viele Möglichkeiten böte, an die Informationen zu kommen, die zur Chancengleichheit in der bestehenden Zwei-Klassen-Gesellschaft beitragen würden. Statt dessen hatte er erleben müssen, wie Firmen den PC zu einem Instrument machten, das die Großunternehmen, die Regierung und andere mächtige Institutionen genauso stark und mächtig bleiben ließ, wie sie es immer gewesen waren.

Als Goldhaber eines Tages hoch oben in den Hügeln von Berkeley auf der Schaukel seiner Söhne saß und über die Bucht von San Francisco blickte, hatte er sich gesagt, es müsse doch möglich sein, die PC-Revolution wieder zu ihren ursprünglichen Idealen zurückzuführen. Man müßte eben eine Standardsprache für den Umgang mit dem Medium Video finden, ob sie nun auf Computern oder Unterhaltungselektronik-Systemen wie Fernsehgeräten oder Videorecordern abgespielt wurde. Entwickelte man einen solchen Standard, könnten die Unterhaltungselektronik-Systeme Software abspielen, die für Computer entwickelt worden war, und sie Fähigkeiten entwickeln lassen, die denen von Computern ähnelten. Weil die potentiellen Käufer bereit zu sein schienen, Hunderte, wenn nicht gar Tausende von Dollar für Unterhaltungselektronik-Systeme hinzublättern, betrachtete Goldhaber einen solchen Video-Standard als legitimen Weg, diese Fähigkeiten der Computer als Teil der Unterhaltungselektronik-Systeme in die Häuser der Menschen zu bringen. Möglicherweise würden sie so Zugang zu den entscheidenden Informationen bekommen und darüber hinaus noch die Fähigkeiten, besser zu kommunizieren, die Freiheit, zu Hause zu arbeiten – und so weiter –, die PCs ihnen eigentlich von Anfang an hätten bringen sollen.

Er hatte Sculley einmal auf eine Variante dieser Idee angesprochen, doch der war nicht gerade enthusiastisch gewesen. Anfang 1991 hatte Goldhaber dann zufällig über einen Freund bei Apple von einem Vorhaben erfahren, das ähnlich günstige Möglichkeiten zu versprechen schien. Deshalb beschloß er, es noch einmal bei Sculley zu probieren. Goldhaber bot ihm an, als unbezahlter Assistent an dem Projekt mitzuarbeiten, aus dem später das Herzstück von Kaleida werden sollte. Falls Apple seine Ideen gefielen, könnte es sie benutzen. Falls nicht, könne Sculley ihn ja zum Teufel jagen.

Sculley war einverstanden. Goldhaber bestand jedoch auf einem formellen Vertrag und einem nominellen ›Gehalt‹ von einem Dollar. Den Scheck rahmte er sich übrigens ein. Daraufhin begann er, diesem Projekt ein Großteil seiner Zeit zu widmen. Die Apple-Leute, die daran arbeiteten, schienen zunächst irritiert, als Goldhaber einfach hereinmarschierte und freiwillig und unentgeltlich seine Unterstützung anbot, nur weil ihm das Vorhaben so gut gefiel. Aber sie zogen dennoch mit.

Nach einigen Monaten wurde die Sache mit Goldhaber etwas offizieller, denn der hatte von Apple ein Beratungshonorar verlangt, und Sculley hatte zugestimmt. Trotz seines Erfolges war Goldhaber sehr bescheiden geblieben, und seine Frau hatte es einfach nicht mehr hören können, wie lange er das Für und Wider abwog, bis er sich mal eine Kleinigkeit leistete. Sie sagte ihm, was immer er auch kaufen wolle, koste weniger, als ihm für ein paar Stunden Beratung bei Apple zustünde, und deshalb solle er ein richtiges Gehalt fordern und nicht jedem Quarter eine Träne nachweinen.

Ende 1991 stieg Goldhaber aus dem Projekt aus, denn es schien nichts mehr daraus zu werden, weil die Anwälte von IBM und Apple sich nicht auf die Bedingungen einigen konnten. Im März 1992 wurde dann andeutungsweise nachgefragt, ob er vielleicht Lust habe, das Unternehmen zu leiten, doch erst im April 1992 wurde er aufgefordert, zu einem Vorstellungsgespräch nach Armonk zu kommen. Und von diesem Augenblick an hatte es immer wieder geheißen: Ja, nein, ja, nein...

Goldhaber verursachte einen ziemlichen Aufruhr in Armonk. Carberry, der IBM-Topmanager, verlangte häufig von seinen Leuten, ihn ›Dr. Bob‹ zu nennen, weil er einen Doktortitel hatte, doch Goldhaber nannte ihn grundsätzlich ›Onkel Bob‹.

Nachdem Goldhaber den winzigen Konferenzsaal, direkt neben Kuehlers Büro, betreten hatte, wo Kuehler ihn bereits erwartete, zog er als erstes sein Jackett aus, weil der Topmann auch keines trug. »Das ist gut«, sagte Kuehler, »wir können das ruhig informell halten.« Goldhaber lachte laut. »Mr. Kuehler«, sagte er, »wenn wir in Kalifornien einmal Schuhe tragen, dann nennen wir das formell.«

Goldhaber erklärte Kuehler, Cannavino und Sculley, er wolle Kaleida wie einen echten Newcomer angehen und auf keinen Fall mit fast zweihundert Leuten beginnen, so wie es bei Taligent geschehen war, nur mit ein paar Dutzend. Er wolle weder in den Büros von Apple noch in denen von IBM arbeiten, sondern in billigeren Räumlichkeiten, und die dürften nicht in der Nähe irgendeines ›Elternteils‹ liegen. Er wolle Autonomie, Aktien von Kaleida. Goldhaber erklärte IBM und Apple, daß er kein Gehalt verlange, nur Aktien.

Schließlich gaben die Bosse von IBM und Apple nach und schufen ›aktienähnliche Einheiten‹, wie sie es nannten. Die meisten dieser Einheiten hielten natürlich IBM und Apple, doch Goldhaber bekam auch einige für sich und Zugang zu einem Pool, aus dem er sich bedienen konnte, wenn er exzellente Fachkräfte abwerben wollte.

Goldhaber betrachtete das keineswegs als eine günstige Startbedingung für einen Newcomer. Er hielt dieses Vorgehen für verlogen und sagte sich, die ›Eltern‹ seien ganz schön knauserig. Er nahm nicht eine seiner Einheiten, sondern ließ sie alle in einen Pool einfließen, um sie den anderen zukommen zu lassen. Er glaubte nämlich nicht, daß er mit der kleinen Zahl aktienähnlicher Einheiten, die IBM und Apple für den offiziellen Pool zur Verfügung gestellt hatten, tatsächlich gute Leute würde bekommen können. Außerdem hatte er von IBM und Apple die Zusage erhalten, das Thema Aktien nach einem Jahr noch einmal ansprechen zu dürfen. Und da hatte er sich vorgenommen zu kündigen, wenn man ihm dann keine Aktien gäbe.

Kaum hatte er losgelegt, versuchte Goldhaber das Unternehmen mit dem Gedanken vertraut zu machen, es handele sich hier um einen echten Newcomer. Er bezog in der Nähe eines Nationalparks in der San Francisco Bay provisorische Büros. Jemand hängte in der kleinen Lobby des Gebäudes ein alternatives IBM-Logo auf – das zeigte ein Auge, das an der linken Seite heruntergezogen war, daneben eine Hummel und den Buchstaben ›M‹. Und an der Tür zum Konferenzsaal hing ein Schild mit der Aufschrift ›Bored Room‹ (Langeweileraum).

Goldhaber hatte allerdings große Schwierigkeiten, seinen Angestellten einzubleuen, sie sollten immer so handeln, als gehöre jeder Cent, den sie ausgaben, ihnen selbst. Als es beispielsweise an der Zeit war, Visitenkarten drucken zu lassen, zahlte jemand, der daran gewöhnt war, alles auf IBM-Art zu machen, 100 000 Dollar nur für den Entwurf des Firmenlogos, wandte sich dann an eine qualitativ hochwertig arbeitende Druckerei und ließ Karten drucken, die pro Stück 1,04 Dollar kosteten.

Goldhaber explodierte, als er davon erfuhr. Hatten seine Leute denn nicht begriffen, daß man bei den Ausgaben knausern müsse? Er erklärte, es wäre weit cleverer gewesen, ihre Namen auf selbstklebende Notizzettel zu schreiben und jeweils einen Dollarschein daranzuhängen. Das wäre genauso billig oder teuer wie die jetzige Lösung. Aber jene, die einen dieser Dollar-Zettel bekommen hätten, würden sich wahrscheinlich weit lieber an sie erinnern, als wenn sie ihnen eine der eleganten Visitenkarten in die Hand gedrückt hätten. Als das nächste Mal Visitenkarten bestellt wurden, achtete Goldhaber darauf, daß der Stückpreis nicht mehr als zwanzig Cent betrug.

Nachdem Kaleida eine Frühversion seiner Software fertig und sie an Apple, IBM und 75 unabhängige Softwarefirmen geschickt hatte, war die Reaktion sehr wohlwollend. Doch die Verzögerungen vor der Firmengründung hatten ihr geschadet. Die Software wurde erst ein Jahr, nachdem IBM und Apple ihre Absicht verkündet hatten, veröffentlicht, und das war mehr als anderthalb Jahre, nachdem die Firmen sich zu diesem Vorhaben entschlossen hatten. Der Rest der

Welt hatte natürlich auch nicht einfach dagesessen und auf die Fertigstellung gewartet.

Microsoft und einige andere Firmen hatten inzwischen begonnen, nach einem alternativen Weg zu suchen, Multimedia-Anwendersoftware zu entwickeln. Und selbst wenn sie damit möglicherweise gegen Kaleida verlieren sollten, würde doch höchstwahrscheinlich eine beträchtliche Anzahl von Konkurrenzprodukten auf dem Markt sein, die den Verkaufserfolg von Kaleida beeinträchtigen könnten.

Außerdem sollte es dann noch eine weitere Verzögerung geben. IBMler sagen, ein interner Schnitzer habe dazu geführt, daß sie die Kaleida-Software erst mit einem Monat Verzögerung hätten benutzen können. Weshalb Produkte, die ihre Technologie einsetzen, vermutlich erst ein paar Monate nach denen der 75 kleinen Firmen auf den Markt kommen werden, die sozusagen eine Freikarte für das IBM-Apple-Projekt bekommen hatten – und das, obwohl IBM die Hälfte der Kosten an Kaleida trägt.

Es sah tatsächlich so aus, als hätte Scott McNealy recht gehabt, als er sagte, wenn man *Big Blue* mit dem Rot von Apple kombiniere, könne nur eine purpurfarbene Apfelsoße dabei herauskommen.

14. Kapitel

Anfang der neunziger Jahre, als Jim Cannavino in erster Linie sein Büro im IBM-Gebäude in Somers/New York benutzte, dessen faszinierende Pyramidenkonstruktion man schon von weitem auf den Hügeln erkennen konnte, war es ihm gelungen, all seine Aktivitäten auf ein ordentliches kleines Dreieck zu konzentrieren. Der wichtigste Punkt dieses Dreiecks war der Konferenzsaal, in dem so viele Besprechungen stattfanden, daß bis in den späten Abend hinein ständig irgendwelche Leute hinein- oder hinausströmten, während andere Teams bereits vor der Tat darauf warteten, eingelassen zu werden. In diesem Konferenzsaal wurde die einzige wirkliche Arbeit geleistet.

Am Ende des Flurs lag das Büro eines Untergebenen von Cannavino, der dort all die neuen technischen Spielereien von IBM und die Geräte der Konkurrenz sammelte. Das Büro galt als eine Art Spielzimmer, in dem Cannavino viel experimentierte.

Dem Konferenzsaal genau gegenüber lag Cannavinos Büro, in dem er allerdings keine Art von Schreibkram duldete, weil er es vor allem nutzen wollte, um sich einmal zurückziehen zu können. So groß dieser Raum auch war, betrachtete Cannavino ihn hauptsächlich als eine Art Hightech-Telefonzelle, in der er seine Gespräche führte, entweder mittels eines konventionellen Telefons oder seines hochmodernen neuen Desktop-Videokonferenzsystems, das er einsetzte, um mit Industriegrößen wie Andy Grove, dem Boß von Intel, zu verhandeln.

Frühmorgens druckte ein Assistent von Cannavino dessen Termine auf Lochkarten aus, augenfällige Erinnerung an die gute alte Zeit, in der sich alle großen Firmen bei der Datenverarbeitung der Lochkartensysteme von IBM bedient hatten. Die Karten sah sich Cannavino morgens als erstes an, um festzustellen, wie er sie während des Tages am besten nutzen konnte, um exakt und effizient an den Schenkeln seines Dreiecksrahmens entlang arbeiten zu können.

Anfang 1992 saß Cannavino also im Zentrum seines Universums und schien sich außerordentlich wohl zu fühlen. »Was dieses Jahr angeht, habe ich ein besseres Gefühl als im letzten«, vertraute er einem Reporter an. »Meine Produktreihen gefallen mir besser, und auch die Geschwindigkeit, mit der ich vorankomme, ist besser.« Doch an einem Nachmittag im Juni 1992 zerstörte der Anruf eines seiner Assistenten seine hübsche, ordentliche kleine Welt in einem einzigen Augenblick.

Der Assistent hatte Cannavino per Telefon über eine gerade veröffentlichte Ankündigung von Compaq informiert. Die Konkurrenz-Firma hatte an diesem Tag eine völlig neu überarbeitete Reihe preiswerter Computer eingeführt. Und dabei waren erst acht Monate vergangen, seit Rod Canion, der Boß von Compaq, zum Rücktritt gezwungen worden war und die Firma, so hatte man jedenfalls angenommen, in einem totalen Chaos zurückgelassen hatte. Eckard Pfeiffer, der neue Mann, hatte zwar darüber gesprochen, preisgünstigere Maschinen produzieren zu wollen, doch Cannavino hätte im Leben nicht damit gerechnet, daß er das derartig schnell würde schaffen können. Und Pfeiffers Preise waren fast noch schockierender. Sie lagen auf dem Niveau der Cloner, einige sogar darunter. Compaq hatte sich immer auf seinen Ruf gestützt, qualitativ hochwertige Produkte herzustellen, und dieses Argument genutzt, um seine Preise auf dem Niveau von IBM anzusiedeln, wenn nicht gar höher. Und nun kam ausgerechnet Compaq mit einer ganz neuen Produktreihe, die gut 40 Prozent weniger kostete als vergleichbare Maschinen bei IBM.

Cannavino gab sich die größte Mühe, darauf zu reagieren, doch er brauchte erst einmal Tage voller Konferenzen, um überhaupt eine Strategie festlegen zu können. So dauerte es fünf Wochen, bis seine Reaktion griff, obwohl es sich zunächst nur um sehr moderate Preissenkungen handelte, was bedeutete, daß die Preise von IBM immer noch um ein gutes Drittel über denen von Compaq lagen. In der Zwischenzeit war aber auch noch Dell, ein weiterer ernstzunehmender Konkurrent, dem man ebenfalls einen hohen Qualitätsstandard zuschrieb, mit einer eigenen Reihe äußerst preiswerter PCs auf den Markt gekommen. Zwischen Compaq und Dell entbrannte 1992 ein heißer Preiskampf, der die Preise insgesamt um 40 bis 50 Prozent absacken ließ.

1991 mochte schon ein ausgesprochen hartes Jahr gewesen sein, was die PC-Preise anging, doch nachdem sie nun innerhalb eines einzigen Jahres um die Hälfte gesunken waren, standen alle PC-Hersteller unter einem weit größeren Druck, als sie sich je hatten träumen lassen.

Cannavino war darauf nicht vorbereitet gewesen. Obwohl er versucht hatte, die Kosten zu senken, lagen sie immer noch so hoch, daß er seine Produkte nicht zu Preisen verkaufen konnte, die dem neuen Niveau auch nur annähernd entsprochen hätten. Und er hatte auch kein einziges Produkt in der Entwicklung, das es ihm erlaubt hätte, in weniger als vier Monaten zu reagieren. Deshalb mußte er Zeit schinden.

Schließlich versuchte er sich so gut herauszureden, wie es ihm nur möglich war. Als er erfuhr, daß Vorstandsboß John Akers versprochen habe, Cannavino werde bis September auf den aggressiven Schachzug von Compaq reagieren, fragte er spöttisch: »Hat er auch gesagt, im September welchen Jahres?«

Sobald Cannavino ernst wurde, sagten er und die anderen Topmanager des PC-Bereichs allerdings: »Paßt auf! Im Herbst werden wir alles in Ordnung gebracht haben und in der Lage sein, mit den Besten der Konkurrenz in Wettbewerb zu treten.«

Das wirkliche Problem aber war, daß die Nachfrage nach IBM-PCs im Sommer 1992 abrupt stagnierte, weil weit billigere und leistungsfähigere Maschinen kommen sollten. Die Kunden sagten sich, dann könnten sie genausogut auch auf die warten. Das zweite Quartal 1992 war das schlechteste, das Cannavino je erlebt hatte. Der einzige Grund, warum er sich von den Ergebnissen dieses Quartals nicht völlig hatte niederdrücken lassen, war wohl die Tatsache, daß das dritte sich als noch viel schlechter erweisen sollte.

1992 würde für Gesamt-IBM ein sehr langes Jahr werden.

Es hatte so ausgesehen, als wäre Cannavino Anfang 1992 kurz vor einigen bedeutenden Durchbrüchen gewesen. Ja, er schien sogar eine Chance zu haben, Microsoft nervös machen zu können.

Cannavino war einer der ersten Topleute eines großen Hardwareherstellers gewesen, der sich für die Möglichkeiten der sogenannten Pen Computer interessiert hatte. Während eines Besuchs bei State Farm, einem guten IBM-Kunden, war ihm ein Prototyp eines dieser Computer aufgefallen, den GO State Farm zur Verfügung gestellt hatte. GO war ein Newcomer, der an einem Betriebssystem für diesen Computertyp arbeitete. Der Grundgedanke war, daß Anwender statt einer Tastatur einen Stift benutzen konnten, um direkt auf den Bildschirm zu schreiben, wobei der Computer die einzelnen Buchstaben umsetzte. State Farms Versicherungsgutachter konnten direkt an der Unfallstelle die notwendigen Informationen über das beschädigte Fahrzeug mittels ihres Notepad an den Zentralcomputer weitergeben und so die Tage sparen, derer es bislang bedurft hatte, um solche Informationen weiterzuleiten und dann über eine Tastatur einzugeben. Und auch Anwender, die nicht tippen konnten, würden nun in der Lage sein, Briefe zu schreiben und sich Notizen zu machen. Wenn man nur noch einen Stift brauchte, um sich auf dem Bildschirm zurechtzufinden, mußte man sich nicht mehr länger mit den verschiedenen Befehlstasten oder einer Maus herumschlagen. Ein Stift war für die meisten Menschen auch ein weit natürlicheres und bequemeres Werkzeug.

1991 und 1992 erklärten viele Experten der PC-Branche, die Pen-Computer seien wohl die bedeutendste Innovation seit der Einführung des Original-PCs von IBM, die ein Jahrzehnt zurücklag, und Cannavino schien in diesem Rennen ganz vorn zu liegen.

Dabei hatte er auch noch Bill Gates ärgern können, weil er das Betriebssystem von GO benutzen wollte, statt eines von Microsoft zu nehmen. GO wollte versuchen, seine Software als den Standard für Pen Computer zu etablieren, so wie es Gates gelungen war, erst DOS und dann Windows als Betriebssystemstandards für Mainstream-PCs einzuführen.

Jerry Kaplan, einer der Gründerväter von GO, hatte bei der Entwicklung seiner Software einen Vorsprung vor Gates, und falls IBM mit einem Pen Computer herauskommen würde, der die Welt im Sturm eroberte, ehe Gates zum Gegenangriff ansetzen könnte, würde Kaplan möglicherweise einen IBM-Hardware-Erfolg nutzen können, um sein Betriebssystem als Industriestandard zu etablieren, genauso wie es Gates 1981 mit seinem DOS beim Original-PC gelungen war. Gates würde so unter Umständen in der aufregenden neuen Welt der Pen Computer von vornherein als Verlierer dastehen.

Als Cannavino 1990 sein Pen-Computer-Produkt ins Leben rief, nahm er zu einer kleinen Notlüge Zuflucht, um einem Kampf mit den Managern seiner Produktentwicklungsteams aus dem Weg zu gehen. Bei der Konferenz mit den Topleuten, die diese Teams leiteten, teilte er mit, er wolle ein Pen-Projekt finanzieren, habe aber kein Geld mehr in seinem Budget. Er fragte, ob vielleicht irgend jemand an irgendwelchen Projekten arbeite, die er möglicherweise zugunsten des neuen ›sterben‹ lassen könne. Das war eine dumme Frage. Bei IBM hängt das Prestige der Bosse nämlich davon ab, wie viele Leute für sie arbeiten oder wieviel Geld ihnen zur Verfügung steht, deshalb war kaum einmal jemand bereit, auf Mitarbeiter oder Geld zu verzichten.

Nach einer kurzen Pause erklärte sich Kathy Vieth allerdings erstaunlicherweise bereit, einige ihrer Projekte sterben zu lassen, um dem Pen-Produkt eine Chance zu geben.

»Alle glaubten, ich sei verrückt geworden«, erzählt sie.

Außer ihr und Cannavino wußte allerdings niemand, daß er Kathy Vieth bereits gefragt hatte, ob sie das Pen-Projekt nicht vielleicht leiten wolle. Und so eliminierte sie nur Arbeiten aus einem Budget, das sie jemand anderem übergeben würde, um für sich selbst ein neues erstellen zu können.

Doch kaum hatte die Arbeit begonnen, schrumpfte Cannavinos gewonnener Vorsprung ganz allmählich. Das lag teilweise daran, daß ihm in seiner Beziehung zu Kaplan und GO ein Schnitzer nach dem anderen unterlief.

Kaplan war ein typischer Vertreter der Silicon-Valley-Philosophie, und weder er noch sie paßten zu IBM. Der vorzeitig ergraute Kaplan schlurfte in Blue jeans herum, deren Sitzfläche so weit herunterhing, daß es immer so aussah, als drohte er jeden Moment die Hose zu verlieren. Er schlief lange, hatte etwas gegen ›Prozesse‹, war statt dessen offen für neue Ideen und Vorgehensweisen. Kaplan war unter anderem der Mitbegründer einer Firma gewesen, die sich auf ›künstliche Intelligenz‹ spezialisiert hatte, aber ihrer Zeit weit voraus gewesen war. Doch immerhin war das eine verdienstvolle Aufgabe gewesen, und sie hatte Kaplan auch eine beträchtliche Summe eingebracht. Später hatte Kaplan mit Mitch Kapor, dem Gründer von Lotus, eine Software entwickelt, mit der sie versuchen wollten, einen ganz neuen Softwaretyp namens *personal information managers* zu etablieren. Auch das hatte nicht besonders gut funktioniert, aber als einfallsreicher Versuch, den Personalcomputern eine ganz neue Klasse von Werkzeugen an die Hand zu geben, enorme Aufmerksamkeit erregt. Ende der achtziger Jahre hatte sich Kapor daraufhin gesagt, er habe lange genug über die Möglichkeit geredet, Computersysteme könnten die Handschrift ihres ›Herrn‹ erkennen lernen, weshalb er beschloß, einfach anzufangen und sich mit der dazugehörigen Technologie zu beschäftigen.

Und dabei war Kaplan sofort auf IBM gestoßen. In den Forschungslaboren von IBM war da Pionierarbeit geleistet, waren die ersten Studien zur Erkennung von Handschriften durch Computersysteme erstellt worden. Tatsächlich hatte ein Jahr, bevor Kaplan auch nur in Erwägung gezogen hatte, den Prototyp eines Pen Computers zu bauen, ein IBM-Informatiker in Yorktown Heights Besuchern bereits auf dem Prototyp eines solchen Computers die Fähigkeiten eines Prototyps der Software demonstrieren können.

Wie bei IBM üblich, hatte die Arbeit in den Laboren aber danach mehr oder weniger geruht, weil niemand im PC-Bereich sich an etwas so radikal Neues wie einen Pen Computer herangetraut hatte. Die IBM-Informatiker konnten nur ihre Resultate veröffentlichen, und über die war Kaplan gestolpert, als er recherchierte und herauszufinden suchte, wie er seine Software gestalten sollte.

Nachdem Kaplan 1990 versuchte hatte, Hardware-Hersteller zu finden, die sich zutrauen würden, einen Pen Computer zu bauen, und dabei sein Betriebssystem benutzen wollten, erregte er nun seinerseits sehr schnell das Interesse von IBM und hoffte, daß daraus eine ernstzunehmende Verbindung werden konnte. Falls IBM Systeme herstellte, die ihn auf dem Markt etablieren könnten, wollte er IBM helfen, noch bessere Systeme zu entwickeln, die möglicherweise schneller sein würden als die der Konkurrenz. So würde sich IBM unter Umständen in einem wichtigen Teil des PC-Marktes einen strategischen Vorteil sichern können.

Doch Kaplan wurde von Anfang an vertröstet und hingehalten. Wenn die IBM-Bosse ihn aufsuchten, brachten sie zumindest einen Anwalt und einen Vertreter der ›Firmenleitung‹ mit. Kaplan war davon ausgegangen, die Bosse hätten das Sagen, hatte dann aber bald feststellen müssen, daß sie den Verhandlungsraum häufig verließen, um sich von dem Anwalt und dem Mann der Firmenleitung anraten zu lassen, worüber sie diskutieren dürften und worüber nicht. Selbst wenn ein IBM-PC-Boß nur eine simple Demonstration von GO vor Industriellen machen wollte, stimmte er sich vorher mit Kaplan darüber ab und fügte dann noch hinzu: »Aber natürlich muß ich vorher auch die Anwälte informieren und deren Meinung einholen.«

Als Kaplan das erste Mal nach Boca Raton gekommen war, um mit IBM über die mögliche Zusammenarbeit zu sprechen, hatte er keinen Anwalt mitgebracht, weil das nach der Silicon-Valley-Etikette bei einem ersten Zusammentreffen viel zu formell gewesen wäre. Nachdem er jedoch den Konferenzsaal betreten hatte, zählte er dort insgesamt 14 IBMler, einschließlich einiger Anwälte. Die IBMler verbrachten die ersten beiden Stunden damit, ihm anhand von Folien zu erklären, wer sie waren und welche Organisationen ihnen unterstellt waren. Irgendwann fand er dann heraus, daß jeder der Anwesenden zwar sein Veto gegen das Geschäft einlegen konnte, aber keiner über die Autorität verfügte, dem zuzustimmen. Als IBM Kaplan dann Ende 1990 nach Boca Raton vor sein ›Technologie-Überprüfungs-Komitee‹ zitierte, das darüber entscheiden sollte, ob seine Technologie es überhaupt wert sei, von IBM unterstützt zu werden, um seine Pläne zu verwirklichen, mußte er zunächst an der Hauptpforte der Boca-Raton-Niederlassung vorbei, wo die Empfangsdame hinter kugelsicherem Glas saß, wurde dann in eine Art Warte-›Zelle‹ geführt, einen kargen Raum mit Wänden aus rohen Schlackensteinen. Nachdem man ihm endlich erlaubt hatte, das Auditorium zu betreten, in dem das Komitee tagte, sah er sich 200 IBMlern gegenüber, die – ihrer Rangordnung gemäß – Reihe um Reihe, im Halbkreis hinter den Mitgliedern des Komitees, Platz genommen hatten. Das erinnerte ihn sehr stark an die Kreise der Hölle bei Dante.

Kaplan, ein eher kummervoller Redner, der sehr langsam spricht und häufig grinst, war sogar noch verblüffter, als er das Podium betreten hatte und ihn dort eine ganze Reihe verwirrender Lichter erwartete. Zuerst leuchtete eine grüne Lampe auf, die ihm bedeutete, er könne anfangen. Nach genau 19 Minuten flackerte ein gelbes Licht auf, das ihm sagen sollte, er habe noch exakt eine Minute. Sechzig Sekunden später machte ihm ein rotes Lichtzeichen klar, daß seine Redezeit beendet sei. Da war schon klar, daß Kaplan und IBM nicht besonders gut miteinander zurechtkommen würden.

1991 war Kaplan einmal gebeten worden, bereits einen Tag vor einer Konferenz nach Boca Raton zu fliegen. Dann aber hatte er feststellen müssen, daß er lediglich einige Leute des IBM-Stabes über das ins Bild setzen sollte, was er am nächsten Tag bei der Hauptkonferenz sagen wolle. Schließlich war ihm bewußt geworden, daß es sich auch bei dieser Hauptkonferenz lediglich um ein weiteres Briefing für einige Manager gehandelt hatte, die danach ihre Vorgesetzten informieren sollten. Deshalb hatte Kaplan sich nun gefragt, wann sein Projekt wohl jemals bei einer echten Konferenz den echten IBM-Bossen vorgetragen werden würde, die tatsächlich eine Entscheidung zu treffen vermochten.

Kaplan war es unmöglich, die interne Machtpolitik bei IBM zu durchschauen. Er hatte beispielsweise 1990 und 1991 einige Treffen mit IBM-Japan vereinbart, um über die Möglichkeiten für Pen Computer auf dem dortigen Markt zu diskutieren. Dann aber waren die Sitzungen aus Gründen abgesagt worden, die Kaplan erst sehr viel später klarwurden. In seiner Naivität hatte Kaplan den IBMlern in Boca Raton nämlich erzählt, er beabsichtige, mit ihren Kollegen in Japan zusammenzutreffen, und die hatten daraufhin intern Krach geschlagen und erklärt, sie allein trügen die Verantwortung für die Pen-Rechner. IBM-Japan hatte sich dem beugen müssen, obwohl sie vermutlich größere Chancen gehabt hätte als ihre Kollegen in den Vereinigten Staaten und Boca Raton selbst überhaupt nichts unternahm, dem Projekt zum Erfolg zu verhelfen. Kaplan hatte außerdem festgestellt, daß er besser niemandem bei IBM etwas schriftlich geben sollte. Wann immer er es getan hatte, war er wenigstens von sechs IBMlern angerufen worden, die jeweils behaupteten, daß sein Anliegen in ihren Kompetenzbereich fiele. Sie verstünden überhaupt nicht, warum er seinen Brief an jemand anderen gerichtet hätte. Außerdem merkte er bald, daß seine Briefe kopiert und an wenigstens 15 Stellen weitergegeben wurden, die daraufhin alle bei der nächsten Konferenz zu diesem Thema mit einbezogen werden mußten. Wenn er irgend jemandem bei IBM einen Brief schickte, war das die sicherste Methode, ein geplantes Vieraugengespräch zu einer ganzen Serie von Konferenzen ausufern zu lassen. Da IBM Kaplan zur Verzweiflung trieb, begann er sich 1992 mit AT & T in der Erwartung anzufreunden, daß die ebenso bürokratisch reagieren würden wie IBM, weil es schließlich ebenso groß war, durfte aber zu seiner Freude feststellen, daß die AT & T-Manager wesentlich entschlußfreudiger waren und ein erfreuliches Desinteresse an firmenpolitischen Spielchen hatten. Außerdem schien AT & T eine weit klarere Vision als IBM zu haben, was die Chancen von Pen Computern anging.

Beim Entwurf der Pen-Hardware hatte Cannavinos Pen-Computerabteilung 1990 und 1991 jedoch ganz beachtliche Fortschritte gemacht. Seine Mitarbeiter hatten etliche Monate eine Menge Papierkram erledigen müssen, bis sie 1990 eine Gruppe von etwa fünfzig Leuten zusammengetrommelt hatten, ein so kleines Team, daß es schnell vorankam. Die Gruppe produzierte zum Glück einen solch soliden Computer, daß der Fahrer eines Kurierdienstes ihn auf den Boden seines Wagens stellen konnte, ohne daß er kaputtgegangen wäre. Außerdem hatte das IBM-Team einen neuen Bildschirmtyp entwickelt und sich noch einiges andere einfallen lassen, was ihren Computer zumindest mit allen anderen gleichziehen ließ, die in dem ganz neuen Markt für Pen Computer überhaupt zu haben waren.

Daneben hatte Cannavino zur Abwechslung auch einmal Fortune gehabt. NCR war die einzige der großen Firmen gewesen, die sich bereits vor ihm mit dem Potential beschäftigt hatte, das die Pen Computer boten, und für 1991 ihr erstes Produkt angekündigt hatte – neun Monate, bevor das IBM möglich gewesen wäre. Aber dann hatte NCR Schwierigkeiten, die staatlichen Emissionsauflagen zu erfüllen, das heißt, ihre Geräte störten den Funkverkehr. Bei NCR waren die Emissionen ihres Computers zwar getestet und für gut befunden worden, doch die Bundesbehörde hatte festgestellt, daß der Mensch, der den Schirm mit einem Stift berührt, zusammen mit dem Stift so etwas wie eine große ›Antenne‹ bildete, was die Emission elektromagnetischer Wellen dramatisch in die Höhe schnellen ließ und damit den Funkverkehr sowie Radio- und Fernsehprogramme erheblich stören konnte. Zu dem Zeitpunkt, als die Software von GO im April 1992 bereit war für die Markteinführung, hatte NCR deshalb immer noch keine Freigabe von der Bundesbehörde bekommen. IBM dagegen hatte sich in der Zwischenzeit für eine Magnesiumoxidabdeckung für seinen Computer entschieden, zwar in erster Linie deshalb, um ihn widerstandsfähiger gegen Erschütterungen zu machen, aber dann durch Zufall gemerkt, daß das Magnesiumoxid auch das Emissionsproblem löste. Deshalb erhielt IBM die Freigabe ihrer Maschine sogar noch vor NCR.

Obwohl Cannavino auf dem PC-Markt strategisch so gut dastand wie nie zuvor, ging plötzlich doch noch alles schief, sogar nachdem GO seine Software eingeführt und damit den Markt für Pen Computer für eröffnet erklärt hatte. Die Bosse von GO führten in Demonstrationen, die Weltniveau bewiesen, Anwendungssoftwares vor, die auf ihrem Betriebssystem liefen. Dazu gehörte eine Art Textverarbeitung, die es einem Geschäftsmann auf Reisen erlaubte, den Stift zu benutzen, um einen Brief zu modifizieren und beispielsweise einem potentiellen Kunden schon ein paar Minuten, nachdem er dessen Büros verlassen hatte, per Fax ein Dankschreiben zu schicken.

Die Demonstrationen und ein Video voller cleverer Schnitte und pfiffiger Witze vermittelten der Versammlung aus etwa dreihundert Kunden, Wertpapieranalytikern und Reportern das Gefühl, Zeugen des Beginns eines neuen Computerzeitalters geworden zu sein. Als im angrenzenden Raum der IBM Pen Computer von Kathy Vieth, der Topmanagerin, vorgestellt wurde, war sie bemüht, diese Begeisterung aufrechtzuerhalten, doch ihre Ansprache, auf die – wie üblich – die Anwälte Einfluß genommen hatten, erleichterte ihr das nicht gerade. Hauptsächlich hatte sie darauf hinzuweisen, daß der Pen Computer ein hervorragendes Beispiel für die neuerwachte Bereitschaft von IBM sei, die ganzen alten Regeln über Bord zu werfen, und dies das erste Produkt in der Geschichte von IBM sei, das man nur unter der Bezeichnung ThinkPad kennen und das keine der üblichen Nummern tragen würde. In der Presseerklärung wurde das ThinkPad allerdings als ›2521‹ aufgelistet. Dann setzte Kathy Vieth zum Höhepunkt ihrer Ansprache an und erklärte im überzeugendsten Ton, dessen sie fähig war: »Wir sind auf dem besten Weg, die Forderungen der Kunden zu erfüllen.«

Diese lahme Floskel, ausgesprochen im April 1992, kennzeichnete den absoluten Tiefpunkt der komplizierten Verbindung von IBM zum Pen-Computer-Markt. Sue King, Leiterin des IBM-Entwicklungsteams, hatte bereits einen ähnlichen Job bei Apple angenommen und verließ IBM innerhalb weniger Tage. Kathy Vieth, die zu den Topmanagerinnen gehört hatte und die treibende Kraft hinter dem Projekt gewesen war, nahm im Sommer eines der vielen Abfindungsangebote von IBM an, verließ die Firma und ist heute Skilehrerin in Vail. Selbst der PR-Mann, der einzige andere IBMler, der sich bei der Präsentation hatte sehen lassen, ging innerhalb weniger Monate und ist heute bei Dell.

Kaplan sagt, nachdem er im Sommer nichts mehr von Kathy Vieth und den anderen gehört hatte, habe er versucht, Kontakt zu ihnen aufzunehmen, um dann feststellen zu müssen, daß sie alle inzwischen gekündigt hatten.

Als der Pen-Computer-Markt sich im Herbst 1992 veränderte und sich mehr darauf konzentrierte, den Geschäftsleuten dabei zu helfen, unterwegs miteinander zu kommunizieren, statt zu rechnen, gab es für Cannavino keine Möglichkeit, sich da dem Markt anzupassen. Von dem Preiskrieg, den Compaq im März begonnen hatte, war er bis zum Sommer so hart getroffen worden, daß er so viele Stellen wie möglich abbauen mußte. Weil er sich aber an die Standardanordnung hatte halten müssen, wonach er den Leuten zunächst die Möglichkeit geben mußte, eines der Abfindungsangebote anzunehmen, das ihnen die Chance gab, monatelang das Für und Wider abzuwägen, hatte er nicht die geringste Ahnung, wer gehen und wer bleiben würde. Cannavino war deshalb gezwungen, einen sechsmonatigen Einstellungsstopp zu verhängen, und konnte erst nach diesem Termin feststellen, für welchen Bereich er eventuell neue Kräfte engagieren mußte, um einen Abgänger zu ersetzen, der eigentlich gebraucht wurde.

Ende 1992 kam EO, ein absoluter Newcomer, mit einem winzigen Pen Computer auf den Markt, der mittels eines Zellularmodems sogar Faxe empfangen und versenden konnte. Durch seine Verbindung zu EO gelang es AT & T, sich im Pen-Computer-Markt zu etablieren. Selbst die Firmen, die sich nichts Sensationelles hatten einfallen lassen, brachten bald Pen Computer heraus, die viel leichter waren als der sechspfündige Ziegelstein, den IBM im April vorgestellt hatte. Cannavino aber konnte, weil es ihm an Leuten fehlte, die Fähigkeiten seines Produkts nur ganz unwesentlich verbessern.

Ende des Jahres hatte Cannavino den Vorsprung verloren, den er einmal gehabt hatte.

*

1992 entwickelte sich immer mehr zum Jahr der Niederlagen für Gesamt-IBM. Die PCs und Workstations waren so mächtig geworden, daß sie dem Großrechnerbereich endgültig den Boden entzogen hatten, und IBM war es nicht möglich, diese Verluste mit anderen Objekten wettzumachen, weil die Firma im Lauf der Jahre all ihre strategischen Bemühungen in den PC-Bereich gesteckt hatte. 1992 verdienten Microsoft und Intel, die die Lücke gefüllt hatten, die von IBM hinterlassen worden war, zusammen beinahe zwei Milliarden Dollar, der PC-Bereich bei IBM dagegen verlor eine Milliarde Dollar.

Die leistungsfähigsten Workstations brachten nun die Leistung, die noch vor wenigen Jahren bestenfalls ein ›kleiner‹ Großrechner geboten hätte. Die Großrechnertechnologie hatte sich ebenfalls verbessert – eine von Akers immer wieder eingesetzte Tatsache, um seine Behauptung zu stützen, PCs und Workstations würden es nie ganz mit den Großrechnern aufnehmen können. Doch für einen wesentlichen Teil der Anwendungssoftware blieb es völlig unerheblich, daß Mainframes schneller waren. Ein Wald-und-Wiesen-Programm, wie beispielsweise die Software für die Gehaltsabrechnung einer Buchhaltung laufen zu lassen, verlangt nämlich nur ein begrenztes Maß an Leistungsfähigkeit. In der Vergangenheit hätte das jedoch bedeutet, daß das Unternehmen sich einen kleinen Mainframe für vier Millionen Dollar hätte leisten müssen.

Mitte 1992 brachte eine Workstation für nur 100 000 Dollar die dafür erforderliche Leistung. Die Notwendigkeit, sich einen Großrechner zuzulegen, entfiel, auch wenn der in der Lage war, noch weit mehr Leistung zu bringen. Sie wurde schließlich nicht gebraucht. Nachdem sich die Wirtschaft 1992 weltweit – sogar in Japan – in einer Krise befand, standen die großen Unternehmen alle unter dem Druck, Kosten sparen zu müssen. Deshalb war die Wahrscheinlichkeit sogar noch geringer, daß jemand bereit war, Geld für eine so kostspielige Maschine auszugeben. In der Vergangenheit hätte IBM fast 3 Millionen Dollar vom Preis eines kleinen Mainframes als Bruttogewinn einstecken können – das war der Umsatzerlös nach Abzug des Wareneinsatzes. An einer Workstation dagegen verdiente IBM möglicherweise 30 000 Dollar, vorausgesetzt, daß man überhaupt eine IBM-Workstation kaufte, denn auf diesem Sektor hatte IBM nur einen Marktanteil von weniger als zwanzig Prozent.

Die Probleme, die IBM bekommen sollte, waren 1992 nicht gleich augenfällig geworden, weil die wichtigsten Modelle einer neuen Generation von IBM-Großrechnern erst seit Ende 1991 erhältlich gewesen waren und die Nachfrage nach diesen leistungsfähigen Maschinen so früh angekurbelt worden war, daß ihre Verkäufe IBM noch halfen, das erste Halbjahr einigermaßen zu überstehen. Akers hatte erwartet, daß die Mainframes IBM auch über das zweite Halbjahr bringen würden, weil der Nachholbedarf in den vergangenen Jahren bei den Maschinen einer neuen Generation immer einige Quartale lang angehalten hatte. Diesmal aber war die Nachfrage schon nach ein paar Monaten kaum noch vorhanden. Danach fiel IBM in ein tiefes Loch und nahm ihre Großrechner-Konkurrenten gleich mit.

Wenn eine Mainframe-Firma merkt, daß niemand mehr kaufen will, passiert immer etwas Komisches. Sie neigt dann dazu, die Preise weit drastischer zu senken, als ein Unternehmen in einer anderen Branche je auch nur in Erwägung ziehen würde. Das liegt daran, daß in dem Moment, da die riesigen Entwicklungskosten sich einigermaßen amortisiert haben und die beim Herstellungsprozeß einer neuen Maschine aufgetretenen Mängel beseitigt sind, ein Großrechner in der Produktion nur noch 30 Cent für jeden Dollar seines Listenpreises kostet. Das macht die Großrechner zu außerordentlich profitablen Produkten, wenn die Nachfrage groß ist, aber es kann den Herstellern auch eine sehr große Spanne bescheren, bis sie nach Preissenkungen an dem Punkt sind, wo sie die Maschinen unter dem Herstellungspreis verkaufen müssen.

Es war noch nicht Herbst, als weit und breit keine Kunden mehr auszumachen waren und IBM und ihre größten Mainframe-Konkurrenten – Hitachi Data Systems und Amdahl in den Vereinigten Staaten und Europa; Hitachi und Fujitsu in Japan – den Preiskrieg wieder aufnahmen, den sie zuletzt 1989 geführt hatten. Großrechner wurden Ende 1992 zu Preisen verkauft – wenn überhaupt –, die bis zu fünfzig Prozent unter ihren Listenpreisen lagen. Gegen Ende 1993 wurde schon ein Discount von siebzig Prozent gewährt. Für IBM kam der Gedanke, etwas für 30 Cent herzustellen und es dann für nur 30 bis 50 Cent weiterverkaufen zu müssen, einem Harakiri gleich, denn ihre ausgeklügelte Bürokratie, der riesige Außendienst und die typische Unternehmensphilosophie beruhten auf der Vorstellung, daß man etwas für 30 Cent produzieren und für einen Dollar wieder verkaufen könne.

Die Probleme im Großrechnerbereich trafen 1992 alle Computerfirmen der Welt. Digital Equipment und Amdahl entließen wieder einmal Tausende von Beschäftigten. Bull in Frankreich verzeichnete einen weiteren großen Verlust. Sogar in Japan, wo IBM immer die stärkste Konkurrenz vermutet hatte, mußte der Erzrivale Fujitsu erstmals einen Verlust eingestehen, und Hitachi könnte es langfristig sogar noch stärker treffen, weil diese Firma im Gegensatz zu Fujitsu kaum auf dem PC- oder Workstationmarkt vertreten ist, wo es die Verluste des Großrechnerbereichs möglicherweise wettmachen könnte. Wenn sich IBM zu stark auf seine japanischen Konkurrenten konzentriert und all die kleinen US-Firmen ignoriert hatte, die ihr schadeten, dann hatten die großen japanischen Unternehmen zweifellos dem Wettbewerb mit IBM eine zu große Beachtung geschenkt und waren letztlich ebenfalls an diesen kleinen, scheinbar unbedeutenden Firmen gescheitert.

Akers von IBM war völlig unvorbereitet. Er hatte den Wertpapieranalytikern noch Ende 1991 versichert, die Bruttogewinnspanne würde sich 1992 bei 52 Prozent einpendeln, was für die Gesamtfirma bedeutete, daß etwas, das sie für einen Dollar verkaufte, sie in der Herstellung 48 Cents kosten würde. Diese 52 Prozent seien für eine Firma wie IBM erschreckend wenig, die sich immerhin an Bruttogewinnspannen im Bereich von 60 bis 65 Prozent und noch größer gewöhnt hatte. Doch, so hatte er dann erklärt, sei er schließlich Realist, obwohl er sich selbst weiterhin vormachte, der Großrechnermarkt würde dem Ansturm standhalten. Weiter hatte Akers den Wertpapieranalytikern Ende 1991 versichert, er würde die Kosten derartig drastisch und rasch senken, daß IBM 1994 wieder in der Gewinnzone sein würde, wenn auch nur mit einer Bruttogewinnspanne von 52 Prozent, aber dann waren die Preise für Großrechner so stark gefallen, daß Akers sich nun mit Bruttogewinnspannen hatte herumschlagen müssen, die fast zehn Punkte niedriger lagen als die, von denen er behauptet hatte, sie über den Zeitraum von 1992 bis 1994 nur zähneknirschend hinzunehmen. Und nun sanken die Gewinnerwartungen tiefer und immer noch tiefer.

Bei einem Unternehmen von der IBM-Größenordnung bedeutet eine Veränderung von zehn Prozentpunkten in der Bruttogewinnspanne schon eine ernste Krise. IBM war von einem Gewinn von sechs Milliarden Dollar im Jahr 1990 zu einem Verlust von fünf Milliarden Dollar im Jahr 1992 abgesackt, ein Defizit, das so groß war, daß IBM zu dem Termin, als sie ihr Jahresergebnis veröffentlichte, gleichzeitig den größten Verlust bekanntgeben mußte, den je ein profitorientiertes Unternehmen eingefahren hatte.

1992 hatten die IBMler angefangen, Witze über die neuen Abfindungsangebote zu machen, die ihnen immer öfter gemacht zu werden schienen, seit sich die Probleme häuften. Sie bedienten sich einer Kurzform, wenn sie sich über die neuesten Angebote unterhielten, sagten, es werde sich gewiß um eine »sieben, sieben, zwei, eins und zwei« handeln. Das bedeutete, daß bei jemandem, der freiwillig ausschied, bei der Berechnung seiner Pension sieben Jahre aufgeschlagen werden würden. Und noch einmal sieben Jahre auf seine Dienstzeit, so daß er möglicherweise zwei Jahresgehälter würde mitnehmen können. Allerdings hatte der IBMler, so die bösen Zungen, jetzt nur noch eine Minute, um sich zu entscheiden, und mußte daneben noch zwei Leute mitnehmen.

Wie vorauszusehen gewesen war, verstärkte Akers, je schlechter sich 1992 entwickelte, den Druck auf die Betriebsangehörigen, die Abfindungen zu kassieren und die Firma zu verlassen. Allerdings versuchte er auch, die IBMler nicht glauben zu lassen, ihre Jobs würden pauschal zusammengestrichen, indem er die Zahl derer, die tatsächlich gingen, ständig zu niedrig einschätzte. Er bestand beispielsweise darauf, daß es sich um höchstens 10 000 Mitarbeiter handelte, gab dann widerstrebend zu, es könnten vielleicht doch 20 000 sein, und meinte schließlich, die Zahl könne möglicherweise noch ein wenig höher liegen – wobei die Zahlen immer höher lagen, als er eingestehen mochte, und, wie sich später herausstellte, mit 40 000 doppelt so hoch waren, wie er Anfang 1992 prophezeit hatte.

Akers bediente sich außerdem der eigenartigen IBM-typischen Ausdrucksweise, wenn es die Tatsache zu verschleiern galt, daß viele derer, die jetzt gingen, gefeuert worden waren. Die Leute, die gefeuert wurden, nannte man MIAs – das stand für *management initiated attrition* (vom Management initiierte natürliche Fluktuation). Die Leute wurden – laut Akers – nicht gefeuert, sie wurden ge-›MIAt‹.

Akers hatte die Personalabteilung angewiesen, die Stellenkürzungen so human zu handhaben, wie es immer geschehen war, und denen, deren Job eliminiert wurde, einen anderen anzubieten, wenn sie das wünschten. Doch das System war nicht mehr in der Lage, mit solchen Jobwechseln fertig zu werden. Die Streichung von 40 000 Arbeitsplätzen war selbst für IBM zuviel.

Die Angestellten von IBM hatten das Gefühl, an einem Spiel teilzunehmen, das der ›Reise nach Jerusalem‹ glich. Jedesmal, wenn sie glaubten, sie hätten sich einen Stuhl gesichert, setzte die Musik wieder ein, und wenn sie aufhörte, war ein weiterer Stuhl verschwunden. Die Beschäftigten verbrachten das Frühjahr und den Sommer 1992 damit, sich um die freien Stühle zu schlagen. Das Personalbüro versuchte, Stühle für jene ›boat people‹ zu finden, die hatten feststellen müssen, daß ihre Stellen gestrichen waren, sah sich aber häufig gezwungen, fünf oder sechs Leuten denselben Job anzubieten, wobei es inständig hoffte, daß nur einer sich dafür interessierte.

Bill Russell, der vierzehn Jahre in der Gehaltsbuchhaltung beschäftigt gewesen war, erzählt, man habe ihm mitgeteilt, keine Verwendung mehr für ihn zu haben, nachdem seine Stelle gestrichen worden sei. Akers aber behauptete nach wie vor, es würde niemand entlassen, und IBMs Beschäftigungsgarantie sei nach wie vor in Kraft. Russell konnte sich da nur sagen: »Wenn das keine Entlassung war, dann weiß ich nicht, wie eine Entlassung aussieht.«

Wie gewöhnlich verschlimmerte Akers die Probleme seiner Manager noch dadurch, daß er vielen dieser Abgänge den Anstrich geben wollte, sie seien freiwillig erfolgt. Außerdem stürzte er die Firma dadurch ins Chaos, daß er das letzte Abfindungsangebot in den Vereinigten Staaten monatelang offenhielt, so daß vor dem 31. Juli 1992 keiner wissen konnte, wer ging und wer blieb.

Die Personalabteilung hatte dieses Angebot so verlockend wie möglich gestaltet und den Leuten erklärt, sie könnten noch bis Freitag, den 31. Juli, entscheiden, ob sie gehen wollten, und bekämen ihren Scheck noch am selben Tag, bevor sie nach Hause gingen. Einige Manager hatten das Angebot sogar noch erweitert und erklärt, wer an diesem Freitag bis 11.59 Uhr eine bestimmte Telefonnummer anriefe, käme ebenfalls noch in den Genuß der Abfindung.

Daraufhin entschieden sich so viele für den Scheck, daß die Firma noch Wochen nach diesem Stichtag kaum funktionsfähig war. Außendienstler hatten für die folgenden Wochen Termine bei Kunden gemacht, sich dann an jenem Freitag aber unter Druck entschlossen, das Abfindungsangebot anzunehmen, und Kunden zurückgelassen, die sich fragten, was wohl geschehen war. Viele Abgänger waren so enttäuscht von der Art, wie IBM sie rausgeschmissen hatte, daß sie gar nicht daran dachten, der Firma zu helfen, die verbliebenen Probleme zu lösen.

Greg Rusnack, der 13 Jahre bei IBM im Rechnungswesen tätig gewesen war, erzählt, da hätte ihn jemand angerufen, der einen Karton mit Papierkram gesucht habe. »Oh, den meinen Sie«, habe er gesagt, »am letzten Wochenende war ich bei einem Fußballspiel, und ich glaube, ich habe diesen Karton benutzt, um den Grill anzuheizen.«

Noch Monate später war die Lage nach wie vor unübersichtlich. Danford Witlin, der IBM nach sogar 26 Jahren im Rechnungswesen verlassen hatte, sagt, er habe das Personalbüro angerufen, weil er hatte wissen wollen, wie viele Leute eine bestimmte Abteilung nun wirklich verlassen hätten. Im Personalbüro hatte man nicht die mindeste Ahnung. Irgend jemand hatte schließlich ein Lineal genommen und die Höhe der Papierstapel auf dem Schreibtisch gemessen.

Dann hatte er nachgezählt, wie viele Abgänge auf einen Zentimeter der Papierstapel gingen, und auf dieser Basis eine grobe Schätzung abgegeben. Witlin, der sagt, er habe zum Ende seiner IBM-Zeit wegen des Stresses nur noch von Beruhigungsmitteln gelebt, erzählt, er habe eine Frau gekannt, die als ›überschüssig‹ eingestuft worden sei – so nannte man es bei IBM, wenn eine Stelle gestrichen worden war. Als man ihr dann eine angeblich neugeschaffene Stelle angeboten habe, hätte sie gesagt: »He, Moment mal! Das ist ja mein alter Job.« Witlin sagt, die Personalabteilung habe ihr tatsächlich denselben Job in derselben Niederlassung zu denselben Bedingungen angeboten. »Es war das totale Chaos.«

Im Herbst 1992 war die Lage völlig außer Kontrolle geraten. Akers hatte vorausgesagt, daß das 3. Quartal der Firma wieder auf die Beine helfen werde, doch die Geschäfte kamen in den letzten paar Wochen dieses Quartals absolut zum Erliegen. Akers machte eine Finanzkrise in Europa dafür verantwortlich – genauso, wie er die Probleme von IBM auch in der Vergangenheit häufig auf die weltweite Wirtschaftsflaute, den Krieg am Persischen Golf oder was auch immer geschoben hatte. Zu der richtigen Finanzkrise war es allerdings ganz zu Anfang des 4. Quartals gekommen, so daß IBM die Verluste aus dieser Zeit zum Ende des Quartals längst hätte wettmachen müssen. Das geschah nicht. Das 4. Quartal entwickelte sich zur größten Katastrophe, die IBM je erlebt hatte. Es war das erste Mal, daß IBM in einem Quartal einen Verlust verbuchen mußte, der nur auf ihrem Geschäftsgebaren beruhte und nicht die Auswirkungen einer früheren Wertberichtigung einschloß.

Der Verwaltungsrat versicherte Akers dennoch seiner Unterstützung, doch das Vertrauen fast aller, die für ihn arbeiteten, hatte er längst verloren. Einige Angestellte verbreiteten einen Rap-Song über den Mann, der inzwischen von fast jedem John Fakers genannt wurde. Andere hielten es mit einem Song, der auf der Melodie von ›Big John‹ beruhte. Sein Titel war ›Big Bad John‹, und der Song ging so:

Every morning at Armonk you could see him arrive
In a big fancy car that a chauffeur would drive
Kind of big in the wallet and narrow in the mind,
And every VP knew to kiss the Behind of Big John.
Big John, Big John, Big Bad John.
Nobody seemed to know why John was the Boss.
He just never cared about the profit or loss.
He didn't do much except raise his own pay.
Many earn in a year what he makes in a day. Big John.
Big John, Big John, Big Bad John. *

Während Cannavino noch versuchte, seinen Bereich einigermaßen unbeschadet durch die Preiskriege des Sommers 1992 zu bringen, mußte er gleichzeitig gegen eine Idee ankämpfen, die er für mehr als lächerlich hielt: daß IBM nämlich ihre eigenen Clones bauen sollte. Die Marketing-Leute, vor allem in Asien und Europa, hatten festgestellt, daß es für sie immer schwieriger wurde, den Kunden große Systeme zu verkaufen, wenn sie nicht gleichzeitig billige PCs anbieten konnten. Die Kunden wollten ja möglicherweise einen Großrechner erwerben, planten aber dabei schon, Hunderte von PCs damit zu vernetzen. Sie wollten jedoch nicht das Geld für die teuren IBM-PCs hinblättern, weil es ja schließlich genügend billige PCs auf dem Markt gab.

Als Cannavino angesichts der Idee, einen Clone bauen zu sollen, ausflippte, begannen die Marketing-Leute, ihre Schlacht in der Presse zu schlagen – eine Taktik, die möglicherweise bei der Regierung in Washington, D.C., gebräuch-

* Jeden Morgen konnte man ihn in Armonk ankommen sehen
in einem großen, eleganten Wagen mit Fahrer,
mit einer dicken Brieftasche, aber wenig Hirn.
Und jeder Vizepräsident wußte, wie er ihm in den Hintern kriechen konnte.
Big John, Big John, Big Bad John.
Niemand schien zu wissen, warum John der Boß war.
Ob Gewinn oder Verlust, das war ihm egal.
Er tat nicht viel, außer sein eigenes Salär erhöhen.
Was er an einem Tag kriegt, verdienen manche in einem Jahr.
Big John, Big John, Big Bad John.

lich ist, bei IBM aber nie vorher praktiziert worden war. Etliche Marketing-Bosse ließen sich tatsächlich dazu herab, Reporter anzurufen und sie in ihre Pläne einzuweihen, Clones herstellen zu wollen, hofften sie doch, Cannavino werde notgedrungen nachgeben und einwilligen müssen, sobald das Thema erst einmal ins Bewußtsein der Öffentlichkeit gedrungen war.

Cannavino beschloß, die Sache im Mai 1992 zum Thema einer Pressekonferenz im Marriott Marquis am Times Square, Manhattan, zu machen. Er rief Bill McCracken an, einen der führenden Marketing-Bosse in Europa, der die Idee vom Clonebau energisch vorantrieb, und führte ein ›langes, angenehmes Gespräch‹ mit ihm. Das jedenfalls erzählte er damals seinem Stab. Das heißt, er erklärte McCracken, er denke ja gar nicht daran, einen Clone zu produzieren. McCracken mochte sich das nicht anhören und weigerte sich, zu Cannavinos Pressekonferenz zu erscheinen. In der Nacht vor dem Treffen mit den Journalisten dauerte Cannavinos Briefing bis kurz vor Mitternacht. Dabei saßen fünfzig Personen an einem Tisch, während er den ständig umkreiste. Eine Teilnehmerin erzählt, das habe sie an eine Szene aus dem Film *Die Unbestechlichen* erinnert, in der Robert de Niro als Al Capone mit einem Baseballschläger in der Hand um einen Tisch läuft und ihn dann plötzlich einem der Anwesenden über den Kopf schlägt. Sie habe sich die ganze Zeit gefragt, wem Cannavino wohl den Kopf einschlagen werde.

Bei der Pressekonferenz drängten sich mehr als hundert Menschen in einem Konferenzsaal mit niedriger Decke. Es war eine der typischen IBM-Versammlungen, bei denen alles ein wenig übertrieben wurde. Cannavino hatte nicht nur ein Mikrofon vor sich, obwohl der Raum so klein war, daß jeder ihn mühelos auch ohne Lautsprecher hätte gut verstehen können, sondern es gab auch noch Mikrofone, die eine ganze Legion von IBM-Stabsassistenten für den Zeitpunkt bereithielt, zu dem die Journalisten würden Fragen stellen dürfen. Vorne unter den Jupiterlampen und in der Nähe der großen Boxen saßen einige IBMler mit Kopfhörern, die den Kontakt zu ihren Kollegen im hinteren Teil des Raums hielten – die die IBM-Fernsehkamera und die Telefonanlage bedienten – und den Ablauf überwachten.

Cannavino legte seine Probleme dar und versicherte, sein Bereich sei die profitabelste PC-Operation der ganzen Welt, obwohl ihm das kaum einer abnahm, weil es so aussah, als habe das IBM-Bilanzierungssystem die Zahlen zu seinen Gunsten verdreht. Und obwohl er sogar nach dem Wissensstand seines internen Rechnungswesens auf dem Weg zu sein schien, 1992 insgesamt eine Milliarde Dollar zu verlieren.

Carl Conti, der kurz vorher als Leiter der Produktgruppe, zu der auch die Großrechner gehörten, zurückgetreten war, sagte Ende 1992: »Ich habe keine Ahnung, ob er überhaupt Geld macht. Und das ist das Problem: er auch nicht. Ich habe meinem guten Freund Cannavino häufig gesagt: ›Jimmy, ich unterstütze dich. Wann bist du endlich soweit, allein zurechtzukommen?‹«

Cannavino gab unbekümmert zu, daß IBM und Bill Gates' Microsoft mit dem OS/2 eine lausige Arbeit abgeliefert hätten, und als dann im Hintergrund ein Telefon schrillte, das die Konferenz unsanft unterbrach, scherzte er: »Da klingelt irgend jemandes Telefon im Schuh, möglicherweise ist das ja Bill.«

Dann führte Cannavino einige der Technologien vor, die bald vor der Vollendung standen, und bezog den Ex-IBMler Joe Guglielmi in Kalifornien im Rahmen einer Videokonferenz in das Geschehen ein, um zu zeigen, was Guglielmi den Leuten dank seiner Zusammenarbeit mit PictureTel, einer Firma für Videokonferenzzubehör, bald auf die Schreibtische würde stellen können. Als der große Moment gekommen war, fiel allerdings der Ton aus. Jemand versuchte das System neu zu starten, aber die Konferenzschaltung funktionierte nicht. Guglielmi bewegte zwar unablässig die Lippen, doch keiner konnte ein Wort verstehen. Deshalb bemühte sich Cannavino, schnell fortzufahren.

Gegen Ende der Pressekonferenz erwähnte er so ganz nebenbei, IBM habe nicht vor, einen Clone zu bauen. Als einer der Reporter nachhakte, erklärte er klipp und klar: »Die Firma IBM wird keinen Clone herstellen. Sie möchten eine Clone-Strategie? Das ist die Clone-Strategie von IBM.«

Doch selbst der Leiter von IBMs PC-Bereich konnte die europäischen und asiatischen Marketing-Abteilungen nicht davon abhalten, Clones zu verkaufen. Cannavino beharrte auch in den Wochen nach der Pressekonferenz darauf, daß IBM keinen Clone herstellen werde, aber da war eine IBM-Tochtergesellschaft bereits dabei, sich auf die Produktion eines Clones vorzubereiten.

Compaq hatte sich in der Zwischenzeit ebenfalls mit der Frage beschäftigt, ob es vielleicht lohnend sein würde, einen Clone herzustellen, sich dann aber dagegen entschieden, weil das dem Compaq-Image hätte schaden können. Als ein paar Wertpapieranalytiker den Compaq-Bossen bei einer ihrer Zusammenkünfte von den IBM-Plänen erzählten, hatte einer laut ausgerufen: »Es gibt also doch einen Gott!«

Während der warmen Sommernächte des Jahres 1992 ließ Cannavino seinen Stab an einem Wiederauferstehen des PC-Bereichs von IBM ackern, wie er es nannte. Während andere amerikanische Geschäftszweige, die schrumpften und sich neu organisierten, vom ›Gesundschrumpfen‹ sprachen, sagte Cannavino, er wolle eine ›Wende herbeiführen‹.

Sein Team hatte sich daran gewöhnt, wenigstens bis Mitternacht oder ein Uhr nachts zu arbeiten. Manchmal wurde es so spät, daß sie gerade noch Zeit hatten, nach Hause und rasch unter die Dusche zu gehen, bevor sie wieder an ihre Schreibtische mußten.

Cannavino verbrachte viele Nächte im Holiday Inn in White Plains. Er feuerte seinen Stab an, indem er ihm von den Kämpfen erzählte, die er für den PC-Bereich gegen das Management-Komitee führen mußte. Als Teil dessen, was er einen Versuch nannte, ›sich gegen die Verwaltung‹ zu wehren und die Gemeinkosten herunterzufahren, die der PC-Bereich tragen mußte, hatte er bei einer der vierteljährlichen Überprüfungs-Konferenzen des MC »eine Tabelle gezeigt, die bewies, daß die Verwaltung in den folgenden Bereichen zu teuer ist ...«. Dann hatte er eine Pause gemacht, die die Spannung steigern sollte. »In diesem Moment hätte eine Atombombe fallen können. Es war, als hätte jemand auf den berühmten roten Knopf gedrückt. Aber nach einigen Sekunden sagte Akers: ›Die Tabelle ist korrekt.‹«

Kaum hatte sich Cannavino das Recht gesichert, einen Teil der Gemeinkosten abzuwälzen, übergab er die Kontrolle über den Hardwaresektor – einen Teil seines PC-Bereichs – an Bob Corrigan, einen Produktionsexperten, der seit Jahren zu seinem Team gehörte. Corrigan war ein Praktiker, der sich nichts aus Titeln und Äußerlichkeiten machte. Er fuhr im eigenen Wagen zur Arbeit, unternahm allein Geschäftsreisen, trug seinen Aktenkoffer selbst. Er arbeitete hart, ging aber zu einer vernünftigen Zeit nach Hause, um noch ein paar Stunden mit seiner Frau und den fünf Söhnen verbringen zu können. Und er bestand darauf, daß sein Stab sich ähnlich verhielt. Seine Mitarbeiter fanden ihn so erfrischend ›anders‹, daß sie ihn hinter seinem Rücken ›Mr. Moral‹ nannten. Kaum hatte man ihm die Verantwortung übertragen, wehrte Corrigan sich gegen die Gemeinkostenabrechnungen des zentralen Rechnungswesens. Beispielsweise weigerte er sich entschieden, auch nur den geringsten Anteil an den Kosten der Firmenjets zu zahlen.

»Die benutze ich ja ohnehin nie«, sagte er.

Er zwang seine Untergebenen sogar, sich die Büros in Somers/New York zu mehreren zu teilen, damit er weniger Miete zahlen mußte. Dann meinte er, der Quadratmeterpreis sei immer noch zu hoch. Deshalb teilte er dem zentralen Rechnungswesen im Firmenhauptquartier mit, wenn es die Miete nicht senke, werde er sich selbst billigere Räume suchen. Weil die Buchhalter ihm nicht glaubten, unternahm er Schritte, Büroflächen in einem nahe gelegenen Gebäude anzumieten, und teilte der Verwaltung mit, mit ihm könne sie keine Geschäfte mehr machen. Die Miete wurde prompt gesenkt.

Allerdings kürzte Corrigan keine der etwa 10 000 Stellen im Hardwaresektor des PC-Bereichs, was den größten Teil seiner Kosten ausmachte. Zu den wesentlichsten Kostensenkungen kam es bei ihm aus diesem Grund in Wirklichkeit nur deshalb, weil Cannavino das MC überredet hatte, die Gemeinkosten auf andere Bereiche zu verlagern. Dennoch machte Corrigan gewisse Fortschritte. Im September war er in der Lage, preislich mit Compaq, Dell und jedem anderen Konkurrenten gleichzuziehen. Er brachte eine neue Produktgeneration – ValuePoint genannt –, deren Preise so günstig waren, daß die Verkäufe nach dem sommerlichen Tief, als die Kunden einfach abgewartet hatten, wie IBM reagieren würde, schließlich wieder anzogen.

In diesem langen Sommer hatte Corrigan so viele Marktanteile verloren, daß es für kurze Zeit so schien, als hätte Apple 1992 zum ersten Mal seit der Einführung des Original-PCs die Marktführerschaft für sich beanspruchen können. Bei einigen Marktanalysen lag sogar Compaq in bestimmten Bereichen vor IBM. Doch ValuePoint verkaufte sich zumindest so gut, daß IBM im 4. Quartal größere PC-Umsätze melden konnte als in den vorangegangenen Quartalen, und bis zum Jahresende war es IBM gelungen, wieder an Apple vorbeizuziehen.

Nachdem die Verkäufe im Herbst 1992 wieder angezogen hatten, beschloß Cannavino, daß man Corrigan die Ehre erweisen solle, ihn der Öffentlichkeit als ›Mr. IBM-PC‹ vorzustellen. Doch als der Termin gekommen war, an dem Cannavino seine neue Organisationsstruktur verkünden und Corrigan in deren Mittelpunkt stellen wollte, humpelte Corrigan im wahrsten Sinne des Wortes durch die Prozedur, weil er sich beim Joggen eine Knieverletzung zugezogen hatte.

Corrigan, in den Fünfzigern und ein begeisterter Jogger, sagt von sich, er habe den Kreislauf eines 35jährigen, aber leider die Knie eines 80jährigen.

Im Oktober 1992 – bei der Comdex in Las Vegas – startete Cannavinos Stab deshalb einen zweiten Versuch. Corrigan sollte dort eine der Eröffnungsreden halten, und weil man nun einmal in Las Vegas war, sollte er auch einen großen, spektakulären Auftritt haben und wie ein Star behandelt werden. Bei einer Messe, die jeden Tag Hunderttausende von Besuchern zu verzeichnen hatte, bei der die Ansprachen der Konkurrenz mit Sicherheit von faszinierenden, mit Spezialeffekten unterlegten Videos begleitet wurden und bei der jeder, der sich langweilte, sofort weiterwanderte, um sich die Showgirls anzuschauen, die immer einen Blick wert waren, mußte es schon etwas ganz Besonderes sein.

Corrigan betrat die Bühne in einem Sweater, weil man daran erinnern wollte, daß es bei IBM inzwischen längst nicht mehr so formell zuging wie in früheren Zeiten. Der fast glatzköpfige Corrigan mit seinem grauen Haarkranz wirkte in dieser Aufmachung allerdings wie ein netter Opa, irgendwie fehl am Platz in dieser schnellebigen Branche, in der sich Trends mit Lichtgeschwindigkeit zu verändern scheinen. Und er hielt sich sklavisch an die Anweisungen, die ihm neben seinem Redetext über Teleprompter gegeben wurden, lächelte oft, schloß allerdings dabei die Augen und legte den Kopf schief, was den Zuhörern den Eindruck vermittelte, er sei kurz davor einzuschlafen. Und so kam es, daß er auch noch einige seiner Einsätze verpaßte.

Links und rechts neben ihm waren große Bildschirme positioniert, auf denen Videos von Leuten liefen, die sich mit Corrigan zu unterhalten schienen. Einmal passierte es ihm, daß er seinen Part zu schnell zu Ende führte und ein paar Sekunden warten mußte, bis sein Bildschirm-Gesprächspartner antwortete. Ein anderes Mal reagierte der Videopartner auf eine andere Frage als die, die Corrigan gestellt hatte. Was eine Live-Demonstration eines IBM-PCs hatte sein sollen, der aus dem Englischen ins Spanische übersetzt, ging gründlich daneben, als ein Teil der Übersetzung so falsch war, daß die spanisch sprechenden Zuhörer ein lautes Kichern nicht mehr unterdrücken konnten. Der IBMler, der die Demonstration durchführte, verschlimmerte die Lage noch, indem er sagte: »Oh, tut mir leid, ich glaube, ich habe auf den falschen Knopf gedrückt«, weil er annahm, da habe jemand manipuliert. Ein lautes Klicken, das während des zweiten Teils von Corrigans Ansprache von unterhalb der Bühne kam, vollendete dann die Blamage, denn von da an konnte kaum noch jemand ein Wort von dem verstehen, was Corrigan sagte.

Es tat fast weh, das zu erleben. Corrigan hinterließ bei

allen den Eindruck, die ›alte Mutter IBM‹ habe immer noch nicht begriffen, daß man heute wie der Rest der Branche Rock 'n' Roll tanzen mußte.

Ende 1992 hatte Cannavino – dank Corrigan – bei der Neupositionierung seines Geschäftsbereichs einige Fortschritte erzielt, so daß er dem Preiskrieg auf dem PC-Sektor nun gewachsen war. Doch ein Großteil dieser Fortschritte stellte sich als trügerisch heraus. Nachdem Cannavino seine Schlacht vor dem MC gewonnen hatte, bei der es um den Anteil der Gemeinkosten gegangen war, den er tragen sollte, sah seine Gewinn-und-Verlust-Rechnung zwar wesentlich besser aus, doch in Wirklichkeit hatte er die Kosten um keinen Cent gesenkt. IBM besaß immer noch die gleiche Anzahl an Firmenjets, auch wenn Corrigan nicht mehr zu deren Unterhalt beitrug. IBM besaß immer noch dieselben teuren Gebäude in Somers, auch wenn Corrigan für seine Büros dort jetzt weniger bezahlte. Der Außendienst von IBM war immer noch so groß wie zuvor. Diese Ausgaben waren zwar verlagert worden, vielleicht auf andere Produktgruppen wie die Großrechner, aber nicht aus der Welt geschafft.

Die Fortschritte, die Cannavino bei der Kontrolle des Marketings gemacht hatte, hielten sich in Grenzen, und er hatte immer noch keinen eigenen Außendienst. Cannavino hatte einiges unternommen, um sicherzustellen, mit seinen Konkurrenten Schritt halten zu können, wenn er rasch mit neuen Technologien auf den Markt wollte, die gerade im Trend lagen, beispielsweise die mit dem jeweils neuesten Intel-Prozessor ausgerüsteten. Doch es war ihm immer noch nicht gelungen, schneller auf dem Markt zu sein als die Konkurrenz oder eine wirkliche Innovation zu bringen.

Im September 1992, als er im PC-Bereich die ›Wende‹ propagierte, redete Cannavino viel von Dezentralisierung, schaffte aber letztlich nur den Umstieg von einem Typ von Komitee, das seine Geschäfte führte, zu einem anderen Typ von Komitee. Bis zum September hatte er sich, wenn er ein Produkt entwickeln wollte, mit dreißig Leuten in verschiedenen Produktgruppen und den Marketingorganisationen einiger Bundesstaaten herumschlagen müssen, von denen jeder einzelne – und jede einzelne – hätte Einspruch einlegen und das Projekt verzögern können. Im September war es ihm dann gelungen, aus diesem System auszuscheren. Ersetzt hatte er es allerdings durch eine Art Verwaltungsrat, der aus zehn Managern bestand, die gemeinsam über das entschieden, was im PC-Hardware- und Softwaresektor geschehen solle.

Bei Compaq wurden die Schlüsselentscheidungen von einer einzigen Person getroffen – im PC-Bereich von IBM dagegen brauchte man nach wie vor einen Konferenzsaal, sobald man eine Entscheidung von einiger Bedeutung treffen wollte.

Der PC-Bereich von IBM hatte 1980 einen erfolgreichen und vielversprechenden Start gehabt. 1993 aber schien er kaum noch eine Zukunft zu haben. IBM hatte ihre führende Rolle auf dem Markt und auch die Fähigkeit verloren, Innovationen zu bringen, bevor die Konkurrenz es tat. Der PC-Bereich war zu einem Unternehmenszweig verkommen, der 1992 einen Verlust von einer Milliarde Dollar eingefahren hatte und von dem man annehmen mußte, daß er auch 1993 nur geringfügige Profite abwerfen würde, wenn überhaupt.

Gelegentlich machte Cannavino eigenartige Andeutungen, daß der Preis zukünftig für PC-Käufer wohl kaum noch eine Rolle spielen würde. Und wenn es erst einmal soweit sei, so meinte er, würden die Kunden zu IBM zurückkehren, weil sie dem Markennamen IBM Vertrauen schenkten. Doch damit lag er schief.

Die Probleme im PC-Geschäftsbereich und bei Gesamt-IBM hatten dem Markennamen IBM bis 1993 so sehr geschadet, daß niemand mehr Wert darauf legte, ein IBM-Produkt zu besitzen. Und bei den PCs wird der Preis immer eine Rolle spielen. PCs werden von Privatkunden gekauft, und die schauen dabei auf jeden Nickel, ob es sich nun um einen Computer oder einen CD-Player handelt. Für Cannavino bedeutete die Tatsache, daß die Preiskriege PC-Hersteller wie Tandy und Epson aus dem Rennen warfen, gleichzeitig ein Ende der Preiskriege. Doch diese Vorstellung ist naiv. US-Airlines ist 15 Jahre lang immer am Rand des Abgrunds entlanggeflogen, und zahlreiche Fluglinien sind in Konkurs gegangen. Und jedes Jahr behaupten die Fluggesellschaften, nun seien die Preiskriege endgültig vorbei, doch jedes Jahr beginnt eine der kleinen Airlines einen neuen. Vielleicht sollte Cannavino einmal bei einer großen Gesellschaft anfragen, ob und wie ihr der Markenname in diesem stetigen Verdrängungswettbewerb geholfen hat.

15. Kapitel

Ende 1992 war John F. Akers in ernsthaften Schwierigkeiten. Nach Jahren, in denen es immer einen Schritt vorwärts und zwei zurück gegangen war, hatte er den Mitgliedern des Verwaltungsrats versprochen, im zweiten Halbjahr werde es wieder einen Schritt vorwärts gehen. Wertpapieranalytiker hatten, mit einer gewissen Hilfestellung von IBM, für 1992 einen Gewinn von vier Milliarden Dollar prognostiziert, doch Ende September 1992 war die Aussicht auf jede Art von Gewinn für dieses Jahr geschwunden, nachdem die europäischen Niederlassungen in eine Krise geraten waren. Akers war auf dem Weg zu einem Verlust von fünf Milliarden Dollar, verfehlte damit die Prognose der Analytiker nur um erstaunliche neun Milliarden Dollar. Der Verwaltungsrat von IBM wachte aus seinem Dornröschenschlaf auf und wurde unruhig.

Akers hatte für Ende September 1992 eine Verwaltungsratssitzung in Tokio geplant, jene Art aufwendiger, aber sinnloser Veranstaltung irgendwo im Ausland eben, die jeder IBM-Boß traditionell einmal jährlich abhielt, um sicherzustellen, daß der Verwaltungsrat sich ruhig verhielt. Akers hatte eine optimistische Konferenz erwartet, wenn man diese geselligen Zusammentreffen denn überhaupt als Konferenz bezeichnen konnte. Denn zu diesen mehrtägigen Auslandsreisen wurden immer Dutzende ehemaliger Topmanager und Direktoren eingeladen, und alle brachten ihre Ehefrauen mit, so daß diese Treffen auch stets zu fröhlichen Wiedersehensfeiern wurden, wobei man auf Kosten von IBM noch dazu etwas von der Welt sehen konnte. Statt aber wie üblich nur herumzusitzen und sich dafür loben zu lassen, daß er IBM wieder auf den rechten Weg gebracht habe, mußte sich Akers diesmal eine Verteidigungstaktik zurechtlegen.

Einige frühere Topleute hatten ihm rundheraus vorgeschlagen, die Feierlichkeiten abzusagen. IBM hätte bereits so viel Ärger, daß man es nur noch als eine Geste schlechten Geschmacks betrachten könne, in dieser Situation ein paar Millionen Dollar für eine Konferenz des Verwaltungsrates auszugeben. Akers weigerte sich. Viele der Exdirektoren und Manager, die eingeladen worden waren, zeigten Akers daraufhin, was sie von ihm hielten, indem sie ihre Teilnahme kurzerhand absagten. Nur wenige, die nicht über die Protestbewegung informiert worden waren, nahmen deshalb an den Konferenzen in Tokio teil.

Trotz der peinlichen Ertragslage und des noch nie dagewesenen Mißtrauensvotums früherer Manager brauchte der Verwaltungsrat eine ganze Weile, um zu erkennen, daß er ein echtes Problem hatte. Möglicherweise ist das gar nicht so überraschend, wenn man die Zusammensetzung des Verwaltungsrats in Betracht zieht. Drei Viertel seiner Mitglieder waren reines Dekor; Männer mit bekannten Namen, die dem Verwaltungsrat ein wenig Glanz verleihen sollten – die Dekane großer Universitäten, frühere Kabinettsmitglieder und so weiter. Von den fünf Mitgliedern des Exekutivkomitees, das die wirklich wichtigen Entscheidungen traf, waren vier bekannte Männer, die keinerlei Erfahrung in der Computerindustrie hatten, seit einem Jahrzehnt im Verwaltungsrat saßen und all den Entscheidungen zugestimmt hatten, die dazu beitrugen, IBM in diese Krise zu stürzen.

Das waren Jim Burke, der ehemalige Boß von Johnson & Johnson, einem Pharmaunternehmen; Tom Murphy, der Boß von Cap Cities/ABC, einer Fernsehgesellschaft; Dick Munro, der frühere Boß von Time, ein Verleger; und Steve Bechtel, der Boß von Bechtel Industries, ein Bauunternehmer. Das fünfte Mitglied des Exekutivkomitees war John Opel, der ehemalige IBM-Boß, der mehr mit den Problemen zu tun hatte, die Akers nun zu lösen versuchte, als irgend jemand sonst. Während der Gala-Veranstaltungen in Tokio bemühten sich die fünf mehrmals, ungestört miteinander zu reden, und sie kamen auch zu der Überzeugung, daß sie ein ernstes Problem hätten, waren aber nicht sicher, wie ernst es wirklich war. Deshalb suchten sie nach Ausflüchten, um Akers nicht darauf ansprechen zu müssen.

Den Ausschlag dafür, doch etwas zu unternehmen, gab schließlich die Tatsache, daß die fünf – wo auch immer sie unter ihresgleichen auftauchten – auf Leute trafen, die sie und sich fragten, warum sie nicht längst etwas getan hätten, um die Probleme bei IBM endlich zu lösen. Der Verwaltungsrat von General Motors hatte seinen eigenen CEO hinausgeworfen: Warum konnte IBMs Verwaltungsrat das nicht ebenfalls tun? Der Vorsitzende von Compaq hatte seinen CEO gefeuert und die Firma wieder auf sicheren Kurs gebracht. Warum konnte der Verwaltungsrat von IBM nicht dasselbe tun? Munro beklagte sich bei einem Freund, daß er kaum noch zu einer Verwaltungsratssitzung irgendeines Unternehmens gehen könne, bei dem er ebenfalls im Vorstand saß, ohne daß jemand ihn auf die Mißstände bei IBM ansprach. Burke beschwerte sich, er könne nirgends hingehen, ohne daß ihn seine CEO-Freunde fragten, was denn nun eigentlich bei IBM los sei.

Frank Cary, der ehemalige IBM-Boß, hatte ebenfalls dafür gesorgt, daß die Dinge in Bewegung kamen. Seit der Zeit, zu der er im März 1991 aus Altersgründen aus dem Verwaltungsrat hatte ausscheiden und Akers die trüben Gewinnaussichten bekanntgeben müssen, nachdem er dem Verwaltungsrat erst einen Monat vorher noch versichert hatte, es ginge endlich wieder aufwärts, war er ›stinksauer‹ auf seinen einstigen Schützling gewesen. Cary hatte zwar keinen Sitz mehr im Verwaltungsrat, aber die Verbindung zu all seinen jetzigen Mitgliedern aufrechterhalten können, weil er alle fünf Mitglieder des Exekutivkomitees und die meisten der Direktoren ebenfalls noch selbst berufen hatte. Gelegentlich traf er sie zu einem zwanglosen Mittagessen oder plauderte mit ihnen am Telefon – ganz besonders häufig mit Burke. Diese Gelegenheiten nutzte er immer, ihnen darzulegen, wo die Probleme bei IBM seiner Meinung nach lagen.

Dennoch hätte es Akers noch einmal gelingen können, die Schuld abzuwälzen, hätte er nicht zwei Monate nach der Schreckensnachricht von Ende September, Anfang Dezember 1992, öffentlich eingestehen müssen, daß seine Gewinnprognosen sich wieder einmal als falsch erwiesen hatten. Er hatte erwartet, die Umsätze würden im 4. Quartal wieder anziehen, besonders in Europa, wo Akers für seine Probleme vom September eine Finanzkrise verantwortlich gemacht hatte, die potentielle Kunden zum Ende des 3. Quartals verschreckt hatte, die aber inzwischen längst Vergangenheit war. Trotzdem mußte Akers nun verkünden, daß die Lage in Europa sich verschlechtert habe. Außerdem mußte er zugeben, daß er keine Ahnung habe, woran das lag.

Akers trat wieder einmal vor die Wertpapieranalytiker und Reporter, um ein Problem zu erklären – das zweite Mal in den drei Dezembern, seit er einen Analytiker so eiskalt hatte abblitzen lassen, der zu fragen gewagt hatte, wie Akers denn sicherstellen wolle, daß diese Art von Bombe nicht alljährlich auf dem Gabentisch der IBM-Investoren liegen würde. Akers verkündete wieder einmal eine hohe Wertberichtigung – diesmal so hoch, daß IBM mit einem Verlust von fünf Milliarden Dollar das größte Defizit meldete, das je irgendeine Firma verbucht hatte.

Sowohl General Motors als auch Ford mußten später zwar höhere Verluste melden, doch das lag an einer Änderung der Bilanzregeln, was bei IBM nicht der Fall war.

Und wieder legte Akers Pläne für einen weiteren Stellenabbau vor. Und wieder einmal beharrte er auf der Behauptung, alles unter Kontrolle zu haben.

Er versammelte die Analytiker und Reporter in einem überfüllten kleinen Vortragssaal im Untergeschoß des IBM-Gebäudes an der 57th Street, Ecke Madison Avenue in Manhattan. Mit der bei IBM bei Pressekonferenzen üblichen Förmlichkeit ging Akers im Raum umher und widmete sich jedem einzelnen Fragesteller. Als jemand fragte, ob Akers nicht zurücktreten oder vielleicht Leute von draußen holen wolle, die bei den Umstrukturierungen helfen könnten, »die ja inzwischen zu einem jährlich wiederkehrenden Ereignis zu werden scheinen«, blieb Akers stehen und starrte den Mann an.

»Nein«, erklärte Akers. »Ich habe noch keinen Gedanken an einen Rücktritt verschwendet... Der Verwaltungsrat unterstützt mich, und ich plane definitiv nicht zurückzutreten.«

Akers wollte sich entfernen, überlegte es sich aber anders und wandte sich dem Mann, der so dreist gefragt hatte, wieder zu. »Sie haben vergessen, mir Ihren Namen zu nennen«, sagte er kalt.

Der Reporter stellte sich vor und erklärte, er sei beim *Investor's Daily*. Ehe Akers sich endgültig abwandte, fixierte er ein letztes Mal den Fragesteller. Für den Fall, daß irgend jemandem entgangen sein könnte, wie eiskalt er den Mann behandelt hatte, warf er ihm nun einen noch eisigeren Blick zu und sagte in schneidendem Ton: »Nett, Ihre Bekanntschaft gemacht zu haben.«

Trotz seiner zur Schau getragenen Kaltschnäuzigkeit war Akers wohl damals schon soweit, alles hinzuschmeißen. Ein früherer IBM-Topmanager sagt, als Akers ihm von den jüngsten Plänen zum Stellenabbau, den Wertberichtigungen und den hohen Verlusten erzählt habe, die er Anfang Dezember habe hinnehmen müssen, hätte er zwar erklärt, er würde bei IBM bleiben, bis eine Lösung gefunden sei, doch er habe nicht den Eindruck gehabt, daß der normalerweise so großspurige Akers da noch mit dem Herzen bei der Sache gewesen sei.

»Ich habe gesehen, daß er unter dem Druck gelitten hat«, bestätigt auch Burke. »Man konnte spüren, daß er unter Streß stand.«

Burke, der sich als der energischste und eindrucksvollste der IBM-Direktoren herauskristallisiert hatte, sprach nun häufiger mit Akers. Obwohl Burke ihn in der Vergangenheit immer unterstützt hatte, schlug er Akers nun vor, doch mal über einen Rücktritt nachzudenken. Burke hatte ihm erklärt, der Verwaltungsrat sei nach wie vor der Meinung, er tue das Richtige. Burke selbst hielt Akers' Bemühungen um die Dezentralisierung für gut, und es gefiel ihm, daß er sie so schnell durchzog, wie die IBM-Unternehmensphilosophie es ihm nur gestattete. Aber Akers habe, so hatte Burke ihm erklärt, inzwischen so stark an Glaubwürdigkeit verloren, daß er kaum noch effizient arbeiten könne, und da läge seiner Meinung nach das wahre Problem.

Burke gab auch den Anstoß, daß Akers ein paar sehr erfahrene IBMler zurückholte, die in den Ruhestand gegangen waren. Paul Rizzo und Kaspar Cassani sollten beispielsweise helfen, bessere Informationen über Markt-Trends zusammenzutragen, damit man häßliche Überraschungen wie die vom September und Dezember in Zukunft vermeiden konnte. Nach Jahren, in denen Akers und sein Managementteam falsche Hoffnungen genährt hatten, hatte der Verwaltungsrat nun endgültig das Vertrauen in Akers' Prognosen verloren.

»Tatsache ist, daß wir keine konkreten Informationen hatten«, sagt Burke.

An den freien Weihnachtstagen zog sich Akers auf sein zweieinhalb Hektar großes Grundstück in Westport/Connecticut zurück, um über seine Zukunft nachzudenken. Wie IBMler es ausdrücken würden, fragte er sich, ob es wohl an der Zeit sei, sich »eine neue Umgebung zu suchen, um das Problem zu lösen und IBM damit zu helfen«.

Angesichts all dieses ›Blutvergießens‹ im Dezember war die einzige wesentliche Einsparung untergegangen. Die hatte IBM bei ihrem geheiligten Forschungs- und Entwicklungsbudget vorgenommen. Es war Ehrensache gewesen, daß es immer zehn Prozent des Gesamtumsatzerlöses ausgemacht hatte. Außerdem waren diese zehn Prozent auch von nationalem Interesse, weil IBM so jedes Jahr zehn Prozent der in den Vereinigten Staaten ausgeführten privaten Forschungs- und Entwicklungsprojekte finanziert hatte.

In den achtziger Jahren hatte IBM die immense Summe von 101 Milliarden Dollar für Investitionsvorhaben im Bereich Forschung, Entwicklung und Konstruktion ausgegeben, viermal soviel, wie die Regierung Reagan/Bush in das Star-Wars-Projekt gesteckt hatte. Diese Investitionen brachten IBM-Forschern in den vergangenen Jahren zwei Nobelpreise für Grundlagenforschungsprojekte ein, die weit über die Computerindustrie hinausgegangen waren.

IBM erfand im Lauf der Jahre ein Großteil aller Computertechnologien, die der Gesamtheit der Branche auf die Sprünge halfen. In den vergangenen Jahren nutzte IBM häufig ihre fortschrittliche Chip-Technologie und finanzielle Stärke, um die US-Speicherchip-Industrie zu retten, die allgemein als wichtiges Bollwerk der Vereinigten Staaten im Wettbewerb gegen japanische Technologien angesehen wird. Doch Akers hatte Ende 1992 beschlossen, IBM könne sich das nicht mehr leisten. Er strich deshalb das Budget für Forschungs- und Entwicklungskosten von sieben Milliarden Dollar auf sechs Milliarden. Diese Budgetkürzung war nur der Gipfelpunkt einer stetigen Verhärtung, die die Entwicklung in den IBM-Forschungslaboren seit Jahren behindert und ihren Grundstock gefährdet hatte: ihre erstklassige Technologie. Dieses Problem, das Akers noch verschlimmerte, hatte seine Wurzeln – wie die meisten anderen Probleme der Firma – im enormen Erfolg von IBM gehabt.

IBM hatte den Computermarkt in den sechziger und siebziger Jahren derartig dominiert, daß sie sich keine Sorgen hatte machen müssen, daß jemand ihr mit einer neuen Technologie den Markt streitig machen könnte. Dieses Gefühl der Sicherheit erlaubte es den Wissenschaftlern auch, sich ein ähnlich kompliziertes internes System aufzubauen, wie es überall bei IBM aus dem Boden schoß und typisch zu sein scheint für alle großen Organisationen dieser Welt.

Ein Forscher, dessen Arbeit für gut genug befunden wurde, um einen Patentantrag zu stellen, erhielt beispielsweise drei Punkte. Eine Arbeit, die für gut genug befunden wurde, um veröffentlicht zu werden, wurde mit einem Punkt belohnt. Eine Arbeit, die nicht veröffentlichungsreif war, verdiente natürlich keinen.

Dann gab es noch eine weitere Skala, nach der die veröffentlichten Studien bewertet wurden. Sie richtete sich nach dem Rang der Publikation, wobei die *Physical Review Letters* ganz oben standen und die superspezialisierten Blätter ganz unten. Auch dafür hatte man ein raffiniertes Punktesystem ersonnen.

Kaum war 1969 das Antitrust-Verfahren gegen IBM eingeleitet worden, waren die Anwälte auch in die Forschungseinrichtungen eingezogen und hatten sich – selbst über diese rein technischen Belange – eine bemerkenswerte Kontrolle gesichert, weil sie angeblich dafür sorgen mußten, daß die Wissenschaftler nicht irgend etwas taten, das Monopolcharakter tragen konnte. Die Anwälte komplizierten das ohnehin komplizierte Vorgehen der Wissenschaftler sogar noch weiter. Da es aber der ganzen Firma gutging, bestärkte der Erfolg auch die Forscher in der Annahme, daß sie doch irgend etwas richtig machten, möglicherweise sogar alles.

So ungefähr lief es bis 1991, als Akers sagte, er wolle die Kriterien der Mitarbeiterbewertung verschärfen. Nun, die Wissenschaftler kannten sich bei Bewertungskriterien besser aus als irgend jemand sonst. Nachdem Akers erklärt hatte, aus jeder Abteilung müßten jene zehn Prozent der Beschäftigten sich nach einem neuen Job umsehen, die im unteren Teil der Statistik angesiedelt waren, sagten sich die Wissenschaftler, daß sie unbedingt dafür sorgen mußten, niemals unter diese Zehnprozentgrenze zu rutschen. Außerdem war den Forschern klar, daß die Erarbeitung eines Patents gewiß nicht der leichteste Weg war, nicht unterzugehen.

Wollte man ein Patent beantragen, mußte man sich sechs Wochen bis sechs Monate mit irgendeinem Anwalt herumschlagen, der nicht das mindeste von Technologie verstand. Wollte man dagegen etwas veröffentlichen, dann waren diese lästigen Auseinandersetzungen mit den Anwälten nicht erforderlich, man brauchte einfach nur seine Arbeit vorzulegen. Nun mochte es ja ursprünglich durchaus so gewesen sein, daß IBM sich möglichst viele Patente hatte sichern wollen, weshalb es für ein Patent eben auch die dreifache Punktzahl gab, doch die Wissenschaftler, die alljährliche Bewertung ihrer Leistungen vor Augen, hatten sich längst gesagt, unter diesen Umständen wären die Patente den Extra-Aufwand gar nicht wert. Es wäre gewiß wesentlich leichter, dreimal jährlich einigermaßen klug zu sein und drei Studien zu veröffentlichen, als einmal innovativ zu werden und etwas bis zur Patentreife zu entwickeln.

Die IBM-Manager – bei Akers angefangen – sprachen ständig darüber, wie wichtig es doch sei, die Technologie aus den Laboren herauszuholen und in marktreife Produkte zu verwandeln. Das Punktesystem der Forschungsabteilung sah sogar vor, daß jemand, der etwas erfand, das zum Grundstock eines künftigen Produkts wurde, so viele Punkte würde einheimsen können, daß er bei der alljährlichen Bewertung jede Hürde würde nehmen können. Allerdings brauchte man für die Umsetzung einer Technologie in ein fertiges Produkt drei bis fünf Jahre. Wer das riskierte, sich auf diesen Prozeß einließ, der auch ein eventuelles Scheitern beinhaltete, konnte sich im Lauf dieser Zeit ganz schnell ganz unten in der Bewertungsskala wiederfinden. Denn wer so hart arbeitete, hatte auch keine Zeit mehr, irgend etwas zu publizieren. Da war es schon besser, seine Arbeiten nur zu veröffentlichen.

Die japanischen Firmen dagegen, die dafür bekannt sind, Technologien sehr geschickt in fertige Produkte umzusetzen, haben ein ganz anderes Forschungssystem etabliert. Bei Hitachi beispielsweise sind die Produktentwicklungsgruppen faktisch den Forschungsgruppen für bestimmte Technologien angegliedert. Ganz anders als bei IBM, wo ein Wissenschaftler sich praktisch selbst nach einer Produktgruppe umsehen muß, die bereit ist, ihre alte Methode aufzugeben und sich seiner neuen Technologie zu bedienen. Solange ein Forscher bei Hitachi ordentlich arbeitet, hat er keine Schwierigkeiten zu befürchten. Allerdings ermutigt Hitachi seine Leute auch, sich auf langfristige Aufgaben einzulassen und zukunftsorientiert zu denken, indem die zuständige Produktgruppe ihnen zusätzliche Geldmittel zur Verfügung stellt und ihnen auch die Zeit läßt, gründlich zu arbeiten. Zeit und Geld kann der Wissenschaftler dort einsetzen, wie immer er will. Falls sein Projekt fehlschlägt, hat er keinerlei Strafe zu erwarten, dafür aber jede Menge Vergünstigungen im Erfolgsfall.

Das System von Hitachi erscheint viel sinnvoller als das von IBM, weil gute Forschungsergebnisse nur erzielt werden können, wenn man eine hohe Fehlerquote einplant. Ganz ähnlich läuft es schließlich bei den großen Ölgesellschaften, die viele Probebohrungen durchführen müssen, ehe sie auf eine sprudelnde Quelle stoßen. Einem erfolgreichen Forschungsprojekt sind meist zehn fehlgeschlagene vorausgegangen, und es ist fast unmöglich, im vorhinein zu sagen, welche zehn das wohl sein mögen. Eine gesunde Dosis Angst würde vielen anderen Abteilungen von IBM gewiß guttun, in der Forschungsabteilung aber hatte sie einen nicht wiedergutzumachenden Schaden angerichtet.

Eine Kurzzeit-Mentalität hatte sich eingeschlichen. Als Akers Ende 1992 das Forschungs-Budget um eine Milliarde

Dollar kürzte, steigerte das die Panik nur noch mehr. Plötzlich bemühte sich jeder Forscher, schnell irgendein kurzfristig erzielbares Resultat abzuliefern, nur um seinen Arbeitsplatz zu sichern. Akers hatte die Forschungsgruppe nicht einmal aufgefordert, die Spreu von Weizen zu trennen und weniger erfolgversprechende Projekte abzubrechen. Seine Maßnahme bewirkte deshalb nur, daß existierende Projekte praktisch ausgehungert wurden, weil die nötige Ausrüstung nicht mehr beschafft werden konnte, Reisespesen und die Stellen für Studenten nach der Promotion gestrichen wurden. IBM war es in der Vergangenheit immer gelungen, Wissenschaftler anzuziehen, die gerade erst promoviert hatten. Diese jungen Leute waren es gewesen, die bei IBM einige der innovativsten Ideen entwickelt hatten. Bob Montoye, der einen der wichtigsten Teile des RS/6000-Workstation-Prozessors entwickelt hatte, war beispielsweise einer von ihnen gewesen. Doch jetzt – Ende 1992 – konnte sich die Forschungsabteilung nur noch eine Handvoll dieser talentierten jungen Wissenschaftler leisten.

Marc Levenson ist wohl das beste Beispiel dafür, wie kurzsichtig man in der Forschungsabteilung vorging. Er war noch sehr jung gewesen, als er 1980 herausfand, daß er einen Lichtstrahl mit einem Trick dazu bringen konnte, etwas zu tun, das die Gesetze der Physik eigentlich nicht vorsahen. Ein Lichtstrahl fasert nämlich unter normalen Umständen an den Seiten ein wenig aus, wenn man ihn durch die winzigen Schlitze einer jener Masken lenkt, die bei der Herstellung von Computerchips verwendet werden. Das ist schlecht. Das Licht wird gebraucht, um eine Art winziges Abbild einer Schaltanordnung auf den Chip zu übertragen, deshalb muß der Lichtstrahl äußerst präzise und völlig ungetrübt sein. Wenn nicht, kann es passieren, daß eine Schaltung des Chips später nicht richtig funktioniert. Während Levenson allein experimentierte, stellte er fest, daß er den Lichtstrahl ›auf Kurs‹ halten konnte, wenn er sich der ›Phasenverschiebungsmethode‹, wie er es nannte, bediente; dann faserte der Lichtstrahl nämlich nicht mehr aus.

Dieser kleine Trick war sehr bedeutsam, denn Anfang der

neunziger Jahre war es sogar noch wichtiger, einen reinen Lichtstrahl einsetzen zu können. Die Halbleiterhersteller packten inzwischen eine noch größere Zahl von Schaltanordnungen auf ein Siliziumscheibchen derselben Größe wie vorher, mußten also in der Lage sein, ihre Schaltungen noch exakter zu übertragen. Wäre da nicht Levensons Phasenverschiebungstrick gewesen, hätten die Hersteller von Speicherchips wohl auf Licht als Medium zur Übertragung der gedruckten Bilder auf ihre Chips verzichten und viele Jahre früher zu weit geheimnisvolleren Mitteln, wie beispielsweise Röntgenstrahlen, greifen müssen.

Doch keiner der oberen Bosse der Forschungshierarchie erkannte die Wichtigkeit von Levensons Arbeit, nachdem der junge Mann 1981 sein erstes Projekt abgeschlossen hatte. Was freilich in erster Linie daran lag, daß keiner der Bosse sie zu Gesicht bekommen hatte. Nachdem Levenson seinen Arbeitsbericht schriftlich niedergelegt hatte, wurde er statt dessen routinemäßig zur Überprüfung an die Anwälte weitergegeben. Die schauten ihn sich an, entschieden, er rechtfertige vielleicht eine Anmeldung für ein Optikpatent, stellten aber dann fest, daß sie für dieses Jahr ihre Quote für Optikpatente bereits erfüllt hatten. Deshalb beschlossen sie, Levensons Arbeit nicht zum Patent anzumelden.

Statt dessen veröffentlichte Levenson seine Arbeit und verbesserte dann 1982 seine Technik weiter. Diesmal sagten sich die Anwälte, sie könnten sie vielleicht als Polymerpatent anmelden, weil Levenson seine Idee in ein Polymer eingebracht hatte. Da die Anwälte ihre Polymer-Quote für 1982 noch nicht erfüllt hatten, meldeten sie die Technik tatsächlich weltweit zum Patent an.

Als das US-Patentamt eine Nachfrage hatte und sich schriftlich bei IBM meldete, sagten sich die Anwälte jedoch, die Patentanmeldung sei der Mühe gar nicht wert. Sie verzichteten darauf. Allerdings dachte niemand daran, die Anmeldung auch in den anderen Ländern zu stoppen, in denen sie lief, und so wurde Levenson ein Patent in Japan erteilt, der Heimat der größten Konkurrenten von IBM auf dem Gebiet der Chip-Technologie. Doch als das japanische Patentamt Mitte der achtziger Jahre wegen einer Kleinigkeit eine

Anfrage an IBM schickte, wurde auch die an die Anwälte weitergeleitet. Und als einem auffiel, daß man auf die Patentanmeldung in den Vereinigten Staaten verzichtet hatte, ließ er prompt auch das japanische Patent fallen.

Mitte der achtziger Jahre zeigten die Japaner großes Interesse an Levensons Arbeit. IBM dagegen steuerte einen ganz anderen Kurs. Sie hatte sich gesagt, den Röntgenstrahlen gehöre bei dieser Technologie die Zukunft, und ging daran, gemeinsam mit der US-Regierung auf diesem Gebiet eine Kampagne gegen die Übermacht der Japaner zu starten. Präsident Jack Kuehler war aufgefallen, daß die japanische Regierung und japanische Firmen mehr als ein Dutzend Forschungszentren eingerichtet hatten, die an den Einsatzmöglichkeiten von Röntgenstrahlen arbeiteten, wogegen die Vereinigten Staaten über kein einziges dieser Zentren verfügten. Er hatte dargelegt, die Chipherstellung sei so teuer geworden, daß die US-Regierung entweder ihre Antitrust-Gesetzgebung lockern müsse, um den amerikanischen Firmen die Möglichkeit zu geben, sich zusammenzuschließen, oder die Forschung mit einer staatlichen Finanzspritze unterstützen. Geschähe das nicht, würde die Technologie-Führerschaft an die Japaner fallen.

Kuehler setzte durch, daß IBM 1990 in East Fishkill/New York eine halbe Milliarde Dollar lockermachte, um ein *Advanced Technology Center* zu bauen, in dem der Einsatz von Röntgenstrahlen erforscht werden sollte. Zur Eröffnung holte er sich Handelsminister Robert Mosbacher, der die Wichtigkeit unterstrich, daß die US-Wirtschaft ihre Führungsrolle auf dem Gebiet der Technologie behielt.

Levenson und Frank Shellenberg, einer seiner Kollegen, fuhren fort, Levensons Technik weiter zu verbessern, doch in Anbetracht der Tatsache, daß Kuehler öffentlich für Röntgenstrahlen eintrat, war niemand in der Forschungsabteilung an den Fortschritten der beiden jungen Männer interessiert. Levenson und Shellenberg hatten außerdem noch andere, wichtigere Aufgaben, so daß sie an Levensons Technik praktisch nur in ihrer Freizeit arbeiten konnten. Dazu kam, daß ihnen nur ein Budget von 6000 Dollar zur Verfügung stand, und selbst das hatten sie von ihren anderen Projekten abzweigen müssen. Nach Monaten erfolgreicher Versuche bekamen sie eine Audienz bei Paul Low, einem Vizepräsidenten, der für Chip-Technologie zuständig war. Der war immerhin so stark beeindruckt, daß er versprach, alles in seinen Kräften Stehende zu tun, um ihnen zu helfen. Levenson und Shellenberg erklärten ihm, sie wollten lediglich ein kleines Budget, um die IBM-Chip-Fabriken besuchen und dort feststellen zu können, ob ihre Idee unter realen Arbeitsbedingungen einsetzbar war. Low erklärte, das sei überhaupt kein Problem. Doch in der Hierarchie hatte es bei IBM inzwischen einige Verschiebungen gegeben. Dies war nicht mehr das Marinecorps. Low hielt Wort, erhöhte das Budget der Abteilung, in der Levenson und Shellenberg arbeiteten, um genau den Betrag, den sie erbeten hatten. Ihr Boß sagte sich allerdings, daß man das Geld besser verwenden könne.

Shellenberg frustrierte das so sehr, daß er 1991 die Firma verließ und zum IBM-Konkurrenten Hewlett-Packard ging. Levenson versuchte noch weiterzuarbeiten, doch als Anfang 1993 die Kürzung des Forschungsetats durchschlug, mußte er nach der Rückkehr von einer Dienstreise feststellen, daß sein Büro leergeräumt war und man ihm seine sämtlichen Apparate weggenommen hatte. Nachdem IBM wieder einmal eines ihrer Abfindungsangebote gemacht hatte, war er darauf eingegangen. Mitte 1993 kehrte er IBM den Rücken.

Die Chip-Hersteller bei IBM haben inzwischen gemerkt, daß sie in näherer Zukunft weder Röntgenstrahlen noch irgendwelche trickreichen neuen Technologien brauchen werden. Statt dessen werden sie die Masken benutzen, die in der Branche als Levenson-Masken bekannt geworden sind. Dumm ist nur, daß IBM weder Levenson hat noch über die hauseigene Technologie verfügt, Levenson-Masken herzustellen. Deshalb, so meinen die Wissenschaftler, wird IBM vermutlich die Rechte von der japanischen Firma Toshiba kaufen müssen.

Am 26. Januar 1993, kurz vor der Mittagszeit, begannen vor dem IBM-Gebäude an der 57th Street, Ecke Madison Avenue in Manhattan die Limousinen vorzufahren. Der IBM-Verwaltungsrat versammelte sich zu einer Sitzung. Die Direktoren waren in Firmenjets abgeholt oder mit Hubschraubern zum Heliport am East River geflogen worden. Und nun stiegen sie an dieser belebten Kreuzung aus ihren langen schwarzen Luxusschlitten, um an einer Konferenz teilzunehmen, von der sie wußten, daß sie von großer Tragweite sein würde.

Als sie im obersten Stock den Aufzug verließen und sich zum Konferenzsaal aufmachten, passierten sie eine Fensterfront, von der sie nach allen Seiten hin einen faszinierenden Blick über Manhattan genießen konnten. Die Küche, die für die Räume des Verwaltungsrates zuständig ist, wird von dem einzigen Topkoch geleitet, den IBMs US-Operation sich leistet, und so konnten die Direktoren ein ausgezeichnetes Mittagessen einnehmen, bevor sie sich ihren Geschäften zuwandten.

Akers hatte die Mitglieder des Verwaltungsrates bereits vorgewarnt und ihnen erklärt, er habe vor, über eine Kürzung der Dividende zu sprechen. Das wäre natürlich eine äußerst schwerwiegende Entscheidung. IBM hatte ihre Dividende noch nie gekürzt, und Zehntausende von Investoren rechneten fest mit dieser Dividende, weil sie mit ihr den Ruhestand finanzierten. Erschwerend kam hinzu, daß Akers' Finanzchef Frank Metz alle Welt erst vor wenigen Monaten hatte wissen lassen, die Dividende sei absolut sicher. Doch die Geschäfte waren schlecht gelaufen, also konnte IBM es sich nicht leisten, mehr als 2,5 Milliarden Dollar an Dividende auszuschütten. Nachdem der Verwaltungsrat einer Dividendenkürzung von 55 Prozent zugestimmt hatte, kam Akers zu dem wichtigen Punkt. Er wollte über seinen Rücktritt sprechen.

Obwohl die Verwaltungsratssitzungen bei IBM immer so geplant wurden, daß sie zu einer zivilen Uhrzeit endeten, um den Direktoren keine Ungelegenheiten zu bereiten, zog diese sich bis in die frühen Abendstunden hin. Von der Firmenzentrale waren einige Public-Relations-Leute herüberzitiert worden, hatten aber eine Stunde gebraucht, bis sie in der Metropole waren. Man hatte ihnen erklärt, da gäbe es etwas, das eine Presseerklärung erforderlich machte, ohne Einzelheiten zu nennen. Nun saßen sie da und konnten sich des Gefühls nicht erwehren, wie bei einer Papstwahl vor dem Vatikan darauf zu warten, bis der neue Pontifex maximus gewählt war. Sie fragten sich allerdings, ob es weiße oder schwarze Wölkchen sein würden, die aus dem Kamin stiegen.

Etwa gegen sieben Uhr war die Sitzung schließlich beendet. Als die Direktoren den Konferenzsaal verließen, wurde rasch klar, daß jetzt Burke der führende Mann war, unterstützt von Murphy, von Cap Cities und dem ehemaligen IBM-Boß Opel. Akers war draußen.

Burke hielt eine Kopie der Presseerklärung zur Kürzung der Dividende in der Hand, die Akers mit in die Sitzung genommen hatte, um sie dem Verwaltungsrat vorzulegen. Er erklärte den PR-Leuten, die Erklärung zur Dividendenkürzung sei in Ordnung, und fügte dann an, es gäbe da aber noch einige andere Punkte. Er sagte, Akers werde innerhalb von drei Monaten abtreten, und Kuehler habe auf seinen Präsidententitel verzichtet. Kuehler würde nun als stellvertretender Vorsitzender rangieren, so daß Akers' Nachfolger – wer immer das auch sei – sich seinen Präsidenten selbst aussuchen könne. Metz, der Finanzchef, würde die Verantwortung für die Dividendenkürzung übernehmen, weil er die Probleme, die im zweiten Halbjahr aufgetreten waren, nicht vorausgesehen und darüber hinaus fälschlich behauptet hätte, sie würden keinen Einfluß auf die Dividende haben. Metz würde sich zur Ruhe setzen – mit einer Abfindung natürlich. Und dann schlug Burke vor, man solle die Meldung von Akers' Rücktritt und die anderen Personalien einfach an die Presseerklärung zur Dividendenkürzung anhängen.

Er wurde freundlich darüber aufgeklärt, daß die Dividendenkürzung möglicherweise nicht mehr die Topmeldung war und es gewiß besser sei, in diesem Fall mehrere Erklärungen herauszugeben. Burke erwiderte, dagegen hätte er nichts, aber er würde die Verlautbarungen gern vorher sehen. Dann verließ er das Gebäude mit den anderen Direktoren, um in ein Hotel an der Park Lane zu fahren, wo ein Raum für das Abendessen gebucht worden war.

Mary Lee Turner, seit Jahren Vizepräsidentin bei IBM,

betätigte sich bis tief in die Nacht hinein als Kurier. Obwohl die verschiedenen Presseerklärungen sehr kurz gehalten waren, redigierte Burke fast bis ein Uhr morgens an ihnen herum, schickte Mary Lee Turner sogar verschiedentlich zurück ins IBM-Gebäude, damit sie mit ihren PR-Leuten neue Entwürfe aufsetzen konnte.

Als Akers ging, ließ er einen Scherbenhaufen zurück – schlimmer als jeder andere Vorstandsvorsitzende in der Geschichte von IBM. Er hatte sein ganzes Leben lang nur Erfolge eingeheimst und es geschafft, an die Spitze eines der profitabelsten Unternehmen der Welt zu kommen. Er hatte sich wohl gefühlt in der Sicherheit, die IBM repräsentierte, und angefangen, über seinen Platz in der Geschichte nachzudenken. Doch das war nun das Ergebnis: Er war derjenige gewesen, der den Untergang eines großen Konzerns begleitet hatte.

Er war zu sehr ein Produkt der Unternehmensphilosophie von IBM gewesen, um die meisten der Probleme so rechtzeitig zu erkennen, daß er irgend etwas dagegen hätte unternehmen können. Und diese Philosophie war den anderen IBMlern so sehr in Fleisch und Blut übergegangen, daß sie sich seinen Versuchen, etwas zu verändern, widersetzt hatten. Die meisten seiner Probleme hatte er nicht selbst geschaffen, aber es hätte in seiner Macht gelegen, viele von ihnen zu lösen. Er hatte sich mit den Problemen herumgequält, viel über sie geredet. Schließlich hatte er sich sogar mit den meisten auseinandergesetzt und vorsichtige Schritte eingeleitet, die zu ihrer Lösung hätten beitragen können. Aber damit war er verschiedentlich einen Tag – und leider auch meist eine Milliarde Dollar – zu spät gekommen.

Als Akers IBM 1993 verließ, war der Großrechnersektor – das ehemalige Herzstück der Firma – in Auflösung begriffen. Die Umsätze waren sowohl 1991 wie 1992 jeweils in zweistelliger Prozenthöhe gefallen, im 1. Quartal 1993 dann um 35 Prozent, und für das Gesamtjahr war mit einem weiteren starken Abfall zu rechnen.

PCs und Workstations hatten inzwischen ein Großteil der Nachfrage aufgefangen, die in der Vergangenheit von den

Großrechnern gedeckt worden war. Die Kunden hatten sich inzwischen so sehr an die Technologie gewöhnt, daß sie nicht mehr bereit waren, die exorbitanten Preise für Großrechner zu zahlen, was bedeutete, daß diese Ungetüme mit ihren Hunderttausenden von Meilen an Schaltkreisen bald nur noch als Gattungsbegriff betrachtet werden würden und man sie bestenfalls noch über den Preis würde verkaufen können. Der Großrechnerbereich befand sich im freien Fall. Das Beinahe-Monopol, das IBM auf diesem Sektor besaß, hatte traditionell zwei Drittel der Gesamtgewinne der Firma abgeworfen, Gewinne, die so groß waren, daß sie die Grundlage für das Lebensgefühl und den Lebensstil bei IBM gebildet hatten – für die üppige Bürokratie, den gründlich ausgebildeten Außendienst, die Beschäftigungsgarantie für Angestellte und den Respekt, den man dem einzelnen zollte.

Außerdem ließ Akers im Großrechnerbereich eine Anordnung zurück, die sich möglicherweise als ›Landmine‹ erweisen könnte, über die dieser Tage vielleicht jemand stolpert. Diese Landmine ist das IBM-Leasingsystem, das auf Geheiß von Akers Ende der achtziger Jahre wieder aktiviert worden war. Der heutige IBM-Leasing-Bereich ist allerdings nach dem System der Auto-Leasing-Firmen aufgebaut. Das heißt, wenn jemand einen Neuwagen für drei Jahre least, sind die monatlichen Leasingraten nicht so angelegt, daß der Hersteller den Gesamtpreis eines Neuwagens wiederbekommt. Das wäre ja auch unfair. Statt dessen zahlt der, der ein Auto least, nur die Differenz zwischen dem Preis des Neuwagens und dem Wert, den das Auto nach Meinung des Herstellers drei Jahre später noch haben wird. Falls sich das Auto als Niete erweist und nach drei Jahren kaum noch etwas wert ist, hat der Hersteller ein echtes Problem.

Und das ist das, was bei IBM gerade passiert. Die Preise für Großrechner fallen so schnell, daß die IBM-Maschinen am Ende ihrer Leasingzeit weit weniger wert sein werden, als man bei IBM beim Abschluß der Leasingverträge geglaubt hatte. Die für das Leasing verantwortlichen IBM-Manager bestehen zwar darauf, daß sie an die Vertragsabschlüsse äußerst konservativ herangegangen seien, was den Wert der Großrechner am Ende der Leasingzeit anginge, doch IBMs Leasing-Konkurrenten sind da ganz anderer Meinung. Und wenn die Preise für Großrechner so schnell fallen, daß das sogar die Bosse im IBM-Mainframe-Bereich verblüfft, wie soll man dann glauben, daß diese Entwicklung die IBM-Leasing-Bosse nicht ebenfalls überraschte? Nach den Regeln der Logik wird IBM irgendwann zu einer hohen Wertberichtigung Zuflucht nehmen müssen, weil die mehr als zehn Milliarden Dollar, die im Großrechner-Leasing-Bereich stecken, nicht mal ihren Buchwert wert sind.

Nachdem durch die Großrechner 1993 der Lebensstil von IBM nicht länger zu tragen war, hätte es einen Ersatz für sie geben müssen, doch davon konnte keine Rede sein. Die AS/400-Kleinrechner-Linie war gut eingeschlagen, doch als Akers Anfang 1993 die Firma verließ, war sie fünf Jahre alt, was nach den Richtlinien der Computerindustrie uralt bedeutet. Bei der Software gab es ein Potential, aber IBM ist nun einmal nicht gut beim Schreiben von Software. Der einzige Softwarebereich, in dem IBM Geld machte, waren die Betriebssysteme für Großrechner und Kleinrechneranlagen, und diese Profite waren – wie die dazugehörigen Produkte – im freien Fall begriffen. IBM könnte gewiß bei den Dienstleistungen zulegen, muß sich allerdings dabei völlig von seinen Erwartungen frei machen, was Verdienstspannen angeht. Bei den Dienstleistungen herrscht bereits ein heißer Wettbewerb, und außerdem verlangen sie einen zu großen Personaleinsatz, um jemals so profitabel zu werden, wie es die Hardwarebereiche von IBM einmal waren.

Auch IBMs Bilanz wurde nun zunehmend problematischer, was an all den Krediten lag, die die Firma aufnahm, um die Kosten der Abfindungspakete zu decken. Anfang der achtziger Jahre hatte IBM weltweit so viele Gebäude hochgezogen und so viele Leute engagiert, daß sie auch weiterhin wird Schulden machen müssen, nur um eben diese Leute zu veranlassen, wieder zu gehen, und um die ganzen leerstehenden Fabriken und Büros loszuwerden, die sie nicht mehr braucht. Früher hatte IBM einen mehr als erstklassigen Ruf, wenn es um Schuldenabtragung ging, den besten, den eine Firma nur haben konnte, doch seit Ende 1991 gilt sie nicht mehr als unbedingt zuverlässiger Schuldner, weil sie vermehrt Kredite aufnehmen mußte. Das schadete nicht nur dem Ruf, den IBM bei ihren Kunden genießt, sondern führte vor allem auch zu erhöhten Zinsleistungen – ein Problem, das zu einem Schneeballeffekt führen könnte, wenn IBM die Kreditaufnahme beibehält und ihre Bonität weiter abnimmt.

In der Vergangenheit konnte IBM immer damit rechnen, daß ihr Japan und Europa aus der Klemme halfen, wenn sie einmal größere Schwierigkeiten bei ihren Hauptproduktlinien hatte, doch das ist vorbei. Europa und Japan hatten einen größeren Nachholbedarf an Rechnern als die Vereinigten Staaten, in denen sich die Computer derartig schnell ausgebreitet hatten, daß der Bedarf irgendwann gedeckt war. Doch inzwischen haben sie aufgeholt. IBM sagte, sie plane 1993 10 000 der 90 000 Stellen in Europa abzubauen – und stellte die Zukunft der Werke in Havant/Großbritannien, Jarfalla/Schweden, Valencia/Spanien und Montpellier/Frankreich in Frage. In Japan sanken die Umsätze vor Steuern 1992 um 90 Prozent. Das fünfte Jahr hintereinander hatte IBM dort Einbußen hinnehmen müssen. Die Tage, in denen IBM eine AS/400 Kleinrechneranlage in Europa fast doppelt so teuer wie in den USA verkaufen konnte, sind wohl endgültig vorbei.

Bei den PCs und Workstations, dem einzigen Sektor, in dem IBM so früh gestartet war, daß es einen Bereich daraus hätte entwickeln und die Großrechner als Umsatzbringer hätte ablösen können, hatte IBM ihre strategischen Vorteile aufgegeben. Den Betriebssystem-Bereich hatte sie an Microsoft abgegeben und den Prozessorbereich an Intel. Allein 1993 verdienten die beiden Firmen hier fast zwei Milliarden Dollar. Den Anwender-Software-Bereich hatte IBM einer Unmenge von Firmen überlassen, einschließlich Microsoft. Das Geschäft bei den Workstations hatten Sun und ein paar andere Unternehmen gemacht. Der Markt für Laser-Drucker war an Hewlett-Packard gegangen, und der für Festplatten an Seagate und Conner. Diese Auflistung der vertanen Chancen ließe sich beliebig fortsetzen.

Als Akers im März 1993 ging, prahlte der PC-Bereich von IBM gerade mit der Wende, die er vollzogen hätte. Cannavino sagte, das hinter ihm liegende 4. Quartal sei das beste, das er je erlebt hätte, und in Anbetracht der eben erfolgenden Auslieferung rechne er für das 1. Quartal 1993 mit einer Steigerung von vierzig Prozent. Sein Bereich würde also im 1. Quartal wieder schwarze Zahlen schreiben. Natürlich legte er keinen gesteigerten Wert darauf zu erklären, daß der PC-Bereich in jenem glorreichen 4. Quartal, das ein Rekordergebnis gewesen war, auch Geld verloren hatte und eine vierzigprozentige Steigerung des Versands im 1. Quartal wohl kaum ausreichen würde, eine echte Steigerung der Umsätze zu bewirken, weil die Preise nach wie vor in einem katastrophalen Tempo fielen. Abgesehen davon sind Konkurrenten wie Compaq absolut überzeugt, daß bei der Analyse der Herstellungs-, Marketing- und Gemeinkosten jemand bei IBM böse manipuliert haben müsse, um für dieses Quartal überhaupt einen Gewinn ausweisen zu können.

Doch selbst wenn die Zahlen für den PC-Bereich von IBM gestimmt haben sollten, ist er ein Sektor, in dem IBM so schnell gewiß nichts wird erreichen können. Denn es dürfte doch sehr fraglich sein, ob eine PC-Firma wirklich eine Großrechner-Operation ersetzen kann, die sich pro Jahr an Gewinne von vier Milliarden Dollar gewöhnt und damit den Lebensstil von Gesamt-IBM finanziert hatte.

Als John F. Akers im Januar 1993 seinen Rücktritt erklärte, startete er damit einen Medienzirkus, der dem ohnehin angeschlagenen Ruf von IBM noch zusätzlich schadete. Nachdem sich die Suche nach einem neuen Boß zwei Monate lang hingezogen hatte, wehrten sich Personen mit prominenten Namen energisch, als mögliche Kandidaten für diesen Job auch nur genannt zu werden, der noch vor zehn Jahren als der begehrenswerteste der ganzen Geschäftswelt gegolten hatte. Diese Topleute waren der Meinung, die Position sei es nicht wert, das Risiko eines eventuellen Scheiterns einzugehen. Als der Verwaltungsrat sich für Lou Gerstner entschieden hatte, den Boß von RJR-Nabisco, wurde schnell klar, daß der nicht die erste Wahl gewesen war, auch wenn nur wenige gewußt haben, wie weit unten er in Wirklichkeit auf der Wunschliste gestanden hatte.

Burke, der Chef des ›Such- und Auswahl-Komitees‹, erzählte einem Freund, wie peinlich es ihm gewesen sei, Gerstner dem Verwaltungsrat vorzuschlagen. Burke sagte, er habe bei einigen Topleuten außerhalb der Computerindustrie, die er gut kannte, angeklopft – noch bevor Akers zugestimmt hätte, Platz zu machen –, doch die hätten ihm alle einen Korb gegeben. Dazu hätte auch Jack Welch gehört, der Boß von General Electric. Als er den Personalberatungsunternehmen für Führungskräfte im Januar 1993 zwei Monate Zeit gegeben hätte, einen neuen Boß für IBM zu finden, war Burke davon ausgegangen, daß sie in der Lage sein würden, einen Topmann aus der Branche zu präsentieren, der diese Chance nur zu gern ergreifen würde. Es hatte auch einige gegeben, doch mit Vorstellungen, die der Verwaltungsrat nicht hatte akzeptieren können. John Sculley, der CEO von Apple, hatte beispielsweise gefordert, Apple und IBM zusammenlegen zu dürfen, mit der Option, große Teile von IBM abstoßen zu können. Andere dagegen waren einfach nicht interessiert gewesen. So sei es gekommen, daß Burke Gerstner habe vorschlagen müssen, der im Grunde nur ein guter Unternehmensberater war.

Burke wollte allerdings dennoch der Welt weismachen, daß Gerstner eine ganze Menge über das Computergeschäft wisse, weil er immerhin während seiner Zeit bei American Express viele Großrechner gekauft habe. Das war, als hätte jemand behaupten wollen, Gerstner sei qualifiziert gewesen, RJR-Nabisco zu leiten, weil er schließlich Zigarren rauche. Außerdem wollte Burke den Leuten einreden, Gerstner sei der erste der Kandidaten gewesen, den er angerufen habe. Burke behauptete, Gerstner sei aus diesem Grund während der Suche unter dem Codenamen ›Abel‹ geführt worden. Tatsache ist jedoch, daß Gerstner Burke angerufen und sich um den Job beworben hatte. Burke hatte Gerstner nicht ausgesucht.

Das Such- und Auswahl-Komitee des Verwaltungsrats führte auch ein Gespräch mit Cannavino als einem der internen Kandidaten. Aber der hatte den hohen Herren in seiner großspurigen Art erst einmal vorgehalten, sie seien gar nicht qualifiziert, nach einem Nachfolger für Akers zu suchen, weil sie nicht genug über die Branche wüßten. Weiter hatte er ihnen erklärt, sie brauchten jemanden aus der Branche. Andere würden zweifellos sagen, sie könnten ja noch dazulernen, aber das sei, so meinte Cannavino, als ginge man wegen einer Gehirnoperation zu einem Arzt, der noch nie eine ausgeführt hatte. Dieser Arzt würde bestimmt sagen: »Machen Sie sich keine Sorgen, ich habe eine Menge gelesen über diese Art von Operationen.« Aber, so schloß Cannavino, er würde nie zu einem solchen Arzt gehen. Dann hatte Cannavino noch Witze darüber gemacht, wie gut es ihm doch zur Zeit ginge. Solange das Komitee nach einem Nachfolger suche, schaue ihm wenigstens kein Boß über die Schulter, und die Topmanager in den Stäben hätten so viel Angst, daß der Verwaltungsrat sich vielleicht für ihn entscheiden könne, daß sie ihn ebenfalls lieber in Ruhe ließen. Cannavino erklärte dem Verwaltungsrat in völligem Ernst, er solle sich mit seiner Entscheidung ruhig noch ein paar Jährchen Zeit lassen und alles gut durchdenken. Möglicherweise könne man ja einige der Kandidaten für eine Weile zu einer Schulung schicken. Und zum Abschluß stellte er es dem Verwaltungsrat noch anheim, ihm zu kündigen, und drohte mehr oder weniger deutlich mit einer Kündigung seinerseits, falls er mit der Wahl nicht einverstanden sei, die die Herren träfen.

Als Ende März 1993 endlich der Tag der ›Machtübernahme‹ von Lou Gerstner gekommen war, mußten diejenigen, die zu der Pressekonferenz eingeladen waren, an einem Schild mit der Aufschrift ›Transplantation Symposium‹ vorbeigehen, bevor sie den Ballsaal betreten konnten. Das bezog sich natürlich auf den Chirurgen-Kongreß, der nebenan stattfand, hätte aber auch ganz gut zu dem Ereignis gepaßt, zu dem IBM geladen hatte.

Akers geleitete Burke und Gerstner durch eine Seitentür herein, ehe er ein letztes Mal zum Podium marschierte, um sich dem kritischen Publikum zu stellen. Seine Miene wirkte wie versteinert, als er ein kurzes Statement ablas und dann Burke vorstellte, der seinerseits Gerstner vorstellte, den neuen Mann. Daraufhin ließ sich Akers auf einen Stuhl am Bühnenrand fallen, wo er auch während Gerstners kurzer

Ansprache und der Fragerunde sitzen blieb. Jedesmal, wenn Gerstner eine heikle Frage beantworten mußte, erlaubte sich Akers ein amüsiertes Lächeln.

Gerstner vermittelte ganz den Eindruck des abgebrühten Unternehmensberaters, der er ja einmal gewesen war. Sein Motto lautete: »Ich bin der neue Mann. Fragen Sie mich nicht, wo die Probleme liegen oder welche Lösungen ich habe. Ich kenne sie noch nicht, und ich weiß noch keine Lösungen.« Aber Gerstner sagte auch, er lerne schnell, und er versicherte den Zuhörern ausdrücklich, er habe auch den Mut, harte Schnitte zu machen. Mit anderen Worten: Gerstner signalisierte, IBM zu verändern. Den Anfang hatte er damit gemacht, daß er an diesem Tag ein blaues Hemd trug.

Als sie die Pressekonferenz verließen, gingen Akers und Gerstner in verschiedene Richtungen davon. Gerstner richtete sich in dem Eckbüro im dritten Stock des IBM-Gebäudes in Armonk ein, von dem aus er den Blick auf die alte Apfelplantage hatte. Akers dagegen zog in ein alleinstehendes Gebäude aus rotem Backstein um, das hinter dem Yachthafen von Stamford/Connecticut liegt. Dort hatte IBM ihm aus Gefälligkeit ein kleines Büro überlassen. Hier wollte er die letzten Tage bis zu seinem Ruhestand verbringen – als Berater von Gerstners Gnaden.

Der 51jährige Lou Gerstner ist ein cleverer Bursche aus Long Island, der seinen leichten New Yorker Akzent gar nicht zu verbergen sucht. Klein, untersetzt und mit rundem Gesicht, könnte er in jedem Film Danny DeVito spielen. Seine Eltern besuchten nie ein College, doch die vier Söhne machten sich alle einen Namen in der Geschäftswelt.

Gerstner, der in Dartmouth Maschinen- und Gerätebau studierte und die Harvard Business School als MBA verließ, war ein ganz heißer Kandidat für alles mögliche gewesen, seit er bei McKinsey eingestiegen war, einer Unternehmensberatungsfirma, bei der er sich schnell dadurch hervorgetan hatte, daß er riesige Mengen an Information in kürzester Zeit aufnahm, um dann augenblicklich zu erkennen, wo das Problem des jeweiligen Unternehmens lag.

Nach fünf Jahren wurde er zum Partner ernannt. Das war

fast eine Rekordzeit, danach wurde er der jüngste Seniorpartner in der Geschichte dieser bedeutenden Firma.

Nachdem Gerstner zu American Express gegangen und dort Leiter des Kreditkartenbereichs geworden war, hatte er sich dadurch hervorgetan, daß er Branchenfremde für die Top-Positionen geholt hatte, und das, obwohl American Express – wie IBM auch – darauf fixiert gewesen war, sich seine Topleute selbst heranzuziehen, und die Manager, die Gerstner engagiert hatte, die ganze Hierarchie bei AMEX durcheinandergebracht hatten.

Selbst die Sprachregelungen bei American Express und IBM ähneln einander. Bei IBM sagte man von den Mitarbeitern mit den besten Bewertungen und den aussichtsreichsten Beförderungen, sie ›gingen auf Wasser‹, und bei American Express wurden diese Leute ›Wassergeher‹ genannt. Gerstner war dafür bekannt geworden, daß er Werbung ausgesprochen aggressiv einsetzte, um einem Markennamen neuen Auftrieb zu geben. Er war auch derjenige, der der American-Express-Karte durch geschickte Strategien zu Prestige verholfen hatte.

Bei American Express war Lou Gerstner als zutiefst religiöser Mensch bekannt gewesen. Sobald er in einem Hotel eingecheckt hatte, ließ er sich zuerst den Weg zur nächsten katholischen Kirche zeigen. Als einmal einige Leute bei American Express beschlossen hatten, anläßlich des vierzigsten Geburtstages eines Managerkollegen eine Stripperin zu engagieren, war Gerstner der einzige gewesen, dem das ausgesprochen unangenehm zu sein schien. Er hatte den ganzen Abend in einer Ecke gesessen und finster vor sich hin gestarrt. Das, woran sich die Leute bei American Express am lebhaftesten erinnern, ist freilich die Tatsache, daß er ›Management durch Einschüchterung‹ betrieb, vor allem zu Beginn seiner dortigen Amtszeit. Durch die geschlossene Tür seines Büros hatte man ihn oft genug brüllen hören können: »Das ist das Dümmste, was ich jemals gehört habe! Sie sind ein Idiot! Raus hier!« Und wenn die Mitarbeiter im Flur die Nerven hatten, noch eine Sekunde stehen zu bleiben, konnten sie sehen, wie irgendein Angestellter mit hochrotem Kopf aus Gerstners Büro förmlich herausschoß.

Einer seiner Untergebenen erzählt, den meisten Leuten hätten buchstäblich die Knie geschlottert und die Hände gezittert, sobald Gerstner einen Raum betreten hätte. Ein anderer hatte einmal in letzter Minute für Gerstner und einige andere Topleute in einem ausgezeichneten Restaurant in Tokio ein Abendessen arrangiert. Doch dann hätte er erleben müssen, daß Gerstner, der auf einer Plattform saß, wo jeder der Anwesenden ihn beobachten konnte, sein Essen nicht einmal anrührte. Später stellte sich dann – zur großen Erleichterung dieses Mannes – heraus, daß Gerstner japanisches Essen einfach nicht mochte und den Organisator keineswegs dafür verantwortlich machte, das nicht gewußt zu haben. Allerdings hatte die Hälfte der Geladenen das Essen dann ebenfalls nicht angerührt, weil die Manager annahmen, Gerstner sei sauer auf sie und äße deshalb nichts.

Nachdem Gerstner zu RJR-Nabisco weitergezogen war, hatte er umgehend unter Beweis gestellt, daß er sich nicht vor Einsparungen – welcher Art auch immer – scheute, um die riesigen Forderungen des *leveraged buyout* abzutragen. Außerdem hatte Gerstner ein ausgesprochen gutes Gespür für Timing gezeigt. Er nahm den IBM-Job rechtzeitig vor jenem Tag an, der in die Firmengeschichte von RJR-Nabisco als der ›Marlboro-Freitag‹ einging. Das war der Freitag, an dem der RJR-Konkurrent Philip Morris die Preise für seinen Marktführer Marlboro gesenkt hatte.

Damit begann ein Preiskrieg, in dem RJR seine Zigarettenpreise laufend senken mußte, was die Aktienkurse in den Keller fallen ließ.

Gerstner hatte jedoch zu diesem Zeitpunkt seine Verhandlungen mit dem IBM-Verwaltungsrat bereits abgeschlossen, und der sicherte ihm fünf Millionen Dollar als Ausgleich für seine Option auf die RJR-Aktien zu, auf die er würde verzichten müssen, um zu IBM zu gehen. Optionen, deren Wert um wenigstens eine Million Dollar niedriger gewesen wäre, hätte man ihn nach dem Marlboro-Freitag errechnet und nicht vorher. Außerdem ließ sich Gerstner von IBM garantieren, daß die ihm die Differenz ersetzen mußte, falls die RJR-Aktien, die er bereits besaß, unter einen bestimmten Wert fallen würden – eine Garantie, die Gerstner Mitte 1993 wahrscheinlich noch einmal acht Millionen Dollar eingebracht haben mag.

In seinen ersten Tagen bei IBM unternahm Lou Gerstner gleich einige sehr entschlossene Schritte in die richtige Richtung. Er löste das Management-Komitee auf, indem er erklärte, er glaube nicht an dessen Effektivität. Außerdem ordnete er an, daß bei Präsentationen keine Folien mehr eingesetzt werden durften. Er versuchte es zumindest. Eine ganze Weile wußten die Topmanager nicht mehr, was sie tun sollten. Sie konnten ohne ihre Folien kaum ein Wort herausbringen. Doch Gerstner hatte gefordert, wenn jemand etwas zu sagen habe, dann solle er das einfach tun.

Gerstner sorgte generell dafür, daß IBM-Konferenzen nicht mehr so formell abliefen. Typisch für ihn ist, daß er in einen Konferenzsaal hineinplatzt, in dem sich alle schon versammelt hatten, und – ohne irgendwelche Höflichkeitsfloskeln – direkt zur Sache kommt. Er stellt kurze, kritische, fast unverschämte Fragen. Dann faßt er alles in vielleicht 15 Minuten zusammen und schließt die Sitzung. Bei dem etwas förmlicheren Akers hätte dieselbe Konferenz vermutlich anderthalb Stunden gedauert. Im Gegensatz zu Akers, der sein Büro durch einen Privateingang erreichte, einen Privataufzug benutzte und deshalb in der Firmenzentrale kaum einmal von jemandem auf den Fluren gesehen worden war, begann Gerstner überall herumzulaufen, schaute auch schon mal in ein Büro, um festzustellen, welche Fortschritte die Leute bei den Aufgaben machten, die er ihnen zugeteilt hatte. Gerstner begann auch E-Mail einzusetzen, um mit seinen Untergebenen zu kommunizieren, und er machte es sich zur Gewohnheit, sich dabei nicht an die Firmenhierarchie zu halten. Er suchte immer herauszufinden, wer mit einem bestimmten Projekt betraut war, und rief denjenigen direkt an, auch wenn der fünf oder sechs Rangstufen unter ihm stand. So bekam er bald auch E-Mails von Mitarbeitern am unteren Ende der Karriereleiter, die ihm von Problemen berichteten, die früher, wenn sie den Gang durch die Instanzen erst einmal hinter sich gebracht hätten, bestenfalls als formelle Memos auf seinem Schreibtisch gelandet wären.

Beispielsweise erfuhr er so von einem Versuch, die Software für Großrechnerbetriebssysteme für einen bestimmten Kundenkreis leichter erschwinglich zu machen. Dabei war es um Kunden gegangen, die deshalb keine Großrechner kauften, weil diese Software zu teuer war. Der Versuch war gescheitert, weil große Teile des US-Außendienstes und viele Produktentwicklungsgruppen sich gesagt hatten, diese Preissenkung schade mit Sicherheit ihrer Rentabilität. Doch kaum hatte Gerstner von diesem Plan gehört, rief er die Managerin an, die die Anregung gegeben hatte, aber - weil zu tief unten in der Hierarchie - abgeblitzt war, sagte ihr, sie solle den Standardprozeß einfach ignorieren, um die Erlaubnis zu einer solchen Preissenkung zu ersuchen. Er selbst werde dafür sorgen, daß sie ein Okay bekäme, und er hielt Wort.

Mitte Mai 1993 erfuhr Gerstner durch E-Mail, daß die Festplattenabteilung von IBM davon ausginge, Hitachi - ihr größter Konkurrent - werde am 25. Mai einige neue Produkte vorstellen. Daraufhin wandte er sich - ebenfalls per E-Mail - an die Festplattenabteilung und fragte an, wann denn die neuen Maschinen, die IBM in Arbeit habe, vorgestellt werden würden. Die Antwort war: am 2. Juni. Gerstner schlug vor, die Festplattenabteilung solle ihre Präsentation früher ansetzen, um Hitachi zuvorzukommen. Daraufhin hatte er sich sagen lassen müssen, das sei unmöglich. Als er nach dem Grund fragte, erklärte man ihm, die Festplattenabteilung stelle ihre neuen Produkte grundsätzlich am ersten oder dritten Dienstag eines Monats vor. Warum? Weil es immer so gemacht worden sei. Gerstner sorgte dann dafür, daß die IBM-Präsentation vor der von Hitachi stattfand.

Gerstner begann dann auch Branchenfremde zu holen, genau so, wie er es auch bei American Express gemacht hatte. Tatsächlich hatte er das bereits am Tag seiner ersten IBM-Pressekonferenz getan, obwohl er erst zwei Tage später offiziell sein Amt angetreten hatte. Bereits bei dieser Konferenz war Lou Gerstners langjähriger Public-Relations-Berater Dave Kalis anwesend gewesen und hatte sich einigen Leuten als einer der IBM-Vizepräsidenten vorgestellt. Und innerhalb eines Monats hatte Gerstner sich einen typischen Silicon-Valley-Unternehmer geholt, der den Boß der Festplattenabteilung ablöste. Das war – sieht man von Gerstners eigener Berufung ab – die am höchsten angesiedelte Position, die in der Firmengeschichte von IBM je mit einem Außenseiter besetzt worden war. Von da an hatte Gerstner noch weitere Leute von draußen geholt, zum Beispiel den neuen Finanzchef und den neuen Personalchef. Das wird sich zweifellos noch fortsetzen und IBM eine Menge frischen Wind bescheren.

Gerstner wird vermutlich versuchen, den Markennamen IBM wieder aufzupolieren, wie es ihm bei American Express mit der Karte gelungen war. Genauso hatte es Burke bei Johnson & Johnson praktiziert, als er die Betonung auf Publikumswerbung gelegt hatte. Das wird allerdings schwieriger zu bewerkstelligen sein, als eine Konferenz gestraffter zu gestalten. IBM hat zwar immer noch einen guten Namen, doch der hat viel von seinem einstigen Glanz verloren, und die Produkte von IBM haben heute nur noch Gattungscharakter, die sich hauptsächlich über den Preis verkaufen. Auch wenn es Gerstner gelungen ist, der American-Express-Karte Prestige zu verleihen, heißt das nicht, daß er auch bei IBM Erfolg haben muß.

Bald nachdem er American Express verlassen hatte, sorgten die Bonus-Karten von Visa, MasterCard und anderer Firmen dafür, daß die American-Express-Karte nur noch ein Gebrauchsgegenstand war.

Kaum war die geheimnisvolle Aura geschwunden, die Gerstner aufgebaut hatte, erlebte American Express sein eigenes Vorstandsdebakel: Nach wiederholten Umsturzversuchen mußte sein Boß Jim Robinson gehen.

Bei RJR-Nabisco hatte Lou Gerstner es nicht geschafft, den Zigarettenmarkt davor zu bewahren, ebenfalls zu einem Gattungsbegriff zu werden, in dem nur noch der Preis zählte und ein toller Markenname wie RJR keine Rolle mehr spielte.

Um die IBM-Unternehmensphilosophie radikal zu verändern und die Entscheidungsprozesse zu beschleunigen, wird Gerstner mehr tun müssen, als nur die Benutzung von Folien zu verbieten. Diese Philosophie ist so stark, daß Gerstner es hinnehmen mußte, als seine Topleute bei einer Konferenz, in der sie die Stärken und Schwächen ihrer Bereiche darlegen sollten, offen rebellierten. Sie mißachteten das Verbot, das er gegen Folien ausgesprochen hatte, und behaupteten, ohne Folien gar nichts erklären zu können. Und so hatten sie ihre gesamten Stäbe darangesetzt, die von Gerstner angeordneten ›kurzen‹ Präsentationen vorzubereiten, und am Ende mit dem immer üblich gewesenen Stapel dagestanden – zehn Folien, die benutzt werden sollten, zehn weitere für den Fall, daß Gerstner eine Frage dazu hätte, und dann noch einmal zehn, falls sich weitere Fragen ergäben.

Da der grobe Rahmen von Akers' Dezentralisationsbemühungen recht sinnvoll war, wird Gerstner vermutlich versuchen, Akers' Pläne weiter zu verfolgen, schon deshalb, weil Burke – der Leiter des ›Such- und Auswahlkomitees‹ – ein Anhänger der Dezentralisation ist. Ferner hat Gerstner keinen umfassenden Überblick über die Computerindustrie, weshalb er vermutlich auch deshalb engagiert wurde, um IBM wie eine Art Dachgesellschaft für verschiedene Bereiche zu leiten – mehr wie eine Art General Electric mit ihrer breiten Produktpalette, die von der einfachen Glühlampe bis zu Motoren für Düsenjets reicht, als den Firmenverbund, der IBM in der Vergangenheit gewesen war.

Gerstner hat keine besondere Erfahrung in der Computerindustrie, sieht man einmal von der Tatsache ab, daß er – im Gegensatz zu Akers – einen benutzt.

Als Gerstner bei der Pressekonferenz anläßlich seiner Amtseinführung gefragt worden war, welche Computermarke er denn benutze, hatte er geantwortet, er besitze einen Laptop, doch bei der Marke müsse er passen. Ganz offensichtlich sagen ihm Markennamen bei Laptops gar nichts.

Also wird Gerstner wohl nur die Dogmen der Unternehmensberater bei IBM anwenden können. Daß der Verwaltungsrat sich für ihn entschieden hat, weist darauf hin, daß man kaum daran glaubt, IBM wieder zu dem machen zu können, was sie durch die Hinwendung zu den Computern in den fünfziger Jahren, durch die 360er Großrechnerlinie in den sechziger Jahren und für eine kurze Zeit zu Anfang der Achtziger durch den PC gewesen war. Ohne diese große

Vision und ohne ein neues Produkt, das einen wirklichen Durchbruch schaffen könnte, dürfte Gerstner nur seine Zeit vertrödeln.

Die IBM der Zukunft wird möglicherweise profitabel, aber nie mehr so bedeutsam sein und die gesamte Computerindustrie und die Weltwirtschaft derartig dominieren wie in den vergangenen achtzig Jahren.

16. Kapitel

Als Madge Barnett wieder zu sich kam, lag sie in einer großen Blutlache auf dem Fußboden einer Toilette der IBM-Niederlassung in Charlotte/North Carolina. Das war im Dezember 1990. Ein Heer von Sanitätern, das um sie herumhockte, war dabei, ihre Handgelenke zu bandagieren, aber es fiel ihr beim besten Willen nicht ein, wie sie hierhergekommen war. Ganz allmählich dämmerte es ihr dann. Sie erinnerte sich, wie sie während der vergangenen Jahre gekämpft hatte, ihr Selbstbewußtsein wiederzugewinnen, nachdem ihr Boß ihr erklärt hatte, sie entspreche nicht mehr den Normen der Firma, und sie bedrängt hatte, IBM zu verlassen. Madge Barnett erinnerte sich auch daran, wie sie diesen Kampf ganz allmählich verloren hatte, obwohl sie sich nicht ohne Grund für eine hervorragende Mitarbeiterin hielt, die allerdings mit einem miserablen Boß gestraft war. Jetzt spürte sie auch wieder den Schmerz, der ihren Körper nun schon seit einem Jahr schüttelte, seit dem Zeitpunkt nämlich, als ihr Selbstwertgefühl immer wieder von dem Gedanken unterminiert worden war, daß IBM – die Firma, an die sie glaubte – niemals unrecht haben könne, selbst wenn sie behauptete, sie sei inkompetent. Dann fiel Madge Barnett auch noch die E-Mail-Nachricht ein, die sie am Vormittag dieses Dezembertages von ihrem Vorgesetzten bekommen hatte: »Pünktlich um ein Uhr in meinem Büro.«

Da hatte sich Madge Barnett gesagt: Nun ist es soweit, ich werde gefeuert. Sie geriet in Panik. Als Ingenieurin für die Qualitätsprüfung der Schaltkarten zuständig, die in Charlotte hergestellt wurden, mußte sie häufig die Verpackung der Karten mit einer Rasierklinge öffnen. An diesem Tag hatte sie die in ihrem Wagen gelassen. Weil sie sich nicht vorstellen konnte, weiterzuleben, nachdem Mutter IBM sie als Versagerin abgestempelt hatte, war sie hinausgegangen auf einen der riesigen Parkplätze, die den achttausend Arbeitnehmern von Charlotte zur Verfügung standen, und hatte die Rasierklinge geholt. Dann hatte sie schnurstracks diese Toilette aufgesucht, um ihr Vorhaben durchzuführen, solange sie noch die Kraft dazu hatte. Aber an diesem Punkt verblaßte ihre Erinnerung. Die Sanitäter mußten ihr erzählen, daß sie sich die Pulsadern aufgeschlitzt und Glück gehabt hätte, von einer Kollegin gefunden worden zu sein, die rechtzeitig Hilfe geholt habe.

Im vorangegangenen Jahrzehnt war Madge Barnett eine Modell-Angestellte bei IBM gewesen. Sie glaubte vorbehaltlos an die Firma und hatte unzählige Preise für Vorschläge gewonnen, wie IBM bei der Herstellung der Steckkarten Geld sparen könne. Madge Barnett war ein solches Vorbild gewesen, daß sie Artikel für firmeninterne Magazine geschrieben und ihre Kollegen aufgefordert hatte, zum Beispiel das Qualitätsprogramm zu unterstützen, das vom Oberboß John F. Akers ins Leben gerufen worden war. »Qualität«, so hatte sie geschrieben, »sollte mehr als ein Schlagwort sein.« Doch 1989 hatte der Ärger mit ihrem direkten Vorgesetzten begonnen. Das war zu Beginn der gefährlichen Zeiten für Angestellte gewesen, weil damals auch die finanziellen Schwierigkeiten angefangen hatten. In früheren Jahren wären die Probleme, die Madge Barnett mit ihrem Boß gehabt hatte, kein Thema gewesen. IBM hätte in einem solchen Fall dafür gesorgt, daß eine ansonsten exzellente Angestellte in eine andere Abteilung versetzt, aber bestimmt nicht gefeuert worden wäre. 1989 jedoch schien das Motto vom ›Respekt vor dem einzelnen‹ kein Gewicht mehr zu haben.

Madge Barnett hatte sich 1989 beklagt, weil ihr Boß sie sexuell belästigt habe, und darum gebeten, daß jemand aus der Personalführung sich ihrer Sache annehmen solle. Das war nicht geschehen. Statt dessen, so sagt sie, sei sie zusammen mit dem besagten Boß in einen Konferenzsaal gesperrt worden, in dem sie die Probleme mit ihm gemeinsam hätte lösen sollen – ein wahrhaft schreckliches Erlebnis in Anbetracht der Machtposition, die dieser Mann hatte. Sie erzählt, ihr Boß habe ihr bei dieser Gelegenheit gesagt, er werde sie feuern lassen, weil sie einen solchen Wirbel gemacht habe. Nachdem es ihr hier nicht gelungen war, ihr Recht zu bekommen, hatte sich Madge Barnett – noch immer überzeugt, IBM täte immer das Richtige – an das Büro von Akers gewandt, also die sogenannte Politik der offenen Tür genutzt, die von Tom Watson sen. eingeführt worden war. Obwohl es normalerweise nur einem winzigen Prozentsatz von IBMlern gelang, die Entscheidung des jeweiligen Vorgesetzten durch das Topmanagement rückgängig machen zu lassen, hatte Akers' Büro in diesem Fall entschieden, Madge Barnett solle einem anderen Abteilungsleiter zugeteilt werden, und sie zudem noch für eine bestimmte Zeit freigestellt, damit sie einen Lehrauftrag an einem College erfüllen konnte. Doch die Politik der offenen Tür – bei IBM einst der sicherste Stützpfeiler für die Aufrechterhaltung des Respekts vor dem einzelnen – wurde längst nicht mehr so gehandhabt wie in den glücklicheren Zeiten. Madge Barnett erzählt, der Generalmanager der Niederlassung in Charlotte habe ihre Beurlaubung widerrufen und sie wieder demselben Manager zugeteilt, der sie belästigt hatte.

Dieser Mann hatte ihr dann gesagt, sie solle an die Westküste fliegen, um ein schweres Maschinenteil abzuholen, das angeblich dringend gebraucht wurde. Madge Barnett hatte zunächst einwenden wollen, der Hersteller könne es gewiß ebenso schnell schicken, habe dann aber ›wie ein guter Soldat‹ getan, was von ihr verlangt worden war. Als sie mit dem Maschinenteil im Kofferraum ihres Leihwagens zum Airport von San Francisco zurückgekommen sei, habe sie festgestellt, daß es sich in einer Ecke des Kofferraums verkantet hatte. Nachdem sie ein paar Minuten mit aller Kraft versucht hätte, das einhundert Pfund schwere Teil herauszuzerren, während die Autofahrer um sie herum zu hupen begannen, weil sie den Verkehr blockierte, war die fünfzigjährige zierliche Frau auf die Stoßstange des Wagens geklettert und hatte eine letzte Anstrengung unternommen. Zwar mit Erfolg, aber dabei hatte sie das Gleichgewicht verloren, war hintenüber gefallen, und das schwere Ding war ihr entglitten und mit voller Wucht auf ihrem linken Handgelenk gelandet. Durch die Anstrengung und den Sturz hatte sie sich auch noch Muskelrisse in der linken Schulter und an der Hüfte zugezogen.

Dieser Unfall im Jahr 1990 war der Beginn ihrer wirklichen Probleme gewesen.

Die Ärzte hatten gesagt, sie dürfe ihren alten Job nicht mehr ausüben, also sich keinesfalls mehr stundenlang mit einer Computertastatur herumschlagen. Madge Barnetts Bosse verweigerten ihr eine Versetzung. Es war auch nicht möglich, daß sie ihr bisheriges Arbeitstempo beibehielt, daher griffen ihre Vorgesetzten zu Disziplinarmaßnahmen. Sie hatten sie heruntergestuft und ihr einen Job zugeteilt, in dem sie nur noch Daten in einen Computer eingeben durfte, und das, obwohl sie wußten, daß sie ihre linke Hand kaum noch einsetzen konnte. Nachdem sie bei der Arbeit nicht mit ihren Kolleginnen hatte mithalten können, wurde ihr mit Entlassung gedroht. Madge Barnett bekam daraufhin auch noch psychische Probleme.

»Wenn einem jemand, den man so sehr respektiert wie ich IBM, sagt, man sei ein Nichtsnutz, dann glaubt man unterschwellig doch, daß etwas dran sein muß«, erzählt sie. »Ich kann hier sitzen und Ihnen erklären, eine großartige Arbeitskraft gewesen zu sein und nachweislich dafür gesorgt zu haben, daß die Firma Hunderttausende von Dollars spart. Doch das hilft einem nicht, wenn man mitten in der Nacht mit Magenkrämpfen aufwacht.«

Nachdem Madge Barnett sich im Dezember 1990 die Pulsadern aufgeschnitten hatte, sagten ihr die Ärzte, sie brauche einige Wochen Erholung. Ihre Bosse zwangen sie, für diese Zeit Urlaub einzureichen. Nachdem sie im Januar 1991 zurückgekehrt war, teilte man ihr mit, sie hätte eine Probezeit von 90 Tagen, weil sie zu langsam tippe. Außerdem erklärte man ihr in drohendem Unterton, Leute wie sie, die ihren Vorgesetzten das Leben derartig schwermachten, ›überlebten‹ diese Probezeit kaum.

»Ich sagte mir: Ich werde diese 90 Tage überstehen, und wenn es mich umbringt«, erzählt Madge Barnett. In dieser Zeit hatte sie auf dem Weg zur Arbeit zwei Autounfälle, eine Folge der Krämpfe, die ihre Rückenverletzung ausgelöst hatte. Doch sie war jeden Tag pünktlich angetreten und hatte die Probezeit überstanden, obwohl sie nur mit einer Hand hatte tippen können. Ein paar Wochen später, im April 1991, war sie aber dennoch gefeuert worden.

Seitdem hat Madge Barnett einen Arbeitsgerichtsprozeß gegen IBM gewonnen und eine Abfindung erstritten. (Die Anwälte von IBM dementierten natürlich, daß die Firma eine Verfehlung begangen hätte.) Madge Barnett hatte in Erwägung gezogen, noch mehr Geld einzuklagen, war sich aber nicht sicher, das emotional durchstehen zu können. Sie gibt zu, daß sie seit ihrer Trennung von IBM ständig in psychiatrischer Behandlung ist und ihr Selbstvertrauen immer noch nicht wiedergefunden hat. Sie hat sogar noch einen zweiten Selbstmordversuch unternommen.

Ihre Tochter, zwanzig Jahre jung und blitzgescheit, darf dank zweier Stipendien in Europa internationales Recht studieren, leidet aber ebenfalls sehr unter den Problemen ihrer Mutter. Als Madge Barnett sie im Mai 1993 zum Flughafen brachte, um sie zu verabschieden, war die Tochter in Tränen ausgebrochen.

»Welchen Sinn hat das schon?« hatte sie gefragt. »Du hast nichts falsch gemacht, und trotzdem wurdest du von IBM so mies behandelt. Wer garantiert mir, daß mir so etwas nicht ebenfalls passiert, wie hart ich auch immer arbeite?«

Die ›Politik der offenen Tür‹ hatte – wie bereits erwähnt – noch Tom Watson sen. bei IBM eingeführt. Danach sollte die Tür des Vorstandsvorsitzenden allen Angestellten offenstehen. Watson selbst hatte sein Büro in Endicott/New York häufig genug durch die Hintertür verlassen und war in die Werkshallen gegangen, um sich ein Bild von der Stimmung zu machen und herauszufinden, was seine Arbeiter beschäftigte. Wenn irgend jemand das Gefühl hatte, es geschehe ihm Unrecht, dann hatte Watson das wissen wollen. Häufig hatte er die Betroffenen in sein Büro geholt, um über deren Probleme zu sprechen. Fast immer machte er die Entscheidungen seiner Manager rückgängig und stellte sich auf die Seite der einfachen Arbeiter. Die Politik der offenen Tür war so im Lauf der Jahre zu einem wichtigen Bestandteil der IBM-Unternehmensphilosophie geworden. Die Beschäftigten wußten: Was auch immer geschehen mochte, der oberste Boß brachte die Dinge schon wieder in Ordnung.

Doch Ende der achtziger und Anfang der neunziger Jahre hatten Mitarbeiter wie Madge Barnett erleben müssen, daß die Politik der offenen Tür zu einer reinen Farce geworden war. IBM war mittlerweile so groß geworden, daß die Klageschriften der Angestellten an den obersten Boß eine weitere Bürokratie erforderlich gemacht hatten. Diese Bürokratie (be-)urteilte, und der Vorstandsvorsitzende schloß sich diesem Urteil fast immer an. Nachdem die Zeiten schwerer geworden waren, gab diese Bürokratie fast immer den Managern recht. Bill Warner, ein ehemaliges Mitglied dieser neugeschaffenen Bürokratie, sagt, Mitte der achtziger Jahre sei klargeworden, daß sich da ein grundlegender Wandel vollzogen hätte. In früheren Zeiten galt der Arbeitnehmer so lange als unschuldig, bis man ihm eine Schuld nachweisen konnte. Man hatte ihm auch ein Mitglied des Untersuchungsausschusses zur Seite gestellt, das ihn unterstützte. Inzwischen, so erzählt Warner, wird der Arbeitnehmer jedoch von vornherein als schuldig angesehen. Selbst wenn der Vorstandsvorsitzende sich auf die Seite des Arbeitnehmers stellte, würde doch immer die Bürokratie den Sieg davontragen. Angestellte wie Madge Barnett haben es erlebt.

Ray Lillie, der seit 34 Jahren in einer IBM-Werkstatt in Lexington/Kentucky arbeitet, sagt, er habe 1989 einen dieser Beschwerdebriefe an Akers geschrieben und sich über seinen Vorgesetzten beklagt, der ihn aufgefordert hatte, in einem Bericht über die Qualität eines Produkts Daten zu fälschen, damit IBM keine Schwierigkeiten hatte, es außerhalb der USA zu verkaufen. Lillie verlangte, daß man das Verhalten dieses Managers überprüfte. Statt dessen hatte das Büro von Akers seinen Brief umgehend dem Manager zugefaxt. Der hatte Lillie in sein Büro beordert und wissen wollen, weshalb er das getan habe. Lillie war kreidebleich geworden. Der Manager, der das Prozedere kannte, hatte dann gesagt, daß Lillies Beschwerde in jedem Fall eine Reaktion von Akers verlange, damit man die leidige Angelegenheit abschließen könne. Deshalb mußte Lillie anstelle von Akers etwas aufsetzen, was Akers dann an den Manager zurückschicken konnte. Natürlich verlangte dieser auch, daß Lillie in diesem für Akers abgefaßten Brief seine eigene Beschwerde ablehnte. Lillie schrieb daraufhin einen Brief, den sein Boß an Akers schickte. Und tatsächlich, Akers unterzeichnete ihn, ohne auch nur ein Wort zu verändern. In dem Brief stand, Akers hätte eine gründliche, unvoreingenommene Untersuchung durchgeführt und festgestellt, daß Lillies Behauptung jeder Grundlage entbehre. Der Brief endete mit den Worten: *»Das Management in Lexington fühlt sich der Aufrechterhaltung des Qualitätsstandards verpflichtet.«*

Lillie merkte genauso schnell wie Madge Barnett, daß Leute, die auf der Basis der ›Politik der offenen Tür‹ Beschwerdebriefe verfaßten, als Störenfriede betrachtet wurden, obwohl es angeblich keine Benachteiligungen geben sollte. Lillie erzählt, ein paar Monate nach der Beschwerdeaktion habe man ihm mitgeteilt, in der Bewertungsskala sei er von einer Zwei auf eine Vier abgerutscht. Außerdem habe man ihm erklärt, er sei auf dem besten Weg, gefeuert zu werden. Seine einzige Möglichkeit, diesem Schicksal zu entgehen, sei eine glatte Erpressung gewesen. Er drohte, wenn man ihn in der Bewertung zurückstufe, werde er dem oberen Management erzählen, daß er die Autos seiner direkten Vorgesetzten immer während der Arbeitszeit habe reparieren müssen. Und dann habe er sich schließlich gesagt, nachdem diese Drohung Wirkung gezeigt hatte, könne er nun sogar darauf bestehen, in der Bewertungsskala auf eine Eins angehoben zu werden.

Das Management als solches änderte sich ebenfalls. Hatten die IBM-Bosse – vor allem in den späteren Runden von Einsparungen – mit großer Wärme von der IBM-Arbeitnehmerschaft gesprochen, redeten heute einige von Erbsenzählern und Trotteln. Zum Beispiel war offen gesagt worden: »Es wird Zeit, eine weitere Neuorganisation zu starten, damit wir noch mehr von diesen Erbsenzählern und Trotteln loswerden.«

Die IBMler hatten das Gefühl, ständig beobachtet zu werden. Leute mit schwachen Bewertungen mußten nur vor ihre Bürotür schauen und sahen wochenlang zwei- bis dreimal täglich, wie jemand aus dem Personalbüro vorbeiging, nur um sie im Auge zu behalten. Bei Arbeitern, die nach

Stunden bezahlt wurden, standen nun plötzlich ständig Manager herum, die darüber wachten, daß sie die Stechuhr auch korrekt bedienten und nicht herumtrödelten. Eine Diskrepanz von fünf Minuten zwischen der echten Arbeitszeit und der eingestempelten reichte aus, um einen einfachen Arbeiter zu feuern. Dann mischten sich auch noch Sicherheitskräfte inkognito unter die Arbeitnehmer und paßten auf, daß niemand irgendwelche Geräte beschädigte.

Das Gefühl, eine große Familie zu sein, das einst ein so wichtiger Bestandteil der Unternehmensphilosophie gewesen war, gab es nicht mehr. IBM hatte die Weihnachtsfeiern gestrichen, zu denen früher die ganze Familie mitgebracht werden durfte. Der im Sommer abgehaltene Familientag wurde abgeschafft. Die in den einzelnen Niederlassungen alljährlich stattfindenden Dinnerpartys zu Ehren der Mitarbeiter, die seit 25 Jahren dabei waren, wurden nur noch alle zwei Jahre abgehalten. IBM zahlte auch den Weihnachtsbonus von einigen hundert Dollar nicht mehr, den die meisten Arbeiter und Angestellten der unteren Gehaltsebene als Pauschalabgeltung für geleistete Überstunden bekommen hatten, der aber in Wirklichkeit gedacht gewesen war, ihnen den Weihnachtseinkauf zu erleichtern. Das Personalbüro hatte sogar Ausstandspartys verboten, weil es verhindern wollte, daß sich die Zurückbleibenden mit denen solidarisierten, die man gefeuert hatte.

In der Vergangenheit hatte IBM ganze Familienverbände eingestellt und ihnen geholfen, das Gemeinschaftsgefühl zu stärken. Anfang der neunziger Jahre begann IBM, Familien auseinanderzureißen. Die Jüngeren saßen am Eßtisch und erklärten den Älteren, die Firma müsse dringend Änderungen vornehmen. Viele frustrierte das so sehr, daß sie kündigten. Die älteren Familienmitglieder schwärmten von der guten alten Zeit und behaupteten, IBM sei schon ganz in Ordnung, wenn sie nur wieder zu ihren traditionellen Werten zurückkehre, wie zum Beispiel dem Respekt vor dem einzelnen. Die älteren IBMler versuchten nur noch, die Zeit zu überstehen, bis sie – mit 55 Jahren – Anspruch auf eine Pension hatten.

Ein früherer Angestellter, der im Außendienst war, erzählt, in den achtziger Jahren wären noch neun weitere Mitglieder seiner Familie bei IBM gewesen, doch Anfang der Neunziger habe IBM etlichen von ihnen den Laufpaß gegeben. Seine Frau beispielsweise habe eine derartig schlimme Migräne bekommen, nachdem ihr Boß ihr eine Kündigung nahegelegt hatte, daß sie sich einer Computertomographie habe unterziehen müssen und heute in psychiatrischer Behandlung sei. Der Exangestellte erzählt, er hätte jedes Selbstwertgefühl verloren, nachdem er ähnlich schlecht behandelt worden sei. »IBM hätte so etwas früher niemals getan«, sagt er. »Man ging hin, um sich wohl zu fühlen, heute bekommt man Depressionen.« Selbst diejenigen Familienmitglieder, denen man keine Kündigung empfohlen hatte, hätten die Firma inzwischen verärgert verlassen. Heute arbeitet nur noch einer von den ehemals zehn bei IBM.

Früher hatte IBM alles getan, um auch den Ehefrauen oder Ehemännern eines an einen anderen Ort versetzten Angestellten die Umstellung zu erleichtern, doch Anfang der neunziger Jahre mußte jemand, der versetzt worden war, unter Umständen bis zu anderthalb Jahre warten, bis auch der Ehepartner in der neuen Niederlassung einen Job bekam. Einem Mitarbeiter im Rechnungswesen in Tarrytown/New York, der an den Rollstuhl gefesselt ist, wurde erklärt, wenn er bei der Firma bleiben wolle, müsse er einen Fließbandjob in San José/Kalifornien annehmen. Lee Conrad, der Vorsitzende von IBM *Workers United* – einer Vereinigung unzufriedener IBMler –, erzählt, einem Techniker mit 25jähriger Erfahrung sei gesagt worden, der einzige Job, den man ihm noch geben könne, sei in der Poststelle.

Viele Angestellte hatten die Nase voll. Conrad erzählt, ein hochdekorierter Mitarbeiter habe einmal all seine Preise in einen Karton gepackt und ihn mit einem Zettel, auf dem stand *»Ich hoffe, Sie können nachts schlafen«* an seinen Vorgesetzten geschickt. Danach sei er freiwillig gegangen. Ein anderer hatte bei einer anonymen Fragebogenaktion, in der es um die Arbeitsmoral ging, geschrieben: *»Ja, meine Arbeitsmoral ist gering.«* Ein anderer hatte die Frage nach dem hehren IBM-Ziel, den Respekt für den einzelnen aufrechtzuerhalten, mit einer Gegenfrage beantwortet. *»Welchen Respekt meinen Sie?«* Er beschwerte sich über ein Umfeld, in dem es hieß *»alles ist möglich«*, in dem aber ganz normaler Anstand und ganz normale Geschäftsgrundsätze nichts mehr zu bedeuten schienen. *»IBM«*, so hatte er geschrieben, *»ist eine sehr wankelmütige Firma, die öffentlich große Versprechungen abgibt, von Respekt, Ehrlichkeit und Feingefühl spricht, aber auf den unteren Ebenen Unterdrückung und Diskriminierung praktiziert. Es ist schlicht unpassend, die Erwartungen der Angestellten heben zu wollen, wo das Personalmanagement doch immer nur auf den Leuten herumtrampelt.«*

Ein IBM-Angestellter aus Gaithersburg/Maryland schrieb einen anonymen Brief an das Topmanagement, in dem zu lesen stand: *»Wir IBMler sind Verlierer, und wir wissen es.«* Weiter schrieb er, wenn er Freunden erzähle, wo er arbeite, schauten sie ihn an, als käme er aus einer ›Lepra-Kolonie‹. Er teilte mit, in Gaithersburg gäbe es kaum noch etwas zu tun, und wunderte sich, wie der zuständige Vizepräsident behaupten konnte, es wäre alles in Ordnung. *»Er sollte sich eine Fensterscheibe in seinen Bauchnabel implantieren lassen, damit er sieht, wohin er tritt«*, schrieb der Mann, *»weil sein Kopf so tief gerutscht sein muß, daß er auf normale Weise gar nichts mehr sehen kann. Wie kann er nur behaupten, alles sei okay?«* Der Brief schloß: *»Verstehen Sie mich nicht falsch. Ihr Geld ist so gut wie das jeder anderen Firma, und solange ich kein besseres Angebot habe oder in den Ruhestand gehen kann, werde ich meine fünf Stunden pro Tag abreißen, bevor ich nach Hause gehe.«*

True Blue, ein Untergrund-Mitteilungsblatt, das Anfang der neunziger Jahre ins Leben gerufen wurde, als die Arbeitsmoral ihren Tiefpunkt erreicht hatte, beklagte sich über die Unehrlichkeit des Topmanagements. *»Bitte, bitte«*, hieß es dort, *»unternehmt alles zur Gesundschrumpfung, baut Arbeitsplätze ab, wo es nötig ist. Aber verkauft uns nicht für dumm und beleidigt uns, indem ihr sagt, diese Arbeitnehmerschaft, vom Topmanagement immer als ›Elite‹ bezeichnet, bestünde plötzlich nur noch aus inkompetenten Idioten.*

Gebt einfach zu, daß die Firma in Schwierigkeiten ist, daß Veränderungen erforderlich sind.«

Einige Ex-IBMler begannen sogar T-Shirts zu verkaufen, auf denen der Schriftzug von IBM als *»I've Been Misled«* (Ich bin getäuscht worden) dargestellt wurde.

Bei IBM hatte sich bis zum Anfang der neunziger Jahre so viel verändert, daß langjährige Mitarbeiter sie kaum noch wiedererkannten und Außenstehende meinten, sie spiele keine Rolle mehr. Sam Albert, der 32 Jahre bei IBM war und heute als unabhängiger Unternehmensberater tätig ist, berichtet, wenn er in seiner Anfangszeit bei einer Cocktailparty erzählte, er arbeite dort, hätten die Leute ihn immer gleich zum Mittagessen eingeladen. Doch als er 1992 bei einer Beraterkonferenz erklärte, er bestreite seinen Lebensunterhalt damit, kleinen Firmen zu helfen, eine Partnerschaft mit IBM einzugehen, habe eine Frau ihn gefragt: »Wer will denn noch eine Partnerschaft mit IBM?«

Albert: »Erst da begriff ich, wie alles sich verändert hat. Ich dachte, vielleicht sollte ich meine Worte revidieren und sagen: ›Ich war 32 Jahre bei einer großen Computerfirma.‹«

Doch selbst diejenigen, die IBM verließen, taten es nicht leichten Herzens, auch wenn es ihnen gutgegangen war und sie irgendwo anders einen guten Job gefunden hatten. Diese Wechsel waren nicht mit denen vergleichbar, die Leute nach ein paar Jahren in einer Firma anstrebten, weil sie weiterkommen und die Welt kennenlernen wollten. Die meisten derer, die jetzt gingen, waren seit ihrer Collegezeit bei IBM gewesen. Sie hatten in IBM-Städten gelebt und nur mit anderen IBMlern Umgang gepflegt. Ihre ganze Identität beruhte auf der Tatsache, daß sie IBMler waren. Don Estridge hatte einst auf Millionen von Dollar verzichtet, als er es Mitte der achtziger Jahre abgelehnt hatte, Apple zu leiten, nur weil er stolz darauf war zu sagen: »Ich bin bei IBM.« Tausende anderer IBMler hätten dieselbe Entscheidung getroffen. Diejenigen, die gingen, sagen, sie hätten das Gefühl gehabt, aus ihren Häusern geworfen worden zu sein oder eine schmerzliche Scheidung hinter sich zu haben.

Jim Ballasone, der einen Job in der Marketingleitung von IBM aufgab und als Vizepräsident zum IBM-Großrechner-

Konkurrenten Hitachi Data Systems ging, sagt, bevor er die Firma habe verlassen können, habe IBM ihm und seiner Familie eine Verhaltenstherapie angeboten, denn niemand aus seiner Familie habe den Gedanken ertragen können, wegzugehen. Man habe ihnen mühsam beibringen müssen, daß sie sich selbst nicht nur als IBMler und eine IBM-Familie betrachten dürften. Ballasone erzählt, der Therapeut habe ihm immer wieder eingehämmert, zu sagen: »Ich bin nicht mein Job.«

Einige der IBMler, die man entlassen hatte, waren damit nicht zurechtgekommen und hatten durchgedreht.

John Dean Kelder beispielsweise, der in einem IBM-Labor gearbeitet hatte, war Anfang 1993 zum Haus seines früheren Bosses in einem Vorort von San José gefahren, hatte zwei Benzinkanister aus dem Kofferraum seines Wagens geholt, den Inhalt vor dem Haus ausgeschüttet, ein Streichholz angezündet, es in die Benzinpfütze geworfen, war zurückgesprungen, zu seinem Auto gelaufen und zu dem nahe gelegenen IBM-Komplex gerast. Dort hatte er mit seinem roten Jaguar die Verglasung des Foyers durchbrochen und war aus dem Auto gesprungen, hatte noch mehr Benzinkanister herausgeholt, sie ziellos verteilt und ebenfalls entzündet. Danach war er wieder in sein Auto gesprungen, hatte zurückgesetzt, wobei ein Reifen geplatzt war, und war davongerast. Die Empfangsdame hatte die Polizei gerufen, die Kelder in der Nähe der IBM-Niederlassung hatte stellen können. Doch noch einmal war er entkommen, hatte – nun mit zwei platten Reifen – den Highway in Richtung San José erreicht. Erst nach etlichen Meilen war es der Polizei gelungen, ihn zu stoppen. Kelder war aus seinem völlig demolierten Jaguar gestiegen und hatte erklärt, die Sache in die eigenen Hände nehmen zu müssen, weil er es satt habe, sich von IBM derartig mies behandeln zu lassen.

Der Niedergang von IBM hat vermutlich mehr Menschen Schaden zugefügt, als es die Probleme irgendeiner anderen Firma in der Vergangenheit hätten bewirken können. Das beginnt bei den 140 000 IBMlern, deren Jobs im Lauf der letzten sieben Jahre wegrationalisiert wurden. Das entspricht sieben Microsofts, und das sind mehr Mitarbeiter, als die großen Firmen weltweit – sieht man einmal von den riesigen Konglomeraten ab – überhaupt beschäftigen. Doch diese 140 000 sind nur die Spitze des Eisbergs. Bezieht man Ehepartner und Kinder dieser 140 000 mit ein, waren 400 000 Menschen betroffen. Das entspricht in etwa der Einwohnerzahl von Pittsburgh. Ganze Städte wurden zu Geisterstädten, besonders im Hudson Valley.

IBM war nun einmal der größte Arbeitgeber in dieser Region, stellte zehnmal so viele Jobs wie der nächstgrößere Betrieb. Mitte der achtziger Jahre, als IBM noch gesund war, lag die Arbeitslosenrate hier bei drei Prozent, und angesichts eines Hauchs von Wohlstand hatten die Leute gemeint, sich in einer Art Zauberwald zu befinden und daß die Magier in Armonk schon alles Böse abwenden würden. Doch 1993 hatten sich die Arbeitslosenzahlen im Hudson Valley so gut wie verdoppelt, lagen nun bei sieben Prozent und steigen weiter.

IBM erklärte, man plane, sechstausend der noch verbliebenen 20 000 Jobs in diesem Gebiet einzusparen. Dieser Abbau wird die ganze Region treffen. Die Kaufkraft ist bereits so stark gesunken, daß viele kleinere Läden und Geschäfte dichtmachen mußten. Einige Grundstücksmakler wurden in den Bankrott getrieben, weil IBM plötzlich keinen Bedarf mehr hatte und einen Preisverfall auslöste, indem sie selbst leerstehende Fabriken und Bürogebäude auf den Markt warf.

Auch die Immobilienmakler klagen seit dem Augenblick, da IBM aufhörte, sein Personal ständig zu versetzen. Viele Schulen fragen sich, wie es weitergehen soll, sobald die Steuergelder von IBM ausbleiben. Wohltätigkeitsorganisationen, einst von IBM und ihren Beschäftigten großzügig unterstützt, wissen nicht, wie sie ohne diese Gelder ihre Hilfsprogramme aufrechterhalten sollen. Die Stimmung im Hudson Valley ist derart depressiv, daß die Bosse der dortigen IBM-Niederlassungen die Waffenhändler baten, für einen Tag ihre Geschäfte zu schließen, nachdem sie weitere Einsparungen hatten bekanntgeben müssen.

Die Zuspitzung der Lage hat auch all diejenigen getroffen, die in IBM-Aktien investiert hatten und mit ansehen mußten, wie der Börsenwert um 75 Milliarden Dollar sank. Das entspricht dem Bruttosozialprodukt von Schweden. Etwa die Hälfte dieser Summe war zwar aus den Taschen von Institutionen gekommen, doch die verwalten meist Pensionsfonds, weshalb ihre Verluste auch die Tausenden von Beschäftigten bei anderen Firmen in aller Welt sind, deren Pensionskassen nichts mehr hergeben. Die andere Hälfte der Summe hat die gut eine halbe Million von Privatanlegern verloren, die IBM für einen klassischen ›Witwen und Waisen‹-Fonds gehalten und in dem Glauben investiert hatten, damit ihren Ruhestand finanzieren zu können. Dazu kam, daß IBM 1993 begann, 1,5 Milliarden weniger Dividende auszuzahlen als in den Vorjahren.

Charles Kowal legte sein Geld in IBM-Aktien an, weil er auf eine Anzahlung für ein Häuschen in Florida sparte, das er nach seiner Pensionierung beziehen wollte. Der Frührentner – ein Hersteller von Sportbekleidung – besuchte während der vergangenen Jahre zweimal jährlich seine Eltern in Florida und schaute sich dabei stets nach einem Bootshaus mit Blick auf den Atlantik um. Er freute sich schon darauf, morgens immer schwimmen gehen zu können, einen Fitneßclub zu besuchen und in der Bibliothek zu schmökern. Aber dann rutschte der Aktienwert von IBM 1992 und 1993 so stark ab, daß alle seine Träume wie Seifenblasen zerplatzten. Er verlor seine 30 000 Dollar und konnte die Anzahlung nicht mehr leisten.

»Für mich war IBM das beste aller Wertpapiere«, sagt Kowal, »jetzt ist es nur noch Makulatur.«

Mary Doty, 76 Jahre alt und Großmutter, investierte in IBM-Aktien, »weil ich immer glaubte, wenn man Aktien von IBM und General Motors besitzt, hat man wirklich Geld. Ich dachte, die Welt könnte untergehen, aber IBM würde immer bestehen.«

Als Sally Smith aus New York ihrem Sohn 1992 Geld anbot, damit er etwas für die Ausbildung seines Sohnes zurücklegen konnte, erklärte sie ihm, dieses Geschenk beinhalte eine gute und eine schlechte Nachricht. Die gute Nachricht sei, daß sie ihm das Geld geben wolle, die schlechte, daß es in IBM-Aktien angelegt sei.

Tom Watson jun. wurde 1914 geboren, in dem Jahr, als sein Vater IBM übernommen hatte, ist also genauso alt wie die Firma. Er hat die harten Anfangsjahre seines Vaters miterlebt und sah dann, noch als kleiner Junge, wie sein Vater der Firma zu Macht und Ansehen verhalf. Nach einer persönlichen Identitätskrise hatte er sein Selbstbewußtsein wiedergewonnen, das Unternehmen übernommen, es in den fünfziger Jahren ins Computerzeitalter geführt und in den sechziger Jahren noch den Siegeszug der revolutionären 360er Großrechner begleitet. Als er Anfang der siebziger Jahre zurücktrat, war IBM eine der führenden Firmen in der Wirtschaftsgeschichte. Inzwischen hat ›Klein Tom‹ nur noch wenig mit dem Unternehmen zu tun, das ihm so viel verdankt. An dem Tag, als John Akers seinen Rücktritt als Vorstandsvorsitzender verkündete, war Tom Watson nicht zu erreichen gewesen. Er war an Bord seiner Segelyacht, kreuzte irgendwo vor der Küste der Halbinsel Yucatán. Heute steigt er lieber in sein Privatflugzeug, statt irgend jemanden in der Firmenzentrale in Armonk aufzusuchen, wie er es früher gern tat. Dennoch leidet er darunter, IBM während seiner letzten Lebensjahre in einem so schlimmen Zustand erleben zu müssen. Er hat sich nie eingemischt, weil er den IBM-Managern nicht ins Handwerk pfuschen wollte. Doch Ende 1992 brach er in einem Interview mit *The Wall Street Journal* doch sein Schweigen.

»Wenn man mit ansehen muß, wie etwas, das man liebt, Schwierigkeiten hat, dann wird man schon sehr traurig«, sagte Watson. »Ich vertraue fest darauf, daß sie es schaffen werden, da wieder herauszukommen. Doch bis es soweit ist, wird es für einen alten Mann wie mich schon sehr schwer, zuzuschauen.«

Namenregister

A
Akers, John F. (Vorstandsvorsitzender von IBM) 37, 47, 87, 124, 127, 165 ff., 181, 202, 222 ff., 236 ff., 249, 260, 291, 302 ff., 318, 322, 326, 328, 333, 335, 337 f., 351, 353 ff., 360, 363 f., 378 ff., 393 ff., 406 ff., 422 ff., 435 ff., 443 ff., 451 f., 465, 475 ff., 481, 486, 492 ff., 505 ff., 520, 523, 527 f., 536
Akers, Mary Joan Reed 223
Albert, Sam 8, 124, 532
Allen, Paul (Microsoft) 25 ff., 43
Alsop, Stewart (Redakteur) 125
Armstrong, Mike 126 ff., 142 ff., 156, 169 ff., 178 ff., 200, 207, 397, 400 f., 403

B
Ballmer, Steve (Microsoft) 22, 30 ff., 43, 54 ff., 130, 138 f., 147 f., 153 ff., 166 ff., 172, 264 f., 271 f., 278, 281, 314, 316, 342, 344, 347 ff., 381, 406, 412, 422
Barnett, Madge 522 ff.
Bechtel, Steve 493
Bechtolsheim, Andy (Sun) 297
Beitzel, Spike (IBM) 290
Belove, Ed (Lotus) 206
Berland, Bob 337 ff.
Bertram, ›Blackjack‹ 256, 287 ff., 300
Birnbaum, Joel 310
Brasi, Luca (Mafia) 33, 276
Briney, Winnie 415
Burke, Jim 493 ff., 506 f., 512 ff., 519 f.

C
Canion, Rod (Compaq-Boß) 208 ff., 215 ff., 464
Cannavino, Jim 246 ff., 269 f., 273, 275 ff., 280 ff., 306, 313 ff., 329, 331 f., 334 ff., 340 ff., 351 ff., 358 f., 361 f., 369 ff., 373 ff., 378 ff., 399 ff., 405, 408, 410 ff., 425, 428, 431 ff., 439, 452, 456, 460, 463 ff., 471 ff., 482 ff., 510 ff.
Cannavino, Suzie 257 f.
Carberry, Bob 456, 460
Carroll, Kim Tarter 8
Cary, Frank (Vorstandsvorsitzender von IBM) 11 ff., 36, 42, 85 ff., 100, 222, 225, 227, 290, 384 f., 394, 399, 494
Cassani, Kaspar 496
Cocke, John (IBM) 291 ff., 303, 310 f.
Coggiola, Donald 328
Conrades, George (IBM) 244, 396 ff.
Conti, Carl 255 f., 259, 390, 418, 484
Corrigan, Bob 486 ff.

D
D'Arezzo, Jim (Public-Relations) 62
Dahl, Chris 10
Dash, Jnan 261
Djurdjevic, Bon 402
Doty, Mary 535
Dubilier, Clayton 443 ff., 451

E
Edstrom, Pam 8
Estridge, Don (Vater des Computers) 7, 46 ff., 61, 63, 65 ff., 70 ff., 103 ff., 124 ff., 133, 140 ff., 155, 180 ff., 188, 197, 311, 334, 365, 371, 532
Evans, Bo 293 f.
Evans, Bob 89, 100 f.

F
Faber, Ed 52
Fairty, Susan 259, 261, 344
Fellows, Kenneth 223
Fitzsimmons, Matt 8, 70, 100
Fjeldstadt, Lucie 237
Flint, Charlie 74
Friedman, Jon 9

G
Garnett, Terry 9, 351
Gates, Bill (Microsoft) 21 ff., 42 f., 54 ff., 68 f., 113, 120 f., 127 ff., 138 ff., 147 f., 153 ff., 165 ff., 172, 175 f., 208, 246 ff., 262 ff., 313 ff., 327, 341 ff., 378 ff., 406, 408, 412, 417 f., 420 ff., 452, 456, 466 f., 484
Gerstner, Dick 244, 257
Gerstner, Lou 9, 19, 244, 297, 511 ff.
Gibbons, Fred 120 f., 275, 280
Gilbert, Bob 8
Gogel, Don 444 ff., 451
Goldhaber, Nat 457 ff.
Gomory, Ralph (IBM) 289, 291 f.
Grabe, Bill (Marketing-Boß) 288
Grayson, George 408 ff.
Grayson, Paul 408 f.
Grove, Andy (Intel) 208, 463
Guarino, Dick 259
Guglielmi, Joe 329 ff., 378 f., 381, 413 ff., 453 ff., 484

H
Hancock, Ellen 240
Hanrahan, Dick 138 f., 158, 161
Heilbronner 368
Heller, Andy (Star-Informatiker) 86 f. 289 ff., 302 ff., 311
Henry, Glenn (IBM-Informatiker) 191 f.
Hester, Phil 430
Hoff, Ted 186 f.
Hollerith, Hermann 75
Hooper, Laurence 9

I
Iacobucci, Ed 153
Imlay, John 338

J
Jacquard 75
Javers, Ron 441
Jetson, George 430
Jobs, Steve (Mitbegründer von Apple) 15, 36, 54, 95, 120, 131 f., 215, 268 f.
Joy, Bill (Sun) 297

K
Kahn, Philippe (Präsident von Borland) 174

Kalis, Dave 518
Kaplan, Jerry 467 ff.
Kapor, Mitch 118 ff., 211, 468
Katzenbach, Nicholas de B. 86, 91, 224 f., 288
Kearns, David 81 f.
Kfoury, Ed 157 ff.
Khosla, Vinod (Sun) 297
Kilby, Jack 184, 186
Kildall, Gary (Präsident v. DRI) 35, 43, 67 f.
King, Sue 473
Kirk, Charles 79
Kowal, Charles 535
Kuehler, Jack (IBM) 256 f., 267 f., 271, 289, 291, 293, 300 ff., 340, 342, 345 f., 351, 354 f., 358, 376, 378 ff., 382 f., 398 ff., 422 ff., 428 ff., 434 f., 452 f., 460, 503, 506

L
LaBant, Bob 403 ff.
Lally, Jim 119 f.
Lautenbach, Ned 241, 325 ff., 335
Lautenbach, Terry 239 ff., 267, 325 f., 400 ff.
Lawten, Bob 370 ff.
Learson, Vin (Generaldirektor) 81, 85
LeGrande, Doug 414 f.
Letwin, Gordon 112 f., 154, 270 f.
Levenson, Marc 501 ff.
Liddle, Dave (Metaphor) 275, 281, 452
Lillie, Ray 527 f.
Lowe, Bill 12, 21, 36, 40 ff., 46 f., 50, 54, 60, 102, 124 ff., 134 ff., 139, 143 ff., 148, 154 ff., 165 ff., 170 ff., 174, 176, 178 ff., 193 f., 197 ff., 204, 206 ff., 216 ff., 221, 244 f., 246, 248, 257, 267, 311, 326, 332, 347
Lucente, Ed (IBM) 194, 235 ff., 241, 243 f.

M
MacDonald, James F. 226
Mandresh, Dan 374
Mann, Marvin 446 f., 451
Manzi, Jim (Lotus) 275, 282, 351
Maples, Mike 271 f.
Markell, Bob 141, 144, 170 ff.
Markkula, Mike 215
Martin, Hal (IBM Rochester) 46
Martinson, Jay 169
McCarthy, Jud 372 f.
McCracken, Bill 483
McKenna, Regis 428 f.
McNealy, Scott (Sun) 297, 462
Mii, Nubuo 375
Miller, Mike 9
Montoye, Bob 306 f., 311 f., 501
Morris, James H. 17
Mosbacher, Robert 503
Munro, Dick 19, 493 f.
Murphy, Tom 493, 506
Myhrvold, Nathan (Microsoft-Entwickler) 168

N
Newhart, Bob 357
Nishi, Kay 43, 59
Noorda, Ray (Generaldirektor bei Novell) 32
Noyce, Robert (Intel) 184 ff.

O
Olsen, Ken 216, 243
O'Neil, Bill 320 f.
Opel, John 57, 91 ff., 99 ff., 124, 196, 222, 231, 293 f., 299, 385, 442, 493, 506

P
Packard, David 216
Paterson, Tim (Autor der Software QDOS) 43 f.
Patterson, Eugene 74
Perot, Ross 25
Pfeiffer, Eckard 464
Phypers, Dean 95
Proffit, Brian (OS/2-Manager) 174, 273 f.
Puckett, Bernard 328, 385

R
Reiswig, Lee 349 f., 405 ff., 413 ff., 417
Rizzo, Paul 102 f., 496
Rogers, Jack 12
Rosen, Ben 119, 210 f., 213 f.
Rusnack, Greg 480

S
Sabol, John (Assistent von Gates) 167, 240
Sams, Jack 21 f., 33 ff., 44, 54 f.
Santelli, Tony 359
Sargent, Prof. Murray (Uni Arizona) 265, 268
Sarrat, Fernand 334 ff.
Schwartz, Steve 356 ff., 403
Scott, O. M. 253 f.
Sculley, John (Apple) 215, 430 f., 434, 452 f., 458 ff., 512
Sevin, L. J. 119, 210 f., 214
Shabazian, Michael (IBM) 64 f., 361
Shapiro, Irving 87, 223, 227
Shellenberg, Frank 10, 503 f.
Smith, Sally 535
Smith, Tim 9
Spacely 430
Spindler, Michael 428 f., 434
Swavely, Mike (Vizepräsident von Compaq) 208 f.
Sydness, Bill (Ingenieur bei IBM) 40

T
Tarter, Ralph 9
Trisler, John 447 f.
Turner, Mary Lee 389, 393, 506 f.

V
Vieth, Kathy 195 f., 467, 473

W
Wade, Jim 10
Watson, Dick 80
Watson jr., Tom (IBM) 7, 36 f., 77 ff., 97, 161, 237 f., 394, 536
Watson sen., Tom 37, 72 f., 84, 238, 240, 379, 394, 425 f., 440, 524, 526, 536
Welch, Jack 512
Wheeler, Earl 159 ff., 166, 168, 331, 335
Wilkie, Dan 51, 123
Witlin, Danford 480 f.
Wren, Joyce (IBM) 66 f., 117 ff.

Z
Zbikowski, Mark 149 f., 152 f.
Zemke, Joe 240